本书为国家社会科学基金西部项目

"侯外庐与20世纪中国思想史研究"成果

本书的出版得到西北大学中国思想文化研究所的经费资助

侯外庐先生学谱

杜运辉 著

中国社会科学出版社

图书在版编目（CIP）数据

侯外庐先生学谱／杜运辉著 . —北京：中国社会科学出版社，2013.6
ISBN 978 - 7 - 5161 - 2646 - 2

Ⅰ. ①侯… Ⅱ. ①杜 Ⅲ. ①侯外庐（1903～1987）—学术思想—研究
Ⅳ. ①K825.81

中国版本图书馆 CIP 数据核字（2013）第 104196 号

出 版 人　赵剑英
责任编辑　郭沂纹
特约编辑　丁玉灵
责任校对　徐　楠
责任印制　张汉林

出　　版　中国社会科学出版社
社　　址　北京鼓楼西大街甲 158 号（邮编 100720）
网　　址　http://www.csspw.cn
　　　　　中文域名:中国社科网　　　010 - 64070619
发 行 部　010 - 84083685
门 市 部　010 - 84029450
经　　销　新华书店及其他书店

印　　刷　北京市大兴区新魏印刷厂
装　　订　廊坊市广阳区广增装订厂
版　　次　2013 年 6 月第 1 版
印　　次　2013 年 6 月第 1 次印刷

开　　本　710×1000　1/16
印　　张　44.25
插　　页　2
字　　数　746 千字
定　　价　129.00 元

序

　　杜运辉博士撰写的《侯外庐先生学谱》已定稿，即将由中国社会科学出版社出版。

　　编学者的"学谱"是一项繁重艰巨的工作，顾名思义，"学谱"不同于"年谱"，"年谱"主要是写出学者逐年的生活和著作状况，但"学谱"却要求勾勒出学者学术思想的进展和特点，因而编者必须对所写学者的学术思想和学术贡献进行比较深入的研究，才能写出有质量的"学谱"来。总之，"学谱"的编纂要依靠编者的学术研究功力。

　　杜运辉博士在写《侯外庐先生学谱》前，在清华大学刘鄂培先生指导下写过《张岱年先生学谱》，取得了一定经验。他接着独立写作《侯外庐先生学谱》，开始时是有困难的，因为外庐先生是史学家，而且有系统的马克思主义史学理论，在中国社会史的研究上有独到的见解。我曾向杜运辉同志提出，对于这些困难不能绕开走，而要加以克服，在编余中学习研究，在研究实践中提高自己的史学理论水平，这样才能编成一本较好的《侯外庐先生学谱》。杜运辉同志确实是这样做的，边学习边研究边写作，克服了许多困难，终于完成了《侯外庐先生学谱》的编纂。

　　杜运辉同志平日沉默少言，但他勤于搜索资料，勤于向学者们请教，勤于思考，这种治学精神体现在《侯外庐先生学谱》一书中。我读了《侯外庐先生学谱》定稿后，深感这是一本有学术功力的书，值得向学术界、理论界的朋友们加以推荐。作为外庐先生的学生，我要向杜运辉同志表示感谢。我同时要感谢中国社会科学出版社的编辑同志，她们关心这部书稿，使它得以在较短的时间里面世。

张岂之
2012 年 6 月 14 日

目　　录

一九○三年(清光绪二十九年,癸卯) 出生

1902 年梁启超著《论中国学术思想变迁之大势》。同年 10 月,梁启超在《新民丛报》发表《进化论革命者颉德之学说》,称"麦喀士"(马克思)为"社会主义之泰斗"。

1903 年 2 月,马君武《社会主义与进化论比较》发表于《译书汇编》第 2 卷第 11 期,介绍马克思的唯物史观。梁启超《饮冰室文集》由上海广智书局出版。

5 月,《大陆报》登载《敬告中国之新民》,宣传社会主义。

6 月,侯士纪译日本村井知至《社会主义》由文明书局出版。

2 月 6 日 (农历正月初九)

先生生于山西平遥县西王智村一个地主家庭,原名兆麟,又名玉枢。

先生自述:"我的家庭,是西王智村仅有的一户靠读书做官的人家。……父亲以前的几代人,都是读书人,也都是地主。"① 先生的祖父早逝,祖母郭氏"刚直独立,嫉恶如仇,不畏艰难,她终生勤勉,终生要求儿孙力戒懒惰,力行勤奋"②。先生的父亲侯福昌是清末乙未科(1898)拔贡,③ 民国初先后出任山西永济与河南新蔡、固始三县县知事及山西平遥县水利局长。先生之弟侯俊岩(1910—1981),又名石岩。

先生自幼由祖母亲自带大。先生自述:"严格说来,祖母是我步入人生所遇到的第一位老师。从她那里,我饱受了封建伦理道德的教育。……回顾一生,我的自尊心、自信心和自重的个性(包括激励我进步的一面和过于清高、自赏,妨碍我进步的一面),我一生追求信仰、理想、事业、知识……一切美好事物的执着,或许可以说正是形成于受教祖母的时代。"④

---

① 侯外庐:《韧的追求》,生活·读书·新知三联书店 1985 年版,第 1—2 页。
② 同上书,第 2 页。
③ 清代规定每府学二名,州、县学各一名,由各省学政从生员中考选,保送入国子监,作为拔贡,朝考合格后可充任京官、知县或教职。
④ 侯外庐:《韧的追求》,生活·读书·新知三联书店 1985 年版,第 5 页。

是年,陈垣(1880—1971,广东新会人)23 岁,吕思勉(1884—1957,江苏武进人)19 岁,杜国庠(1889—1961,广东澄海人)14 岁,李达(1890—1966,湖南永州人)13 岁,陈寅恪(1890—1969,江西修水人)13 岁,郭沫若(1892—1978,四川乐山人)11 岁,张申府(1893—1969,河北献县人)10 岁,范文澜(1893—1969,浙江绍兴人)10 岁,顾颉刚(1893—1980,江苏苏州人)10 岁,吴宓(1894—1978,陕西泾阳人)9 岁,冯友兰(1895—1990,河南唐河人)8 岁,翦伯赞(1898—1968,湖南桃源人)5 岁,周谷城(1898—1996,湖南益阳人)5 岁,吕振羽(1900—1980,湖南武冈人)3 岁,雷海宗(1902—1962,河北永清人)1 岁,尚钺(1902—1982,河南罗山人)1 岁。

一九〇四年(清光绪三十年,甲辰) 一岁

1 月,清政府颁布《奏定学堂章程》,通称为"癸卯学制"。

3 月 11 日,商务印书馆创办《东方杂志》。

6 月,夏曾佑《最新中学历史教科书》上册由商务印书馆出版。

12 月,刘师培《中国历史教科书》由国学保存会出版。杨守敬等编绘《历代舆地图》开始由观海堂陆续出版。

一九〇五年(清光绪三十一年,乙巳) 二岁

7 月 25 日,赵纪彬①出生。

8 月,孙中山(1866—1925,广东香山人)在檀香山创立中国同盟会,创办《民报》并在发刊词中首次提出"三民主义"。

9 月 2 日,清政府废除科举制。

---

① 赵纪彬(1905—1982),河南内黄人。字象离,笔名向林冰、纪玄冰等。1923 年考入大名省立第七师范学校,1926 年加入中国共产党。1929 年 2 月至 1931 年被国民党政府逮捕。1937 年赴重庆,抗战胜利后到上海、青岛等地从事革命和思想史研究,新中国建立后历任山东大学校委会副主任委员、平原省政府副秘书长、平原师范学院院长、开封师范学院院长、河南省文委副主任、中国科学院河南分院副院长、河南历史研究所所长。1963 年调任中央党校哲学教研室顾问。

11 月 10 日，蔡尚思①出生。

本年，邓实创办《国粹学报》，宗旨为"爱国保种，存学救世"，1911 年停刊。

一九〇六年（清光绪三十二年，丙午）　三岁

4 月 11 日，何干之（1906—1969，广东台山人）出生。

本年，朱执信《德意志社会革命家小传》发表于《民报》，介绍马克思的生平、《共产党宣言》的主要内容及剩余价值学说要点。

一九〇七年（清光绪三十三年，丁未）　四岁

本年，杜国庠②得到杜氏大宗祠与邑同善祠的留学津贴而东渡日本留学。

8 月 1 日，杨荣国③出生。

---

① 蔡尚思（1905—2008），福建德化人。1925—1928 年在北京大学自由听讲，1929—1934 年先后在上海大夏大学、复旦大学和武昌华中大学任教，1935—1942 年于沪江、复旦、东吴等大学和无锡国学专修学校任教并担任光华大学历史系主任。新中国建立后历任沪江大学副校长、代校长及复旦大学历史系主任、校务委员会委员等，1976 年后历任复旦大学副校长、复旦大学中国思想文化研究室主任等。

② 杜国庠（1889—1961），广东澄海人。笔名林柏、杜守素、林伯修等。五岁丧父，早年留学日本，回国后曾执教于北京大学等校。1928 年加入中国共产党，1929 年参加中央文化工作委员会的领导工作，1930 年 5 月与潘梓年、邓初民等发起组织中国社会科学家联盟并参与领导工作。1935 年 2 月至 1936 年 6 月被国民党政府逮捕。1938 年任国民政府军事委员会政治部第三厅国际宣传处科长。新中国建立后历任中南军政委员会委员、中共广东省委委员、广东省人民政府委员兼文教厅厅长、中共华南分局宣传部副部长、广东省哲学社会科学学会联合会主席、中国科学院广州分院院长、中国科学院中南分院副院长、中国科学院哲学社会科学学部委员等。1954 年被选为全国人民代表大会代表。

③ 杨荣国（1907—1978），湖南长沙人。早年毕业于上海群治大学，1938 年加入中国共产党。1946 年 7 月被国民党政府逮捕，出狱后即出版《中国古代思想》。新中国建立后任湖南大学文学院院长兼历史系主任，并被选为湖南省人民政府委员、民盟中央委员。1952 年后在中山大学工作。"文化大革命"初期被隔离审查，1973 年恢复工作，曾任广东省理论工作小组副组长、中山大学哲学系革命领导小组组长、中山大学革命委员会副主任、中山大学党委常委、第四届全国人民代表大会常委等。

一九○八年（清光绪三十四年，戊申） 五岁

1月，《天义报》半月刊第 15 卷刊登恩格斯《共产党宣言》序言，第 16—19 卷合刊刊登《社会主义经济论》。

本年，杜国庠进日本早稻田大学留学生部普通科。

本年

先生开始到离家五里的羌城村外祖父家的书院接受启蒙教育，大部分时间跟随母亲的堂兄郝永宽读经。

一九○九年（清宣统元年，己酉） 六岁

5 月 23 日，张岱年①出生。

6 月，清政府设立游美学务处。

9 月，游美学务处以清华园作为游美肄业馆地址。

本年，罗振玉编《敦煌石室遗书》出版。

一九一○年（清宣统二年，庚戌） 七岁

2 月 12 日，同盟会会员倪映典等发动广州新军起义。

12 月，游美肄业馆更名为清华学堂。

---

① 张岱年（1909—2004），河北献县杜生镇人（解放后划归沧县）。1933 年毕业于北平师范大学教育系，随即任清华大学哲学系助教。新中国建立后曾任北京大学哲学系中国哲学研究室主任，全国中国哲学史学会第一、二、三届会长，清华大学思想文化研究所所长，中华孔子研究所所长等。著有《中国哲学大纲》、《天人五论》等，著作汇编为《张岱年全集》（河北人民出版社 1996 年版）。

一九一一年（清宣统三年，辛亥）　八岁

2月，罗振玉创办《国学丛刊》。

10月10日，武昌起义爆发。

本年，杜国庠进日本东京第一高等学校预科。罗振玉《殷商贞卜文字考》出版。崔适《史记探源》出版。

一九一二年（民国元年，壬子）　九岁

1月1日，中华民国成立。

2月25日，邱汉生①出生。

5月，民国政府教育总长蔡元培下令改京师大学堂为北京大学，任命严复为第一任校长。

10月，康有为、梁鼎芬等在上海成立孔教会。

本年，杜国庠升入日本东京第一高等学校预科。

本年

先生之父侯福昌被北洋政府任命为山西永济县知事，先生随父到山西永济县城，进入一家新式学堂，"除国学之外，我初次接触到数学、英语、地理、常识等有趣的课程，感到新鲜极了。这段时期，天天上学堂，都能感受到一种在永宽先生书院里从来没有感受过的兴奋和喜悦，那真正是知识给少年带来的喜悦"。先生在课余时间对父亲审案发生兴趣，"每天一放学，便躲在屏风后面听过堂，这是我在永济的第二课堂。……正是从永济县衙的一角，我饱看到了社会的活的悲剧和百姓的凄切怨愤。这是社会集

---

① 邱汉生（1912—1992），江苏海门人。1932年毕业于上海大夏大学国文系，1946年后在上海复旦大学、大夏大学任教。新中国建立后历任上海市教育局中等教育处副处长、人民教育出版社历史编辑室副主任、中国科学院历史研究所思想史研究室研究员、中国社会科学院研究生院教授、中国哲学史学会常务理事等。1947年参与编著《中国思想通史》、《宋明理学史》等，著有《四书集注简论》、《诗史钩沉》等。

中提供的，而任何学校所提供不了的认识世界的视角"①。

一九一三年（民国二年，癸丑）　十岁

3 月，袁世凯暗杀宋教仁，孙中山发起"二次革命"，但不久即失败。

一九一四年（民国三年，甲寅）　十一岁

3 月 9 日，北洋政府设立清史馆，开始编修《清史》。

5 月，孙中山发布"讨袁宣言"。

本年，杜国庠升入日本东京第一高等学校。郭沫若②考进日本东京第一高等学校预科，与杜国庠结识。

本年

先生回到平遥，再次进入郝永宽的书院读经。

少年时，先生在课堂之外阅读父亲收藏的梁启超《饮冰室文集》。先生自述：这"是我最喜欢读的书。当我尚处在无法分辨共和与立宪利弊的年岁时，'饮冰室主人'笔锋常带感情的文字，对我真正起到的作用是启迪我的思维，激发了爱国情绪，常令热血奔流。所以，尽管就思想、学术、风格而言，梁启超著作给我的影响远不及章太炎著作来得深刻、持久，但我仍然要把饮冰室时代梁启超的影响，称作思想的童年时代所受到的洗礼。然而，洗礼，只是洗礼而已"③。

---

①　侯外庐：《韧的追求》，生活·读书·新知三联书店 1985 年版，第 7 页。

②　郭沫若（1892—1978），四川乐山人。早年从事新文学运动，代表作为诗集《女神》。1926 年参加北伐，任国民革命军政治部副主任，1927 年参加南昌起义。1928 年 2 月被国民党政府通缉而流亡日本，从事史学研究。在党的领导下，抗战期间历任国民党军事委员会政治部第三厅厅长、文化工作委员会主任等。新中国建立后历任中华全国文学艺术界联合会主席、政务院副总理兼文化教育委员会主任、中国科学院院长、全国人民代表大会常务委员会副委员长等，是中国共产党第九、十、十一届中央委员。著有《中国古代社会研究》、《甲骨文字研究》等，主编《中国史稿》和《甲骨文合集》等，全部作品汇编为《郭沫若全集》。

③　侯外庐：《韧的追求》，生活·读书·新知三联书店 1985 年版，第 7 页。

一九一五年（民国四年，乙卯）　十二岁

5月7日，日本提出"二十一条"。9日，袁世凯接受"二十一条"，遭到全国人民奋起反对。5月7日被国人定为"国耻日"。

9月15日，《青年杂志》在上海创刊，陈独秀在《敬告青年》的发刊词中倡导科学与民主。

本年，蔡元培《哲学大纲》由商务印书馆出版。

一九一六年（民国五年，丙辰）　十三岁

5月9日，孙中山发表《第二次讨袁宣言》。

6月6日，袁世凯逝世。7日，黎元洪继任大总统。

9月1日，《青年杂志》从第2卷第1号改名为《新青年》。同月，杜国庠从日本东京第一高等学校毕业，进日本京都帝国大学政治经济科。

10月，谢无量《中国哲学史》由上海中华书局出版。

12月26日，蔡元培被任命为北京大学校长。

本年，梁启超《饮冰室全集》由中华书局出版。杜国庠与在日本留学的李大钊（1913年进日本早稻田大学政治本科）等在东京筹组"丙辰学社"，进行反袁斗争。

本年

先生读完四书五经。先生自述："就我个人而言，也不能否认，永宽先生为我奠定了扎实的国学基础。我和许多同一时代的学人，之所以能驾轻就熟（地）研究先秦各门学术，都因为早年所受的教育，强制性地要求我们掌握了大量的先秦资料。这是老一代人从落后的教育中所得到的便利，却也决不是今天的青年所应羡慕的。"①

---

① 侯外庐：《韧的追求》，生活·读书·新知三联书店1985年版，第6页。

一九一七年（民国六年，丁巳）　十四岁

1月1日，胡适《文学改良刍议》发表于《新青年》第2卷第5号。4日，蔡元培开始主持北京大学，旋聘陈独秀、李大钊、胡适、钱玄同、刘半农、周作人等，同时聘请辜鸿铭、刘师培、黄侃、崔适等任教。30日，李大钊《孔子与宪法》发表于《甲寅》日刊。

4月，胡适与陈独秀共同倡导新文学运动。

7月1日，"张勋复辟"丑剧爆发，12日失败。17日，孙中山在广州就任海陆军大元帅。同月，杜国庠学成回国，经李大钊介绍应聘为北京大学讲师，先后在北京政治专门学校、中国大学、朝阳大学、平民大学等校兼课，讲授马克思主义政治经济学说、政党论、社会政策和工业政策、行政法等课程。

8月14日，北京政府正式对德、奥宣战，加入第一次世界大战协约国的行列。

9月，胡适到北大任教，讲授中国哲学史等课程。

10月，梁漱溟到北大任教，讲授印度哲学。

11月7日，俄国十月革命爆发。

12月22日，孔教会在北京创办《经世报》。

本年

先生进入平遥县立高小读书。先生自述："这时，旧式书院已经再也关不住我的心了，我以四书五经读完为理由，坚决要求进学堂。……在平遥高小，我是一个标准的好学生，各门功课都能得第一名。但是，平遥高小水平不及永济学堂。永济学堂的教师思想更新颖，英语教学尤其活跃。对于永济学堂，我怀恋了很久很久。"①

---

① 侯外庐：《韧的追求》，生活·读书·新知三联书店1985年版，第7—8页。

一九一八年（民国七年，戊午）　十五岁

2月，北京《晨报》副刊创刊。

5月15日，鲁迅《狂人日记》从《新青年》第4卷第5期开始连载发表。

7月1日，李大钊《法俄革命之比较观》发表于《言治季刊》。

11月16日，北京大学在天安门前举行演讲大会，庆祝协约国在第一次世界大战中获胜，北大校长蔡元培喊出"劳工神圣"的口号。同月，梁漱溟《印度哲学概论》由北京大学出版部出版。

12月22日，陈独秀、李大钊、张申府等创办《每周评论》。同月，李大钊《庶民的胜利》、《Bolshevism的胜利》发表于《新青年》第5卷第5期。

一九一九年（民国八年，己未）　十六岁

1月15日，陈独秀《本志罪案之答辩书》发表于《新青年》（实际出版时间在1919年3月），提倡"德先生"与"赛先生"。26日，北京大学国故社成立。

2月7日，李大钊负责编辑北京《晨报》副刊。同月，胡适《中国哲学史大纲》上卷（先秦部分）由商务印书馆出版。

3月20日，《国故》创刊，刘师培、黄侃任总编。

5月1日，中国驻巴黎和会代表抗议协约国割让山东权利给日本。同日，《晨报》副刊出版劳动节纪念专号。4日，北京大学发起游行示威，五四运动爆发。5日，《晨报》副刊开辟"马克思研究"专栏，5日至8日连载渊泉（陈博贤）译日本河上肇的《马克思的唯物史观》，第一次比较全面地介绍唯物史观。15日，李石岑《晚近哲学之新倾向》发表于《民铎》第6号，评介詹姆森实用主义和柏格森哲学。同月，《新青年》出版《马克思主义专号》。

9月，李大钊《我的马克思主义观》发表于《新青年》第6卷第

5号。

10月10日，孙中山将中华革命党改组为中国国民党。

12月，李大钊《物质变动与道德变动》发表于《新潮》第2卷第2号。梁漱溟《印度哲学概论》由商务印书馆出版。

本年，杜国庠取得日本京都帝国大学政治经济科经济学学士学位。商务印书馆张元济开始主持编印《四部丛刊》。

本年

先生回忆："'五四'象春日发聋振聩的一声春雷，把我这个一向以分数第一为最高目标的'好学生'从蛰梦中惊醒。为强烈的爱国心所驱使，我进入学生运动的行列，并开始渴望变革。"①

从平遥高小毕业后，先生考入山西汾阳县河汾中学。

入学不久，山西省成立全省学生联合会，学校推举先生和一位高年级学生作为汾阳县代表到太原出席大会，先生被推举为大会执行委员。先生回忆："这是我第一次进省城，第一次身临大场面。这次大会的参加者中间，有个别人日后成为知名的青年革命家，张友渔②便是其中之一。……'五四'潮流中这次匆促的聚会，是我和张友渔相识的起点，几年后，当我们在北京法政大学新生行列中不期而遇时，便结下终生友谊。"③

五四运动后，汾阳中学一些学生自发成立"读书供应处"，到中国共产党成立后其成员都转为中共党员，其中比先生年长的张舜琴、杨毓栋等经常给他看《新青年》、《新潮》、《少年中国》之类的杂志，"这些猛烈冲击封建文化的书刊打开了我的视野，激励我去开辟新生活，我开始向往一个没有压迫的世界，一个新的未来"④。

---

① 侯外庐：《韧的追求》，生活·读书·新知三联书店1985年版，第8页。
② 张友渔（1898—1992），山西灵石人。20世纪20年代开始从事新闻事业，曾任北平《世界日报》、《民国晚报》、《大同晚报》总主笔。抗战期间历任北平《时事新报》、香港《华商报》总主笔，《新华日报》社论委员和代理总编辑、社长。1939年春到重庆从事民主宪政工作。1943年任生活书店总编辑、中共南方局文化工作委员会秘书长。1945年9月代理《新华日报》总编辑。重庆谈判期间担任中共代表团顾问。1946年5月任中共四川省委副书记兼宣传部长、《新华日报》社长。新中国建立后历任北京、天津市副市长，中国政法学会会长等，是第一、二、三、六届全国人大代表和第六届全国人大常委，第一、二、三、四、五届全国政协委员。
③ 侯外庐：《韧的追求》，生活·读书·新知三联书店1985年版，第8页。
④ 同上书，第9页。

又，先生自述："在五四时代，首先冲破了我的旧迷梦，而使我感受了思想上的极大震动的，正是李师（李大钊——编者注）的文章。一九一九年他的《物质变动与精神变动》（《新潮》）（按：应为《物质变动与道德变动》——编者注）一篇研究唯物史观的名文，现在还能忆其大概。"[①]

一九二○年（民国九年，庚申）　十七岁

1 月，李大钊《由经济上解释中国近代思想变动的原因》发表于《新青年》第 7 卷第 2 号。

3 月，李大钊在北京成立"马克思学说研究会"，成员有邓中夏、罗章龙、高君宇等人。

8 月，陈独秀在上海成立中国第一个共产主义小组。陈望道译《共产党宣言》由上海社会主义研究所出版，9 月再版。

10 月，李大钊在北大开设唯物史观课程。

11 月至 12 月，梁启超《前清一代思想界之蜕变》连载于《改造》杂志第 3 卷第 3 期至第 5 期。

秋，梁漱溟在北京大学讲演"东西文化及其哲学"。

12 月 1 日，李大钊《唯物史观在现代史学上的价值》发表于《新青年》第 8 卷第 4 号。

11 月

先生的长女侯寓初生于山西平遥。

先生与侯寓初之母郝氏系家庭包办婚姻，结婚时间不详，郝氏于新中国建立后去世。侯寓初 1938 年 5 月参加山西工人武装自卫队并曾任政治处宣传干事，1939 年 8 月至 1940 年 6 月在延安女子大学学习，1944 年 7 月至 1945 年 8 月在延安中央党校二部学习，历任沈阳市公安局人事科副科长、辽阳市二区区委书记、东北合江军区后勤部党总支书记、北京市政府分党校组织干事、北京市人事局秘书科长、北京市同仁医院党委书记等。

---

① 侯外庐：《关于五四运动谁领导的问题》，《光明日报》1950 年 5 月 4 日第 3 版。

一九二一年（民国十年，辛酉） 十八岁

2月，梁启超《清代学术概论》由商务印书馆出版。

5月5日，孙中山在广州就任非常大总统。同月，李季等译罗素《到自由之路》由新青年出版社出版。

7月23日，中国共产党第一次全国代表大会在上海召开。

8月，胡适《研究国故的方法》发表于《东方杂志》第18卷16期，提出以"打破沙锅问到底的精神，系统的研究国粹"。

9月1日，中共中央在上海创立人民出版社，再版《共产党宣言》，并出版马克思《工钱、劳动与资本》、《资本论（初版序言）》等7种马恩原著。

10月27日，严复（1853—1921）逝世。同月，梁漱溟《东西文化及其哲学》由北京财政部印刷局出版。

11月，北京大学国学研究所国学门成立，第一届委员会由蔡元培任委员长，成员有顾孟余、沈兼士、李大钊、马裕藻、朱希祖、胡适、钱玄同、周作人等。

12月4日至1922年2月12日，鲁迅《阿Q正传》连载于《晨报》副刊。同月，《胡适文存》第1集由上海亚东图书馆出版。

一九二二年（民国十一年，壬戌） 十九岁

1月，梁启超《中国历史研究法》由商务印书馆出版。胡先骕、梅光迪、吴宓等在上海创办《学衡》杂志，吴宓任主编。

5月，胡适创办《努力周报》，提倡整理国故，并于9月增设《读书杂志》副刊，1923年10月停刊。

7月16日，中国共产党第二次全国代表大会在上海举行。

9月，孙中山改组国民党。《社会主义讨论集》由国光书店发行。何公敢等在上海商务印书馆创办《孤军》杂志。

11月，章太炎《国学概论》由上海泰东图书局出版。

一九二三年（民国十二年，癸亥）　二十岁

1 月，胡适主编的《国学季刊》创刊。《杜里舒讲演录》由商务印书馆出版。

6 月 12 日至 20 日，中国共产党第三次全国代表大会在广州召开。

9 月 1 日，日本东京发生大地震。

11 月，郭任远译《人类的行为》，黄忏华《西洋哲学史》、《现代哲学概论》均由商务印书馆出版。李石岑《西洋哲学史》（第 1 卷）由上海民智书局出版。《科学与人生观》由上海亚东图书馆出版。

12 月，蔡元培《五十年来之中国哲学》由申报馆出版。《人生观之论战》由上海亚东图书馆出版。陈垣《元西域人华化考》前四卷发表于北京大学《国学季刊》第 1 卷第 4 号。

本年，东方杂志出版社编辑的《马克思主义与唯物史观》由商务印书馆出版。

初夏

先生从河汾中学毕业，本来要按照父亲的意愿到日本留学，后因日本大地震而却步。遂入京，同时考入法政大学法律系和北京师范大学历史系，攻读法律和历史。

先生回忆："从落后的山西来到文化中心，至感知识之贫乏。有两年时间，我在图书馆如饥似渴地涉猎一切所能获得的书籍，填补知识上的空白。在课余的阅读中，我对哲学的兴趣最高，西欧的人文主义、德国的古典哲学，乃至当代的各派学说包括马克思主义，我都不肯放过的。如果说我最早读到的马克思列宁主义的宣传著作是登载在《新青年》上的《庶民的胜利》、《Bolshevism 的胜利》，直到此时，则仍然是陈独秀、李大钊等人的作品，马恩的原著，即使是英译本，我也连一本都不曾见过。那个阶段的阅读，终究由于读得太杂而又无人具体指点，弊端甚大，竟至于连共产主义和无政府主义也混同一视，还以为无政府主义是一种彻底的解放。"① 又："由于强烈的求知欲望的驱使。我除

_____

① 侯外庐：《韧的追求》，生活·读书·新知三联书店 1985 年版，第 10 页。

在法大、师大听课外，课余时间都钻在图书馆里，广泛涉猎社会科学各个领域的新书，渴望得到更多的新知识，以填补自己头脑中的空虚。当时，我对哲学兴趣最浓，而对所读史学专业，并未看作自己未来的事业。"①

一九二四年（民国十三年，甲子）　二十一岁

1 月 21 日，列宁逝世（1870—1924）。

2 月，中国共产党旅欧支部在巴黎创办《赤光》。

春，北京大学法学院举行列宁逝世追悼大会。会后，杜国庠、李春涛、邝磨汉等编辑《社会问题》创刊号（列宁纪念号），于 4 月 14 日由平民大学出版部发行。

5 月，李大钊《史学要论》由商务印书馆出版。

6 月至 9 月，梁启超《中国近三百年学术史》连载于《东方杂志》。6 月，张东荪《科学与哲学》由商务印书馆出版。

7 月，何炳松译美国鲁滨生《新史学》由商务印书馆出版。

8 月，蔡和森《社会进化史》由上海民智书局出版。

11 月，《胡适文存》第 2 集由上海亚东图书馆出版。

本年，上海中华书局开始辑印《四部备要》。

11 月 13 日

林宰平讲、先生笔记的《自我与环境（上）》发表于《晨报》副刊第 286 期第 1 版，署名"侯兆麟"。

12 月 1 日

林宰平讲、先生笔记的《自我与环境（下）》发表于《晨报》副刊第 287 期第 1 版，署名"侯兆麟"。

约在本年

先生由高君宇（高尚德，1896—1925，山西静乐人）介绍认识李大钊

---

① 侯外庐：《我是怎样研究中国思想史的》，《历史教学问题》1982 年第 4 期，第 2 页。

（1889—1927，河北乐亭人），并得到陈翰笙（1897—2004，江苏无锡人）的帮助，开始接受马克思主义。

先生回忆："第一次见面，大钊同志和蔼的态度，深邃的思想，立刻使我感到亲切而又折服。他对我们几个年轻人很热情，既谈思想，又谈学术。我向他请教对中国革命前途的认识，和对各种理论的见解，他都一一作答。自那以后，我便经常设法去见大钊同志。在他面前，我既没有拘束之感，更没有掩饰之心。我向他借书，他借给我的书中，我清楚地记得有一本是布哈林的《唯物史观》英译本。当我向他连连提出疑难问题的时候，大钊同志曾赞成我探求真理的认真态度，鼓励我加深理论研究；同时，也批评过我对无政府主义的幻想。与大钊同志的接触，使我的思想发生根本性的变化，我开始以更高的自觉性和更大的热情参加学生运动。从他那里感染到的对理论的浓郁兴趣，对我一生都有影响力。""由于我经常有问题想请教大钊同志，而大钊同志太忙，见一次面颇不容易，所以，他亲自向我推荐了一位能解答问题的老师，那就是北大青年教授陈翰笙。大钊同志当时向我介绍说，陈翰笙'对马克思主义很熟悉'。陈翰笙与我，由师生关系发生起来的友谊自是而始。"[1]

一九二五年（民国十四年，乙丑） 二十二岁

1月11日至22日，中国共产党第四次全国代表大会在上海召开。

3月12日，孙中山（1866—1925）在北京逝世。

4月，《新青年》创刊号登载"列宁专号"。

10月，范文澜[2]《文心雕龙讲疏》由天津新懋印书局出版。

---

① 侯外庐：《韧的追求》，生活·读书·新知三联书店1985年版，第12页。

② 范文澜（1893—1969），浙江绍兴人。1913年进北京大学文预科，次年考入文本科国学门。1917年毕业后赴日本留学，曾任蔡元培私人秘书。1920年后在河南省卫辉一中、天津南开中学、南开大学等校任教，1926年加入中国共产党。抗战期间历任延安马列学院历史研究室主任、中央研究院副院长并兼历史研究室主任等。1946年起任北方大学校长、华北大学副校长并兼研究部主任等。新中国建立后历任中国科学院中国近代史研究所所长、中国史学会副会长等，是第一届和第二届全国人民代表大会代表、中国人民政治协商会议第三届全国委员会常委、中国共产党第九届中央委员会委员。著有《中国近代史》（上册）、《历史考略》、《群经概论》、《水经注写景文钞》、《文心雕龙注》、《太平天国革命运动》、《范文澜史学论文集》等。

本年，柯柏年译恩格斯《社会主义从空想到科学的发展》发表于《民国日报》副刊《觉悟》。柯柏年译《哥达纲领批判》以"解放丛书社"名义由上海书店出版。《时事新报》副刊《学灯》刊登马克思《德意志劳动党纲领批评》（即《对德国工人党纲领的几点意见》）。

2 月 25 日

徐乐英（1904—1961）随兄长徐永瑛①到北平，入北平美专读书。

年底（或次年初）

在王昆仑（1902—1985，江苏无锡人）、纪任勤等同学的影响下，先生和张友渔等一起参加以孙科为首的"孙文主义学会"，但未参与活动。王昆仑当时倾向于国民党右派，后来思想发生转变，于 1933 年加入中国共产党。

本年

先生在北京法政大学法律系和北京师范大学历史系学习，并参加爱国学生运动。

一九二六年（民国十五年，丙寅）　二十三岁

3 月 18 日，"三·一八"惨案爆发。

4 月，刘盼遂等创办《实学》月刊，以"实事求是整理国故"为宗旨。

6 月 11 日，顾颉刚《古史辨》第 1 册由景山书社出版。同月，李达②

---

① 徐永瑛（1902—1968），曾在清华庚款留美预备学校与罗静宜、施滉、冀朝鼎等组织过"唯真学会"中的"超桃"核心团体，1927 年在美国加入美国共产党并任中国局负责人之一，1946 年后任中共中央外事组国际宣传处处长，新中国建立后任《毛泽东选集》英译本委员会副主任及外交部美澳司司长、中国外交学会副会长等。

② 李达（1890—1966），湖南永州人，中共一大代表，中国共产党创建者和早期领导人之一。1921 年创办人民出版社，1922 年出席中国共产党第二次代表大会，同年 11 月应毛泽东邀请出任湖南自修大学校长，1937 年出版《社会学大纲》。新中国建立后，长期担任武汉大学校长和中国哲学学会会长。

《现代社会学》由湖南现代丛书社出版。

7月9日，国民革命军开始北伐。10日，胡适《我们对于西洋近代文明的态度》发表于《现代评论》第4卷第83期。同月，梁启超《中国近三百年学术史》由上海民智书局出版。

12月1日，毛泽东《中国社会各阶级的分析》发表于《革命》半月刊第4期。

本年，陈垣《二十史朔闰表》由北京大学研究所国学门出版。朱谦之《历史哲学》由上海泰东图书局出版。

3、4月间

当先生发现"孙文主义学会"的反动性后，和张友渔等在北京《大众晚报》第4版以报道形式宣布和该组织断绝一切关系（署名侯玉枢）。先生回忆："在李大钊同志的开导下，又通过学生运动的实践，我理解了左右两派斗争的实际意义。在以后的斗争中，我的思想与行动都较为自觉地站在以共产党员为核心的左派方面来了。从此，我与好友张友渔、李舜琴等相约信仰马克思主义。"[1]

在李大钊的支持和赞助下，先生主编秘密刊物《下层》，但仅出一期即被查封。先生回忆："我和几位朋友计划独立办一刊物，呼应南方革命形势，声讨军阀政府的反动。……我们的刊物在付印时，由于实在凑不齐印刷费，我只好到东交民巷去向大钊同志求援。大钊同志的生活也很清苦，他特地向住在邻近的李石曾借来一笔钱交与我，……于是，由我主编，由北大学生金嘉斐出面发行的铅印对开秘密刊物——《下层》，就这样问世了。我为创刊号写了社论和一篇短文，张友渔、周北峰[2]等志同道合的朋友也都各撰一篇文章。《下层》与群众见面后很受欢迎。……由于《下层》宣传了革命的理想，军阀政府立即下令取缔，……《下层》的问世，对于我个人而言，可以说是青年时代第一个转折的标志。自此，我与无政府主义决裂了；自此，我迈出了接受马克思主义的第一步；自此，我已经向社会宣告了自己的立场。这一重大的进步，完全是李大钊同志教育

---

① 侯外庐：《坎坷的历程——回忆录之二》，《中国哲学》第4辑，第430页。

② 周北峰（1903—1989），山西永济人，曾参与北平和平解放。新中国建立后，连续当选为第一届至第七届全国人大代表，曾任内蒙古自治区政协副主席、人民政府副主席、人大常委会副主任等职。

和帮助的结果。"①《下层》被查禁后，先生去见李大钊，先生回忆："谈到以后的方向，大钊同志认为我应该参加左派国民党组织，为它做一些工作。当时我虽是满腔热情要革命，觉悟却并不高。我对大钊同志说：'我对政治没有经验，对理论却很有兴趣，很想先在理论上追求真理。'大钊同志不仅没有责备我辜负他的期望，反而极其宽厚、恳切地说：'先从理论下手也好。'他一向教导，搞理论应从马克思恩格斯的原著入手，从原著中汲取科学社会主义理论的真谛。这时大钊同志又一次诚恳地强调这一点。我向他表白了一个心愿，想翻译一点马克思的原著，一则自己可以深入学习马克思主义理论，二则也为国内读者的需要出点力。对此，大钊同志是赞成的。当时我的这个决心，决定了我一生的方向和道路。"②

9月1日

陈大齐讲、先生笔记的《心理学与法律》发表于《晨报》副刊第1438期第1版，署名"侯兆麟"。

秋季

先生与徐乐英结婚。

据先生的女儿侯均初所述，先生和徐乐英的姻缘由孙晓村③直接促成。20世纪20年代中期，孙晓村是中法大学学生，认识徐乐英之兄徐永瑛（时为清华学校学生），也结识一些山西友人。他介绍先生与尚在北京美专上学的徐乐英相识，后将两人结婚之事函告已在美国留学的徐永瑛，徐永瑛表示赞同。

初冬

张作霖军阀当局开始大规模镇压革命行动。先生因与李大钊有交往且出版《下层》刊物而被列入黑名单，被迫与爱人徐乐英出走哈尔滨，寻找

---

① 侯外庐：《韧的追求》，生活·读书·新知三联书店1985年版，第13页。

② 同上书，第14页。

③ 孙晓村（1906—1991），浙江余杭人。1933年任中国农村经济研究会理事及《中国农村》月刊发行人，1936年任全国各界救国联合会常务理事，1949年参加中国民主建国会，新中国建立后任政务院财经委员会委员、中央社会主义学院院长、中国人民政治协商会议全国委员会副主席等。

赴法留学的机会。此前，先生向李舜琴①提出入党要求，李表示先生出版发行《下层》的表现是好的，党是信任的，但应对不自觉参加"孙文主义学会"一事做检查。后因被迫紧急出走哈尔滨，此事未果。

先生回忆："记得于1926年冬，在东交民巷的道胜银行旧址，在拜见李大钊同志时，梁漱溟和张申府两位先生正好在那里。梁漱溟……问李大钊同志：'共产党如果执政了，是不是准许言论自由？'李大钊同志非常风趣地回答说：'你是有自由的，但你们梁家的另一位——梁启超可不行！'他对马克思主义的坚定信念和善于团结人的崇高风格，使我十分敬佩，至今还在脑海中留着不可磨灭的印象。"②又："就在这次谈话间，梁漱溟先生问大钊同志：'你们共产党要是执政了，对我们这些知识分子准备怎样呢？'大钊同志豪爽而幽默地答道：'对和你同姓的那位梁启超，我们要不客气的；而对你，一定会很好的。'"③

一九二七年（民国十六年，丁卯）　二十四岁

1月，瞿秋白译斯大林《列宁主义概论》由新青年出版社出版。柯柏年译列宁《国家与革命》发表于《民国日报》之《革命》副刊。

3月31日，康有为（1858—1927）逝世。

4月12日，蒋介石发动"四·一二"反革命政变。28日，李大钊被奉系军阀张作霖杀害。30日，尚志学会张东荪、瞿菊农、黄子通等创办《哲学评论》。

6月2日，王国维（1877—1927）自沉于北京颐和园昆明湖。同月，清华研究院《国学论丛》第1卷第1号出版。《燕京学报》创刊。

7月，何炳松《历史研究法》由商务印书馆出版。

8月1日，中国共产党领导南昌起义。

---

① 李舜琴（1902—1979），山西平遥人，1924年加入中国共产党，1926年考入北平师范大学。新中国建立后历任中共中央华北局文教处处长和教育部工农速成中学司、民族教育司、师资培训司、业余教育司司长等。

② 侯外庐：《翻译〈资本论〉的回忆——我研究中国思想史的起点》，《中国哲学》第3辑，第356页。

③ 侯外庐：《韧的追求》，生活·读书·新知三联书店1985年版，第14页。

10 月，毛泽东在井冈山建立中国第一个农村革命根据地。胡适《戴东原的哲学》由商务印书馆出版。

11 月 1 日，傅斯年、顾颉刚等创办《国立中山大学语言历史学研究所周刊》。

12 月，陈垣《元西域人华化考》后四卷发表于《燕京学报》1927 年第 2 期。

本年，赵尔巽等编纂《清史稿》由清史馆出版。蒙文通《古史甄微》出版。蔡元培《中国伦理学史》由商务印书馆出版。

4 月 28 日

李大钊在北京英勇就义。得知李大钊牺牲的消息后，先生毅然决定赴法勤工俭学。

先生自述："我给自己找的出路，就是遵照大钊同志生前的嘱咐，勤工俭学，到法国去学习、研究马克思主义。我的决定，得到了父亲的支持。"[1]"他（李大钊——编者注）对我追求真理的热忱，点滴的进步，都爱护备至；同时又细心引导我走上革命的正途。以我的个性，而能在中国革命坎坷的道路上不迷失方向，全赖大钊同志的教导，循着他指点的方向，我以研究《资本论》为起点踏上征途，从而确立了我的马克思主义世界观，和对历史发展必然规律的信念。""我与大钊同志认识和接触的时间并不长久，然而，大钊同志以他独特完美的风格——人格、学术、境界之统一而高操，使我整个身心为之拜倒。大钊同志兼有思想家的敏锐，理论家的深刻，政治家的气魄，革命家的大无畏精神，忠厚长者的慈爱，学者的道德风貌。这一切优秀的品质，浑然集于大钊同志一身。大学时代的我，只是一个渴望彻底挣脱封建枷锁，追求真理的普通青年，之所以能从此走上信仰马克思主义的道路，为宣传马克思主义不遗余力一生，应该说，是李大钊同志给了我第一个推动力。"[2]

先生在哈尔滨的书摊上意外地买到《资本论》等马克思主义经典著作的英译本和日译本。先生回忆："得到这几本珍贵的书，就使得呆在哈尔滨那种无聊的等待也变得有意义起来了。于是我在旅馆天天读书度日。李

---

① 侯外庐：《韧的追求》，生活·读书·新知三联书店 1985 年版，第 16 页。

② 同上书，第 15 页。

大钊同志过去曾常常谈到《资本论》，他抱憾中国还没有一部较为完整的译本，他强调《资本论》是促进广大劳动阶级觉醒的理论武器。当我读到它的时候，更体会到这部巨著的伟大和大钊同志见解的正确。从此我把翻译《资本论》作为赴法求学的目的。我觉得，非如此便不足以报答大钊同志对我的教诲，告慰大钊同志在天之灵。"[①]

夏

到达法国后，先生住在巴黎郊区的小镇波尔科伦布，与爱人徐乐英同入法国巴黎大学文学院，先生听布格莱讲唯物史观，徐乐英则主要操持家务。同时，先生开始自学德文，为翻译《资本论》做准备。

一九二八年（民国十七年，戊辰）　二十五岁

2月，王桐龄《中国民族史》由北京文化学社出版。

6月9日，中央研究院成立，蔡元培任院长。

7月，中央研究院历史语言研究所成立。

10月，《国立中央研究院历史语言研究所集刊》创刊。

本年，中华书局开始编印《清史列传》80卷。

年初

先生开始使用"外庐"笔名。先生自述："一九二七年大革命失败时，我找到了信仰的归宿——马克思主义。旅法之初，我还不是共产党员。身在党外，怎么为马克思主义真理奋斗呢？这个问题我时时萦怀。苏东坡说过：'不识庐山真面目，只缘身在此山中。'我（对此）一向有不同的看法。身外庐山，固然可以客观立场，远观庐山壮丽之势，然而这徒见外表；唯有身在庐山，才能具体考察庐山，研究庐山，真正做到了解庐山之实。""我将苏东坡的诗句，反其意而用之，一九二八年初，起名'外庐'，以'外'自戒。时刻警戒自己，政治上，理论上，都还在庐山之外呢。""然而，惭愧的是，回顾一生，充其量我只有在理论的领域稍作过探

---

① 侯外庐：《韧的追求》，生活・读书・新知三联书店1985年版，第17页。

索的实践，而在政治上，终究未能成熟为一名真正的战士。外庐，本想自戒以'外'，却尽'外'矣。"①

2 月

先生的儿子闻初出生。先生回忆："法国有一种济贫性的国民医院，也可以为外国人免费接生，但是在那里出生的婴儿必须入法国籍。万般无奈，我把乐英送进巴黎一家国民医院，儿子闻初一堕地，就被登记成了'法国人'，一个护士为他起了个法国名字，叫安德烈。"②

春

先生在巴黎经成仿吾、章伯韬介绍加入中国共产党（附属法共，称"旅法中国语言支部"）。

本年

先生在法国巴黎大学文学院学习。同时，选择恩格斯审定的《资本论》德文第四版，并参照英、法、日等译本，开始试译《资本论》。先生回忆："它（翻译《资本论》的重担——编者注）并非任何人强加于我，而是我自己硬找来挑的。凭着初生之犊的雄心，凭着肯下功夫、肯吃苦的精神，我把这副担子挑起来了，并坚持了整整十年。我一生事业的起点，恰恰就是始于在万难之中挑起这副重担。""常令我停笔补课的问题是多种多样的。我在法国试译的阶段，以及后来回国重译的过程中间，通过自学补习的知识，除德文、法文之外，还涉及西方古典哲学、哲学史、政治经济学、经济史、莎士比亚的戏剧、歌德的诗、数学、机械学……我精读了马克思的《剩余价值学说史》，补读了黑格尔、费尔巴哈、康德、亚当·斯密、萨伊、西斯蒙蒂、李嘉图等人的著作。"③"在法国，我每天工作十六七个小时，除了上图书馆，除了为党做一些必要的工作，几乎足不出户。"④

---

① 侯外庐：《韧的追求》，生活·读书·新知三联书店 1985 年版，第 68 页。
② 同上书，第 24 页。
③ 同上书，第 19 页。
④ 侯外庐：《韧的追求》，生活·读书·新知三联书店 1985 年版，第 20 页。另参见胡培兆、林圃《〈资本论〉在中国的传播》，山东人民出版社 1985 年版，第 140 页。

一九二九年（民国十八年，己巳）　二十六岁

1月19日，梁启超（1873—1929，广东新会人）逝世。同月，陶希圣《中国社会之史的分析》由上海新生命书局出版。

3月10日，南京中国史学会创办《史学杂志》（双月刊）。同月，熊得山《中国社会史研究》由上海昆仑书店出版。

6月25日至30日，中国共产党六届二中全会在上海召开，通过《宣传工作决议案》。同月，李膺扬（杨贤江）译《家庭私有制和国家的起源》由上海新生命书局出版。杜畏之译普列汉诺夫《战斗的唯物论》由上海神州国光社出版。许德珩译《哲学的贫困》由春秋书店出版。

7月17日，苏联宣布与南京国民政府断交。

9月，范文澜《文心雕龙注》（上、中册）由北平文化学社出版，下册于1932年出版。

秋季，根据中共六届二中全会决议，成立中央文化工作委员会，直属中宣部领导，潘汉年为第一任"文委"书记，主要"指导全国高级的社会科学的团体，杂志，及编辑公开发行的各种刊物书籍"。

12月，彭嘉生（彭康）译《路德维希·费尔巴哈和德国古典哲学的终结》由南强书局出版。

本年，周谷城《农村社会新论》由上海远东图书公司出版。王云五主编《万有文库》由商务印书馆出版。陶希圣《中国封建社会史》由南强书局出版，《中国社会之史的分析》、《中国社会与中国革命》由上海新生命书局出版。

本年

先生继续在巴黎大学学习，并任一年左右的"中国语言支部"书记，每周抽出一天时间到雷诺汽车厂处理日常事务，并主编了两期《赤光报》。

先生回忆：通过法国《人道报》的途径，"我认识了杨秀林（杨秀峰）、林铁、曾尚林等同志。后来，杨秀林、曾尚林相继在法国，由我介绍参加了党组织。我在波尔科伦布的家和章伯韬同志的家，是两个主要的活动地点。因此，我家的'客人'越来越多了，他们中间最常来

的，有廖承志、成仿吾①、杨秀林、林铁、章伯韬、周北峰等……"②
"那时，支部组织了一个读书会，一度，同志们让我定时给大家讲《资本论》，我以有限的水平讲解这部光辉著作，并谈些唯物史观的心得体会。""廖梦醒精于日文，她曾花费不少时间，拿我的译稿和高畠素之翻译的《资本论》进行核对。核对以后，她对我说：和日文版比较，中文意思表达得可以。这简简单单的一句话，对我来说胜过任何褒奖，我的信心由此倍增。"③

一九三〇年(民国十九年,庚午)　二十七岁

2 月，刘剑横《历史学 ABC》由上海 ABC 丛书社出版。

3 月 2 日，"左联"成立大会在上海召开。同月，郭沫若《中国古代社会研究》由上海联合书店出版。陈启修译《资本论》第 1 卷第 1 分册由上海昆仑书店出版。郑里镇译日本河上肇《唯物史观研究》由上海文化书局出版。

4 月，王若水译苏联普赖汉诺夫《近代唯物论史》、陶伯译苏联布哈林《唯物史观》由上海泰东图书局出版。程始仁编译《辩证法经典》由上海亚东图书馆出版。

5 月，中原大战爆发。中国社会科学家联盟在上海成立，并于 9 月创办《社会科学战线》。

6 月，曹聚仁《中国史学 ABC》由上海世界书局出版。钱穆《刘向歆父子年谱》发表于《燕京学报》第 7 期，该文原名《刘向刘歆王莽年谱》。方壮猷《契丹民族考》连载于《女师大学术季刊》1930 年第 1 卷第 2 期和第 3 期（9 月号）。

9 月，《古史辨》第 2 册由北平朴社出版。

---

① 成仿吾（1897—1984），湖南新化人。1928 年在法国加入中国共产党，1931 年回国参加中国左翼作家联盟活动。后到鄂豫皖根据地、江西瑞金中央苏区工作，参加长征。抗战期间任陕北公学校长、华北联合大学校长、晋察冀边区参议会议长、中共晋察冀中央局委员、华北大学副校长等。新中国建立后历任中国人民大学副校长、校长、名誉校长，东北师范大学和山东大学校长等职。

② 侯外庐：《韧的追求》，生活·读书·新知三联书店 1985 年版，第 23 页。

③ 同上书，第 24 页。

11 月，吴黎平译《反杜林论》由上海江南书店出版。

本年，张元济开始辑印百衲本《二十四史》，到 1937 年出齐。周谷城《中国社会之结构》由上海新生命书局出版。

春

先生因经济困难而无法维持在法国的生活，被迫经柏林、莫斯科回国。从巴黎到柏林后，考虑到译稿有被边境检查没收的危险，成仿吾建议把译稿留下，再委托可靠的同志带到莫斯科或带回国。先生在莫斯科住了一周，见张闻天后要求留在莫斯科完成《资本论》的翻译。张闻天转达中共驻莫斯科代表团负责人张国焘的意见，拒绝了这一要求，嘱回国后自行寻找组织关系。先生回忆："回国后怎样找寻组织是个令人焦虑的问题，在莫斯科的冷遇也很不愉快。但是，在我胸中没有冷却的，终生也不曾冷却的，是几年来我所赢得的对马克思主义真理的信念，永不背叛党的事业的誓言，和尽快把《资本论》译本献给党和同胞的决心。"[1]

5 月 15 日

先生所作《最近国际金融关系之动态》发表于《中东经济月刊》1930 年第 6 卷第 4、5 合号，署名"侯玉枢"。文章以大量数字、图表等方式论述了"战后国际金融之三阶段"、"国际金融协调主义之协商"、"美国资金对于欧洲各国援助的外观"、"美国资金援助各国后美国所受之影响"、"一九二八年以来美国经济界之态度"、"美国投机市场大兴旺之原因"、"战后现金再分布之客观原因——国际物价"等问题。

约 5 月

先生回国后，不久担任哈尔滨法政大学教授，开设"中国经济思想史"等课程，这是先生研究史学的开始。先生一边教课，一边继续翻译《资本论》，并写了一部研究性的讲义，其中"中国古代社会与老子"一章曾由学生高锐锘译成俄文。

先生回忆："我开的几门课程中，有一门是'经济思想史'，讲的是经济学说的演变发展史，着重在于讲马克思主义经济学说的来源和主要内

---

① 侯外庐：《韧的追求》，生活·读书·新知三联书店 1985 年版，第 27 页。

容。讲课中，有意识地灌输一些辩证唯物主义，特别是历史唯物主义观点。不出我所料，这门课很快吸引来大批学生，来听课的人特别多。一些进步学生逐渐和我靠拢，邹鲁枫（解放后曾任人民大学副校长）就是其中之一。还有一位叫陈刚骞的，也常到我家里来。'九一八'事变后，他参加东北义勇军，后来在抗日联军中英勇牺牲了。"① 又："我对史学的探求，起于三十年代初。可以说，我研究经济学的时候就开始了。那时，我在大学里讲授《中国经济思想史》，因为经济学和历史学的天然相近，在讲稿中就不可避免地涉及史学方面的问题。1932 年，学术界关于老子的思想发生了争论，……我便从讲稿中把有关老子的经济思想一节抽了出来，花了一个星期的工夫，加工、整理成了一个单行小册子，即《中国古代社会与老子》。不料，对'老学'的这一尝试，竟成了我在思想史研究方面的处女作。因为写完以后就忙于别的事务，这项刚刚着手的工作，也便仅仅作为一次尝试而中断了。"②

7 月 15 日

先生所作《我之金贵银贱观——自现今货币论上研究》发表于《中东经济月刊》1930 年第 6 卷第 7 号，署名"玉枢"。文章论述"金在现今货币制度论上之意义"、"世界'金的再分布'后之假需要与金银价问题"、"银在现今货币制度上之位置"、"货币对外价值论与银价"等问题，提出："本文稍近专门，而行文则限于篇幅，失之太简，不能畅所发挥。作者有机（会），当写一本《银价之研究》以商国人。惟时间与兴味尚成问题耳。本文写毕，接得立法院《统计月报》银价问题专号，内有孙拯先生一文题曰《银价之研究》，与作者所研究之立足点相似，惟所论根据与结论，则有数处与我见不合。但无论如何，孙先生此文不失为有价值之研究也。"③

7 月

先生的二女儿侯重初生于哈尔滨。

---

①　侯外庐：《韧的追求》，生活·读书·新知三联书店 1985 年版，第 28 页。
②　侯外庐：《回顾史学研究五十年》，吴泽主编：《中国史学集刊》第一辑，江苏古籍出版社 1987 年版，第 14 页。
③　《中东经济月刊》1930 年第 6 卷第 7 号，第 9 页。

8 月 15 日

先生所作《转折期之一九三〇年世界经济界》发表于《中东经济月刊》1930 年第 6 卷第 8 号，署名"玉枢"。文章论述了"本年世界经济衰退之总观察"、"本年世界经济衰退之分别观察"，指出"本年世界经济不况，已无可讳言。此后各国如何开其产业以及金融之前途，已成经济界之要题"①。

先生所作《中国产业之出路问题——读山阳先生〈东北人力资本之缺乏与东南之过胜〉一文有感而作》在同期发表，署名"侯玉枢"。文章论述"中国财富之保存实况"、"近代中国式之商业资本"、"中国资本形态之转变进程"、"最近资本之出路"等问题。

9 月 15 日

先生所作《本年世界农业与金融之关系及其救济策》发表于《中东经济月刊》1930 年第 6 卷第 9 号，署名"玉枢"。文章论述"本年上期世界农产物之衰微"、"本年世界金融失衡及其转向"等问题。

10 月 15 日

先生所作《日本金解禁之因果》发表于《中东经济月刊》1930 年第 6 卷第 10 号，署名"玉枢"。文章论述"日本金解禁前国际贷借之趋势"、"大正九年至昭和二年金融大恐慌之信用膨胀"、"昭和二年恐慌后之金融界与金解禁问题"等问题，指出："日本人对于中国之研究在任何方面都好像比中国人自己更费心些。上自'支那'之考古、哲学、社会问题、经济问题，下至'支那'之风俗习惯，坊间皆有专书出版，对于满蒙则更年必有鉴，调查统计无一不尽其能事，若合编其所对中国之研究而为'支那'大观，当比中国人自己所做的中国大观强甚十倍。反观中国人对日本之研究，则除了一两本不成东西的小册子外，总是万分发挥中国民族之宽大审默态度，雅不欲多言论述，'以伤忠厚'。……本文所述很想做一块砖似的，抛出去也许引出玉石来。"②

---

① 《中东经济月刊》1930 年第 6 卷第 8 号，第 26 页。
② 《中东经济月刊》1930 年第 6 卷第 10 号，第 99 页。

10 月 19 日

先生作《景气变动史概观及去年世界景气之观察》，发表于《中东经济月刊》1930 年 5 月 15 日第 7 卷第 4、5 合号，署名"玉枢"。文章论述"世界景气变动史略"、"世界景气之现在与将来"等问题，认为："'景气'一词在我国无相当译文，乃暂借用日文之译文也。普通商人所谓'生意'颇与此词暗合。……然学术上之用语，与普通看法不同，普通只有素朴的二分法（即好景气、不景气或好生意、坏生意），科学上则有三分法四分法以至五分法六分法。""景气云者，乃财界机构上变动之有机现象，与人类呼吸空气之生活现象相若，盖有规律者也。"① "吾人生此二十世纪，花样百出，前代之历史进程在吾人视之，甚觉其缓慢；反之，吾人所处之历史进程又觉过于奔驰之快，学问上以及事实上之'日新月异'惟此时代能当之，吾人之脑筋亦云疲乏矣。"②

11 月 8 日

先生作《金银在世界经济上之意义与中国》之初稿。

11 月 15 日

先生所作《日本金解禁之因果（续）》发表于《中东经济月刊》1930 年第 6 卷第 11 号，署名"玉枢"。文章论述"金解禁之准备"、"金解禁后日本之正货之流出"、"金解禁后日本之贸易状态"、"日本金解禁后物价之下落"，指出："日本金解禁后仅不到半年，而贸易、物价、股票、市场、全国产业已受重大打击。……吾人所论纯系自实际状况而言，非幸灾乐祸之见存其中。最要一点希望于日本者，即银价低落非仅我国之不幸，日人亦受影响，若不谋打破其中矛盾，而一味搜求现金，使银价更落，日本，贸易衰微将更加倍，东亚国际状况不知远逊于欧美胡底也。"③

---

① 《中东经济月刊》1930 年第 7 卷第 4、5 合号，第 87 页。
② 同上刊，第 96 页。
③ 《中东经济月刊》1930 年第 6 卷第 11 号，第 85 页。

一九三一年(民国二十年,辛未)　二十八岁

1月,范文澜《正史考略》由北平文化学社出版。

5月,郭沫若《甲骨文字研究》由上海大东书局出版。

6月,郭沫若《殷周青铜器铭文研究》由上海大东书局出版。

9月4日,《大公报》创办《现代思潮》副刊。18日,日本关东军发动"九·一八"事变。

11月,《古史辨》第3册由北平朴社出版。

12月,苏联在列宁格勒召开亚细亚生产方式讨论会。

本年,周谷城《中国社会之变化》由上海新生命书局出版。陶希圣《西汉经济史》由商务印书馆出版,《中国社会现象拾零》由上海新生命书局出版。

4月10日

先生改定《金银在世界经济上之意义与中国》,发表于《中东经济月刊》1931年6月15日第7卷第6号,署名"侯玉枢"。文章论述"货币史上之金银"、"银之需要供给与银价"问题。

7月15日

先生所作《金银在世界经济上之意义与中国(续)》发表于《中东经济月刊》1931年第7卷第7号,署名"侯玉枢"。文章论述"银价暴落影响于产银国与我国(银本位国)"、"金价腾贵如何说明"问题。

12月

苏联在列宁格勒召开亚细亚生产方式讨论会。

李学勤提到:"哥德斯做了报告,算是此问题讨论的终曲。这次讨论会有速记记录,日文版——据我所知——国内仅有两部,一部即为侯先生所藏。"①

---

① 李学勤:《侯外庐先生对古代社会研究的贡献》,张岂之主编:《中国思想史论集》第2辑,广西师范大学出版社2003年版,第25页。

本年

"九一八"事变后，先生由大连经天津辗转入关。先生回忆："当时促使我尽快离开的另一个原因是张景惠。他原是国民党驻哈尔滨的特区长官，日本人侵占哈尔滨时，他摇身一变，投降了日本，当了汉奸，还成了接管学校的大员。我在哈法大宣传马克思主义，早已引起他的注意。因此我决定迅速离开，带着一家大小，回到了北平。"①

先生自述："'九一八'事变后，我回到北平。其时正值中国社会史论战高涨，这更加引起我对古史的兴趣。但我在此时，除了在北平大学等学校继续讲授'中国经济思想史'之外，并没有直接在报刊上参加论战。这是因为：其一，当时在繁重的教学之余，我和王思华同志正埋头于《资本论》第一卷的翻译和出版工作，忙得不可开交；后来又因参加抗日宣传被国民党抓去坐牢，来不及撰写中国古史研究文章。其二，自认为科学研究应取严肃谨慎态度，在未充分做好理论准备、掌握材料以及作严密思考之前，不可放言高论。我认为，这场论战有一个最大的缺点，就是对于马克思主义的基本理论没有很好消化、融会贯通，往往是以公式对公式、以教条对教条。我看了当时群起攻击郭沫若的文章，想到一个问题，即缺乏马克思主义的基本理论修养而高谈线装书里的社会性质，是跳不出梁启超、胡适'整理国故'的圈套的。而要提高理论修养，就应先把外文基础打好，从经典著作的原著中掌握观察问题的理论和方法。因此，我仿效鲁迅的翻译研究方法，把翻译《资本论》作为研究历史的必要的思想理论准备。此外，因为翻译《资本论》而涉及西方国家的各派经济学说，我又着手编著《经济学之成立及其发展》，作为研究经济思想史的参考书。论战的另一个缺点是，不少论者缺乏足以信征的史料作为基本的立足点，往往在材料的年代或真伪方面发生错误。因此，我认为对待历史材料应谨守科学的法则，善于汲取前人的考据成果，同时应有自己的鉴别，勇于创新。我之所以赞赏王国维考辨史料的谨严方法，钦佩郭沫若敢于撞破旧史学门墙而独辟蹊径的科学勇气，把他们当作自己的老师，原因便在于此。"②

---

① 侯外庐：《坎坷的历程——回忆录之三》，《中国哲学》第5辑，第476页。
② 侯外庐：《我对中国社会史的研究》，《历史研究》1984年第3期，第5页。

同年，先生开始与杜国庠通信。先生回忆："那时我们都在搞翻译工作。我看到他用林伯修、关念兹笔名译的书，托某书店转寄他一封请教的信，内容主要是我翻译经典著作因了水平幼稚搞不下去了，冲不破难关。杜国庠同志的回信给了我莫大的鼓励。他讲了一套有关边干边学的道理，结论是传播马克思主义都在学习的萌芽阶段，谁也不敢说译品成为定本，试做总比不做好，应准备做后来者的桥梁。"①

一九三二年（民国二十一年，壬申）　二十九岁

1月，郭沫若《两周金文辞大系》由日本文求堂出版。蒋维乔《中国近三百年哲学史》由中华书局出版。

3月，王礼锡、陆晶清编《中国社会史的论战》第1辑由上海神州国光社出版，至1933年3月共出版4辑。

8月，郭沫若《金文丛考》由日本文求堂出版。

9月3日，《大公报》创办《世界思潮》副刊。同月，潘冬舟译《资本论》第一卷第二册由北平东亚书局出版。

10月，傅斯年、方壮猷、徐中舒、萧一山、蒋廷黻等编纂《东北史纲》第1卷出版。

11月1日，《理论与现实》在北平创刊。

12月12日，中苏正式复交。17日，宋庆龄、蔡元培、鲁迅等在上海成立中国民权保障同盟。

本年，柳诒徵《中国文化史》由南京钟山书局出版。

初春

先生抵北平，住前门左府胡同1号。应聘担任北平大学法学院教授，并在北平师范大学和中国大学兼课。北平大学法学院院长是白鹏飞，经济系主任是李光忠，该校教授先后有李达、陈启修（陈豹隐，1886—1990，四川中江人）、陈翰笙、许德珩（1890—1990，江西九江人）、章友江（章裕昌，1901—1976，江西南昌人）等人，学生有宋之的、韩幽桐、于

---

① 侯外庐：《忆悼杜国庠同志》，《光明日报》1961年2月8日第3版。

玲等人。先生在经济学课上主要讲授马克思主义政治经济学，在社会学课上讲授唯物史观。在北平师范大学教授《历史哲学》，后公开使用"唯物史观"名称。

不久，经陈翰笙介绍，中法大学教授王思华①到先生家中拜访，见面两三次后，两人商定合译《资本论》，并立即着手从头开始翻译。先生回忆："在我与王思华甘苦与共，一同倾注心血于《资本论》翻译的岁月中，我们之间建立起终生莫逆的信任和友谊。"② 重译过程中，先生与王思华请教财政史专家崔敬白，后又查阅《清史稿》、《王侍郎奏议》等，最终确定《资本论》中的 Wan—Mao—in 就是王茂荫。

在北平大学法学院，先生应同事邀请参加左翼团体教师联合会（简称"教联"）。"教联"隶属"北平左翼文化总同盟"（简称"北方文总"），范文澜为"教联"的主要负责人之一。先生所在的大学组有黄松龄（1898—1972，湖南华容人）、许德珩、马哲民（1899—1980，湖北黄冈人）、张申府（1893—1986，河北献县人）、王思华等。③

先生经常应邀到北京大学、清华大学、北平师范大学、中国大学、民国大学、朝阳大学、北平大学法学院、女子文理学院等以及一些中学演讲，宣传抗日，"当时，在大学教授中，经常发表公开演讲的，有北大的许德珩、师大的马哲民、中国大学的黄松龄，和北平大学法学院的我等人"④，"北方文总"和"教联"由潘训出面与先生联系讲演的安排。

先生曾在中国大学大礼堂逸仙堂做关于亚细亚生产方式的演讲，第一次向公众表明其亚细亚生产方式观点，嵇文甫⑤听学生介绍后曾特地登门拜访。又曾在师大演讲"法西斯种种"以揭露中外法西斯的同一反动本质，在中国大学当面与托派分子辩论并在此基础上写出《马克思主义与中

---

① 王思华（1904—1978），又名王慎明，河北乐亭人。1926 年赴法国、英国学习期间开始翻译《资本论》。1937 年 9 月到延安，1938 年 6 月加入中国共产党。1942 年任中央研究院中国经济研究室主任，1943 年他兼任西北财经办事处计委会副主任。抗战胜利后，历任辽西行署、辽北省政府秘书长兼民政厅长、黑龙江省副秘书长、东北财委常委兼东北统计局局长。新中国建立后曾任国家统计局党组书记、局长，第三届全国人大代表、第五届全国政协委员等。

② 侯外庐：《韧的追求》，生活·读书·新知三联书店 1985 年版，第 34 页。

③ 参见韦町《世上有真情——黄松龄与杨淑贞》，红旗出版社 1995 年版，第 214—215 页。

④ 侯外庐：《韧的追求》，生活·读书·新知三联书店 1985 年版，第 39 页。

⑤ 嵇文甫（1895—1963），河南汲县（今卫辉）人。新中国建立后历任全国政协委员、全国人大代表、河南省副省长、中南军政委员会委员、中科院哲学社会科学学部委员、河南大学及郑州大学校长等职。著有《先秦诸子政治社会思想述要》、《晚明思想史》、《中国社会史》等。

国革命》。先生回忆："我自从信仰马克思主义而真正从思想上走出书斋，投身到群众革命斗争的行列中去，应该说是在'九·一八'事变后，走上北平群众讲台时开始的。我从群众的救亡热情中，汲取到很大的力量，这力量对我以后的生活历程，一直起着重要的作用。"①

暑假

先生每天到南河沿欧美同学会的王思华住所翻译《资本论》，并在该处第一次见到范文澜。先生回忆："我们商定，主要根据恩格斯审定的《资本论》德文第四版进行翻译，并尽快将第一卷译出。两人做了这样的分工：一至九章，两人都分别译出，互相商榷，互相修正，力求反映马克思的原意。九章以后，按章分译，我担任十三、十四、十五、十六、二二、二三、二四、二五各章；王思华同志担任十、十一、十二、十七、十八、十九、二〇、二一各章。在审定译稿阶段，我第一次在欧洲时的旧译稿（一至二〇章），由于李白余同志的帮助自欧洲寄回，因而得以参考修订。"② 第一章至第九章的分译是力求信达，以熟悉彼此的翻译特点和文字风格。

由王思华出面，李白余（即李乐光、李兆瑞，1903—1955，河北乐亭人，李大钊的族侄，时为北平地下党负责人）通过党组织把先生留在柏林的二十章译稿安全运回，大大加快了重译的进程。先生回忆："直到解放后，王思华和我在北京重逢时，他才把找回译稿的全过程告诉我。我这才知道，李白余同志当时就是党员，他了解到我有二十章译稿在德国，为帮助我们尽快完成翻译，通过组织追查译稿下落，最后从柏林把译稿找回。"③ "在当年翻译和出版的过程中，李白余平日对我们的热心和关照，他通过组织从柏林找回译稿，乃至奔走出版的不遗余力，应是体现北平地下党组织对这项工作所给予的支持。"④

---

① 侯外庐：《韧的追求》，生活·读书·新知三联书店 1985 年版，第 41—42 页。
② 侯外庐：《翻译〈资本论〉的回忆——我研究中国思想史的起点》，《中国哲学》第 3 辑，第 357 页。
③ 侯外庐：《〈资本论〉译读始末》，《学习与研究》1981 年试刊号第 1 期，第 30 页。
④ 侯外庐：《韧的追求》，生活·读书·新知三联书店 1985 年版，第 34 页。

暑假以后

蒋介石把其侄儿蒋孝先的宪兵三团派到北平，加强镇压革命。"蒋介石对于北平地区救亡运动的发展特别是各界人士不断公开抨击南京政府不抵抗政策十分恼火。1932 年秋，把直属国民党中央政府的宪兵三团调来北平。……反动派为了杀一儆百，首先选择了北平师范大学开刀。"①在这种形势下，先生与马哲民、黄松龄等"左派教授"被北平师范大学校长李蒸解聘。

9 月

先生与王思华合译《资本论》第一卷上册（1—7 章）由北平国际学社出版，署名"王慎明、侯外庐合译"。先生自述："我们的译本整个出版工作，都是王思华承担的。这一年暑假，王思华既要翻译，又要跑出版，他是特别辛苦的。那时，由于我天天在欧美同学会工作，也亲见李白余奔走相助之忧。……我还记得，在筹措印刷费时，王思华不知从哪里借到二百元作垫款。"②

该书《译者的话》云："这部名著的翻译，是开始于我们旅欧时代（一九二六——一九三〇）的期间，到了一九二八年的春间，我们已译至本书第一卷第二十章。当时因为译文不敢十分自信，仅把这部分初稿搁置于德国者，凡二载有余。本年二月间翻译该书的动机复发，我们经过严密的商榷后，便又开始第二次的初稿了。到本年八月间，在第一卷前部的初稿告成时，我们第一次的初稿经友人李白余君的帮助，从德国寄回。在覆稿的工作中，因为我们得以比对两次的初稿，使我们得到意外

---

① 韦町：《世上有真情——黄松龄与杨淑贞》，红旗出版社 1995 年版，第 215 页。

② 侯外庐：《韧的追求》，生活·读书·新知三联书店 1985 年版，第 34 页。

的收获。""我们的译文是根据恩格斯的德文第四版，理由是：考次基的平民版，虽然有些地方在校勘上实有不少的贡献，但是否有如第四版成为定本的价值，现尚未为各国所公认。……复次，我们因原文须有各国文字比对的必要，所以在技术上亦不能不根据第四版。不过关于少数单字的校正，认为有必要时，亦采用考次基版。"[1] "Moore and Aveling 的英译本，虽为恩格斯所校阅，后来又为 Untermann 按照第四版所修正与补足，然而与原文仍有出入；Eden and Cedar Paul 的新英译本，有些地方虽较忠实，然亦不免有失原意处。Molitor 的法译，在各国译本中为最忠实而通畅者，然遗字漏句误笔，时有所见。但对于以上三种译本我们都酌量参考。日译本中高畠本，是根据第四版译的，我们自然也要参考。但对于河上宫川译本对于高畠本的改正处，以及二氏最近改造社版对于严波文库版的自己的许多改正处，我们亦斟酌采用。老实说，在中国译书界不采用日译的用语的，实在鲜有，驯至大多数专门用语，都已日本化了。所以我们的翻译在便利上以及惯用上，都得求助于日译，甚而至于应该改正的名词，亦沿用一般的借用语，如'相对的价值形态'与'等价形态'，本可译为'价值的见分'与'价值的相分'。但我们为通俗计，仍沿用着前者。"[2]

秋

李达到北平大学法学院任教，与先生相识。先生回忆："我自得认识李达同志，仅半年交往，便终生师事。我常常去向他请教问题，他也很愿意和我交换看法。我们在一起讨论过社会史论战中存在的许多理论缺陷。"[3] 又："有一次，我同他在一起交谈，李达同志诚恳地对我说：我现在不便公开活动，你年轻，熟悉马克思主义，可以好好努力。"[4]

---

① 王慎明、侯外庐译：《资本论》第一卷上册"译者的话"，北平国际学社 1932 年版，第1页。

② 侯外庐、王思华译：《资本论》第一卷上册"译者搞乱"，北平国际学社 1932 年版，第1—2页。

③ 侯外庐：《韧的追求》，生活·读书·新知三联书店 1985 年版，第 36 页。

④ 侯外庐：《坎坷的历程——回忆录之三》，《中国哲学》第 5 辑，第 477 页。

由李达介绍，先生认识吕振羽，[①]"我和吕振羽在北平有数的几次交往，便彼此建立起信任"[②]。其时吕振羽开始用唯物史观探讨中国古代社会的最初阶段，与先生对社会史论战的注意点相近。

11 月 13 日

鲁迅和许广平从上海来北平探亲。

11 月 22 日

鲁迅由台静农陪同，在北京大学第二院作《帮忙文学与帮闲文学》的公开演讲；随后到辅仁大学作《今春的两种感想》的演讲。

11 月 24 日

鲁迅由范文澜陪同，到女子文理学院作《革命文学与遵命文学》的演讲。

11 月 26 日

鲁迅参加北平地下党组织的欢迎会。

11 月 27 日

鲁迅应北师大文艺研究社邀请，到北师大作《再论"第三种人"》的露天演讲。先生回忆："我当时没有听过他的讲话，但是在师大同先生见过一面。……我当时并不知道鲁迅先生此行的目的，只是最近读了陈沂同志《向鲁迅先生的一次汇报》后，才知道先生北上与党组织有关系。鲁迅先生在这次听取汇报中，对我们几个人在白色恐怖下公开宣传马克思主义

---

① 吕振羽（1900—1980），湖南武冈（今邵阳）人。1926 年参加北伐军，1928 年在北平主编《村治月刊》、《新东方》，1936 年加入中国共产党。抗战期间先后在湖南省文化界抗敌后援会、中苏文化协会湖南分会工作，"皖南事变"后调新四军军部工作。1942 年到延安后任刘少奇政治和学习秘书等。抗战胜利后曾任中共热西地委副书记、冀热辽救济分会副主任、中共安东省委常委等职。新中国建立后历任中共中央历史问题研究委员会委员，大连大学校长兼党委书记，东北人民政府文化教育委员会副主任兼东北人民大学校长、党委书记，中国科学院哲学社会科学部委员，第一届全国人民代表大会代表、第三届全国政协委员等。著有《史前期中国社会研究》、《殷周时代的中国社会》、《中国政治思想史》等。

② 侯外庐：《韧的追求》，生活·读书·新知三联书店 1985 年版，第 37 页。

的活动，给了很高的评价。特别是对我们几个人的安全，所给予的关怀和爱护，使我们至今深受感动。"①

12 月 5 日

《世界日报》第 7 版报道《平大法学院昨又发生纠纷——公开讲演未成，学生被捕三人》："平大法学院政治学会，原定昨天上午十时，敦请许德珩、侯外庐、鲁克明等，在该处作公开讲演，届时听众前往甚多，但事先公安局已得有报告，……经劝阻散去，有三人押军警机关而去。"

12 月 11 日

晨，先生被国民党宪兵三团秘密逮捕。此前 10 日夜马哲民被捕，13 日许德珩亦被捕，是为"许、侯、马事件"。先生回忆："最近，梁寒冰②同志和我谈及这段往事时，说当时青年学生中，流行有'侯囚豹隐'的说法，'侯囚'指我被捕，'豹隐'是指陈豹隐避开了。"③

先生被捕后，王思华继续坚持《资本论》的翻译工作。

12 月 14 日

《世界日报》第 7 版报道：《北京大学及平大法学院教授许德珩、侯外庐、马哲民三人，忽于前昨两日被捕》。

先生回忆："据后来所知，敌人原先的计划，是准备把我们抓起来后，阴谋秘密杀害的。但是在十二月十四日，《世界日报》以大字标题，报道了我们的消息。……原来是老许被捕的时候，他的夫人劳君展把我们的情况，迅速告诉了《世界日报》的记者萨空了。"④

---

① 侯外庐：《坎坷的历程——回忆录之三》，《中国哲学》第 5 辑，第 483 页。

② 梁寒冰（1909—1989），山西定襄人。新中国建立后历任天津市军管会文教处副处长，天津市教育局长、市委文教部长，河北省委文教部长兼河北大学校长，中共中央华北局宣传部副部长，中国社会科学院历史研究所分党组书记、副所长等。1980 年当选为重新建立的中国史学会常务理事兼秘书长。著有《唯物论与唯心论》、《历史学理论辑要》、《中国现代史大事记》、《中国现代革命史教学参考提纲》、《新编地方志研究》等。

③ 侯外庐：《坎坷的历程——回忆录之三》，《中国哲学》第 5 辑，第 487 页。

④ 同上书，第 486 页。

12 月 15 日

《世界日报》第 7 版："昨平市当局接中央密令，饬即严捕共党负责分子，解京法办，当即由公安局遵照分别捕拿。前昨二日内，将在本市××学院教课之共党首要侯外庐、许德珩等，及前湖北苏维埃省执委马哲民等逮捕，……"

同日，北平大学法学院发出"法学院全体教授定于今日下午五时，在一院商讨营救办法"，接着北大、师大、中国大学、民国大学等院校学生会也相继在报上刊出营救消息。

12 月 20 日

《平大法学院院报》登载民国大学校长雷殷致电法学院院长白鹏飞："侯玉枢君，前在哈法大任教授，对马克思学说颇有研究，但尚未运动宣传情事，闻因讲演受嫌被捕，请公加意营救。"

12 月

先生等被捕的消息传到上海后，宋庆龄、蔡元培、鲁迅、杨杏佛等领导的"中国民权保障同盟"极为关心，立即派杨杏佛到北平营救，许德珩被释放，而先生与马哲民仍被监禁。"北大教授许德珩、师大教授马哲民及平大教授侯外庐，突被逮捕。""宋庆龄、蔡元培等组织中国民权保障同盟，并电蒋中正、宋子文、于学忠，望即释放许德珩等。"[1]

本年

先生在《世界日报》发表杂谈《资本论》翻译过程的文章。郭沫若读到此文后，曾托人向王茂荫在安徽的家族做调查，进一步核对先生的考证。[2]

先生回忆："早在一九三二年，我在北平任教时，读到郭沫若的著作《中国古代社会研究》，十分钦佩他为中国史学做了划时代的贡献。同时，

---

① 《人月刊》1933 年第 4 卷第 1 期，"中华民国二十一年十二月至二十二年一月大事类表"，第 2 页。参见高平叔《蔡元培年谱》，中华书局 1980 年版，第 109—110 页。

② 侯外庐：《韧的追求》，生活·读书·新知三联书店 1985 年版，第 128 页。

我由手头正在进行的《资本论》翻译，联系到中国古史，产生了一种愿望，想要研究和解释中国历史各经济发展阶段与政治思想、学术思想的关系。当时，只因为心手羁于翻译而无暇顾及。"①　"一九三〇年我从国外回来不久，便有机会读到郭沫若的新著《中国古代社会研究》。这本内容丰富而又新颖的著作很快吸引了我。尤其是他在掌握大量史料的基础上，运用历史唯物主义观点和方法，以其锐利的眼光，第一次提出并且论证了中国古代同样存在奴隶制社会，从而证明了马克思主义关于人类社会史一般规律的普遍意义，这一大胆的科学发现使我感到兴奋。……郭沫若在古文献、古文字和考古学方面的渊博知识以及他对古史研究中疑难问题的大胆论断，都开阔了我的眼界，启发了我的思考，唤起了我对古史研究的兴趣。……如果说，大革命时期，李大钊同志曾经是指引我学习马克思主义理论的老师，那么，从三十年代初开始，我已经把郭沫若同志看作是指引我学习和研究中国历史的老师。"②又："一九三〇年，我离开巴黎取道莫斯科回国。不久，读到郭沫若同志的新著《中国古代社会研究》，他应用马克思主义的理论和方法在中国古代史研究中开辟了一条崭新的道路。我当即写信给他，对他的贡献表示钦敬。郭老的这一著作以及当时正在开展的中国社会史论战，刺激了我对研究中国历史的兴趣，……对于研究古史的方向，我是确定下来了。"③

一九三三年（民国二十二年，癸酉）　三十岁

　　3 月 12 日，中山文化教育馆在南京成立，孙科任理事长，蔡元培等为常务理事。同月，《古史辨》第 4 册由北平朴社出版。

　　4 月，岑纪译、苏联柯金著《中国古代社会》由上海黎明书局出版。

　　5 月，郭沫若《卜辞通纂》由日本文求堂出版。

　　6 月，吕思勉《先秦学术概论》由上海世界书局出版。

　　8 月 10 日，中山文化教育馆创办《时事类编》。

①　侯外庐：《韧的追求》，生活·读书·新知三联书店 1985 年版，第 66 页。
②　同上书，第 223—224 页。
③　侯外庐：《我是怎样研究中国思想史的》，《历史教学问题》1982 年第 4 期，第 2 页。

10月，范文澜《群经概论》由北平朴社出版。向达《唐代长安与西域文明》由燕京学社出版。

11月，夏曾佑《中国古代史》由商务印书馆出版。

12月，冯友兰《中国哲学小史》、朱谦之《文化哲学》由商务印书馆出版。

本年，周谷城《中国社会之现状》由上海新生命书局出版。

1月6日

宋庆龄和蔡元培以中国民权保障同盟临时全国执行委员会正副主席的名义致电国民党中央常务委员会，再次要求国民党当局立即释放被拘押的先生及马哲民等人。

1月9日

先生与马哲民由警察厅被转到北平高等法院。

3月6日

先生与马哲民被第一次开庭公审，起诉人是国民党北平市党部，马哲民的辩护律师是北京大学教授戴修瓒，北平大学法学院则由张孝移出面聘请朝阳大学校长江庸担任辩护律师。

审理期间，杨绍萱（1893—1971，河北唐山人）以先生之名义在《世界日报》登载启事，声明并没有宣传与三民主义不相容之主义。先生回忆："所谓'宣传与三民主义不相容之主义'，原是根据两个学生的笔记，记有我讲'现阶段中国之前途'时，说'当前世界上有三种道路，一种是西方资产阶级国家，一种是印度式的殖民地道路，还有一种是苏联十月革命的道路。中国应该走哪一条路，十月革命就是将来中国的前途'。……当检察官要我答辩时，我一方面据理力争，说我们的宣传并不反对孙中山先生的三民主义，无所谓'与三民主义不相容'。同时，我也理直气壮地反问他，印度式的殖民地道路，他是不是愿意走？定罪要根据本人的行为，怎么可以用别人写的笔记作为依据？检察官被我问得暴跳如雷。"[①]

虽经多方积极营救，但三次公审后，先生与马哲民仍被以"宣传与三

---

① 侯外庐：《坎坷的历程——回忆录之三》，《中国哲学》第5辑，第489页。

民主义不相容之主义"的罪名各被判处有期徒刑两年半。

夏

先生回忆:"那时,整个的牢房都关满了我们的同志,现在中国社会科学院法学所副所长谢铁光同志,当时就和我们在一起。……一九三三年夏天,为争取改善政治生活待遇,狱中爆发了一次绝食斗争,铁光同志就是这次斗争的组织者之一。……这次斗争进行得很坚决,监狱当局几次提出谈判,他们都没有理睬,一直坚持了六天六夜。为了使斗争做到有理、有利、有节,我乘放风的时间,给铁光通了个气。我说:条件成熟了,可以考虑接受谈判。结果,他们谈得很成功,提出的十项要求,监狱当局答应了九条。这次绝食斗争,不仅在政治上赢得了不小的胜利,生活待遇也得到了改善。从此,我们取得了可以互相串门,可以在一起学习和自由交谈的权利,改变了过去那种只有在放风、上厕所的时候,才有可能换换空气的状况。"[1]

9 月

张友渔从日本回国,立即与杨绍萱等积极营救先生,设法筹措数千元巨款,使先生以"因病假释"为名出狱就医。出狱后,先生暂时隐居北平郭唯一(反对阎锡山统治的山西籍辛亥革命老人)家。

为躲避南京蒋介石"中央政府"的"追究",张友渔通过天津市长崔廷献(阎锡山嫡系官僚)向阎锡山介绍先生的情况,阎锡山想利用先生"左派教授"的名声来标榜"民主"、"进步",同意先生去太原。先生回忆:"我和一些朋友仔细分析了阎锡山的动向。综观他辛亥以来的行为和在山西割据称霸的形势,我们认为,他既然抗不过蒋介石,就必然坚持在山西经营独立王国,当土皇帝。山西在华北的战略地位,自古就十分重要。'九·一八'事变以后,他当土皇帝的宗旨不变,而对日寇的态度却相当暧昧。我决定回山西去,利用阎蒋矛盾,利用阎锡山标榜'民主'的口号,相机寻找一个新的宣传抗日、宣传马克思主义学说的阵地。"[2]

---

① 侯外庐:《韧的追求》,生活·读书·新知三联书店 1985 年版,第 53 页。

② 同上书,第 54 页。

本年

先生在北平狱中时，周北峰曾请傅作义营救，傅以 300 元现洋相助。先生回忆："解放后，于一九四九年傅先生赋闲期间，他鉴于他的至交周北峰与我友情笃深，便常来访我，常与我约会，每每谈得很深，还请我介绍他结识郭沫若等文化界朋友。"①

一九三四年（民国二十三年，甲戌）　三十一岁

1 月，左舜生《辛亥革命史》由中华书局出版。

2 月 19 日，蒋介石发表《新生活运动讲义》，提倡尊孔读经。

3 月 10 日，《读书与出版》在上海创刊。16 日，《禹贡》半月刊创刊。

4 月，吕思勉《中国民族史》由上海世界书局出版。

5 月 20 日，史学研究会成立，成员有吴晗、夏鼐、罗尔纲、张荫麟、吴泽等。同月，陈恭禄《中国近代史》由商务印书馆出版。

6 月，吕振羽《史前期中国社会研究》（《中国社会史纲》第一分册）由北平人文书店出版。

7 月，李季《中国社会史论战批判》由上海神州国光社出版。

8 月，王昆仑创办《中山文化教育馆季刊》，李季《中国古代社会史的研究》发表于该刊创刊号。

9 月，吕振羽《中国社会史纲》第 1 册《史前期中国社会研究》由北平人文书店出版。方壮猷《东胡民族考》由商务印书馆出版。

10 月，张东苏汇编《唯物辩证法论战》由北平民友书局出版。吕思勉《中国民族史》由上海世界书局出版。

11 月 10 日，《读书生活》创刊，李公朴任主编，柳湜、艾思奇、夏征农任编辑。同月，艾思奇《哲学讲话》开始连载于《读书生活》。叶青《哲学到何处去》由辛垦书店出版。

本年，中华书局开始影印出版《古今图书集成》。王伯祥主持辑印《二十五史》（上海开明书店出版）。商务印书馆印行《万有文库》第二

---

① 侯外庐：《韧的追求》，生活·读书·新知三联书店 1985 年版，第 73 页。

集。张元济主持辑印《四部丛刊》续编。

春

先生到达山西太原。先生回忆："阎锡山决定请我回太原的消息一传出，山西大学的学生便有请我任教的动议和呼声，其他大专学校的学生会组织，也纷纷准备邀请我讲演。"① "消息传到阎锡山的耳朵里，立刻引起他的戒备。"② 阎锡山遂规定先生不得任教、不得讲演，生活费由"绥晋公署"支付，官方则只限定李冠洋（1904—1984，山西灵邱人）、张隽轩（1904—1988，山西五台人，中共地下党员）与先生来往。李冠洋在 20 世纪 20 年代曾参加国共合作运动，先生与其在北京法政大学相识。张隽轩的舅父杨爱源是阎锡山的副司令。

到太原后，由于心情压抑和监狱生活的摧残，先生得了一场大病，医生告诫不许做翻译，于是"抽出一部分修改译稿的时间，换成研究古史，作为精神上的调剂"③。先生自述："在当时的马克思主义学者当中，虽然一般都认为生产方式是决定社会性质的根本因素，但对生产方式本身如何理解，并没有统一的认识，有些人的解释，据我看来，多少偏离了马克思的原意。""针对上述情况，我在 1933 年到太原后，花了两个月的时间，写了那篇《社会史导论》，根据我研读和翻译《资本论》的体会，力图从经济学和历史学统一应用的角度，讨论生产方式。"④ 但投稿到《中山文化教育馆季刊》后一直没有回音。

5 月 1 日

先生作《中国古代社会与老子》序言："本书是我对于中国经济思想史研究的一章，因为这一章我相信有特别发表的价值，所以把它当作单行本出版。"

---

① 侯外庐：《韧的追求》，生活·读书·新知三联书店 1985 年版，第 54—55 页。
② 同上书，第 55 页。
③ 同上书，第 66 页。
④ 侯外庐：《我对中国社会史的研究》，《历史研究》1984 年第 3 期，第 6 页；参见《韧的追求》，第 226 页。

6月1日

先生所著《中国古代社会与老子》由国际学社出版。该书论述老子的经济思想体系、国家学说、意识形态理论、自然秩序观和方法论，提出："老子的思想体系是'原始村落公社'之理论化。"[1] "三十辐共一毂，当其无，有车之用；埏埴以为器，当其无，有器之用；凿户牖以为室，当其无，有室之用。故有之以为利，无之以为用。"第十一章中"所谓'无'，是社会的属性，不是物理自然的属性。'无'当讲为'非有'，义指不私有，所以当其无，便是说当车器室在非私有财产的特定阶段"[2]，"在这种社会关系之下，这些物件只是物件本来的属性，或只是为共同使用而生产，而不是如同在交换关系中物件超自然的属性，或代表交换价值的商品"[3]，从"无"到"有"是人类从"非私有生产物"的社会向"私有生产物"的社会之转变，而"小国寡民"则是"未进至农业生产阶段之氏族社会"[4]。在意识形态上，"老子因排斥'有之'的社会，因排斥'大怨'的制度，因排除基于这样社会与制度之上的教育礼俗等等，于是在意识上便极端的主张无物我见，无人我相。因为他看得知识做了欺骗的工具，于是极端的主张无知识，复归于原人般的意识"[5]。书中认为："无论古今中外那一个思想家，推到思想的出发点，都有对于人类性的假定。"[6] 老子以把人性抽象化、绝对化为"见素抱朴"的"常德"，并以此来建立其理想的社会制度。关于自然秩序观，该书提出："大体上言之，一切学说——除了某部分发展的学说——都是想证明一个特定社会法则之万古适应，必然拿自然秩序的自然运动法则，作为适用的比况。"[7] 老子认为"自然秩序是大公无私，那么社会秩序亦应法自然之'大公无私'的性质；自然秩序是无人己的对立，所以社会秩序亦应超乎对立，而所谓无统治被统治"[8]。该书认为："一个人学说的成败，决定于他的方法论。从方法论便可以断

---

① 侯外庐：《中国古代社会与老子》，国际学社1934年版，第9页。
② 同上书，第17—18页。
③ 同上书，第18页。
④ 同上书，第22页。
⑤ 同上书，第67页。
⑥ 同上书，第68页。
⑦ 同上书，第75页。
⑧ 同上书，第80页。

定学说的命运。"① 老子虽 "明白了对立物的统一",却 "因为否认'发展'概念,而主张超对立的绝对的同一,形成反辩证法的方法"②。

先生自述:该书 "研究社会存在对于社会意识的影响,这种研究方向,已经极为明确"③, "……尝试将社会史与思想史结合起来。在这本处女作中,已经表明了我根据社会存在研究社会意识和思想的基本态度"④, "虽然只是一个小册子,却既包括社会史也包括思想史。我的这第一本史学著作的格局和研究方法,虽无甚明确的意识,却相当典型地表现了我早年的追求,即要在史学领域中挑起一副由社会史和思想史各占一头的担子,为此,我的确跋涉奔走了半个多世纪"⑤。

先生曾四次写老子思想,这是第一次。先生回忆:"这是我对老子思想的第一次研究,也是对中国思想史的第一本论著。由于当时条件的限制,有些问题并不能得到充分的发挥,但是对于老子的经济思想、国家学说、社会思想,以及自然观和方法论等方面的研究心得,基本上在这本小册子里已都提出来了。""皖南事变后,我在重庆的远郊著述《中国古代思想学说史》时,关于老子思想一章,就是在这个小册子的基础上,经过重新研究而写成的。"⑥ "我对老子的研究,前后经历了二十多年。总的来说,在研究的方法论上体会较多。诸如:以老子的经济思想作为研究老子思想体系的第一个解剖点;老子思想从各个角度反映出来的消解矛盾的主观意象,是老子思想的核心;注意老子哲学由自然天道观走向唯心主义的特点。"⑦

9 月

先生于山西五台县河边村第一次见到阎锡山,阎以《物产证券与按劳分配》征求先生的意见,先生云:只懂《资本论》,不懂他的 "理论"⑧。

同月,先生三女儿侯印初生于山西太原。侯印初后毕业于北京航空学

---

① 侯外庐:《中国古代社会与老子》,国际学社 1934 年版,第 86 页。
② 同上书,第 91 页。
③ 侯外庐:《韧的追求》,生活·读书·新知三联书店 1985 年版,第 67 页。
④ 同上书,第 118 页。
⑤ 同上书,第 265 页。
⑥ 同上书,第 276 页。
⑦ 同上书,第 277 页。
⑧ 同上书,第 62 页。

院，曾任航空部科技局处长、教授级工程师。

冬

在先生推动下，张隽轩、李冠洋促使阎锡山邀请张友渔、韩幽桐、邢西萍（徐冰）、张晓梅、杨绍萱、黄松龄来太原活动，并请邓初民、许德珩、张申府、王思华等来太原讲学。其时，李冠洋在阎锡山支持下于1932年春组建山西第一个官办团体——"中国青年救国团"，团内的秘密组织"中社"设有理论研究委员会："委员会通过张隽轩联络了国内的一批学者、教授，并邀请他们到山西讲学和研究。侯外庐、张友渔、邢西萍、温健公、王辑五等应邀到山西参加理论研究工作，并利用合法身份给青年学生，并进而向阎锡山讲授科学社会主义理论。"①又："有一次，'世界论坛'社的核心组织在邢西萍家里开会，讨论怎样开展工作。张友渔告诉大家，被释放后去了太原的侯外庐通过张隽轩邀请他到山西做阎锡山的统战工作。"②又，张友渔回忆："1934年冬，早先来到太原工作的侯外庐通过张隽轩邀我到山西做阎锡山的统战工作。……随后，邢西萍（徐冰）和温健公也由北平到太原。……李冠洋为了与 CC 抗衡，特地在救国团里设了一个'理论研究委员会'，安置了一批左派教授。除了我们三人外，还有侯外庐等进步人士参加。"③

先生支持张友渔、邢西萍、周北峰、温健公等组织"中外语文协会"，创办《中外论坛》。先生回忆："应该承认，《中外论坛》成功地达到了宣传马克思主义，宣传国际反法西斯主义斗争，推动国内抗日斗争的目的。在当时的中国，能有一份刊物公开宣传共产国际和各国共产党的理论，是一件了不起的大事。""山西素来以落后、闭塞闻名全国。《中外论坛》的流传，使不少外地青年，特别是华北青年在心目中，把山西看成了抗日的阵地。当然，对于山西本身，更不难想见，它在青年精神世界中起到了宣传进步、促进革命的作用。"④

---

① 雒春普：《三晋有材——阎锡山幕府》，岳麓书社2001年版，第190页。参见《阎锡山统治山西史实》，山西人民出版社1981年版，第196页；《山西大事记》，山西人民出版社1987年版，第185页。

② 韦町：《世上有真情——黄松龄与杨淑贞》，红旗出版社1995年版，第216—217页；参见陈荷夫编《张友渔回忆录》，北京大学出版社1990年版，第54页。

③ 张友渔：《我在抗战前对阎工作的一段经历》，《山西文史资料》第33辑，第33页。

④ 侯外庐：《韧的追求》，生活·读书·新知三联书店1985年版，第57页。

先生与张友渔、徐冰、杨绍萱、温健公、刘再生等去见过几次阎锡山，不承认阎的"理论"与社会主义有共同之处。阎后来又命李冠洋为诸人讲"唯中论"。

本年

先生在太原修改完《资本论》第一卷译稿，继续翻译第二、三卷。考虑到形势需要和陈翰笙的建议，先翻译第三卷的地租部分，到1937年"七七事变"前译出了第二卷绝大部分和第三卷地租部分。

同年，先生开始撰写《经济学之成立及其发展》。

一九三五年（民国二十四年，乙亥）　三十二岁

1月，《古史辨》第5册由北平朴社出版。

2月1日，《读书》杂志在上海创刊。19日，杜国庠与上海中央局书记黄文杰、文委田汉、阳翰笙等被国民党政府逮捕。

3月15日，王新命、何炳松、陶希圣、萨孟武等10教授联名在《文化建设》杂志第1卷第4期发表《中国本位的文化建设宣言》。同月，郭沫若《两周金文辞大系图录》由日本求文堂出版。曾松友《中国原始社会之探究》由商务印书馆出版。

4月1日，《中外论坛》在太原创刊。13日至14日，汤用彤、冯友兰、金岳霖等在北京大学举行"中国哲学会"第一届年会。

6月，李达、雷仲坚译西洛可夫、爱森堡等著《辩证法唯物论教程》，及李达、王静、张票原译河上肇著《马克思主义之哲学的基础》均由上海笔耕堂书店出版。

8月1日，中国共产党发布《八一宣言》，提出抗日民族统一战线的主张。同月，郭沫若《两周金文辞大系考释》由日本求文堂出版。

10月25日，中苏文化协会在南京华侨招待所成立，孙科为会长。该协会的经费由国民政府立法院和苏联对外文化协会共同负担；会刊经费主要由苏联对外文化协会提供，每月7000元，不足部分由立法院补给。同月，红军长征胜利到达陕北。

11月18日，孙道昇《现代中国哲学界之解剖》发表于《国闻周报》

第 12 卷 45 期。同月，郭湛波《近五十年中国思想史》由大北书局出版，1936 年 8 月由北平人文书店再版。

12 月 9 日，"一二·九"运动爆发。同月，钱穆《先秦诸子系年》由商务印书馆出版。

本年，陈垣《元西域人华化考》（8 卷）由励耘书屋出版。国学整理社汇辑《诸子集成》由上海世界书局出版。张元济主持辑印《丛书集成初编》由商务印书馆出版。

2 月

经在山西法政大学任教的好友周北峰介绍，先生认识绥靖公署秘书杜任之（1905—1988，山西万荣人，中共地下党员）。杜任之回忆："大约在 1935 年 2 月间，李江（李冠洋）带来一批理论家。我一看，他们都风华正茂，个个仪表不凡，其中有认识的，也有不认识的。我们互相引荐介绍，他们是温健公、邢西萍（徐冰）、张友渔、侯外庐、周北峰。还有李江的理论骨干张瑜（张子佩）、李济生、张隽轩等。"[1]

6 月

先生所著《经济学之成立及其发展》由国际学社出版，署名"侯外庐"，扉页献辞为："谨以此书纪念我的慈悲刚直的祖母。"

本书分为两章，第一章包括"思维过程中的重农学派"、"重农学派的几个前驱者及其同时代的学者"、"重农学派体系之一般的性质"、"重农学派的代表者"；第二章包括"思维过程中的正统学派"、"斯密士与李嘉图的中心学说——价值论"、"李嘉图的货币论"、"李嘉图的地租论"。

"编者序言"中提出："编者感于经济思想史参考书的缺乏，早想编一本系统的经济思想史问世，书中采取一种严格的方法，在可能范围内不加编者的语句，尽量引用已成的文献作为材料，如同经济史教程等书所采取的严格主义一样。所以近年来便把《剩余价值学说史》，《反杜林论》，《经济学批判》，《哲学的贫困》，《资本论》诸巨作中关于思想史的材料不断地择译些出来，加点自己的批语。前年在北平任经济思想史一科的讲席

---

① 杜任之：《阎锡山〈物产证券与按劳分配〉研讨经过》，《山西文史资料》第 49 辑，第 32—33 页。

时，复将过去在哈尔滨任课时的讲义大加补充改作一过，所成者只两部分，一部分为根据《反杜林论》与《剩余价值学说史》而编译的'经济学的黎明期'，一部分为根据《经济学批判》与《资本论》等书而编译的'经济学的科学地发展时期'。前一部分全数交付印刷，后一部草稿于前年十一月间在病中日夜闭门苦心编成。可是最使我痛心的是两部分皆因意外而部分地丧失了。前一部分于前年十一月间停印后印者竟将未付印的一部分——《经济表附录》，同时置诸纸篓，不知道遗失何处；后一部分草稿中李嘉图的分配论，置诸案头，竟亦遗失。……研究学术遭此境地，实在再无心继续往下努力了。友辈敦劝把此残稿补充付印，然每动笔而百感交集，辄无写作的勇气。复思两部分重要者既皆健在，即无补充亦可自成篇幅，不碍体系，……俟能再版时，复为补充，以成完作。"[1]

关于经济思想史的"定义"，先生认为：（1）"经济思想史是一种历史的科学！"[2]"说'经济思想史'是'经济思想的前后关联'之学问，或'因果相续'之学问是不够而且不对的。它是关于经济思想之对立物统一的发展的学问，是'否定的否定'的发展的学问，本质上是批判的。"[3]（2）"经济思想史是一种思维过程发展史。""例如重农学派的存在，便包含着它的不存在，即到古典学派的被扬弃；古典学派的存在同时亦含着到社会主义学派的被扬弃。""这种知识过程，不是独立自在的过程，而是'对象的知识'与'知识的对象'，或'现象的概念'与'概念的现象'两个矛盾分子斗争的发展过程，所以理解经济思想史的过程，是与实践统一的理解。"（3）"经济思想史是一种意识形态史。"[4]"所以经济思想史的任务，必须究明各派思想之产生发展与没落的经济的历史条件，换言之，即经济思想与社会的经济构造之适应关系。"（4）"经济思想史是以社会阶级出发之思想史。"[5]"经济思想恒常通过政权的转变而转变，我们对于某派经济学说的背后的社会阶级性，若没有客观的批判的说明，那么该派经济思想之或为自觉手段或为自卫手段便难以把握，因而要陷于唯心论的理论去的。""关于这一点，是资本主义的经济学者所忘记的，但又是社会

---

[1]　侯外庐：《经济学之成立及其发展》，国际学社1935年版，第1—2页。
[2]　同上书，第2页。
[3]　同上书，第3页。
[4]　同上书，第4页。
[5]　同上书，第5页。

科学者关于思想史上批判研究的特点。"①

7月1日

《中外论坛》1935年第1卷第4期出版"现代货币问题"特辑，后又于1935年11月1日第8期出版"土地问题"专号，借此公开揭露阎锡山"物产证券"的真面目和宣传中国共产党的土地革命政策。

夏

阎锡山令李冠洋动员先生与张友渔、徐冰、杨绍萱、温健公、刘再生等加入其组织，大家采取抵制态度，其中张友渔夫妇重赴日本，邢西萍夫妇回到北平。

先生回忆："苦于一身债务和家累，北平的案子还维持着原判，实在无处可去，只好与温健公等同志一起，以拖延来对付。""我的处境十分不利。于是，我索性关起门来读书著述，一面继续《资本论》第二、三卷的翻译，一面开始了向研究社会史和思想史的转折和过渡。"②"我对古史一向是爱好的，拈上了手，便有些放不下来。我深知，将马克思主义的观点和方法应用于中国历史的研究，是一项至关重要的课题。在态度上，我更是念念在兹，要求自己尽可能地严谨。一九三五年夏天，断绝了与外界的往来，我常以郭沫若在流亡中作有意义的研究来勉励自己，翻译的同时，投入了更多的力量，致力于用马克思主义的观点和方法解释中国的社会史与思想史。"③

一九三六年（民国二十五年，丙子）　三十三岁

1月，艾思奇《哲学讲话》由上海读书生活出版社出版，第4版改名为《大众哲学》。

2月17日，陕北红军组织的中国人民抗日先锋军发表《东征宣言》，

---

① 侯外庐：《经济学之成立及其发展》，国际学社1935年版，第6页。
② 侯外庐：《韧的追求》，生活·读书·新知三联书店1985年版，第66页。
③ 同上书，第67页。

20 日渡过黄河到达山西。

3 月 31 日，全国各界救国联合会在上海成立。

4 月，中国哲学会第二届年会召开，中国哲学会正式成立。中国哲学会第一届委员会由黄建中、方东美、宗白华、张君劢、范寿康、林志钧、胡适、冯友兰、金岳霖、汤用彤、贺麟、祝百英等 12 人组成，金、冯、祝、贺、宗、汤等六人任常务委员。同月，吕思勉《史学丛书》由上海龙虎书局出版。

5 月 5 日，国民党公布《中华民国宪法草案》，即"五五宪草"。15 日，南京中苏文化协会编辑出版《中苏文化》杂志，抗战爆发后迁至汉口、重庆，1946 年 10 月迁回南京出版，1949 年 9 月停刊。

6 月 14 日，章太炎（1869—1936）逝世。同月，艾思奇、郑易里译米丁《新哲学大纲》及沈志远①《现代哲学的基本问题》由上海读书生活出版社出版。

9 月，梁启超《饮冰室合集》由中华书局出版。

10 月 19 日，鲁迅（1881—1936）逝世。同月，薄一波等人受中共中央北方局派遣，以个人身份接受阎锡山邀请到太原从事抗战活动。

11 月 22 日，"七君子事件"爆发。同月，吕振羽《殷周时代的中国社会》由上海不二书店出版。

12 月 12 日，"西安事变"爆发，经中国共产党调解而和平解决，成为

---

① 沈志远（1902—1965），浙江萧山人。1925 年加入中国共产党，1931 年从莫斯科回国后担任社会科学家联盟常委，先后在上海暨南大学、北平大学法商学院、西北大学任教。抗战期间任生活书店总编辑、《理论与现实》主编。新中国建立后历任中央人民政府教育委员会委员、出版总署编译局局长、中国人民银行顾问、华东军政委员会委员兼参事室主任和文教委员会副主任、中国科学院哲学社会科学部委员、上海社会科学院经济研究所研究员等。著有《新经济学大纲》等。

由国内战争转向抗日民族战争的转折点。同月，沈志远《近代哲学批判》
由上海读书生活出版社出版。

上半年

先生拒绝写吹捧阎锡山《物产证券与按劳分配》的文章，被迫离开太原
到北平，下榻王思华和郭唯一家。红军东渡胜利后，中国共产党与阎锡山协
议谅解，阎又派李冠洋接先生回太原，住上马街三右巷（续范亭故居）。

6 月

王思华在北平以自拟的"世界名著译社"名义出版《资本论》第一卷
全译本，署名"玉枢、右铭合译"。这是我国最早的《资本论》第一卷全
译本。

该书"写在译后"云："本书第一卷上册出版以来，将到四个年头了。
其间所以不能按照我们原定的计划，继续刊行中下两册者，是因为连续的
不可抗的种种外力，阻碍我们早日完成此种纯学术上的工作。直到今年春
季，才将从前置诸高阁的旧稿付印。""我们所引为遗憾的：是本卷下册有
几页的译稿，被蛮不讲理的 Gendarme 强制地拿去了。这固然对于全卷的
理论上，还没有什么重要关系；可是对于全卷的完整上，却成为一种小小
的缺点。这一小部分，自然要在再版时补印进去。""在这卷中下两册出版
的时候，我们可以慰告读者的：是我们现在已经把这巨大工程的三分之一
告成，经过许多波折才和读者见面；同时第二卷的工程亦完成了一部分。
如果环境允许我们伏在书案上继续工作时，那么，其他三分之二的工程，
也可以不久和读者见面的。"[1] "文化的水平，与时昂进着。我们的译文力
求在现阶段的中国社会科学译坛水平上贡献自我的智能，所以我们的译文
并不希望成为将来的定本，可是却亦不敢如潘冬舟先生信笔增删，以非定
本自解，以期免脱自己误译的责任，而归罪于中国文化水平之落后性。我
们所以提出这一意见者，并非对于自己的译文做辩护：而是希望中国文化
界要学日本译述界的批评发展，使这译本幸然成为文化阶段发展上的被扬
弃的译本。"[2]

---

[1] 玉枢、右铭合译：《资本论》第 1 卷，"写在译后"，世界名著译社 1936 年版，第 1 页。
[2] 同上书，第 2 页。

先生回忆："书付印时，第八章（劳动日）中的一节散失，我正害着病，是张友渔同志帮助补译的；杨绍萱和李白余同志则对译文做了不少润色工作。"① 又："翻译出版第一卷的整个过程中，李白余、张友渔、杨绍萱对我们有过许多切实的帮助。第八章首次付印时，我正在病中，发现一节译稿失散，张友渔同志连日连夜代我补译。"②

该书为《资本论》第一卷《资本的生产过程》，共七篇二十五章，上册包括前七章，中册包括第八章至第十三章，下册包括第十四章至第二十五章。其中，第一篇"商品及货币"之第一章"商品"、第二章"交换过程"、第三章"货币或商品的流通"，第二篇"货币的资本化"之第四章"货币的资本化"、第三篇"绝对的剩余价值之生产"之第五章"劳动过程及价值增殖过程"、第六章"不变资本及可变资本"、第七章"剩余价值率"、第八章"劳动日"、第九章"剩余价值之率与量"由二人合译。此外，第四篇"相对的剩余价值之生产"之第十三章"机械与大工业"，第五篇"绝对的与相对的剩余价值之生产"之第十四章"绝对的与相对的剩余价值"、第十五章"劳动日的价格与剩余价值间之大小变化"、第十六章"剩余价值率的各种公式"，第七篇"资本的蓄积过程"之第二十二章"剩余价值之资本化"、第二十三章"资本家蓄积之一般法则"、第二十四章"所谓原始的蓄积"、第二十五章"近代殖民学说"由先生翻译第四篇"相对的剩余价值之生产"之第十章"相对的剩余价值之概念"、第十一章"协业"、第十二章"分业与手工工厂业"，第六篇"绝对的与相对的剩余价值之生产"之第十七章"劳动的价值之工资化"、第十八章"时间的工资"、第十九章"包工工资"、第二十章"工资之国民的差异"，第七篇"资本的蓄积过程"之第二十一章"单纯的再生产"由王思华翻译。

10 月

先生所作《近代中国社会结构与山西票号——山西票号的历史的正确认识》发表于《中山文化教育季刊》1936 年冬季号，署名"侯兆麟"。文

① 侯外庐：《翻译〈资本论〉的回忆——我研究中国思想史的起点》，《中国哲学》第 3 辑，第 357—358 页。
② 侯外庐：《〈资本论〉译读始末》，《学习与研究》1981 年试刊号第 1 期，第 31 页。

章论述"票号的认识"、"票号发生的经济基础"、"票号的发展及其基本性质"、"票号的衰落"等问题。

秋后

南汉宸（1895—1967，山西交城人）由北平赴西安，经过太原时在山西饭庄秘密约见先生，要其安心留晋，准备新的斗争。

12 月

"西安事变"后，张学良的代表李金洲，杨虎城的代表王炳南，刘湘的代表刘亚休，韩复榘的代表余心清，冯玉祥的代表郭春涛等在太原正大饭店聚会，李金洲特地邀请先生赴会。

同月，正在日本留学的侯俊岩①回国，受中国共产党的派遣到山西牺盟会工作。

冬

绥东战役胜利后，山西牺盟会在太原正大饭店宴请傅作义，牺盟会宣传部部长宋邵文（1910—1994，山西太原人，中共党员）代表牺盟会邀请先生出席并发言。

本年

先生在太原继续翻译《资本论》第二、三卷。

一九三七年（民国二十六年，丁丑） 三十四岁

1月，中国哲学会第三届年会在南京召开。何干之《中国社会性质问

---

① 侯俊岩（1910—1981）。1927 年由张维琛介绍加入中国共产党，1935 年冬入东京日本大学社会科学专修班并加入世界名著编译社，1937 年春回国到山西牺盟会做宣传工作，曾任工人武装自卫队政治部主任、旅长兼政委以及晋绥边区第七专署专员、第八军分区司令员等职。新中国建立后任北平市政府教育局副局长、教育部中教司司长、中共山西省委文教部高教处长及教育厅副厅长等，"文化大革命"后任太原重型机械学院革委会主任、党委副书记以及省高教局副局长、省人大常委会委员等职。

题论战》由上海生活书店出版。罗尔冈《太平天国史纲》、冯承钧《中国南洋交通史》均由商务印书馆出版。

3月1日，《时代评论》半月刊在上海创刊。同月，中共中央派彭雪枫到太原建立中共驻晋秘密联络站，对外称"彭公馆"。

4月24日，《解放》周刊在延安创刊。同月，艾思奇《哲学与生活》由上海读书生活出版社出版。

5月，郭沫若《殷契萃编》由日本文求堂出版。李达《社会学大纲》由上海笔耕堂书店出版。

6月12日，杜国庠被国民党政府释放。同月，吕振羽《中国政治思想史》由上海黎明书局出版。

7月7日，"卢沟桥事变"爆发，全国性的抗日战争开始。29日，北平、天津沦陷。同月，毛泽东在延安发表《实践论》。何干之《中国社会史问题论战》由上海生活书店出版。钱穆《中国近三百年学术史》由商务印书馆出版。

8月13日，上海"八一三"事变爆发。25日，中国工农红军改编为国民革命军第八路军，朱德任总司令。30日，国民革命军第八路军驻晋办事处正式在太原东关坝陵南街8号成成中学原址挂牌，主任彭雪枫。同月，毛泽东在延安发表《矛盾论》。中苏签订《中苏互不侵犯条约》。

9月15日，中山文化教育馆《时事类编特刊》创刊。

10月，南方八省的红军游击队改编为新四军，开赴抗日前线。

11月20日，中华民国政府发布《国民政府移驻重庆宣言》。

12月1日，中华民国政府正式在重庆办公。11日，中国共产党在汉口创办《群众》周刊，由读书生活出版社总经销。同日，沈钧儒创办《全民周刊》。何干之《近代中国启蒙运动史》由上海生活书店出版。吕振羽《中国政治思想史》由上海黎明书局出版。

年初

在太原，先生通过刘绍庭而结识续范亭，成为挚友。先生回忆："我们从太原撤退前，我和续范亭几乎天天见面，不是他和刘绍庭先生同来我家，就是我去刘家看他。"[①]"我们彼此都似乎有一种相见恨晚之感，到一

---

① 《读书月报》1939年第1卷第3期，第144页。

起总有说不完的话。对蒋介石的认识和对西安事变的印象，是他最经常的话题。此外，他对我手头的工作——翻译中的《资本论》和研究中的经济思想史，以及我过去在大学讲授过的唯物史观，兴趣也特别高。他坦白地表示欣赏马克思主义的观点。"① 续范亭曾邀其旧部数十人听先生讲授唯物辩证法。

不久，先生由续范亭介绍而认识薄一波。先生回忆："薄一波有学问，有见解，但观点丝毫不露锋芒，实在不象一般的共产党人；见面话题不首先放在抗战，而放在新文化运动、白话文上，也不同于我的一般朋友。""我对薄一波的认识，是和对抗日民族统一战线的认识，同时建立起来的。"②

又："1937 年初，党领导的读书生活出版社决定出版《资本论》中译本。当时负责出版社工作的艾思奇、黄洛峰、郑易里等，在物色译者时了解到郭大力翻译《资本论》的情况，便与他洽谈，并很快签订了出版合同。为了使郭大力能够集中精力翻译《资本论》，出版社还每月给他 40 元生活费。"③

2 月 11 日（春节）后

许德珩、王思华、程希孟等应邀到山西讲学。许德珩回忆："1937 年的春节后，我与王又明（王思华）、程希孟等同志应阎锡山之约，联袂赴晋讲学。张友渔、侯外庐同志早在阎那里工作……"④

2 月

陈季瑜在《文摘》1937 第 1 卷第 2 期（复旦大学文摘社出版）发表文章，介绍先生所作《近代中国社会结构与山西票号——山西票号的历史的正确认识》。⑤

---

① 侯外庐：《韧的追求》，生活·读书·新知三联书店 1985 年版，第 76—77 页。
② 同上书，第 78、79 页。
③ 马夫：《〈资本论〉最早的四个中文译本》，《党史文汇》1994 年第 9 期，第 103 页。
④ 许德珩：《为了民主与科学——许德珩回忆录》，中国青年出版社 1987 年版，第 211 页。
⑤ 《文摘》1937 年第 1 卷第 2 期，第 132—133 页。

3 月

红军办事处在太原新满城成立。周小舟作为红军代表经常来先生家，了解山西各方面的情况以及对阎锡山的看法和分析。先生与周小舟在北平师范大学有师生之谊。先生回忆：“有一次，我特别气愤地和他谈到托派分子张慕陶的反革命言论和行径。我告诉他，张慕陶住在阎锡山家的东花园，亲密程度非同一般。他化名马云程，仿佛有一种特权，可以在任何场合，以任何必要的身份出现。小舟同志说：‘好，明天有个记者招待会，我要骂他一顿。’”①“第二天，记者招待会上，张慕陶果然出现了，自报姓名马云程，起身提问。周小舟泰然自若地答道：‘这个问题的提法，很像是张慕陶的话。’接着，痛快淋漓地驳斥了一顿张慕陶的托派谬论，揭露其反动实质。”“进步记者们对周小舟同志的敏锐、犀利称道不已。他既痛骂了叛徒和反革命的论调，又宣传了党关于建立抗日民族统一战线的理论和诚意。周小舟巧骂张慕陶，一时传为佳话。”②后来周小舟返回延安时，先生请他携带四部 1936 年出版的《资本论》第一卷全译本分赠毛泽东、朱德、周恩来、成仿吾。先生回忆：“解放后，一次在中南海开会，毛主席见到我时还提到，他在延安时看到过我们翻译的《资本论》。”③

先生在红军办事处第一次见到彭雪枫。先生回忆：“我第一次去拜访他时，留下了一个极深的印象，彭雪枫同志的办公室，与其说是办公室，还不如说更像战地指挥所。屋里几乎什么家俱都没有，四壁挂满军用地图。他身穿整洁的军装，脚下一双行军的布底鞋，裹腿紧扎，军容威仪，看上去是一副立刻准备上前线的形象。红军办事处的振作姿态，战备气氛，与太原阎锡山幕下任何机关成群的烟枪赌棍、长袍马褂，形成了极鲜明的对照。共产党给山西人民带来了光明，带来了希望。”④

9 月 20 日

“第二战区民族革命战争战地总动员委员会”在山西大学大礼堂正式

---

① 侯外庐：《韧的追求》，生活·读书·新知三联书店 1985 年版，第 73 页。
② 同上书，第 74 页。
③ 侯外庐：《翻译〈资本论〉的回忆——我研究中国思想史的起点》，《中国哲学》第 3 辑，第 357 页。
④ 侯外庐：《韧的追求》，生活·读书·新知三联书店 1985 年版，第 74 页。

成立，周恩来作报告。中共代表是程子华、南汉宸、邓小平、彭雪枫，阎锡山方面代表是薄右丞、梁化之、王尊光、郭宗汾，其他党派和群众团体代表有先生与救国会李公朴、国民党改组派郭任之及郭香涛、东北民主人士高崇民、山西省二区专员公署专员杨集贤、四区专员武灵初、察哈尔省代表阮慕韩、绥远省代表潘秀仁等。①

先生回忆："阎锡山为了增加他的亲信在动委会中的比例，对我百般排斥，删去我的名字。但是，动委会的许多文件，却偏偏出自我手，这是他无可奈何的。"②

8、9 月间

在刘绍庭家，托派分子张慕陶妄图拉先生加入其"列宁党"，被先生严词拒绝。

9 月

先生起草《第二战区战地动员委员会宣言》。先生回忆："一天，在刘绍庭家中，南汉宸、程子华两位同志带来周恩来同志的指示，要我为动委会的成立起草宣言。周恩来同志对宣言的内容作了几点具体要求，要求我第二天交稿。我开了一通宵夜车写成，次日，南汉宸来取走稿子，去请周恩来同志审阅。……周恩来同志对原稿只字未动，只加了七个醒目的字——'在阎主任领导下'，然后转给阎锡山批示。阎锡山也一字不改，单把周恩来同志加的七个字划掉了。""这是我初次在周恩来同志领导下完成一项工作。他运筹帷幄的外交才能，令人叹止。"③ 此后，在周恩来的指示下，先生还连续起草过一系列文件。

先生回忆："我和王思华一起，出席过一次朱总司令召开的会议。那天，与会者中间，有四川刘湘的代表刘亚休（号光汉），山东韩复榘的代表余心清等等。朱总司令讲全国抗战形势，联系到各党派、各种势力的态度，甚至能够直接接触到与会者的现状和思想实际。他说：'在座有许多老朋友。刘光汉先生，辛亥革命时，你是很革命的，现在怎么学起佛学来

---

① 邓加荣：《开国第一任央行行长——南汉宸》，中国金融出版社 2006 年版，第 104 页；参见《程子华回忆录》，中央文献出版社 2005 年版，第 100 页。

② 侯外庐：《韧的追求》，生活·读书·新知三联书店 1985 年版，第 80 页。

③ 同上书，第 79 页。

了?'……总司令的语言质朴无华，诚恳坦白，受到他批评的，感觉中肯；受他表扬的，倍感鼓舞。""继周恩来同志之后，朱总司令是我见到的又一位我党最高领导人。他们的谈话都有一种内在的力量，使每一个有爱国心的人，都能在不同程度上，受到感召和鼓舞。"①

先生回忆：有一次参加"动委会"会议，"南汉宸为了让大家了解我，向大家介绍时说：'这位是谭派马克思。'（谭派是京剧各派中的正宗，在此比喻正统之意。）这一句话，使我感到温暖。我体会到，党始终在关心和注视我"②。

10 月

先生随动委会到汾阳，邓小平提议以"动委会"名义给保卫太原的傅作义拍致敬电，续范亭推荐先生起草。

其后，续范亭即奔赴延安，先生把《资本论》第二、三卷译稿的绝大部分，以及字典、20 余万字的史学笔记等委托续范亭、南汉宸带到延安，但不幸在山西离石县损失殆尽。先生携带的第二卷前十五章的译稿则在 20 世纪 50 年代由北京图书馆征求、收藏。

11 月

太原失陷后，先生随刘绍庭到西安。不久牺盟会创办的民族革命大学来信邀请，先生旋赴临汾任教，讲授《抗日民族统一战线》课程。该校同事有李公朴、施复亮、江隆基等。

12 月

吕振羽《中国政治思想史》由上海黎明书局出版。朱政惠认为："吕振羽《中国政治思想史》，确实是一部对整个中国思想史作出系统阐述和分析的著作，是 40 年代侯外庐中国思想通史产生前重要的中间环节，是中国马克思主义思想史研究走向成熟的十分关键的枢纽之作。"③

---

① 侯外庐：《韧的追求》，生活·读书·新知三联书店 1985 年版，第 80 页。
② 同上书，第 81 页。
③ 朱政惠：《吕振羽学术思想评传》，北京图书馆出版社 2000 年版，第 238 页；参见朱政惠《吕振羽和他的历史学研究》，湖南教育出版社 1992 版，第 98 页。

本年

先生回忆："在山西的数年，是我一生中受压力最大，最感孤立无援的时期。生活在反动势力的包围中，仿佛在黑暗里度日，幸而我心里始终亮着一盏明灯，全凭自己对真理的信仰与追求，不顾一切地前行。""《资本论》的翻译，和对中国古史的研究，这两项工作，我在山西的四年中，一直是同时进行的。这对于我来说，不仅不矛盾，相反还起了互相促进的作用。对《资本论》的翻译和研究，奠定了我的理论基础，我从中获益匪浅，所以做起社会史和思想史的探讨工作来颇感得心应手。……实际上，正是通过那段苦斗，赢得了理论上的武装，才构成我在社会史和思想史研究中的真正支柱。"①　"这一段时间治学，直到抗战事起，不曾有一日中断。此期间，在史学方面，笔记多于成文的著作。……最可惜的是当时有二十万字以上的笔记，后来在战火中全数损失了。"②　"五十多年来，我以信仰为生命，以信仰为事业，以信仰自勉、自慰。在太原的最初几年，若没有信任支持，必然堕落。那些年里，我饱尝了离群索居的痛苦。……在转向研究史学的开始阶段，信仰更起了无比重要的作用。"③　"可以说，我在山西期间的基本行动，全都是由信仰所支配的。"④

一九三八年（民国二十七年，戊寅）　三十五岁

1月11日，《新华日报》在汉口创刊，潘梓年任社长。25日，《文汇报》在上海创刊。

2月25日，《大团结》半月刊创刊。

3月27日，"中华全国文艺界抗敌协会"在汉口总商会举行成立大会。

4月1日，国民党军委会政治部第三厅成立，郭沫若任厅长，阳翰笙、范寿康、张志让等参加，杜国庠任国际宣传处科长。

---

① 侯外庐：《韧的追求》，生活·读书·新知三联书店1985年版，第67页。
② 同上书，第67—68页。
③ 同上书，第68页。
④ 同上书，第85页。

5 月 5 日，中共中央马列学院在延安成立。26 日，毛泽东发表《论持久战》。

6 月，鲁迅先生纪念委员会编《鲁迅全集》出版。

8 月 31 日，郭大力、王亚南译《资本论》第一卷由上海读书生活出版社出版。同月，翦伯赞①《历史哲学教程》由长沙新知书店出版。

9 月 30 日，艾思奇、何思敬、任白戈、张琴抚、陈伯达、张如心、吴理屏、高士其、周扬、刘芝明、柯柏年、王学文、杨松、焦敏之、成仿吾、徐懋庸、王思华、郭华若在《解放》第 53 期联名发表《新哲学会缘起》，延安新哲学会成立。同月，《古史辨》第 6 册由上海开明书店出版。

10 月 25 日，日军侵占武汉。

12 月 9 日，蒋介石由桂林抵达重庆。

春

临汾失守前，先生重返西安，与八路军办事处负责人林伯渠、宣侠父取得联系，遵照宣侠父的要求写作抗日文章，先后发表在郑伯奇、谢华主编的《救亡》和于振瀛、陈建成主编的《大团结》、《全民周刊》等刊物上，后来集成为《抗日民族统一战线论》、《抗战建国论》两个小册子，是延安允许敞开进入的少数书籍之一。先生回忆："当时，林老曾对我的时论文章表示肯定，我说：'我对党的精神并不了解，我是凭感想写的。'林老说：'这是知识分子的敏感。'在抗战开始前后的数年中，我对党的政策的确是比较敏感的，而这种敏感，完全来源于学术中奠定的坚实的信仰。"②

3 月 11 日

下午四时至九时，先生出席在青年会会议室召开的"保卫西北"问题

---

① 翦伯赞（1898—1968），湖南桃源人。1916 年考入北京政法专门学校，1924 年赴美国加利福尼亚大学留学，1926 年回国后参加国民革命军，1937 年加入中国共产党。抗战期间任"中苏文化协会"总会理事兼《中苏文化》副主编。新中国建立后历任政务院文化教育委员会和中央民族事务委员会委员、北大历史系教授兼主任，后又兼任党委委员、副校长，并兼任中央民族学院研究部主任、中国科学院专门委员、哲学社会科学部委员、民族历史指导委员会副主任委员、中国历史学会常务理事等。著有《历史哲学教程》、《中国史论集》、《中国史纲》、《先秦史》、《秦汉史》等，主编《中国史纲要》、《中国古代史教学参考资料》、《中国近代史资料丛刊》等。

② 侯外庐：《韧的追求》，生活·读书·新知三联书店 1985 年版，第 85 页。

的集体讨论，会议主席为沈志远、黄觉非、郑伯奇和许重远。先生认为：应从中国的整个军事政治文化地理的联系上来认识保卫西北的问题。保卫西北和保卫西南是一个问题，因而保卫西北是保卫中国的部分问题，我们应该在保卫中国中来保卫西北。要在强调后防根据地的意义上保卫大西北，在军事上必须采取攻势的防御战，用外线作战来包围敌人，使西北西南都成为和平阵线国家援助我们的整个生命线。

3 月 18 日

先生作《论抗日民族统一战线的根据——我们的统一战线之最基础的认识》，发表于《全民周刊》1938 年 4 月 19 日第 1 卷第 18 号。文章从"国际帝国主义的发展以及中国社会本身的发展"来说明抗日民族统一战线的根据。

3 月 25 日

先生所作《迎接第二期抗战的中心阶段》发表于《大团结》第 3 期"保卫西北特刊"，署名"侯外庐"。

3 月 29 日（黄花岗起义纪念日）

先生完成《中国统一战线的历史认识及其前途》草稿，连载于《大团结》1938 年 4 月 10 日第 4 期和 4 月 25 日第 5 期，署名"侯外庐"。

4 月 3 日

先生作《和平阵线，人民阵线，抗日民族统一战线》，连载于《大团结》1938 年 5 月 10 日第 6 期和 5 月 25 日第 7 期，署名"侯外庐"。

5 月 22 日

先生所作《目前欧洲政局的主要认识》发表于《救亡周刊》第 21 期，署名"侯外庐"。

5 月 26 日

先生作《中山先生的民权主义》，发表于《大团结》第 8 期"三民主义专号"，署名"侯外庐"。文章论述"民权，民主，民治，是一个名词：

德模克拉西（Democracy）"、"中山先生对于民权（民主）的历史观点"、"民权（民主）是进步的，不是抽象的类概念"、"中山先生民权学说的进步性"。

5 月 27 日

郑志成致信先生："先生于临汾讲授统一战线一课，语多精辟，实为先生所感佩！惜因日寇再度进攻未克悉数讲述，生引为遗憾，现有一问题，欲请先生详细答复者，即先生论及一九二五年至二七年大革命时代之统一战线为肯定后国共分裂为否定现今重新建立之统一战线为否定之否定之说，先生命之曰'概念游戏'，然生现询诸艾思奇先生，则曰，该否定律可以适用，而吾辈同学中，亦众说纷纭，莫衷一是，各具己见，互相争论，究孰是孰非，特函询先生，望先生不弃详细解答，实为德便！撰安！生郑志成敬上"[1]

6 月 3 日

先生作《抗战建国论》自序，提出："这本小册子的内容，是想把关于抗战建国纲领中的主要问题，从理论方面给与以原则上的研究与探讨，使这些问题的认识更深入于科学的领域。""本书与拙作《统一战线论》是姊妹篇，我们可以说是中国问题本身上不可分割的两个侧面的研究。"[2]

6 月 13 日

先生所作《青年对于抗战建国的任务》发表于《救亡周刊》第 22 期，署名"侯外庐"。

6 月 25 日

先生所作《关于中国统一战线发展问题的质疑兼答郑志成君》发表于《大团结》1938 年第 9 期，署名"侯外庐"。文章认为：（1）"发展的学说有二种，第一为达尔文的僵死式的发展论，即'弱肉强食，优胜劣败'的天演进化论，第二为辩证法的活泼的发展论。前者之所以为僵死式的，

---

[1] 《大团结》1938 年第 9 期，第 9 页。

[2] 侯外庐：《抗战建国论》自序，《抗战建国论》，重庆生活书店 1938 年版，第 1 页。

因为它是形式主义的缺乏内容跃变说明的。……我们必须把握着阶段性的特殊的质变，后一阶段与前一阶段之具体条件。所以我们对于中国统一战线发展的问题，亦首先应注意统一战线阶段性的质变，不应只空谈'否定的否定律'的形式"①。（2）"正确的发展学说是和机械论对立的，前者以说明发展过程的异'质'转化为职责，后者只说明'量'的增减而已，例如均衡破坏与均衡再建之波格达诺夫——布哈林主义。……我们如果只从肯定——否定——否定的否定……的法则去了解统一战线的发展，很容易陷入于循环论的错误，会忘记了更高一级的具体认识。……统一战线的再发展，如果具备着条件，可能形成一种更高级的东西——建国力量，不是机械的再破坏的循环前途"②。（3）"历史的转变是没有重复的，……我国如果要深刻了解现阶段统一战线的发生，应首先说明统一战线现实发展的'根据'，进而认识历史转变的特殊法则，我们不应投懒似地只拿一般的法则（如否定的否定律）加以历史的转变，便以为尽到了认识与现实的统一之学说任务，因为'真理是具体的'"。（4）"把否定的否定法则，还元于正反合的三段法，常流于图式论的错误，所以'巧妙地嵌入于这个图式'，是发现不了合命题这种新事物的发生。因而容易把合命题解作为对立面之合一，便成了少数派色彩的德波林的观念论"。"我想，思奇先生一定是根据前面所举的几种认识而引用一般的法则，思奇先生常也反对图式论的错误。……我很希望你们进一步对于我的意见做一个批判!"③

7月1日

西安八路军办事处举行庆贺中国共产党成立 17 周年大会，先生应宣侠父之约在会上讲话。先生回忆："林老首先讲话之后，我如约发言。腹稿是早就打好了的，登台讲话本也是寻常事，可是，这天晚上，我的情绪激动得厉害，声音不时哽咽，因为，自从旅法回国以来，这是我第一次在党的家庭中发言。"④

这次聚会上，先生还见到老朋友李舜琴十岁的儿子李琦。

---

①　《大团结》1938 年第 9 期，第 8 页。

②　同上刊，第 8—9 页。

③　同上刊，第 9 页。

④　侯外庐：《韧的追求》，生活·读书·新知三联书店 1985 年版，第 86 页。

7 月

先生所作《抗日民族统一战线论》由汉口生活书店出版，旋被国民党查禁，仅在解放区允许发行。

同月，林伯渠转来王思华和署名"杨松"的两封信，要先生到汉口与生活书店订合同，以完成《资本论》三卷的翻译。信中说延安方面已告知生活书店，只需先生去洽谈即可。先生回忆："那时，我并不知道杨松为何人，林老也未作解释，但我知道这是党的指示，我一定要执行的。"① 直到 1942 年，先生在重庆《新华日报》看到悼念杨松的文章，才知道他当时是代表中共中央宣传部。

同月，原陕西省秘书长杜斌丞忽然来通知先生国民党有暗杀他的计划，要他当晚离开。先生找宣侠父商量，宣侠父力主马上走，并指示到汉口找潘梓年联系。杜斌丞与刘绍庭为先生筹措路费，先生随即独自去汉口。先生走后的 7 月 31 日，宣侠父即被国民党军统特务杀害。先生回忆："当我去找他商量时，他一句不提自己，却为我离陕作了一番周密的考虑和安排。宣侠父同志就是这样置个人生死于度外，而悉心保护同志的。"②

8 月初

先生在汉口遇到李公朴。

同月，先生与汉口生活书店签订《资本论》第二、三卷的出版合同。因形势紧张，生活书店总编辑张仲实安排先生撤退到重庆，再从长计议。

9 月 16 日

先生所作《晋西北战地动员的经验与教训》发表于《时事类编》特刊第 22 期。文章认为第二战区战地动员委员会的经验教训有："消灭了军队与民众的距离"、"消灭了军队与地方行政的距离"、"消灭了军队间的宗派观望的距离"。

9 月 18 日

先生作《论解放战》发表于《时事类编》特刊 1938 年 10 月 1 日第 23

---

① 侯外庐：《韧的追求》，生活·读书·新知三联书店 1985 年版，第 87 页。
② 同上书，第 87 页。

期。文章论述"民族自卫战与民族解放战的统一"问题，包括"感性认识的粗糙普遍性与理性认识的历史任务"、"被动的消极的与主动的积极的抗战"、"以空间换取时间、后以时间创造新空间"、"由外部束缚的变动反映于内部的自卫战与解放战"、"由对内民主的建立达到对外民主的争取"、"民族解放战的中国与世界的结合"等问题，认为："民族解放战的主要意义，是在于积极的政治领导，'为一个观念所贯通'，为一个正确的革命纲领而奋斗。……我们知道阶级内战由经济斗争发展而为政治斗争，主要在于群众的少数先锋之领导，同样的民族革命战的发展亦然，我们宝贵着进化意义的自卫运动，同时更重视着革命意义的解放运动。这便是从感性认识到理性认识之路。"[1]"在形而上学里，民族主义不是社会主义，社会主义是与民族主义拒中的东西，然而我们都知道了，真正的民族主义是社会主义的一部分，社会主义与民族问题没有不可逾越的鸿沟。社会主义并没有害了中国的民族解放运动，不正确的空想乌托邦主义才是中国的危险物。"[2]

9 月 25 日

先生所作《克独立自由保障的威胁》发表于《新蜀报》第 2 版"星期专栏"，署名"侯外庐"。

9 月

先生由武汉抵达重庆，随即与生活书店重庆编辑部、八路军办事处取得联系。不久，柳湜来访，告知王亚南、郭大力合译的《资本论》三卷本即将出版，先生立即表示自己的译本不再出版，并与柳湜所代表的生活书店解除了合同。从此，先生翻译《资本论》的十年机缘告一段落。先生回忆："自从一九二七年我意识到自己有责任把《资本论》翻译出来，献给党，献给祖国受难的同胞，决定挑起这副担子，自从一九二八年着手进行翻译以来，无论在狱中，还是在阎锡山无形的囚禁之下，我立誓'匹夫不可夺志'，没有一时一刻忘记过自己的使命。整整十年，我生活、奋斗的宗旨就是完成这一使命。丁今，突然得悉两位不相识的同志先我完成了这

---

[1] 《时事类编》特刊 1938 年第 23 期，第 20—21 页。
[2] 同上刊，第 24 页。

一重大使命，对于本人，一项长期为之奋斗的工作半途而废，固然不无遗憾，但对于国家，这个理论上的空白终于被填补了，无论谁完成了这项填补的任务，毕竟都是一样的。因而，我的内心，一方面抱愧，一方面也大有重负如释之感。"[1] "我常自庆幸，十年译读《资本论》，对于我的思维能力、思维方式和研究方式的宝贵训练。这方面的收获，决难以任何代价换取。""对于一部完整的科学理论，翻译中的理解角度，往往不同于阅读中的理解角度。我在历史研究中所注重的研究方法，相当程度取决于我对马克思的唯物史观理论的形成和发展过程的认识。我之所以一向欣赏乾嘉学派的治学严谨，一向推崇王国维近代研究方法，而未至于陷入一味考据的传统，一个相当重要的原因，便在于《资本论》方法论对我的熏陶。""为译读《资本论》下十年苦功夫，由此而奠定的对马克思主义的信仰，是一种对科学的信仰；由此所把握的方法论，则是科学的方法论。它无论是对我的政治观点和学术观点，都产生了深刻的影响，使我得益匪浅。"[2]又："这件工作却帮助我比较系统地学习了马克思主义的基本理论和方法，确立了我的辩证唯物主义世界观，对我后来从事史学研究起了重大指导作用。"[3]

同月，先生所作《抗战建国论》由重庆生活书店出版，包括《抗战建国与民主问题》、《中山先生的民权论与抗战建国》、《抗战建国中民族问题的民主号召》、《关于抗战建国纲领中的经济建设问题》、《目前欧洲形势的认识及我们的外交政策》、《青年对于抗战建国的任务》六篇文章。

10月1日

先生完成《论和平机构》，发表于《时事类编》特刊1938年10月16日第24期。文章认为：所谓"均势"是帝国主义发展到一定阶段的产物，"没有绝对的平衡状态，……最均势的'安宁'是立基于最不平衡的起点阶段"，"帝国主义的不平衡，发展到最严重的阶段，即'跑到后面的向前飞跃，有驾乎跑到前面者而上之势'，已经接近于战争律的突变性，均势运动的'安宁'姿态是以小分割和缓大分别，牺牲弱小民

---

① 侯外庐：《韧的追求》，生活·读书·新知三联书店1985年版，第90页。

② 同上书，第91页。

③ 侯外庐：《我是怎样研究中国思想史的》，《历史教学问题》1982年第4期，第2页。

族而填补强大帝国，出现着，……小分割的积累量之一定程度，便是大分割质的转变，……许许多多暴力的小解决，便走到总的暴力解决"①。并论述"世界和平不可分割"、"集体安全"等和平机构的原则与"和平机构与现存条约"、"和平机构与新约束"等问题。

10 月 20 日

先生与顾颉刚、老舍、闵刚侯、姚篷子等人参加通俗读物茶点会。②

秋

先生第一次见到从武汉撤退到重庆的许涤新（1906—1988，广东揭阳人）。许涤新回忆："侯老那时已经是一位知名的教授，他从武汉撤退到重庆之后，由《新蜀报》的滦鲁鱼同志发起，组织一个小小的宴会，来欢迎他。我那时（是《新华日报》的编辑）也应邀出席。大家热烈讨论抗战形势，谈论中国前途，谈论社会科学工作者应该怎样为民族的解放事业而工作。……反对'恐日病'，侯老的态度是坚决的，他希望在座的同仁，必须在自己的工作岗位上，打击这一种悲观失望、妨害抗战的病症。热烈的讨论一直谈到我要回报社上夜班时，才告结束。"③

11 月 1 日

先生所作《民权主义的理论与建国》发表于《时事类编》特刊第25期，署名"侯外庐"。此文与《中山先生的民权主义》基本相同。

11 月 7 日

先生所作《中山先生论苏联》发表于《中苏文化》"苏联十月革命二十一周年纪念特刊"之"社会主义胜利的苏联"专栏，署名"侯外庐"，包括"关于苏联革命的意义者"、"关于俄国性的三民主义者"、"关于苏联革命的经验与教训者"。

---

① 《时事类编》特刊1938年第24期，第10页。
② 《顾颉刚日记》第4卷，中华书局2011年版，第150页。
③ 许涤新：《侯外庐史学论文选集》序，《侯外庐史学论文选集》上卷，人民出版社1987年版，第1页。

11 月 13 日

先生所作《目前欧洲政局谁有控制国际环境的前途?》发表于《新蜀报》第 2 版"星期专栏",署名"侯外庐"。

11 月 20 日

先生所作《捷克小分割后的大不列颠商业地位》发表于《翻译与评论》1938 年第 2 期,[①] 署名"侯外庐"。先生是该刊编委之一。

11 月 25 日

先生完成《科学的民生主义研究》,发表于《时事类编》特刊 1938 年 12 月 16 日第 28 期。文章认为:"中山先生的伟大思想,不但没有使民生主义在理想上和社会主义划一鸿沟,而且使民生主义具备了很丰富的社会主义的发展性,虽然因了中国客观上民主革命的主要任务迫使社会主义的任务居于前途可能地位,因而主观性的社会主义渗透于思想系统中,可是如果由中山先生所谓'澈底的'民权革命的领导,主观性却可以向着客观性发展。"[②] "民生主义不是资本主义,'平均地权'是民主主义的高涨"[③],"民生主义有解决资本主义与社会主义的矛盾之可能"[④]。

12 月 1 日

先生所作《欧洲的"慕尼黑"与东亚和平》发表于《中苏文化》"抗战特刊"1938 年第 1、2 期合刊。

12 月 9 日

先生作《苏联外交与现阶段的欧洲局势》,发表于《中苏文化》"抗战特刊"1938 年第 3 卷第 3 期,署名"侯外庐"。文章认为:"苏联立国是在当今世界系统之外,同时又在这一系统所包围之中。""第一,我们从任何方面,也不能否认这一事实,苏联社会主义国家外交的活动,是全世

---

① 《翻译与评论》1938 年第 2 期,第 11—12 页。
② 《时事类编》特刊 1938 年第 28 期,第 11 页。
③ 同上刊,第 13 页。
④ 同上刊,第 18 页。

界资产阶级国际环境中的新要素，近十余年来世界主要的大事变，没有一个能够把苏联从世界新要素的构成部份中，割裂出去的。""第二，苏联外交在世界舞台上的进出，不是一个孤独的策略，而是与其国内社会主义政治经济的发展相配合着的，整个体系的一面；同时亦是相应于国际资本主义的危机而发展，而在全人类战争厄运的酝酿中有其保障世界最好文化传统的意义。""第三，因了以上两个意义，苏联外交在近十余年来的国际关系中，不但使世人惊骇于其发展，而且使世界各国很少例外地皆在亲苏反苏的变动中，从排拒新要素的离心或从吸引新要素的向心，而某各国自身与其他国家间矛盾之解决〔只有反苏倒（到）底的波兰才不知道这一点而遭崩溃〕。""第四，在世界国家的亲苏反苏的关系中，也不是一个类型，而言各种各样的不同类型。"①

12 月 12 日

先生作《中山先生"革命的人文主义"之特征——孙文学说——"知难行易"的研究之一》，发表于《时事类编》特刊 1939 年 1 月 1 日第 29 期，署名"侯外庐"。文章提出："中山先生'知难行易'学说，到现在还没有精确的显明标示，原因是这部分学说还在需要阐发研究。这部分学说是中山先生哲学的基础，是革命的方法论，是中国文化运动的原理领导"，其中包括"世界革命与中国革命传统的继承与领导"、"中国革命的发展认识"、"革命的理论与革命的实践"、"理想主义与现实运动"、"认识过程与实践过程"、"把握现实发展与变革现实"、"知、行从批判的，革命的认识，而非抽象的自由主义的认识"、"革命的人文主义之核心"八个方面，认为"（五四）划时代的文化运动之最大缺点，即这一运动没有和革命的政党领导取得密切的结合，所以在意识自觉手段方面亦就和民主革命的正确领导没有统一，换言之，革命的人文主义（Revolutional human-ism）文化运动没有和中国民权革命'澈底性'的任务，在步调上划一起来"。"然而当五四文化运动领域中'自由主义'与'民主主义'杂然并发，缺少主导的观念时，中山先生早已在文化领导方面提出'知难行易'学说，以革命的人文主义文化为核心，即以批判的人类解放思想为核心，而与其'驾乎欧美而上'、'澈底的民权革命'相为配合，号召于全中国

---

① 《中苏文化》"抗战特刊"1938 年第 3 卷第 3 期，第 12 页。

的革命运动中。"① "中山先生的'知难行易'学说的精神，不是研究室的古典主义，而是集中于以下的一点：中国社会现实地发展，中国革命理论的正确认识也随之发展，中国革命的领导，一方面要继承十八世纪以来世界变革的宝贵遗产，他方面复要为将来世界潮流的变革而奋斗，批判地继承过去的人类解放运动，复准备为将来人类更深刻的解放而努力。简言之，澈底为民权主义而奋斗，复不为'太呆'的民权制度而约束。所以伟大的思想解放运动，新知识新方法追求的文化运动，形成了革命的人文主义之文化领导。"②

年底

重庆八路军办事处要先生找王昆仑把《中苏文化》杂志争取过来，王全力向中苏文化协会会长孙科推荐先生主编该杂志。其时，蒋介石刚抵达重庆，王昆仑趁机改组中苏文化协会并担任《中苏文化》杂志委员会主任，先生和翦伯赞任杂志委员会副主任。③ 改组后的《中苏文化》杂志受到党和周恩来的关注，成为国统区一个进步的宣传阵地，起到了与党报党刊（《新华日报》、《群众》杂志）相配合、相呼应的宣传作用。先生回忆："我个人在主编《中苏文化》的工作中，一向自觉地以执行中国共产党的抗日民族统一战线的政策为己任，重大问题都请示曾家岩五十号。"④

先生任主编时曾有许多趣事，如据张传玺记载："王冶秋与侯外庐也是老熟人、好朋友。王是中共秘密党员，在冯玉祥处工作。他写了一篇有关《诗经》的文章，投到《中苏文化》杂志，在侯外庐审稿后，竟然退而不用。王为此大为恼火，就到歇马场向翦（伯赞）诉说。翦也认为侯的处理不妥，立即找侯询问：'您了解王冶秋吗？'侯答：'了解！'翦问：'那为什么退他的稿子？'侯答：'此人可用，此稿不可用！'后经翦一再追问，才知侯想请他把有些话改得通俗一些，以适应《中苏文化》的要求。可是因忙忙碌碌，此话尚未与王详谈。"⑤

---

① 《时事类编》特刊 1939 年第 29 期，第 28 页。
② 同上刊，第 30 页。
③ 参见王朝柱《王昆仑》，花山文艺出版社 1997 年版，第 224 页。
④ 侯外庐：《韧的追求》，生活·读书·新知三联书店 1985 年版，第 151 页。
⑤ 张传玺：《翦伯赞传》，北京大学出版社 1998 年版，第 77 页。

一九三九年(民国二十八年,己卯)　三十六岁

年初,国民党军委会政治部第三厅撤退到重庆,大部分驻赖家桥,由杜国庠、冯乃超主持日常工作。

2月1日,生活书店在重庆创刊办《读书月报》。

3月,蒋廷黻《中国近代史大纲》由重庆青年书店出版。

4月15日,生活书店在重庆创办《理论与现实》季刊,沈志远任主编,千家驹、艾思奇、沈志远、李达、侯外庐、马哲民、曹靖华、潘梓年、钱俊瑞为编辑委员。

5月,冯友兰《新理学》由长沙商务印书馆出版。

7月7日,中共中央发表《为纪念抗战两周年对时局宣言》,提出"坚持抗战,反对投降;坚持团结,反对分裂;坚持进步,反对倒退"的政治口号。

8月23日,苏联和德国签订互不侵犯条约。

9月1日,德国入侵波兰,第二次世界大战全面爆发。

本年,周谷城《中国通史》由上海开明书店出版。蔡尚思《中国思想研究法》由商务印书馆出版。蒋介石《力行哲学》出版。赵纪彬《中国哲学史纲要》、杨荣国《孔墨的思想》由重庆生活书店出版。

1月1日

先生所作《一年来的文化领域中的特殊收获》发表于《新蜀报》第2版"星期专栏",署名"侯外庐"。

1月15日

先生所作《抗战建国的文化运动之总方向——为"革命的人文主义"文化而奋斗》发表于《翻译与评论》1939年第3期,署名"侯外庐"。

先生所作《希特拉的文艺"春秋"》在同期发表,署名"外庐"。

1月16日

先生所作《中山先生怎样崇赞列宁——为应〈中苏文化〉列宁逝世纪

念而作》发表于《中苏文化》"抗战特刊"1939年第3卷第5期,署名"侯外庐"。

2月4日

先生作《"精神胜物质"》,发表于《时事类编》特刊1939年2月16日第32期,署名"侯外庐"。文章认为:所谓"精神胜物质",一是"认识物质的必然而支配物质,换言之,认识之历史的发展是人类从自然的必然性解放的过程,……由理论上讲来,必然转化而为自由,而随着发展,自由也转化而为必然"。二是"我们知道,新东西不是从'无'而生,新东西的生正是旧东西的开始减少。我们更知道,新东西不是旧东西的所包含物,而是旧东西的发展物。解放的新中国,是从旧世界中而生,抗战的新生力量正是日寇帝国主义的减少,日寇所支配的旧世界已经包含不住新生力量,新中国正在由'自在的东西'转变而为'自为的东西'"①。"在插破奴役关系的民族解放战争中,我们在精神条件上,便是思想解放,争求'正确的认识',以与敌人的复古专制,形成一个革命的对照。""总之,'精神胜物质'的领导,是中山先生'知难行易'革命思想的传统继承,在革命发展上,是要求'恢复同盟会以前的精神',在革命哲学上便是恢复中山先生'孙文学说'的革命的人文主义。"②

2月10日

先生作《欧局与"实业谈判"》,发表于《中苏文化》"抗战特刊"1939年2月16日第3卷第7期,署名"侯外庐"。

3月1日

先生所作《加强团结与"打不平的文化"》发表于《翻译与评论》1939年第4期,署名"侯外庐"。文章论述"人文主义的发展与衰落"、"团结于三民主义文化实践中"、"'精神胜物质'!'知难行易'的文化领导传统继承"问题,认为:"由思想解放到整个民族与民众生活的解放,才是革命的人文主义与革命的民主主义之文化政治的统一意识。""根据中

---

① 《时事类编》特刊1939年第32期,第17页。

② 同上刊,第18页。

山先生指示，民族主义是对外打不平，民权主义是对内打不平，那么，这里所谓'打不平的文化'，前者是对外打不平的文化，后者是对内打不平的文化，这一'打不平'的中心统一的意识，即革命的人文主义。"①

同日，先生在《读书月报》1939 年第 1 卷第 2 期发表文章，介绍沈志远《社会经济形态》一书，署名"外庐"。文章认为："这本关于社会构成理论的小册子，量的方面虽然约缩得极其紧密，而质的方面却是学术高度水平的成果。在二十世纪四十年代社会主义国家建设中，同样的社会主义文化发展亦紧随着社会进步，因而这样的文化批判的正确体系的著作，才产生出来。""这本著作，是社会史论纲的读物，可以说，如果一个作家和读者，有志去研究或编著社会发展史的时候，它是最好的'导言'参考，因为没有社会史论的基础修养，就不会有正确的发展概念，亦就不会究明社会史。过去中国社会史论战中，确大都犯了这个前题修养缺乏的毛病，因此关于中国社会史分期认识，现阶段认识，以及由一个低级社会移行于别一个高级社会的蜕化，在社会构成论知识上，表现出不可原谅的混乱与错误。记得，剥削关系决定论者，当不明了当作'种差'（《资本论》引语）看的分配形式，商品经济决定论者更不了解商品经济与资本主义生产方法所支配的商品经济二者之'种差'，甚至如严灵峰把'生产方法'下面注释为：（技术），十分表现了理论工作者粗鲁胆量。在波格达纳夫与布哈林以及德波林译品满布中国时代，这些杂乱现象或者是有所本的，现在我们有更正确的理论介绍著作，如这本小书，对于中国社会史研究者当贡献不小的参考。"先生对该书的译名"稍有点意见"，认为"据志远先生对于'社会经济形态'书名的英文注语是这样：Socially—economic Formation，如果这一注语确合俄文，那么，社会经济形态，似应为社会经济构成，形态应是 form 的译语，如相对的价值形态（Relatiue form of value），而 formation 则是构成之意，如不变资本与可变资本的资本有机构成。在社会史论中，有许多不同的字义如 Structure（结构）、System（制度）、Mechanism（机械组织）、Organism（有机组织）、Mode（方式，方法，导式），而 Formation 是一个总的提纲意义。现在日本出版界关于这，都是这样写的：社会经济的构成，因其含有发展到另一级的意味"。"在俄文中，form、formation 都有特殊用法，与英文用语相当。志远先生的注语当无问

---

① 《翻译与评论》1939 年第 4 期，第 10 页。

题，中文译语似应考虑的。"①

3 月 12 日

先生作《中国革命同盟会的精神》，发表于《时事类编》特刊 1939 年 4 月 16 日第 36 期，署名"侯外庐"。文章认为同盟会的特征有"中国历史上的第一个'革命'党名"、"主义政纲之领导"、"中国革命初期的统一战线"、"高尚纯洁勇往无敌的干部革命情绪"，"中国革命同盟会，最早便奠定了同盟团结的内在基础，外在始表现而为国民运动"②。

3 月 16 日

先生所作《纪念中山先生逝世十四周年》发表于《中苏文化》"抗战特刊" 1939 年第 3 卷第 8、9 期合刊，署名"侯外庐"。

3 月 25 日

先生作《苏联建国在现阶段的特点》，发表于《中苏文化》1939 年第 3 卷第 10 期，署名"侯外庐"。文章论述"世界史的奇迹"、"苏联现阶段建国的特点"（经济、政治）、"苏联外交的基本政策"，认为："'宏大圆满'的苏联社会主义的建设完成，使'新希望'成为现实的东西，苏联创作下进步的历史，为全世界人类模仿，而正在改作历史奴役关系的中国抗战建国的伟业，如中山先生所言'虽不能仿效其办法，亦应当仿效其精神'，'我们旁边有俄国的好学问好方法'以资'榜样'，是应如何学习历史奋斗宝贵经验与教训呢！"③

3 月

世界文化合作中国协会出版、国立北平图书馆编印的《图书季刊》 1939 年新第 1 卷第 1 期介绍先生所著《抗战建国论》："为了抗战建国这一伟大艰苦工作的进行，我们有《抗战建国纲领》的制定。本书在于把这一《纲领》中的主要问题，从理论方面给以原则上的研究和探讨，以便使

---

① 《读书月报》1939 年第 1 卷第 2 期，第 96 页。
② 《时事类编》特刊 1939 年第 36 期，第 24 页。
③ 《中苏文化》1939 年第 3 卷第 10 期，第 8 页。

这些问题的认识更加深入。"①

4月1日

先生所作《苏联建国在新阶段的特点》发表于《中苏文化》"抗战特刊"1939年第3卷第10期，署名"侯外庐"。

同日，沈志远在《读书月报》1939年第1卷第3期发表《关于〈社会经济形态〉的译名问题答外庐先生》："本刊第二期'读物介绍'中，承外庐先生把拙译《社会经济形态》这本小册（子），作了一番介绍，并对我的译名有所指示，本人非常感激。不过关于 Socially—economic formation（俄文为 Sotsialno – economicheskaya formatsiya）应译'社会经济形态'抑应译'社会经济构成'的问题，我却有不能完全同意外庐先生之点。外庐先生的主要理由是说 formation 是'构成'之意，如不变资本与可变资本的资本有机构成。我觉得这是侯先生的一番误会。因为'资本有机构成'的原名，在英文是 Organic Comoposition of Capital，在德文是 Organische Zusammensetzung des Kapitals，在俄文是 Organischeskii Sostav capitala，任何一种原名中都没有'formation'这个字，所以侯先生拿'资本有机构成'这一译名作为'社会经济形态'应译'社会经济构成'的依据是本人不敢苟同的。其次，侯先生说'形态'是'form'而不是'formation'，这也不尽然。'form'固可译作'形态'，但译作'形式'却更为普遍；反之，'formation'却只能译作'形态'而决不能译'形式'，这诚如侯先生所说'在俄文中，form、formation 都有特殊用法'而不可混用的。"②

4月15日

先生所作《中国学术的传统与现阶段学术运动》发表于《理论与现实》季刊1939年第1卷第1期（创刊号），署名"侯外庐"。（一）关于"中国古典学术传统的特性"："中国学术的古典历史，一方面屈服于封建的政治支配，放弃真理知识的追求，而为藏之名山的载道工具所束缚；他方面则离开实践性，对于学术传统，不但没有放弃继承，而且在知识形式上做过极大的努力。前者是知识运动的障碍，后者则是整个知识运动过程

---

① 《图书季刊》1939年第1卷第1期，第53页。
② 《读书月报》1939年第1卷第3期，第144页。

和现实方面的脱节。"① （二）关于"五四的学术继承及其新退休性"："在代表了近世民主主义与自由主义五四革命高潮中，新文化运动一方面反映着社会经济的变动，冲破了封建的藩篱，掀起了中国学术文化的自觉，他方面批判地继承了中国长期退休的'历史追求'的遗产，尤其继承了清代朴学精神的积极性，有程度地扬弃了朴学大儒的政治意识与学术思想的矛盾，使清代大儒的反对愚昧的代数学，附加了时代发展的内容。……所以五四学术的继承，固然有世界学术输入的新内容，但所以可能接受此新的内容者，更有中国学术传统的最高知识形式，如果是阿比西尼亚，就有新内容的输入，也不可能产生光荣新学术的运动。"② "当五四高潮低落以后，中国学术界便在新的历史退休中复产生新的朴学国故运动，又在知识运动中步入自由主义的妥协旧路。五四启蒙'新生活'与新道德运动之发展，只有在'国民革命'运动中，由社会实践培养着，和当时'东''西'的学术形式讨论没有联结。"③ （三）关于"五四运动与进步学术的联系性，发展性"："民元前后以至五四运动，中国承继世界学术传统的精神，一方面在模写式的介绍阶段，不论开始到发展，更新的进步的学说总是含于布尔乔亚自觉手段中而降临中国，但他方面在意识的社会觉醒上，自觉手段还没有达到中国化的程度。因此，革命的人文主义的哲学，必然要尽克服这一矛盾的任务，'知难行易'学说（发表于民八）与五四文化运动正是这一矛盾克服的理论与实践。我们要记住，这是一个深刻的运动，没有它，中国长期退休的学术承续（历史学，文字学）不会转变而为伟大的有社会内容的运动，没有自觉运动以及自觉运动的领导（知难行易），中国的世界学术承续，仍然是形式的，彼岸性的，观剧式的。"④ "五四以后，中国历史上随着民族工业的发展，更产生了社会运动的新要素，而这新要素的基础之上，必然要发生另一个自觉手段的运动，虽然从开始直到现在的民族解放阶段，中国革命仍然是民主主义的核心，而进步的世界观方法论却使民主主义的核心认识，更加合理化并科学化起来。同时，苏联革命的成功，不但给予了东方民族革命可能胜利的模范，而且提供中国以更正确的进步科学知识，不但说明，进步学说不是教条而是实践的指示，而且

---

① 《理论与现实》1939 年第 1 卷第 1 期，第 7 页。
② 同上刊，第 8 页。
③ 同上刊，第 9 页。
④ 《理论与现实》1939 年第 1 卷第 1 期，第 10 页。

使帝国主义阶段的进步理论，发展理论——十九世纪学术发展之传统继承的再版，而且是中国社会运动的必然反映，以及二十世纪革命的学说发展之继承。"①（四）关于"新社会科学运动的发展"："中国学术传统继承史，到了一九二八年以后，无疑地是一个更深刻的发展阶段，极言之适应于中国革命的要求，更是一个'知而后行'的严重发展时期。在这一时期，中国学术问题提起的特征，一方面是继承过去时代的遗产，他方面是把这个遗产赋予了新的时代精神；同时一方面新的自觉手段批判地继承了过去时代的自觉手段，他方面新的自觉手段'有奶便是娘的'（如布哈林，波格达诺夫，德波林，无批判的介绍，甚至重复七种译本）正同于前一时代严复的介绍，有着普遍的流行。"（1）"在所谓中国社会性质论战中，我们却没有达到可惊的成绩，一方面理论的混杂与独断的普遍表示了学术水准的过低，直到一九三二年前后，由于社会主义国家文化理论昂进成分的介绍，如波格达诺夫与布哈林批判，蒲列哈诺夫批判，德波林批判，以及亚细亚生产方法论争，新经济学与新哲学的最新教程，始克服了中国文坛中的部分缺点；他方面中国自由主义又在新的外衣披掩之下，承继着前一时代现象化装的理论，亦形成一个国际的缩影，正如伊里奇之一再批评社会民主主义把马克斯主义曲解而为卑躬屈节的自由主义，或半自由主义"②。（2）"中国史研究的更高扬。这一问题，正是几千年中国学术史的宝贵遗产，由春秋战国，交给汉儒，由汉儒交给清朝朴学诸师，而这一中国史代数学的学术承继，由清末王国维集其大成。在五四以后学术的新退休时代，这一问题在整理国故中附加了资产阶级历史学的染色（如墨学形式逻辑部分的近代术语化），一开始就另有辩证法的发展学术进入史程，而历史学探究到中国古代进化史时，辩证法的发展学说，已经是中国学术史研究的中心课题了"。"从王国维到郭沫若，由整理国故的资产阶级历史学到新发展学术的中国社会史学，例如五四以来考据学到亚细亚生产方法论的中国史论，是世界学术意义的发展，同时亦是中国学术的发展。这一工作仍然需要我们努力的。"（3）"新社会科学不但是'民间'一种知识运动，而且到了九一八前后已经继承了中山先生所谓'误信旧经济学说之过当，其对于新经济学之真理盖未研究'之遗教，达到高中与大学教程采

---

① 《理论与现实》1939 年第 1 卷第 1 期，第 11 页。

② 同上刊，第 12 页。

用新经济学之合法程度，这一点使资本主义国家的大学教育已感有落后之嫌。中国学术之进步，是有如何可惊的马力！这亦不是任意的进步，而是有社会运动发展的基础的。这一学术的进步性，从一二八到一二九，从普罗文学的论争到国防文学的论争，从学术介绍的水准提高到新启蒙运动的学术中国化开端，都是值得我们列为专题研究的。我们最引为荣幸的，是反封建的文学老将鲁迅，以中国的高尔基的色彩，重新写作阿 Q 的历史性——鲁迅不是'豹变'，而是学术继承的发展。这一阶段，战斗性的文艺批判地继承了五四时代战斗性的文艺，同时克服了五四以后自由主义的烦恼艺术。自然，自由主义是肃不清的，直到现在还有'抗战无关论'。问题是主潮毕竟在这面支配着"①。（五）关于"世界学术介绍的发展"："中国的学术介绍，本来是一个学术传统继承史，由古代的佛典到严复的'信达雅'诸布尔乔亚理论，一直到与前一理论同时输入的进步科学的介绍发展。无论任何阶段的学术介绍，都是和'中国认识'以及中国的社会实践，相为结合，都是自觉运动的一个组成部分。"②（六）关于"中国学术运动的现阶段"："现阶段中国学术运动，是中国文化运动的一部分，故应根据'孙文学说'，或革命的人文主义哲学，承继世界最优良进步的科学，或中山先生所谓的'世界社会主义的集大成'，而求'正确的认识'（委员长对于'知难行易'的继承发挥语）。"③"伟大的抗战建国时代，正是中国学术开足马力的前进时代。学术研究缓慢地落后于抗战军事，这是一个大遗憾。然而我们并不单需要知识的代数学，更不单需要启蒙时代一般的知识运动。基于中国社会的不平衡性而言，一般的反愚昧的知识开明运动是问题的一个侧面，而中山先生意识觉醒与社会的实践矛盾克服的传统，在现阶段是发展，便更有新的意义，即现阶段的理论学术与现实发展之结合，直接间接地使中国化的学术成为社会发展的实践指导，这是问题的另一个侧面。中国学术，在继承中山先生革命学说之意义方面，应是一八九八年前后革命的人文主义的形成与民十三年前后这一主义发展之最深刻的高度化。"④

①　《理论与现实》1939 年第 1 卷第 1 期，第 13 页。

②　同上刊，第 15 页。

③　同上刊，第 16 页。

④　同上刊，第 17 页。

5 月 30 日

先生于病中作《伟大的现实主义者高尔基如何教训我们把握现实》，发表于《中苏文化》1939 年 6 月 16 日第 3 卷第 12 期"高尔基逝世三周年纪念专号"，署名"侯外庐"。文章认为："正如恩格斯说，文艺家的社会经历丰富比经济学者历史学者更多，'痛苦'的高尔基一直到社会主义的美满建设的高尔基，实在表示出俄国近代史的一种缩写，同时他的市侩的憎恶和旧世界的唾弃以及新世界的创造，更是近代世界史的一个理性的表现。"①

春末

孙科计划以中苏文化协会名义建立"中苏文化学院"，由先生负责选址，先后选定重庆歇马场附近的白鹤林和骑龙穴。先生晚年忆述："一个孕育不果的'中苏文化学院'计划，使我们得到白鹤林、骑龙穴的天地。这块天地给我们带来的好处，实在一言难尽。'白鹤林'、'骑龙穴'，其名之美，简直象神话中的仙境。那里也确乎是山水宜人，很有一番恬静的田园风光。但是，我无心赏悦大自然的美。伯赞和我长年安家于此，并非因为我们情致高雅，主要是因为我们穷。只有住在乡下，妻子躬亲耕作，种上一块菜地，一年四季才有可能免去一笔非同小可的开销。……对于伯赞和我来说……真正值得纪念的……我们耕耘学畴也都有所收获。伯赞著名的《中国史纲》和大量的史学论文，都产生在骑龙穴的油灯之下；我的《中国古典社会史论》、《中国古代思想学说史》、《中国近世思想学说史》，也全是在白鹤林杀青。"②

夏

先生和潘德枫等搬家到骑龙穴。

7 月 7 日

先生作《抗战二周年中华民族所创造的新历史》，发表于《中苏文化》

---

① 《中苏文化》1939 年第 3 卷第 12 期，第 6 页。
② 侯外庐：《韧的追求》，生活·读书·新知三联书店 1985 年版，第 104 页。

1939 年 8 月 1 日第 4 卷第 1 期。

8 月 15 日

先生所作《民生主义的伟大理想》发表于《理论与现实》1939 年第 1 卷第 2 期，署名"侯外庐"。文章认为："民主革命使资本制度发展而不必'约束'于资本主义"①，"中山先生的民生政策，至少在理想上是想以新经济政策作'榜样'（见《民生主义》）。但这种类似性，亦是以一列'实行'过程的民权高涨以破社会主义的门户为条件的，不是取消了历史的内容而言"②。"中山先生伟大的土地政策，以这样的改变历史而言，以民生主义所谓'共产将来，不共产现在'而言，以其'是共产主义的实行'而言，的确是最澈底的民主主义的补充。他方面是所谓'共产主义运动的特别的原始的形式'（马克斯）。"③"中山先生所谓'民生主义是共产主义的实行，共产主义是民生主义的理想'，按逻辑的讲法，民生主义应是理想上的社会主义，因为'共产将来，不共产现在'。""理想上的社会主义更进一步成为民元阶段的发展，这不仅在民主主义的客观意义上更有充实的内容，而且把社会主义的主观性发展到客观性的实际政纲，亦具体地提出来。""这样，在民十三年以后，国人又产生了一种毛病，不注意民主主义的高涨，而特别强调社会主义的理想，甚至把民生主义与社会主义设置一个等号，民元的实行家又变成了理想家。""所以关于中山先生理论的发展，在社会主义的范畴上，我们应从时代的观点了解多于民元阶段的东西，那就是除了革命的民主主义客观性而外，还增加了社会主义主观性到其客观性的飞跃，即由实行以'进'理想。""民生主义不'约束'于资本主义，我们要理解民元阶段上向青春理想，更要理解民十三阶段的更上向的青春理想，即'民权革命与社会主义相连带的解决'的二重性质，'澈底的民权革命'与社会主义的前途。然而二者间没有鸿沟，由正确的领导可能使二者达到实践的统一。谁不了解这个关键，谁就会割裂民生主义的伟大理想。"④"民生政策内容里有资本制度，然而民生政策的理论系统的领导，却也不是如一般人的观念——约束于资本主义，相反地乃也是

---

① 《理论与现实》1939 年第 1 卷第 2 期，第 22 页。
② 同上刊，第 27 页。
③ 同上刊，第 30 页。
④ 同上刊，第 31 页。

一种'谁胜谁'的冲破社会主义门户的发展领导。"①

该期"编后记"云："侯外庐先生的《民生主义的伟大理想》……是有独到见解的佳作。……乃关连到现实政治经济问题的理论文章。据侯先生自己说，这一篇是'对钱俊瑞先生的《论民生主义之本质》一文之必要的补充和修正'。他究竟如何补充和修正，请读者们细细留心一读吧！"②

8 月 23 日

苏德签订互不侵犯条约。此后，国内舆论极为混乱，《中苏文化》决定请毛泽东撰文，由先生请八路军办事处转告延安。先生回忆："就在这个时候（一九三九年九月初），我们正面临要为《中苏文化》拟定十月社会主义革命二十二周年纪念特刊的计划。当时我感到，战争局势这样纷乱，舆论形势如此混乱，《中苏文化》不能只作泛泛的宣传，应该通过这期特刊，有助于澄清舆论，端正人们对一些问题的看法。谁出面最有权威呢？毛泽东同志。只有我们党的领袖毛泽东同志最有权代表人民的利益发言。何况，十月革命节是无产阶级胜利的节日，要纪念这个节日，首先应该有我们党的声音。""这个计划定下来以后，我找八路军办事处作了汇报，请他们转告延安，希望毛主席针对形势为我们撰稿，至于写什么问题，请主席自定。"③

8 月

先生著、重庆北碚中山文化教育馆编《抗战建国的文化运动》（论文集）由重庆《上海杂志》公司出版，该书系"抗战丛刊第九十三种"，包括"中国现阶段文化运动的号召"、"在落后的欧洲与先进的亚洲时期"、"中国文化运动一般、上向运动的中国文化之展开"、"资本主义的文化危机与中国的文化发展"、"人文主义的发展与衰落"、"团结于三民主义文化实践中"、"'精神胜物质'——'知难行易'的文化领导传统继承"和"中山先生文化运动的理想"等 8 节。

---

① 《理想与现实》1939 年第 1 卷第 2 期，第 32 页。
② 同上刊，第 32 页。
③ 侯外庐：《韧的追求》，生活·读书·新知三联书店 1985 年版，第 99 页。

9 月 1 日

先生所作《社会史论导言》发表于《中苏文化》1939 年第 4 卷第 2 期"中苏史论"专栏,署名"侯外庐",收入《苏联史学界诸论争解答》(1945 年版)、《侯外庐史学论文选集》上卷(1987 年,题为《社会史导论——生产方式研究与商榷》)。该文是先生通过重庆北碚中山文化教育馆的陈斯英在存稿中意外发现的。先生自述:"我在原稿的基础上进行修订,把一些过时的属于批判性的文字删去,但仍保持原文的基本内容,……"[1]"当准备在《中苏文化》上发表该文时,正好见到罗隆基在《再生》第三期上发表了怎样认识资本主义的文章,文中批评胡秋原、陈独秀、陶希圣,却把苏联新经济政策也看作资本主义。于是,在公开发表《社会史论导言》时,我在开头加了四段文字,批评罗隆基的观点。不过,1945 年我将该文编入《苏联历史学界诸论争解答》一书时,把这几段与主题无关的文字删去了。"[2]

编者指出:"本文是一般的关于社会史论的研究,是提供社会史研究的正确方法论。在'中苏史论'首次编辑的时候,即在本刊计划地研究中苏社会发展与革命运动的开端,我们亦应首作一个社会史论一般的论断,同时,因了中国过去社会史论方面方法论上的武断,亦应有一个清算的检讨。本文据作者言,是搜集了《资本论》与其他文献有关社会经济构成的决定论之史料二百余条,撮要提领,综合编成,是值得研究中苏历史者一读的。"[3]

文章论述:(一)"如何了解社会性质"[4]。(二)"社会性质不是从技术与生产诸力决定的而是从生产方法决定的"[5]。"一九二八年以来,我们的中国经济论者,不但混同着生产诸力与技术,而且把技术当作决定的前提规定着。固然,有的人以技术规定生产方法(如严灵峰君),表示着理论素养的浅薄;就是《中国古代社会研究》的著者郭沫若先生,认为中国社会未至资本主义阶段的原因是缺乏蒸汽机之论断,亦是纯粹的机械的理

---

[1]　侯外庐:《韧的追求》,生活·读书·新知三联书店 1985 年版,第 227 页。

[2]　侯外庐:《我对中国社会史的研究》,《历史研究》1984 年第 3 期,第 6 页。

[3]　《中苏文化》1939 年第 4 卷第 2 期,第 80 页。

[4]　同上刊,第 80 页。

[5]　同上刊,第 81 页。

论。我们对于郭氏由中国古代劳动手段而分析中国社会的阶级之功绩是极力赞佩，而因劳动手段的重视，忘却社会特殊的构成之特征的生产方法，委实是不能原谅的错误。"① "从全生产过程方面研究，劳动手段与劳动对象复合才是生产手段，而这生产手段在一定的阶段又是对立于劳动力之社会关系的一极，劳动力和生产手段特殊的历史的结合，形成特殊的生产总过程的一契机，而支配一定的社会——经济构造。"② "很显明地，这种当做生产手段与劳动力的特殊结合关系之生产方法，是决定着所谓一社会的经济性质，……"③ （三）"社会性质也不是商品流通或商业资本所决定的"④。"商品生产是资本主义社会的必要条件，然而不能为资本主义社会之决定的条件，所以，我们的中国经济论者拿商品流通关系所证明的不过是商品生产，可是所试验的失败与成功，两者都不能够指明中国的资本主义属性。"⑤ （四）"生产方法与分配关系或剥削关系对于社会性质"⑥。"我们中国经济论者所谓的剥削关系，实在是适应于生产关系的分配关系，决不是指生产方法的'分配形式'，因为他们毫不了解生产方法，文字中没有提过这样决定生产内部全性质及全运动的生产方法。"⑦ （五）"社会性质是由生产方法而决定——生产方法研究"⑧。（甲）"生产方法是居于生产诸力与生产诸关系间绍介的地位"。"生产方法，原名为 Produkins-weise，有生产的指导样式之意，……""生产诸力"与"生产诸关系"二者是"生产过程中内容和形式的对立物，把一定的生产诸力与生产诸关系，用一种指导这对立的生产过程之倾向的独特方式，即决定并支配它们全运动全性质的东西，而绍介着，贯联着，便是生产方法。这里，并不是如兹依米耶斯基的见解，认为生产方法是生产诸关系与生产诸力之对立的统一。它至多不过是，运动中的生产过程之表示对立物发展的一种导式或倾向。因为生产方法一方面再发展着生产力，而且不断地再生产着生产诸

---

① 《中苏文化》1939 年第 4 卷第 2 期，第 82 页。
② 同上刊，第 82—83 页。
③ 同上刊，第 83 页。
④ 同上刊，第 84 页。
⑤ 同上刊，第 86 页。
⑥ 同上刊，第 86 页。
⑦ 同上刊，第 87 页。
⑧ 同上刊，第 88 页。

关系"①。（乙）"生产方法对于生产诸关系与生产诸力间质渗透作用"。
"它（生产方法）既不是为生产诸力当做生产诸关系的内容自己发展着，
又不是如同生产诸关系当做生产诸力的形式，自己运动着，它实在是在二
者中间发生渗透作用的东西。它一方面再发展着生产诸力，一方面再生产
着生产诸关系，使二者始而融协，既而矛盾，终而破裂，……所谓'在生
产本身中而支配并决定生产'者便是。"② 文章最后指出："中国经济论
者，首先要从这方面了解，然后才能研究明白资本主义，才能进一步了解
中国社会前途。亦正因数年来'中国社会问题'研究中，没有理论方面的
基础知识，直到现在问题的讨论还表现着混乱与驳杂，并未执行了'反映
现实'的任务。"③

　　先生自述："它（《社会史论导言》——编者注）的发表，成了我转向
史学研究的一个标志。"④ "不管人们是否同意我对生产方式的理解，但我
自信，我以上所述的内容本身，对于我们区别不同的社会形态，掌握不同
社会形态的质的规定性来说，是站得住脚的，是符合马克思主义精神的。
我以后对中国古代社会史的研究，正是以此为方法论指导。""我在《社会
史论导言》一文中，就明确表示，不同意把生产方式归结为生产力和生产
关系的统一，虽然，我同样坚持它们二者间存在密切的依存关系。作为学
术观点，我至今没有改变自己的看法。"⑤

9 月初

　　一个下午，中苏文化学会会长孙科在中苏文化协会会议室召开各党派
人士座谈会。先生回忆："座谈会召开之时，我和潘德枫同志正在《中苏
文化》编辑部办公室。那天，我事先接到徐冰同志的通知，周恩来同志要
到编辑部来，平时，周恩来同志很关心我们的刊物，经常来看我们的。"⑥
"周恩来同志在徐冰陪同下，一进我们的编辑部办公室，就听见隔壁发言
人激烈的言词。听说是孙科召集会议，周恩来同志就坐下来细细倾听。"⑦

① 《中苏文化》1939 年第 4 卷第 2 期，第 88 页。
② 同上刊，第 89 页。
③ 同上刊，第 91 页。
④ 侯外庐：《韧的追求》，生活·读书·新知三联书店 1985 年版，第 68 页。
⑤ 同上书，第 228 页。
⑥ 同上书，第 99 页。
⑦ 同上书，第 99—100 页。

"这次座谈会上，各党派人士基本上和盘托出了对形势的认识和对苏联外交政策的看法，集中反映了当时社会舆论的概貌。""周恩来同志把他听到的这些错误观点，归纳、总结出来，连同《中苏文化》杂志要求主席撰文一事，指示八路军办事处一并电报延安，向党中央、毛主席汇报，请求指示。"①

9 月底

先生回忆："九月底的一天，八路军办事处打来电话，通知我们说，毛主席的文章已经写好，要我们按原定计划，在十月革命特刊中发表这篇文章。这一天，编辑部的全体同志高兴得像过节一样。""那个时代，报刊的印刷技术落后，每一期刊物都必须提前一个月付印。……接到八路军办事处通知时，我们刚把十月革命特刊的全部版面排满。周恩来同志知道了这个情况，问我：'拆版重排有没有困难？'我说：'没有困难。'""毛泽东同志的文稿，从延安分几次用电报发到重庆。接受第一部分电稿的那一天，我一直等候在八路军办事处。十月初，最后一批电稿送到我们手中，编辑部的同志通宵夜战，重排版面，毛泽东同志这篇题为《苏联利益和人类利益的一致》的光辉论文，终于得以按时与广大读者见面。"②

10 月 1 日

先生所作《抗战革命继承辛亥革命的传统》发表于《中苏文化》1939 年第 4 卷第 3 期 "纪念辛亥革命二十八周年" 专栏，署名 "侯外庐"。文章认为："二十八年前，中国第一次根据同盟团结的民族力量，依靠民主纲领的政治领导，拆除了数千年中国历史的专制皇帝的宝座，建立起中国国民革命的伟大使命的始础；在二十八年后的今日，伟大的善于解除束缚的中华民族，反抗日寇的侵略已经奋斗至严重的阶段，又为了改正历史奴役关系，而坚决执行扩大了的国民革命纲领，继承辛亥革命的传统。"（1）"中国从一九〇五年的革命同盟会建党以来，三民主义的国民革命领导，平均地权与土地国有的纲领，正是'彻底的真正民主主义的高涨'，对于中古遗留下来的腐朽，不怀存一点依恋，同时中

---

① 侯外庐：《韧的追求》，生活·读书·新知三联书店 1985 年版，第 100 页。
② 同上书，第 101 页。

山先生的民主革命的领导，就在这时早和中国的自由派资产阶级——保皇党，分道而驰，……中国第一次的国民革命——辛亥革命，正是要尽最大努力继承西方的'自由、平等、博爱'，由政治纲领而言，确亦是采取着'对于满清贵族获得决定的胜利'之路线，而不拘束于十九世纪以来的各国'维新'"。辛亥革命"最重要的教训"，"就在于社会力量的对比不利于民主派，不但没有使自由派资产阶级中立，反而因这种改良派的'附袁'，……堕入宋教仁诸氏与封建妥协的改良主义的路线中。后来，中山先生在民主主义的演讲中亦曾对于民元党人自满于推翻满清，不知民权民生之解决，痛加批判，而以不了解革命的民主主义核心之三民主义完整性，为不知行"①。（2）"革命同盟所以有光荣的辛亥革命的历史，主要在于团结或加盟前进革命的觉悟者，而对于妥协错误的自由派保皇党，与以无情的克服与打击，《民报》言论实为利器"。"同时，辛亥革命之所以失败，当时革命阵营中的分裂实为主因，这是说，没有预先使'革命的中枢'坚强地立足于革命纲领之上，没有养成决定的力量克服走向附袁妥协的改良主义者，以致因改良派的动摇而放弃革命纲领。"②"辛亥革命与目前抗战建国，各有特独的形势与环境，……但是革命的民主主义政纲则是有一贯的性质。就是说，'对外要求民主'（解放战）与对内建立民主（革命政纲）的统一，是一个议题的本质，不过目前是辛亥时代的深刻发展与扩大罢了。"③

10 月 10 日

先生作《国际危局中苏联和平政策之扩大》，发表于《时事类编》特刊1939 年 11 月 1 日第 43 期，署名"侯外庐"。文章论述"苏联与德国的友好为什么是斯达林氏和平外交的原则"、"波兰的灭亡为什么不影响于斯达林氏和平外交中的'帮助被侵略者'的原则"、"苏联'集体安全'外交原则的低度运用，为什么并不背于安全原则"、"苏联外交现在为什么更是扩大'民主的和平'精神"、"苏联为什么要反对现在的列强战争"等问题。

---

① 《中苏文化》1939 年第 4 卷第 3 期，第 2 页。
② 同上刊，第 3 页。
③ 同上刊，第 4 页。

11 月 7 日

毛泽东《苏联利益与人类利益的一致》发表于《中苏文化》1939 年
"苏联十月革命二十二周年纪念特刊"。篇首云："当苏联革命二十二周年纪
念的时候，中苏文化协会委托我做一篇文章，我想根据我的观察，说明几个
同苏联及中国有关的问题。因为这些问题，是在中国广大人民中间议论着，
而首先是在各抗日党派中、抗日军人中、青年学生中、新闻记者中、文化界
中议论着，而似乎还没有得到确定的结论。我想趁此时机，对这些问题提出
一点意见，贡献给关心欧洲大战与中苏关系的人们，作他们的参考，或者不
是无益的。"①

先生所作《苏联建国的革命奋斗之扩张》在同期"苏联革命建国的经
验与教训"专栏发表，② 署名"侯外庐"。文章论述"建国在十月革命精神
的扩大中"、"苏联建国过程史的把握"、"新阶段苏联社会主义的紧张性"、
"革命奋斗的人类创造力"等问题。

11 月 15 日

钱俊瑞《简单的说明》发表于《理论与现实》1939 年第 1 卷第 3 期。
文章认为："一、从总的方面说，我觉得侯先生的补充恰恰补充了拙作原有
的弱点，而侯先生的修正恰恰又修正了拙作原有的优点。在我那篇文章里，
我曾相当强调了民生主义理想的现实性，民生主义主观的客观性，这在我自
认是弱点，而侯先生的补充却把这点更强化了。同时在我那篇文章里，我特
别着重指出只有澈底民主的高涨才能保障民生主义之过渡到社会主义。
这在我自认是优点，而侯先生却以民生主义'自我的'指导修正了它。
所以在基本上，我不敢苟同于侯先生的补充和修正。"③ "二、在研究三
民主义的时候，我觉得有一基本点必须牢牢握着：马克斯是马克斯，孙
中山是孙中山。马克斯主义和三民主义是两个完全独立的，不同的理论
系统和指导方针。……三民主义是革命的民主主义，马克斯主义是革命
的社会主义，其产生的历史背境和社会根源都不相同。它们在一定的历

---

① 《中苏文化》"苏联十月革命 22 周年纪念特刊"，第 10 页。
② 同上刊，第 35—41 页。
③ 《理论与现实》1939 年第 1 卷第 3 期，第 103 页。

史阶段上可以互相帮助，相互发展，但决不能相互转化，相互吞并。我们不相信马克斯主义可以包容三民主义之全部（当然可以包含其一部分真理），同时也不相信三民主义可以包容马克斯主义之全部（当然可以包含其一部分真理）。这样我们决不能赞成把三民主义马克斯主义化，也不能赞成马克斯主义三民主义化。因为两者都不可能，这是历史的'命运'规定的。"① "三、根据这，我在原则上，对侯外庐先生研究三民主义的态度颇不敢赞同。我的意见是我们研究三民主义就要把孙中山还给孙中山，我们研究马克斯主义就要把马克斯还给马克斯。而照我拜读侯先生论三民主义各篇文章之后的感觉来讲，侯先生的确把三民主义马克斯主义化了，把孙中山马克斯化了。侯先生志在发展三民主义，这是目前中国历史的要求，但三民主义之继续发展必须在其民主主义的核心部分，而决不在其民主主义向社会主义之'自我'发展。这大概就是我和侯先生的意见基本上的分歧之点。""四、因为这，我就觉得侯先生在《民主主义的伟大理想》一文的立论中有许多地方值得商榷。"② "我们在孙先生的遗教中实在并没有见到任何真正的社会主义的实际政纲，也并没有见到'社会主义主观性到其客观性的飞跃'之任何具体步骤。""侯先生所说中山先生的土地政策是所谓'共产主义运动的特别的原始形式'，恐未免超阶段。"③ "中山先生的政策是'扶助农工'的政策，而马克斯主义者的政策是工农民主专政的政策。……中山先生要在革命民主主义的基础上，进行以国家资本主义为主体的经济建设。这在基本上还属于资本主义范畴以内，而决不同于新经济政策时代的苏联。"④

"编者的补充说明"云："本刊第二期出版后，承各方专家朋友们或予以热烈鼓励，或予以善意批评，我们非常感激，在几位朋友的批评中，特别涉及两篇文章，侯先生的《民主主义的伟大理想》和刘先生的《行为研究举例》。关于前者，侯先生虽说是对钱俊瑞《论民主主义之本质》一文之必要的补充，但实际上并非'补充'，而是与钱先生文不同其立场的。编者因匆促阅稿付排，当时未将侯先生文交给钱先生去阅读，实在是一个疏忽。现

---

① 《理论与现实》1939 年第 1 卷第 3 期，第 103—104 页。
② 同上刊，第 104 页。
③ 同上刊，第 105 页。
④ 同上刊，第 105—106 页。

在已由钱先生另为《简单的说明》，来答复侯先生，请大家注意!"①

12 月 21 日

《斯大林——世界学术传统的继承者》发表于《中苏文化》1939年"斯大林先生六十寿辰专号"②，署名"洪进译、外庐编"。文章译自 A. Stolyarov 的《现阶段辩证法底问题》，包括"斯大林时代的学术底深刻性、具体性"、"时代提出的主要问题：从暴露到裁成"、"斯大林在学术中最发展的部分"、"斯大林著作中的具体性学说与'全面的'概念"。

本年

先生与胡绳③结识。胡绳回忆："我认识外庐同志是 1939 年在重庆。那时，我除了知道他是《资本论》的译者外，还把他看成是位政论家。他在一九三四——一九三五年间已开始社会史、思想史的研究，但我那时还没有读到他在这方面的著作。我所读到的是他的《抗日民族统一战线论》、《抗战建国论》两本书和杂志上发表的政论文章。"④

一九四〇年（民国二十九年，庚辰） 三十七岁

1 月，毛泽东《新民主主义论》发表于延安《中国文化》创刊号。

3 月 5 日，蔡元培（1868—1940）在香港逝世。

4 月 1 日，《中苏文化》从第 6 卷第 1 期由月刊扩充为半月刊。同月，

---

① 《理论与现实》1939 年第 1 卷第 3 期，第 118 页。

② 《中苏文化》1939 年"斯大林先生六十寿辰专号"，第 14—29 页。

③ 胡绳（1918—2000），浙江钱塘人。1934 年考入北京大学哲学系，1938 年加入中国共产党，抗战期间在《新华日报》工作，抗战胜利后任生活书店总编辑。新中国建立后历任中共中央宣传部教材编写组组长、中华人民共和国出版总署党组书记、人民出版社社长、中宣部秘书长、《学习》主编、马列主义学院副院长、中共中央政治研究室主任、《红旗》杂志副主编、中国社会科学院院长、全国政协副主席等。著有《帝国主义与中国政治》、《从鸦片战争到五四运动》、《中国共产党的七十年》、《理性与自由》等。

④ 胡绳：《怀念侯外庐同志》，《先贤和故友》，中国社会科学出版社 1994 年版，第 142 页。

陈铨、何永佶、林同济、雷海宗等在昆明创办《战国策》半月刊，后又在重庆创办《大公报》之《战国》副刊。

5月，吕思勉《吕著中国通史上册》由上海开明书店出版。

6月21日，延安新哲学会第一届年会举行，毛泽东、张闻天、朱德、矛盾、艾思奇等50多人出席。同月，钱穆《国史大纲》由商务印书馆出版。

9月，国民党撤销军委会政治部第三厅。

10月，蔡尚思《中国历史新研究法》由昆明中华书局出版。

12月7日，国民党军委会政治部"文化工作委员会"（简称"文工会"）成立。

本年，罗振玉（1866—1940，浙江上虞人）逝世。雷海宗《中国文化与中国的兵》由商务印书馆出版。周谷城《中国政治史》由中华书局出版。杨荣国《中国古代唯物论研究》由写读出版社出版，《十七世纪思想史》由东南出版社出版。

1月1日

先生所作《抗战建国与中国宪政之路》发表于《中苏文化》1940年第5卷第1期"迎接宪政推行的民国二十九年"专栏，署名"侯外庐"。文章认为：（1）"我们在目前的抗战阶段，正确的具体认识，应当是对内的民主服从民族问题的对外民主"，"由下而上的民主运动"与"由上而下的民主改进"的"相互配合的发展，可以达到抗战民主的完备阶段"①。（2）"'民主的意义就是平等'，……中国在全世界大民主号召的空气中，中国不能不有配合世界潮流前进的运动，而且必然要在抗战过程中培养扶植起中国社会所特有的低级民主，这一性质是具有世界意义的"。"在中国抗战过程中，……与民主相为因果的民力动员应依于政治的民主改进运动。"②（3）"在抗战过程中的民主发展，同时便是对社会力量的形成的发展，……新的社会力量，参加抗战的各阶级各政党的民主权利，无疑地要在建国过程中寻求最好的适应的民主新形式"。（4）"在中国建国开始之日，从帝国主义世界的没落程度上讲，建国民主没有典型的资产阶级的民

---

① 《中苏文化》1940年第5卷第1期，第2页。

② 同上刊，第3页。

主历史，从中国社会的经济构成上讲，亦不可能是无产阶级专政的民主历史，典型地由封建制到资本主义的过渡阶段的民主，与由资本主义到共产主义的过渡的民主，在中国历史是全不会有的"①。"这样的宪政民主，决定社会主义的民主，是以抗战发展中各阶级力量，在新的形势之下，共同建立共和国的半殖民地解放后的特殊民主。如果具备着新的条件，这才有社会主义的前途。"②（5）建国民主的条件有"我们本身的条件，即是抗日民族统一团结的发展巨大数量之居民共同努力"和"大列强的世界战争"、"法西斯国家的内乱"、"苏联社会主义国家"的保障等外部条件，而"我们民族解放的成功前途，主要还是依据于第一条件的自己'共同努力'的统一团结之巩固与扩大，因为我们自己本身所产生的新力量，才是争取最后胜利的基础力量，同时可以保障胜利的发展以至于建国之路的真力量"③，抗战胜利的前途因为国内外条件的不同配合而有其程度性。（6）"中国宪政之路，不但是克服中山先生所谓的'盲目的维新'，而且须以革命政纲为基础，实行'彻底民权'的宪政主张，清算中国过去数十年来改良派议会主义的妥协错路，向较接近于民主实质之路发展"④。

《中山先生关于第一次帝国主义战争史论》发表于同期"中苏史论"专栏，署名"外庐辑"，包括"第一次大战的性质"、"第一次大战的结果"、"中国对于第一次大战应取的中立政策"。

年初

先生与吕振羽在重庆重逢，吕当时任教于北碚的复旦大学。先生回忆："振羽的到来，政治上，我们多了一位知己，学术上，就象添了一支兵马。"⑤

2 月 1 日

先生所辑《中山先生论"革命军"的精神如何推赞苏联红军》发表于

---

① 《中苏文化》1940 年第 5 卷第 1 期，第 4 页。
② 同上刊，第 5 页。
③ 同上刊，第 6 页。
④ 同上刊，第 7 页。
⑤ 侯外庐：《韧的追求》，生活·读书·新知三联书店 1985 年版，第 110 页。

《中苏文化》1940 年第 5 卷第 2 期"苏联红军廿二周年纪念特辑"专栏，
论述"苏联红军对于革命的关系"、"苏联革命军的政治训练"、"苏联革
命军是有主义的军队"、"苏联革命军是用主义去服人"、"苏联的主义武
力与新国家的建设"。编者按云："本文是选中山先生关于'革命军'的
遗教与论赞苏联红军的革命性质，而特辑出来的。为了尽存原意，辑者未
加一字，只在各段遗教文义相类的前面，标一行题目而已，这样或可没有
误解的道理。当抗战到了今日严重的关头，最高统帅创建中国新军的领导
次第进行，我们相信能够达到遗教中'革命军'的素质，以完成中国抗战
革命的伟业。苏联红军的历史，正如中山先生所言，是值得我们参证'仿
效'的。日寇在张鼓峰与诺蒙坎的失败，更证明了，中山先生对于红军的
认识与推崇，当苏联红军创建二十二周年的伟大纪念日，我们相信保障世
界和平的革命武力，更能发挥他的伟大传统精神，并与中国反抗暴力的革
命武力，'携手共进'而成改造世界的巨流，与中山先生所谓野蛮的霸道
混战，而作光明与黑暗的对比斗争！这里是中国的'革命圣人'对于友邦
苏联红军的至高纯洁的推崇，辑以表示伟大的'兄弟之谊'！"①

2 月 15 日

先生所作《略论方法论问题》发表于《理论与现实》1940 年第 1 卷
第 4 期，署名"侯外庐"。文章提出："在这篇短文里，我并不想把整个体
系以及枝节的辩论提出来，我只把方法论上与历史认识上的一个核心的
'分歧之点'，说明一下，就教于钱先生与读者。至于内容，我在准备将一
年来时作时止的一篇论文《三民主义的核心》，写成一个积极的研究，发
表我个人的东西；我因为材料与说明形式要说的话很多，也无力各方面顾
及消极的批评，且也在我文章里向来没有敢于补充或修正各位理论者。"
"我一向写文，不是信笔所之。因为我的谨拘的性格常让严正的方法论所
笼罩着，所以时常在文字中间缺少活泼性，甚至隐晦到断片简括的不满自
己的意思。"②"……钱先生非难我超阶段的轻率断言，固然是失于检点，
而把我强调的联结性（国家资本主义不是本质），认为过火，当亦不仅
'过火'而已，而是钱先生否定历史的联结（经济主义）与忽视政治的主

---

① 《中苏文化》1940 年第 5 卷第 2 期，第 16 页。
② 《理论与现实》1940 年第 1 卷第 4 期，第 146 页。

观力量的估价发展（客观主义）之必然推理。在我认为，如果'一造成人民的军队，二造成廉洁政府'的中山先生的伟大政纲实现，为什么不可以说是已经取得巴黎公社式的所谓'民众政府'以及'廉洁政府'之意义呢？为什么要'甲是甲'，'乙是乙'把历史划一鸿沟？……中山先生发展的澈底民权革命（加土地政纲），与工农政策的配合，可能达到联结的顶点，在范畴上能认为不是民权革命的阶段么？巴黎公社正是民主共和国的顶点，只有到此，才能入社会主义之门户，然而钱先生又把公社国家与民主共和国划为二段，此不了解'民众的'与'工农的'区别。因此钱先生把'民主主义合理核心的发展'与其'完成形式'惟恐联结，才认为我所提出的联结概念'混为一谈'。'分歧之点'就是在于'甲是甲，乙是乙'。""我认为钱先生并没有在理论的关键处强调'只有澈底民主的高涨才能保障民主主义之过渡到社会主义'，钱先生的'优点'，正是和我时常所指出的'由实行以至理想的一列奋斗过程之民主革命高涨'相同，但我着重在中山先生土地政纲的民主主义的历史本质，而钱先生则在国家资本主义一个空虚的范畴中寻求事实，这亦是一个'分歧之点'。""社会主义的主观性方面的优点，就在于和自由派的妥协路线对立，而不妨碍到客观性的发展，同时这优点就是和革命的民主主义的高涨与补充（前者为工农政策后者为土地政策）形成现象与本质的统一物。但因了钱先生的'甲是甲，乙是乙'，又把现象与本质看做绝对的分裂东西，也没有看到现象向本质的互变。""所谓'由实行以进理想'，我只着重'进'的方面，'主观到客观的飞跃'，也只着重在'到'的方面，民十三增加了的东西，也就是向前接近一步，而本质便是更使民主高涨了一步，政纲的价值是不能否认的。但钱先生则又用'甲是甲，乙是乙'的鸿沟，把飞跃发展与联结的关系否定了。在这里，容易误解到谁化谁。我不敢根据客观主义，把三民主义还给于兴中会时代，或民元时代，或限于民十三时代，但也不作主观主义把三民主义完全理想化，我着重的是研究发展的过程以及克服矛盾到将来前途的政纲领导。""在本刊第三期编者先生的声明中，谓有几位朋友对于第二期拙作有所批评，这是作者所感谢，深愿以虚怀领教。钱先生'认真和作者讨论'的意见，除了感激而外，也认真地把我的意见写出来。"①

---

① 《理论与现实》1940 年第 1 卷第 4 期，第 147 页。

2 月

翦伯赞到重庆，借住南温泉的覃振（1884—1947，湖南桃源人）公馆。

3 月 12 日

先生所作《中山先生遗教的核心精神——为纪念国父中山先生逝世十五周年而作》发表于《中苏文化》1940 年"中山先生逝世十五周年纪念特刊"之"遗教研究"专栏，收入《三民主义与民主主义》（上海长风书店 1946 年版）、《中国近代启蒙思想史》（人民出版社 1993 年版）。文章论述"革命民主主义之反改良妥协的核心"、"三民主义，民主革命的高涨，民主主义的补充"，认为遗教的核心精神是"革命民主主义"："中山先生的革命历史，可以说是一列信赖群众力量而为民主政纲奋斗的光荣记载。"[1]"平等是三民主义的一贯主张。……'打不平'一义可以说与'平等'相互为证。""民族自决，在科学的意义上是民主主义的一部分，……民族主义，可以通俗地讲，是对外的民主主义，……便是在民族独立自由上把革命民主主义具体化，……"[2]"……革命的民主主义的本质，便是使民主形式接近于民主实质，……政治的打不平的意义是革命的民主主义的核心，……""民生主义的核心，在客观上是最澈底的革命民主主义，不但对于封建专制打'经济的不平'，尽量扫除中古遗制，而且使资本主义最快发达，以民众的保证，并为社会主义前途清道路。"[3]"民主主义与社会主义有辩证的一致，……澈底的民主主义达到高度，就成为社会主义的保证或顺当的飞跃桥梁。"[4]

先生与陶甄编订的《中山先生年谱》在同期"中山先生的伟论特辑"专栏发表，云："中山先生年表旧作有三，各表纪事纪年皆有误断，参以邹鲁著党史稿、胡去非著事略、冯自由著逸史等书，先生兴中会以前传记，记载益形出入。编者斯订，乃斟酌各书，取其信征，舍其疑误，约辑成篇；而于时代背景之大事，亦求简明提要，纪年补注。至革命导师之生

---

① 《中苏文化》1940 年"中山先生逝世十五周年纪念特刊"，第 41 页。
② 同上刊，第 47 页。
③ 同上刊，第 48 页。
④ 同上刊，第 49 页。

平与史实之联结，当书诸传记，非年谱所能尽其内容也。编者，逢先生逝世十五周年纪念之日，知国人倾注于遗教，亦欲了然于先生之革命历史，选载固不尽如人意，而编订亦恐难详实，斯篇权作初稿，就教高明!"①

5月5日

先生所作《五月国耻与五月革命》发表于《中苏文化》半月刊1940年第6卷第3期"五月特辑"。文章认为："五月，在中国人民的脑海里是一个抗议的关节，不，是一个斗争紧张的特环。""世界资本进攻，在中国利用了'协调'，'均衡'，'势力范围'，'银行团'，以及军队大炮，造成中国的国耻史，尤其是日本帝国主义的暗算阴招，取得反动的某种优越，然而全世界资本到了目前黑暗反动的阶段，在列强混战的人类屠杀中，中国人民则用全民族的团结力量，……和日寇决战，就是说，在全世界窒息系统中，放出创造的光明照耀，洗清国耻，而为独立的中华民主共和国而奋斗!""'五月国耻'的现象中，本质上在今日是'五月革命'的传统的光大!"②

5月20日

先生所作《"五卅"的历史意义》发表于《中苏文化》半月刊1940年第6卷第4期，署名"侯外庐"。文章从"'五卅'是世界革命史的一个壮举"，"'五卅'是东方民族自己独立奋斗的一路标"，"'五卅'是上海的跳舞"、"'五卅'工人的牺牲与日本帝国主义的侵略"、"'五卅'与第二次国民革命"、"'五卅'的教训与抗日战争"等方面论述"五卅运动"的伟大意义。

春

"中苏文化书院"在国民党第一次反共高潮中遭到否决。其后，先生搬家到白鹤林，邻居有王昆仑、曹孟君夫妇。当时郭沫若、郑伯奇、杜国庠、白薇住在赖家桥，吕振羽、张志让、周谷城住在北碚。③ 后来孙科介

---

① 《中苏文化》1940年"中山先生逝世十五周年纪念特刊"，第124页。
② 《中苏文化》半月刊1940年第6卷第3期"五月特辑"，第9页。
③ 参见张传玺《翦伯赞传》，北京大学出版社1998年版，第79页。

绍晏阳初、瞿菊农住在白鹤林。

先生邀请翦伯赞移居骑龙穴。"侯外庐与夫人多次到南温泉探望翦氏夫妇，还张罗着安排翦家住到骑龙穴去。不久，这个计划就实现了。在翦家迁居安定了之后，侯外庐来贺乔迁之喜，他对翦先生说：'我住白鹤林，您住骑龙穴。虽非世外桃源，亦称得上人杰地灵了！'翦连连称谢。"①

后经翦伯赞介绍，覃振的部分家眷亦住到白鹤林，先生从此与覃振相交。

6 月 5 日

先生所作《新的时代与新的文艺》发表于《中苏文化》半月刊1940年第6卷第5期"文艺专号"，署名"侯外庐"。文章认为："从前的奴役历史，披架上协调，默认，装饰，静恬的外衣，把旧时代的旧生活，束缚成了'剧场'式的偶像，复由维护旧的真实的人们，把偶像升化，或神化成了永恒的典型，通过了旧的意识范畴，指导旧的社会生活。在这里，最出色的人文主义者，呐喊似的，亦曾抗议了暴力；最常见的怀疑主义者，讽刺似的，亦曾企图描画着暴力的'现形'；最善于想象的理想主义者，乌托邦似的，亦曾憧憬幻觉中的远景；最厌恶旧真实而畏怕新真实的悲观自然主义者，幻灭似的，亦曾呻吟着生人的毁灭（或以性的放纵形式装潢出消极的抗议）。然而暴力的魔手，是在本质上维持着旧的真实，不，丝毫不允许紊乱了旧的真实的秩序！""大时代，抗战的伟大历史，不但把旧的真实的秩序搅乱着，暴露出旧的秩序的跃变法则性，或把旧的真实的腐朽方面揭示出弃舍运动，而且从开展了新的现实，从更丰富经验的生活，标示出新的真实的积极发展。在比任何科学者都有更丰满更活泼的文艺家们的日常生活中，亦就不但在文艺表现力方面，可能发挥进步的具体的工作，而且裁成着革命具体的创作。"②"文艺，在新时代，扬弃了说教式的自由主义的装饰品，而成了抗争与战斗的武器！鲁迅的武器！"③

7 月 7 日

先生所作《三年来抗日战争性质的延长认识》发表于《中苏文化》

---

① 参见张传玺《翦伯赞传》，北京大学出版社1998年版，第101—102页。
② 《中苏文化》半月刊1940年第6卷第5期"文艺专号"，第4页。
③ 同上刊，第6页。

半月刊1940年"抗战三周年纪念特刊",署名"侯外庐"。文章认为:
"中国的抗争所获得的无比代价是教训了或更深刻地将来教训着我们自
己民族。因了抗日战争国际关系的变动以及敌我力量对比的变动,换言
之,因了抗战的深刻化,更提出了中华民族应当深刻奋斗的新因素,以
及扩大战斗的新任务。"①"中国的民族自卫战,一开始就在运动中展开
积极的因素,一开始就实行政治的民族解放战的任务。……所谓主动的
政治积极性,是指着把全世界的政治关系,日本帝国主义的没落,中国
半殖民地的革命任务,作为全般的联络看待,要求改正历史的奴役关
系。"②"我们在进步的民主宪政实施之下,战争是全民族战争的亦是民
主战斗的。"③

8 月 15 日

先生所作《在国际新形势中纪念"八一三"三周年》发表于《中苏
文化》半月刊1940年第7卷第1期,署名"侯外庐"。文章认为:"伟大
的八一三全民抗战否定了国际依赖主义,洗涤了地方事件的国耻,团结起
各阶层的反抗力量,打击了国际协商的阴谋,树立起自力更生的信念,争
取着可靠的友邦多助,为中华民主共和国而奋斗。""我们在国际的环境
中,并不可惜于旧秩序关系,我们要创造中华民主共和国的秩序以及新的
国际平等秩序,以打击日寇的'东亚新秩序'。"④

8 月 25 日

"重庆文化界致苏联友人书"发表于《中苏文化》半月刊1940年第7
卷第2期,先生是签名人之一。

9 月 18 日

先生所作《纪念"九一八"九周年》发表于《中苏文化》半月刊
1940年第7卷第3期"'九一八'九周年纪念特辑",署名"侯外庐"。文
章认为:"日寇侵华的杰作,历来只在'地方事件'中寻求蚕食的'既成

---

① 《中苏文化》半月刊1940年"抗战三周年纪念特刊",第48页。
② 同上刊,第49页。
③ 同上刊,第52页。
④ 《中苏文化》半月刊1940年第7卷第1期,第10页。

事实'，由山东问题，福建问题，以至所谓'满洲问题'，以及什么'华北特殊化'，这一串阴谋都是一个意图的引申。然而，在'九一八'化装为'地方事件'的血史中，杰作的表象是'满洲事变'，而其本质，不但是'地方'事件的反对物——变成中华民族解放与独立的界石，而且是'地方'事件的另一反对物——变成世界战争烽火的裂口。"[1] "曲解现实，放弃现实，就没有现实的飞跃，所以，客观的物质条件的具备，是和主观的能动历史的创造，相为表里的。中国反抗日寇的侵略战争，是改革现实，变更历史的'绝对战争'，没有单在最机会的形势中可能取得最后胜利，只有根据主观的奋斗，战争愈来愈烈的险恶环境，造成反攻的顺利条件，才有决定的胜利前途。"[2]

10 月 31 日

先生作《历史阶段的了解》，发表于《读书月报》1940 年 12 月 1 日第 2 卷第 9 期，署名"侯外庐"。文章强调"特定的生产方法（Produkinsweise）是特殊的生产手段与特殊的劳动力之结合关系"[3]。

编者指出："范同敏先生于本刊二卷七期发表《怎样划分历史阶段》一文，兹得侯外庐先生赐稿，对于范文中若干处提出异议，特发表于此，以供读者参阅。"[4]

11 月 7 日

先生所作《苏联现阶段文化革命之意义》发表于《中苏文化》半月刊1940 年"苏联十月革命二十三周年纪念特刊"，署名"侯外庐"。文章认为苏联"由社会主义建设的完成逐渐进入共产主义的社会"，"苏联为了冲破反动历史的袭击，它将不但树起资本主义竞赛之旗帜，迈步前进，而且更把资本主义国家所遗弃底文化的历史遗产，继承光大起来，使过去历史的有价溪流都倾注汇合于伟大的社会主义文化之洪流巨潮里面。"[5]

---

① 《中苏文化》半月刊 1940 年第 7 卷第 3 期"'九一八'九周年纪念特辑"，第 5 页。
② 同上刊，第 7 页。
③ 《读书月报》1940 年第 2 卷第 9 期，第 38 页。
④ 同上刊，第 36 页。
⑤ 《中苏文化》半月刊 1940 年"苏联十月革命二十三周年纪念特刊"，第 26 页。

12 月 7 日

国民党军委会政治部文化工作委员会（"文工会"）成立，郭沫若为主任，阳翰笙（1902—1993，四川高县人）等为副主任，茅盾、沈志远、杜国庠、田汉、洪深、郑伯奇、尹伯休、翦伯赞、胡风、姚蓬子为专任委员，先生和舒舍予（老舍）、陶行知、张志让、邓初民、卢于道、马宗融、黎东方、王昆仑、吕振羽为兼任委员①。

"文工会"城内的会址在天官府街，乡下的会址在赖家桥。在"文工会"，先生正式结识杜国庠。先生回忆："我一生中，最堪称知己的朋友，莫过于杜国庠。杜老对于我，远不只是朋友，更胜似一位老师。学术、政治、修养等一切方面，他无处不可以为我师。"②"在赖家桥，杜老和我交换过从先秦到近代一系列问题的见解，彼此发现是知音，越谈越深入，越讨论越细致。""有一次，我们谈到中国封建社会从劳役地租向实物地租转化的问题。杜老问我，分界线应该划在何时。我说，不好用一个年代或一个事件来划分，应该存在一个过渡期，那就是唐中期，肃宗、德宗时代。杜老对此是同意的。又谈到唐代思想史，我说，柳宗元是有唐唯物主义思想家的最典型代表，他也极表赞成。""后来，我们还讨论过封建社会的进步思想家——无神论者和唯物主义思想家的阶级性问题。论题所及，彼此见解在此都很一致。"③"重庆时代，我提出中国封建社会进步思想家代表庶族地主的利益。这个观点遭到不少人反对，但是在遭反对的同时，支持者的队伍也开始聚集，他们中间有杜老、杨荣国、赵纪彬、陈家康④……这就奠定了我们后来长期合作的认识基础。"⑤

文工会开展了许多学术交流活动。杜国庠作过《关于墨子》、《公孙龙

---

① 阳翰笙：《风雨五十年》，人民文学出版社 1986 年版，第 268 页；参见谭洛非《抗战时期的郭沫若》，四川省社会科学院出版社 1985 年版，第 115 页；参见张传玺《翦伯赞传》，北京大学出版社 1998 年版，第 77 页。

② 侯外庐：《韧的追求》，生活·读书·新知三联书店 1985 年版，第 130 页。

③ 同上书，第 131 页。

④ 陈家康（1913—1970），湖北广济人。1935 年加入中国共产党，1938 年后任周恩来秘书、中共中央南方局统战委员会外事组副组长，1945 年以董必武秘书身份参加联合国制宪会议，1946年在中共中央外交工作委员会联络处、中共上海工作委员会工作。新中国建立后历任外交部亚洲司司长、中国驻埃及大使、也门大使等职。

⑤ 侯外庐：《韧的追求》，生活·读书·新知三联书店 1985 年版，第 131—132 页。

子》、《明末清初顾、黄诸大师的学术思想》等学术演讲。经过几年的辛勤劳作，他为后来写作《先秦诸子思想概要》和与侯外庐等合著《中国思想通史》做了准备。

冬

先生修订《论晚清百年来金融贵族的成毁》，发表于《读书》月刊1941年2月1日第2卷第11期，署名"侯外庐"。文章论述"晚清金融的特殊组织——票号问题的提法"、"票号发生的经济基础"、"票号贵族的形成与发展及其基本性质"、"票号贵族的没落"。该文是"票号的历史的正确的认识"之上篇，下篇计划论述"民元后之回光返照运动"。

本年

先生与钱俊瑞合著《论民生主义诸问题》由时论编译社出版。

一九四一年（民国三十年，辛巳）　三十八岁

1月6日，国民党军队突然对新四军发动"皖南事变"，军长叶挺被俘，副军长项英牺牲。20日，中共中央军事委员会下令重新组建新四军，陈毅为代军长。

3月19日，中国民主政团同盟在重庆成立。

4月8日，夏衍、邹韬奋、金仲华、范长江、乔冠华等在香港创办《华商报》。

5月17日，邹韬奋主办《大众生活》在香港复刊。同月，毛泽东在延安整风学习会议上作《改造我们的学习》的报告。吕振羽《简明中国通史》上册由香港生活书店出版。

6月22日，苏联卫国战争开始。同月，张荫麟《中国史纲》（上册）由重庆青年书店出版。《古史辨》第7册由上海开明书店出版。

8月6日，《青年知识》在香港创刊，主编张铁生。同月，艾思奇《抗战以来的几种重要哲学思想评述》发表于《中国文化》第3卷第2期。

9月，范文澜主编《中国通史简编》上册由延安新华书店出版。

12月7日，日军偷袭珍珠港，太平洋战争爆发。同月，吕思勉《先秦

史》由上海开明书店出版。

1月1日

先生所作《抗战文艺的现实主义性》发表于《中苏文化》半月刊1941年"文艺特刊",署名"侯外庐"。文章论述"我们作家周围的中国社会底历史"、"现实主义的抗战文艺底诸问题",认为:"作家所体验的社会生活,是更丰富的,所认识与表现的社会现实,是更复杂多面的,所以当一个创作家以其最大程度把时代思想表现在最纯粹的形式中,他的创作便好像不是小说,而是活生生的整个历史;当一个诗人以其最高尚的理想与最真挚的热情把时代思想美化于诗的语调音节中,他的诗歌好像不是诗篇,而是忠实于思维的哲学。"[1] "时代的风云紧急得如此其深刻,尽管有些模仿资本主义社会分工后专门化的作家,企图逃避现实,离开社会民族的冲突,用纯粹观念,与高尚美学,把民族、社会的危机融解于另一种天上的图画中,但客观的现实却不允许作家颓废下去,幽默下去,因为中国又处在民主高涨的高潮中。""文艺武器在抗战中所表现的力量,是以压倒的姿势,贯彻民主主义的观念!"[2] 并论述了抗战文艺的世界观、内容和民族形式、迫切任务等问题。

1月10日

先生作《复苏联作家亚布莱丁书》,发表于《中苏文化》半月刊1941年3月10日第8卷第2期,署名"侯外庐"。信中云:"我们读到贵国的书报,自己常感到你们是文化前辈,我们还在幼年,尤其在神圣抗战中,参考材料与印刷条件的困难限制了我们的工作,但同人所编辑的《中苏文化》竟获得你的意外的爱护,是多么使我们的工作精神提高呢?"[3]

1月12日

先生在嘉陵宾馆参加苏联塔斯通讯社中国分社为招待重庆文化界、新

---

[1] 《中苏文化》半月刊1941年"文艺特刊",第14页。
[2] 同上刊,第17页。
[3] 《中苏文化》半月刊1941年第8卷第2期,第5页。

闻界人士举行的茶会，会后看苏联新电影。①

1 月 15 日

先生所作《第一次世界大战与中山先生的外交政策》发表于《理论与现实》1941 年第 2 卷第 3 期，署名"侯外庐"。文章认为：各资本主义国家"大列强间的新关系""所以产生的'根据'（在矛盾对立中的发展理由），虽然不仅是一个，但主要者，却是在于不平衡发展律的支配。这里的'平衡'，不是'均等'或'等量'的意义，而是先后等级的一种有机秩序，……然而这个前后的距离是不可能维持着的"②。文章论述孙中山对第一次世界大战的帝国主义战争性质、日本参战的原因和性质、弱小民族参战的性质与民族解放前途、中国参战的性质和结果、如何消灭战争特别是"以正义的战争消灭强权的战争"等观点，认为"中山先生的民族主义是最特出最发展的部份，在这里指出中华民族求解放求平等求自由的正确路线，反应于三民主义的外交政策亦是最前进的独立自主外交"③。该刊"编后记"提出："侯外庐先生根据国父对上次世界大战所持的外交政策，证明抗战的中国对于当前帝国主义战争应取的态度。这一篇富有现实性的文章，对我国当前的外交政策，提供了宝贵的意见。"④

同日，先生所作《我对于粮食公卖的一点意见》发表于《抗战》月刊1941 年第 3 卷第 4 期，署名"侯外庐"。

1 月 25 日

焦敏之编译《苏联最近关于社会发展法则之论争》发表于《中苏文化》半月刊 1941 年第 8 卷第 1 期"列宁逝世十七周年纪念特辑"，先生应邀所作《写在〈苏联最近关于社会发展法则之论争〉之后》在同期发表。先生认为："所谓'苏联的生产关系完全适应于其生产力'这一正确命题，首先要从苏联的生产方法（或方式）——Produ Ctionvulese——去理解。因为当作生产手段与劳动力的特殊结合关系'或性质与方式区别着社会构成

---

① 《新华日报》1941 年 1 月 13 日第 2 版。参见龚济民、方仁念《郭沫若年谱》上，天津人民出版社 1982 年版，第 370 页。

② 《理论与现实》1941 年第 2 卷第 3 期，第 41 页。

③ 同上刊，第 46 页。

④ 同上刊，第 89 页。

之种种经济时代'，……""……社会主义的生产方法则不然，它再发展着生产力的同时又再发展着生产关系，因而二者间是没有矛盾的。""所谓'发展是对立物的斗争'这一正确命题，在苏联社会同样亦是妥当的，然而矛盾却已经不是表现于生产关系与生产力之间，而是表现于更高一级的东西上。……人类与自然的矛盾，……生产与消费的矛盾，都是高级性的东西；……"①

2 月初

"皖南事变"后，周恩来在重庆执行党中央的决定，亲自部署和指挥党内外人士撤离。

先生回忆："有一天，徐冰来问我：'香港你去不去？'我说：'香港我不去，要去就去延安。'""后来，经过党组织研究，徐冰通知我，因为我对《中苏文化》杂志还有责任在身，决定让我留下。"② 先生去曾家岩十五号向周恩来诉说苦闷，请求布置工作，周恩来说："形势不利于大规模搞公开活动，但这也是一个机会。有研究能力的人，尽可以利用这个机会，坐下来搞点研究。抓紧时间深造自己，深入研究几个问题，想写什么书，赶快把它写出来。"又说："等革命胜利了，要做的事情多得很呢。到那个时候，大家就更忙啦，你们想研究问题，写书，时间就难找啦！"先生听后豁然开朗，深感"周恩来同志就是这样的，在困难的时候他鼓励同志，往往不是讲大道理，而是用他自己对革命必胜的信念来感染你。那天的一席话，在抗战最艰苦的日子里，自然还不止是必胜的信念，周恩来同志早已成竹在胸，他是在向我展现他心中早已绘成的革命胜利后新中国的蓝图。还有什么语言的力量能比得上它呢！我顿时勇气倍增，立刻明白自己应该做什么，以及怎么去做"③。又，先生回忆："那是一个二月初的晚上，我找周副主席汇报情况，我说：我不想去香港，想到延安，因为从抗战起，就早有这个心愿，趁现在疏散，希望组织上把我送往延安。恩来同志非常关切而又十分诚恳地说：现在去延安，不容易，太冒风险。你不愿去香港，可以暂时留下来，不过现在形势转劣，活动有困难，你们可以趁

---

① 《中苏文化》半月刊 1941 年第 8 卷第 1 期 "列宁逝世十七周年特辑"，第 49 页。
② 侯外庐：《韧的追求》，生活·读书·新知三联书店 1985 年版，第 113 页。
③ 同上书，第 114—115 页。

此搞点研究工作，深造自己。"① 当时，先生还曾婉转地向周恩来提出"我的组织问题怎么办"，周恩来回答："暂时在民族运动中活动，还是在外边好，组织问题以后再说。"②

不久，先生对《中苏文化》的工作做了新的安排，日常事务由郁文哉、潘德枫处理，腾出更多时间在白鹤林从事研究和著述。先生自述："我一生的历程，在此时也踏上了一个新的阶段。我全力投入史学方面的著述，正是从这一年开始的。"③ "但是，话说回来，在穷乡僻壤从事研究写作，也确实不易。最大的难题是没有书看。不用说文献史料不可得，就是同时代史学家的著作也难得找到。我那时又非常之穷，大概在我一生中，除去巴黎那段穷日子外，再没有比这个时候更艰苦的岁月了。"④

许涤新回忆：当时，"为了保护来访人士的安全，恩来同志就在民生路《新华日报》门市部的二楼布置一个会客室，会客时间，每天从下午七时到深夜。在开头几个月，一些在政治上摇摆的人士，是不敢登门的。只有坚决跟着党走的朋友，才敢到《新华日报》门市部二楼来访问，侯老同翦伯赞同志就是其中两位不怕国民党特务盯梢迫害的朋友。总理同侯老翦老不仅谈当时的抗战形势，谈当时国民党反共的后果，而且也谈中国历史和思想史上的问题。总理对他们两位说，历史发展的规律是不以人们的意志为转移的。……侯老和翦老都表示，如果离开了中国共产党，中国的解放事业，就没有保证；无论局势如何困难，一定要跟着中国共产党走到底"⑤。

童小鹏回忆："面对人心动荡的局面，周恩来做了大量的宣传、解释工作。他对前去看望他的侯外庐、翦伯赞说：'中共的方针，就是要争取时局的好转，但同时还要准备更坏的局面出现，至于抗战能不能继续下去，那决不是蒋介石一人所能决定的。'侯外庐、翦伯赞都表示：'无论局

---

① 侯外庐：《回顾史学研究五十年》，吴泽主编《中国史学集刊》第 1 辑，江苏古籍出版社 1987 年版，第 16 页。

② 侯外庐：《韧的追求》，生活·读书·新知三联书店 1985 年版，第 150 页。

③ 同上书，第 113 页。

④ 侯外庐：《回顾史学研究五十年》，吴泽主编《中国史学集刊》第 1 辑，江苏古籍出版社 1987 年版，第 16 页。

⑤ 许涤新：《侯外庐史学论文选集》序，《侯外庐史学论文选集》上卷，人民出版社 1987 年版，第 2 页。

势如何困难，一定要跟着共产党走到底。'"①

"皖南事变"后，吕振羽奉命转移去新四军工作，临行前特地到黄家垭口中苏文化协会所在地向先生辞行，先生回忆："吕振羽去新四军踏上征程前的庄严行状，给我留下的印象十分深刻。就在那一次告别之后，对振羽的一种新的认识从我脑际掠过。我觉得，振羽身上有一种特别的气质超乎学界朋友之上。那是一种英雄气概。"②

6月25日

先生所作《编后记》发表于《中苏文化》1941年第8卷第6期"文艺专号"，署名"外庐"。文章提出："五月三十日（即夏历五月五日）为中国大诗人屈原的忌日，中国文艺界定此日为中国的诗人节，本年是它的第一届节日。三闾大夫屈原，正相似于普式庚的境遇，他唱歌于秦楚争取封建的统一领导权时代，问题便集中于谁能够把古老腐旧的'氏族'外衣——亚细亚生产方法的一个硬化物——由'公族'统治的政权中剥去，谁便是一个历史的胜利者。屈原，虽然他在主观的理想上好像巴尔扎克，有他的贵族世界观，而在客观上，求自由光明的艺术价值以及接近于民间性的创作手法，确实树起了进步历史的旗帜，成为中国的第一个伟大的历史诗人。中国在争取民族解放的当儿，特别纪念他，在于发扬他的进步传统。本刊所辑几篇文字，皆可供读者参考，惟编辑内容上尚欠完整，有机会当约专著发挥，以补此次遗憾！"并介绍了有关高尔基、莱蒙托夫的文章，认为："苏接受文学遗产之历史活动，实在是我们'他山之石'。"③

7月11日

《新华日报》刊登《中国文化界致苏联科学院会员书》，先生与郭沫若、沈钧儒、茅盾、郁达夫、曹靖华等264人签名。

约在7月

先生写成《中国古典社会史论》。先生回忆："《中国古典社会史论》

① 童小鹏：《风雨四十年》第一部，中央文献出版社1994年版，第231—232页。
② 侯外庐：《韧的追求》，生活·读书·新知三联书店1985年版，第111页。
③ 《中苏文化》1941年第6期"文艺专号"，第138页。

的写作动机,是十年前就形成的。那就是中国史学界开始论战,苏联学者也把亚细亚生产方式作为'空白'史提出来讨论的时候。""十年以来,我常常考虑着一个问题:讨论中,有两种明显的偏差,一种是公式对公式,教条对教条,很少以中国的史料做基本立脚点;另一种则是,形式上占有了一些中国古代的材料,而实际上忽略了中国古代社会的基本法则。我总觉得,问题的本质在于没有找到研究中国古代的科学路径。也就是说,还缺乏正确的方法论来处理中国古代浩繁的史料。"①"郭沫若在王国维卜辞、彝铭学研究的基础上,从甲骨文和青铜铭文中,发现了中国奴隶社会的客观存在。我一见郭沫若的《中国古代社会研究》,立刻就沿着他开辟的'草径'(何等光辉的一条'草径'),研究起王国维的遗产和郭沫若的方法。循此,我渐渐掌握了一些殷周遗留下来的第一手史料,并用经典作家关于古代社会的理论,考核了这些存在数千年才初被人认识的'新'史料,居然也颇有一些收获。""由于我没有直接参加到三十年代开始的社会史论战中去,一直取'客观'立场分析各家之见的成与败,不曾急于发表自己的意见,所以,我赢得了比较充分的时间来摸索自己的路。到皖南事变之前,自觉对古代社会的研究路径,已有所心得,而且在史料方面也初步理出了自己的一套头绪。因此,当我根据周恩来同志的指示'坐下来搞研究'的时候,我首先就选了古代社会的现成题目。""这本书在当时引起学术界相当的重视,我个人理解,原因在于:郭沫若从甲骨文和青铜铭文中发现的奴隶社会,我在理论上又作了论证。"② 该书确定了先生研究中国古代(奴隶)社会所遵循的三个基本原则:(1)"确定中国的古代,是'亚细亚生产方式'为主导的古代"。"要研究一个社会发展阶段的历史,确定这一阶段的生产方式总是先决条件。我在研究中,形成一个确定的认识,各民族所经历的古代奴隶制,有着不同的路径,即有'古典的'和'亚细亚的'之别。'古典的古代'是革命的路径,'亚细亚的古代'是改良的路径。中国古代的奴隶制,是'人惟求旧,器惟求新'的'其命维新'的奴隶制。"(2)"谨守考证辨伪的方法。考据学是一门专门学问,我从来反对虚无主义地对待考据学。在这方面,王国维先生和郭沫若同志,都是我的老师"。(3)"力求把马克思主义同中国古代史料结合

---

① 侯外庐:《韧的追求》,生活·读书·新知三联书店 1985 年版,第 115 页。

② 同上书,第 116 页。

起来，作统一的研究。一方面是为了使历史科学中关于古代社会规律的理论中国化，另一方面也是为了使经典作家关于家族、私有制、国家等问题的研究成果，在这儿得到引申和发展"。"我始终确信，这个方向是正确的。"①

《中国古典社会史论》完成后，先生随即转到对先秦诸子思想的研究，开始写作《中国古代思想学说史》。先生自述："我写《中国古典社会史论》时进一步感到，在亚细亚古代社会发展规律探明的前提下，对先秦诸子思想学说产生、发展的背景和实质作出科学说明的条件已经具备。所以我又决定写一部古代思想史，从而使社会史与思想史贯通起来，建立一个古代研究的系统。"②

夏

在周恩来、董必武、王若飞指导下，经王昆仑、许宝驹、王炳南等酝酿，中国民主革命同盟（简称"小民革"）在重庆成立。③"（周恩来）提议一部分中共党员同爱国进步人士、国民党左派以及在国民政府中担任较高幕僚职位的人士共同建立一个统一战线组织。后经王炳南、王昆仑、许宝驹等筹划酝酿，成立秘密政治团体中国民族大众同盟，一年后改名为中国民主革命同盟。……一九四四年向文化界扩充，阳翰笙、沈志远、侯外庐等都参加了。"④"中国民主革命同盟"的发起人会暨成立会在领事巷10号康心之公馆（即屈武住所）召开，参加者共18人：王昆仑、王炳南、邓初民、刘仲容、许宝驹、许宝骙、阳翰笙、闵刚侯、吴茂荪、侯外庐、屈武、阎宝航、高崇民、郭春涛、梁蔼然、赖亚力、曹孟君、谭惕吾。⑤

王昆仑及谭惕吾等常下乡到白鹤林听先生"讲课"，先生向他们介绍马克思和列宁认识问题、分析问题的方法。先生回忆："那个时代，人们既没有习惯，也没有可能开口闭口提'马克思主义'。马克思和列宁的观点，我是作为一种科学的认识论方法论提出来的，谈话中，常以'科学大

---

① 侯外庐：《韧的追求》，生活·读书·新知三联书店1985年版，第117页。

② 同上书，第118页。

③ 参见王朝柱《王昆仑》，花山文艺出版社1997年版，第209页。

④ 《周恩来年谱（一八九八——一九四九）》，中央文献出版社1989年，第513—514页。

⑤ 《屈武文选》，团结出版社1988年版，第208页。

师'作马克思或列宁的代词。久而久之，朋友们戏称起我'大师'来。"①

10 月 10 日

先生于病中作《阿 Q 的年代问题——为鲁迅逝世五周年纪念而作》，连载于《新华日报》1941 年 10 月 28 日第 2 版、10 月 29 日第 2 版，署名"外庐"；后发表于《中苏文化》第 9 卷第 2、3 期合刊"鲁迅学术研究特辑"，署名"侯外庐"。文章提出："我把这个新端绪，规定为'拆散的时代'，这不是杜撰，更不是胡适之的考证。"文章引用列宁评价托尔斯泰的话："悲观主义，无抵抗主义，向着'精神'的呼号是东方制度的不可避免的发现的观念形态。这时候整个旧制度'翻了一个身'，而群众是在这制度之中教育出来，他们在吃母亲奶的时候就吸进了这制度的习惯，传统，信条，他们看不见，也不能看见'安排下来的'新制度，是个什么样子，是什么社会力量怎样在'安排着'，有什么社会力量能够免除这'拆散'时代所有的无数特别厉害的灾祸。"认为："鲁迅先生的希望，伟大的梦想，一方面在他所谓'据云是民国了'的时代，拆散出来的问题是所谓'凡是愚弱的国民（注：农民），即使体格如何健全，如何苗壮，也只能做毫无意义的示众的材料和看客'，所以他要'善于改变他们的精神'；他方面他却在'安排'的问题上战栗起来，所以'有时候不免呐喊几声，聊以慰藉那在寂寞里奔驰的猛士，使他不惮于前驱'。""这是这个时代最辣手最讨厌的问题，被我们的大文豪鲁迅先生无畏地提出来了！"②"在拆散时代——阿 Q 的年代，新的安排下来的制度，无疑的是鲁迅先生的'希望'，而特征则是疑问的希望，在这一点鲁迅先生忠实勇敢地疑问起来，疑问不是 Question 么？拆散时代！""阿 Q 的典型不是别的，而是所谓东方不动性在结束过后，在'翻了一个身'的时代，拆散时代，'作家用极大的力量，信心，和诚意，提出有关当代政治社会制度底基本特征的问题。'""鲁迅的存疑，是采用了阿 Q，这阿 Q 显然是知觉不知觉间的大文豪的时代大 Question 的简称，但在意义方面，谁也不能否认这一个拆散时代的图画周园的整个历史问题被鲁迅抓住了。""然而，这抗议，却有异于托尔斯泰的抗议。托尔斯泰的愤怒是局限于农民的天真观念，因而在拆散时代的矛盾

---

① 侯外庐：《韧的追求》，生活·读书·新知三联书店 1985 年版，第 105 页。
② 《新华日报》1941 年 10 月 28 日第 2 版。

里，把希望寄托在回忆的幻境，否定了新人类的创作，安排着东方制度的不动性，所以，他的抗议，成为所谓'消极的历史负号'。鲁迅先生在中国的拆散时代，超出了一九〇五年的经验，在时代矛盾中，他的抗议的坚壮性和远景梦想的实质可能性，不但是被呐喊时代的文学价值所证明，而且也被后来的文艺活动所证明了的，所以，他的抗议也如高尔基一九〇五年以前的抗议，性质相似，是所谓'积极的'——历史正号。""阿Q在农民失去独立活动的历史以后，可以说在前景上死去了，然而在旧时代的挣扎中，阿Q并没有死去，仍然是一个顽石。"①

先生自述："在文章中，我把阿Q的时代，名为'拆散时代'。""'拆散'一词，我最初是在学习列宁著作时接触到的。列宁评价农民战争是拆散有余而建设不足，我当时真为'拆散'这一概念的运用而兴奋。'拆散'只包括摧毁的意思，并不包括建设的含义，这是对农民战争非常准确的理解。……因此，明知别人都不爱用，我还是长期地沿用了下来。"②

10 月上旬

周恩来提议为郭沫若庆祝五十寿辰和创作二十五周年，由阳翰笙负责组织，先生是筹备人之一。阳翰笙回忆："在筹备组织的建立上，我首先找了中华全国文艺界抗敌协会负责人老舍，又找了救国会的沈钧儒老先生和陶行知先生，找了中苏文协的王昆仑、侯外庐等同志。这些单位大都由我们的同志、朋友在负责，他们都热情地表示大力支持。"③

10 月

先生所作《阿Q的年代问题》发表于《中苏文化》1941 年第 9 卷第 2、3 期合刊"鲁迅研究学术特辑"专栏，署名"侯外庐"。

11 月 16 日

下午，先生参加在中苏文协举办的庆祝郭沫若五十寿辰暨创作二十五周年大会。

---

① 《新华日报》1941 年 10 月 29 日第 2 版。
② 侯外庐：《韧的追求》，生活·读书·新知三联书店 1985 年版，第 208 页。
③ 阳翰笙：《风雨五十年》，人民文学出版社 1986 年版，第 285 页。参见谭洛非《抗战时期的郭沫若》，四川省社会科学院出版社 1985 年版，第 133—137 页。

11 月

先生所作《苏联反抗纳粹战争底历史任务——为苏联十月革命廿四周年纪念而作》发表于《中苏文化》1941 年第 9 卷第 4、5 期合刊"苏联十月革命二十四周年纪念特刊"，署名"侯外庐"。

本年

"皖南事变"后，党和周恩来同志组织"读书会"，约两周一次，先生和许涤新、胡绳、杜国庠、翦伯赞、王寅生等为经常出席者。[①] 先生回忆："当时我们这些同志，个个都把唯心主义哲学家冯友兰、贺麟视为对立面。……有一次，周恩来同志来了，……他平静而中肯地对大家说：民族大敌当前，在千千万万种矛盾中间，学术理论界也面临着错综复杂的矛盾。我们和冯友兰、贺麟在阶级立场上，矛盾固然是尖锐的，但毕竟不是主要矛盾。当前，学术理论上最危险的敌人，是国民党右派的妥协投降理论，我们斗争的锋芒应该对准陈立夫的'唯生论'。"[②]"周恩来同志还特别注重培养良好的学术作风。他常常强调，学术上的是非真伪，要通过深入研究、充分讨论、详尽说理来解决，切切不要强加于人。强加于人不仅不能达到目的，相反还要失去群众。"[③]"在我的记忆中，那时（重庆时期）唯独不存在自己营垒内部以势压人的过火斗争。那时，即使对待旧学者，也大抵坚持了客观的、实事求是的、研究性的批判态度。我们这支队伍正是在这种有的放矢、实事求是、科学而深入的研究中成长起来的。这一切，不能不归功于周恩来同志对学术界深入而细致的、高水平的领导。是他，一手造成了这个健康的研究环境。"[④]"在重庆的时候，周恩来同志对我的文字晦涩难懂就有意见，他对王昆仑谈过这个问题。昆仑兄把周恩来同志的意见坦直地告诉了我，时过数十年，我连这个毛病也未能认真加以克服，今天，真正是追悔莫及了。""周恩来同志，把我们一群渴望为抗日出力，有志于研究而困难重重的学术工作者组织起来，充分调动了每一个人的积极性，还为我们

---

①　侯外庐：《韧的追求》，生活·读书·新知三联书店 1985 年版，第 121—122 页。

②　同上书，第 122—123 页。

③　同上书，第 123 页。

④　同上书，第 124 页。

创造了一个学风正派，方向明确，大家同舟共济，人人脚踏实地的研究环境。如果说，我一生还曾取得一些成绩的话，一个极重要的原因便是，我受到过周恩来同志的指导，我在那个环境中得到过支持，得到过锻炼。"①

先生自述："我写《中国思想学说史》的时候，在选择人物的过程中，确实比较有意识地要表现自己与旧学者之间旗帜的区别与方法的不同。但是，从一开始，我就要求自己严格遵循科学态度，那就是，科学地剖析每一个人物，决不是为了区别旗帜而简单评判任何一个历史人物。""我们和旧学者之间，研究思想史的态度、方式乃至结论迥然不同，这是由各自的哲学观点的差异所决定的，所以做这项工作用不着任何的矫揉造作。用马克思主义的科学方法，有理有据地恢复被唯心主义史家歪曲了的历史本来面目，我们的论述越有充分的说服力，唯心史家就越站不住脚。学术上的斗争，我认为只能这样进行。"② "基于这样一种观点和态度，我细细研究过冯友兰先生《中国哲学史》所论及的每一个人物，在写《中国古代思想学说史》时，对冯友兰所肯定的人物进行过有针对性的批判，例如对孔子、孟子，特别是对老子，都是例子。"③ "这种批判，符合历史唯物主义与历史唯心主义斗争的需要，但决不是随心所欲的。我反对冯友兰的唯心主义，也反对胡适的实用主义。胡适所论及的思想家、哲学家，我都逐一进行了分析和研究，胡适推崇墨子，我对墨子的评价也不低，我认为墨子在知识论和逻辑学上，是中国古代第一个唯物主义者。胡适推崇戴震，我也肯定戴震。在《中国古代思想学说史》中，有相当的篇幅目的在于说明胡适对墨子评价过高的错误之所在。""社会科学同自然科学一样，只能是老老实实的学问。马克思主义社会科学的党性和科学性应该而且必须是高度统一的。我在史学领域跋涉近五十年，最感庆幸的，莫过于自己一生不曾为了'需要'而拔高或贬抑历史人物。我对许多问题的研究是受信仰驱使的，但我自信与史学的实用主义截然无缘。"④

又，先生自述："当时，我用这种研究方式与旧学者的思想体系斗争，周恩来同志是赞成的。故此，这种方式一直沿用到解放后，我在编写《中

---

① 侯外庐：《韧的追求》，生活·读书·新知三联书店 1985 年版，第 126 页。
② 同上书，第 124 页。
③ 同上书，第 124—125 页。
④ 同上书，第 125 页。

国思想通史》第二、三、四卷时，对玄学家向秀、郭象的批判，对宋明理学家的批判，继续是针对冯友兰《中国哲学史》的。"①

此时期，杜国庠亦发表文章批判冯友兰的"新理学"。先生后来在《杜国庠文集·序》中说："在抗日战争时期，杜国庠同志还对冯友兰先生的著作《新理学》、《新原道》、《新原人》等宣传的唯心主义历史观进行了辩论。当时冯先生的学说很迷惑一些人，例如在杜国庠同志和我参加的一个读书会上，张申府就胡说：'中国文化，要孔子、罗素和马克思三位一体结合起来。《新理学》已经是有代表性的杰作！'杜国庠同志听了这种谬论，大笑起来。他在会后对我说：'我们应该批判《新理学》。'我想，我们可以用商榷的态度和冯先生进行辩论。"② "杜国庠同志写批判'新理学'的论文在当时是很有分寸的，但是很有说服力。他在当时限于环境，只集中在这样两个方面展开论点：一方面，说明唯物主义才是中国哲学发展的优良传统，揭露'新理学'自居于'接着'几个唯心主义的传统，在于美化腐朽的唯心主义而否定中国唯物主义的历史地位以至存在条件；其次论证在中国哲学史中贯串着唯物主义和唯心主义两条路线的不可调和的斗争，而不是如'新理学'所说的'中国哲学精神'是几个唯心主义的杂汇。另一方面，为了使人明了'新理学'的欺骗方法，杜国庠同志对哲学史文献作出符合于实际的分析和批判，进而证明'新理学'歪曲事实，矛盾百出。杜国庠同志最后还指出了'新理学'的阶级根源及其反动实质。"③

本年

叶蠖生《抗战以来的历史学》发表于《中国文化》1941年第3卷第2期。该文在"关于历史学的理论斗争"中云："抗战推动一切学术更走向实践之途，它的理论斗争都和实践更密切地联系着，历史学自然也是如此。历史学上的理论斗争可分为两大方向：第一是历史科学方法建立的方面，这里面包括了科学方法的介绍和错误理论的清算。第二为反对日寇汉奸诱降及投降等理论的斗争。当然有些文字是双方面都包括到了的，并无

---

① 侯外庐：《坎坷的历程——回忆录之四》，《中国哲学》第6辑，第384—385页。
② 《杜国庠文集·序》，《杜国庠文集》，人民出版社1962年版，第9—10页。
③ 侯外庐：《杜国庠文集·序》，《杜国庠文集》，人民出版社1962年版，第10—11页。

绝对的界限，还有一种文字如对新作的评论介绍，虽非斗争的文字，但也多涉及理论问题，也应付属于此。""这方面的工作虽然还嫌不够，尤其是关于对汉奸投降理论打击的不够。但已发表的文章也颇不少，这里为篇幅所限，自难一一论及。仅举出几篇有代表性的存在手边的文章略加论列：属于第一类如侯外庐先生在《中苏文化》四卷二期所发表的《社会史论导言》，翦伯赞先生在《读书月报》二卷三期所发表的《中国历史科学的实验主义》，吴泽先生在同上书二卷四期所发表的《怎样运用中国的原始社会的史料》，华岗先生在同上书一卷十期所发表的《研究中国历史的锁钥》等等。"①"侯外庐先生的一篇论文，则是想利用资本论中散见的有关社会形态的文献，抽取结合起来，给资本主义社会形态下一明确的定义，也就是给认识社会形态的方法的一个示范。侯先生对于决定社会形态应由于生产方法，而生产方法与生产诸关系又是互相渗透的，不能孤立开来，只认作生产诸力的总和，给以明白地叙述，是十分正确的。虽然本文的主要目的在于建设，但也做了破坏的工作。它对罗隆基，陈独秀辈认为'苏联的国家工业是没有资产阶级的资本主义——不能说已经走出了人剥削人的资本主义制'的理论给以打击。不过侯先生仅以苏联没有阶级一点作证明。而认当新经济政策时代，生产物的分配是有资本主义的要素，为生产编制却是社会主义的要素主导着。而对于已经建成社会主义社会今天的苏联的分配，则未加说明，对于社会主义社会分配原则各尽所能、各取所需的基本法则与资本主义社会中剩余价值的分配，表面或有相混之处，本质上的截然不同，未予详细说明，而对罗、陈等的批评也未进一步发现其错误本质所在，则可为遗憾之点。然这并不能掩盖本文的功绩的。"②

一九四二年(民国三十一年，壬午)　三十九岁

　　1月1日，二十六国联合国家宣言签订。1月24日至2月7日，郭沫若《屈原》历史剧连载于《中央副刊》。

---

　　① 转引自王学典、陈峰主编《二十世纪中国史学史论》，北京大学出版社2010年版，第87页。
　　② 同上书，第88页。

2 月，毛泽东在延安中央党校作《整顿党的作风》、《反对党八股》的报告。

4 月 3 日，郭沫若《屈原》历史剧在重庆最大剧场国泰大剧院上演，轰动山城。19 日，毛泽东《改造我们的学习》发表于《新华日报》。

5 月 23 日，毛泽东发表《在延安文艺座谈会上的讲话》。27 日，陈独秀（1879—1942）逝世。

10 月 24 日，张荫麟（1904—1942）在贵州遵义逝世。同月，范文澜主编《中国通史简编》中册由延安新华书店出版。

11 月，吴泽《中国历史研究法》由重庆峨嵋出版社出版。

本年，吕振羽《中国社会史诸问题》由上海耕耘出版社出版。邓初民《中国社会史教程》由文化供应社出版。赵纪彬作《章太炎哲学思想评述》与《中国知行学说简史》（收入《赵纪彬文集》第二卷）。

1 月 7 日

先生在中苏文化协会参加纪念"郭沫若学术丛书"出版的茶会。阳翰笙云："（邓）初民、（侯）外庐、（潘）念之均甚积极。"①

1 月 10 日

先生作《屈原思想的秘密》，发表于《新华日报》1942 年 2 月 17 日第 4 版。附注云："此文写竟，闻沫若先生已写成屈原剧本，上面的拙见或可供参考。""又沫若先生五十寿辰，友人征文于余，先生爱屈原，敬以此文研究，以补祝贺之意。"文章针对郭沫若《屈原的艺术与思想》而提出："历来研究屈原的学人，多是把合纵救楚一个问题作为他抑郁投水的中心思想，而神秘化了这一位中国的伟大诗人。""首先，我们要了解屈原思想的第一个秘密，在我看来，在于明白他的矛盾思维。这一秘密，是归结到他的世界观和方法论之间的矛盾。""……毕竟他也和普希金的命运相似，他是一个三闾大夫，对于没落的公族制，反而寄着衷心的同情感，他之尊君（怀王）犹之乎十六、七世纪英国的进步皇室之拥护王权，也犹之乎巴尔扎克的贵族世界观，企图改善当时公族专政的制度（秦国便走了这一条路，如商鞅，张仪，李斯不但都不是公族，而

---

① 《阳翰笙日记选》，四川文艺出版社 1985 年版，第 7 页。

且都非秦人)。……但他的主观理想主义遭受失败,他既不能'伴'着'好恶不同'的人民,又不能无条件地'援'助那些'众口铄金'的和自己'同极'的贵族,……""他一方面'不变'志(世界观),他方面又'不能变心以从俗'(方法论),他穷于矛盾的结果便产生了'固将愁苦而终穷'的下场。""愧易初而屈志的屈原同时又是追求百姓为什么震愆的屈原,揭开了这一秘密,是不是了解屈原了呢?不,这还是一般的。由此,我们只能看出屈原思想秘密底 X 性,为了明白他的具体的历史,我们还须在更深处掘发这一秘密的实在。但是,这一工作则涉及中国古典社会的一般性问题,它的亚细亚生产方法(Produkinsweise)的特殊性问题,……""屈原的世界观,和他的求真的方法论是矛盾的,本质上是反动的招魂,亚细亚古典社会底氏族制残余的梦想。""战国时代在矛盾中,伟大的诗人所以成为一面历史的镜子,正是他的思想矛盾的秘密。"

1 月 20 日

先生对苏德战争的评论《几个月,半年,或许一年!》发表于《中苏文化》半月刊 1942 年第 10 卷第 2 期,署名"外庐"。

先生所作《苏联抗德战争的新形势》在同期发表,署名"侯外庐"。文章分析苏联反攻和太平洋战争爆发后的苏德战场形势,认为斯大林"几个月,半年,或许一年"是"意义深长的句子。'几个月'到'半年'如果是苏联战役反攻胜利的阶段,那么到了'一年'便是战略反攻胜利的阶段"[①]。

2 月 20 日

郭沫若作《屈原思想》,连载于《新华日报》1942 年 3 月 9 日第 4 版及 3 月 10 日第 3、4 版。该文系与先生商榷屈原的世界观和方法论。

3 月 7 日

周恩来致信郭沫若:"《屈原思想》读完了。你拿'德政'、'刑政'来作当时社会变革的两大思潮是很有趣的;但由此可以发生出这样一个争

---

① 《中苏文化》1942 年第 10 卷第 2 期,第 7 页。

论，即前者是改良派而后者是革命派。当然这种论据也不会充分，因为我以为中国封建制的最后完成，还在西汉，而陈胜、吴广乃至项羽、刘邦的革命方始完成这一改革。故'德政'也好，'刑政'也好，都还是奴隶制走向封建制的一种过渡时代的改革想法和做法，也正是当时时代的产物。拿屈原作为一个伟大的思想家而兼艺术家，我同意，说他是革命的思想家，容有商榷余地。质之你以为何如？"①

3 月 18 日

先生作《屈原思想渊源底先决问题》，连载于《新华日报》1942 年 4 月 20 日第 4 版、4 月 21 日第 4 版、4 月 22 日第 4 版，署名"侯外庐"。文章认为：（一）（1）"关于中国周秦社会史的论断，我和郭先生虽然各有重点的注意，大体上是站在一道的，没有这个相接近的观点而研究屈原思想的渊源，好像如韩非子之评儒墨，……老实讲来，我相信殷周封建论者除了能给周秦诸子描画脸谱而外，不但说明不了'子学'到'经学'的时代转变，而且更说明不了中国的经院学派两汉'今古经学'笺注主义的特质。在这一点，郭先生感叹'文字这项符箓束缚着思考力'，而要求大家仔细研究。我同此心，心同此理。如果学者'提出反证'向这一论断开火，郭先生自然责无旁贷，严守阵地，浅学亦愿充当一个游击小兵"。"我的研究，中国的古典社会有它的特殊性，它不像希腊罗马，从第一个阶段的氏族酋长撞破过时的氏族枷锁，发展而为第二阶段的城市显族，而反是严密地保存着氏族组织，以代替城市国家。"（2）"在春秋时代据典籍所载的，各公族单位，至少有一百三十二国，失逸的还不知多少，……这样氏族国家的兼存，实在是'既成事实'，说不上封建。这些'君后'，'元后'，与其说为封建，毋宁认为古典社会初期的贵族特征"。（3）"封建制的最大特征是建立在第一次的身分分裂之上"。（4）"中国古典社会的西周保存着浓厚的氏族旧制，当时中国有星罗棋布的许多独立的氏族国家，虽然大氏族曾能一度地高唱各守尔典，企图拿一个模范表率，维持国与国间的相安，但相反的氏族壁垒的鸿沟束缚了生产力，必然要趋于相互战争，所谓灭国绝世。因了以氏族组织的外壳约束着城市国家，产生了所谓

---

① 周恩来：《对〈屈原思想〉的意见》，《周恩来书信选集》，中央文献出版社 1988 年版，第 216 页。

'城市与农村不可分裂的统一'（参看拙作《屈原思想的秘密》引文），这里的'生产方法'是这二个要素的结合：公族所有的生产手段（地）与在邑下所统制着的庶族夷鬲劳动力"。"但这不是说，这样的生产方法是清一色的，而是指支配的，……""要看一个社会的经济构成（formation），单凭从劳动工具是不够的（文明社会以前除外），主要的是认识它的生产方法（Produkinsweise），这个不能广泛使用的术语，是指特殊的生产手段与特殊的劳动力二者底结合关系，由这一结合关系才能决定社会性质。……有两位研究历史的友人都对我说，秦初土地兼并更说明是贵族的土地所有，由'贫者无立足之地'而言，何能证为小私有？这亦是误会。土地所有的变革，封建社会是可能并必然产生了大地主，而只要农民自己所有小块的土地，成为法律，大小倒不是问题。"（5）"城市与农村的特殊统一，是中国古典社会的一个特征。土地方面是法律上专有与毫无之别（量地而立国，计利而畜民），社会组织方面是勤礼与尽力，即上下贵贱之别（古者先王分割而异之也），居住方面则是国中和四鄙之别或都鄙之别（《左传》'都鄙有章'对言）"。"城市的壁垒，在中国古典社会，是由公族社稷的壁垒所代替，社会上虽有都鄙之分，而在经济上则形成农村与城市不可分裂的统一，因此，'诸侯成为赘瘤'，逐渐政权必然由诸侯而大夫，由大夫而陪臣。我相信，亚细亚的这一特性，是值得学者注意的，由此研究，只有更接近于真理，不会更加错误。""过时的氏族枷锁之于中国古典社会之束缚，犹之乎过时的天皇枷锁之于日本资本主义之束缚。……春秋战争一方面灭国绝世，他方面则由霸者用宗周室的死壳，兴灭国继绝世，形成了一个死的矛盾。由于氏族古制的保存，使社会的变革运动难于明朗化，走了长期转变的道路。"（6）"我们可以这样说，春秋时还在维持着社会的第一次大别（礼，别也），而战国时，则居然由社会鸿沟的二大别，发展而为多元的别，……春秋时，还有一百几十个公族国家，一方面兼并，一方面续绝，还在调和运动中，保存氏族组织，而战国时则……以土地为单位，不是以氏族为单位，所谓开阡陌，就是把氏族的鸿沟拆去罢了"。"春秋和战国，是要分别而言的，用近代语讲，春秋承认现状，战国则打破现状（'势'论由荀子发端），……"①"为什么秦楚这两个公族国家可以破坏'先王之制'呢？我的研究是在于它们自己的远祖就没有如中

---

① 《新华日报》1942年4月20日第4版。

国诸族的先王制所束缚如此其严。"（二）"春秋战国文化思想之区别，除
了战国私学，散文等特征以外"，还有：（1）"战国时代，因分工的发展，
西周史官的变形者——士，从贵族的范笼（学也禄在其中矣）脱出，产生
了子书所给的特殊名称，叫作'文学'之士，这一专门化的职业已经不是
管仲时代四民不杂居的情况，……""'文学'之士在各国的地位能够做
了'不治而议论'的'代议士'"，"在这一点，我认为战国礼贤下士的风
气，颇含着西洋古典社会的民主主义政治，名词上虽然不相同，其内容则
具备着古典社会的这种制度，因为中国古典社会没有'显族'的阶段，所
以直到陪臣执政，氏族体制大破坏的时候，才在过渡的时期产生了不完全
典型的'共和'。"（2）"战国诸子虽然不知道新到的社会是什么，然而皆
有自己的图案，所以他们中间有一个共同的倾向，即理想主义的特点"。
"诸子还有一个最大的特色，对于现状的暴露与批评。……重视客观现实，
各有程度不等的皈依于现实发展的治学精神，是诸子有价值的传统，这便
是他们的'方法论'。"①"然而，这不是说他们的方法论没有'局限'，恰
相反，他们各自因了他们的'成见'，而各有他们的'不可逾越性'。"
（3）"先秦诸子，自孔子以来多言先王，这是中国思想史的特别的地方。
中国的古文献诗书礼易保留了古代的氏族的传说，而被保留于中国古典社
会的公族制度，复把这种传说美化为社会教条，所以沉重的氏族先王压住
了古典社会的发展，同时亦压住了人类的思维，到了战国诸子才各道自己
的先王而非他人所道之先王，有类宗教改革之各道上帝而非他人所道之上
帝"。"我的结论是，儒家的'先王'在于复礼，他的世界观便是在不祥
与必穷的春秋战国，想藉理想的仁人君子之推度，而复'明分制别'的周
制。他的方法论因了忠实于褒贬着值得同情的当时君子，客观上会相对地
（别于墨家）反对了贵族，描写了贵族的没落，揭露了仁的客观存在——
二种人。这样地，在初期儒家，求得中行之士而不能，下求进取的狂者
（如管仲子产）与有不为的狷者（颜回），而到末流的汉代，则只有言保
守而无进取（叔孙通语）的之博士了。"②

　　先生在附言中提出："本篇文字原题为《屈原的思想渊源》，因写得过
长，分开二篇发表，改今题为第一篇。稍晚再发表屈原本身研究。提出了

---

① 《新华日报》1942 年 4 月 21 日第 4 版。
② 《新华日报》1942 年 4 月 22 日第 4 版。

这样大的问题，而粗枝大叶地如此论述，颇难洽意！但这里想对读者说明的是，郭先生材料丰富，论断精确，我是素来尊重他的治学精神的，因此，我亦不敢轻视材料而人云亦云，凡所言求其有本，凡所断皆自我心裁。以此态度和郭先生论学，求得教益，而与不积学修养，轻易评断一个大学者的人是相反的。所以开首我就说，心虽未安，而理或可得之。"

先生回忆："《先决问题》一文刚发完第一部分，《新华日报》国际版负责人于怀同志（乔冠华）对我说：'不要辩下去啦，国民党在拍手呢。'故此，《先决问题》一文在《新华日报》上只刊登了一半就中断了。"①

3 月 25 日

先生作《申论屈原思想——衡量屈原的尺度》，发表于《中苏文化》半月刊 1942 年第 11 卷第 1、2 期合刊。文章认为："我在《屈原思想渊源的先决问题》一文中，简略地把周秦社会的变革过程，以及反映于这一变革过程的思想潮流（儒墨），做了一个分析，根据着那一结论，进而研究屈原思想是非常有意义的。""屈原的思想与艺术底传统，一方面有儒家的正统观念，他方面有中国的古典艺术——《诗经》的风，雅，颂。""作为儒家明治乱举议国事的屈原，和作为穷怨抒情的观念家的屈原，相为结合，这实在是他的一个基本的痛苦。"②"我在《屈原思想的秘密》文中，所以拿屈原和王国维、巴尔扎克等人物做比较的研究，只因为要说明一个时代悲剧的矛盾。我认为不论在历史研究的科学方法（像王国维），或在现实主义所表现的新事物（如巴尔扎克），只要是左袒了人民，或以新时代所要的新知识给予人民，或以诗篇小说，高扬，尊重人民的感情，而报酬了人民，就配成为时代的悲剧观念家。"③"我研究屈原，着重在他的时代悲剧的政治文件，他的和人民相为联系的精神影响与艺术价值，但也并没有因此，忘记他首尾一贯的，引向'统一'体系的政治见解与政治表白。虽然这表白与见解，客观上暴露了贵族没落的命运，但他的'统一'体系的世界观，不能被否认不是旧有的传统，落后的、甚至反动的传统。……他的艺术价值，天才和下贱间的

---

① 侯外庐：《韧的追求》，生活·读书·新知三联书店 1985 年版，第 133 页。
② 《中苏文化》1942 年第 11 卷第 1、2 期合刊，第 46 页。
③ 同上刊，第 49 页。

内部斗争；他的精神的原动力，和人民联系的以及和贵族背离的纯洁思想；他的求真的方法，不畏惧现实的'无所顾虑的'推断；是他的生活内容中的主体。如果屈原没有政治表白，或所谓相对的旧制度的正义心，那么论断便成为八股，不但是公式罢了。"① "……公平地衡量屈原者，则正在于他的悲剧艺术与斗争思想以及在人道主义方面具体的纯厚态度。" "他流芳百世活在人类心灵中的艺术价值，不在于他的体系与方法的生命矛盾，而在于他的活的生命力适应于进步历史的悲剧艺术价值。他的悲剧艺术，是超越过正统派儒家的思想，……"②

后来，先生把《屈原思想的秘密》与《衡量屈原的尺度》合编为《论屈原思想》，收入《侯外庐史学论文选集》上卷（人民出版社 1987 年版）。

3 月

先生应郭沫若邀请到"文工会"讲座。③

4 月

先生的女儿侯均初生于四川巴县。侯均初后毕业于北京大学历史系、中国社会科学院研究生院，获历史学硕士学位，曾就职于中国社会科学院近代史研究所。

5 月 1 日

先生作《周代社会底诸制度考》，发表于《群众》周刊 1942 年 7 月 31 日第 7 卷第 14 期，署名"徐乐英"，收入《侯外庐史学论文选集》上卷（人民出版社 1987 年版）。文章认为："周制的土地生产手段与劳动力的关系，城市与农村的关系，是了解中国古典制的重要研究。"④

6 月 10 日

先生在《中苏文化》半月刊 1942 年第 11 卷第 1、2 期合刊开设"屈

---

① 《中苏文化》1942 年第 11 卷第 1、2 期合刊，第 50 页。
② 同上刊，第 67 页。
③ 龚济民、方仁念：《郭沫若年谱》上，天津人民出版社 1982 年版，第 397 页。
④ 《群众》周刊 1942 年第 7 卷第 14 期，第 338 页。

原研究"专栏,登载郭沫若《屈原的艺术与思想》、《屈原思想》以及先生所作《屈原思想的秘密》、《屈原思想渊源底先决问题》、《申论屈原思想——衡量屈原的尺度》。

先生自述:"关于屈原问题,四十年代我和郭老在认识上有三个共同的基点:其一,由于我们当时都认为封建社会始于秦、汉之交,所以一致地把春秋战国看作大转变的时代,封建制在难产中的时代。……其二,我们都确认屈原是儒者。其三,我们都肯定屈原人格伟大,屈原诗篇不朽。"①"我们分歧的核心在于:对于作为儒者的屈原,他'问天''招魂'所寓之理想,究竟是'以德政实现中国一统',还是前王之制的魂魄,说得再简单些,究竟是社会进步的理想,还是倒退的奴隶制残余的梦想。"②"关于屈原思想的辩论,演进为对儒家思想的评价,大大刺激了我加速全面转入古代思想学术史的研究。"③"那时候,革命队伍内部无例外地承认,我与郭老的辩论是学术性辩论,无一人把这个分歧往政治上、路线上拉。"④

又,先生回忆:"我在与郭沫若辩论屈原思想时,无意间说过一句冒失话,表示要奉陪西周封建论者到底。……这一句话,把所有西周封建论者都得罪了。(翦)伯赞是十分坦白的人,他气得简直要跳起来,一度不断地挖苦我。我看到伯赞的激怒,才意识到自己犯了操之过急的错误,……从此,我放弃了短期解决分期问题的幻想。"⑤"我们彼此都珍惜友情,彼此都深察对方的见解基础坚实。从那以后,直到一九四七年范文澜《中国通史简编》出版前的几年间,关于古史分期问题,我心目中辩难的主要实力目标是翦伯赞(这一点,想来伯赞是深有所知的),……每每论题及此,我心中的叙述对象,不由自主地会假想为翦伯赞,也有与翦伯赞引为同调的吕振羽。"⑥

8月9日

先生应邀到"文化工作委员会"讲学,在郭沫若家吃水饺。

---

① 侯外庐:《韧的追求》,生活·读书·新知三联书店1985年版,第133页。
② 同上书,第134页。
③ 同上书,第134—135页。
④ 同上书,第136页。
⑤ 同上书,第139页。
⑥ 同上书,第139—140页。

阳翰笙回忆："晨起，读《草莽英雄》与昆（王昆仑——编者注）、孟（曹孟君——编者注）听。至第二幕，郭（沫若——编者注）来（便）条谓外庐已到，促速往吃水饺，乃作罢。""至郭寓，见外庐，谈甚快。郭府的水饺，今天特别有味，大家都称道不置。"[1]

8 月 10 日

先生在"文化工作委员会"讲学。[2]

先生回忆："我发表了自己对生产方式问题的看法，当场就有同志站起来提出质问，说我的观点和斯大林在《联共党史》中给生产方式下的定义相悖。提意见的同志口气虽然有些逼人，但我完全理解，他是出于对国际共产主义领袖人物的尊重，故我只说了一句：'斯大林的说法我不懂。'接着那位同志还要求进一步说明。会上气氛显得有些紧张。当时郭老没有发言，杜国庠同志站起来说：'人家已经表示不懂了，再问什么呢？'杜老的话，顿时缓和了会场的空气，帮我解了围。"[3]

8 月 14 日

"文化工作委员会"欢送先生。阳翰笙回忆："午后二时，会中同人茶会欢送外庐极热烈。晚又在会宴送之，大家的情绪都极好。"[4]

9 月 15 日

先生所作《苏联底国防经济及其战略》发表于《经济新闻》1942 年第 19 期。

11 月 25 日

先生作《中国古代思想学说史》自序，提出："本书是著者过去讲授中国思想古代编大纲底详明扩充，有些地方改正了过去的纲目，但大体上研究体系是没有改变的。当时应同学之要求，拟分古代、中古、近代三编，在短期间成书，然因了生活环境之变迁以及学说兴致之偏重，这笔笔

[1] 《阳翰笙日记选》，四川文艺出版社 1985 年版，第 63 页。
[2] 同上书，第 64 页。
[3] 侯外庐：《韧的追求》，生活·读书·新知三联书店 1985 年版，第 228—229 页。
[4] 《阳翰笙日记选》，四川文艺出版社 1985 年版，第 65 页。

债忽忽八载没有偿还，现在古代编写成，虽云未可全偿，而心愿稍安。但本书体裁，注重研究，和讲义之编排陈列货色者，殊有区别。""本书与拙著《中国古典社会史论》为姊妹作，乃历史与思想史相互一贯的自成体系，……读者研究中国思想史，当要以中国社会史为基础，故二书并读，实为必要。""过去研究中国思想史者有许多缺点，有因爱好某一学派而个人是否其间者；有以古人名词术语附会于现代科学为能事者；有以思想形式之接近而比拟西欧学说，从而夸张中国文化者；有以社会发展的社会成分，轻易为古人描画脸谱者；有以研究重点不同，执其一偏而概论全般思想发展的脉络者；有以主观主张而托古以为重言者，凡此皆失科学研究的态度。我们要批判地接受中国文化古代的优良传统，却未能犯此一道。本书自信没有此种积习。"① 学术研究"主要尚在真理的钻研是否科学：社会历史的演进与社会思想的发展，关系何在？人类的新旧范畴与思想的具体变革，结合何存？人类思想自身的过程与一时代学说的个别形成，环链何系？学派同化与学派批判相反相成，其间吸收排斥，脉络何分？学说理想与思想术语，表面恒常掩蔽着内容，其间主观客观，背向何定？方法论犹剪尺，世界观犹灯塔，现实的裁成与远景的仰慕恒常相为矛盾，其间何者从属而何者主导，何以为断？凡此，尤为研究学人所宜把握，紧密而严肃者犹恐失之误解"。② "研究中国古代思想史的第一步，当以文献学为基础，作者的时代，著书的真伪，文字的考证，材料的头绪，皆专门学问，清代学者于此成就虽宏，而慎以取舍，颇为难题，若稍不慎，即张冠李戴。""研究中国古代思想史的第二步，当以古人用语的实在所指为起点，各家所用术语除了其自身的特别规定外，更有中国古文字的限制，难以就表面文字即一望而知其概念所含性质，故谨加分析，颇为不易。若不仔细推断，即蔽于文字符箓。"③

年底

先生完成《中国古代思想学说史》，其中诡辩学章、荀子章为先生与赵纪彬合作。

---

① 侯外庐：《中国古代思想学说史》序，文风书局1946年版，第1页。
② 同上书，第1—2页。
③ 同上书，第2页。

先生自述："把社会史和思想史有机地结成一个系统进行研究，我认为是一个合理的途径。有了前一段研究的基础，在写完《中国古代思想学说史》之后，我准备马上着手研究中国封建社会史和中古各朝思想史，定下的计划是：尽先努力完成秦汉社会的研究，而后搞秦汉思想；先着手魏晋南北朝社会经济构成，而后研究中古玄学史；先研究了中国封建社会的发展，及其由前期向后期转变的特征，而后再探讨宋明理学思想。"① "四十年代初，自社会史的研究而进入思想史的研究。我自己的计划是，准备写一部完整的中国思想史，拟分古代、中古、近古三编。……从三十年代初讲授中国思想史的古代编大纲到撰著《中国古代思想学说史》，是我撰著生活的重要的开端。因为这是完成《中国思想通史》的第一步，而这第一步是走完全程的发轫。"②然而，"新的工作刚要开始，周恩来同志向我提出，希望我根据时代的需要，研究一些中国近代史或近代思想史的问题"，"我理解，研究近代历史与确定半封建半殖民地中国所面临的革命任务，这两者之间有着密切的关系。因而，接受了周恩来同志的指示以后，我立刻调整了自己的工作计划，决定马上着手近代问题，准备在完成近代社会与近代思想史研究之后，再回过头来从事中古诸朝的社会与思想的研究"。"我之转向研究近代思想，也得到了郭沫若的大力支持。《中国近世思想学说史》有几个章节写成后，都被郭沫若拿去，首先发表在他主编的刊物《中原》上。""在四十年代初，我这种研究思想史的方式本身，就已经决定这两部书是拓荒性质的作品。通过对中国历史上两个重要变革时期（春秋战国和明清之际）思想发展路径的清理和力图有所发现，通过对一系列疑难问题的涉足和做出自己的回答，我研究中国思想通史的基业终于得以奠定。"③

又，先生自述："写一部完整的中国思想学说史的愿望，在我内心，在较早就有所酝酿的。一九四二年底，我完成《中国古典思想学说史》时，就有意按时间的顺序，继续整理并写作秦汉思想史、中古玄学史、宋明理学史及近世思想史。后来，因形势的需要，也因我个人对秦汉社会的研究尚未完成，临时变更了写作顺序，先整理出十七世纪以至清末民初的

---

①　侯外庐：《韧的追求》，生活·读书·新知三联书店 1985 年版，第 118 页。
②　同上书，第 265 页。
③　同上书，第 119 页。

思想，写下《近世思想学说史》。而后，准备返回头去，从事封建诸朝的社会史和思想史研究。从某种意义上讲，这个初步设想本身，就已经是关于思想通史的理想了。"① "当时我之所以能迅速改变计划，客观上还有另一个原因，那就是，整理秦汉思想须以弄清秦汉社会史为基础。当时，学术界对古代至秦汉的中国社会的讨论尚不充分，单枪匹马去搞，究难以一时搞清。此外，从对比的角度来看，中国先秦诸子思想范围之广泛，内容之充实，固然可以比美于希腊文化，而清代思想的光辉，我以为也并不逊色于欧洲文艺复兴和宗教改革时期的成果。我觉得，先将这两个时代辉煌的思想成果整理出来，也是极有意义的事情。"②

本年

在党的领导下，先生和杜国庠等人发起成立"新史学会"，团结了顾颉刚、张志让、周谷城等一批著名学者。

一九四三年（民国三十二年，癸未）　四十岁

3月24日，中国史学会在重庆中央图书馆举行成立大会，顾颉刚、傅斯年、黎东方、雷海宗、徐炳昶、陈寅恪、金毓黻、钱穆等为理事。同月，蒋介石《中国之命运》由重庆正中书局出版。

5月，陈寅恪《唐代政治史述论稿》由重庆商务印书馆出版。

6月，《中原》在重庆创刊，郭沫若任主编。

8月2日，陈伯达所作《评〈中国之命运〉》经毛泽东审阅后在《解放日报》发表。同月，罗尔纲《太平天国史丛考》由重庆正中书局出版。

10月，翦伯赞《中国史纲》（第1卷）由重庆五十年代出版社出版。

12月1日，《文风杂志》在重庆创刊，韩侍桁任主编。

本年，尹达《中国原始社会》由作者出版社出版。

---

① 侯外庐：《坎坷的历程——回忆录之六》，《中国哲学》1942年第8辑，第455—456页。
② 同上刊，第379页。

年初

因国民党"审查委员会"扣压，《中国古典社会史论》至此才由重庆五十年代出版社出版。先生自述："我在古代社会史方面的研究中，得到过郭老（即郭沫若）不同寻常的帮助。"当时重庆的甲骨文、金文资料非常少，"郭老深知我对殷、周史料的认识和他完全一致，视甲骨文、金文为第一手史料。我去向他求援的时候，他毫不犹豫地把他有关著作中，我最用得着的两部——《卜辞通纂》和《两周金文辞大系图录考释》——借给了我"。"更重要的是，郭老完全了解，我对中国古代生产方式的认识和他很不相同，因此对一些共同注意的材料的理解和处理，和他也很不相同。可以说，他明知我会用了他的材料来佐证我自己的观点，对他提出异议，他却还是把他亲手搜集的丰富材料全盘端给了我。""我能在半年时间内完成《中国古典社会史论》一书，很大程度上，有赖郭老的这一支持。"① 又："我的《中国古典社会史论》发表后，就接到过闻一多从西南联大寄来的一封热情的信。这位此前不曾见过面，此后也无缘相识的朋友，因为赞同我对周代城市国家问题的论述，信上特地抄录了他《诗经通论》中大篇的内容，来提供我补充论据。他信中抄录的文字，在他牺牲后，我再版《史论》时，全文引用了。"②

先生开始撰写《中国近世思想学说史》。先生回忆："当时，研究和撰写这一段思想史，我感到有强大的动力在推动自己，一则，'近代'问题的研究更能为革命斗争的需要服务，这一点颇令人鼓舞；二则，在认识上，我认为先秦诸子思想与明清之际的思想是可以分别同希腊文化与欧洲文艺复兴、宗教改革后的文化媲美的。这是两个历史剧变时代惊心动魄的文化遗产，确实有必要先行整理。"③ 又："那时，我的生活很窘困，连必需的书都买不起。我要研究章太炎，借不到书，也无钱买，正为此苦恼。不晓得董必武同志怎么知道了这件事，他请徐冰同志送钱来，说明是给我买书的。我喜出望外，立刻买来了《章太炎遗书》。随后我和赵纪彬同志一起完成了对太炎思想的研究。董老对我的支持，是

---

① 侯外庐：《韧的追求》，生活·读书·新知三联书店1985年版，第129页。
② 同上书，第130页。
③ 同上书，第290页。

永远鼓舞我的力量。"①

1月13日

《新华日报》第 1 版登载 "侯外庐先生新著:《中国古典社会史论》出版了" 云:"本书系侯先生十余年来研究中国古代社会史心得之结晶。书中对于研究中国古代社会史应遵守之法则详加论列,并将中外各家,关于此问题之著作重作估价;正文方面皆以地下材料为最后依据,详征博引,立论精到。苏联学者已特约将此书译成俄文。现已全部出版,并印有龙章报纸本二百册。"

1月30日

先生所作《苏联英美之平等待我与废除不平等条约》发表于《中苏文化季刊》1943 年第 1 卷第 1 号,署名 "侯外庐"。文章认为:1943 年1 月 11 日中英、中美签订新约是 "中国近代史的新页,亦是国际关系间的宝贵贡献,更是人类理想世界所不可忽视的一步境界"②,"在这次中英、中美的新约缔结中,我们认识了一个世界人类向光明路程前进之原则,即,只要是创作历史的光明政纲,没有不是由人类的血肉奋斗中取得的,只要是人类平等自由的理想,没有不是符合于全人类的利益的"③。并论述苏联 1924 年 "与我国签订平等条约的创举",提出:"中国近代国家国内民主的建立,正在努力奋斗中,'自立才可以独立,自强才可以自由',惟有如此,才可以在建立和平国际秩序之时,取得将来平等新约中更充实的国际民主地位。中国人民的崇高理想是和全人类的理想一致的。"④

1月

先生所作《我对于 "亚细亚生产方法" 之答案与世界历史家商榷》定

---

① 侯外庐:《侯外庐史学论文选集·序》,《侯外庐史学论文选集》上卷,人民出版社 1987 年版,第 7 页;参见侯外庐《韧的追求》,生活·读书·新知三联书店 1985 年版,第 120 页。

② 《中苏文化》季刊 1943 年第 1 卷第 1 号,第 33 页。

③ 同上刊,第 34 页。

④ 同上刊,第 36 页。

稿，1945 年 6 月作"附记"，发表于《中华论坛》半月刊 1945 年 7 月 1 日第 1 卷第 7、8 期合刊。收入《中国古代社会研究》第一章，题为《亚细亚古代社会规律的研究》；又收入《侯外庐史学论文选集》上卷（人民出版社 1987 年版），题为《关于亚细亚生产方式之研究与商榷》。

4 月

先生所作《孔子批判主义社会思想底研究》发表于《中山文化季刊》1943 年第 1 卷第 1 期，收入《侯外庐史学论文选集》上卷（人民出版社 1987 年版）。文章论述"春秋思想文物的具文化及其显学批判"、"孔子的社会批判及其理想"、"孔子的人类认识及其理想"，修改后收入《中国思想通史》第一卷第六章《孔墨显学和前期儒学思想》。

7 月

先生所作《中国古代"贤者"之史的研究》发表于《中山文化季刊》1943 年第 1 卷第 2 期，系由《中国古典社会史论》第十一章《中国古代国民晚出与贤人考》修改而成。

10 月 13 日

顾颉刚阅读先生所著《中国古典社会史论》。[①]

11 月 7 日

先生参加"苏联十月革命第二十六周年纪念大会"。

12 月

先生所著《王国维古史考释集解》由重庆三友书店出版。

本年

苏联汉学家费德林告诉先生：苏联前两年发现一篇马克思的遗稿《政治经济学批判大纲（草稿）》。不久，费德林送来俄文译本，先生即请戈宝

[①]《顾颉刚日记》第 5 卷，中华书局 2011 年版，第 169 页。

权译为中文。

先生自述："我认为，这是我们所能见到的马克思关于古代社会理论的文献中，一篇最详明的珍贵资料。我有幸在国内首先使用它。这份资料更加使我增加了研究中国古代社会史的理论勇气。"①"第一，这篇遗稿对于古代的生产形态，即东方的、古典的，是平列地论述的。""第二，这篇文章不仅讲了亚细亚的和古典的'古代'的相同之处，也阐述了两者的相异之点。""第三，文章还通过对城市和农村的分裂，私有关系，以及生产过程的占有关系等，详细分析了亚细亚的和古典的古代文明的具体路径的不同，指出了这两种'古代'的路径，都是由氏族公社的解体过程而生长起来的，只是第一种和公社密切结合，而第二种在后来把公社的氏族外壳完全冲破了。"②

一九四四年（民国三十三年，甲申）　四十一岁

3月19日至22日，郭沫若《甲申三百年祭》连载于《新华日报》。

4月，日军发动"大陆交通线"战役，9月初进攻广西。翦伯赞《中国史纲》第一卷草纸本由重庆五十年代出版社出版。

5月5日，《民主世界》创刊。

6月，吴晗《明太祖传》由重庆胜利出版社出版。

11月1日，杜守素（杜国庠）《论"理学"的终结》发表于《大学》月刊第3卷第9、10合刊。

本年，陈寅恪《隋唐制度渊源略论稿》、嵇文甫《晚明思想史论》均由重庆商务印书馆出版。

1月1日

先生作《中国近世思想学说史》自序，提出：《中国古代思想学说史》出版之后，"本想将过去的研究大纲扩充范围，按照次序，继写秦汉思想

---

① 侯外庐：《韧的追求》，生活·读书·新知三联书店1985年版，第233页。
② 同上书，第234页。

史，再及中古玄学史，宋明理学史，最后至近世思想史，惟有一个先决难题实须研究清楚，即社会史的时代认识观。中古至近世的中国社会颇易辨析，而古代至秦汉的中国社会则颇难于研究，……秦汉思想史的工作，亦须先之以秦汉社会史论始能朴实说理。因此，我把写作的程序变更，先把关于 17 世纪以至清末民初的思想史整理出来，然后回头从事中古诸朝的思想研究，期以十年或有全部更完整的贡献。其次，中国先秦诸子思想之花果，固然可以媲美于希腊文化，而清代思想之光辉，亦并不逊色于欧西文艺复兴与宗教改革以来的成果。我们认识与继承这两个时代惊心动魄的文化遗产，在研究岗位上说来亦宜首先有所发抒己见，以供同好学人的参考"①。"本书所采的研究方法，仅'朴实'二字，这亦是正统学者应守的治学精神，……""治学应'实事求是'与'自得独立'二者并重，二者看起来，好像相反，而实相成，……"②

此后，先生奉命参加统战工作，"有两年时间我没有机会从事研究著述"③。

1 月 10 日

先生所作《中国古代文明起源考》发表于《文风杂志》1944 年第 1 卷第 2 期，署名"侯外庐"。该文由《中国古典社会史论》第一章第四节《东方文明与西方文明起源之差别性》与第三章《中国古代文明起源的具体路径》修改而成，包括"东方文明与西方文明起源之差别性"、"中国古代文明的具体路径"。文章认为："古代文明路径在一般的合法则性中，复包含了特殊的合法则性"④，"西方古代是主要走着第二种路径（指'罗马的路径'——编者注），而东方古代的路径则是氏族保有着大部分的土地，而为土地国有制明甚。东方文明社会的发生，……顺着两个方法而进行的。一即因公共职务的传统，一即因部落间的冲突。"⑤

---

① 侯外庐：《中国近世思想学说史》自序，《中国近世思想学说史》，上海生活书店 1947 年 5 月版，第 1 页。

② 同上书，第 2 页。

③ 侯外庐：《坎坷的历程——回忆录之八》，《中国哲学》第 10 辑，第 453 页。

④ 《文风杂志》1944 年第 1 卷第 2 期，第 31 页。

⑤ 同上刊，第 32 页。

该刊同期介绍先生所著《中国古代思想学说史》，认为："文章深入浅出，见解精辟入理，其创说独到之处，贯通全书，与前人之治先秦思想者迥乎不同，是书考竟源流，探明演化之史职，辟一研究学术史之新路径。"①

4 月

先生所著《船山学案》由重庆三友书店出版。自序云："王船山先生不但是明清之际的第一位哲学家，而且是中国思想史上一位伟大的哲学家，由他自负的话'六经责我开生面'一语看来，便知道他的独立自得之学识了。""船山先生的学术，比清初的诸大儒都要丰富得多，……但学人多赏识他的史论，却不重视他的哲学。民国以来，研究明清思想史的人，不是把他忘记了（如胡适之之专重戴东原，而一字不提及王船山，实则东原观念论的哲学体系，不及船山远甚），便是把他的思想轻描淡写地谓之像一位理学家（如冯友兰在其所著《中国哲学史》）中所写的。梁任公与钱穆皆治中国近三百年学术史者，在船山的片段学术中颇有论述，而亦缺少对于他的哲学体系的发挥，这不能不说是一种中国学术界的空白了。""船山先生的学术是清以前中国思想的重温与发展，他不但把六经别开生面地重新解说，而且从孟子以后的中国哲人多在他的理性主义批判之下翻案估定，所以他的思想，蕴涵了中国学术史的全部传统，这在研究他的哲学上是最棘手沉重的难题，故作者尝试研究他的结论，亦如船山先生所云'不敢执一以贼道'罢了……"

5 月 3 日

黄洛峰等组织重庆文化界在百龄餐厅集会发表《重庆文化界对言论出版自由意见书》，并向国民党十二中全会提出"请愿书"，先生与郭沫若、茅盾、老舍、洪深、曹禺、臧克家、姚雪垠、沈志远、潘梓年、胡绳、张友渔、夏衍、胡风等78人在"请愿书"上签字。②

---

①　《文风杂志》1944 年第 1 卷第 2 期，第 47 页。
②　马仲扬、苏克尘：《出版家黄洛峰》，光明日报出版社 1991 年版，第 134 页。

5 月 10 日

先生所作《东方文明理解之钥释》发表于《文风杂志》1944 年第 1 卷第 4、5 期合刊，署名"侯外庐"。该文由《中国古典社会史论》第一章《亚细亚古代社会法则之研究》第三节《关于亚细亚古代底文献》修改而成。

5 月 28 日

先生与翦伯赞、张申府拜访阳翰笙。阳翰笙回忆："谈及半月前文化界所苦争取言论出版自由的请求书，不意竟得此结果。言下似都不胜怅愤的样子。"①

5 月

先生所作《乾嘉时代的汉学潮流与文化史学的抗议》发表于《中山文化季刊》1944 年第 1 卷第 4 期，收入《侯外庐史学论文选集》下卷。文章认为："清朝乾嘉时代的汉学，在中国学术史上为最奇特的一种思潮"②，"乾嘉学者的朴学成绩，自有历史地位，……作者以为这是要分辨问题的主流与因此主流而派生的副作用，……其间指导的主流，是企图腰斩清初活文化的人民性与社会性，在古典的经籍中使之失去个性的发展，从文化上'开明'的烙印冲淡那异族统治的仇恨；然而这亦可能产生了副作用，即乾嘉学者的治学方法以及由经学的整理而淹流于一般文献之探寻"③。"由性理的烦琐到考证的烦琐，其烦琐的对象不同，而拘束人性之独立发展，……则殊途同归。……实斋就是在这个时候挽持风气，……《文史通义》略当今日所谓之文化史学，《校雠通义》则当今日之所谓学术史。"④"要知道研究思想史，乃正实斋所云'辨章学术，考竟源流'，既不是冬烘先生们之读古人言行，以前都是今人的宝筏，亦不是如五四浪漫主义时代之'打孔家店'的态度，把古人当作今人和

---

① 《阳翰笙日记选》，四川文艺出版社 1985 年版，第 271 页。
② 《中山文化季刊》1944 年第 1 卷第 4 期，第 547 页。
③ 同上刊，第 550 页。
④ 同上刊，第 551 页。

他争辩。"①

6 月 19 日

余求之《读〈船山学案〉》发表于《新华日报》1944 年 6 月 19 日第 4 版"新华副刊"。文章认为:"侯外庐先生此书阐发二百余年前这位识力宏远的学人的思想,是极有贡献的一本著作。虽然因为这是专门的学术著作,也许难以接近一般的读者,然而凡注意中国思想史的人是一定都会赏识这本书的。""很显然的,这本书是在船山著作中致力很深而后写出的,因此才能从船山著作中的隐晦的术语和对古籍的诠释中,把船山思想的真实面目揭发出来,整理成为一个完整的体系。本书著者在这里不是找出船山著作中片段的话来即批上某种考语(倘那样做法,无论如何,总不免陷于主观主义的泥沼),而是认真地从解说船山的著作下手。中国向来的哲学家,所用的术语常是使我们难以了解他的思想实质的障碍,尤其是像船山这样在思想上突破传统,而又不得不因袭承用向来理学家所用的名词的人,要了解他的思想,就不能不充分了解其所赋予这些术语的实际内容。在这方面,本书著者是用了很大功夫的,如对于船山所用的理与气,道与器,继善成性这些术语都作了很恰当的分析,因此就使船山思想豁然显露了。""正因为本书著者是从船山著作中实事求是地分析其思想内容,所以他就真正使我们看到了二百余年前这位哲人是怎样地用他自己的方式来表现了唯物论的思想并发挥了运动发展的观念。""也因为本书著者是从船山的全部著作中把握其理论体系,所以他也不仅指出了船山思想中的优点,更给以了恰当的批评。""在本书中,对于船山的历史理论及其对实际历史的叙述,用较多的篇幅作了详尽的分析说明,是很重要的一部分。本书开端,并提示了一些船山对现实的政治社会的批判,从这里我们看到船山不仅在哲学思想上是个大胆的先驱者,而且对现实问题,也是勇敢而有远见的批判者。真正的思想家是必须结合这二者于一身的。可是在这方面,本书中所论及的还觉太少一点。作为附录,本书又转载了三篇前人所作的船山传述。假如作者集合更多材料,写

---

① 《中山文化季刊》1944 年第 1 卷第 4 期,第 559 页。

成一篇传记，置入本书，使读者由其人而更加知其思想，那就更加完满了。"

6 月 21 日

先生在歇马场翦伯赞家与顾颉刚、李效广谈话，并一起午餐，至下午三点。[①]

6 月 30 日

先生所作《中国十七世纪思想家李二曲评述》发表于《中苏文化》1944 年第 15 卷第 3、4 期合刊，署名"外庐"。该文系《中国近世思想学说史》第五章《中国十七世纪的西北思想家》第二节《折中体用二元的李二曲》第二部分《二曲修正理学的二元论》，后修改为《中国早期启蒙思想史》第七章《李颙的思想》之第一节《李颙修正理学的二元论》。

6 月

先生所著《中国古代思想学说史》由重庆文风书局出版。

先生自述："在我的《中国古代思想学说史》出版前后，有关中国思想史的马克思主义著作，问世已有十余种之多，其中有郭沫若的《十批判书》，杜国庠的《先秦诸子思想》，赵纪彬的《论语研究》，杨荣国的《孔墨思想》。这些著作，见解虽不一致，但是都有研究上的独创，是可贵的。我国马克思主义的学术史研究工作得到前所未有的发展。"[②] "它（《中国古代思想学说史》）是我思想史研究的第一个界碑。"[③] "我在写《中国古代思想学说史》的时候，力求避免非科学的态度，在积极方面是第一步严格进行对文献的考订与审查，第二步是实事求是地究明'古人用语的实在所指'，庶不为'文字符箓'所蒙蔽。而根本则在掌握和运用马克思主义理论来研究问题，分析问题，还历史以本来面目，从而作出科学的判断。"[④] 先生认为：思想史研究的原则和方法是："一、社会历史阶段

---

① 《顾颉刚日记》第 5 卷，中华书局 2011 年版，第 301 页。

② 侯外庐：《韧的追求》，生活·读书·新知三联书店 1985 年版，第 271 页。

③ 同上书，第 118 页。

④ 同上书，第 266—267 页。

的演进，与思想史阶段的演进，存在着什么关系。二、思想史、哲学史出现的范畴、同它所代表的具体思想，在历史的发展过程中，有怎样的先后不同。范畴，往往掩盖着思想实质，如何分清主观思想与客观范畴之间的区别。三、人类思维的发展与某一时代个别思想学说的形成，其间有什么关系。四、各学派之间的相互批判与吸收，如何分析究明其条理。五、世界观与方法论相关联，但是有时也会出现矛盾，如何明确其间的主导与从属的关系。上述原则和方法，就是我在撰著《中国古代思想学说史》的过程中所遵循的科学的规范。……这些科学的规范，后来也就成为《中国思想通史》各卷共同遵循的规范。"① 该书的特征是：（1）"始终注意社会史与思想史的关联。它与《中国古代社会史论》是姊妹作，后者论述中国古代社会史即奴隶社会史的发展，前者论述中国古代思想史即奴隶社会思想史的发展，互相贯串，互为补充，后者是前者的基础。把社会史和思想史如此紧密地结合起来进行论述，在我是第一次，在并时学者的同类著作或者也是较早的实践"②。（2）"这部书特别关心于解决历史的疑难，这就是把解决思想史上的难题作为特别关心的重点。……自信这些解答是在进行深入研究的基础上得出的，有确实的资料作依据，有正确的理论作指导，不是草率的漫然的自由其说。在学术史研究上重视独立自得的精神，是我治学所一贯秉持的。我认为，解决疑难只有在现象的背隐处去发掘，个人之自得愈深刻，则本质的意义愈能表露"③。（3）"力求实事求是，从材料实际出发，进行论述，不凭虚幻的想象与无根据的推断。……论必有据，有据才立论，使观点与材料统一起来，实事求是地分析各种历史问题。实事求是，不仅要求从材料实际出发，也要求对材料作科学的审查与考订，去伪存真，去芜存菁"。（4）"注重内容，不多作浮词泛论。但它的缺点是文字艰涩、深奥难懂，读者多有指摘"④。

阳翰笙认为：《中国古代思想学说史》和其他史学论著"都努力以唯物史观来探讨历史发展的规律，从历史宏观的角度阐明我国社会的发展，以科学的力量，证明了抗日民族战争的必胜前途。尽管论述的是古代史，

---

① 侯外庐：《韧的追求》，生活·读书·新知三联书店 1985 年版，第 267 页。
② 同上书，第 268 页。
③ 同上书，第 268—269 页。
④ 同上书，第 269 页。

但它以事实说明正义必胜，反动派必亡，所以在大后方群众中具有很大的吸引力和影响"①。

韩侍桁回忆："一九四三年七、八月份我在中央社工作的同时，又兼了文风书局总编辑。文风书局是贵阳《中央日报》的记者周杰夫办的，他常到中央社总编室来找我要消息，后来我们相处很熟。办起文风书局后，他当总经理，要我当总编辑，钱是贵阳《中央日报》一帮人拿出的，我通过左恭找萧同兹当董事长。文风书局出版的第一本书是翦伯赞的史学论著，由左恭介绍来的；还有侯外庐的《中国古代思想史》，也是左恭（左胥之，1905—1976，湖南湘阴人，中共地下党员，曾任《中山文化教育馆季刊》主编）介绍的。"②

7 月 31 日

先生所作《颜习斋反玄学底基本思想》发表于《中苏文化》1944 年第 15 卷第 5 期，署名"侯外庐"。该文系《中国近世思想学说史》第四章《近世世界底预言者颜习斋》第二节《习斋反玄学的基本思想》，修改后收入《中国早期启蒙思想史》第九章《颜元的思想》第二节《颜元的性理论和知识论》，又收入《侯外庐史学论文选集》下卷（人民出版社 1987 年版）。

8 月 4 日

顾颉刚致信先生。

8 月 11 日

先生与郭沫若夫妇、夏衍夫妇、阳翰笙、冯乃超等应邀到苏联大使馆看电影。③

8 月 14 日

先生与翦伯赞拜访顾颉刚，中午由先生在松鹤楼请客，同席还有老

---

① 阳翰笙：《风雨五十年》，人民文学出版社 1986 年版，第 270 页。
② 韩侍桁：《我的经历与交往》，《新文学史料》1987 年第 3 期，第 79—80 页。
③ 《阳翰笙日记选》，四川文艺出版社 1985 年版，第 292 页。

舍、左恭、周谷城、卢于道、吴泽。饭后讨论《学府》杂志事。下午，顾颉刚送先生与翦伯赞上车站。[①]

8 月

日军进攻广西前，李济深在桂林大声疾呼"铲除失败主义"，要求国民党当局"动员民众"，实行"民主抗战"。先生以"小民革"名义与沈钧儒、张申府等联名致电响应。

同月，先生所作《第十九世纪初中国思想界的一个号筒——龚定庵思想的历史说明》发表于《大学》杂志 1944 年第 3 卷第 7、8 期合刊，该文系《中国近世思想学说史》第十二章《经今文学家的兴起与龚定庵思想》第三节《揭露封建黑暗预言民族危机的议政家龚定庵》的第一部分《一个时代的号筒》，修改后收入《中国早期启蒙思想史》第十七章《龚自珍的思想》第一节《龚自珍的社会批判思想》，又收入《侯外庐史学论文选集》下卷（人民出版社 1987 年版，题为《论龚自珍思想》）。

9 月

先生参加各民主党派召开的大规模集会，讨论如何及早实现民主，冯玉祥、孔庚、章伯钧等发言。

10 月 16 日

契伊《评〈中国古代思想学说史〉》发表于《新华日报》第 4 版。文章认为："侯外庐先生继《中国古典社会史论》之后，又写了一部《中国古代思想学说史》，这是从他对于古代的历史的见解上来把握中国古代思想之发展的一部大著，是值得绍介的。""本书的特色与见解甚多，……至若本书的立论之严整，……确是学者研究的谨严态度。最令人特别满意的，是在全书中处处能于历史的秘密深处，把烟雾弥漫的古名古语揭开，解答了历史最棘手的问题。侯先生治学修养之深，以及由其学力所能驾驭的理论运用手法，是可以从本书中看出来的，因此，这本书是可以称为近代著作中的一本模范读物。"

---

① 《顾颉刚日记》第 5 卷，中华书局 2011 年版，第 325—326 页。

10 月

先生所作《黄梨洲底哲学思想与近代的思维方法》发表于《中苏文化》1944 年第 15 卷第 6、7 期合刊，署名"侯外庐"。该文系《中国近世思想学说史》第二章《近代启蒙思想家黄梨洲》第三节《梨洲的哲学思想与近代的思维方法》，修改后收入《中国早期启蒙思想史》第三章《黄宗羲的思想》第四节《黄宗羲的哲学思想》，又收入《侯外庐史学论文选集》下卷（人民出版社 1987 年版），题为《黄宗羲哲学思想的启蒙意义》。

11 月 11 日

顾颉刚致信先生。

11 月

先生所著《中国近世思想学说史》（上卷）由重庆三友书店出版。该书在写作中由瞿菊农、左恭借与资料，在出版方面得到万克哉的热心赞助。

秋

刘仲容（时任国民党军队副总参谋长白崇禧的高级参谋）动员先生参加"中国民主革命同盟"。先生回忆："我把这件事告诉了徐冰。不久，徐冰、张友渔先后来找我，授意我把工作的重心转移到城里搞统战，正式参加'中国民主革命同盟'。"[1] "他（张友渔——编者注）还明确告诉我，根据周恩来同志的意见，我参加这个组织的任务是'帮助进行学习'。"[2] 同时加入的还有阳翰笙、沈志远，先生不久即成为核心成员，"这个组织的成员，绝大多数都是著名的社会活动家，象我这样纯书生的核心成员，似乎是绝无仅有的"[3]。该组织后期发展的一些科学家，后来成为"九三学社"的骨干。

---

[1]　侯外庐：《韧的追求》，生活·读书·新知三联书店 1985 年版，第 150 页。
[2]　同上书，第 151 页。
[3]　同上书，第 153 页。

"中国民主革命同盟"的核心会议主要在王昆仑家、中国实业银行许宝驹处与罗静宜在中一路"捍卫新村"的家中举行，周恩来经常参加。

12 月 1 日

先生所作《黄梨洲的诗文论》发表于《民主世界》1944 年第 1 卷第 14 期，署名"侯外庐"，该文系《中国近世思想学说史》第二章《近代启蒙思想家黄梨洲》第四节《梨洲的诗文论》。

12 月

《图书季刊》1944 年第 5 卷第 4 期介绍先生所著《中国古代思想学说史》与《船山学案》（署名"无"），认为："侯君是书大体以时代先后为论叙次第。惟较后起之老庄学派，叙次在思孟以前，则又不尽然也。侯君书中多驳近人学说，于梁启超胡适冯友兰诸氏尤甚，但侯君之说，似乎未有以胜于诸氏。侯君自序谓过去治中国思想史者有许多缺点，有以古人名词术语附会现代科学为能事者，有以思想形式之接近而比拟西欧学说者，侯君自信无此积习。案前一积习，本书似未能免。而比拟之处又不一而足。其实比拟有助读者之了解，未必是病，要看是否正确与是否不穿凿傅会耳。侯君是书文字艰涩，若能加以芟除整理，当更便于读者。"① "是书对船山哲学，类皆先标出大意，继引船山原文一两段，以当说明；或于船山原文一两段之后，加以简短之解释。船山所用术语，如'道'、'理'、'气'，已相当费解。著者所释，仍未能明晰。即八节标题亦令人苦无一目了然之感。著者谓清季以来，学者多喜船山之论史，而忽略其哲学，本书之作，正以弥补此种缺憾。但观此八节文字，似乎仍以末节论船山之史论在全书中差为明了之部分。至书中引船山原文，时有句读错误之处（如页六三引《读四书大全说》卷七，页一〇一 —— 一〇二引《俟解》），特疵之小者耳。"②

年底

在周恩来的帮助下，由先生和许德珩、梁希、储辅成、黎锦熙、潘

---

① 《图书季刊》1944 年第 5 卷第 4 期，第 75 页。
② 同上刊，第 87 页。

淑、税西恒、劳君展等人发起的"民主科学座谈会"在重庆成立。"民主科学座谈会"后改名"民主科学社",抗战胜利后改名"九三学社"。许德珩回忆:这个座谈会"以聚餐形式聚会讨论民主与抗战问题,主张'团结民主,抗战到底',发扬'五四'反帝反封建的精神,为实现人民民主与发展人们科学而奋斗。这个座谈会经常举行,不断发展。"①

一九四五年(民国三十四年,乙酉) 四十二岁

2月1日,读书出版社创办《读书杂志》、《中华论坛》。

3月30日,国民党政府解散军委会政治部文化工作委员会("文工会")。同月,郭沫若《青铜时代》由重庆文治出版社出版。

4—6月,中国共产党召开第七次全国代表大会,毛泽东作《论联合政府》的报告。

5月,国民党召开第六次全国代表大会。

6月26日,包括中国在内的51个国家的代表在美国旧金山签署《联合国宪章》。

7月6日,毛泽东《论联合政府》全文发表于《新华日报》。15日,《青年知识》创刊。26日,中、美、英三国发布《波茨坦公告》,敦促日本无条件投降。

8月9日,苏联对日宣战。14日,中苏签订友好同盟条约。15日,日本宣布无条件投降,伟大的抗日战争取得完全胜利。28日,毛泽东由延安抵达重庆,与国民党进行和平谈判。同月,吕思勉《历史研究法》由上海永祥印书馆出版。

9月,郭沫若《十批判书》由重庆群益出版社出版。

10月10日,国共双方签署"双十协定"。22日,"生活·读书·新知重庆三联书店"成立。

11月1日,《大公报》(上海版)复刊。20日,《职业妇女》创刊。

---

① 许德珩:《为了民主与科学——许德珩回忆录》,中国青年出版社1987年版,第255、211页。另参见《九三学社历史资料选辑》,学苑出版社1991年版,第1页注释1。

12 月，杨向奎①《西汉经学与政治》由独立出版社出版。林柏（杜国庠）《玄虚不是中国哲学的精神——评冯友兰〈新原道〉》发表于《群众周刊》第 10 卷第 24 期。

本年，汤用彤《印度哲学史略》由重庆独立出版社出版。杨荣国《中国十七世纪思想史》由东南出版社出版。

1 月 1 日

《新华日报》第 6 版登载"一九四五年新年献辞"，先生在"一九四五年的考验"中提出："一九四五年应该是认真实行三民主义的考验之年。……如果是一个中山先生的信仰者，就要深深记取辛亥之役，丙辰之役实行三民主义的教训，推翻满清与推翻袁世凯帝制，所以没有达到民主目的，是因为缺乏政纲的贯澈，因而中山先生在《建国方略》里才说'第一要实行政纲'。现在，抗日的胜利，不能再蹈过去形式主义的覆辙，而基本上在考验中华儿女能不能以民主政纲的实行为前题。"

1 月 3 日

《新华日报》第 1 版登载"侯外庐先生著：《中国近世思想学说史》"：本书为侯外庐先生的精心力作，读过侯先生的《中国古代思想史》的人，便可以信任著者的治学精神。本书内容新颖，材料丰富，凡七十万言，中国近代思想发展，凡哲学，史学，政治经济社会人文诸思想皆贯通包罗无疑。所述近代思想的渊源生长，学派演化，思潮变迁，学术交替，处处分析精湛，考核谨严，独立自创一种科学的说明。著者治思想史有年，诚如过去有人对他的著作评论说，侯先生著思想史，"致力很深而后写出的，因此才能从前人著作中的隐晦的术语和对古籍的诠释中，把真面目揭发出来，——著者是用了很大功力的，能作很恰当的分析，因此就使思想史豁然显露，'凡注意中国思想史的人是一定都要赏识他的书的'"。

---

① 杨向奎（1910—2000），河北丰润人。1935 年毕业于北京大学历史系。1957 年调中国科学院历史研究所工作，历任研究员、历史研究所学术委员会主任、秦汉史研究室和清史研究室主任，后来兼任中国社会科学院研究生院教授、博士生导师。著有《中国古代社会与古代思想研究》、《宗周社会与礼乐文明》等。

1 月 24 日

先生作《协商的通路》，发表于《世界知识》1946 年 2 月 1 日第 13 卷第 3 期，署名"侯外庐"。

2 月 16 日

先生所作《康有为氏在民国初年的反民主理论》发表于《中华论坛》1945 年第 1 卷第 2 期，署名"外庐"。文章认为："康有为的戊戌政变的基本思想，在经济上是洋务重商主义之理论的延长，在政治上是俾斯麦——大彼得——明治天皇的国权主义之中国版，在思想关系上是以变法政策升化而为绝对的变法主义，复由'变'的绝对歌颂倒退而为'变'的特定自由。我们不要以为他的《大同书》是一种什么社会主义，反之这本《大同书》实在为否定民主革命的反动理论。"①

2 月 22 日

《新华日报》登载《文化界对时局进言，要求召开临时紧急会议，商讨战时政治纲领，组织战时全国一致政府》。此进言由王若飞建议，郭沫若、冯乃超、杜国庠、阳翰笙组织，文化界人士共 312 人参加，先生是签名人之一。

2 月 23 日

先生所作《中山先生对于苏联红军之预见——中苏文化协会纪念红军节特稿》发表于《新华日报》第 2 版，又载《中苏文化》1945 年 3 月第 16 卷第 1、2 期合刊"苏联红军第二十七周年纪念"特辑。

同日，郭沫若致信戈宝权："今天看见《新华（日报）》上的《学府》预告（三月出版），才知道我的关于论孔墨一文已被登出，我感觉有点儿惶恐。""那篇文章本是应外庐之索投去，后因（邓）初民想快出书，又将原稿要回。我以为他不再登了，书还未写完，故交（冯）乃超转交你，谁知他录了副本竟然登出了。""我的书定名为《十批判书》，为取名称齐一起见，故将《论孔墨》，改为《孔墨的批判》。仿佛我是一稿二投，真

---

① 《中华论坛》1945 年第 1 卷第 2 期，第 24 页。

是惶恐。""我现在打算这样做:(1)《孔墨的批判》如已印就,一切纸张排印费由我负担。(2)如只排就而未印出,我也愿意出纸张排印费,让它作为单行本出版。""这件事实在使我不安的很,请商决,赐复为荷。"①

3 月 11 日

杜国庠作《接受遗产与知人论世——介绍近刊侯外庐著的〈中国近世思想学说史〉上卷》,发表于《青年知识》1945 年第 1 卷第 2 期,署名"林柏"。文章认为:"最近出版的侯外庐先生的《中国近世思想学说史》上卷,它的第一个特点就是运用了这种新的最正确的历史观(最高级的哲学)从事研究中国近世思想而写成的。这一特点,不但导出了本书其他值得重视的特点,同时也保证了它的结论的正确性。依我个人看来,在已有的中国近世思想史中,这是最优秀的著作。""第一,著者在本书中,是运用着正确的历史方法的。他处处注意于从社会的存在去社会的意识,注意于'社会史的时代认识'等等。"②"第二,由于把握正确的方法,导出了他的时代学术的支配的主潮的认识——即是认识明清之际诸老学说的创造价值,而乾嘉时代的学术则系'退休状态',是余波,不是主潮。"③"第三,由于把握了正确的方法,故能够透过事物的现象而把握到它的本质。"④"第四,重视学者对于政治社会前途的认识,因而启示了接受中国思想遗产的一种良好法门。"⑤"因为过于守'朴',故在说明上往往压缩得太甚,以致邻于晦涩,使读者得自己去引申补充(这在一般初学者颇不易做到),不免吃力。……因对象范围广大,引文力求节约,结果仍不免有些地方,不能做到'详尽',可能发生'疑问'的。……这两点都是本书美中不足,希望将来改版时能够有所补充修改,使广大的读者更容易接近。并希望本书下卷早日出版,以惠学人。"⑥

---

① 戈宝权:《回忆郭老写作〈十批判书〉诸文的前前后后》,《中国哲学》第 2 辑,第 325 页。

② 《青年知识》1945 年第 1 卷第 2 期,第 32 页。

③ 同上刊,第 33 页。

④ 同上刊,第 34 页。

⑤ 同上刊,第 34—35 页。

⑥ 同上刊,第 35 页。

3 月 16 日

先生所作《章太炎关于民族、民主的政论》发表于《民主世界》1945年第 2 卷第 6 期。

3 月

先生所作《中山先生对于苏联红军之预见》发表于《中苏文化》1945年第 16 卷第 1、2 期合刊，署名"侯外庐"。

先生所作《第十七世纪中国的一个新世界观》发表于《中原》月刊1945 年第 2 卷第 1 期。该文系《中国近世思想学说史》第四章《近世世界底预言者颜习斋》第一节《习斋的新世界观》，修改后收入《中国早期启蒙思想史》第九章《颜元的思想》第一节《颜元的新世界观》。

4 月 1 日

先生所作《"五四"文化运动与"孙文学说"的关系》发表于《中华论坛》1945 年第 1 卷第 5、6 期合刊，署名"外庐"。文章认为："五四文化的市民自觉运动，是中国近代的思想启蒙，它的革新意义，对中国封建社会的朽腐因袭传统，从意识上做了一个扫清工作，上面结束了士大夫的卑躬屈节的说士气习，下面在人民观念上与国民运动相联结。""有些人不愿意崇赞五四运动，故意说，中山先生和它没有关系，这是错误的曲解，应该纠正的。要知道，中山先生的青春理想，不论在五四时代问世的心理建设或物质建设，都是有素朴纯真的远大计划的，他之反对改良思想的实行家，而以理想家自居，……这和五四运动的精神相为一致。"[1]

4 月 8 日

重庆各党派领袖和文化界人士设宴慰问郭沫若和文化工作委员会诸工作人员，先生与沈钧儒、左舜生、史东山、王若飞、邓初民、马寅初、翦伯赞等相继发言。先生认为："郭先生在文化学术方面的伟大贡献，使他不但是中国的权威，也是世界的权威之一，他几十年来奋斗所得的

---

[1] 《中华论坛》1945 年第 1 卷第 5、6 期合刊，第 3 页。

文化成果，给了我们许多不朽的著作，我们相信郭先生今后还要更多创造有利中国人民的作品。在欧美各国，最有成绩的学术研究机关，差不多都不是官办的，就是苏联，有名的学者也独立发展其研究，如瓦尔加的经济研究所。要中国文化发展，社会或私人办的研究机关比官办也一定更有作用，刚才左（舜生）先生说欢迎郭先生回到更大的自由天地来，我补充一点意见，我们不妨计划设立民间研究所，相信对民主文化更有利益。希望我们中国文化人在郭先生领导下，群策群力，联合租界学者，成立研究所。"①

又阳翰笙记载："侯外庐先生主张在郭先生的领导下，创立一民间性的文化研究所。"②

4 月 15 日

先生所作《康有为与戊戌变法运动的历史》发表于《中苏文化》月刊1945 年第 16 卷第 3 期，署名"侯外庐"。该文系《中国近世思想学说史》第十三章"百日维新派自由思想者康有为"第二节"康有为与戊戌变法运动的历史"，后收入《侯外庐史学论文选集》下卷（人民出版社 1987 年版）。

同日，顾颉刚致信先生。

4 月 20 日

阳翰笙拜访先生。阳翰笙回忆："午后往访外庐。关于研究所的筹备，他很积极地提供了许多意见。"③

春

中国民主革命同盟（"小民革"）在重庆举行全体盟员大会，王炳南做政治报告，许宝驹做组织报告。大会选出 21 人的中央委员会：先生、于振瀛、王昆仑、王炳南、刘仲容、许宝驹、许宝骙、阳翰笙、沈志远、吴

---

① 《在不自由的狭小天地中——欢宴文化战士郭沫若》，《新华日报》1945 年 4 月 9 日第 2版。

② 《阳翰笙日记选》，四川文艺出版社 1985 年版，第 369 页。参见阳翰笙《风雨五十年》，人民文学出版社 1986 年版，第 306 页。参见王继权、童炜钢《郭沫若年谱》上册，江苏人民出版社 1983 年版，第 493 页，及朱泽甫《陶行知年谱》，安徽教育出版社 1985 年版，第 488 页。

③ 《阳翰笙日记选》，四川文艺出版社 1985 年版，第 372 页。

茂苏、杨明轩、闵刚侯、汪季琦、杜斌丞、屈武、金仲华、高崇民、徐淡庐、曹孟君、阎宝航、赖兴治（赖亚力），先生的代号为"内"[1]。

此后，先生以大部分时间从事"小民革"的政治活动。

6月8日

下午，中苏文协、全国文协、全国剧协举行欢送郭沫若等赴苏联访问的大会，先生与邵力子、茅盾、史东山、柳亚子、马寅初等致辞。[2]

先生在发言中提出："郭先生是中苏文协的领导者之一，郭先生在中国学术上的成就是没有能出于其右的。相信郭先生必能有很好的成就，且必能把苏联学术上的成就和他们的精神带回中国。"[3]

6月18日

先生作《苏联历史学界诸论争解答》之"自序"，认为："这本书是关于历史发展律的研究，而且和哲学经济学的范畴有密切关系，它亦不仅限于抽象的法则研究，而且更企图把法则适用于具体材料。""苏联学者在提出问题讨论上贡献了甚大的功绩，没有他们在前头论争，追求真理，我们是还不会在一个专门问题方面做深入的探讨的，这是真话，但，真理不是一蹴便可以豁然贯通的，要在于人类智慧的汇流才能解答的。著者虽然在做理论延长的工作，而亦是一个尝试而已。"[4]

6月

先生所著《中国近世思想学说史》（下卷）由重庆三友书店出版。其中第十六章《反映十九世纪末叶社会全貌底太炎哲学思想》是在赵纪彬《章太炎哲学思想评述》的基础上写成，内容上小有变动。

先生提出："所谓中国'近代'云者，严格地说，明末清初至十九世纪中叶以前，是封建社会的末世，已有资本主义生产关系的萌芽，故本书

---

① 《屈武文选》，团结出版社1988年版，第210页。

② 谭洛非：《抗战时期的郭沫若》，四川省社会科学院出版社1985年版，第241页。

③ 《中苏文协等三团体欢送文化使节郭沫若》，《新华日报》1945年6月9日第2版。

④ 侯外庐：《苏联历史学界诸论争解答》自序，《苏联历史学界诸论争解答》，中苏文化协会研究委员会1945年版，第1页。

的第一编、第二编，乃封建社会末世的思想史；十九世纪中叶至二十世纪二十年代，中国逐步沦为半殖民地半封建社会，故本书的第三编，乃半殖民地半封建社会的思想史，也就是旧民主主义革命时期的思想史。这种时代的断限，是学术思想史作出科学判断的根据，应该重视。本书第一编标为'十七世纪中国学术之新气象'，实已表明在封建末世具有资本主义萌芽的历史条件下，学术思想已有新的气氛。本书第三编标为'十九世纪思想活动之巨变'，实示中国历史进入近代后学术思想的划时代剧变。但是也应该承认，这种认识当时还没有象后来那样明确。"① "过去出版过梁启超的《清代学术概论》和《近三百年中国学术史讲义》，出版过钱穆的《近三百年中国学术思想史》。他们都是用资产阶级的观点方法治学术思想史的，尽管罗列材料，作出论断，但是不能揭露本质，得出科学的结论。"而《中国近世思想学说史》则是"用马克思主义的观点方法研究近三百年思想史的尝试"。"马克思主义的治史要求，在乎详细地占有史料，从客观的史实出发，应用历史唯物主义的基本原理和方法，认真地分析研究史料，解决疑难问题，从而得出正确的结论，还历史以本来面目。……对思想史的要求，则在乎对于前人的思想学说，区别精华与糟粕，按其实际作出历史的评价。研究历史，贵在能解决疑难，抉露本质，……使历史真实呈露出来，使历史规律性跃然在眼。这与调和汗漫的研究态度相反，既不能依违于彼此之间，亦不能局促于一曲之内。我常以这种治学精神宣为鹄的，读书得间，则著于篇章。非经研究有得，不敢轻于论断事实，率于评定古人，既不敢'执一以贼道'，更不愿'强天下必从其独见'（用王船山语）。学术公器，惟百家争鸣，乃能有进，区区素抱，如是而已。"②

　　同月，先生所作《古文献最初发现的中国古代文明考》发表于《中山文化季刊》1945 年第 2 卷第 1 期，署名"侯外庐"。

　　同月，《图书季刊》1945 年新第 6 卷第 1、2 期合刊介绍先生的《中国近世思想学说史》下册，认为："是书论述近三百年中国思想学说，以人而不以学派或思想学说之各方面为单位。……侯君所最推许者，为王夫之颜元戴震三家。""侯君行文颇病艰涩，且引所论思想家之著述一段，加以

---

①　侯外庐：《韧的追求》，生活·读书·新知三联书店 1985 年版，第 291—292 页。

②　同上书，第 292 页。

解释一段，间杂更番，全卷十九如是，令读者宛若听讲诸家语录选节，抑亦苦事。至其章节题目，于思想家或称名或称号，……体例殊不一致，不知其故。又于名号之前喜加一串形容字样，……使各章节意义反不概括，有赘疣之嫌。"①

7 月 1 日

先生所作《我对于"亚细亚生产方法"之答案与世界历史家商榷》发表于《中华论坛》半月刊 1945 年第 1 卷第 7、8 期合刊，署名"侯外庐"。

先生在附记中提出："作者对于亚细亚生产方法这一问题，从苏联学者论战以来，就列在我的研究课题表之中。十余年来这个恼人的问题无时不在材料继续提供之下，思索又思索，考核复考核，一方面是理论原则的材料整理，他方面是原则引用于东方古代史上的决疑说明，阙一不可能解答这一问题，这正是一种博古通今的课题，谈何容易。我初步寻求出答案来是在战前的一年，但并不敢冒然把自己的'理论延长工作'贡献出来，和世界学者商榷。就在我写《中国古代社会史论》的时候，虽然大体上根据自己的研究，说明中国古代历史的发展律，而并没有从原则上全般地拿出来的。因此就有几位朋友或面询或函问我为什么保留系统的说明呢？其实我亦不安。此文是我在两年半以前，用了一个月工夫写出来的，最兴奋的是在我刚写完时，又发现了理论大师的遗著（见附录），佐证了我的假定。然而，我慎重着，压不发表到如今。其间我把此稿送交过几位朋友预先征求批评，但都没有否定的商榷，故初稿写竟，在此二年多的时间。我也没有修改过，现在《中华论坛》编者再三敦促，重读一遍，决意把它发表，深望爱好历史理论的专家给我以严正批评。"②

该文认为："研究历史，首先要知道当作'种差'的生产方法（Produkinsweise），藉以区别社会的经济构成，因为'生产方法'是一种社会的指导律，决定着社会性质。""所谓生产方法，在科学上的意义是指特殊的生产手段与特殊的劳动力二者间的结合关系（切勿解释为技术），由此始能明白社会构成的一般的合法则运动。"③"照以上的特色而言，灌

---

① 《图书季刊》1945 年新第 6 卷第 1、2 斯合刊，第 78 页。
② 《中华论坛》1945 年第 1 卷第 7、8 期合刊，第 15 页。
③ 同上。

溉、热带等自然环境是亚细亚古代'早熟'的条件，氏族共同体的保留以及转化而为土地所有制的氏族王侯，是其'维新'的路径，土地国有而无私有地域化的所有形态，是其因袭的传习，征服周围部落的俘获，是其集团奴隶劳动力的源泉。""亚细亚生产方法"便是："土地氏族国有的生产手段与集体氏族奴隶的劳动力二者间之结合关系，这一关系支配的东方古代的社会构成，它和'古典的古代'是一个历史阶段的两种不同的路径。"①

7 月 15 日

先生所作《一个五四时代的青年看民主中国的青年》发表于《青年知识》创刊号。

7 月

先生所作《谭嗣同的社会思想》发表于《中苏文化》1945 年第 16 卷第 6、7 期合刊，署名"侯外庐"。该文系《中国近世思想学说史》（《近代中国思想学说史》）第十四章"维新思想的健者谭嗣同"第三节"嗣同的社会思想"，后收入《侯外庐史学论文选集》下卷（人民出版社 1987 年版）。

同月，先生所作《戊戌政变健者谭嗣同的思想流派》发表于《民主世界》1945 年第 2 卷第 12 期。该文由《中国近世思想学说史》第十四章"维新思想的健者谭嗣同"第二节"嗣同的思想流派"修改而成。

8 月 3 日

郭沫若在莫斯科苏联对外文化协会历史哲学组演讲，载苏联《历史问题》杂志（1945 年 12 月出版）。郭沫若谈道："在研究这一时期的哲学问题及其他思想形态问题的中国历史学家当中，侯外庐占了最显要的地位。不久以前，他发表过《中国古代史社会史论》和《中国古代思想学说史》二书。他认为周代是奴隶社会，在这一点上，他的见解和我是相符的，但在这一时期的思想史的许多问题，我们之间就有了本质的分歧。"② "对于

---

① 《中华论坛》1945 年第 1 卷第 7、8 期合刊，第 20 页。
② 郭沫若：《战时中国历史研究》，《中国学术》1946 年第 1 期，第 31 页。

研究思想史问题，侯外庐的能力是很强的。除了古代思想史一著作外，出于侯外庐的手笔的还有一部《中国近世思想学说史》的巨著，侯外庐在这一方面的成就是非常伟大的。"①

8 月

先生所著《苏联历史学界诸论争解答》由中苏文化协会研究委员会出版。

夏

蒋介石被迫放松对记者萨空了（被关押在五云山集中营）的监禁，萨空了经常到白鹤林看望先生与王昆仑，并由先生安排会见《新华日报》采访部主任石西民。

9 月 1 日

先生组织并参加中苏友好协会庆祝《中苏友好同盟条约》签订的宴会，这实际上是一个欢迎毛泽东的盛会。出席者有宋庆龄、冯玉祥、沈钧儒、覃振、郭沫若、史良以及中苏文化协会的正副会长孙科、邵力子、陈立夫，各民主党派负责人，国民党军政要员陈诚等。②

9 月 3 日

先生参加"民主科学座谈会"在重庆青年会大厦举行的庆祝反法西斯战争胜利大会。会上决定把"民主科学座谈会"改为"九三座谈会"。这次庆祝大会后，成立了九三学社筹备会。后来先生与曹靖华、施复亮、钟复光等退出九三学社。

许德珩回忆："9 月中旬的一天，毛主席在红岩嘴八路军办事处，约我和君展去吃午饭。……我们向毛主席汇报了民主科学座谈会的情况。主席勉励我们，要把座谈会搞成一个永久性的政治组织。"③

---

① 郭沫若：《战时中国历史研究》，《中国学术》1946 年第 1 期，第 32 页。
② 参见《中苏文协昨日盛会》，《新华日报》1945 年 9 月 2 日第 2 版。
③ 许德珩：《为了民主与科学——许德珩回忆录》，中国青年出版社 1987 年版，第 258 页。

9 月 7 日

覃振私人宴请毛泽东,先生与翦伯赞应邀作陪。"陪同前来的为周恩来、王若飞、叶剑英,覃振则邀翦伯赞、侯外庐作陪。"①

9 月 9 日

《新华日报》第 1 版介绍先生所著《苏联历史学界诸论争解答》:"本身是一本解决历史学上悬案的创著,也把悬案置于理论的和历史科的探讨中,究元决疑,迎刃而解。书中提出诸问题,在苏联历史界都经过长期论战,甚至有迄今尚未定论者,依靠著者深厚学力,根据科学方法,一一给以详细的审核,并独特的见解。每一问题都经过几载的深思熟虑,才作判断,其贡献可知。书中如关于一般社会史规律的问题;如东方古代史规律的问题,或亚细亚生产方法的特定意义;如中国古代史发展的路径问题,或中国古代社会性质的究竟说明;如苏联新社会发展法则的讨论与解答,都排除了独断误解,纠正了依违疑似,截然划出一个显明轮廓,论断皆石破天惊,独具慧眼。学习历史者,不论专门参考,或初学引津,均应先睹。全书十二万言,用上等熟料纸精印,校对正确。"

9 月 30 日

先生所作《友道今释》发表于《新华日报》第 4 版"星期专稿",署名"侯外庐"。"编者按"指出:"本文从'语法'、'字学'、'训诂'来反复说明'友道'对和平、民主、团结、合作的重要。在这个民主大家庭的人民世纪,这样的说明,对于那些不明友道之利的自私自利主义者,倒正是一贴'良药'。"文章认为:"中国的古书上爱谈友道,中国的社会里亦以'结拜'兄弟之谊为交游的至高品德,时下在国际间是讲团结同盟,在国度里是讲和平合作,在个人生活中是讲批评说服。好像法西斯是将霸道的,把一切生活方式都要编制成敌对的关系,这里除了相打相骂的颟顸而外,没有泛爱精神的;而今在人民世纪的民主大家庭,应该反其道而行了,'化干戈为玉帛'了,这里,把人杀人的禽兽关系,变成人爱人的'相人偶'(训仁)关系,大家在各得其所个体发展中,推行共信的事业。"

---

① 张传玺:《翦伯赞传》,北京大学出版社 1998 年版,第 139—140 页;参见《毛泽东年谱》(1883—1949) 下卷,中央文献出版社 2002 年版,第 22 页。

先生回忆："我记得，周健同志把这份报纸带到小民革，并且向大家朗读了这篇文章。文章用训诂、考据之法打着了蒋介石之流的顽固派，朋友们都高兴地手舞足蹈起来。"①

9 月

先生所作《王国维古史决疑之诸范例》发表于《中苏文化》月刊1945 年第 16 卷第 8 期，该文系《中国近世思想学说史》第十七章"古史学家王国维"第三节"观堂古史疑决之诸范例"。

同月，先生所作《章太炎关于"分析名相"的经史一元论》发表于《中山文化季刊》1945 年第 2 卷第 2 期，该文系《中国近世思想学说史》第十五章"章太炎的科学成就及其对于公羊学派的批判"第三节"太炎的经史论"，后收入《侯外庐史学论文选集》下卷（人民出版社 1987 年版）。

同月，先生所作《关于哲学起源的理论的探讨》发表于《青年知识》1945 年第 1 卷第 3 期。文章认为哲学起源的理论问题可以依据"对立物的统一"法则得到说明，哲学经过了"劳动——语言——文字——思想"的发展历程，"哲学的自觉，应该是拆穿了思维的秘密，使哲学由神宫回到它的自然史的基础"②。

10 月 10 日

先生所作《中国民主前途感言》发表于《国讯》第 400 期"双十节特大号"。文章认为："中国的民主前途，……在于中国自己发展的历史，这历史的逻辑是：要就是走上与先进欧美诸国并驾齐驱民主康庄大道，否则就会回到封建而被历史的车轮碾碎。这中间没有第三个什么中间性的东西任你选择，如果说有的话，客观上亦是封建的玩意。""'民主就是平等的意思'，这是一个千真万确的命题，按近代的法权来讲，大别之分二种，即财产的平等法权与劳动的平等法权，一切民主自由的措施，就在基础上看这二种法权是否存在来做标准的。"③ "特权是谁也喜欢使用的，……'特权'可以代表理由，可以代表智能，可以代表一致，可以代表关系，故法西斯谓之'全能'，然而全能的可以变为无能的，所谓'专欲难成，

---

① 侯外庐：《坎坷的历程——回忆录之五》，《中国哲学》第 7 辑，第 355 页。
② 《青年知识》1945 年第 1 卷第 3 期，第 17 页。
③ 《国讯》1945 年第 400 期"双节特大号"，第 12 页。

众怒难犯'是也。反其道而行,那是平权,平权要把理由说明,要把智能竞赛,要把一致承认,要把关系均匀,如果无平权精神的作风,团结民主是可为而不可及的。"①

10 月 25 日

先生与徐冰、阳翰笙谈出版社的事情。阳翰笙回忆:"商谈之后,公推我去起草一份章程,到下次再来作详细的讨论。"②

10 月 27 日

先生所作《"清议"辨》发表于《民主星期刊》1945 年第 5 期第 2 版,署名"侯外庐"。文章认为:"我们承认清议的古代价值,而不能限于清议而至,我们有将清议的精神发扬光大的必要,而不能拿清议与自由权利相混。我们的时代不同了,所谓言论自由是一种人民大众的基本权利,它须在宪法中把这种权利思想,规定而为'制度',谁也不能侵犯。……清议的主观精神是必要的,然而我们更要'制度'。"

10 月 31 日

《新华日报》第 1 版登载"打破抗战以来记录之巨著出版",介绍先生所著《中国近世思想学说史》下卷:"本书近百万言,三编三十余章,分装上下二大卷计廿开本一千余页,重资精印。侯先生著作等身,而以本书为其最精到的代表作。全书内容,十七世纪至二十世纪中国哲学、历史学、经济政治思想之源流发展,学派演化,思潮变迁,学术交替;其写作方法,则材料与训释兼重,考核与断证并顾。"

11 月 7 日

先生所作《苏联与全人类的利益》发表于《中苏文化》月刊"苏联十月革命第二十八周年纪念刊",署名"侯外庐"。

该文同时发表于《新华日报》1945 年 11 月 7 日第 3 版,题为《苏联与全人类的利益——为苏联建国二十八周年而作》,署名"侯外庐"。

---

① 《国讯》1945 年第 400 期"双节特大号",第 13 页。
② 《阳翰笙日记选》,四川文艺出版社 1985 年版,第 435 页。

11 月

先生所作《中国古代民族专政与统治之起源》发表于《中苏文化》月刊 1945 年第 16 卷第 9、10 期合刊，系在《中国古典社会史论》第七章《中国古代氏族贵族专政与统治阶级之起源》的基础上修改而成，包括"中国古代文明路径与先王的起源"、"中国古代统治者权利的起源"。

12 月 9 日

先生所作《什么战争？》发表于《自由导报》1945 年革新第 4 号。

12 月

先生所作《中国古代民族专政理论的修正与否定》发表于《中苏文化》1945 年第 16 卷第 12 期，系由《中国古典社会史论》第十二章《中国古代民族专政理论的修正与否定》修改而成，包括"宗教先王到理想先王之孔墨观"、"战国诸子对于先王观论争的思想线索"、"战国末期对于先王的还原与否定"。

同月，《图书季刊》1945 年新第 6 卷第 3、4 期合刊介绍先生所著《中国近世思想学说史》下卷，该文介绍各章内容，并认为："侯君是书文字过于繁冗，故文义往往晦涩。章节题目，用形容字样太多，反不若简短较为明晰。轻下判断之弊，亦不在小。又章节题目于前人称谓，或名或字，复不一律，亦著作之微疵。全卷论康谭两章较有生气。"[1]

年底

"小民革"在徐淡庐主办的《商务日报》报馆召开了一次规模最大的会议，推举先生为参加政治协商会议（旧政协）的代表，选举先生以及王炳南、王昆仑、许宝驹、屈武、刘仲容、于振瀛、阎宝航、闵刚侯、金仲华、曹孟君、徐淡庐、吴茂荪、吴觉农、袁翰青等为中央委员。后来中国共产党以"社会贤达"名义推举先生参加旧政协，但遭到傅斯年和国民党政府的反对而未果。

---

[1] 《图书季刊》1945 年新第 6 卷第 3、4 期合刊，第 59 页。

本年

重庆谈判期间，先生在张治中公馆参加由毛泽东召集的"小民革"核心成员座谈会，出席者还有王若飞、徐冰以及王昆仑、许宝驹、屈武、曹孟君、谭惕吾。先生回忆："谈话中间，我对主席说，读了延安的整风文件获益不浅，主席谦虚地说：'闭门造车，出门未必合辙。'徐冰忙接道：'外庐是自己人，主席不必客气。'"① 又，先生说："就怕剃头挑子一头热。国民党好比是百病缠身、风中残烛的老头，共产党又好比青春逼人的妙龄佳娘，两个人结婚恐怕希望渺茫。"毛泽东说："老头子把胡子刮一刮不就行了吗？"②

又，先生回忆："张友渔还跟我说过，如果成立联合政府，将来山西省阎锡山代表国民党，薄一波代表共产党，让我去代表无党派。……我想，起码可以说明，对于'和平、民主新阶段'，党是有过实际构想的。今天回顾这一段历史，理解这一段历史的时候，我认为不应该超越当时的客观条件和客观形势，否认党对和平、民主、团结愿望的合理性。"③

一九四六年（民国三十五年，丙戌）　四十三岁

1月10日，国民党在重庆召开政治协商会议（旧政协）。

2月，范文澜《中国近代史》（上编第一分册）在延安出版。

3月31日，中国学术工作者协会成立。

4月6日，邓初民创办《唯民周刊》，由翦伯赞主编《历史讲座》、侯外庐和罗克汀主编《哲学讲座》、邓初民主编《政治讲座》。同月，翦伯赞《史料与史学》由上海国际文化服务社出版。

5月15日，《理论与现实》在上海复刊，沈志远任主编，郭沫若、马寅初、张东荪、郑振铎、沈志远、翦伯赞、马叙伦、胡绳、周建人为编辑委员。同月，中国史学会《中国史学》创刊。雷海宗、林同济合著《文化

---

① 侯外庐：《韧的追求》，生活·读书·新知三联书店1985年版，第168页。
② 王弘：《毛泽东妙语论和谈》，《党史天地》1995年第7期，第33页。参见侯外庐《韧的追求》，生活·读书·新知三联书店1985年版，第168页。
③ 侯外庐：《韧的追求》，生活·读书·新知三联书店1985年版，第171—172页。

形态史观》由上海大东书局出版。

6月26日，国民党军队进攻中原解放区，解放战争全面爆发。

7月，翦伯赞《中国史纲》第二卷由重庆大呼出版公司出版。

8月1日，中国学术工作者协会创办《中国学术》。同日，杜守素（杜国庠）《评冯友兰的新形上学》发表于《中国学术》1946年第1期。

10月10日，在中共广东区委（1947年后为中共中央香港分局）领导下，爱国民主人士李济深、蔡廷锴等创办香港达德学院，1949年2月23日被港英当局取消注册而关闭。

11月15日，国民党召开制宪国民大会，12月25日通过"中华民国宪法"。

本年，周谷城《中国史学之进化》由上海生活书店出版。

1月1日

先生所作《政治协商会议感言》发表于《自由导报》1946年第7期。

1月9日

下午，先生在重庆白象街西南实业大厦参加重庆文化界文艺界人士座谈会、出版界、学术工作联谊会、杂志联谊会、中国电影戏剧界等七个团体举行的政治协商会议代表招待会。"到有政治协商会议代表与文化界人士五百余，大会的主席团为：陶行知、茅盾、邓初民、侯外庐、马寅初、曹靖华、洪深、阳翰笙、李公朴、黄洛峰、叶浅予、倪贻德等，临时又推定陶行知先生为大会的主持人。"① 最后茅盾等提议成立"全国人民政治协商会议协进会"，大家一致通过，并推定此次会议的主席团为筹备人。

1月10日

《新华日报》第2版登载《民主同盟代表团顾问包罗全国民主人士》，先生与潘光旦、陶行知、董渭川、杨卫玉、闻一多为教育文化界顾问。

1月15日

陶行知（1891—1946，安徽歙县人）在重庆创办"社会大学"，陶行

---

① 《大后方文化界争自由的沉痛呼声》，《人民时代》1946年第2、3期合刊，第27页；参见《新华日报》1946年1月10日第3版。

知、李公朴为正副校长。先生被聘担任历史系课程。"在党和进步人士关怀支持下，陶行知与李公朴先后邀请……侯外庐……等数十位党内外学者专家来校讲课。"[1]

1 月

国民党召开政治协商会议（旧政协）。中国共产党和"小民革"原提名先生以"社会贤达"身份为旧政协代表，由于国民党坚决排斥而未果。旧政协召开之后组织"宪法审议组"，国民党又一次排斥对先生的提名。旧政治协商会议闭幕的时候，先生参加周恩来为首的中共代表团在"社交会堂"举行的盛大鸡尾酒会。[2]

同月，先生所作《中国古代的变法运动》发表于《中苏文化》月刊1946 年第 17 卷第 2、3 期合刊（沪版第 3 期），系由《中国古典社会史论》第十四章《中国古代的变法运动》修改而成。

2 月 15 日

先生作《中国古代社会史》"自序"："在近十余年来，著者治学的诸科目之中，中国古代史一课题占了重要的一部分。这里面分做了三个内容：一是亚细亚生产方法的确定概念。……经过著者的长期研究之后，相信对这一古代史的秘密得到了一个初步结论，这个结论是值得提供出来给大家商讨的。二、关于中国古文献的考证和解释。著者对于这部分工作在主要材料方面也弄出了一些头绪。比我先做这项学问的王国维先生和郭沫若同志便是我的老师。三、关于结合理论和史料的说明。这项工作必须拿创造精神来求得一个贯澈（彻）的体系。这里著者在主观上是想把《家族、私有财产及国家的起源》等经典著作的理论和中国古史的各方面资料结合起来。但是究竟做到了几分，实在没有把握，只是相信自己的研究态度还不至于违背马克思主义的指示。"[3]"中国古代史这一门科学，问题很多，现在还在争论着，我相信有了这些自由争论，就会产生正确答案。……但是我自己从事这项研究是有依据的，一是步着王国维先生和郭沫若同志的后尘，二是继承亚细亚生

---

[1]　《陶行知年谱稿》，教育科学出版社 1982 年版，第 132 页。

[2]　许涤新：《侯外庐史学论文选集》序，《侯外庐史学论文选集》上卷，人民出版社 1987 年版，第 3 页。

[3]　侯外庐：《中国古代社会史》"自序"，《中国古代社会史》，新知书店 1948 年版，第 1 页。

产方式论战的绪统。我力求在这两方面得到一个统一的认识。"① "我研究中国古代社会的第一个原则，是首先弄清楚亚细亚生产方式的理论。……简单地说来，我断定'古代'是有不同路径的。在马克思、恩格斯的经典文献上，所谓'古典的古代'，'亚细亚的古代'，都是指的奴隶社会。但是两者的序列却不一定是亚细亚在前。有时古典列在前面，有时两者平列，作为'第一种'和'第二种'看待的。'古典的古代'是革命的路径；'亚细亚的古代'却是改良的路径。前者便是所谓'正常发育'的文明'小孩'；后者是所谓'早熟'的文明'小孩'，用中国古文献的话来说，便是人惟求旧、器惟求新的'其命维新'的奴隶社会。旧人便是氏族（和国民阶级相反），新器便是国家或城市。""从这方面的基本认识入手，我断定中国奴隶社会开始于殷末周初，经过春秋、战国，到秦、汉之际终结（近年来苏联学者却以为到东汉才终结）。研究的方法应当依据氏族、国家起源的对东方具体的路径着手。"② "把握了研究的关键之后，便要注意奴隶社会的各项特征。特征是多方面、多角度的，学者要细心研究马克思主义历史科学的规律，并且要严密鉴别古代文献里的资料。"③ "其次应该注意的是：研究古代，不可把'古典的'和'亚细亚的'看成一件东西，在一般的历史规律上，我们既要遵循着社会发展史的普遍性，但在特殊的历史规律上，我们又要判别具体的社会发展的具体路径。同时在中国古代有若干的自然条件，也不可抹杀。""我研究中国古代社会的第二个原则，是谨守考证辨伪的治学方法。要想得出断案，必须勤恳虚心地吸取前人考证学方面的成果，再进一步或改进或订正他们的说法。"④ "我研究中国古代社会的第三个原则，是把中国古代散沙般的资料，和马克思主义历史科学的古代发展规律，作一个统一的研究。就一般的意义来说，这是历史科学中关于古代社会的规律的中国化；就特殊的意义来说，这是氏族、财产、国家等问题的研究在中国的引申和发展。""本书着重在究明中国古代社会的起源和发展，它只是中国古史的草图，还不是完整的古史。这项工作还要学者来研究，可是在体系上应当谨守的科学方法和理论说明，在本书里已经作了一些试验，可以供古史研究者参考。"⑤

---

① 侯外庐：《中国古代社会史》"自序"，新知书店 1948 年版，第 1—2 页。
② 同上书，第 2 页。
③ 同上书，第 3 页。
④ 同上书，第 4 页。
⑤ 同上书，第 5 页。

3 月 1 日

先生致信苏联对外文化协会历史经济组主席格莱科夫（又译葛雷科夫）："读了你给郭沫若先生的信，知道你和你们的学者对于拙作《苏联历史学界诸论争解答》一书之注意，感到'莫大兴趣'，而谬荣誉为'中苏友谊在科学的领域中获到其优美之表现'，我是十分欣慰的。此书在中国古代史方面有些发现，从前托米克拉舍夫斯基参赞亦送赠拙作《中国古代社会史论》一书，希望一并能获得贵国学者的批评，使我进一步加深研究，那对于中苏文化学术的交流就更有益了。关于我的这部分研究，最近美国学者曾和我商量如何译成英文，在未译出之先，我更期待经你们的教益，得有订正。"①

3 月 4 日

叶挺出狱。先生回忆拜访叶挺的情景："谈话间，叶挺将军说：'在狱中，拜读了你的《近世思想学说史》，很得教益。'"又说："'内容很好，道理也很透，就是引文篇幅似乎过长了一点。如果能对引文作一些解释的话，读起来就不会那么深奥了。'"②

3 月 18 日

《新华日报》第 4 版登载苏联对外文化协会历史经济组主席葛莱科夫（又译葛雷科夫）《苏联对外文化协会致郭沫若先生的信》："承你赠送你主编之《苏联历史学界诸论争解答》（侯外庐著）一书，兹特以苏联对外文化协会历史与经济组之名义向你致谢。此书现正由通识中文之同人加以研究，并感莫大之兴趣，因此事证明中国历史学家对于俄国历史之志趣颇高，并证明我两国人民之正在增长中的友谊在科学的领域中获到其优美之表现。本组为答谢起见，特送上《历史问题》杂志两册，其中载有现时苏联历史学家所解答之各种问题。"③

---

① 《新华日报》1946 年 3 月 18 日第 4 版。
② 侯外庐：《韧的追求》，生活·读书·新知三联书店 1985 年版，第 175 页。
③ 参见《郭沫若学刊》1988 年第 4 期，第 53 页。

3 月 31 日

先生出席中国学术工作者协会成立大会，与马寅初、郭沫若、张东荪、邓初民、杨晦等 45 人被选为理事。①

蔡尚思 1988 年致信黄宣民："根据 1945 年（编者按：应为 1946 年）6 月 20 日发给我的《中国学术工作者协会上海分会筹备会发起人宣言所说》：'中国学术工作者协会于 3 月 30 日在渝宣告成立。当据简章先行选举郭沫若、马寅初、张东荪、陶行知、侯外庐等三十七人为理事。'可知侯老是担任总会的理事。他是否兼任总会的秘书，我不知道。我是上海分会二十四个发起人之一，所以对于此事，知之较详。郭绍虞也因此而要求我介绍他加入分会为会员。我曾写信告诉侯老，请他和我同作郭的介绍人。侯老即复信说：'郭绍虞先生入会事，下次开会或分配物品时，当即通知不误。'侯老做事，无论大小，都是很认真的！这只是其中一例。"

3 月

先生在重庆会晤访华的李约瑟博士，谈到对《道德经》的理解。

李约瑟《中国科学技术史》针对《道德经》第十一章"三十辐共一毂，当其无，有车之用。埏埴以为器，当其无，有器之用。凿户牖以为室，当其无，有室之用。故有之以为利，无之以为用"云："侯外庐的解释则迥然不同：三十根辐合成轮，当没有私有财产时车的制造是为了使用的。黏土制成容器，当没有私有财产时容器是为了制造来使用的。门窗用来建成屋室，当没有私有财产时屋室是建造来为了使用的。因之，有了私有财产就使（封建诸侯）得利，而没有私有财产则使人民（得用）。"②"这段译文也许被认为有点奇怪，或者作者在其中无意识地认识到'利'和'用'的对立，这在传统译文中一般是模糊不清的，并把'有'和'无'分别解释作'有'和'没有'（私有财产），而不解释作'存在'和'不存在'。当然应当承认，传统的译法是中国历代注释家所认可的，

① 《新华日报》1946 年 4 月 1 日第 3 版"中国学术工作者协会昨日举行成立大会"；参见龚济民、方仁念《郭沫若年谱》上，天津人民出版社 1982 年版，第 507 页。
② ［英］李约瑟：《中国科学技术史》第 2 卷《科学思想史》，科学出版社、上海古籍出版社 1990 年版，第 123 页。

但可以毫无疑问地看出究竟哪种译释才更符合古代道家的总的政治立场。"① 李约瑟注释云："由作者译成英文，根据侯外庐的解释（1946 年 3 月的私人谈话）。"② "武尔夫（Wulff）也反对通常的解释，并按'在由辐制成的车轮出现之前，车已经在使用了'这种思路提出了另外的解释，暗示着这段文字是反对不必要的奢侈或复杂的——这仍然带有一种政治基调。武尔夫同意侯外庐强调'利'和'用'的对照。"③

约在 3、4 月间

中国共产党和"小民革"推选先生以无党派"社会贤达"身份参加国民党当局的"宪法审议委员会"，被国民党坚决拒绝。先生回忆："经过一番斗争，我虽被排斥，但是，中共和小民革仍然授意我研究国民党的'五五宪草'，为嗣后'宪法审议'中必将出现的尖锐斗争做理论准备。为此，张友渔和徐冰不止一次找我谈话，指示这一工作的重要性。"④ 此后一直到6 月，先生集中研究"五五宪草"、各国宪法、孙中山先生有关宪政的论述及其他宪政理论，并撰写了一批文章。

4 月 6 日

先生与罗克汀开始主编《唯民周刊》之《哲学讲座》。

同日，先生与罗克汀⑤合著《新哲学教程》"第一章 人类思惟及哲学思想的发生"之"第一节 从历史上解开哲学思想发生的秘密"，发表于《唯民周刊》创刊号"哲学讲座"栏目。先生自述："《哲学讲座》由我和一位年轻有为的广东青年罗克汀联名供稿，进行辩证唯物主义的基础教育。因为小民革活动太多，我分身不过，头几篇有关意识起源的内容是我

---

① ［英］李约瑟：《中国科学技术史》第 2 卷《科学思想史》，科学出版社、上海古籍出版社 1990 年版，第 124 页。
② 同上书，第 123 页。
③ 同上书，第 124 页。
④ 侯外庐：《韧的追求》，生活·读书·新知三联书店 1985 年版，第 176—177 页。
⑤ 罗克汀（1921—1996），原名邓焯华，广东番禺人。20 世纪 40 年代先后在广东文理学院、广州大学、陶行知社会大学、重庆西南学院、香港南方学院等任教，1947 年 6 月—1949 年 3 月被国民党抓捕入狱。新中国建立后任教于中山大学，著有《自然科学讲话》、《自然哲学概论》、《辩证唯物主义与自然科学》、《现代外国哲学论集》、《现象学理论体系剖析》等。

执笔的，后来绝大部分的篇幅，都出自罗克汀之手，我只不过挂名而已。"①

4 月 12 日

应重庆沙磁区学生公社的邀请，先生在沙坪坝作《民主的历史考察》的公开演讲②。

4 月 13 日

先生与郭沫若、邓初民、杜国庠、翦伯赞、张申府、章伯钧、阎宝航、田汉、阳翰笙、冯乃超、陈白尘、王深林、严信民联名致信周恩来及中共代表团，沉痛悼念遇难的王若飞、博古、叶挺、邓发、黄济生等烈士。

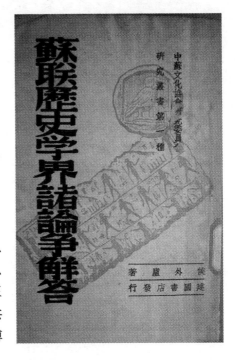

同日，先生与罗克汀合著《新哲学教程》"第一章　人类思惟及哲学思想的发生"之"第一节　从历史上解开哲学思想发生的秘密"（一续），发表于《唯民周刊》1946 年第 2 期"哲学讲座"栏目。

4 月 16 日

先生所作《省宪是中山先生明定的遗教》发表于《联合三日刊》1946年第 2 期。

4 月 18 日

《新华日报》第 1 版登载"陪都各界追悼王秦叶邓黄诸先生大会筹备会启事"，先生是筹委会成员之一。

---

① 侯外庐：《韧的追求》，生活·读书·新知三联书店 1985 年版，第 178 页。
② 《中国学工协会常理　侯外庐先生明日在沙坪坝讲演》，《新华日报》1946 年 4 月 11 日第 3 版。（"中国学工协会常理"系"中国学术工作者协会常理事"之简称。——编者注）

4 月 20 日

先生与罗克汀合著《新哲学教程》"第一章 人类思惟及哲学思想的发生"之"第一节 从历史上解开哲学思想发生的秘密"（二续），发表于《唯民周刊》1946 年第 3 期"哲学讲座"栏目。

4 月 27 日

先生与罗克汀合著《新哲学教程》"第一章 人类思惟及哲学思想的发生"之"第一节 从历史上解开哲学思想发生的秘密"（三续），发表于《唯民周刊》1946 年第 4 期"哲学讲座"栏目。

4 月

先生所著《苏联历史学界诸论争解答》由上海建国书店发行，该书是郭沫若主编的中苏文化协会研究委员会研究丛书的第一种，包括"关于社会发展史指导律的问题"、"关于亚细亚古代社会法则的问题"、"关于亚细亚生产方法通用于古代中国的问题"、"关于苏联社会法则的问题"，附录有"关于社会主义下生产关系与生产力适应的论争"。

同月，先生所作《根据中山先生遗教研究中国宪政之途径》发表于《大学》月刊 1946 年第 5 卷第 2、3、4 期合刊"宪法问题专号"，署名"侯外庐"。文章认为：（1）"关于宪政理论之研究"："我是多年来研究中山先生的革命民主主义思想之人，我以为中山先生的哲学思想，有他的别具风格的提出方式，即经常从属于他的政治观点，而还原做一种科学意义（非哲学意义）的经验论。这由冯友兰看来，或者就可以说不是纯粹的哲学。""……把握（孙中山）思想的出发点，在我，以为惟有这'道在器后'的认识，才使他的青春理想不断地随着历史的变革，在宪法理论方面发展以至补充，而没有被近代宪政的形式性所限制。"随之论述孙中山"宪法思想的历史认识里的进化观点"[①]、"关于宪法制度的理论"即"所根据的哲学方法及其理想的现实主义"[②]。（2）"关于宪政实施之研究"，

---

① 《大学》月刊 1946 年第 5 卷第 2、3、4 期合刊，第 17 页。
② 同上刊，第 19 页。

认为："中山先生的民权实施方式是由下而上的改革，不是由上而下的改良"①，"关于现在各党派争论的问题，要从中山先生理想的实践精神方面来研究的"②，"在没有实施直接民权的遗教之前，宪法的制定不算天经地义，而间接民权的国民大会或立法院至少具备英、美、代议制的优点，以防止中山先生所警惕的'大权为人所窃'，流为官治，而取消民治。因为间接民权，人民还无民权的基础，没有责任内阁制的约束，是有中山先生所云'流于专制'的危机"③。

同月，《中苏文化》1946年第17卷第4期"中苏学者往来函件"专栏登载《葛雷科夫先生致郭沫若先生函》、《侯外庐先生致葛雷科夫先生函》、《葛雷科夫先生致侯外庐先生函》。

5月4日

先生与罗克汀合著《新哲学教程》"第一章 人类思惟及哲学思想的发生"之"第一节 从历史上解开哲学思想发生的秘密"（四续），发表于《唯民周刊》1946年第5期"哲学讲座"栏目。

5月5日

先生致格莱科夫第二封信，该信发表于《中国学术》1946年第1期。信中云："我拜读了你的来函，深深感激你对于我的书发生过分的推许。在前些日子我已经看到你给郭沫若先生的信，那封信说我这书是'在苏友好在科学领域内之优秀表现'，我正为这一评价所惶惑，你这封信又说把我的书着贵国的学者翻译出来，以供研究，我于是更加不安了！""一个在沙漠中摸索的学术工作的如我，孤陋寡闻，坐井看天，实在谈不上贡献，然而居然能够获到你的鼓励，这，我是要喜极而哭了！我的书，关于'亚细亚生产方法'的论证，不久以前也被英国学者李约瑟先生访问过，关于中国古代史论断，去年也曾得到阳翰笙先生的推荐，谓将在美译成英文出书，现在又得到你的信，倍加使我觉得：没有学术环境，还可以继续研究的。然而，我比不上鲁迅的精神，吃下干草，可能挤出牛乳来，没有到四

---

① 《大学》月刊1946年第5卷第2、3、4期合刊，第20页。
② 同上刊，第21页。
③ 同上刊，第23页。

十岁的我，已觉得衰老了！""为了报答你的赠书，我送给你两卷我的近著
《中国近代思想学说史》，并希望得到你的批评。"①

5 月 11 日

先生与罗克汀合著《新哲学教程》"第一章 人类思惟及哲学思想的发
生"之"第二节 从理论的历史拆穿哲学的生成秘密"，发表于《唯民周
刊》1946 年第 6 期"哲学讲座"栏目。

5 月 15 日

先生所作《中山先生宪法思想之理论与实际》发表于《理论与现实》
复刊号 1946 年第 3 卷第 1 期，系由《根据中山先生遗教研究中国宪政之
途径》修改而成，包括"关于宪政理论的探讨"、"关于宪政实施之研
究"。

5 月 18 日

先生与罗克汀合著《新哲学教程》"第一章 人类思惟及哲学思想的发
生"之"第二节 从理论的历史拆穿哲学的生成秘密"（续），发表于《唯
民周刊》1946 年第 7 期"哲学讲座"栏目。

5 月 25 日

先生与罗克汀合著《新哲学教程》"第二章 哲学的对象和内容"之
"哲学的社会性和历史性"、"哲学是世界观，又是思想方法论"、"辩证唯
物论是人类历史实践和思想发展的最高成果"、"从对象的差别上来察科学
与哲学的关系"，发表于《唯民周刊》1946 年第 8 期"哲学讲座"栏目。

5 月底

冯玉祥、李济深得到蒋介石专拨的"民联轮"客轮，冯玉祥委托张友
渔发给先生船票。同船的有王冶秋、谭平山、徐悲鸿、翦伯赞等民主人
士。先生邀请徐淡庐、先锡嘉同行。

---

① 《中国学术》1946 年第 1 期，第 110 页。

春

抗战胜利后，生活书店准备发行一套《新中国大学丛书》，向先生约稿。先生回忆："生活书店把发行《新中国大学丛书》的计划告诉了许多学术界朋友。于是，一九四六年，抗战胜利后第一个春天，杜国庠、赵纪彬、陈家康和我，四人在黄家垭口中苏文化协会楼上，讨论了这个问题。我们自信，有把握完成一部用辩证唯物主义和历史唯物主义为指导的中国思想通史，深度和广度比《大学丛书》诸家哲学史有所超越，观点和方法更科学，与《大学丛书》诸家哲学史判然有别。"① 又："我们决定用新的观点来清理贯穿数千年的思想史。这是一项巨大的工程计划。当时，我们受到一个推动的力量，商务印书馆出版过一套《大学丛书》，其中有钱穆主编的《先秦诸子系年》等。我们不同意旧的思想史研究方法和观点，我们确信，新的时代已经临近了，我们有责任向新一代青年提供用新观点写成的新的思想史。《中国思想通史》最初的构想和计划，就是这样形成的。"② 又："一九四六年下半年，内战爆发，我到了上海。周恩来同志嘱咐陈家康同志告诉我，要我主持撰著一部系统论述从先秦到现代的中国思想通史。"③

1980 年，先生与赵纪彬回忆当时的情景，有两点印象最深："其一，大家一致主张着重在研究方法上体现马克思主义史学的科学性，为免于检查部门的纠缠，还不得不避免名词术语上的针锋相对。换言之，大家很明确，要以科学性取胜钱穆、冯友兰等的著作。""其二，马克思主义史学界内部存在不少分歧意见。我们四人商定，遇到分歧问题时，要坚持自己的观点。陈家康的意见是，先秦部分一定不要为大多数人的'西周封建论'所左右。他自己是主张魏晋封建论的，因为在我们中间他居于少数，就不准备参加这一部分的工作，但力主我们把秦汉封建论的观点和论证方法充分表现出来。也就是说，我们准备写作的思想通史，将是一部有个性的马克思主义史学著作。"④

① 侯外庐：《韧的追求》，生活·读书·新知三联书店 1985 年版，第 186 页。
② 侯外庐：《坎坷的历程——回忆录之五》，《中国哲学》第 7 辑，第 360 页。
③ 侯外庐：《我是怎样研究中国思想史的》，《历史教学问题》1982 年第 4 期，第 2 页。
④ 侯外庐：《韧的追求》，生活·读书·新知三联书店 1985 年版，第 186 页。

6 月 1 日

先生与罗克汀合著《新哲学教程》"第二章 哲学的对象和内容"之"从历史发展上来考察科学与哲学的关系"、"哲学消灭论的批判",发表于《唯民周刊》1946 年第 9 期"哲学讲座"栏目。

6 月 2 日

"民联轮"过汉口,先生在船上为他与罗克汀合著《新哲学教程》撰写序言:"这本书是应书店之约而写成的,最初我答应要写的有三本,此书为第一本,历史科学(我不用历史哲学之名)为第二本,经济学为第三本。这三样学问属于三位一体的,联系起来给青年朋友作一个概括的参考,本来是件很有益的事,但应约经年,并没有写出一字。这其中的原因,第一,我向来不写教本式的读物,即过去因了讲学随时编成的讲义,因了不成其为研究,从来没有把它出版;第二,我曾勉力试验编写通俗读物,但总不满意而停笔。因此,著作契约行将食言,颇为不安。幸克汀兄来渝,愿意合作,于是讨论了写作大纲之后,开始工作,预期一年把三样读物写完,然彼此都是小心动笔的人,一年期满,只写成这一本书,其他二本颇不敢轻举了。"①"没有哲学修养,便不会裁成事物,所谓'迎刃而解'者,必有其'刃',哲学就是一把宝刀,不但可以斩截乱麻似的现象界,给以规律的说明,而且可以铲除荆棘,在人类实践行为方面,给与指南的引津,故曰'不但要解答世界,而且要变革世界',这当然和形而上学是分道扬镳的,把理论的灰色性生化入仙境,为迷妄说教的是形而上学,而把理论的灰色性时刻在常青的现象界检证并丰富了行动指南的真实的是科学的哲学。哲学亦是在平凡实地上起家的,它和科学不能分离,但它的范畴(理论的科学)则和科学分野,它并不因为科学发达而宣告死刑,如中国的实验主义者所言,反而是因了科学的进步更检证出理论的高级标准。"②"一门学问编成教程,总带有教条性的,所以我常对青年朋友说,与其读一本概论,不如读一本范例的著作,这就是说真理是具体的。

---

① 侯外庐:《新哲学教程》序,侯外庐、罗克汀:《新哲学教程》,新知书店 1946 年版,第 1 页。

② 同上书,第 1—2 页。

没有编写成哲学的人，但有他的范例的哲学著作，如《资本论》、《德国农民战争》、《国家与革命》。如果入门研究的青年，为了使自己容易接近哲学的深远处（这一'深远'二字指具体的范例创作），亦需要教科书类的帮助，则不妨把我们的书看一看，看完了之后切不可当作圣经，只把它作一个阶梯，登高自卑而已。""韩退之所谓'传道'者，本书或可有见闻之助，而所谓'解惑'者，则端赖学而且思的读者自己。"①

6 月 4 日

先生抵达南京。该日适逢端午节，谭惕吾设家宴为"小民革"一行洗尘。

在朋友帮助下，先生借住牌楼巷新菜市的距市内铁路仅十步远的贫民窟地界。先生回忆："每小时数班列车通过我的窗下，汽笛尖叫，大地轰然共振，小楼终日颤动，门窗时时打抖。"②"六月中旬，郭老自沪返宁，一天与冯乃超乘吉普车来看我。他环顾左右，诧异形于言表，我却还深幸自己能得此安身之所。大概是因为环境之恶劣和我神情之知足实在不协调的缘故吧，郭老在他的《南京印象》中，特地记下了他对新菜市七号的印象，……"又忆："我离开重庆前，中苏文化协会曾召集过一次常务委员会会议，会议决定，由我负责中苏文化协会复员南京的具体工作，在执行使命期间，代行主任秘书职务。"③

6 月 8 日

先生与罗克汀合著《新哲学教程》"第二章 哲学的对象和内容"之"科学危机的产生是市民科学家失却了科学的思想方法的指导的结果"，发表于《唯民周刊》1946 年第 10 期"哲学讲座"栏目。

6 月 15 日

先生与罗克汀合著《新哲学教程》"第三章 哲学的对象和内容"之"第一节 哲学中之两条路线"，发表于《唯民周刊》1946 年第 11 期"哲

① 侯外庐：《新哲学教程》序，侯外庐、罗克汀：《新哲学教程》，新知书店 1946 年版，第 2 页。
② 侯外庐：《韧的追求》，生活·读书·新知三联书店 1985 年版，第 181—182 页。
③ 同上书，第 182 页。

学讲座"栏目。

6 月 22 日

先生与罗克汀合著《新哲学教程》"第三章 哲学的对象和内容"之"第一节 哲学中之两条路线"（续），发表于《唯民周刊》1946 年第 12 期"哲学讲座"栏目。

6 月 23 日

先生与郭沫若、冯乃超、曹靖华、亚克、先锡嘉、张申府、王冶秋、冯玉祥同游玄武湖。①

6 月 29 日

先生与罗克汀合著《新哲学教程》"第三章 哲学的对象和内容"之"第二节 唯物论与唯心论之历史考察"，发表于《唯民周刊》1946 年第 2 卷第 1 期"哲学讲座"栏目。

6 月

先生所作《中国近世思想学说史》订正第三版出版。

同月，先生的演讲词《民主与科学——五四的意义》发表于《职业妇女》1946 年第 2 卷第 5 期"星期讲座"栏目，署名"侯外庐讲"，系由记者记录，发表时未经先生审阅。先生云："'五四'是一个自觉的运动，概括它的意义有三方面：第一是个性之自觉，人，要求着做一个自由的人，而不仅仅是一个封建的寄生虫。第二是政治的觉醒，当时提出的是民主与科学，即所谓德先生和赛先生。第三是广大的思想斗争，形式上是反对文言文，内容上是反封建。"（1）关于民主："'民主'二字，在抗战胜利后，不论是在报纸上，口头上，都在议论着，好像成了口头禅。什么是真民主，什么是假民主，民主的意义究竟怎样，在今天已经有些鱼目混珠了。民主这两个字，本来是两个希腊字合成的，意思是人民做主，在近代的意义上，就是平等。……讲民主，至少要保证人权，财产权，劳动权（就是工作权）的平等。从这三方面观察后，就得到的结论，就看得出是

---

① 王继权、童炜钢：《郭沫若年谱》上册，江苏人民出版社 1983 年版，第 529 页。

真民主抑或是假民主"。"人权是平等的，而与人权对立的特权便不平等了。""谈人权，应该有法治。"①"民主的前提是和平，没有和平就没有民主。"（2）关于科学："中国，不是因为有所谓'东方的精神文明'，才需要西方的物质文明的科学，而是从物质到精神，整个地需要科学。……精神和物质，二者是一个整体，不能分裂为二，没有民主，谈不到科学，它们的关系可以'裂一未可得半'一语来表示。科学是要整个地被吸收，所以首先我们的头脑要科学化，即有科学的头脑，从头脑内部改造，使之能客观接受外来的事物，正确地认识它，这样才能接受物质的科学。"②

7 月 6 日

先生与罗克汀合著《新哲学教程》"第三章 哲学的对象和内容"之"第二节 唯物论与唯心论之历史考察"（一续），发表于《唯民周刊》1946年第 2 卷第 2 期"哲学讲座"栏目。

7 月 13 日

先生与罗克汀合著《新哲学教程》"第三章 哲学的对象和内容"之"第二节 唯物论与唯心论之历史考察"（二续），发表于《唯民周刊》1946年第 2 卷第 3 期"哲学讲座"栏目。

7 月 20 日

先生与罗克汀合著《新哲学教程》"第三章 哲学的对象和内容"之"第二节 唯物论与唯心论之历史考察"（三续），发表于《唯民周刊》1946年第 2 卷第 4 期"哲学讲座"栏目。

7 月 27 日

先生与罗克汀合著《新哲学教程》"第三章 哲学的对象和内容"之"第二节 唯物论与唯心论之历史考察"（四续），发表于《唯民周刊》1946年第 2 卷第 5 期"哲学讲座"栏目。

---

① 《职业妇女》1946 年第 2 卷第 5 期，第 2 页。
② 同上刊，第 3 页。

7 月

先生所著《三民主义与民主主义》由上海长风书局出版，系抗战初期先生所作有关孙中山三民主义理论的文章汇集，包括《中山先生遗教的核心精神——民主主义》、《民生主义的科学研究》、《民生主义的伟大理想》、《关于民生主义的研究方法问题》、《民权主义的理论与建国》、《抗战建国与中国宪政之路》、《论解放战与民族主义》、《论中山先生"打不平"文化的光大》、《中山先生论苏联》等 9 篇文章。该书主题与宪政问题的研究相关，旨在阐明政治上的民主是制宪的先决条件。

8 月 1 日

先生所作《中山先生的哲学思想（从经验方面考察）》发表于《中国学术》1946 年第 1 期（创刊号），署名"侯外庐"。文章认为："中山先生的哲学思想，并没有在他的全部遗书中单独形成一种体系，'知难行易'说亦不过他的哲学思想的一部分，因此，我们研究他的哲学应该从他的整个思想形成与发展的路线去探求，而不应该断章取义。""中山先生……是一个经验主义者，在形而上学方面虽然有唯心论的成分，而在自然科学方面则是极其明显的唯物论者。"[1]

该刊同期发表《苏联历史学家格莱科夫致侯外庐的信》。信中云："敬爱的外庐先生：从苏联对外文化协会历史考古及人种学组收到您的《苏联历史学界诸论争解答》一书，为了更密切地供本组人员研究的需要，此书现正在翻译中。您这本著作，无论就其中所包含的实质的实际材料而言，或就您所发挥的独创的理论思考而言，对于我们都发生了极大的兴趣，你写这一本书，证明了中国学术界正在提高对苏联历史科学的兴趣，因此，我们感到极大兴奋。《苏联历史学界诸论争解答》一书之出现是中苏学者在文化上接近的明显事实，我代表历史、考古、人种学组同志向您提议，建立更密切的科学联系，而这一联系的发展是有利于我们的人民和国家的。我们希望有一套中国目前的历史科学方面的科学研究著作的选集，我们方面也有尽可能的给您寄这一类的著作。"[2]

---

[1] 《中国学术》1946 年第 1 期，第 23 页。

[2] 同上书，第 110 页。

8 月 3 日

先生与罗克汀合著《新哲学教程》"第四章 辩证唯物论"之"第一节 辩证唯物论成立之历史条件及其经过"，发表于《唯民周刊》1946 年第 2 卷第 6 期"哲学讲座"栏目。

8 月 10 日

先生与罗克汀合著《新哲学教程》"第四章 辩证唯物论"之"第一节 辩证唯物论成立之历史条件及其经过"（一续），发表于《唯民周刊》1946 年第 2 卷第 7 期"哲学讲座"栏目。

8 月 17 日

先生与罗克汀合著《新哲学教程》"第四章 辩证唯物论"之"第一节 辩证唯物论成立之历史条件及其经过"（二续），发表于《唯民周刊》1946 年第 2 卷第 8 期"哲学讲座"栏目。

8 月 24 日

先生与罗克汀合著《新哲学教程》"第四章 辩证唯物论"之"第一节 辩证唯物论成立之历史条件及其经过"（三续），发表于《唯民周刊》1946 年第 2 卷第 9 期"哲学讲座"栏目。

8 月 31 日

先生与罗克汀合著《新哲学教程》"第四章 辩证唯物论"之"第一节 辩证唯物论成立之历史条件及其经过"（四续），发表于《唯民周刊》1946 年第 2 卷第 10 期"哲学讲座"栏目。

夏

先生在南京梅园新村向周恩来汇报中苏文化协会的复原事宜，周恩来指示："中苏文协一定要设法维持原状，请刘仲容及早出任秘书主任原职，加强孙科地位，抵制陈立夫势力。同时，一定要设法维持左右两派的现状。"[1]先生

---

① 侯外庐：《韧的追求》，生活·读书·新知三联书店 1985 年版，第 183 页。

拒绝了陈立夫的"关心"和"积极过问",在苏联驻外文化协会驻华办事处辅拉基金的支持下,找到汉中路五十一号作为中苏文化协会机关所在地。

等待交接期间,先生托李维汉把《中国近世思想学说史》(上册)转交林伯渠,后又由齐燕铭把下册转交林伯渠。

夏末

先生作《中国古代思想学说史》再版序言。

先生自述:"在这期间(初版到再版——编者注),承蒙国内学人如郭沫若同志等给予了公开的或当面的评论,使我益自奋励。杜国庠同志不但校对了书上错排的字句,还详细地批注了他的许多宝贵意见。倾注着炽烈的学术友谊的言行,使我得到鞭策与针砭。对此,我感激不已,曾说:'我对于奖勉我者,益生戒慎恐惧之感,而一字一句之教言,则使我反复思考,检点得失。'"①

夏秋之交

《中国思想通史》第一卷的详细章节安排和分工的计划得以确定。先生回忆:"基本原则与重庆第一次会议的精神不悖,所变化的是,陈家康没有参加讨论。当时,陈家康是中共在上海的发言人,他已经忙得不可开交了。""在重庆最初讨论《中国思想通史》编写原则时,他(编者注:陈家康)表示愿意承担魏晋玄学和隋唐佛学的部分。……待到四七年,拟定第三卷魏晋部分的写作计划时,他连参加一次讨论的时间都没有,更不用说执笔了。玄学部分的任务一度决定交给赵纪彬,隋唐佛学议交杜老,但最后,这两章动笔时,还是归到我的名下完成的。"②又忆:"《思想通史》研究集体的形成,应该说,杜老有殊大功劳。因为,对全书有重要贡献的学者,有好几位都是杜老推荐的。至今在我的记忆中,一九四七年杜老请来邱汉生(时任教于复旦大学),为第一卷校样,不久就开始和我们合作第二、三卷的情景,杜老向我介绍当时未曾谋面的白寿彝③(时为东

---

① 侯外庐:《韧的追求》,生活·读书·新知三联书店 1985 年版,第 270—271 页。
② 同上书,第 187 页。
③ 白寿彝:(1909—2000),回族,字肇伦,又名哲玛鲁丁,河南开封人。中国现代著名史学家,回族史和伊斯兰教史专家。主编《中国通史》、《中国史学史》等,著有《中国伊斯兰史纲要》、《学步集》、《史记新论》、《白寿彝史学论集》等。

吴大学教授）的史学史研究成就的情景，都还历历在目。杜老引来的朋友，都成为与我相知相交，终始不渝的挚友。这一点，常使我感叹，识人而知己者，莫过杜老！"①

9 月 7 日

先生与罗克汀合著《新哲学教程》"第四章 辩证唯物论"之"第二节 辩证的'唯物论'底基本要点"，发表于《唯民周刊》1946 年第 2 卷第 11 期"哲学讲座"栏目。

9 月 14 日

先生与罗克汀合著《新哲学教程》"第四章 辩证唯物论"之"第二节 辩证的'唯物论'底基本要点"（一续），发表于《唯民周刊》1946 年第 2 卷第 12 期"哲学讲座"栏目。

9 月

先生作《先秦诸子思想》（评价），发表于《青年知识》1946 年 11 月 1 日新第 4 期。文章认为："杜先生于近数年来用力于中国思想史的研究，一般人是不知道的，因为他那种不求闻达于文坛的态度，淡泊到使人看不起，……他的《先秦诸子思想研究》一书，发见独多，而不为书局所青睐，至今没有出版。他写这本小册子，老实说是半狗坊间之意而执笔的，……委实这样的通俗叙述的读物比掘发决疑的大书，其虽有过之无不及。据我的经验讲，比如我曾把《中国近代思想学说史》早已写定，然我答应书店写的《中国近代思潮》一本通俗读物，踌躇数月，无从执笔，原因是约束总括之难，易于挂一漏万。所以，纲要一类的著作，正需于研究著作之后写作，才能得其要领，杜著就是这样写出的。""……我们不做新理学主义者，也不做新东原主义者，我们是研究思想发展的流源，因此读思想史并不为古人所役，更不为近世的正教说法，主要把思想的真面目揭开，所谓'继往开来'，也并非'托古改制'。"②

---

① 侯外庐：《韧的追求》，生活·读书·新知三联书店 1985 年版，第 189 页。
② 《青年知识》1946 年新第 4 期，第 17 页。

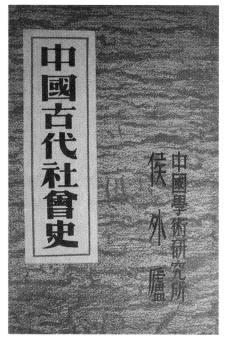

同月，蔡尚思介绍邱汉生接任其在复旦大学的中国通史课，介绍赵纪彬接任其在东吴大学的中国社会史课，蔡本人则专任沪江大学教授。后来，他还将邱汉生介绍给先生。蔡尚思1988年致信黄宣民云："解放战争时期，侯老与郭沫若、杜国庠、赵纪彬、邱汉生等都在上海。我则同时在沪江、复旦、光华、东吴等大学任课。日本一投降，沪江大学迁回原校址。因此，就介绍邱汉生继我去复旦大学讲授中国通史，赵纪彬继我去东吴大学讲授中国社会史。除了郭老较忙，杜老不大讲话以外，我同侯、赵二老都是喜欢交换学术意见的。尤其是侯老经常向我了解中国古代思想家的著作与特别见解。我觉得同侯、赵二人很谈得来。解放后，侯、杜、赵、邱四人都成为《中国思想通史》各部分的主编者了。""他曾向我了解邱汉生同志的情况。我谈了邱于三十年代为我去南京国学图书馆主持抄书的工作，并说：'他于二十年代末，与我同在上海大夏大学。我看见他写的描写大夏大学新校址边的一条河的文章，很有文采。'侯老总不忘记此事。"

10 月

先生所作《斯大林谈话对于世界和平的贡献》发表于《中苏文化》1946 年第 17 卷第 7 期（新 1 期），署名"侯外庐"。

11 月 7 日

先生所作《苏联对于世界和平的贡献》发表于《中苏文化》1946 年第 17 卷第 8 期（新 2 期），署名"侯外庐"。

11 月

刘仲容就任中苏文化协会主任秘书，先生办好交接手续后即赶赴上海，开始与杜国庠、赵纪彬合著《中国思想通史》第一卷。

本年

先生所著《中国古代社会史》修订再版，该书在《中国古典社会史论》（1941 年版）基础上补充了几篇论文，"认识上有所深化，材料上也丰富多了"[①]，"因为我对'亚细亚'的古代与'古典'的古代做了明确的区分，于是感到该书用'古典'二字不贴切，故于一九四六年修订再版时改为《中国古代社会史》"[②]。

同年，先生所著《中国古代思想学说史》由上海文风书店再版。

一九四七年（民国三十六年，丁亥）　四十四岁

1 月，顾颉刚《当代中国史学》由南京胜利出版公司出版。

2 月，吕振羽《中国民族简史》由大众印书馆出版。

3 月，林柏（杜国庠）《玄虚不是人生的道路——再评冯友兰〈新原道〉》发表于《群众》周刊第 11 卷第 1 期。吕思勉《秦汉史》由上海开明书店出版。

4 月，方壮猷《中国史学概要》由上海中国文化服务社出版。

5 月 25 日，《文汇报》、《联合晚报》、《新民报》被国民党当局查封。同月，上海"反内战、反饥饿、反迫害"运动爆发。何干之《近代中国启蒙运动史》由上海生活书店出版。

6 月，范文澜《中国通史简编》、翦伯赞《中国史纲》由新知书店出版。

9 月 12 日，续范亭（1893—1947）在山西临县逝世。同月，范文澜《中国近代史》（上编第一分册）由华北新华书店翻印出版。

---

① 侯外庐：《韧的追求》，生活·读书·新知三联书店 1985 年版，第 116 页。
② 同上书，第 235 页。

年初

《文汇报》总主编徐铸成委托郭沫若物色副刊主编，先生应邀主编《文汇报·新思潮》副刊（星期六出刊），至 5 月 24 日该报被查封为止，共出 12 期。为《新思潮》供稿的有郭沫若、杜国庠、胡绳、周谷城、蔡尚思、夏康农、周建人、石啸冲、楚图南、赵纪彬、邱汉生、马寅初、向达等。

先生回忆："当时，胡适在散布'善未易明，理未易知'的观点，……有意识地模糊马克思主义与反动思想的界线。《新思潮》以宣传马克思主义的科学的历史观为己任，与胡适的真理不可知论作不调和的斗争。"①

2 月 10 日

《文汇报》第 4 版以"悲忿的抗议"为题登载先生与施复亮、周建人、潘梓年、柳亚子、田汉、翦伯赞、楚图南、胡绳、邓初民等的谈话，先生认为："文明人与野蛮人的分野，要在中国试练。暴行是野蛮的，民主社会不允许它存在！"

2 月 15 日

赵纪彬作《思想史研究的新果实——评侯外庐著〈中国古代思想学说史〉》，发表于《读书与出版》1947 年第 2 卷第 5 期，署名"纪玄冰"。文章认为：（一）"在中国的社会史或思想史的研究上，运用着科学的方法论而从事于论著，是一九二七年以还就已经开始了的工程。但是，当一九四二年侯外庐先生写作他的《中国古代思想学说史》的时期，却正是'学术中国化'工程的伟大发端；因而，本书也就属于拓荒时期的著作"。"历史上一切的拓荒期著作，有一个发乎共同的特点，那就是其学术价值与通俗效果往往发生偏差。这是因为：其一，在学术处女地上拓荒的学者，其自觉的首要任务的解决问题与建立体系；从而，他的产品就不能不是专门性质的著作。其二，在拓荒阶段上，旧有语言与外来语言都不能直接使用，往往不得不通过了接种方法，脱胎换骨地驱使着它们，甚至有时还需要另起炉灶地创造新的语言；于是，专门的著作又不得不通过新的文体表现出

① 侯外庐：《韧的追求》，生活·读书·新知三联书店 1985 年版，第 196 页。

来。""全书充满探索性的口吻，过分慎重的语法，从古籍里提炼出来的范畴性语汇而又随文引用，前后段内部连贯而文字形式间断的叙述体裁，在理智的严肃的论证中忽然跳出被发现的兴奋心情所激动了的诗样的断案；凡此等等，都说明着著者的工程是在拓荒。并且，正由于拓荒的过程占据着全幅的精力与意志，所以也就不可能同时顾及到文字的通俗与说明的周详。"①"然而，总括的看来，本书的文字，在一个拓荒期思想史家的专门著作里，似乎甚少值得非议的处所；并且并世的志同道合的学人，也不应斤斤于文字形式而将学术本体置于次要地位。这是因为：拓荒期创造性的专门著作，只有理论上的敌人才忍心丢开学术本身单从文字方面吹求。"（二）本书的价值在于："它是'学术中国化'号召以来，思想史研究上的一颗最硕大、最肥美的新果实。"（1）"就解决历史疑难方面来看，本书确有着独创的论断"②。（2）"就建立体系方面来看，本书更有独到之处。这是因为：著者在写作本书以前，即已据其关于'亚细亚'社会性质的独特的创见，完成了他的《中国古代社会史论》。这一'研究中国思想史，当要以中国社会史为基础'的著作程序的本身，就是被科学的方法论所渗透了的缘故。并且，正惟如此，本书遂在古代社会发展的规律支配之下，成了条理缜密的……体系"③。（3）"拓荒期著作，最忌脱离文献学基础而架空立说；亦忌对于前人业绩'述而不作'。本书则绝无此失"。"著者的研究态度，一以把握真理的高级形态为旨归，对于一切的成就，不苟异亦不苟同"④。（三）本书"应行商量的地方"则有：（1）"本书名为'古代思想史'，……著者关于中国古代社会的起讫，认定了起于西周而终于战国。依此，则本书第二章《殷代的主要意识生产》，便不得不发生存废问题"。（2）"对于殷周思想内容上阶段性的差别，似尚未能作出充分而必要的强调"。（3）"著者既认定了严密意义的思想史开端于春秋战国之际，……则不但殷周思想，即春秋前期的管仲、子产等的'官学思想'，似乎统应根据着'亚细亚古代的难以转变性'原理，一并列为'古代思想的探源'工程以内。这样的改编，对于著者的整个中国古代史理论体系，当能更为符合"。（4）"关于二百四十二年的春秋，著者非常强调的肯定

① 《读书与出版》1947 年第 2 卷第 5 期，第 32 页。
② 同上刊，第 33 页。
③ 同上刊，第 34 页。
④ 同上刊，第 35 页。

为'反动时代';但同时又详尽地证明其为由官学到私学转变的'过渡期间',而这一'过渡',著者并未曾证明其思想上的反动实际;反之,却对于此期间的孔墨显学,给予了异常高的评价。……这些论调至少会予读者以混乱的观念"。(5)"著者以战国时代为古代社会末期,所以关于此时代的子学评价,亦似失之过低"①。(6)"著者在分析战国末年的社会危机思想中,……从前段说,秦汉是战国古代危机的延长,而从后段说,秦汉又是中古社会的起点;论断颇欠明确"。(7)"本书取材,严守文献学基础,……但亦不无千虑一失之点"。文章最后提出:"笔者愿意用一句话来表明对于本书的总评价:在'学术中国化'工程的赓续进程中,本书应当有三十年的学术寿命,以备思想史研究上的参考。"②

先生自述:"赵纪彬同志在评《中国古代思想学说史》时,有许多褒誉之辞我受之有愧,唯有一句,他说我'对于一切成就,不苟异亦不苟同',我敢自认符合实际。"③

2 月 27 日

《文汇报》刊登预告"本报新增六种周刊":"本报昨日编辑部会议,决定自三月一日起,各版内容略加调整,……并增辟六种周刊如下",其中"新思潮"周刊的编辑者是"侯外庐、杜守素、吴晗"。

2 月 28 日

《文汇报》刊登消息"本报自明日起增辟六种周刊如下",其中"新思潮"周刊由"侯外庐、杜守素、吴晗三先生编辑"。

2 月

先生读《中国思想研究法》后致信蔡尚思:"尊著拜读,兄垦殖之勤,立论之远,叹为观之。见兄著提及李贽、吕留良著书,惜涉不广,未见为憾。兄如能借读此项材料或指示何处可阅,则不啻指路。弟现执笔思想史,深望兄于拙作有所批正,以备修改之南针,想蒙不弃,赐示!"④

---

① 《读书与出版》1947 年第 2 卷第 5 期,第 36 页。
② 同上刊,第 37 页。
③ 侯外庐:《韧的追求》,生活·读书·新知三联书店 1985 年版,第 125 页。
④ 蔡尚思:《蔡尚思自传》,巴蜀书社 1993 年版,第 170 页。

　　蔡尚思 1988 年致信黄宣民：："我同侯老的友好往来开始于解放战争时期。由于同住上海市，彼此就有机会经常讨论共同喜欢研究的中国思想史的重大问题。这一个时期，是我们最多交换意见的一个时期。""侯老不止一次地对我说：'你三十年代住在南京，日夜不休地赶读馆藏所有历代文集，选出的中国思想史资料也特别多，能不能多给我一些线索，以便想法借阅。'我即表示：'一定知无不言。'""他主编《文汇报》副刊《新思潮》，也要我投稿。我在见面时，对他说：'李贽是秦汉以后反孔非儒的大思想家。'他答：'既然这样伟大，我在思想史中一定要给予一席重要地位。'单这封信和谈话就可想见侯老谦虚异常，好问好学，正在竭力大做论史结合的著述工作。我也从此信中，看出他在解放前比较注重理论工作，到解放后比较注重史料工作，最后就把理论与史料二者密切结合起来，著成解放后出版的《中国思想通史》。该书第四卷下册，独辟第二十四章《李贽战斗的性格及其革命性的思想》，并附《李贽著作表》，此外还与他人联合发表《李贽的进步思想》、《李贽的封建叛逆思想》等文，都是明证。"

3 月 1 日

　　先生所作《新思潮的障碍》发表于《文汇报》第 8 版 "新思潮" 副刊第 1 期，署名 "侯外庐"。文章引用颜元 "文衰而返于实"、"文衰而返于野"，认为："他这里所指的 '文'，是文墨时文以及中古的一切教条，而所谓 '实'，是实事实学的近代理性世界；所谓 '野' 是有两个途径，一个为专制皇帝的文化统制，把思想封存，一个为农民叛变，使天下大乱。走到 '实' 的世界，他说前途是可以 '转' 的，而走到 '野' 的世界，他说前途则是在 '激'。他惧怕 '激'，而历史的悲剧，果来了清室文字大狱的野蛮政策以及稍后的洪杨之变。""我们读了上面的引文，对于当今的文化思潮的前途，不能不在 '转' 与 '激' 之间，发生取择的决策。我们不能像实验主义者瞎赞试一试，无所区别于本质与现象而多研问题，而要在分水岭之歧路上把握着一个 '几'，顺着正路去大步转进。要知道在关键处糊涂下去，扯什么 '理未易察，善未易明'，以自解脱其认识真理与改变现实的责任，都是思想界的乡愿（伪君子）！""把民主返原到生活上来说，大家在政治上是一样的，而有特权的就不配讲民主生活，因为特权是与中权实不相容的。特权会使主奴地位颠而倒之，所以在思想上特权者既不能和一般人民同等地讲理性，地位的颠倒既造成了思想的是否颠倒，那么封建达官贵人以及御用士大夫，当是把理由和拳头划一等号。""特权存在的地方，不论什么形式，总是专制主义的专横表现。在西洋争取人权与解放个性时代，没有不是反对特权的，……有特权存在的地方，就没有理性主义的发扬余地，特权与理性是不相容的。"

3月8日

先生所作《思潮与制度·风气》发表于《文汇报》第8版"新思潮"副刊第2期，署名"侯外庐"。文章认为："思潮，在每一新陈代谢的时代，恒常跑到一个新制度新风气之先，怀疑旧现实的存在，批判旧事物的腐朽，掘发旧关系的命根，同时更有一特色，不但怀疑，而且信仰，信仰什么呢？信仰人民，信仰将来，信仰自己的真理，会召唤新人类，会赞美新世界，会自信自己的忠实责任。因此，新的思潮，在旧者将死而新者尚未出现之时，又恒常把旧的现实，形容得比旧的真实存在更丑恶更肮脏，把新的世界存在，理想得比将到来的真正现实更美丽更富有，所以在大时代面前，站在潮浪的尖顶敢于梦想的忠实思想者，正是大力士。""思潮也不是完全在新制度之先，它只有到了旧基础（科学上谓之旧生产方法）崩溃，而新基础尚未确立之时，才有可能，这要反映了人民大众的要求，使远景在理论的范畴或艺术的典型中，得到奋斗争取的目标，使没有的而却是必然的要有的东西，绘成思维中的形体，故它是斗争的旗号，是人心共具的语言，说成学术语，就是'主义'，这哪里能够'少谈'呢？""思潮把握了光明的前途，到了前途的景象到来，那必须在新制度确立之后，此时思想所争取到的文化景象，就成为'风气'了。""言论自由的思潮"、"人民主义的思潮"都是如此，"新思潮的任务，不能不是争取民主'制度'与自由理性'风气'的确立。"

3月15日

先生所作《温习"打不平"的文化号召》发表于《文汇报》第8版"新思潮"副刊第3期，署名"侯外庐"。

3月22日

先生所作《新纵横家的思想倾向》发表于《文汇报》第8版"新思

潮"副刊第 4 期，署名"侯外庐"。文章认为："中国历史从战国纵横思想
成为显学以后，一直到民国都在士大夫群中起着很大的影响，他们多以识
时务的俊杰，纵横捭阖的智士，出现在政治舞台，施展一种策略至上主
义，导说野心家。""凡纵横思想都有时务主义的现状改良外貌，然而凡时
务主义思想都在本质上坚持维持现状的内容，因此，译成现代语便是自由
资产阶级的妥协性。"

3 月 29 日

先生所作《政治道德律》发表于《文汇报》第 8 版"新思潮"副刊
第 5 期，署名"侯外庐"。文章认为："政治是人民的事业，人民事业是大
众的，大众的问题，便要公开明白，因此一个政治家或一个政党，如以人
民的事业为前题，他们的政治主张或他们与他们的政治协商，就以公开为
起码的政治道德。""与公开成为联带的是承认错误，一个政党如果没有检
讨自己的错误、承认自己失败的雅量，就不配取得进步的机会。……政治
家敢于公开检讨错误，乃基于人民利益的原则，无原则者自然不会示人以
短，反而要以短为长，表示对于责任心好像忠实似的。……手工业的技巧
反映到政治是所谓一套师爷的政治作风，……而近代政治是政纲的标准为
公开的奋斗，这是商品生产的反映，……"

3 月

先生与罗克汀合著《新哲学教程》由上海新知书店出版。该书包括
"哲学的对象和内容"、"唯物论与唯心论"、"辩证法唯物论"、"唯物辩证
法底诸法则"、"辩证唯物论在自然界上的应用和检证"、"唯物辩证法底
重要的诸范畴"、"辩证唯物论的认识论"、"人类思惟及哲学思想的发生"
等八章。

4 月 2 日

富颐致先生的信发表于《文汇报》1947 年 5 月 17 日"关于中国古代
史释疑"栏目。信中云："外庐先生：在去年先生的《苏联史学界论争解
答》出版的时候，我就买来读了，八年的沦陷区生活，使思想钝化了，其
初不能够了解，最近书读得多一点，渐渐的知道深意所在。另辟途径的研
究，较之以西欧的公式套到中国历史上，当然是容易接近历史的真实，我

因而有了很浓厚的希望，希望能够读到先生思想的全豹，仅以《论争解答》来说，疑问也随之增多，现在提出先生的征引文献之疑问数则，敬请赐予解答。"这些疑问有："古代的生产方法，是不是指支配奴隶社会的基于使用奴隶的生产方法而言？""东方的和亚细亚的是不是能够加上一个等号？"以及该书第 43 页对《自然辩证法》的一处译文。

4 月 5 日

先生所作《旁观与客观》发表于《文汇报》第 8 版"新思潮"副刊第 6 期，署名"侯外庐"。先生云："顷接到一位读者吴道祺先生的信，他对于本刊上期所载拙作中有'旁观者不清'之句，询问'若不能旁观，何以能客观呢？'要求我回答。同时黄海先生也来问怀疑我的另一篇文章，他说'敢于梦想的人是新思潮的变相人物'，他因此以为'新思潮应该是汪洋里黑夜的灯塔，照耀着落伍的船只，追随前进'。这里的文字，就是对吴黄二先生的简复。"

文章认为："严格地由全体方面讲来，任何人对于任何事，没有旁观的存在。……我们活在现代的中国，……也同样没有旁观者的地位，有些人强调'第三种人'，有些人强调'第三方面中立'，在本义上讲来，犹之乎二元论之毕竟是唯心论一样，他们毕竟是第一种人或第一方面的化名，不过表现在言行不一致上，成为一种害羞的第一种人或第一方面罢了。""真理只有在实践中，才能一点一点反映自然而把握必然，从而不断地再行批判了旧的媒介认识，更新了活的媒介理论，这是对象与思维二者间的对立统一之说明。观照论者的错误，就在于把主观与客观分成两橛，主观是照者，客观是所照，二者没有联系。因此，一种思潮，是示范的指导，更须是变革现实的武器。""所谓客观也者，通过主观的实践，才能够把握到客观背后的本质，并不断地由主观的实践，更才能获得高级的本质。旁观者的静察法，常是皮相的。……在旧现实里，可以有程度地运用经验以为好像'旁观'而实非旁观的观察，而在新发生的现实中，尤其在棘手难决的新课题之下，旁观者并不能清的，旁观者并不能反映客观的，……旁观的客观主义（如所谓第三种）就是主观论者。"

4 月 12 日

先生主编《文汇报》"新思潮"副刊第 7 期，刊载周谷城《新思潮之历史的意义》、马寅初《以德服人欤抑以力服人欤?》、蔡尚思《近代中国学术思想丛书例序》、纪玄冰《无类逻辑的放大》。

4 月 19 日

先生主编《文汇报》"新思潮"副刊第 8 期,刊载纪玄冰《思潮论断想》、任白涛《新闻事业心理研究的重要性》、守素《漫谈接受遗产》、邱汉生《思辨篇》。

不久,邱汉生始识杜国庠和先生。

崔大华认为:"外庐先生和汉生先生初次相识大约是 1947 年春天。"[①]

又邱汉生回忆:"我认识杜老是在一九四六年秋天。当时,杜老与侯外庐先生在上海共同主编《文汇报》的副刊《新思潮》。《新思潮》宣传马克思主义,批判和驳斥国民党及其御用论客的反共反人民谬论。它是照破重重迷雾的一盏黑夜明灯,赢得国民党统治区人民的赞扬。当时蒋介石国民党背弃《双十协定》,阴谋发动内战。全国人民拥护共产党,反对国民党。在这样的政治形势下,胡适借古人的话,发表'善未易明,理未易察'的谬论,鼓吹他的实证主义。貌似公正,而意在用'未易明,未易察'来泯除马克思主义与法西斯主义、共产党与国民党的是非善恶,以贬退真理,转移人心向背。这种用心是阴险的。我写了《思辨篇》,投稿《新思潮》,驳斥胡适的谬论,指出真理与谬误,蜜蜂与蝗虫,本来是十分清楚的,只要面对事实,不为欺蔽,就没有什么不易明不易察。过不了几天,文章就刊登出来了。我想它对澄清胡适散布的迷雾有一定的作用吧。《新思潮》的这两位主编要我去见见面,我应邀拜访。原来《新思潮》的编辑地址正是狄思威路(今溧阳路)小菜场附近一个里弄里侯外庐先生的家,我在这里见了这两位主编。杜老那时已是望六之年,但是面色红润,精神极好,不像一个老人。人们都习惯于称他为杜老,这中间寓有对他的尊敬。我见着学术界的这两位先生,十分高兴。叙谈之余,侯外庐先生把《中国思想通史》第一卷的清校样交给我,委托我再审读一次。我答应了。后来我把审读后的清校样送还,侯先生和杜老就约我参加《中国思想通史》的撰著。据侯先生回忆,当时约我参加撰著,是出于杜老的推荐。而

---

① 崔大华:《外庐先生和汉生先生的学术友谊》,张岂之主编:《中国思想史论集》第 2 辑,广西师范大学出版社 2003 年版,第 73 页。

蔡尚思先生也推荐我，说是我对汉代有研究。"①

4 月 26 日

先生主编《文汇报》"新思潮"副刊第 9 期，刊载胡绳《关于文化上的群众路线》、蔡尚思《李大钊的思想评介（一）》，以及编者回信。

5 月 3 日

先生主编《文汇报》"新思潮"副刊第 10 期，刊载小诃《走在世界前面》、蔡尚思《李大钊的思想评介（二）》、孙泽瀛《作为一个大学教授的独白》、何贤春《顺潮流》、郑重之《发展五四文化运动的几个问题》。

5 月 10 日

先生主编《文汇报》"新思潮"副刊第 11 期，刊载沈立人《从文化与历史论思潮》、李成蹊《思想自由的历史观察》、苏隽《"五四运动"与中国民主思潮发展史》。

5 月 15 日

先生所作《论纵横家的商人思想》发表于《读书与出版》1947 年第 2 卷第 5 期，署名"侯外庐"。该文编者按指出："本文是外庐先生和杜守素、赵纪彬二先生合撰的《中国思想通史》的一节。全书尚未完稿，闻将在新知书店出版。"② 文章认为："战国时代的纵横家，自社会的背景而言，是在'礼堕而修耕战'的环境之下，是在商业资本发展之下，兴起来的。"③ "纵横家的思想学派性，颇类似希腊的诡辩派，他们在误用形式逻辑的推理方法，为人解决困难的问题，脉络相同，惟中国古代的纵横家游说的对象偏重于国君，而希腊古代的诡辩派则偏重在一般的市民。这是因为西洋文明史一开始就以地域财富为单位，而财富的人格化者是'国民'；中国文明史是维新路径，财富的人格化是'宗子'，战国末年才在氏族贵族的破产中产生了国民运动，而兼并者仍然不能剥去

---

① 邱汉生：《忆杜国庠同志》，《杜国庠学术思想研究》，广东人民出版社 1989 年版，第 226—227 页。

② 《读书与出版》1947 年第 2 卷第 5 期，第 7 页。

③ 同上刊，第 1 页。

氏族桎梏，'以富兼人'亦并非纯国民的表里如一的。"① "我们以为纵横思想是时务主义热中的老前辈，这在中国史上一直到最近还有人继承他们的诡辩思想传统。"②

5 月 17 日

先生所作《司马迁思想的悲剧性》发表于《文汇报》第 8 版"新思潮"副刊第 12 期，署名"侯外庐"。该文修改后收入《中国思想通史》第二卷第四章"司马迁的思想及其史学"第一节"司马迁的时代和他的著作的思想性"。

先生致富颐的复信在同期"关于中国古代史释疑"栏目发表。信中云：（一）"'古代'一词，在新历史的看法，仅指文明以后的奴隶社会，那里，一般的生产方法，是奴隶主的土地所有生产手段与奴隶劳动力之结合关系。这不能和前阶级社会的生产方法相混同的。所以，《反杜林论》中指的土地公有的农村氏族公社，奴隶社会可以没有的，但奴隶现象的发生则又可以早在氏族共同体时代开始的，仅不是特征的，仅是发生过程的序幕而已。恩氏所要修改说明的，正不是阶级社会的古代制，而是前阶级社会的原始人类史"。"古代财产形态，古典的（希腊罗马的），日耳曼的，指西方古代的奴隶社会，请你仔细研究一下《家族所有制国家起源论》的后半部。东方的古代，指西方古代三种形态以外的特殊路径，我以为是维新的奴隶社会，……东方的古代是在氏族废墟上建立起来，而古典的则是以地域单位代替血缘单位，亦请你参看《起源论》。你引述的一段'个体不是把自己作为一个劳动者，而把自己作为一个所有者与集合体的一员……'，其意义可以确定指着是古代文明以前的氏族农村公社，东西历史颇为一致。因为草稿文字形式没有文法，故难以了解。在这段之后，草稿中才说明东西古代财产形态各自不同地怎样由氏族公社发生出来。""理论导师在写作《德意志观念形态》时，或者可以说明对于氏族公社与文明社会之分界，有些没有确定的概念，然而到了《经济学批判》与《资本论》时代，很显然地划分开清楚的界限。摩尔根《古代社会》出版以前，欧洲早已有许多同样的原始社会的述明，不过一八七八年是更以《古

---

① 《读书与出版》1947 年第 2 卷第 5 期，第 4—5 页。

② 同上刊，第 7 页。

代社会》出版而确定了而已，这你可以参看罗森堡女士的《经济学》，中国战前亦有译本的。'古代亚细亚'空白论，就是这样地怀疑过，但它已经被批判了的。如果要比较，应该以《资本论》出版年代与达尔文的《物种原始》出版年代相同一事，是更有意义的。"（二）"东方的与亚细亚的，是异名同质的名词，不是泛指与特指的名词，所以文献中有'东方古代'与'亚细亚古代'之不同用语。但如果不以古代为限，则封建制亦有亚细亚或东方的用语。早川二郎的过渡论是说不通的"。（三）"你比较了《自然辩证法》中我所引用的自己译文与神州版的译文，证实你是一位何等忠厚的研究者，我非常对你钦佩，这种苦功，现在学人亦不多见的。但，我是相信我的译文。至于早川二郎的解释，氏族制的存在限制了奴隶制的发展，非常中肯，而并非二者一定要保持比率的。具体说来，这是集体的奴隶使用，如古文献中的'家'、'室'，东方古代决不仅是不参加生产的家内奴隶制。正因为东方古代是维新的'人惟求旧'，则奴隶社会的发展路径，才值得特别董理，否则亦用不着区别了。什么是'新'的呢?'器惟求新'，你在诗书的可靠文献中去搜寻'新'字，便甚少，惟有建立古代文明的城市言'新'，如作新邑（东国洛），如作新民（民即奴隶，只出现于金文）"。"你问我的著作，关于你要看的，有一本《中国古代社会史论》，惟已绝版，现在我把过去对于中国古代社会的全部研究，集成一书，名《中国古代史》，已交新知书店出版的，大约在两个月可以见书。你更应该参考郭沫若先生所著的《甲骨文释》与《两周金文大系》。""你颇看重文献的时代性，这是一个历史家的重要作风。"

5 月 24 日

先生所作《司马迁怎样说出墨者要旨呢?》发表于《文汇报》1947 年 5 月 24 日第 8 版"新思潮"副刊第 13 期，署名"外庐"。该文修改后收入《中国思想通史》第二卷第四章《司马迁的思想及其史学》第四节《司马迁整齐的学术及其思想的人民性》。

5 月

先生所著《中国近世思想学说史》（上下册）更名为《近代中国思想学说史》，由上海生活书店作为"新中国大学丛书"出版，其中有关章太炎哲学的章节为赵纪彬执笔。

春

在党的领导下，先生主持"中国学术工作者协会"的工作。

春夏之交

先生病愈不久，请杜国庠、赵纪彬、邱汉生到狄思威路寓所，一起讨论《中国思想通史》第二、三卷的编写计划。

先生回忆："事先由我草拟了一个提纲，提出两汉、魏晋南北朝列入目录的思想家名单，请大家讨论。"① "我国封建社会诸朝代思想家众多，胡适、冯友兰等人研究两汉以后思想家、哲学家，只偏重于儒学诸家，而我们一致认为，中世纪思想史，必须着重研究异端思想和正统儒学的斗争，无神论和有神论的斗争，唯物主义和唯心主义的斗争，表彰中国思想史上唯物论的光辉传统。"② 这次讨论还"充分研究了封建生产方式的广阔基础——农业和家庭手工业的结合形式在汉代法典化中的表现，详细安排了二、三卷的内容和章节，以及各人的写作分工"③。

6月14日

先生作《中国思想通史》第一卷之"中国学术研究所序"："这部中国思想通史的写著，志在辨章学术，考竟源流。通之取义，仅谓贯通今古，揭发思想演化的因果，与断代研究或系列编述有所区别而已，非谓细大不捐，包括无遗。故斯书注重之点，特在于阐明社会进化与思想变革的相应推移，人类新生与意识潜移的密切联系。依据于联系观点为认识基始的规律，将它当做系列编著如政治思想史或哲学史的序论去看待，可以相得益彰的。""思维过程史的探讨董理，比自然过程史与社会过程史，更加复杂多面。故斯学最忌还原论断，把活泼的具体价值，概给以一线贯穿，而抹杀了主观形象与背面实指的错综关系。中国古代经典从汉朝以来支配着学人的思维者，有儒经释典道藏以及诸子百家之言，各人都有其性之所近，向之择取一件适合的外衣，披盖着自己的个性发现以及其与时代的证

---

① 侯外庐：《韧的追求》，生活·读书·新知三联书店1985年版，第280页。
② 同上书，第280—281页。
③ 同上书，第281页。

件关联。如果我们眩惑于其外衣的煊（渲）染，而不指出其实质上的别开生面之所在，则思想史就成了一群儒林僧道的心传纪录，博物馆所陈列的木乃伊罢了。为了揭开秘密，抉发疑难，所以斯书更特重各时代学人的逻辑方法之研究，以期追踪着他们的理性运行的轨迹，发现他们的学术具体的道路，更由他们剪裁或修补所依据的思想方法，寻求他们的社会意识以及世界意识。""世界思想史有它一般的发展规律。中国思想史从文明社会揭幕与国家成立以来，亦顺依着这样一般的发展规律在进行着，并没有东方文化与东方思维的排他性的特异构成。然而中国史在世界史的总趋势之中，亦并非依样葫芦别无个性；相反地，它在一般的合规律的运动中，具有特殊的合规律的运动路径，在思想领域里更有它的生成和变革的传习，有它自己创造的特别语言文字，以及有它的处理人生与变革现实的特使方式，不能和西方路径一概而论的。因此，斯书尤重在：一方面要全般地说明中国思想在世界文化发展中所扮演的脚色，有时不能不做对称比较的研究；他方面更要具体地指出中国思想发展的特别传统与其运行的特别路向，以期揭发出我国数千年来智识宝藏的真面目，进而凭藉这一遗产，以为所应批判地接受与发扬之明鉴。""以上三点是我们著作斯书所严守的概括方针，亦是用以自勉的崇高目标。能够做到几分，却不敢说，而实事求是的朴学精神与独立决疑的认识评判，时时迫使我们向这样的崇高目标去钻研探讨，亦所谓尽心力而为之而已。冷酷的境遇怎样对待沙漠里汲取泉水的人，实在不能想象的，而友好与读者的鼓励期待，新知书店沈静芷先生之不计出版困难而为学术贡献的效忠精神，则使我们尽力克服自己的困难，一步一步地按照预定计划来把它完成。这里，我们三个困学的同行者，至诚地希望着大家给我们以指正与批评！"①

7月1日

先生所作《司马谈著诸子要指的用意》发表于《大学》月刊1947年第6卷第2期，署名"侯外庐"。该文修改后收入《中国思想通史》第二卷第四章"司马迁的思想及其史学"第三节"司马迁诸子要旨的历史价值"。文章首先论述汉初道法"相为表里"的学风，认为司马谈论六家要指可从主客观两方面分析："在客观的价值方面而言，这'整齐百家'的

①　侯外庐、杜守素、纪玄冰：《中国思想通史》第1卷，新知书店1947年版。

要指多从结果上去分析，虽不能概括全旨，但说出了部分的诸子真面目。"① "在主观的价值方面而言，要指除了把道家抬高地位，兼容百家而外，另有一种针对武帝思想统一的非难精神，这是前人所没有理会，而又异常之有价值的。"②

7 月初

谭惕吾在立法院会议上质询国民党当局镇压学生，国民党行政院副院长张励生说有侯外庐等"背后操纵"学生运动。谭惕吾会后即由南京乘夜车到上海叫先生暂避。同时另一位在南京与何肇绪有直接联系的王工程师也赶来通知先生躲避。于是，先生先后在陈高佣（新闻专科学校校长）、金月石（上海港领航员、"小民革"成员）家住了两个多月，写完《中国思想通史》第二卷的前言——《汉代社会与汉代思想》。

7 月 19 日

杜国庠作《〈近代中国思想学说史〉介评》，发表于《读书与出版》1947 年 8 月 15 日第 8 期，署名"守素"。文章认为："侯外庐兄这部一千多页的力作——《近代中国思想学说史》——上卷在重庆出版时，承他送我一部，读后颇感兴趣，曾写一短文介绍；下卷在排印中，也获得'先睹为快'的机会，原想写一总评，因复员而未果。以是机缘，我们遂常作思想史研究上的商榷，因而知道他的研究颇多深入之处，对于学术著作尤具真挚态度。现在这部书在沪刊行，觉得由我来写介评，或许能够说出它的真意所在，至少可以不至引起惹起无谓的纠纷。""通观全书，确能遵守着这一'朴实'的'实事求是'的方法。而其成就也颇有'独立自得'之处。""他的'实事求是'的作风，首先表现在对于社会史的确实把握，……"③ "其范围不限于狭义的哲学，这正适应于中国过去思想家的实在的情形，但著者对于科学的哲学早有甚深的研究，这是他所以能够那样深入的原因。"④ 本书的"弱点"是："有时引用多而说明简。""有时运用成语不及加以说明，对于初学的读者也便（表）现为艰深难懂的。"文章

---

① 《大学》月刊 1947 年第 6 卷第 2 期，第 8 页。
② 同上刊，第 9 页。
③ 《读书与出版》1947 年第 8 期，第 55 页。
④ 同上刊，第 56 页。

最后指出："总而言之，读者如果能耐心阅读下去，我相信对于近代三百年来的思想史，一定能够得到一种新的似真的理解，至少也可以撷取书中丰富的暗示，学习著者的思考方法，跟踪着所引的资料，更进一步地深入研究，建立自己的新见解，那才算是读书有得的。"①

7 月 21 日

毛泽东在陕北小河中央扩大会议的讲话中指出："平分土地是一个原则，但按情况不同可以有某些伸缩，如对杜斌丞、侯外庐，但对共产党员不应该有例外。"②

该文注释中说："杜斌丞（一八八八——一九四七），陕西米脂人，当时任中国民主同盟中央常务委员兼西北总支部主任委员。侯外庐（一九〇三——一九八七），山西平遥人，历史学家。"

8 月 20 日

先生所作《汉代社会新论》发表于《大学》月刊 1947 年第 6 卷第 3、4 期合刊，署名"侯外庐"。文章论述"汉代生产手段的社会性质"、"汉代劳动力的社会性质"和"汉代社会编制的诸特征"，提出："中国中古时代应从秦汉之际说起。……所谓封建构成也者，仅指其支配性的生产方法（produktionsweise），在依然同时存在的古旧诸制度与封建制度之中，做为主导倾向而统驭了社会全性质；要明白这点，我们又必须从秦汉社会的诸编制（gliederung），各个角度地去研究其中的特点，尤其要实事求是地去具体说明其中的制度。""我们研究社会史的入手处，粗枝大叶地姑且可以从两方面来处理，即人与物。但人不是个人，而是物化的人，他在物质的财产形态下是生产手段的所有者也好，是直接的劳动者的劳动力支出者也好，具有着一个时代的脚色出演者的特别性格；物也不是自然物，而是人格化了的物，它被刻着一个时代的社会烙印，特具了生产力以及生产关系的矛盾样式，所谓物质的条件，以法律的用语讲来，那就是财产所有关系。""中国古代社会的亚细亚路径，在'人惟求旧'的维新条件之下生

---

① 《读书与出版》1947 年第 8 期，第 60 页。
② 毛泽东：《在小河中央扩大会议上的讲话》，《毛泽东文集》第 4 卷，人民出版社 1996 年版，第 270 页。

长起来，这种人类为'旧'的，除了说它是氏族，再没有别的可能性。捷径常是早熟速成的，然而它不是正路。因而中国古代既采取了捷径，亦就在一般的古代应具的矛盾发展之中，特别更有遗传下来的过时制度的束缚，这个束缚最后表现为中国古代的氏族重人与法家的对立形态。"①

8 月

先生与杜国庠、赵纪彬合著，中国学术研究所编辑的《中国思想通史》第一卷古代思想编由新知书店出版，署名为"侯外庐、杜守素、纪玄冰"。该书封面简介云："本书写作有两大特点：其一，以社会史为思想史的基础，理解古人用语一依其历史的实在所指为尺度，在历史的发展规律中评断其社会的意义与逻辑的正误，并在社会的物质生产方法的合法则性运动中，追求思想递变的动力，及其前后承藉的脉络，学派分合的根据。其二，以宇宙观与方法论的合一为依据，对于各派思想所藉以判断是非，辨别同异的知识论与逻辑学，均分别加以论述。""本书严守科学规范，完全从思想自身的发展中发现历史规律的具体相貌。它客观地证实出：思想的高潮每与社会的变革血肉相结。例如，第一个高潮，发生于殷末周初之际；第二个高潮，发生于春秋战国之际；第三个高潮，发生于明末清初之际；第四个高潮，发生于清末民初之际，等等。从这里又预示着：在目前，行将发生的第五个思想史上的高潮的必然到来。""本书的取材标准，以文献学的成果为基础，举凡典籍的真伪，章句的训诂，无论对于清儒及近人业绩，皆本诸不立异亦不苟同的谨严态度，慎予取舍，其取自前人者皆不掠美，其出于创获者亦当之不疑，要以真理的追求为旨归。"

先生回忆："当时，杜老在工商专科学校任教，纪彬是东吴大学教授，我除了中国文化学术工作者协会的工作外，也在工商专科学校兼一点课。我们三个都住在北四川路、狄思威路（今溧阳路）一带，相距不远，商讨问题，交换意见，都很方便。由于我们每个人都抓得很紧，又有我的《中国古代思想学说史》作底本，所以进度很快，不到一年，《中国思想通史》第一卷便完成了。""《中国思想通史》第一卷，无论在内容、体例方面，还是对古代思想发展阶段的划分，以及对许多问题的提法和全书的结构体系，基本上与《中国古代思想学说史》是相同的。但是，这个本子在内容

---

① 《大学》月刊1947年第6卷第3、4期合刊，第30页。

上融会了杜老《先秦诸子思想概要》，纪彬《古代儒家哲学批判》中的宝贵见解和史料；而且对一些问题的论证，也进一步深入和严密了。"① "四十年代前期，我撰写《中国古代思想学说史》时，比较侧重研究春秋战国社会史的运动与孔墨显学继承、批判的演进之间的关系，当时是把孔、墨两家学派的方法论与学说体系分成两章对比剖析的。撰写《中国思想通史》第一卷时，决定专章论孔，这章请纪彬处理。纪彬大体按照我原论的逻辑，编排组合各节内容，同时把他在《古代儒家哲学批判》一书中《知能学习论》、《两端异端解》两节很有见地的研究成果集中在一起，辟为该章末节。"② "《中国思想通史》第一卷孔子章的内容，尽然包括了我在《中国古代思想学说史》中评价孔子的论点和论式。不仅如此，通过纪彬的表述，将我原来过分吝墨而显得骨多于肉的瘦态，补充、解释得丰腴了。此间很见纪彬的功力，我诚恳地佩服他。应该承认，经过纪彬的编排补充的孔子一章，观点更容易被人理解和接受。另一方面，我也不能回避，丰腴了的表述，在文字运行之间，无形中遮盖了我前著论孔与郭沫若十分明显的歧见之棱角。纪彬的好意我能领会，纪彬的文字也是严密的，我应该尊重执行合作计划的同志的合理意愿。但是，每当想到郭老原本深知我个性，也熟识我的嶙峋瘦态，三十多年来，我反不免常常为这一变化而不安。"③ "在社会史理论原则体现方面，我特别应该感激赵纪彬同志。纪彬早年持魏晋封建论，后经多年研究，于四十年代中期著《古代儒家哲学批判》时，已形成春秋封建论观点。当我们合著《中国思想通史》第一卷时，所有经纪彬执笔或增补的部分，凡涉及分期理论，他都严格按照秦汉之际封建论的论述原则表达文字，从而，保证了《中国思想通史》第一卷理论上的完整性。纪彬此举，对《中国思想通史》后来的合作者们都有影响。全部《中国思想通史》整体理论之得以统一，归功全体合作者，首先要归功纪彬慷慨、严肃的合作精神。"④

9 月初

上海文汇报馆出版《文汇丛刊》1947 年第 1 辑"春天的信号"，登载

---

① 侯外庐：《韧的追求》，生活·读书·新知三联书店 1985 年版，第 272 页。
② 同上书，第 275 页。
③ 同上书，第 275—276 页。
④ 同上书，第 278 页。

先生所作《新思潮的障碍》、《思潮与制度·风气》、《政治道德律》、《旁
观与客观》、《新纵横家的思想倾向》等五篇文章，在所有作者中为最多。

9 月 5 日

《青年知识》1947 年第 18 期介绍先生主编的《中国思想通史》："中
国学术研究所编的《中国思想通史》，系名历史学家侯外庐、杜守素、纪
玄冰分别执笔，第一卷古代思想编已由新知书店出版，约五十余万言，写
作态度严谨，研究方法细密科学，是从事学术研究者的一部优良读物。"①

10 月初

一位国民党军界的朋友秘密通知先生被列入上海警备司令部的黑名
单。杜国庠力主先生去香港。先生遂化名"徐康"，携儿子闻初到香港。
到港后暂住读书出版社经理黄洛峰（1909—1980，云南鹤庆人）处，由党
组织解决生活问题，党组织代表是胡绳、冯乃超。先生与黄洛峰早有密切
来往。② 后由狄超白联系，先生搬家到九龙汉口道。

先生回忆："抵港后积极与我联系的党派不少，潘汉年建议我帮助马老
（叙伦）工作，因此，我为他主持的中国民主促进会起草过一些文稿。"③

不久，先生在香港达德学院法政系任教授。达德学院校长陈其瑗
（1888—1968，广东广州人）是中国国民党革命委员会（"民革"）创始人
之一，学校倡导理论联系实际、百家争鸣等学风："百家争鸣、民主探讨
表现在允许发表各种不同的学术见解，扩大思考领域，提高探索兴趣。以
历史教学为例，尽管达德学院的几位著名教授都属马克思主义阵营，但在
相同学科中仍有不同的学派。邓初民和翦伯赞都是'西周封建'论者，侯
外庐和杜守素将我国封建社会的历史上限推迟了几乎 800—1000 年。郭沫
若则从早年的'殷商奴隶、西周封建'修正为'春秋过渡、战国封建'，
成为较具权威的主张。他们在达德学院的讲坛上，严守家法，各执一词，
寸步不让，引起学生们强烈的兴趣。百家争鸣、民主探讨也不致影响教授
们之间团结战斗的友谊，侯外庐与翦伯赞观点不同，但在侯外庐的回忆

---

① 《青年知识》1947 年第 18 期，第 23 页。
② 参见马仲扬、苏克尘《出版家黄洛峰》，光明日报出版社 1991 年版，第 87 页。
③ 侯外庐：《韧的追求》，生活·读书·新知三联书店 1985 年版，第 201 页。

中，翦伯赞'正直刚毅，才思敏捷，学识渊博，文采斑斓'，是一位'德、才、学、识'四者兼备的学者。"①法政系系主任是邓初民，成员有狄超白、翦伯赞、沈志远、千家驹、梅龚彬、曾昭抡、陆诒、黄药眠、钟敬文、宋云彬等。先生讲授《新民主主义论》，以及法政系第三年级《中国政治思想史》和文哲系第三年级第一学期的《中国近代史》等课程。

10 月 10 日

先生参加香港达德学院庆祝大会，并合影留念。

11 月 1 日

《大学》1947 年第 6 卷第 5 期介绍《中国思想通史》、《中国古代社会史》。

12 月 31 日

先生参加香港达德学院除夕联欢大会，并合影留念。

本年

先生所著《中国古代思想学说史》由重庆国际文化服务社再版。

同年，先生开始撰写《中国思想通史》第二、三卷篇目。先生自述：（一）（1）关于第一章"汉代社会生产方式的分析"："我们比较重视封建法典化完成之时，已经反映出农业和家庭手工业的结合形式是我国封建主义生产方式的庞大基础，这和古代（奴隶制）亚细亚生产方式是一脉相承的。这种结合形式构成了中国封建专制主义的坚固基础。这种结合形式，阻碍了商业对封建生产关系的分解作用。因此，中国封建制度的顽固性，只有追溯到秦汉制度的源头，才能真正弄清楚。而由汉至魏晋，土地兼并的发展，身份性地主始终是一个巨大的阶级集团，它阻碍了土地进入流通领域，这对于封建制度内部所孕育的资本主义因素的成长，必然起反动的抑制作用。"（2）关于董仲舒的研究："我个人受到章太炎学说的影响。《中国思想通史》对董仲舒的评价是极严厉的，这一点，殊异于六十年代编写的高等学校统一教材称董仲舒为'伟大的政治家'的评价。我至今还认为，三十多年前《中国思想通史》的这个观点是应该坚持的。"（3）关

---

①　曹直：《文化青山——香港达德学院概况》，中山大学出版社 2004 年版，第 40—41 页。

于向秀思想："冯友兰先生《中国哲学史》中，对'河南郭象'及其《庄子注》是推崇备至的，而我们对《庄子注》的唯心主义和有神论是持批判态度的。"[①] 陈君葆为先生提供了在香港大学借书的便利条件，先生研究向秀、郭象两种版本的《庄子注》后，确定郭象是剽窃向秀。（二）关于第二、三卷的特点：（1）"比较详细地论述了两汉和魏晋南北朝时期思想发展的历程。这在过去的思想史、哲学史著作中是不曾有过的，或比较少见的。……对两汉和魏晋南北朝时期的思想，论述了其发展脉络，论述了其主潮与支流，论述了其全面的基本情况"。（2）"论述了两汉的正宗思想与异端思想的对立斗争，论述了正宗思想的神学性质，论述了经今古文学斗争的哲学实质，论述了豪门大族汉末清议的意义及其向魏晋清谈的转向，论述了魏晋玄学的主要流派，分判了向、郭注庄的疑案，阐述了嵇康的二元论思想及其与反司马晋活动的关联，论述了葛洪的外儒术内神仙的金丹道教思想，论述了在佛教传播下神灭与神不灭斗争的重要意义。这些论述固是一种初步的探索，但是为进一步研究提供了条件"。（3）"论述了封建经济、封建政治与意识形态之间的关系。从汉法度的森严中探讨正宗思想的经济政治基础，论述《白虎通德论》统一今文学异议的学术意义与政治意义。从魏晋名门的合同离异分析魏晋思想的合同离异，探索清谈玄学的政治根源。从汉末经师的融通今古，不拘师法，魏晋名士的风流放诞，发言玄远，探索了其所由产生的经济政治原因。这些，是依据客观历史情况，力求作出历史唯物主义论断的若干尝试"[②]。（4）"以法典作为判断社会性质的标志。在第二卷、第三卷中，最主要的是以汉初萧何定律、韩信申军法、张苍制章程、叔孙通定朝仪作为封建社会形成的标志。法典全面涉及经济基础与上层建筑，对社会各阶级的地位作了记录，具有十分重要的意义。《白虎通德论》在一定意义上也具有法典的作用"[③]。

一九四八年（民国三十七年，戊子）　四十五岁

1月，胡绳《辩证唯物论入门》由新知书店出版。柳诒徵《中国文化

---

① 侯外庐：《韧的追求》，生活·读书·新知三联书店1985年版，第283页。
② 同上书，第286页。
③ 同上书，第287页。

史》由重庆正中书局出版。

2月，柳诒徵《国史要义》由中华书局出版。

3月，汤用彤、余嘉锡、胡适、张元济、杨树达、柳诒徵、陈垣、陈寅恪、傅斯年、李济、顾颉刚、郭沫若、梁思永、梁思成、王世杰、陶孟和、董作宾等当选为中央研究院首届院士。

4月30日，中共中央发布纪念"五一"劳动节口号，倡议召开新政治协商会议，成立民主联合政府。同月，董作宾编《殷墟文字甲编》由中央研究院历史语言研究所出版。

5月，吕振羽《简明中国通史》下册由大连光华书店出版。刘节《历史论》由重庆正中书局出版。

7月，胡绳《帝国主义与中国政治》由香港生活书店出版。

8月，杜国庠《先秦诸子批判》由作家书屋出版。

夏，赵纪彬《古代儒家哲学批判》由中华书局出版。

9月9日，香港《文汇报》创刊。12日，辽沈战役开始。

10月26日，"生活·读书·新知出版社"正式成立。同月，王亚南《中国官僚政治研究》由上海时代文化出版社出版。吕思勉《两晋南北朝史》由上海开明书店出版。

11月2日，辽沈战役结束。6日，淮海战役开始。29日，平津战役开始。

年初

美国"远东民主政策大会"召开，纽约举行中国周，马寅初嘱咐先生为大会拟稿以表示祝贺。

1月

先生所著、中国学术研究所编辑《中国古代社会史》由上海新知书店出版，出版前由杜国庠校阅。

3月

先生所作《魏晋儒道论争四派中之"儒道合"派》发表于《时代评论》1948年第5卷第9期。

4 月 14 日

先生作《中国思想通史——（中古编）序》，发表于《光明日报》1950 年 4 月 2 日第 3 版。文章认为："本书第一卷出版以来，距今日已逾一年，而第二卷才和读者见面，这在内心上是异常不安的一个事体。著者是人，是个中国人，在现代中国人，有研究写作的特别痛苦，预定计划的主观愿望，常是为一种不可克服的境遇所磨折的。我们感谢读者对于我们的关心与期待，唯欲声明者，本卷问世虽和预告出版时日有违，但毕竟还排除万难出版了。在每卷有五六十万言的开荒工作量而言，也不难想见我们和出版者在今日是怎样的心力交疲了。三、四两卷当本此精神，继续完成。""本卷上下两编，上编秦汉思想，下编魏晋南北朝思想，一本不立异不苟同的写作方法执笔，其中有关对于正统学派的估价，对于异端学者的研究，以及对于思想发生与社会演变的探讨，对于各派学术的逻辑服从于其世界观的发掘，一辞之立，甚有踟蹰三日而不决者。这样的艰苦行径，深望读者予以科学的批评，我们是准备虚心接受的。至于断章取义而抹杀研究的攻击者，我们仍从一句话：'你们走你们的路吧，笑骂由他人去，别管吧！'学问没有平坦的道路，尤其历史唯物主义的中国化，我们不应把尝试的工作看作儿戏！""本卷写作与编校工作，得邱汉生兄参加，助力匪浅。学术是人类灵魂的'共业'，将来我们亦更欢迎同道研究之士和我们一同工作，或间接和我们商讨某项特别专门问题，使此书在集思广益之下更满人意些。"

同日，先生所作《胡适，胡其所适?》发表于《野草文丛》1948 年第 9 期。

4 月 26 日

《华商报》第 2 版刊登《旅港民主人士百余人联名慰问平津教授学生》，先生与郭沫若、千家驹、何香凝、沈志远等 153 人签名。

4 月

新知书店香港分店开幕，店址设在香港轩里诗道。先生与沈钧儒、郭沫若、邓初民、沈雁冰、马叙伦、翦伯赞、狄超白和宋云彬等题词题诗表示祝贺，先生的题词是："群贤毕至少长咸集尽是革命的知识分子此间没有帮闲文人所希望所认读书人。"

此前，上海新知书店已因出版范文澜主编的《中国通史简编》，被国民党当局污蔑为"亡国主义宣传品"，借口对书店进行查抄。这件事发生后，在党组织的统一部署下，新知书店和生活书店一致行动，主动收缩了上海的门市业务，并和读书出版一起，将领导机构迁移香港。

5月1日

《华商报》第1版刊登《纪念五一劳动节 中共中央重要宣告 从速召开民主党派团体会议，商讨进行召集人民代表大会》。

5月4日

《华商报》第2版刊登《纪念五四致国内文化界同仁书》，先生与郭沫若等60余人签名。

5月初

香港各民主党派和民主人士积极响应中国共产党的"五一"号召，先生参加过很多讨论，民主促进会很尊重先生的意见。

5月15日

先生所作《谁敢制造第二李闻事件——向世界学术界申诉》发表于1948年5月15日《华商报》第1版，署名"侯外庐"。

5月

徐铸成到香港筹备创办《文汇报》，徐回忆："我首次到九龙他（郭沫若）的寓所拜访时，他就表示愿全力支持。不久，就为我们规划了七个周刊。我们一起商定，由他和侯外庐先生主编'哲学周刊'。……""大约在创刊一个多月以前，我请郭老主持了一个茶会，邀请上述各位主编先生和在港的部分文化界人士参加。"[1]徐铸成抵香港后，先生经郭沫若介绍与徐铸成相识。

---

① 徐铸成：《旧闻杂忆》，四川人民出版社1981年版，第207页。

春

香港进步文化界活动的最主要内容是展开对"自由主义运动"（"第三条路线"）的批判，主要针对《大公报》、《周论》、《观察》、《新路》等，以及北平由邵力子等组织的"中国社会经济研究会"。先生回忆："香港的左翼文化界密切注意这一动向，《华商报》（夏衍、廖沫沙主编，是左派力量的主要舆论阵地——编者注）召集过座谈会，也向文化界广泛征稿。我针对这一问题写过几篇文章……"①

王昆仑因坚决反蒋反内战而遭到国民党当局的迫害，面临被捕的危险。当时恰好有一美国学术团体提供经费邀请他赴美考察。王昆仑找先生商量，先生言："长则两三年，短则一年，光明即到；划江而治是不可能的。你现在面临着危险，一时无法摆脱，暂一时也属相宜。不过不必久留，一旦时机成熟，速速回来。"王昆仑后来去了美国，不到一年他就响应党的召唤回国参加新政协会议。回京后，老友相逢，王昆仑对先生说："你的判断是正确的。"②

6 月 19 日

先生所作《我的研究经验》发表于《展望》1948 年第 2 卷第 8 期，署名"侯外庐"。文章提出："我有一个求'博'的消极自我警惕，即在四十岁以前不能著作。这个戒条，大体上束缚了自己，其弊颇流于拘谨。我在四十岁以前，主要走着两个修养的途径：第一是语言文字这一宝库的积资：外国文方面达到一个境地，英法德日四国文字，我可以翻译，而不能写作；中国语文方面，从古文字卜辞、金文、小学以至近世古文与今日语文，我大体上可以体认，而不能全般应用。尽管如此，但这一方面的用力研究，却支出了我的青春时代的几乎主要时间。第二是翻译工作的练习与修养：……""……我永久在学习之中，永久在思考之中，旧的成绩即使留下记录，亦需要今日把它们重新订正。我的书都是在不断的订正之下完成的。……'精到'实在是一难事。""我研究问题尤其读书，好与古人作难。所有古今思想家立言都有他的时代，有应为后人

① 侯外庐：《韧的追求》，生活·读书·新知三联书店 1985 年版，第 201 页。
② 侯均初：《我的父亲侯外庐》，《沧桑》2002 年第 2 期，第 29 页。

所批判的，有应为后人所延长的，作为一个研究者，我以为应本'通今所以识古'的总原则，在自己要时时'蜕'变，对古人要食之而'化'，我名之曰人己'蜕化'，这'蜕化'二字是学习融贯的最好理想，其间练达的条件则又待自己的修养纯熟了。""我们在写作练达条件之下，切不可怀着'文章本天成，妙手而得之'的诗般的念头，而是由不成至于欠成，由欠成而至于较完成。因为'知识者一过程也'，不论古今思想发展，或个人思想进程，都有'历史'的，除非玄学鬼不会想一次的'无字天书'出现的。……我个人有一个经验，作为一个写作家，初步最重要的练达，切勿自作聪明，一来了批判或延长古人思想，而应该多看大思想家如何处理具体材料的范例，然后在学习之中'举一反三'。""说到集中的思考，去研究学术的人，正古人所谓'念念在兹'。不要大题小做，相反地要从小处一点，以螺旋形似的钻子，钻研下去，钻到深处，然后积点成面成体。这实验主义的'多研究问题，少谈些主义'相反，进步的革命的主义正是一个前进学者的世界观，而少讨论主义的胡适，糊涂的多元制主义，正是他的'少论主义'的反动主义，他可以感到科学发达，'哲学消灭'，我们则懂科学愈发达则理论的科学即哲学更高级化。……这还是一句名言可以解释的：'方法论从属于世界观。'因此求'深'不能限于一点，而堕于'见木不见森林'，求'深'在于积集组织批判的功力探寻全般环链的幽险。"[1]

7 月 1 日

先生所作《孙中山到毛泽东——为伟大的廿七年历史创作而作》发表于香港《群众》周刊 1948 年第 2 卷第 25 期。文章认为："马克斯论到太平天国的起义与失败时，预言着：中国在不久的将来必有自由平等博爱三字大旗，插在中国的万里长城上面；这预言被历史证明了，那就是孙中山的民族民权民生三个大字。列宁论到辛亥革命高涨的民主革命政纲与民主观的社会主义时，预言着：中国将来必有社会民主党（按即指后来的共产党）把孙逸仙的革命政纲珍贵起来，培植起来，发展起来；这预言亦同样地被历史证明了，那就是毛泽东的新民主主义。科学的语言与历史的创造相应不爽，从'一个人看一个世界'而言，'从历史是人类创作的'（人

---

① 《展望》1948 年第 2 卷第 8 期，第 12 页。

类二字包括阶级的人类义）而言，这便是孙中山到毛泽东的战斗历程。"①

7 月 8 日

先生所作《孙中山到毛泽东——为伟大的廿七年历史创作而作》（续完）发表于香港《群众》周刊 1948 年第 2 卷第 26 期。

7 月底 8 月初

周恩来致电上海、香港党组织和华东局，准备安全护送上海、香港等地民主人士到解放区。

8 月 1 日

毛泽东复电香港各民主党派和民主人士："实有各民主党派、各人民团体及无党派民主人士的代表共同协商的必要。"

8 月

先生所作《新民主主义底历史认识》发表于《理论与现实丛刊》1948年第 3 辑（该期 1949 年 3 月再版）"新民主主义特辑"专栏，署名"侯外庐"。文章论述"民主的历史意义"、"旧民主主义的历史意义"、"新民主主义的历史任务"、"新民主主义的历史阶段"，认为："严格的说来，民主就是'政治的平等'。此所谓'政治的平等'仅是在'自然的不平等'历史之下，才有意义，换言之，通过人类财产的不平等和智能的不平等之社会，民主或多或少或深或浅，才在历史的进程中具有价值，如果自然的平等通贯古今，亦就没有民主一辞在历史上出现的。……具体的历史是，奴隶社会的民主，封建社会的民主，资本主义社会的民主，社会主义社会（智能犹不平等）的民主，……民主毫不纯粹，毫不全民，由政权方面而言，具体的历史又是，奴隶主专政，封建领主专政，资产阶级专政，无产阶级专政。"②"新民主主义……有依据有步骤的使资产阶级性的民主革命进行到底，而培植着社会主义现实性之顺利转化。因此，它不是开始即终结，而是开始孕育着终结。它在甚多的阶段长环之中，一环一环地通过，而完

---

① 香港《群众》周刊 1948 年第 2 卷第 25 期，第 104 页。
② 《理论与现实丛刊》1948 年第 3 辑，第 59 页。

成全链。这就是和旧民主主义不同的一点，旧民主主义约束于一环而斩断全链的发展，新民主主义则在环链二者之间坚强地做辩证法的把握。""今天的历史，一切都从属于社会主义，半殖民地殖民地的民族解放固然是社会主义的一部分，而与十八世纪的各国国民运动仅从属于资本主义者已经成为另一范畴，即资产阶级性的民主亦是社会主义的一部分，而与典型的资产阶级专政俨然不同了。此所谓社会主义之一部分，是在纵通的历史方面而言，即是说问题不但不能与社会主义为敌，而且要与社会主义联结，如果问题脱离了社会主义的领导，惧怕社会主义的因素，必然仍堕于旧民主主义，这在先进国就产生民主的否定，在后进国就产生民主的夭折。另一方面，此所谓社会主义的一部分，却不是一切皆以社会主义的手段进行，在横通的历史上而言，各国的民族民主的任务，程度不等的有的应着重为了反封建专制而战，有的应着重为了反独占资本而战，不论那一面，无产阶级没有理由不坚决参加各样程度不同的民主战线，没有理由不为其民主的澈底胜利而战斗。"①

约在 8 月

先生参加香港《文汇报》创刊前的座谈会。"由报社编辑部主要负责人徐铸成、柯灵、马季良出面邀请，举行了一次有 20 多人出席的茶话会。参加的有郭沫若、茅盾、夏衍、侯外庐、杜守素等著名的文化学术界人士。这次在皇后大道一间花钱不多的餐室举行的茶话会，首先商请了郭沫若主持。"②

约 8、9 月间

续范亭逝世一年后，消息才传到香港，引起一阵震动。先生接受《星期报》主笔采访，以"三流"为笔名发表访问记。

初秋

周恩来决定在港民主人士走由香港到大连或朝鲜罗津等航道。

---

① 《理论与现实丛刊》1948 年第 3 辑，第 61—62 页。
② 黄立夫：《香港文汇报创刊的前前后后》，《从风雨中走来——文汇报回忆录》，文汇出版社 1993 年版，第 98 页。

9 月 5 日

中国学术工作者协会华南分会在香港举行成立大会，先生与郭沫若、翦伯赞、邓初民、胡绳、沈志远等 13 人被选为理事。[①]

9 月 9 日

香港《文汇报》创刊，先生主编"新思潮"副刊。先生自述："由于《文汇报》为大众所爱，由于与报人徐铸成的友谊，一向我总感到，回忆在沪、港两地为《文汇报》编副刊，是一件非常愉快的事情。"[②]

徐铸成回忆："我几乎每周必过海两三次，走访郭老、茅盾、翦伯赞、侯外庐诸先生，征询对《文汇报》意见，有时陈邵老留饭，大都是外庐先生留饮白酒，侯夫人并亲调山西面食款待。有一次，侯夫人说：'你们《文汇报》，几乎常常引起我们家的矛盾。'我愕然不解所以。外庐先生莞尔笑道：'她是给你开玩笑。我们一家人，清早起来，都抢着先看《文汇报》。她是夸奖你的《文汇报》办得好。'这也可见当时香港知识界的一般评议。"[③]

9 月 20 日

周恩来拟定邀请从香港、上海和长江以南各地来解放区参加新政协的各民主党派、民主人士的 77 人名单。并致电香港分局、上海局，指出各方人士于 1948 年冬、1949 年春全部进入解放区。到达后，先在哈尔滨集中招待。[④]

9 月 22 日

先生所作《鲁迅与中国传统思想》发表于香港《文汇报》1948 年第 2 期第 7 版"新思潮"栏目，收入《中国近代启蒙思想史》（人民出版社 1993 年版）。

---

① 张传玺：《翦伯赞传》，北京大学出版社 1998 年版，第 229 页。
② 侯外庐：《韧的追求》，生活·读书·新知三联书店 1985 年版，第 204—205 页。
③ 徐铸成：《徐铸成回忆录》，生活·读书·新知三联书店 1998 年版，第 171 页；2010 年修订版，第 150 页。参见徐铸成《旧闻杂忆》，四川人民出版社 1981 年版，第 209 页。
④ 童小鹏：《风雨四十年》第二部，中央文献出版社 1996 年版，第 6 页。

先生回忆："我在研究章太炎思想的过程中，进一步探得鲁迅思想与中国学术传统的关系。""关于鲁迅早期思想的渊源，学术界历来较多注重他接受西欧近代思想，如尼采主义、达尔文进化论的影响，却反而不甚注意鲁迅作为典型的中国式思想家、文学家，他与中国文化源流的近亲关系。"① "从文章的风格看，不论章太炎还是鲁迅，受魏晋文学和嵇康思想、风格的影响都是十分明显的。特别是鲁迅的文学，继承、发扬尊异端非正统的传统精神，并加以近代化，形成了他自己对于旧社会黑暗的控诉、揭露、战斗的独特的锋芒。"②

9 月 26 日

中央城市工作部改名中央统一战线工作部，李维汉、高文华为正副部长，齐燕铭、童小鹏为正副秘书长。首要任务是协助党中央做好召开新政协的具体工作，组织迎送各民主党派、民主人士及各界知名代表到解放区。③

9 月 29 日

先生所作《文天祥思想》（答记者问）发表于香港《文汇报》1948 年第 3 期第 5 版"新思潮"栏目。

10 月 10 日

先生参加香港达德学院校庆暨为 50 岁以上老师、校董祝寿会并合影，合影者有周新民、张文、张殊明、陈其瑷、龙志清、邓初民。

10 月 19 日

先生参加香港文化界在六国饭店举行的鲁迅逝世十二周年纪念会，郭沫若为大会主席，香港大学马鉴和先生先后发言。

10 月 20 日

先生所作《"锲而不舍"解——鲁迅"韧"性战小论》发表于香港

---

① 侯外庐：《韧的追求》，生活·读书·新知三联书店 1985 年版，第 213 页。
② 同上书，第 213—214 页。
③ 童小鹏：《风雨四十年》第二部，中央文献出版社 1996 年版，第 3 页。

《文汇报》，收入《中国近代启蒙思想史》（人民出版社 1993 年版）。

10 月 27 日

先生所作《鲁迅其名索隐》发表于香港《文汇报》，收入《中国近代启蒙思想史》（人民出版社 1993 年版）。

先生回忆："一九四八年我写《鲁迅与中国思想传统》、《鲁迅其名索隐》时，主要意图是论证，同其他一切政治家、思想家一样，鲁迅的知和行，本身也是一个过程，能够反映本世纪前期中国历史的变迁。鲁迅的伟大，在于他能认识无产阶级肩负领导中国民主革命使命的历史必然性，能随同历史步伐相依前进。"[1] "中国近代思想的终点和现代思想的起点，都体现在鲁迅思想中。""我在鲁迅思想研究中汲取到的力量，对我毕生的事业都有激励作用。作为一个马克思主义信仰者，宣传马克思主义，坚持以马克思主义指导中国学术的研究，需要理论勇气。……鲁迅先生的韧的精神和风范，是我最敬仰的一种中国风格的战斗精神，一种所不能至，心向往之的风范。"[2]

11 月 23 日

先生乘"华中号"客轮由香港赴东北解放区，同船的有郭沫若、马叙伦、许广平、曹孟君、翦伯赞、茅盾、宦乡、连贯等三十余人。在船上，周海婴为先生和郭沫若、许广平拍照[3]。屈武回忆："根据形势的变化和革命工作的需要，中国民主革命同盟的部分负责人离开了国统区，……这年冬，他（吴茂荪）同许宝驹、曹孟君、侯外庐等先后由香港进入东北解放区。"[4]

先生的女儿侯均初回忆："郭（沫若）伯伯当时年届五旬有余，身体又不太好。于阿姨甚是放心不下，她找到父亲，委托他一路照料郭伯伯。父亲一口答应，说：'你放心，只要有我在，保证在相会时交给你一个完

① 侯外庐：《韧的追求》，生活·读书·新知三联书店 1985 年版，第 214 页。

② 同上书，第 216 页。

③ 任沁沁：《鲁迅之子周海婴：我用镜匣记录人间 70 年》，《新华每日电讯》2008 年 11 月 20 日第 7 版。

④ 《屈武文选》，团结出版社 1988 年版，第 213—214 页；参见张传玺《翦伯赞传》，北京大学出版社 1998 年版，第 230—231 页。

好无缺的郭大哥。'郭老也不放心妻儿，又委托我母亲费心帮助于（立群）阿姨。豪爽的妈妈一口答应。1949 年春天，两个母亲又带着她们的一大堆孩子回到解放了的北京与亲人团聚。"①

12 月 3 日左右

先生等抵达安东，在此迎接的辽东省委代表中有吕振羽。随后由安东赴沈阳，受到中共东北局的厚待。高岗赠送郭沫若和先生各一套《清实录》。

在沈阳期间，先生赠郭沫若从古玩店购得的一枚图章，上有"公生明，偏生暗"六字。郭沫若很喜欢，配成一副对联："公生明，偏生暗"、"智乐水，仁乐山"。先生后来回忆："这里用的虽然都是古人的话，但也体现了他的治学精神。他做学问不孤守一说，偏执己见，常常随着新史料的发现和自己认识的提高，不断修正自己的结论。他不但勇于创新，而且敢于坚持真理。无论环境怎样恶劣，习惯势力怎样顽固，他总是坚毅沉着，在原则问题上一步不让。"②

本年

先生在香港撰写《中国思想通史》第二、三卷。

同年，先生所作《中国新文化的前途》发表于《新文化论丛》1948年第 1 期。文章认为："新文化学术，谁也承认是民主主义的，劳动——语言——思想三种结合，正是新民主主义的必要内容。""第一，中国民族的悠久文化历史，是先民支出了宝贵智慧而聚集的财富，不要以为这财富是古老而不切时代，就一笔抹杀，……"③"第二，和接受中国文化优良传统相伴的，是中国学术的科学化。这二者是相异而实相成的。"④

同年，先生所作《秦汉魏晋南北朝神灭思想的战斗传统与范缜的神灭论》（与纪玄冰合作）发表于《时代评论》1948 年第 5 卷第 102 期。

---

① 侯均初：《我的父亲侯外庐》，《沧桑》2002 年第 2 期，第 30 页。

② 侯外庐：《深切悼念郭沫若同志》，《悼念郭老》，生活·读书·新知三联书店 1979 年版，第 357—358 页；参见王继权、童炜钢《郭沫若年谱》上册，江苏人民出版社 1983 年版，第 589 页。

③ 《新文化论丛》1948 年第 1 期，第 19 页。

④ 同上刊，第 20 页。

一九四九年(民国三十八年,己丑)　四十六岁

1月10日,淮海战役结束。31日,平津战役结束,北平和平解放。

2月,吴泽《殷代奴隶制社会史》由棠棣出版社出版。

4月23日,中国人民解放军解放南京。同月,沈志远译米丁《辩证唯物论》由生活·读书·新知三联书店出版。

6月15日,由中国共产党召集的新政治协商会议筹备会召开。16日,《光明日报》在北平创刊。30日,毛泽东发表《论人民民主专政》。同月,杜国庠《先秦诸子思想》由上海三联书店出版。

7月1日,中国史学研究会筹备会成立。8日,中国新哲学会发起人召开会议,选举李达为主席,艾思奇、郑昕为副主席。

8月,刘大年①《美国侵华史》由华北大学出版。

9月5日,《学习》杂志创刊。8日,《新建设》创刊。16日,毛泽东发表《唯心历史观的破产》。17日,中国民主革命同盟("小民革")在完成其历史使命后宣告解散。27日,中国人民政治协商会议第一届全体会议通过《中华人民共和国中央人民政府组织法》,第十八条规定:"政务院设文化教育委员会","文化教育委员会指导文化部、教育部、卫生部、科学院、新闻总署和出版总署的工作"。同月,中国史学会成立,郭沫若为会长。范文澜《中国通史》第一、二册出版。

10月1日,中华人民共和国中央人民政府宣告成立。3日,中苏建交。11日,华北地区高等教育委员会颁布《各大学、专科院校、文法学院各系课程暂行规定》。同月,刘少奇《论共产党员的修养》由新华书店出版。博古编译《辩证唯物论与历史唯物论基本问题》由生活·读书·新知三联书店出版。

11月1日,中国科学院成立。

本年,周谷城《世界通史》第一、二、三册由商务印书馆出版。

---

① 刘大年(1915—1999),湖南华容人,1938年加入中国共产党,曾任冀西专区行政干部学校教导主任、华北大学历史系主任等,新中国建立后曾任第三届全国人大代表、第四至七届全国人大常委,历任中国科学院近代史研究所研究员、马列著作编译局副局长、中国社会科学院近代史研究所所长和名誉所长、中国科学院哲学社会科学部委员,中国史学会主席团第二、三届执行主席。

1 月 28 日

先生在沈阳过除夕。先生回忆："那天晚上，宾馆里朋友们彻夜不眠，饮酒的，赋诗的，歌唱的，联欢通宵达旦。我一向不敢在人前献丑的，这天，居然乘着酒兴，大唱起山西梆子来。"①

2 月 1 日

先生与李济深、沈钧儒、马叙伦、郭沫若等 56 人联名致电毛泽东、朱德等，祝贺人民解放战争的伟大胜利。

2 月 2 日

毛泽东、朱德复电先生与李济深、沈钧儒、马叙伦、郭沫若等，提出："诸先生长期为民主事业而努力，现在到达解放区，必能使建设新中国的共同事业获得迅速的成功。特电布复，敬表欢迎。"②

2 月 25 日

在林伯渠和东北行政委员会副主席高崇民等陪同下，先生与李济深等抵达北平。

2 月 26 日

先生等在中南海怀仁堂参加中国人民解放军平津前线司令部、北平市军事管制委员会、中共北平市委、北平市人民政府召开的盛大欢迎会。

3 月初

应北京大学历史系主任郑天挺之约，先生、郭沫若、杜国庠、翦伯赞与教师们座谈学习马克思主义的问题。③

3 月 25 日

先生与在京民主人士到西苑机场欢迎毛泽东和党中央进京。

---

① 侯外庐：《韧的追求》，生活·读书·新知三联书店 1985 年版，第 220 页。
② 毛泽东：《毛泽东文集》第 5 卷，人民出版社 1996 年版，第 253—254 页。
③ 张传玺：《翦伯赞传》，北京大学出版社 1998 年版，第 239—240 页。

3 月 29 日

先生赴布拉格出席世界拥护和平大会。许德珩回忆："1949 年 3 月间，苏联正在搞和平运动，通知我们组织一个有声望人士参加的代表团，参加在巴黎召开的世界拥护和平大会。苏联方面将此事通知周恩来同志。周恩来同志指派刘宁一、钱俊瑞、陈家康、丁瓒等同志负责代表团的筹备工作。代表团组成是这样的：团长为郭沫若，副团长为马寅初。成员有：郭沫若、马寅初、刘宁一、钱俊瑞、邓初民、许德珩、田汉、陈家康、翦伯赞、洪深、郑振铎、丁瓒、钱三强、程砚秋、戴爱莲、史永、马烽、徐悲鸿、古元、侯外庐、曹靖华、戈宝权、柯在烁、宦乡、裴文中、卢于道、李德全、许广平、丁玲、路璀、龚普生、曹禺、钱杏邨、谢邦定、吴耀宗、葛志成以及护士、翻译等四十余人。"①

4 月

先生被任命为解放后的北京师范大学历史系第一任系主任，亲自讲授《社会发展史》、《辩证唯物论和历史唯物论》等课程。

先生回忆："一九四九年解放初期，我在北京师范大学历史系任教时，……我在课堂上讲了生产方式问题，下面一些学生就纷纷议论，下课后，有的学生就反映，说我的说法不符合斯大林的提法，违背了马克思主义。不过那时，学术上的自由讨论空气比较好，并没有给我扣什么政治帽子。"②

刘淑娟回忆："他刚到历史系时，工作千头万绪，从哪儿入手呢？他按照我们党的传统和作风，开调查会。就是通过许多次学生调查会和教师调查会，他逐渐熟悉了情况，也找到了解决问题的途径。我们看他从早忙到晚，就提醒他注意休息，不要累坏了身体。他总是这样说：'党的事业，刻不容缓呵！'他善于调查研究，善于深入群众，又有独自沉思的习惯。那时，他家住在东城区靠近东城墙根的小雅宝胡同，很偏僻，离学校很远。他中午不回家，早晨上班时就带着午饭。午饭后，他点着一支烟，坐在办公室里唯一的一张沙发上，随即陷入沉思。手上的那支香烟，其实是

① 许德珩：《为了民主与科学——许德珩回忆录》，中国青年出版社 1987 年版，第 292 页。
② 侯外庐：《韧的追求》，生活·读书·新知三联书店 1985 年版，第 229 页。

很少吸的，等到它悄悄地将要燃尽的时候，他就站起身来，算是休息过了，有时也会再燃一支继续沉思。他的这种沉思，曾经引起一些同志的误解，因为有时人们同他打招呼，他却'视而不见'，'听而不闻'，所以不了解他的人便以为他很'骄傲'。我向他反映这方面的情况时，他不无内疚地说：'我在想问题的时候，就真的什么也看不见，什么也听不见。以后遇到这种情形，你们要提醒我，不要冷落了同志们！'外庐同志珍惜光阴如同生命。那时北京交通不便，他每天乘坐一辆人力三轮车上班，这时他就开始坐在车子上备课。外庐同志除了在历史系讲课外，还承担了全校的公共政治课《社会发展史》。工作既多，课程又重，他只好在上班途中备课。有一次，车子到了校门口，他还在考虑着讲授内容，车子猛地一停，他毫无准备，险些从车上摔了下来。当我们听到他的这些'故事'时，都开心地笑了起来。外庐同志有惊人的记忆力。他上课时，不带片纸只字，但却旁征博引，滔滔不绝，板书款式清晰，字迹挥洒，所引材料，极少有误，许多老教授也为之叹服。"① 又："他首先争取到白寿彝同志和马特同志到历史系任专职教授。白寿彝同志讲授《中国通史》、《中国史学史》和《中国社会发展史》，马特同志讲授《辩证唯物主义》，后来又开了《逻辑学》。同时，他又聘到中央宣传部杨绍萱同志兼课，讲授《中国法制史》，张云非同志讲授《先秦史》，王真、刘立凯、缪楚黄三同志兼任《中国近现代史》课程。其中，杨绍萱、王真二同志后来都成了师大历史系专职教授。此外，外庐同志还请到郭大力同志讲授《政治经济学》、何思敬同志讲授《共产党宣言》，陶大铺同志也曾被他请到历史系做过两次专题报告。"② "外庐同志开始组织教师有计划地学习马列主义。他在一次动员会上，现身说法，介绍他自己在法国勤工俭学时，尽管生活条件十分艰苦，不得不勒紧裤带，而他还是足不出户，埋头于《资本论》的学习和翻译。他真挚地对教师们说：'那时，我一面学习德文，一面学习《资本论》，就像马克思亲自教我学会科学的、严密的思想方法和研究方法一样。这段时间的学习，对我后来研究史学十分有益，使我能够掌握唯物史观去探索中国历史的规律，使我研究历史没有迷失方向，也没有陷入考据治史

---

① 刘淑娟：《侯外庐同志在北京师范大学历史系》，《史学史研究》1982 年第 3 期，第 72—73 页。

② 同上书，第 68 页。

的传统中去。我所走过的治学道路，使我确信掌握马克思主义——尤其是它的哲学和经济学理论——和它的科学方法，这对于驾驭浩瀚的中国史料是有极其重要的意义的。我相信这条经验对于诸位也是十分重要的。'他的这些话，确使不少教师受到启发。""为了切切实实地把全系的学习马列主义理论的工作开展起来，外庐同志亲自在全系讲授《中国历史的物质基础》、《历史唯物论的研究与使用》等课程。他讲的时候，全系师生都去听课，课后组织教师座谈讨论。这种座谈讨论经常是在外庐同志亲自主持进行。后来，随着教师们学习理论的自觉性的提高，他又改变了学习方式，即由教师自学一本经典著作，每周学习一次，大家轮流讲心得体会，类似于我们现在举办的读书会。实践证明，这种形式的自我教育活动，更能调动广大教师思想改造的积极性和学习理论的自觉性。""与此同时，外庐同志还充分利用讨论教材、研究教学工作的机会，结合着学术问题进行理论上的阐述。"①

　　先生给北师大全校师生讲"社会发展史"的政治课。杨钊回忆："当时辅导政治课的叫'中层机构'，曹述敬、董桂枝和我各代表中文系、外语系、历史系参加中层机构。我们中层机构三个人，搜集意见，再向讲课老师反映。……侯外庐先生家住东城小雅宝胡同，不时来电话指导系里的工作，来系时带来解答问题的手稿。"②"北京师范大学历史系解放初期的系主任是侯外庐教授。侯先生携马特教授从香港达德学院来北京师大历史系。侯先生任系主任后，第一件事是给我们毕业班请进步人士补政治课，请的人有翦伯赞、王亚南等。请著名史学家来讲历史课，请的有楚图南、白寿彝等。""白先生是侯先生的好朋友，通过楚先生趁白先生从南京大学来北京开全国政协之便，向南大暂假一年，后侯先生向教育部打了报告，遂将白寿彝教授留了下来，成为协助侯先生在历史系进行教学工作的主要支持者。当时在办公室工作的有刘淑娟、杨钊、程富琪等，到 1951 年从北京大学历史系毕业生中调来张文淳，本系毕业生李书兰。""侯先生提出向苏联学习，组织教学小组，具体的组织、领导者是白寿彝教授。"③

---

　　① 刘淑娟：《侯外庐周志在北京师范大学历史系》，《史学史研究》1982 年第 3 期，第 69 页。

　　② 杨钊：《回忆解放初期北师大历史系二三事》，《史学史研究》1992 年第 3 期，第 62 页。

　　③ 同上书，第 63 页。

5 月 24 日

先生参加第一次新哲学座谈会。"经常参加学习的有艾思奇、胡绳、侯外庐、何思敬、金岳霖、冯友兰、汤用彤、张岱年、贺麟、郑昕、朱光潜、洪谦、胡思华、齐良骥、任华、邓以蛰、王宪钧、任继愈等人。徐特立有时也来参加。"①

5 月

《中国思想通史》第二、三卷完稿。

在回顾《中国思想通史》第二、三卷成书的时候,先生特别提到杜国庠、邱汉生所饱经的生活艰辛:杜国庠一方面在上海坚持党的地下工作,一方面忍受着常人难以忍受的困难生活的煎熬,夫妇俩经常以稀粥度日,但"就是在这种情况下,杜老那蔼然长者的风度,那为学术工作竭诚尽虑的忠荩之心,那绵密细致的工作作风,实在是我们的表率。杜老在既是卧室又是工作室中,以一笔不苟的毛笔正楷,写出那样精严工整的思想通史书稿,可以说这同他一贯严谨的一丝不苟的治学精神是一致的"②。

邱汉生 1947 年被国民党从复旦大学、大夏大学解聘后,转到沈体兰负责的麦纶中学教书,完成第二卷汉末清议章;1949 年 4 月,国民党大批逮捕进步人士,他又隐蔽在环龙路一个学生家中继续坚持写作,完成第三卷的葛洪章,并按照杜国庠事先的安排,把第二、三卷全部书稿安全转移到亚尔培路的新中国新闻专科学校。

7 月 1 日

下午三时半,先生在北京饭店出席中国新史学研究会筹备会,与郭沫若、吴玉章、范文澜、邓初民、陈垣、翦伯赞、向达、吴晗、杨绍萱、吕振羽等 11 人为筹备常务委员会委员,郭沫若为主席,吴玉章、范文澜为副主席,先生与杨绍萱为秘书,负责进行召开全国历史工作者代表会议的筹备事宜。③

---

① 蔡仲德:《三松堂附录·冯友兰先生年谱初编》,河南人民出版社 2001 年版,第 376 页。
② 侯外庐:《韧的追求》,生活·读书·新知三联书店 1985 年版,第 287 页。
③ 《中国新史学研究会筹备会昨在平成立》,《人民日报》1949 年 7 月 2 日第 2 版。参见《文汇报》1949 年 7 月 8 日。

8 月 25 日

顾颉刚到北平师范大学拜访先生。

8 月 27 日

顾颉刚到先生家中拜访。

8 月

先生所著《中国古代社会史》由上海三联书店出版，作为"新中国大学丛书"之一。

同月，先生与杜国庠、赵纪彬合著《中国思想通史》第一卷作为"新中国大学丛书"之一，由上海三联书店出版，署名为"侯外庐、杜守素、纪玄冰"。

9 月 21 日

作为"中华全国社会科学工作者代表会议筹备会"的正式代表，先生参加在北平召开的中国人民政治协商会议第一次全体会议，其他人有陈伯达、陈绍禹、范文澜、谢觉哉、邓初民、王学文、艾思奇、何思敬、翦伯赞、张志让、阎宝航、钱端升、樊弘、吴觉农，候补代表为李木庵、胡绳。[①]

9 月 30 日

先生续作《中国思想通史——（中古编）序》，发表于《光明日报》1950 年 4 月 2 日第 3 版。文章提出："本卷写作的期间，正当国民党危害压迫最凶之时，在集稿的期间，著者或南北逃亡，或潜伏地下，未有宁日。稿件整理，由沪而港，复由港而沪，排印计划则年以数变，直至今日，在新民主主义的中华人民共和国诞生之日，始告付排，幸慰之余，谨向读者道歉！对于照顾我们写作生活与保存我们稿件的徐乐英女士，特志感谢之意！"

[①]　参见《人民日报》1949 年 9 月 22 日第 3、4 版。

10 月 21 日

先生被任命为中央人民政府政务院文教委员会委员（一直到 1954 年 9 月该委员会撤销为止）。文教委员会主任为郭沫若，副主任为马叙伦、陈伯达、陆定一、茅盾、习仲勋，其他成员有刘清扬、潘光旦、李达、符定一、沈志远、艾思奇、翦伯赞、钱俊瑞等。

秋

先生在参观人民革命大学的过程中受到其"政治学习小组"的启发，酝酿在北京师范大学历史系成立"中国通史教学小组"。刘淑娟回忆："他打算成立这个教学小组的目的，是想通过教学小组集体备课的方式，促进教师之间的互相帮助，进一步搞好教学改革。他把自己的想法向学校领导做了汇报，很快就得到学校领导的同意和文学院党、团支部的支持。顺便说说，外庐同志的组织观念很强，无论进行什么改革、试验，他都事先请示，在上级批准后才开始实施。"[1] "中国通史教学小组"由白寿彝、陆懋德任正副组长，包括张云波、陈述、刘淑娟（兼任先生的秘书）。"在教学小组的草创时期，外庐同志非常重视总结经验教训，目的在于不断提高小组工作的水平。他先后两次组织师生共同参加'教学总结座谈会'，总结教学小组的工作，也检查同学的学习情况。他要求学生给教学小组和讲课教师提意见、提要求、提问题，开展讨论。从至今还保存在历史系的教学总结座谈会的墨书签名和油印的会议程序来看，外庐同志对这样的座谈会是很郑重其事的。会议程序包括致开会词、问题解答与讨论、教学情况检查并提意见、大会检讨、致闭会词。在两次座谈会上，外庐同志都亲自出面解答问题。他在第一次座谈会作总结发言时说：'检查总结会是试验的开始，意义重大，我们要继续试验下去。希望同学们继续努力学习马列主义，帮助我们，严格要求我们。欢迎你们对我们提意见，批评我们，它会使我们进步，把教学质量提高一步。'像这样的教学总结座谈会，既检查了教学效果，又开展了学术讨论，师生都感到满意。这种座谈会，还体现了新时代师生互助，教学相长的新

---

[1]　刘淑娟：《侯外庐同志在北京师范大学历史系》，《史学史研究》1982 年第 3 期，第 69 页。

风貌、新精神。这是广大师生思想进步的表现，也是大家共同学习和运用马列主义的结果。"① 先生通过教学总结座谈会发现了新问题，又决定建立教师对学生的辅导制度。

冬

杨钊回忆："我跟随侯先生到山西省太原讲学，当火车距太原较近时，乘务员大声喊：车上有无国府委员？侯先生问：是不是文教委员？乘务员说，电话没说是什么委员，下车请不要出站，有人接。果然下车由杜任之先生来接车。我们住在交际处，杜任之给侯先生送来一大盒大婴孩牌的香烟。侯先生第一次大报告是在海子边，主席台上坐着山西省的领导。我在听众中搜集反映。第二次是在一个大礼堂，里外坐满了听众，侯先生没带片纸只字，我在黑板上写估计听众听不明白的字。讲完后，分小组讨论，我参加讨论，主要是听听意见，向侯先生反映。"② "在太原期间，我还随侯先生到晋剧名演员丁果仙（果子红）家，一家热烈欢迎侯先生。侯先生说：听说八路军要急于解放太原，想进城来听你的戏。你收徒弟了没有？可不要失传呵！丁果仙的老伴王秀峰回答说她收了个徒弟，人称'小果子'。"③

本年

《孙中山到毛泽东》由山海书屋出版，署名"侯外庐"，系"山海文花第一辑"。该书收入何畏之《和谈空气的背后》、先生的《孙中山到毛泽东》、陈健《对战争发展规律的认识》、文骊译《新民主主义的经济政策》、翦伯赞《末代帝王的下场》、波光《张学思千里寻兄》、冀汸《罪状》、水市译《石家庄的妓女》、吴晗《远方来鸿》、辛易的木刻《开会去》。

一九五〇年（庚寅）　四十七岁

1月14日、28日，于光远、曹葆华合译恩格斯《自然辩证法导言》

---

① 刘淑娟：《侯外庐同志在北京师范大学历史系》，《史学史研究》1982年第3期，第70页。

② 杨钊：《回忆解放初期北师大历史系二三事》，《史学史研究》1992年第3期，第62页。

③ 同上书，第63页。

连载于《中国青年》第30、31期。

2月，张仲实译《费尔巴哈与德国古典哲学的终结》由解放社出版。

3月19日，郭宝钧《记殷周殉人之事实》发表于《光明日报》1950年5月4日第3版。21日，郭沫若《读了〈记殷周殉人之事实〉》发表于《光明日报》第1版，认为"殷、周都是奴隶社会"，引发中国古史分期问题的讨论。

4月19日，中共中央发出《关于在报纸刊物上展开批评和自我批评的决定》。同月，艾思奇《历史唯物论、社会发展史讲义》由工人出版社出版。西藏、海南岛先后解放，中国大陆完成统一。

5月，中国科学院近代历史研究所成立。

6月，沈志远译米丁《辩证法唯物论》、艾思奇译米丁《新哲学大纲》均由生活·读书·新知三联书店出版。

7月，曹葆华译《唯物论与经验批判论》由人民出版社出版。

9月，郑易里译《自然辩证法》由生活·读书·新知三联书店出版。

10月10日，中共中央发出《关于镇压反革命活动的通知》。19日，中国政府出兵抗美援朝。

12月1日，人民出版社在北京成立。20日，傅斯年（1896—1950）逝世。29日，毛泽东《实践论》重新发表于《人民日报》。

本年，陈寅恪《元白诗笺证稿》由岭南大学中国文化研究室出版。

1月23日

西北军政委员会致电中央人民政府教育部，建议任命先生为西北大学校长。

西北大学前身是抗战中由北平大学、北平师范大学和天津北洋工学院组建的国立西北联合大学，后来西北联大的文学院、理学院、法商学院组成国立西北大学，以西安为永久校址。

1月

先生所著《中国古代思想学说史》（修正版）由上海国际文化服务社出版。

年初

组织上找先生谈话，要他到西北大学担任校长职务。

先生回忆："一九五〇年初，正值我在北京师大历史系任教，一天，组织上找我谈话，要我到西安西北大学担任校长职务。我愕然了，我申诉了自己的意见，表示：一来，自己书生一个，毫无行政管理经验，二来，个人的志趣是中国思想史研究，希望党在这方面扬我所长。组织上还是坚持要我去，指出建国之始，随着经济建设的发展，教育事业必须与之相适应，而高等学校加速培养人才为当务之急。还特别强调：我们就是要用自己的专家学者，来办好我们的高等学校。我实在不想去，记得还提出一个理由：西北地区总是希望西北籍人士出任该职，而西北籍的名流学者不乏其人，自己不是陕西人，不是西北的人，还是最好另考虑适宜人选。但党根据当时情况，决意要我去。我经过反复思想斗争后，接受了这个任务。"[1]

2 月 12 日

先生参加在北京大学孑民堂举行的第 21 次新哲学座谈会，郑昕为主席，王太庆、张岂之[2]、黄庭之、李方济记录。先生在发言中提出："阶级性和党性还是有一点区别。各个阶级都是有一定的立场，以其立场来看问题，即表现其阶级性。只有无产阶级大公无私，所以它的世界观——辩证唯物论——是平实不偏的。资产阶级的立场狭隘，所以它的世界观坐井观天，不能解决大问题。阶级性相当宽泛，其中可以有许多细微的区别，因为阶级中还有不同的层次，譬如大资产阶级与小资产阶级的意识形态便有区别。意识形态乃是归根结蒂的总结。党性的特征，则是把理论的结果化

---

① 侯外庐：《我在西北大学的日子里》，《人民政协报》1985 年 10 月 10 日第 4 版。参见张洲：《侯外庐在西北大学》，《文博》1996 年第 4 期，第 61 页。

② 张岂之（1927—），江苏省南通人。1950 年毕业于北京大学哲学系，同年考入清华大学文科研究所读研究生，1952 年到西北大学任教，1954 年兼任中国科学院历史研究所的工作，在侯外庐领导下参加《中国思想通史》、《宋明理学史》等编写。现任西北大学名誉校长、西北大学中国思想文化研究所所长等。主编《中国思想史》、《中国历史大辞典·思想史卷》、《中国儒学思想史》、《中国传统文化》、《中国近代伦理思想的变迁》、《中国近代史学学术史》、《陕西通史·思想史卷》、《中国历史》（六卷本）、《中国学术思想编年》、《中国思想学说史》等，著有《顾炎武》、《儒学·理学·实学·新学》、《春鸟集》、《中华人文精神》等。

为斗争的武器，以之指导策略，作为指导生活的教条。譬如董仲舒的'正其谊不谋其利，明其道不计其功'即有武器作用，在政治上发挥了实际作用，即是具有党性。党性有自觉的，也有不自觉的，有自觉而掩饰的，也有不自觉而站出来说话的。教条集中为政治，又来指导社会，变成社会的物质力量，便是党性。其实在历史上政党也曾屡次表现过，如东汉的党锢，北宋的王安石与司马光的党争，明末的东林党等都是。等到发展了政党，理论便变成集中的党性了。中国思想史上的斗争，都是农民暴动所打出来的，尤其可以证明党性的作用。党性是阶级性的集中。阶级性反映上去，成为意识形态，集中为党性，再返回来指导社会政治。看阶级性要由下看到上，看党性还要由上看到下。党性的根本精神是要作实际斗争的，我们今天所要的党性，就是辩证唯物论，是一种斗争的武器，批判的武器，用于实践之中，更让实践来检查。亚历山大诺夫的错误便是不及实践，无斗争性。党性由批判的武器，更进一步发展为武器的批判，由理论变为策略。总之，阶级性与党性是二而一的东西，不能分裂开来，要统一地去看才是。"又讲："我认为历史上的唯物论大体上是代表进步阶级的，唯心论则视其时代而定其进步性，大体上是唯心论的世界观总是反动的。具有进步性的唯心论者，多是二元论者，这一类人一方面拘于阶级意识，一方面也不敢否认现实，我们必须仔细加以区别。"①

3 月 7 日

中央教育部呈请中央人民政府政务院任命先生为西北大学校长，并附呈履历表一份，列有：特长历史学、哲学、专门中国思想史。著作：《中国古代社会与老子》；《经济学史的发展》；《中国古代社会史》；《中国古代思想学说史》；《中国近代思想学说史》；《中国思想通史》；《新哲学教程》；《三民主义与民主主义》；《抗日民族统一战线论》；《抗战建国论》；翻译《资本论》第一卷。

3 月 10 日

先生被任命为西北大学校长。政人字第 52 号《中央人民政府政务院

---

① 《讨论日丹诺夫关于亚历山大诺夫西方哲学史的发言》，《新建设》1950 年 10 月 1 日第 3 卷第 1 期，第 78 页。

令》："政务院第23次政务会议通过任命……侯外庐为西北大学校长……此令。总理周恩来。"

先生回忆："在我接受中央人民政府主席毛泽东的任命状时，既激动又深感责任重大难以胜任。中央教育部领导鼓励我，向我郑重表态说，学校实行首长负责制，要我大胆放手去工作，不要怕犯错误。教育部还指出，刚刚建国，一些具体的规章、制度的建立，尚有待时日，要我根据共同纲领的精神，遵循中央各时期工作的重点，从实践中去摸索经验。"①

单演义②回忆："自从中央人民政府任命先生为西大校长的消息传出后，我就为这个旧型西北最高学府领导得人庆幸，……因为先生是一位革命青年的导师，当代著名的历史学家和哲学家。"③

《光明日报》记者评论云："侯外庐先生出长西北大学，不仅给西北大学师生员工带来欢欣，就是整个西北的人民，也会为西北最高学府领导得人而高兴。"④

3月31日

《光明日报》登载《北京师范大学历史系教授集体教学受到欢迎》。

4月23日

先生所作《魏晋思想之历史背景与阶级根源》发表于《新建设》1950年第2卷第5期，收入《侯外庐史学论文选集》上卷（人民出版社1987年版）。

4月26日

先生所作《论汉代思想的阶级性与总倾向》发表于《光明日报》第3版，收入《中国思想通史》第二卷第一章"汉代社会与汉代思想"之第六节"汉代统治阶级支配思想的表现形式"。

---

① 侯外庐：《我在西北大学的日子里》，《人民政协报》1984年10月10日第4版。
② 单演义（1909—1989，安徽萧县人）字慧轩，又名晏一。1939年就读国立西北联合大学，后考入东北大学文科研究所，师从高亨、蒋天枢、肖一山等。1944年起在西北大学任教。早年从事庄子研究，解放后改治中国现代文学，是我国著名的鲁迅研究专家。
③ 张洲：《侯外庐在西北大学》，《文博》1996年第4期，第61页。
④ 阎愈新：《侯外庐出长西北大学》，《百年潮》2004年第2期，第36页。

5月4日

先生所作《关于五四运动谁领导的问题》发表于《光明日报》1950年5月4日第3版"五四"纪念特刊。文章认为："如实地讲来，五四时代共产主义知识分……要在质量上去分别，而数量上的多寡并不重要，转变期的历史运动规律都证明了这一点。有些人拿表面统计数字来怀疑共产主义知识分子的骨干地位，就不了解这个规律。"

5月7日

《光明日报》登载《开展师生的批评与自我批评——介绍北师大中国通史教学小组召开的师生座谈会》。

5月

先生所著《汉代社会史绪论》（《汉代社会与汉代思想》），单行本由北京师范大学历史系印行出版。

先生自述："对秦汉史的研究，我是在四十年代开始的。……在秦汉史研究中，我接触到中国封建社会史的一系列重要问题，如封建制法典化、土地国有制、农业和家庭手工业相结合的自然经济、封建社会的阶级结构、农民战争的特点等。我曾经设想分成十来个专题来研究，撰写一部像《中国古代社会史论》那样的比较完整的专著。"①

张岂之指出："这本书可以看作是白先生（白寿彝）与侯先生学术友谊的第一个结合点。白先生遵循马克思主义唯物史观，对中国封建社会史进行研究，大约是从这个时候开始的。"②

白寿彝忆评："在讲阶级关系的地方，外庐同志讲封建社会有皇族地主、豪族地主、庶族地主。这是他四十年代提出的。四十年代以后若干年间，他还是这样提，不提大地主或中小地主，他认为这不能反映出阶级成份，是很模糊的概念。对于他提出的皇族地主、豪族地主、庶族地主，这种分法，我不完全赞同。我觉得还应该更有根据地来提。'豪族'，现在用

---

① 侯外庐：《韧的追求》，生活·读书·新知三联书店1985年版，第249页。
② 张岂之：《白寿彝先生与侯外庐先生的学术友谊》，《史学史研究》2009年第3期，第8页。

得比较随便。在《汉书·地理志》里，讲豪族，不包含贵族地主在内。非贵族的地主，或者没落的贵族地主，像六国之后，这些是豪族，真正的在汉朝得到封爵领户的，这不是豪族，而是世家地主。但是提出地主阶级内部要有区别，这是外庐同志的贡献。"①

约 5 月

先生与纪玄冰合作《五世纪末唯物论者范缜研究》，发表于《中国科学》1950 年 8 月第 1 卷第 1 期。包括"范缜神灭论中的宇宙观与逻辑思想"、"范缜的思想史地位与身世及其体系构成"。

春

先生亲自组织指导北师大历史系第二届毕业生的教育实习，总结出"集体准备，老师指导，课后总结，错不再犯"等具体方针。

先生在北师大历史系所做的工作"为改造旧师大历史系、创办新师大历史系，迈出了坚实的一步"，"师大历史系在教学领域的一系列改革受到了教育部和新闻界的热切关注和积极支持。教育部向全国高等学校推荐了师大历史系教学改革的经验，并组织北京的兄弟院校的同志到历史系参观、学习"，但是，"面对着成绩和荣誉，外庐同志却谦逊地说：'我在历史系的工作，成功的经验少，失败的经验多。'"② 先生离开北师大时说："我对师大有特殊的感情，现在改革刚刚开了头，就要走了，真有些恋恋不舍！但这是党的决定，我必须服从。西北大学的工作也是党的工作的一部分，我去那里还是要战斗的。"③

6 月 3 日

《光明日报》登载《改进中的北京师范大学历史系〈关于历史系教学小组的调查报告〉——中央人民政府教育部全国高等教育会议参考资料之一》。

---

① 白寿彝：《外庐同志的学术成就》，《白寿彝史学论集》上卷，北京师范大学出版社 1994 年版，第 417—418 页。

② 刘淑娟：《侯外庐同志在北京师范大学历史系》，《史学史研究》1982 年第 3 期，第 72 页。

③ 同上书，第 73 页。

6 月 7 日

白寿彝《对于大学历史课程和历史教学的一些实践》发表于《光明日报》。

6 月 10 日

《光明日报》登载《师大历史系的集体教学实习制》。

陈其泰回忆："《光明日报》在 1950 年一年中，连续发表了 5 篇文章，介绍北师大历史系的教学改革情况，……这些文章和报导，说明了外庐先生从事的教学改革产生了很大反响。"[①]

6 月

先生与杜守素、赵纪彬、邱汉生合著《中国思想通史》第二卷由生活·读书·新知三联书店出版，署名"侯外庐、杜守素、纪玄冰、邱汉生"。该卷分上下册，上册即 1957 年版的第二卷（秦汉部分），下册即1957 年版的第三卷（魏晋南北朝部分），都由邱汉生校读清样。

同月，先生聘请刘承思到西北大学任教。刘承思回忆："1950 年 6 月，我接到建国后西北大学首任校长侯外庐先生的聘书，随同李述礼先生一道赴西大任教。这年 7 月 5 日我和李先生乘船赴汉口再转京汉路去北京，为的是先见见侯外庐校长和访问李先生在京老友。"[②]"我到西大工作不久，侯外庐先生即托我写信邀请端木到西大来任教，或作兼职教授，终因老舍不放而未成。80 年代端木在信中还提及此事，但他说成是侯先生要他来西大讲学。其实侯外庐先生很器重他，知道他是一位学者型的作家，极欲聘请端木兄来西大充实教授的阵容。"[③]

7 月 13 日

先生携秘书高扬自北京抵达西安，西北教育部部长江隆基、西北大学

---

① 陈其泰：《良师风范　学派旗帜》，《纪念侯外庐文集》，陕西人民教育出版社 1991 年版，第 66—67 页。

② 刘承思：《忆与端木蕻良的交往——致钟耀群同志的信》，《新文学史料》1997 年第 4 期，第 74—75 页。

③ 同上刊，第 75 页。

秘书长岳劼恒到车站迎接，下车后暂住西京招待所。

"当天下午4时，暑期留校师生900余人在礼堂举行盛大欢迎会。礼堂座无虚席，走廊和窗外都挤满同学，还有许多同学坐在主席台地板上，《团结就是力量》的歌声此起彼伏。由于侯先生崇高的声望，广大师生早已企盼观瞻侯先生的风采。当岳劼恒教务长引导侯先生进入会场时，师生全体起立，掌声雷动，侯先生频频挥手致意。此时的侯先生刚刚47岁，已是海内外知名的历史学家。他身材高大，手执折扇，身穿米黄色杭纺绸衫，操一口浓重的山西乡音说：我曾在北平大学和北师大上学，1932年至1933年又在这两所大学任教，因为宣传抗日，被国民党政府逮捕入狱，当时称为'许德珩侯外庐马哲民事件'，两校师生对我极力营救，所以我对西北大学有特殊的感情。现在，我来西北大学工作，能和老师同学们共同生活，非常高兴。青年同学热情活泼，和同学们生活在一起，我也年轻了。侯先生讲到不久前召开的首届全国高等教育会议时说：毛主席、周总理亲临大会，周总理就'新民主主义教育方针'、'理论与实际'、'团结与改造'三个问题对大会作了具体明确的指示。会议经过各方面反复研讨，决定新中国高等教育的发展方向是密切配合国家建设，逐步改革教育内容。会议高度发挥了民主协商的精神，从而巩固了教育工作者的团结。侯先生要求全校师生认清大西北的重要性，不要有自甘落后的思想，不如人，我们就要下决心追上甚至于超过。全校师生必须团结起来，在现有基础上，把新的西北大学办好。"[1] 当晚，江隆基家宴欢迎先生。

到任伊始，先生就千方百计地培养师资队伍，"他注意依靠和支持西大原有的专家、学者，如岳劼恒、虞宏正、张西堂、龙标云、方乘、傅角今、杨永芳、刘亦琦、李中宪、王成组、张伯声等，都受到他的尊重和热情关怀。当地质系杨杰教授因家眷在京准备离校时，他闻讯追到学校北门，恳切挽留并动手将行李卸下车。当获悉生物系李中宪教授在美国受聘于北京师范大学时，随即多次致函北师大校长林砺儒，终使该校退回聘书"，"同时，侯校长尽力取得中央和西北教育部的特许，运用自己的声望和影响，积极延聘各地著名学者来校任教，如李述礼、陈登原、陈直、楼公凯、沈石年、张岂之等均是这一期间到校的"[2]。

① 阎愈新：《侯外庐出长西北大学》，《百年潮》2004年第2期，第36页。
② 张洲：《侯外庐在西北大学》，《文博》1996年第4期，第62页。

　　先生非常关怀西北大学青年教师的培养与提高，"对青年教师既有表扬鼓励，又有严格要求。冯大麟、何炼成、李靖华等青年教师在《新建设》和《学习》杂志发表了论文，他在全校师生大会上表扬。他对青年教师的培养，提出'层层加码法'和'下水游泳法'。他对青年教师说：'我看你们能挑50斤，我立即加码到60斤；你能挑60斤的担子，我就让你挑70斤。'他强调在水中学游泳，在教学与科研实践中提高学术水平。他指导青年教师在学术研究中首先要把握正确的研究方向，找好'生长点'。……有一位他很器重的青年教师，在'文革'期间'四人帮'掀起批林批孔批周公运动中，大搞影射史学之际，出版了一本趋时之作《儒法斗争史》，又发表'批邓'文章。当时侯先生虽身处逆境，仍对这位青年教师作了严厉批评，纠正了这位青年教师的研究方向"；他极力扶持青年学生中的优秀分子，"允许数学系一年级的学生王戍堂选修三、四年级的课程和选修教师班的外语。中文系学生佘树声，写了一篇论述《阿Q正传》的万字长文，呈送侯先生求教，文中提出阿Q形象喜剧性背后的悲剧性，反面背后的正面性等。侯先生给佘树声写了两千多字的长信，从方法到立论以至具体内容都提出指导意见"；他提倡学术交流，"邀请华罗庚、翁文灏、尹达、唐兰、陈梦家、千家驹等名流学者来校讲学，全校师生踊跃听讲，既增长了知识，也开阔了视野。大师们讲授的哲理，也许影响听讲者的一生。名家的风采，给师生留下难忘的印象"①。

　　先生很重视校风和学风建设。"1950年他到西北大学不久，就提出建设新校风和新学风的意见。关于校风，侯先生写了四个字：'求实创新'，意思是说，根据新中国的实际情况建设新的高等教育体系。"② 先生提出"实事求是、严肃工作的新校风"、"师生互助、教学相长的新学风"、"理论与实际相结合的新研究风"的"新三风"："新校风要求校、系各级领导实事求是，艰苦奋斗；尊师爱生，亲密团结；以身作则，率先士卒。作为马克思主义哲学家的侯外庐，自然深知马克思主义的精髓是实事求是。因此，他大力提倡实事求是，坚持实践精神，求实作风。为此，他带头向全校学生讲授《立场、观点与方法》、《学习〈实践论〉》等专题，并将学

　　① 阎愈新：《侯外庐出长西北大学》，《百年潮》2004年第2期，第38页。
　　② 张岂之：《学习侯外庐先生的教育思想》，《纪念侯外庐文集》，陕西人民教育出版社1991年版，第14页。

校新落成的教学行政楼命名为'实事求是楼'。""新学风要求学生德、智、体全面发展，成为高素质、高质量的祖国栋梁之材。侯校长鼓励高材生从普通学生中努力突破，主张因材施教，把一般普遍教育与特殊英才教育结合起来。谆谆教导青年学子：'做学问，要坐冷板凳，吃冷猪肉，摩尔根《古代社会史》的英语释译，是一个字一个字抠出来的。'如此真切、简要的治学格言，不只当时在学生中广为传播，并在一代代学生中，成为高年级学生向新入学学生初次见面时的宝贵赠言。""新研究风特别要求青年教师不要脱离教学，专搞科研；也不要放弃科研，只搞教学；而要边教学，边科研，教学带动科研，科研指导教学。张岂之至今没有忘记侯校长就此对他说过的一句话：'你半年的研究成果，完全可以带回去讲半年。'还有一句话：'你的文字写得比较清楚，这得力于你搞教学工作。时常讲课，要让同学听懂，你就得把讲稿写清楚，使讲话有条理性。'"①

先生在西北大学开展爱国主义教育卓有成效，受到中央教育部的表扬。钱俊瑞副部长在北京劳动人民文化宫召开的北京高等院校人员大会上说："赴各地视察所得结果，以西北大学情形为最好，进步最快，一切生气勃勃，有条有理"，并号召各院校："向西北大学看齐。"②

7 月 22 日

先生所作《关于学习社会发展简史学习中的几个问题（一）》发表于《展望》1950 年第 6 卷第 1 期。文章提出要"建立劳动人民的观点"："学习历史唯物主义、社会发展史，首先要批判旧的思想观点——旧的人生观，然后建立起新的无产阶级的立场观点方法——新的人生观，才能得到应有的收获。"③

7 月 29 日

先生所作《关于学习社会发展简史学习中的几个问题（二）》发表于《展望》1950 年第 6 卷第 2 期。文章论述"知识分子对工人阶级的认识问题"、"为什么社会主义革命首先爆发在俄国"。

---

① 张洲：《侯外庐在西北大学》，《文博》1996 年第 4 期，第 62 页。
② 阎愈新：《侯外庐出长西北大学》，《百年潮》2004 年第 2 期，第 38 页。
③ 《展望》1950 年第 6 卷第 1 期，第 8 页。

7 月

《社会发展史的一些问题》由展望出版社出版，收入沈志远所作《社会发展史的一些问题》与先生所作《关于社会发展简史中的几个问题》。先生论述了"建立劳动人民的观点"、"知识分子对工人阶级的认识问题"、"为什么社会主义革命首先爆发在俄国？"等问题。

秋

先生请北京师范大学和西北大学历史系的友人校阅《中国古代社会史论》。

先生应邀到清华大学演讲。张岱年回忆："解放初期，1950 年秋，当时我在清华大学哲学系任教，与金岳霖先生、冯友兰先生等共商，邀请侯外庐同志到清华大学演讲一次，外庐同志答应了，他讲了关于中国哲学史的问题，内容甚为丰富，其中以邵康节的思想为例，对古代思想进行了分析批判，讲得非常清楚深刻。侯外庐同志关于中国古代史的著作比较艰深难懂，而这次讲演却是深入浅出、明白晓畅，参加听讲的教师学生都觉得非常好、很受启发。"[1]

10 月

抗美援朝战争爆发后，先生报名参加志愿军，在师生中产生很大影响。

11 月 1 日

先生所作《魏晋玄学的社会意义——党性》发表于《新建设》第 3 卷第 2 期。

本年

先生重新加入中国共产党。[2]

---

① 张岱年：《忆侯外庐同志》，《纪念侯外庐文集》，陕西人民教育出版社 1991 年版，第 73 页。

② 先生的女儿侯均初提出：先生于 1958 年公开党员身份。侯均初：《我的父亲侯外庐》，《沧桑》2002 年第 2 期，第 33 页。

同年，先生与尹达、向达、杜国庠、吴晗、李亚农、吕振羽、金岳霖、梁思永、夏鼐、徐炳昶、马衡、陈寅恪、陈垣、汤用彤、裴文中、冯友兰、翦伯赞、郑振铎、邓之诚被任命为中国科学院"历史考古组"专门委员。"近代史组"有白寿彝、田家英、吴玉章、何干之、邵循正、金灿然、胡乔木、范文澜、徐特立、华岗、叶蠖生、翦伯赞、刘大年。

一九五一年（辛卯）　四十八岁

2月1日，李达《〈实践论〉——毛泽东思想的哲学基础》发表于《新建设》第3卷第5期。同月，中共中央发布《中共中央关于加强理论教育的决定》（草案）。

3月1日，李达《〈实践论〉解说》发表于《新建设》第3卷第6期。同月，胡绳、于光远、王惠德《历史唯物主义的基本观点》由《学习》杂志社出版。

5月20日，《人民日报》发表《应当重视电影〈武训传〉的讨论》。同月，哲学界开展对唯心史观的批判。

6月4日，中央人民政府教育部开展对电影《武训传》和"武训精神"的讨论和批判。

7月28日，中国史学会举行成立大会，选举理事43人，候补理事9人，常务理事7人，以郭沫若为主席，吴玉章、范文澜为副主席，向达、郑振铎为正副秘书长。

9月29日，周恩来作《关于知识分子的改造问题》报告。

10月12日，《毛泽东选集》第1卷由人民出版社出版。同月，政务院公布《关于改革学制的决定》，决定对全国高校进行调整。

11月30日，中共中央发出《关于在学校中进行思想改造和组织清理工作的通知》。

12月1日，中共中央作出《关于实行精兵简政，增产节约，反对贪污、反对浪费和反对官僚主义的决定》。

1月30日

周作人《鲁迅与英文》发表于上海《亦报》。文章认为："在北京的报上见到侯外庐先生的一篇文章，题目很长，一共有 26 个字，现在不便摘录，总之是论鲁迅的，里边所说的话我也别无意见，只是其中有一句我觉得不确实，所以提出来一说。侯先生说，阿 Q 这名字取意之所在，由他猜测，以为鲁迅先生大概是取英文'问题'（Question）的头一个字母，但他没有直接地用'？'而已。这解释得很好玩，但决不可能是事实，因为他是反对英文的。在光绪戊戌（1897 年）他最初考进水师学堂，也曾学过英文，'块司凶'这字他当然是认识的，不久改进陆师附属的矿路学堂，便不学了，到了往日本进了仙台医校之后改学德文，这才一直学习，利用了来译出好些的书。他深恶那高尔基说过的黄粪的美国，对于英文也没有好感，自然他也很佩服拜伦、雪莱等诗人，觉得从英文译书也可以，但是使用整句整个英文字的作风是为他所最反对的。他不用阿 K 而偏要用 Q字，这似乎是一个问题。不过据他自己说，便只为那字有个小辫子，觉得好玩罢了。如有人不相信这个说明，那自然也是可以的。"①

2 月 6 日

先生与杨钊在太原过春节。杨钊回忆："春节是在太原过的，大年初一由山西省长程子华摆宴请客，程对侯先生说，土改时收集了几百箱字画，如有兴趣，可叫人打开看看，任您挑选。侯先生说，估计是假的多，不必看了。"②

2 月 17 日

先生与白寿彝在《光明日报》创办"历史教学"半月刊，题写"历史教学"的篇首并作《〈实践论〉是历史教学底最高依据》的创刊辞，后以《〈实践论〉是历史教学的最高依据》为题发表于《史学史研究》1993 年第 3 期。文章认为："毛主席的辉煌理论之一《实践论》着重在中国革命实践中指出理论认识的指南，揭露了教条主义与经验主义的错误。……哲学，经济学，历史学是三位一体的，隔断三者中间的关系，而孤立研究，正是旧史学界的局限，只有新史学才能从'认识与实践的

① 陈子善编：《知堂集外文·〈亦报〉随笔》，岳麓书社出版社 1988 年版，第 522 页。
② 杨钊：《回忆解放初期北师大历史系二三事》，《史学史研究》1992 年第 3 期，第 62—63页。

关系'的最基础理论方面出发。""研究真理，必须透过自己的思维与意识而加工，更须使在自己意识中滤过了的理论武器，在历史的教学中检证，因为大匠可以教人以规矩，却不能示人以'巧'，所谓裁缝或裁塑就是实践理论，而科学活动的真理性则是'熟能生巧'的那种'巧夺天工'，《实践论》本身是通过实践而发现的真理，学习《实践论》对于我们新史学者，要不断地再通过历史实践而证实《实践论》而发展《实践论》。"

3 月 1 日

先生所作《"实践论"——中国思想史（知行关系）的科学总结》发表于《新建设》1951 年第 3 卷第 6 期。文章认为："毛主席光辉理论之《实践论》，应从马克思主义在东方的具体发展、应从中国革命实践醇化为科学的理论抽象、应从革命理论认识中对左右两条路线斗争而掌握的正确科学武器、应从综合了列宁的认识反映论与认识媒介论、斯大林的认识裁塑论，等等方面，去仔细研究的；同时就中国哲学史上'知和行的关系'（《实践论》小标题）在《实践论》这一辉煌理论怎样做了科学的总结，亦是研究《实践论》的一个重要方面。"①

6 月 1 日

先生作《武训——中国农民拆散时代的封建喜剧丑角》，发表于《光明日报》1951 年 6 月 5 日第 1 版。文章认为："训"有"顺从"、"法式"之义，"合而言之略当典型示范的、奴顺之义"，"通过武'训'这一人物的讨论，提升到马列主义的思想性与原则性，实在是必要的。这样做，对于中国思想界的混乱是一个清醒药剂，而亦对于理论水平的提高是一个实际教育"。"武'训'经历的十九世纪后半叶的时代，是近代中国农民独立地走上历史舞台的时代（即尚没有无产阶级的领导），他们只会拆散，不会设计，对于旧社会的矛盾的现实，暴露而为悲剧性的真实的矛盾，使之导入于悲剧的灭亡过程，并加剧其悲剧性的问题，而社会的光明图景则不能有所制作，即使主观上制作出来，亦仅（限）于是不怕将来并信仰将来的乌托邦。""武训的历史并不太曲折，但亦有他的表面上能够迷惑人的相对完整性。他是贫农

———————
① 《新建设》1951 年第 3 卷第 6 期，第 27 页。

出身，阶级关系上给人以直感的迷惘；他做的是兴学的'好事'，一般的道德律上给人以直感的迷惘；他实践的主张带了一种'苦行'甚至假象上所谓'利他'精神，给人以直感的迷惘；他实现他的主义始终一贯，得到所谓'有志者事竟成'的'荣'典，亦给人以直感的迷惘。他的这四种人格表现，综合成为一种完整的封建'善士'的训条，是没有疑问的。""武训的幻影投入小资产阶级立场的曲折镜头，还不能用教条主义或经验主义来概括，这显然是他们小资产阶级立场的复合性的多方面的，因此，我们必须使这个中国农民拆散时代的封建喜剧丑角原形毕现，而通过批判的研究，又必须在理论上提高到思想性与原则性的教养上。"

7 月 8 日

顾颉刚致信先生。

7 月 28 日

先生出席中国史学会成立大会。

8 月 1 日

黎澍《反对故作高深》发表于《学习》半月刊 1951 年第 4 卷第 8 期。文章提出："侯外庐同志这篇文章（指《武训——中国农民拆散时代的封建喜剧丑角》——编者注）的题目就是很难令人懂得的。"① "侯外庐同志在革命的理论工作上和实际工作上都是努力的，都是有贡献的，但是他的理论著作至少有一个显著的缺点，就是不善于用明确的语言来表现明确的思想，也就是故作高深。我们希望他认真地克服这个缺点。"②

先生看了之后，在西北大学全校师生大会上介绍了黎澍对自己的批评，并作自我检讨。③

9 月 1 日

先生对黎澍批评的回应发表于《学习》半月刊 1951 年第 4 卷第 10

---

① 《学习》半月刊 1951 年第 4 卷第 8 期，第 25 页。
② 同上刊，第 26 页。
③ 参见阎愈新：《侯外庐出长西北大学》，《百年潮》2004 年第 2 期，第 38 页。

期："侯外庐同志来信说:《学习》第四卷第八期短评栏黎澍同志对我的文章作风，所作的友谊而诚恳的批评，特别是该文首段与末段的前提和结论，我衷心地接受着，作为改正文风与克服缺点的药石良言，在今后的理论写作上作认真的检查。""我的文章作风，尤其是表现形式，是很特别的，特别到有时所谓'孤芳自赏'的程度。养成这样的习惯，从翻译《资本论》开始，已经二十多年了。知遇不知的朋友和同志异口同声，一致对我提过意见，下过警告，也有若干年了，我虽有某些方面和某些程度的改变，但基本上我还是独行其是，没有革命的勇气（对我说来，是一种革命，很难脱胎换骨的）。甚至在解放以前，我的思想上最后还想保存我的阵地，以为大众化通俗化可以不由我来负担，让我的这一格，例外地存在于学术界，也并不是太坏的事吧。这想法是错了的，主要错在脱离群众，对读者不负责任。""我想我要经过一个相当长的艰苦改革的时期，一下子解放恐怕不易做到的。而且在某种写作条件之下，弃了旧是采取新的，我还难有把握的。我想黎澍同志和我的亲爱的文化界的战友们更会帮助我这一改革过程，尽可能缩短些的。"①

10 月

先生在全校师生纪念鲁迅先生逝世十五周年大会上就鲁迅的笔名做讲演。

同月，先生派遣刘承思到教育部举办的政治经济学研究室进修。②

一九五二年（壬辰）　四十九岁

1 月 4 日，中共中央发出《关于立即限期发动群众开展"三反"运动的指示》。26 日，中共中央发出《关于在城市中限期展开大规模的坚决彻底的"五反"斗争的指示》。同月，胡绳、于光远、王惠德《我们的时代》由《学习》杂志社出版。

---

① 《对本刊批评的反应》，《学习》半月刊 1951 年第 4 卷第 10 期，第 43 页。
② 刘承思:《忆与端木蕻良的交往——致钟耀群同志的信》，《新文学史料》1997 年第 4 期，第 75 页。

4月1日，毛泽东《矛盾论》重新发表于《人民日报》。2日，毛泽东《矛盾论》单行本由人民出版社出版。10日，《毛泽东选集》第2卷出版。19日，艾思奇《学习〈矛盾论〉，学习具体分析事物的科学方法》发表于《人民日报》。

6月19日至22日，刘大年《学习斯大林关于基础与上层建筑的学说——为纪念斯大林〈马克思主义与语言学问题〉发表两周年而作》发表于《光明日报》，提出"西周封建说"。同月，李约瑟访华。

7月，李达《〈矛盾论〉解说》开始在《新建设》发表。

10月7日，教育部发出《关于全国高等学校马克思列宁主义、毛泽东思想课程的指示》。

3月

先生所作《严复思想批判》发表于《新建设》1952年第3期，收入《中国近代启蒙思想史·附录》（人民出版社1993年版）及《侯外庐史学论文选集》下卷（人民出版社1987年版）。

4月

先生所作《论洪秀全与洪仁玕》发表于《新建设》1952年第4期，收入《中国近代启蒙思想史·附录》（人民出版社1993年版）及《侯外庐史学论文选集》下卷（人民出版社1987年版）。

6月

先生不同意刘大年的"西周封建说"。"最先引起的反应是侯外庐找刘大年谈话。""侯外庐认为，学术争论应有自己的观点，他当面对刘大年说：'你把毛主席的话都讲出来了，你这样做，我们就不好讨论了。'侯外庐的话意是，不能以毛主席的话作为标准来研究历史，探讨学术问题，因为这样一来，就不能说话了。这是刘大年始料未及的。"①

本年

先生在西北大学率先创办石油与天然气勘探专业，为祖国石油战线培

---

① 周秋光、黄仁国：《刘大年传》，岳麓书社出版社2009年版，第155页。

养了大量人才，西北大学也被誉为"中华石油英才的摇篮"。

同年，先生在中级党校作报告，称毛泽东《实践论》是古代知行学说的"概括"，《矛盾论》是对列宁《谈谈辩证法》的"发挥"。

张岂之回忆："1949年初春，我正在北京大学哲学系念书（1946—1950）。当时正值北京解放，有一批马克思主义学者从东北来到北京，北大请他们中的一些人来讲学，侯外庐先生就是其中一位。侯先生开了一门选修课'中国思想史'。我选修了这门课后，感觉收益很大。最突出的印象是，他分析问题非常深刻，能够把某种思想文化现象的深层原因挖掘出来，不停留在抽象的、概念的表层，给人的启发很大。我们几个坚持听他课的同学常到他家里去请教。侯先生要我们读一些经典著作，如《共产党宣言》、马克思关于历史唯物论的通信等。他被任命为西北大学校长后，需要带一批青年教师去充实师资力量。当时我已经从北大毕业，考上了清华大学的研究生，因为没有导师，只能自己看书。此时便跟随侯先生去了西北大学任教。"[1] "1949年，北平和平解放。北大文学院请马克思主义学问家郭沫若、范文澜、胡绳、侯外庐、何干之、艾思奇等先生来讲学，特别是外庐先生关于中国思想史的专题课给我很大影响；他运用唯物史观对中国学术思想进行分析，我感到有很强的说服力，他是我走向中国思想史研究的引路人。"[2]

又，张岂之回忆："有一次我正在讲课，看到窗外站着的是当时西北大学的校长侯先生。他一直听到我下课。我带着紧张的神情问他讲课中有没有错误。他带着鼓励的语调说：'错误还没有发现，大体上还是清晰的，不过举例都是教科书上的老一套。其实，关于逻辑的举例，实际生活中有的是，你可以找一找，这样，你的讲课可能会生动一些。'"[3] "1952年我到西北大学，他让我两三个星期之后给法律系学生讲逻辑学。我试着讲，他在门外听，事后对我说，缺点有一条：举的例子都是苏联教科书里

① 张越：《关于中国思想史、文化史的研究——张岂之教授访问记》，《史学史研究》1995年第3期，第42页。

② 湛风、郑雄：《在人文学术园地不懈耕耘——张岂之先生访谈录》，《中国文化研究》2009年第2期，第2页。

③ 张岂之：《永远的怀念——记外庐先生》，《春鸟集》，中国社会科学出版社1997年版，第121页。

面的。"①

又，张岂之回忆："侯先生很喜欢青年，在他担任西北大学校长的几年间，经常和同学们接触，……他时常在午饭时候到学生食堂去，和学生们谈谈心。在我的印象中，侯先生很少谈到他个人的事，好像不善于谈心似的。西大的老人说：'侯校长谈心，不是谈他个人的事，而是谈他的学术观点。'……他关于中国古代社会氏族制的残余和家、室的意义，关于中国'城市国家'的起源和发展，关于豪强地主与庶族地主等，都属于他的创造性的学术观点，都曾经在西北大学学生食堂的餐桌上不拘形式地跟学生们讲过。"②

一九五三年（癸巳）　五十岁

1月1日，日知译马克思《前资本主义生产形态》发表于《文史哲》1953年第1期。1月29日，中共中央决定成立马克思恩格斯列宁斯大林著作编译局。

3月1日，日知译马克思《前资本主义生产形态》（续）发表于《文史哲》1953年第2期。同月，曹葆华、于光远译恩格斯《劳动在从猿到人转变过程中的作用》与唯真译斯大林《辩证唯物主义与历史唯物主义》均由人民出版社出版。

4月10日，《毛泽东选集》第3卷出版。同月，曹葆华译、博古校阅的《唯物论与经验批判论》与唯真译列宁《论战斗唯物主义底意义》均由人民出版社出版。

5月1日，日知译马克思《前资本主义生产形态》（续完）发表于《文史哲》1953年第3期。

7月27日，朝鲜停战协定及其临时补充协议在板门店正式签字。同月，李达《〈矛盾论〉解说》由生活·读书·新知三联书店出版。

9月16日至18日，毛泽东发表讲话《批判梁漱溟的反动思想》。同

---

①　张岂之：《纪念侯外庐先生百年诞辰学术研讨会闭幕词》，张岂之主编：《中国思想史论集》第2辑，广西师范大学出版社2003年版，第18页。

②　张岂之：《永远的怀念——记外庐先生》，《春鸟集》，中国社会科学出版社1997年版，第123页。

月，《斯大林全集》第 1 卷由人民出版社出版。

本年，范文澜《中国通史简编》（修订版）第一编由人民出版社出版。

2 月 24 日

以钱三强为团长的中国科学院代表团访问苏联，"斯大林逝世前指示苏联科学院要热情接待中国科学家代表团，尊重中国同志的意见，对于一些学术方面的问题，如对历史分期问题等，不要争论等等"①。

3 月中旬

参加中国科学院访苏代表团的刘大年在苏联科学院哲学历史学部作《中国历史科学现状》的报告，指出：继李大钊提到用马克思主义理论研究中国历史后，郭沫若、范文澜、吕振羽、侯外庐、翦伯赞等人在运用马克思主义研究中国历史方面取得了巨大成绩。②

7 月 26 日

中宣部将中国历史问题研究委员会名单上报中央："陈伯达、郭沫若、范文澜、吴玉章、胡绳、杜国庠（现在广州）、吕振羽（现在沈阳）、翦伯赞、侯外庐（现在西安）、刘大年、尹达（人民大学）。"毛泽东批准名单，指定陈伯达为主任，并把"吕振羽（现在沈阳）"的"沈阳"改为"长春"。这份名单基本上囊括了 1949 年后中国马克思主义历史学的权威人士。③

8 月 5 日

中共中央正式批准由陈伯达等 11 人组成的"中共中央历史问题研究委员会"。

8 月 8 日

中宣部把决定成立"中共中央历史问题研究委员会"的通知发给各位

---

① 刘大年：《刘大年来往书信选》下册，中央文献出版社 2006 年版，第 702 页。
② 周秋光、黄仁国：《刘大年传》，岳麓书社出版社 2009 年版，第 179 页。
③ 同上书，第 218—219 页。

委员。①

9 月 21 日

先生参加在北京文津街中国科学院院部举行的中共中央中国历史问题研究委员会第一次会议，参加会议的还有陈伯达、郭沫若、吴玉章、范文澜、吕振羽、翦伯赞、胡绳、尹达、刘大年，黎澍、佟冬列席会议。②

此次会议提出创办《历史研究》，毛泽东此前指示要坚持"百家争鸣"的方针。这一方针提出的直接背景，是范文澜与郭沫若在中国历史分期问题上的分歧。③

10 月 8 日

中科院成立第一、第二历史研究所筹备委员会，名单有先生、范文澜、刘大年、尹达、郁文。以范文澜为召集人，刘大年为秘书。

10 月

先生的长孙出生，起名为"且岸"："'且'寓意为'新生命的开始'，'且岸'则意为'一个新生命终将会达到彼岸'。"④

12 月 3 日

中国科学院召开院务常委会，讨论东北分院编制问题及中科院历史所人选，先生被正式任命为中古史所（二所）副所长（所长陈寅恪未就任，实际上由郭沫若兼任，后改为陈垣；副所长还有向达），⑤同时仍兼任西北大学校长（到 1957 年）。

本年

先生回忆："作为一个学术问题，应当充分展开讨论。但是，这种讨

① 参见刘大年《刘大年来往书信选》上册，中央文献出版社 2006 年版，第 94—95 页。
② 刘大年：《刘大年来往书信选》，中央文献出版社 2006 年版，上册第 95 页及下册第 704 页。参见张剑平《新中国史学五十年》，学苑出版社 2003 年版，第 34 页。
③ 周秋光、黄仁国：《刘大年传》，岳麓书社出版社 2009 年版，第 234—235 页。
④ 刘仰东：《侯外庐给世间留下了什么》，《炎黄春秋》2007 年第 1 期，第 45 页。
⑤ 刘大年：《刘大年来往书信选》下册，中央文献出版社 2006 年版，第 704 页。

论应当是平等的，相互尊重的，不能以势压人，搞学阀作风。我至今还记得我和陈伯达有过一次颇不愉快的争论。一九五三年，我在西北大学工作，当时因苏联编纂百科全书有关中国哲学史等条目，要求中国学者执笔。组织上为此把我调来北京数月，撰写部分条目。那时，我住中南海中宣部机关，陈伯达也住在附近，因而经常见面。一次，他找我谈话，记得胡绳同志也在场，话题中心是中国古史分期问题。他先要我谈看法，我知道他主张西周封建论，和我的观点分歧甚大。对于不同的学术见解，我素来不喜欢口舌相争，主张文字相见，若相互面析，即使熟朋友也容易面红耳赤。何况，我和陈伯达是初交，对偌大分歧，实在不想多说什么，只表示我不同意西周封建论，认为从战国中期到秦汉之际都属于奴隶制向封建制的过渡期。没有等我稍作说明，他就听不下去了，问道：'那么，你认为秦始皇当权算不算封建制？'我说：'封建制的开始或奴隶制的结束，都不能以秦始皇一个人划界。'陈摇头道：'你说秦始皇不属于封建帝王吗？'这几乎是用课问小学生的方式要我回答复杂的学术问题，实在恼人，于是我干脆回答：'不属于'。他听了哈哈大笑，接着说：'你走得太远了！'其实，我说秦始皇不属于封建帝王之列，是句气话。我从未否认秦始皇是封建帝王，同时又认为秦统一中国，虽然为封建制度奠定了基础，但只有到了汉初法典化过程的完成，才算封建制度最终确立的标志。"[①]

一九五四年（甲午）　五十一岁

1月，中科院成立历史研究所第一所和第二所，原近代史研究所改名为历史研究第三所。历史所一、二所办公地址最初在北京大学第一宿舍内，1954年2月迁至北京东城区干面胡同，同年5月3日迁至东四头条一号。

2月，中共中央中国历史问题委员会倡议创办的《历史研究》创刊，尹达、刘大年为正副主编，编辑委员会有郭沫若、尹达、白寿彝、向达、吕振羽、杜国庠、吴晗、季羡林、侯外庐、胡绳、范文澜、陈垣、陈寅恪、夏鼐、嵇文甫、汤用彤、刘大年、翦伯赞。

① 侯外庐：《韧的追求》，生活·读书·新知三联书店1985年版，第252—253页。

3月24日，《光明日报》副刊《哲学研究》创刊。

4月，郭沫若《奴隶制时代》由人民出版社出版。

6月26日，中共中央决定在高校开展"忠诚老实学习运动"。

8月，尚钺主编的《中国历史纲要》由人民出版社出版。

9月3日，周辅成《评〈中国古代思想史〉》发表于《新建设》1954年第9期。15日至28日，中华人民共和国第一届全国人民代表大会第一次会议在北京举行。

10月16日，毛泽东写《关于红楼梦研究问题的信》，理论界开始对《红楼梦》研究中的胡适派唯心论进行批判。同月，张仲实译恩格斯《家庭、私有制和国家的起源》由人民出版社出版。

11月，王亚南《中国地主经济封建制度论纲》由华东人民出版社出版。

12月2日，中国科学院院务会议和中国作家协会主席团举行联席会议，决定召开批判胡适思想的讨论会。同月，《诸子集成》由中华书局出版。

1月30日

中国科学院院务常委会决定向达任历史研究所第二所第一副所长，先生为第二副所长。①

2月

为了筹建三个历史研究所，刘大年直接参与先生与顾颉刚的调京工作。刘大年自述："1953年秋冬，中国科学院决定增设两个历史研究所，我参加筹备的具体工作。到1954年2月，历史第二所的副所长人选还没有确定下来。胡乔木同志负责中宣部常务，一个晚上我去中南海来福堂他的住处汇报情况，恰逢黎澍同志也在那里。乔木当即口授、由黎澍笔录给西北局一个电报，调西北大学校长侯外庐担任历史第二所副所长。大约十来天以后，我接到外庐一封长信，说他欣然奉命来京，询问两个历史所筹

---

① 《竺可桢日记》第3册，科学出版社1989年版，第415—416页。

备情况，并提出自己的建议。"①　随后，刘大年特为先生调京给他写信，索自传等材料，具体办理有关手续。

同月，中共中央中国历史问题委员会倡议创办的《历史研究》创刊，先生与郭沫若、尹达、白寿彝、向达、吕振羽、杜国庠、吴晗、季羡林、胡绳、范文澜、陈垣、陈寅恪、夏鼐、嵇文甫、汤用彤、刘大年、翦伯赞为编委。林甘泉开始认识先生，林回忆："当时我被调到新创办的《历史研究》编辑部工作，侯外庐同志是编委之一。平时接触虽然不多，但有一件事情使我印象非常深刻。在创办《历史研究》的同时，历史研究所第一所和第二所也正在筹建。我对编辑工作不大安心，想转到研究所做研究工作。有一次外庐同志对我说：'编辑工作是很锻炼人的。我在重庆主编《中苏文化》，就深有体会。编辑工作可以使你开阔眼界，对你今后从事研究工作会有很大好处。'这是使我终身受用的一句经验之谈。"②

同月，先生所作《中国封建社会土地所有制形式的问题——中国封建社会发展规律商兑之一》发表于《历史研究》1954年第1期（创刊号），《新华月报》1954年第5号转载，收入《中国封建社会史论》（人民出版社1979年版）、《侯外庐史学论文选集》上卷（人民出版社1987年版）。文章提出："中国封建社会史的重要问题，也如中国其他社会发展阶段的重要问题一样，首先是人类在生产过程中的相互关系，……所以，研究中国封建制度，并不是从超经济的强制入手，而是从封建土地所有制入手。""研究中国数千年来的封建土地所有制，不是一件轻而易举的工作。……我们既要理解封建土地所有制形式的一般规律，以作为研究的出发点，又要从中国封建历史上具体的土地所有制形式去发现其特殊的规律。"③"在欧洲，中央集权是封建主义没落以至资本主义形成时期的产物，在中国早期封建就有了中央专制，这正表明了政治史之依存于经济基础——皇族垄断的土地所有制形式。历代党争的真实根源，中国历代君主之直接利用宗教而无皇权教权的分立的根源，也可以从这种经济基础上说明。这是我们

① 刘大年：《侯外庐与马克思主义历史学》，《历史研究》1988年第1期，第35页；参见周秋光、黄仁国《刘大年传》，岳麓书社出版社2009年版，第225页。
② 林甘泉：《哲人不萎 风范长存——悼念侯外庐同志》，《历史研究》1988年第1期，第43页。
③ 《历史研究》1954年第1期，第17页。

研究中国封建社会史所必须先决的问题。"①

"这篇文章一反以往通行的中国封建土地的地主（或领主）土地所有制说，首倡'皇族所有制'，从而开始了关于中国封建土地所有制形式问题的讨论。……从 1954 年到 60 年代初，《历史研究》曾就这个问题发表了侯外庐、杨向奎、李埏、束世澂、韩国磐②、蒙默、孙达人等学者的十多篇文章。"③ 先生的观点得到郑天挺的支持，束世澂、胡如雷等人则主张整个封建社会中以地主土地所有制占主导地位，贺昌群、韩国磐、华山、高敏等主张魏晋隋唐以封建土地国有制占主导地位而其后以地主土地所有制占主导地位，李埏等主张多种所有制并存说。"封建土地所有制形式的讨论，是中国封建社会探讨深入的表现，有助于对中国封建社会经济结构的深入研究，是马克思主义史学深入发展的重要表现。"④

先生晚年回忆："长期以来，有的同志因我提出封建土地国有制的观点，而指责我否定封建制度的存在，甚至进而推论出否定土地改革的必要性，这实属一种误解。我想，只要是认真的读者不至于产生这样的误解。因为，第一，我之所以提出封建土地国有论，正是为了阐明中国封建专制主义长期赖以存在的真实社会经济根源。第二，我讲的封建土地国有，根本没有涉及一八四〇年以后的半殖民地半封建社会，即便在整个封建社会中，我也并不认为封建土地国有制的所有形式始终占支配地位，我明确指出过，自明代嘉靖、万历以后，随着土地私有制（自由买卖）的发展，土地国有制的所有形式渐渐不占支配地位了。这和否定土改有何相干呢！我做学问重在独立自得，不怎么喜欢与人争长论短，也很少写文章答复别人的批评。但在五十年代末以后，我在这个问题上受到的压力越来越大，当时在'左'的气氛下，是不容易申辩的，后来，到了'文革'时期，给我扣上了许多政治帽子，乃至学术界一些赞成我的封建土地国有论的朋友也因我而受株连，挨了棍子，现在说起来，也还是痛心的。至今我仍认为，

① 《历史研究》1954 年第 1 期，第 20 页。
② 韩国磐（1919—2003），江苏南通人。1945 年毕业于厦门大学历史系并留校任教，1983 年加入中国共产党，曾任全国人大代表，福建省政协常委、民盟中央教育委员会委员等。是当代中国魏晋隋唐史学科和中国经济史学科的奠基者之一，著有《隋朝史略》、《隋唐的均田制度》、《隋唐五代史纲》、《魏晋南北朝史纲》、《中国古代法制史研究》等，主编《中国通史》、《敦煌吐鲁番出土经济文书研究》等。
③ 周秋光、黄仁国：《刘大年传》，岳麓书社出版社 2009 年版，第 239 页。
④ 张剑平：《新中国史学五十年》，学苑出版社 2003 年版，第 58 页。

封建土地国有论问题是可以而且应该探讨的一个学术问题，各种不同意见，完全可以展开讨论，相互争鸣。"①

3 月 9 日

先生致信刘大年："来函奉悉。西北领导方面已告我，一如你所云各点。'历史研究'会议等件亦收到。现正部署工作，惟上面领导并未说让我离开之确切时间。京中工作如需我即去，应由你们函催西北领导。""我介绍一位作校勘和集资料之工作人员，名'索介然'，现在西大工作，请能列入编制，于我回京最好能随回，以便在工作上使用他。自传不日寄去。"②

4 月

先生由西安回京，任中国科学院历史研究所第二所副所长，并兼任西北大学校长。

8 月 26 日

顾颉刚到中国科学院历史研究所与先生谈话。

8 月 29 日

先生到顾颉刚家拜访。

9 月 2 日

下午，先生出席中国科学院社会科学组会议，讨论解放台湾问题。会议由范文澜主持，尹达、刘大年、罗常培、顾颉刚、郑石君、丁声树、夏鼐、徐炳昶、陆志伟、巫宝三、狄超白、严中平参加。会后，顾颉刚坐先生汽车回家。

9 月 3 日

先生继续出席中国科学院社会科学组会议。

---

① 侯外庐：《韧的追求》，生活·读书·新知三联书店 1985 年版，第 254—255 页。
② 刘大年：《刘大年来往书信选》上册，中央文献出版社 2006 年版，第 57 页。

9 月 10 日

先生作《中国古代社会史论》（修订本）之"自序"，该书原名为《中国古代社会史》。序云："这本书是一九四〇年到一九四五年我所写的论文集，这些论文是在皖南事件后国民党反动派对进步力量横施摧残压迫的时候写的。为了避免'检查者'的挑剔，措辞不能不有所隐晦；好多地方因了不能提阶级二字，使读者难以了解，如'阶级社会'就以'文明社会'来代替，这曾使得苏联历史学家还特别指出，说这是我的专门语汇。加以当时参考书籍有限，即使是同时代的史学界的著作也找不到，因此所根据的材料只是人所皆知的中国古史文献；论据久要不是孤证，我就没有另行搜集。"① "书名原作《中国古代社会史》，不甚符合于内容，现在改名作《中国古代社会史论》。至于本书所应特别增加的中国奴隶社会的解体过程，还得以后来追补。"② "一九四六年到一九四七年曾三次接到苏联历史学家格列科夫院士鼓励我的信，一致郭沫若同志（曾载于一九四六年春重庆《新华日报》），二致我自己（曾载于一九四六年秋上海《文汇报》）。一九五〇年夏间读到苏联科学院《哲学问题》杂志一篇有关中国史学的评论（译文见一九五〇年八月二十日《光明日报》），后来知道，该文作者的名字即汉学家彼得罗夫大使的笔名，对本书作过评介。最近又看到鲁宾先生在《苏联古史通报》上评介本书的文章。这都鼓舞了我修订本书的勇气。"③

9 月 13 日

下午，先生在中国科学院历史研究所开会。尹达、向觉明、顾颉刚、张政烺、白寿彝、阴法鲁、张德钧、王修、贺昌群、吴宜俊等参加。

9 月 15—28 日

先生当选第一届全国人大代表，出席全国人民代表大会。

---

① 侯外庐：《中国古代社会史论》自序，《中国古代社会史论》，人民出版社 1955 年版，第 6 页。

② 同上书，第 7 页。

③ 侯外庐：《中国古代社会史论·自序》，人民出版社 1955 年版，第 7—8 页。

10 月 8 日

中国科学院历史研究所欢迎日本学者贝冢茂树、仓石武四郎访华，先生与范文澜、刘大年、尹达、向达、顾颉刚、吕叔湘、刘桂五、陆志伟、郑石君、陈梦家、夏鼐等出席。

11 月 2 日

范文澜和吴晗主持的改绘杨守敬地图工作委员会成立，先生与范文澜、吴晗、向达、尹达、刘大年、翦伯赞、顾颉刚、金灿然、黄松龄、黎澍、王崇武、董纯才等为委员，范文澜、吴晗为召集人。①

11 月 30 日

先生在中国科学院历史研究所参加山东省博物馆陈列物品商谈会，尹达、顾颉刚、向觉明、贺昌群、阴法鲁、张德钧、王振铎、宋伯胤、宋协明、李既陶、杜明甫等参加。②

12 月 20 日

顾颉刚在中国科学院历史研究所与先生、尹达商谈其政协会议发言稿。

本年

先生担任历史所二所副所长后，即与尹达商定延聘厦门大学韩国磐担任历史所二所兼职研究员。先生回忆："国磐同志与我，因为对中国封建社会土地国有的认识基本一致，神交久矣。从解放初期起，我们就开始相当密切的通信切磋。"③韩国磐回忆："早在解放初期，侯老欣赏拙文《唐朝的科举制度与朋党之争》，立即致书与已故厦门大学王亚南校长，拟与我通讯联系，自此书信往来不绝。我兼职于中国科学院历史研究所，即由于侯老的推荐。1957 年夏，我到所中工作，始与侯老正式相见，以前的函

① 《顾颉刚日记》第 7 卷，中华书局 2011 年版，第 609—610 页。参见宋连生《吴晗的后二十年》，湖北人民出版社 2009 年版，第 81 页。
② 《顾颉刚日记》第 7 卷，中华书局 2011 年版，第 620 页。
③ 侯外庐：《韧的追求》，生活·读书·新知三联书店 1985 年版，第 314 页。

件往来，诚为侯老所言，是'神交久矣'。从此，与侯老过从很多，所得益丰。拙书《隋唐五代史纲》在三联书店出版，亦系经由侯老的介绍。侯老引掖后学之诚且厚，即此可见。"①

　　同年，先生聘请白寿彝为兼职研究员。白寿彝回忆："差不多每周总有一个上午，外庐同我们几个年纪大一点的人纵谈古今。贺昌群同志、向达同志，都是当时经常在一起漫谈的伙伴。漫谈大有好处，经常谈出一些有关历史问题的看法来。对于外庐在治学上的器识，同志们都是佩服的。我在五十年代写的关于司马迁、刘知几、马端临的几篇文章，关于明代官手工业和批评胡适的文章，差不多都是在外庐催促下写出来的。"②"他对我的文章毫不客气，要增删的就增删，要改的就改。我对他的文章也是如此。"③

　　同年，张岂之从西北大学借调到中国科学院历史研究所工作。张岂之回忆："1954 年中宣部调侯先生来京筹建中国科学院历史研究所二所，并任二所副所长。……二所的工作比较繁忙，一切都要从头做起。侯先生聘请了一批著名学者来作兼职研究员，如白寿彝先生、贺昌群先生、王毓铨先生等。还找了一批二十来岁的年青人，如李学勤④、杨超⑤、林英⑥、何兆武⑦和我

---

①　韩国磐：《悼念侯外庐先生》，《纪念侯外庐文集》，陕西人民教育出版社 1991 年版，第 88 页。

②　白寿彝：《中国史学史》第 1 册，上海人民出版社 1991 年版，第 191 页。

③　同上书，第 192 页。

④　李学勤（1933—），北京人，1951—1952 年就读于清华大学哲学系，1952 年进入中国科学院考古研究所，1954 年调到历史研究所，曾任中国社会科学院历史研究所所长、清华大学思想文化研究所所长等，著有《殷代地理简论》、《马王堆汉墓帛书》、《睡虎地秦墓竹简》、《新出青铜器研究》、《周易溯源》、《青铜器与古代史》等。

⑤　杨超（？—1969），民国期间在中央大学读书，1955 年在《光明日报·文学遗产》版发表研究李白的论文，为侯外庐赏识，通过各种渠道，把因病退职、远在上海养病的杨超调到中国科学院历史研究所中国思想史研究室，参与《中国思想通史》第一、二、三卷的整理和第四卷的编写，作出很多成绩。"文化大革命"期间亡故。参见步近智《忆侯外庐先生的育才之道》，中国社会科学院历史研究所编：《求真务实五十载——历史研究所同仁述往》，中国社会科学出版社 2004 年版，第 81 页。

⑥　林英（1926—2011），福建福州人。1950 年肄业于北京师范大学历史系，1954 年到中国科学院历史研究所工作，曾任历史所中国思想史研究室副主任、世界宗教研究所副所长等，参加《中国思想通史》第 4 卷、《中国思想纲》、《中国近代哲学史》等的编写。

⑦　何兆武（1921—），湖南岳阳人。1943 年毕业于西南联大历史系，1946 年西南联大外文系研究生毕业。1956 年由侯外庐学术调入中国科学院历史研究所，1986 年后任清华大学思想文化研究所教授。译著有卢梭《社会契约论》、帕斯卡尔《思想录》、康德《历史理性批判文集》、罗素《西方哲学史》等，著有《历史理性批判散论》、《历史与历史学》、《文化漫谈》、《西南联大的那些事》、《上学记》等。

等，成立了中国思想史研究室。"① "我从西北大学来到由侯外庐先生亲自主持的中国思想史研究室，大家都坐班，在一间大屋子里面工作，侯先生每天都来，我们的工作是整理、修订《中国思想通史》第一、二、三卷。这部书是在抗战时期初版的，印刷质量很差，书中的引文也有很多差错。我们的任务是将书中引文一条条去核对原文，改正讹误，以便由人民出版社出版。这个工作本身，其实也是对我们几位年青同志的锻炼。我们可以了解到古文献在哪里，关于这种文献有几种版本，哪一种版本比较可靠，为什么采用某一种版本等等。然后再看引的材料与侯先生、邱汉生先生、赵纪彬先生的观点是否相合。同时也提出许多问题，随时同侯先生商量。侯先生对于我们这些年轻助手们总是以平等的态度相待，给予信任。那时，我们几位年轻人几乎每天都有一两个小时就中国思想史、哲学史的若干问题和侯先生交谈。这种交谈无拘无束，生动活泼。也并不都是外庐先生讲，我们也讲，甚至发生一些争论，我从来没有发现过因为对某些学术问题师生间有不同看法或观点，侯先生责备我们或发脾气的情况。他从来都是耐心地与我们探讨，也吸收了我们的不少意见。这样集体合作的工作方式，也是促使我们较好完成任务的一个原因。通过边干边学，打下了坚实的基础，收获很大。"② 又："我们的研究集体除去老一辈的专家外，像李学勤、杨超、林英和我，在 50 年代初，都是二十来岁的青年，在学术研究上也刚刚起步。但是，侯先生对我们很放手，让我们承担较多的科研任务，同时又严格要求，一丝不苟。" "在这个学术集体中，除了有侯外庐、邱汉生等老一辈学者的亲切指导，我与其他几位同志之间也是互为师长的。李学勤在古代文献资料、考古资料和古文字方面给我以很大的帮助；在马列主义理论方面，杨超对我的帮助也不小。何兆武的知识渊博，对西方文化有比较深入的研究。林英研究问题深刻细致、勤于思考。我从其他中青年同志那里也学到不少东西。我们写完稿子，往往互相传看，相互修改，有不同的意见通过讨论、磋商来解决，相互尊重、谦让，团结和睦，没有发生过争署名之类的事情。这与老一辈学者的教育是分不开的。"③ 又："1954 年……外老把我借调到历史二所中国思想史研究室，可我

①　张越：《关于中国思想史、文化史的研究——张岂之教授访问记》，《史学史研究》1995 年第 3 期，第 42 页。

②　同上书，第 42—43 页。

③　张岂之：《治学小议》，《儒学·理学·实学·新学》，陕西人民出版社 1991 年版，第 453 页、第 455 页。

的编制在西大，外老就让我半年在历史所搞研究，半年在西大讲课。他让我把历史所的研究成果带回西大开两门课，一直持续到'文化大革命'前。"①

　　同年，李学勤从中国科学院考古研究所到历史研究所工作。张岂之回忆："当时李学勤是一位20岁刚出头的小青年，因病离开大学，在家疗养，侯先生看了他写的文章，又作了进一步了解，聘请他到历史所中国思想史研究室，把很重的工作任务交给他。"②李学勤回忆："记得我初到历史所的那两三年，侯先生正在准备重版他解放前的几种主要著作。他对这件事的态度非常郑重严肃，一再向我和别的几个同志说明，在国民党统治时期他的处境如何困难，著作的出版又很匆遽，书中存在许多错字脱漏，特别是引文，包括马克思主义经典著作以及经史子集各种史料，要我们帮他细心核校。侯先生不仅要求我们作校对，而且要对书中内容，从材料到论点，尽可能提出意见。后来我们慢慢体会到，这实际上是他培养年轻人的一种方法，通过查对和思考，使我们逐渐了解他的研究成绩和治学途径。""我首先参加查对的，是他的《中国古代社会史论》。这本书的基础，是40年代他所写的一系列作品。从这项工作开始，我逐步熟悉了侯先生关于中国古代文明途径的学说和他对亚细亚生产方式问题的见解。""当时我们都很惊奇侯先生能在艰困危险的环境中写出那么多学术著作。不久，我就知道了他是怎样在研究工作中投入全部精力的。有一天，侯先生打电话要我晚上去帮他查一些材料。他坐在书桌前振笔疾书，一面指示我查阅几个问题的史料，翻检了许多书籍，通宵达旦。那些年，这种情况在他的生活中乃是常事，《选集》中多少充满创见的文章，都是在繁忙的行政工作和社会活动之余写成的。他曾勉励历史所的青年同志不仅要成为史学家，还应成为社会活动家，他自己正是作出了榜样。"③

　　何兆武回忆："侯外庐先生首先是一个学者，虽然挂了副所长的名义，实际上主要就是负责我们（中国思想史）研究室，一心只想完成他的那套《中国思想通史》，其他活动很少过问。历史所也比较照顾他，对我们室的

　　① 张岂之：《纪念侯外庐先生百年诞辰学术研讨会闭幕词》，张岂之主编：《中国思想史论集》第2辑，广西师范大学出版社2003年版，第18页。

　　② 张岂之：《永远的怀念——记外庐先生》，《春鸟集》，中国社会科学出版社1997年版，第124页。

　　③ 李学勤：《深刻的启迪——回忆历史学家侯外庐先生》，《光明日报》1988年8月10日第3版。

干预是最少的，所以到'文革'的时候也成了一条罪状，说侯先生搞'独立王国'，给他起了个名字叫'党内民主人士'。"①

一九五五年（乙未）　五十二岁

1 月 20 日，中宣部向中央提交《关于开展批判胡风思想的报告》。同月，尚钺主编《中国历史纲要》由人民出版社出版。

3 月 1 日，中共中央发出《关于宣传唯物主义思想和批判资产阶级唯心主义思想的指示》。同月，《哲学研究》创刊。

6 月 1 日至 10 日，中国科学院在北京饭店举行学部成立大会，哲学社会科学部成立。13 日，毛泽东为《关于胡风反革命集团的材料》写序言和按语。

10 月，杜国庠《先秦诸子思想的若干研究》由生活·读书·新知三联书店出版。

11 月，中国科学院哲学研究所正式成立，潘梓年任所长。

1 月 11 日

顾颉刚云："胡适思想批判讨论会，由中国科学院与作家协会合办，共分九组：1.《红楼梦》的人民性和艺术成就，张天翼主之。2. 胡适的哲学思想批判，艾思奇主之。3.《红楼梦》的社会背景问题，侯外庐主之。4. 对历来《红楼梦》研究工作的批判，聂绀弩主之。5. 胡适的文学思想批判，吕荧主之。6. 古典文学研究工作中当前存在的问题，何其芳主之。7. 考据在历史学和古典文学研究工作中的地位和作用，尹达主之。8. 胡适的《中国哲学史》批判，冯友兰主之。9. 胡适的历史观点批判，范文澜、吴晗主之。"②

1 月 20 日

先生在中国科学院参加胡适思想批判会。

---

① 何兆武：《侯外庐先生印象》，《迟来的封赏》，上海书店出版社 2008 年版，第 13 页。
② 《顾颉刚日记》第 7 卷，中华书局 2011 年版，第 642 页。

1 月 21 日

先生在中国科学院参加胡适思想批判会。

1 月 27 日

顾颉刚到先生家中拜访，未遇，留便条给侯夫人徐乐英。

2 月 3 日

先生所作《揭露美帝国主义的奴才胡适的反动面貌》发表于《新建设》1955 年第 2 期，收入 1955 年 4 月由生活·读书·新知三联书店出版的《胡适思想批判》第 3 辑，又载耿云志主编《胡适论争集》下卷（中国社会科学出版社 1998 年版）。

2 月 4 日

顾颉刚云："看侯外庐《胡适的反动政治思想》。"①

2 月 17 日

下午，先生在中国科学院参加改绘杨守敬地图委员会及工作人员全体会议，大约有千人参加。②

3 月 5 日

先生在中国科学院参加胡适思想批判会，约 300 人到会。

3 月 12 日

先生所作《孙中山——伟大的革命民主主义者》发表于《中国青年报》第 3 版。文章认为：孙中山"四十年的斗争历程，表现了在中国共产党诞生以前中国人民向西方找寻真理、争取自由和幸福的优良传统。孙中山是中国革命承前启后的人物。他不仅是中国旧民主主义革命的代表人，而且随着中国革命的发展和深入，最后寻找到了从旧民主主义革命转向新

---

① 《顾颉刚日记》第 7 卷，中华书局 2011 年版，第 652 页。
② 同上书，第 657 页。

民主主义革命的道路"。

3 月 28 日

顾颉刚到先生家中拜访，未遇。

3 月

台湾地区学者方豪《民国以来的历史学》发表于《中国科学志》（中华文化出版事业委员会出版），文章认为："对日抗战时期，政府与共党曾发表联合宣言，共赴国难，左派史学家遂大肆活跃。在延安他们有中国历史研究会，由范文澜、叶蠖生、谢华等合辑《中国通史简编》，秘密流通各学校；在重庆等地，郭沫若印行《十批判书》、《青铜时代》、《今昔蒲剑》、《屈原研究》，周谷城有《中国通史》，邓初民有《中国社会史教程》，吴泽有《中国原始社会史》、《中国历史简编》、《古代史》；侯外庐有《中国古代史》、《中国古典社会史》、《中国古代学说思想史》、《中国近代学说思想史》，又和杜守素、纪玄冰合著《中国思想通史》，吕振羽有《中国原始社会史》、《中国社会史纲》、《简明中国通史》等，洪流泛滥，乃至不可收拾！"①

4 月 10 日

先生致信孙长江，信中云："现在苏联学者和中国学者都有一个倾向，在中国历史人物中硬找唯物论者，而且夸大其词笼统去批判其唯物精神。我不赞成这种态度，至于'杰出的唯物论者'谭嗣同一断语，的确有问题，这在我看了杨同志的论文，首先觉得不仅过火，而且欠实事求是。""旧唯物论者是在终点上是唯心论者，它在自然哲学上的唯物论观点一到社会领域没有不是陷于唯心观点的。对待旧唯物论首先看他的自然哲学。"②"没有一个唯心论者不在他的体系中漏一点唯物的成分，百分之百的唯心论是没有的。唯心论的肿胀程度（对主观一面）有好多流派，有的不敢太肿胀，而表面似唯物，实质是更狡猾的唯心论（如马赫）。"③"关

---

① 转引自王学典、陈峰主编《二十世纪中国史学史论》，北京大学出版社 2010 年版，第 49 页。

② 《侯外庐论学书札》，《中国哲学》1982 年第 8 辑，第 267 页。

③ 同上刊，第 267—268 页。

于谭氏，我的意见如下：1. 宜从全面、基本、主要等方面着手，防止片面的夸大，也防止片面的否定。（分析的态度）肯定其唯物因素的某些闪光（如他对《正蒙》！张载的解释），而在基本上抓住其唯心论的体系。一般和个别（自然科学现象）之间的矛盾。物理学的元素论导出一个唯心论的物质否定观点（参看列宁评物质论危机，《唯物论与经验批判论》详论。并把近代物理学的观念论和谭嗣同区别开来，不要等同）。""2. 批判地分析谭氏的庸俗进化论点（改良主义者的社会学），区别开理论上的唯心观点（历史条件）和政治主张上的进步作用（和胡适不同）。""3. 谭氏的传统先行中没事杂乱无章的（中外古今），可以举出十几个人，自然，王船山、黄梨洲对他也有影响。""4. 分析谭氏从理论上到政治上一贯的矛盾体系。他的唯心论的基础和唯物论的某些闪光，他的改良主义的基础和民主主义的某些显露，他的自由资产阶级的妥协的基础和他的一定程度上的一些人民性……贯穿到他的整个体系之中。'悲剧人物'！""请你在经典著作中，参看：1.《唯物论与经验批判论》谈自然科学的部分。2.《德国古典哲学的终结》谈哲学史的部分。3. 马恩通信唯物史观的小册子（艾思奇译），其中最后一篇。4. 我们怎样继承遗产（列宁）小册子。5.《自然辩证法》讲哲学史的部分。"[1] "以上参考的书，……从那里寻找思考的启发，武器只有示范性，不能机械运用。"[2] "中国学者的著作仅供参考。惟龚定庵是他的直接先行者……"[3]

5 月 1 日

先生坐车，接顾颉刚到天安门，在东二台参加五一节观礼。

5 月 3 日

先生所作《论明清之际的社会、阶级关系和启蒙思想的特点》发表于《新建设》1955 年第 5 期，修改后收入《中国早期启蒙思想史》第五卷第一章《十七世纪的中国社会和启蒙思潮的特点》与《侯外庐史学论文选集》下卷（人民出版社 1987 年版）。

---

[1]　《侯外庐论学书札》，《中国哲学》1982 年第 8 辑，第 268 页。
[2]　同上刊，第 268—269 页。
[3]　同上刊，第 269 页。

5 月 5 日

先生出席吴晗主持的"重编改绘杨守敬《历代舆地图》委员会"第一次正式会议。欧阳缨提议仍用杨守敬《大清一统舆图》，而把晚晴府所州县地名改为今名。谭其骧则建议采用精确的新图。"侯外庐等人赞成谭其骧的意见。但吴晗却支持欧阳缨的意见，会议最后否决了谭其骧的方案，决定采用欧阳缨的方案。"①

5 月 17 日

下午，先生在中国科学院参加吕振羽《胡适派主观唯心主义历史观批判》讨论会，会议由翦伯赞主持，胡绳、刘大年、顾颉刚、白寿彝、周一良、陈垣、赵纪彬等约 50 人参加。

5 月 31 日

先生当选为中国科学院哲学社会科学部学部委员。

6 月 2 日

先生在北京饭店参加中国科学院哲学社会科学部学部会议。

6 月 4 日

先生在北京饭店参加中国科学院哲学社会科学部学部会议，并与杜国庠、翦伯赞、冯友兰等发言。

6 月 5 日

《人民日报》刊登中华人民共和国国务院令，公布第一批中国科学院学部委员名单，先生与尹达、向达、吴玉章、吴晗、吕振羽、李亚农、季羡林、胡绳、范文澜、夏鼐、郭沫若、陈伯达、陈垣、陈寅恪、陈翰笙、汤用彤、杨树达、刘大年、翦伯赞、郑振铎等 56 人当选为哲学社会科学部学部委员。

---

①　宋连生：《吴晗的后二十年》，湖北人民出版社 2009 年版，第 83 页。

6 月 10 日

中国科学院哲学社会科学部正式成立。

6 月 25 日

下午，先生在中国科学院参加胡风思想讨论会。

6 月 28 日

上午，先生在中国科学院参加胡风思想讨论会，作"关于胡风思想批判"的发言。向达亦发言。

下午，中国科学院召开小组讨论会，谈对上午发言的观感。

6 月

先生所著《中国古代社会史论》（修订本）由人民出版社出版。该书由 1946 年版《中国古代社会史》修订而成，按白寿彝的建议定名为《中国古代社会史论》。

同月，先生所作《从对待哲学遗产的观点、方法和立场批判胡适怎样涂抹和污蔑中国哲学史》发表于《哲学研究》第 2 期。

8 月

先生被任命为中国文化代表团团长，率团访问罗马尼亚、蒙古。

10 月 1 日

先生、裴文中以车接顾颉刚，同到劳动人民文化宫，再步行到天安门参加国庆典礼。

10 月 15 日

下午，先生在中国科学院参加梁漱溟批判会，梁漱溟、潘梓年、艾思奇、金岳霖、冯友兰、贺麟、顾颉刚等约 80 人到会。

11 月 24 日

先生作《中国思想通史》第五卷（《中国早期启蒙思想史》）之"自

序"："我在抗日战争时期写了一部'中国近代思想学说史'。这是其中 17
世纪至 19 世纪中叶的部分，经过补充修订，单独成书，改名'中国早期
启蒙思想史'。19 世纪中叶以后的部分另改名'中国近代思想史'，尚待
改写。""中国科学院历史研究所第二所白寿彝同志等帮助我进行修订工
作，我谨于此表示感谢。"

12 月 31 日

先生所作《司马迁著作中的思想性和人民性》发表于《人民日报》第
3 版，《新华半月刊》1956 年 2 月 21 日第 4 期转载，收入《侯外庐史学论
文选集》上卷（人民出版社 1987 年版）。

先生的女儿侯均初回忆："1955 年我国古代伟大的历史学家、思想家、
文学家司马迁被列入当年世界文化名人纪念行列。许多国家都发表了纪念
司马迁的文章。但直到年底我国尚未有纪念文章见诸报端。中宣部要《人
民日报》社尽快组织一篇有分量的纪念文章，抢在年底前见报。这个任务
交给了父亲，限时 5 天。5 天中，完成一篇占将近一个整版的长文，且要
对司马迁一生中各种成就做出恰而准的评价，是件多么艰巨的任务啊！父
亲过去研究司马迁是从思想家的角度入手的，现在要通贯其生平，探索其
对中国文化发展的全部贡献，不得不查阅司马迁的原始史料。他用两天时
间翻阅史籍，两天时间动笔写作。这 4 天中，每天都是直至凌晨还在灯下
挥毫。吃饭时，连叫数次也不见他抬头。母亲让我去拖他，他也是皱着眉
头，草草扒上几口又去疾书。初稿完毕后，总要进行修改，这已经是第 5
天了。深夜，《人民日报》派通讯员坐守在父亲的桌边，等候取稿。午夜
以后，父亲将定稿交给通讯员，并对他说：'对不起，让你久等了。'"
"第二天早晨，我上学时，看见父亲并未沉入梦乡，而是疲惫地坐在床上
喝茶。他的脸色蜡黄，由于连天鏖战，吸烟不止，鼻子头都熏黄了。我走
进母亲房中，不无担忧地说：'姆妈，爸爸要生病的，他怎么不睡觉喔。'
母亲说：'疲极反而无眠了。'""事后我才知道，这个任务原是交给另一
个同志的，但该同志觉得吃力而婉拒了。父亲即是在这种情况下，接受了
组织交给的任务，拼着全身心完成它。而这篇文章在他思想史研究领域中
并不占什么地位，但只要党需要，他一定兢兢业业地去完成。"[1]

---

[1]　侯均初：《我的父亲侯外庐》，《沧桑》2002 年第 2 期，第 29 页。

年底

先生招收祝瑞开①为中国科学院历史研究所副博士研究生。祝瑞开回忆："进入历史所学习后，由于我的研究生津贴较低，只有 50 多元，但又需要赡养五口之家，生活比较困难。大约半年多时间以后，侯先生让思想史研究室负责同志和我说：'侯先生准备每月给你 10 元补助，让你度过困难时期，安心完成学业，这钱是他私人拿出来的。'我推辞不掉，从此以后，侯先生每月按时给我补贴 10 元钱，直到 1960 年 7 月我毕业离开北京为止。""在学习开始阶段，我按照侯先生的教导，认真学习马克思主义原著，后来逐步学习写作有关中国思想史的文章，侯先生工作很忙，但我每一篇文章写成后，他都亲自批阅，并动笔修改。如我和胡一雅同学合写的《论谭嗣同》，侯先生就费了很大劲儿，补充了不少内容，帮助我们加深分析，提高文章的理论深度。后来我在北京纪念戊戌变法的讨论会上宣读此文，取得了好的效果。"②

本年

先生补充修订《近代中国思想学说史》第一、二编（17 世纪至 19 世纪中叶），后定名为《中国早期启蒙思想史》。先生回忆："在修订过程中，我主要着力于增补鸦片战争前清代社会史的论述：十七世纪启蒙思想之赖以产生的社会经济关系、阶级关系的背景，以及十八世纪汉学兴起和十九世纪上半叶思潮变向的社会根源。"③"《近代中国思想学说史》第三编所余的五章，在稍加修订后，更名《中国近代启蒙思想史》，应约由人民出版社出版。"④

同年，束世澂《关于西周封建制形成的若干问题》发表于《东北师范大学学报》人文版 1955 年第 1 期，文中提出"东西方不同道路论"。

---

① 祝瑞开（1927—），江苏镇江人。1955 年分别考取西北大学和中国科学院中国思想史专业副博士研究生，1955—1960 年在北京跟随先生学习中国思想史，1960 年毕业后在西北大学历史系任教，1979 年 9 月到上海复旦大学分校（后改为上海大学文学院）任教，后到中国文化研究所工作。主要著作有《先秦社会和诸子思想新探》、《两汉思想史》、《当代新儒学》等。

② 祝瑞开：《真挚的爱，终生的指引》，张岂之主编：《中国思想史论集》第 2 辑，广西师范大学出版社 2003 年版，第 85 页。

③ 侯外庐：《韧的追求》，生活·读书·新知三联书店 1985 年版，第 293 页。

④ 同上书，第 294 页。

一九五六年(丙申)　五十三岁

1月14日至20日，中共中央召开关于知识分子问题的会议，周恩来作《关于知识分子问题的报告》。

2月14日至25日，苏共召开第二十次代表大会，赫鲁晓夫提出和平共处总路线，并作《关于个人崇拜及其后果》的秘密报告。同月，汤用彤、任继愈《魏晋玄学中的社会政治思想略论》由上海人民出版社出版。

4月5日，《人民日报》发表《关于无产阶级专政的历史经验》。25日，毛泽东在中共中央政治局扩大会议上作《论十大关系》的讲话。28日，毛泽东在中共中央政治局扩大会议上提出艺术问题上的"百花齐放"、学术问题上的"百家争鸣"方针。

5月2日，毛泽东在最高国务会议上再次提出"百花齐放"、"百家争鸣"方针。

6月，《历史研究》编辑部编《中国奴隶制与封建制分期问题论文集》由生活·读书·新知三联书店出版。

7月，陈梦家《殷虚卜辞综述》由科学出版社出版。

9月15日至27日，中国共产党第八次全国代表大会召开。同月，何思敬译马克思《经济学——哲学手稿》、中共中央马列著作编译局译《哲学笔记》由人民出版社出版。

10月18日，郑昕《开放唯心主义》发表于《人民日报》。24日，周辅成《评两本关于先秦诸子的著作(〈先秦诸子的若干研究〉和〈诸子思想概要〉，均为杜国庠著)》发表于《读书月报》1956年第10期。

本年，中国科学院历史研究所第一所、第二所分别成立学术委员会。

1月1日

先生致信孙长江："苏联学者现代论断常为我们的学者全盘接受，如老子、如周子(周敦颐——编者注)等。这是非常不好的懒惰作风。""我对于周子的思想，如《太极图说》，特别是他的《通书》，认为实在没有什么高价评断的必要，我认为他是唯心主义。太极图的架子，是'数'概念的弄戏法，凡把'数'强调，'物'的内容就空了。他的神秘主义的话很多，应归纳起来一并论断，不仅神发而已。""太极图表现出一元论思想，但现在不少学者看到一元论的世界观，就想把神秘的'怪'物也要说成物质发生论！"①

孙长江回忆："这两封信，……离开现在已经二十五六个年头了。我在学习中国哲学史的时候，看到苏联学者和中国学者的一些论文，产生了不少疑问，写信向外庐同志请教。……在这两封信中，外庐同志都耐心地授导我应该读哪些书，具体到指出读哪些书的哪些章节；指导我应该怎样对历史人物进行辩证唯物主义和历史唯物主义的分析，特别是启发我应该怎样正确对待中国的和外国的学者和权威的某些论点。……我收到这两封信的时候，真是高兴极了。深深感到这位前辈击中了中国哲学史研究的时弊，并且热心地帮助青年人去冲破由此而带来的思想上的束缚，鼓舞他们'为历史主义的看法增加些胆量'。"②

1 月 20 日

下午二时到六时，先生在中国科学院院长室主持小组会，讨论《一九五六年到一九六七年全国农业发展纲要草案》，顾颉刚、陶孟和、金毓黻、徐炳昶、贺昌群、金岳霖、贺麟、吕叔湘、严仲平、余冠英、刘桂五、丁声树、罗常培、夏鼐等参加。会后，先生与顾颉刚同车回家。③

1 月 21 日

上午、下午，先生与顾颉刚同车到中国科学院继续讨论《一九五六年到一九六七年全国农业发展纲要草案》。④

1 月

先生所作《批判梁漱溟反动的历史观点及其复古主义》发表于《历史研究》第 1 期。

---

① 《侯外庐论学书札》，《中国哲学》1982 年第 8 辑，第 270 页。
② 同上书，第 270—271 页。
③ 《顾颉刚日记》第 8 卷，中华书局 2011 年版，第 9 页。
④ 同上。

2 月 16 日

先生在中国科学院历史研究所第二所参加学术委员会会议，顾颉刚、向达、邵循正、翁独健、陈垣、陈乐素、贺昌群、杨荣国、邓广铭、韩儒林、谭其骧、王崇武、白寿彝、李俨、尚钺、季羡林、冯家昇、傅乐焕、邓拓、郑天挺等出席。①

2 月 17 日

先生继续在中国科学院历史研究所第二所参加学术委员会会议。顾颉刚日记云："前所编《历史地图》，已印三万册而不发行，因其中有原则性之错误，且有国际间之顾虑也。……侯外庐谓可将地图送之二所，大家讨论修改。故今日致沈静芷一信，请其送去十册。"②

2 月 27 日

先生在中国科学院历史研究所第三所，参加第一、二、三所联合学术会议，讨论《历史科学长远规划草案》。会议以先生、范文澜、刘大年、尹达为主席，顾颉刚、胡绳、杨人楩、陈翰笙、季羡林、周一良、唐兰、翁独健、韩儒林、谭其骧、何干之、张正烺、冯家昇、傅乐焕、向达、翦伯赞、白寿彝、阴法鲁、张若达、金灿然出席。③

3 月 20 日

先生作《中国思想通史》序："这部书分四卷。第一、二、三卷是就解放前撰写的《中国思想通史》增订修改而成。……本来有第五卷封建解体过程的一段，即自清初十七世纪以至清中叶十九世纪的四十年代，因为它已经单独以《中国早期启蒙思想史》一书分开出版，所以本书仅编到明代末叶而止。""中国科学院历史研究所第二所同志们对本书的编写修订提出不少宝贵意见，特别是杨超、李学勤、张岂之和林英等青年同志做了很多帮助的工作，这里衷心地表示感谢！"又，先生回忆："一九五七年，第

---

① 《顾颉刚日记》第 8 卷，中华书局 2011 年版，第 22 页。
② 同上书，第 29 页。
③ 同上书，第 26 页。

一、二、三卷修订时，因杜老在穗、纪彬在豫均忙于政务，汉生在京审定中小学历史教材，好在青年同志杨超、李学勤、张岂之、林英和何兆武协我以大力，历史研究所的同志们对修订工作也提出了不少宝贵建议，这次重要的修订任务方得顺利完成。"[1]

张岂之回忆："我清楚地记得，我们几位年轻助手在 50 年代初帮助外庐先生修订《中国思想通史》第 1、2、3 卷，基本上把书中所引用的每条材料都查对过，对不同的古籍甚至作过较长时间的考订。后来我们参加《中国思想通史》第 4 卷的编著，广泛搜集资料，包括准确无误的手抄稿，例如对王良、方以智的研究，我们在外庐先生指导下，就依据了一些手抄本，方以智《东西均》的整理和出版就是一个例证。""我清楚地记得：我们在编著《中国思想通史》第 4 卷时，在评价柳宗元思想时，外庐先生指导我作详细的编年笔记（即按柳宗元的作品写作年代作出摘要和分析要点），例如关于柳宗元的《天对》，我们就检阅了有关屈原《天问》的各种注本，从文字到思想内容加以比较，由此对《天对》作出了我们认为是比较恰当的评价。"[2]

4 月 17 日

下午，先生在中国科学院历史研究所参加民主党派座谈会。会议由吴宜俊主持，顾颉刚、向达、王毓铨、万斯年、阴法鲁、谭其骧、王修、张德钧参加。[3]

5 月 1 日

上午，先生与裴文中、顾颉刚同车，到天安门西二台，参加五一节游行活动，到下午两点结束。[4]

5 月

先生所作《汉代白虎观宗教会议与神学法典〈白虎通义〉——兼论王

---

① 侯外庐：《韧的追求》，生活·读书·新知三联书店 1985 年版，第 289—290 页。

② 张岂之：《远见卓识的引路者——略论侯外庐先生对中国思想史、哲学史研究的卓越贡献》，《哲学研究》1987 年第 11 期，第 36 页。

③ 《顾颉刚日记》第 8 卷，中华书局 2011 年版，第 48 页。

④ 同上书，第 53 页。

充对白虎观神学的批判》发表于《历史研究》第 5 期，论述"白虎观会议
的历史意义"、"白虎观奏议的神学的世界观"、"白虎观奏议神学的历史
观和伦理、政治观"、"白虎观神学的批判者王充的贡献"。该文由《中国
思想通史》第二卷第七章"汉代白虎观宗教会议与神学思想"与第八章
"王充的无神论和唯物主义思想"第三节"王充的唯物主义世界观及其对
神学的批判"修改而成，收入《侯外庐史学论文选集》上卷（人民出版社
1987 年版）。

7 月 1 日

先生出席郭沫若邀集的中国历史和哲学史教科书编写问题座谈会。

7 月 2 日

《克服理论宣传工作中教条主义习气问题座谈会记录摘要》发表于
《学习》1956 年第 7 期。先生在发言中提出："教条主义是唯心主义的表
现形式，它有其历史的根源。宗教信仰是教条；八股文章也是教条。封建
时代有教条、八股，五四运动以后，在马克思主义者的内部也出现了党八
股。看起来好像是马克思主义，实际上是唯心主义披上了马克思主义的外
衣。但是教条主义在过去和现在也是不同的。清算教条主义，既是长期的
历史任务，又在一定时期有它的具体任务。我们今天还犯教条主义，这是
在历史发展到另一阶段的教条主义，它危害社会主义的建设事业，应该特
别注意克服。""造成教条主义是有许多客观条件的。对斯大林的个人崇
拜，对中国的影响就很大。因此，反教条主义是长期的工作，不能一下子
消灭掉。首先，要检查领导工作和领导思想，其次要安排长期计划，采取
适当措施，创造条件。因为我们往往在工作中没有给自己创造条件，结果
还是用教条主义反对教条主义。""教条主义的产生，主要是由于脱离实
际。做理论工作的人接触实际生活少，斗争经验差，更容易不联系实际。
要纠正这种情况，就要开展批评和自我批评。"[①]

7 月 9 日

先生在西苑大旅社参加科学史讨论会，竺可桢致开幕词，王吉民讲

---

① 《学习》1956 年第 7 期，第 13 页。

"中医在世界的影响"、万国鼎讲"《齐民要术》中之农业技术"。顾颉刚、钱宝琮、刘朝阳、陈恒力、王玉瑚、石声汉、李德全、龙伯坚、陈邦贤、万国鼎、朱培仁、胡先啸、夏玮瑛、王吉民、宋大仁、黄胜白、唐兰、马坚、叶企孙、袁翰青、钱临照、侯仁之参加。①

7 月 14 日

先生在中国科学院历史研究所传达工资改革报告。

7 月 16 日

先生参加中国科学院历史研究所所务会议。

7 月

先生所作《介绍高级中学中国历史教科书》发表于《历史教学》1956年第 7 期。文章认为新教科书的成绩是："一、教科书不但在重大的历史问题方面尽可能地概括了当前科学界研究的结论，而且在编写的过程中广泛地吸取了各方面的意见。因此，它本身具有一定的科学水平。""二、教科书不但在历史发展的叙述中力求简约通俗，而且在历史事件的分析中具有较强的科学性。书里各章，虽然不大出现历史唯物主义的概念，但在很多地方是寓判断于叙述之中。"② "三、教科书在不影响全面而有机的叙述之下，对于经济史文化史方面的说明，分量较大些，这对于劳动人民创造历史和阶级斗争推进历史的认识，是必要的。因为我们必须以祖国光辉而多彩的文化遗产和伟大的农民战争的传统，来教育青年一代，使他们具有新的爱国主义思想。"③ "四、教科书在不少的历史问题的叙述中，打破了过时的陈规俗套，最显明的创例，是以关键性的历史事实，突出地说明历史发展的某些重要问题，同时间接批判了一些不正确的观点，特别是资产阶级的唯心主义观点。""五、教科书尽力避免用抽象的概念代替具体的历史叙述，而有些必须提出的历史科学概念写在书中，也考虑到了青年的可接受性。"④ 文章还对教师提出了具体的参考意见。

---

① 《顾颉刚日记》第 8 卷，中华书局 2011 年版，第 87—88 页。
② 《历史教学》1956 年第 7 期，第 8 页。
③ 同上刊，第 8—9 页。
④ 同上刊，第 9 页。

8 月

先生所著《中国思想通史》第五卷（《中国早期启蒙思想史——十七世纪至十九世纪四十年代》）由人民出版社出版。（一）五卷本《中国思想通史》的主要观点和方法是：（1）"按照中国社会史的发展阶段，论述了各社会阶段的思想发展，殷末西周春秋战国是古代思想的发展阶段，即奴隶社会思想的发展阶段；从秦汉到清朝中叶，是中世纪思想的发展阶段，即封建社会思想的发展阶段；从清朝中叶到'五四'运动时期，是近代思想的发展阶段，即旧民主主义革命时期思想的发展阶段"。（2）"用马克思主义经典著作关于亚细亚生产方式的理论武器，分析中国的古代社会，确认它是古代东方型的'早熟'的文明小孩，走着'人惟求旧，器惟求新'的维新路线。其思想发展的特征是由畴官世学而缙绅先生的诗书传授，由缙绅先生的诗书传授而开创私学的孔墨显学，由孔墨显学而百家并鸣之学，以至古代思想的没落。氏族制的遗留，规定了国民思想的晚出。对应于希腊古代探究宇宙根源的智者气象，在中国则为偏重伦理道德的贤人作风"。（3）用马克思主义关于"土地私有权的缺乏"，"可以作为了解'全东方'世界的关键"这一理论武器，"分析中国自秦汉以来封建社会专制帝王的土地所有制是中央专制主义的经济基础。地主阶级对土地只有'占有权'，农民对土地只有'使用权'。封建思想之定于一尊，其根据就在专制帝王的土地所有制。最高的皇权就是最高的族权。正宗思想的神学性质，三纲与神学相联系，表明套在中国人民头上的四大绳索的互相结合"[①]。（4）"地主阶级有不同阶层。身份性地主与非身份性地主，即豪族地主与庶族地主，他们之间存在着差距（矛盾），从而他们之间的思想意识也存在着差距（矛盾）。思想史上的唯物论与唯心论的斗争、辩证法与形而上学的斗争，政治进步与政治保守的斗争，正宗思想与异端思想的斗争，可以从这种差距（矛盾）中找寻原因。庶族地主往往有与劳动人民利益相关联的一面，使他们的思想有所区别于豪族地主"[②]。（5）"发掘了一些不被一般思想史、哲学史著作所论述的思想家，如嵇康、葛洪、吕才、刘知几、刘禹锡、柳宗元、王安石、黄震、马端临、何心隐、方以智等，

---

① 《中国哲学》第 10 辑，第 473 页。
② 同上刊，第 473—474 页。

力图开拓中国思想史的研究领域，发掘中国思想史上唯物主义和反正宗的
'异端'思想的优良传统"。（6）"强调了以法典作为论证历史分期的标
志。例如汉初自高祖至武帝七十年间，制定了一系列法典、律令，如萧何
定九章律、张苍作章程、韩信申军法、叔孙通定朝仪等。这些，是确定封
建社会性质的标志。以后唐朝的两税法，标志着封建社会由前期向后期的
转化；明朝的一条鞭，标志着封建社会晚期的到来。这个思想贯穿于整个
《中国思想通史》五卷之中"。"如果说，上述观点和方法足以构成作为一
个学派的体系，那么，我们就应该把这个体系比较完整地叙述出来。我和
我的同志们虽然花了几十年的心血完成了这样一部比较系统的中国思想通
史，但是，要建立一个比较完整的马克思主义的中国思想史体系殊非易
事。尽管有同志说我们的思想通史是自成体系的著作，而我们却不敢以此
自诩。我很想说明一下，我们在史学研究中所注重的不是自己的'体系'，
而是如何应用马克思主义历史科学的理论和方法，总结中国悠久而丰富的
历史遗产。"①（二）《通史》的研究原则和方法是：（1）"运用马克思主
义特别是政治经济学理论，分析社会史以至思想史，说明经济基础与上层
建筑、意识形态之间的辩证关系，是我们这部思想史紧紧掌握的原则。把
思想家及其思想放在一定的历史范围内进行分析研究，把思想家及其思想
看成生根于社会土壤之中的有血有肉的东西，人是社会的人，思想是社会
的思想，而不作孤立的抽象的考察。对先秦诸子、魏晋玄学、隋唐佛学、
宋明理学、明末清前期启蒙思想，无不如是"②。（2）"实事求是，从材料
实际出发，进行分析研究，是《中国思想通史》始终掌握的又一原则。写
历史要凭史料，否则就不免流于空泛。《中国思想通史》重视材料的朴实
征引，目的就在用材料作为说明问题的基础。我们对某一思想家的研究，
首先是了解其时代，身世（学术传统），以及其自己的著作，而其自己的
著作是最基本的材料。我们在撰著工作中着重直接掌握第一手材料，而不
愿转引，也出于同一理由。……我们学习革命导师这种重视资料的治学精
神，在撰著《中国思想通史》的过程中，阅读了大量原始资料，作了笔
记。在这个基础上，作实事求是的论述。所搜集的材料有些是手抄本或仅
存的抄稿，非敢猎奇，意盖在不没前人的业绩；亦恐陷于仅据部分材料轻

---

① 《中国哲学》第 10 辑，第 474 页。
② 《中国哲学》1956 年第 10 辑，第 474 页。

论前人之误。对待材料，经过考订、审查，辨别真伪，确定时代。校正文字上的伪误衍夺，整理篇章的散乱脱漏，庶不敢厚污古人。已经遗佚的著作，甚至动手辑集。注意版本，尽可能用精校的本子，如用鲁迅校的《嵇康集》是。做好资料工作，才谈得上尚论古人"。（3）"在《中国思想通史》中，注意批判学术史研究工作中的资产阶级观点和封建主义观点。这是分散写在有关章节中的。不敢自谓我们的研究就没缺点和错误，而是出于学术工作的责任心，不得不对一些突出问题有所指陈"①。

　　同月，先生所作《论中国封建制的形成及其法典化》发表于《历史研究》1956 年第 8 期，收入《侯外庐史学论文选集》上卷（人民出版社1987 年版）及《中国古史分期问题讨论集》（生活·读书·新知三联书店1957 年版）、《中国通史参考资料》第 1 集（中国人民大学历史教研室编，1957 年 10 版）。文章认为："封建制社会的降生，除了落后民族受先进民族的影响而有特别的路径外，其典型的情况，不会少于二百年的悠久的转化过程，而真正作为分界线以区别古代和中世纪的标志，应该从固定形式的法典来着手分析。""古代社会所已具有的各种形态，依不同的历史条件、民族习惯和传统，必然或此或彼、或多或少地保存于封建制社会，同时，其中可能有一系列的旧的过时的生产方式以及与之相应的制度，它们在封建制生产方式主导支配之下，发生着束缚的作用；但也有若干制度沿袭于封建制社会，在一定的时期发生着进步的作用。"②"问题的关键在于具体分析，从古代的奴隶制怎样转化而为中世纪的封建制，中国封建化过程及其特色的转化路径是采着什么形态。"③"在古代社会解体过程中，封建制因素的生长形态必须和古代社会里所存在的后代社会的（其中包括封建制的）萌芽形态，严格地区别开来，因为由前者而言，它是社会发展史的变质倾向；由后者而言，它是古代社会的正常形态。不作这样的区别，界限是可以任意划分开的。""个别国家或个别区域的封建因素的成长必须和全国范围内封建关系的法律化过程，严格地区别开来，因为由前者而言，它是在没有法典化以前的某些现象甚至多数是尚难实现的理想；由后者而言，它是通过统治阶级的一系列的法律手续所固定起来的形式。""我

　　① 《中国哲学》1956 年第 10 辑，第 475 页。
　　② 《历史研究》1956 年第 8 期，第 23 页。
　　③ 同上刊，第 23—24 页。

把中国中世纪封建化的过程划在战国末以至秦汉之际，这不是说秦统一六国之前没有封建因素，更不是说秦代就把封建制完成了。远自秦孝公商鞅变法所谓废井田开阡陌，在个别方面就有封建因素的萌芽，至秦始皇二十六年所谓并一海内，一统皆为郡县（纪元前二二一年），中国古代社会的经济构成（Formation，一般译作'形态'）正被封建制社会的经济构成所代替，经过汉初的一系列的法制形式，如叔孙通制礼，萧何立法，张苍章程等，到汉武帝的'法度'，封建构成才典型地完成，即封建生产方式，在古旧诸制度依然同时存在之下，作为主导倾向而统驭了社会的全性质。"[1] 文章在论述"中国封建制生产方式的广阔基础"、"秦汉的封建贵族与豪族地主"、"秦汉土地国有制的形式及其法典化"、"汉代的劳动力和领户制"等问题后认为：（1）"马克思关于中国封建制生产方式的广阔基础（农业与家庭手工业的结合）的论点，是符合中国的历史实际的。……我个人以为中国封建制生产方式的广阔基础是从战国后期就在古代社会母胎内逐渐形成起来，特别在秦并六国的时候已推及全国范围，而到汉武帝时才完成"。（2）"汉代土地所有制的支配形式是土地国有制，皇帝是最高的土地所有者。……在汉代土地国有的形态之下，握有土地占有权的是封建贵族与豪强地主，前者是在军事体制的影响下产生的，而此种制度复可溯源于秦的法令；后者是由六国旧贵族转化而来，相当于身份性地主，但他们的土地占有权是在法律上受限制的。在土地国有形态之下，人民的财产和劳动人口须要经国家来'占'的，因此，土地私有的法律观念的缺乏，是东方世界的特点。汉代'专地盗土'的科条和户口组织的法令即意味着这一形式的法典化"。（3）"汉代的直接生产者主要是作为编户齐民的小农，而奴婢是残余的制度。秦时土断人户、缘人居土的郡县制的推广，意味着小农经济在逐渐形成，而秦汉社会的领民户口制的确立，则更意味着农民对于领主的封建隶属。汉代的'户律'即为此种封建隶属的更进一步的法典化，后世亦循此而未改"。文章最后指出："关于中国封建制的形成问题，需要做广泛的综合的研究，并从经济、法律、意识形态，等等方面，全面地追溯历史发展的源流，如果仅研究个别问题而脱离了与整体的联系，那就会限

---

① 《历史研究》1956 年第 8 期，第 24 页。

于片面、孤立，也就难以洞察到历史发展的规律。"①

李埏《论我国的"封建的土地国有制"》在同期发表。文章认为："在我国史学界，首先对这问题（按：封建的土地国有制）加以系统的研究的，是侯外庐先生。在'中国封建社会土地所有制形式的问题'一文中，……虽然这篇文章中的某些地方，还可以提出来重加商榷，但它的基本论点，是很正确的。应该说，对这一论点的提出，就是一个可贵的贡献。"② "土地国有制在我国奴隶占有制时期和封建主义时期都一直存在着，郭沫若、侯外庐诸先生之说是正确的。它的产生是由于我们的祖先对自然的伟大的斗争，……它之所以长期存在，除人工灌溉的原因外，还由于伟大的阶级斗争，……当然，统治者对中央集权的要求也起了一定的辅助作用。"③

白寿彝回忆："他（指先生）想写一部象《中国古代社会史论》那样的书，他想组成一个少数人参加的班子给他进行辅助工作，但没有做到。在他发表土地所有制的那篇文章之后，我和王毓铨同志合写了关于手工业的文章，这实际上是为他写封建社会史论作一些初步的准备工作的，后来有许多干扰，没有能够继续下去。"④

11 月 15 日

先生在中国科学院举行孙中山先生学说讨论会上讲"孙中山先生的思想"。会议由潘梓年主持，顾颉刚、陶孟和、邵力子、李俨、金毓黻、魏建功、容肇祖等近百人参加⑤。

一九五七年（丁酉）　五十四岁

2 月 27 日，毛泽东在最高国务会议上发表《关于正确处理人民内部矛

---

① 《历史研究》1956 年第 8 期，第 45 页。
② 同上书，第 47 页。
③ 同上刊，第 64—65 页。
④ 白寿彝：《外庐同志的学术成就》，《白寿彝史学论集》上卷，北京师范大学出版社 1994 年版，第 418 页。
⑤ 《顾颉刚日记》第 8 卷，中华书局 2011 年版，第 146 页。

盾的问题》讲话。

4月27日，中共中央发出《关于整风运动的指示》。

5月4日，中共中央发出《关于继续组织党外人士对党所犯错误缺点展开批评的指示》。15日，毛泽东写《事情正在起变化》，号召批判修正主义，警惕右派的进攻。

6月8日，中共中央发出《关于组织力量准备反击右派分子进攻的指示》。28日，出席第一届全国人大第四次会议的人大代表开始集中批判右派分子。同月，汤用彤《魏晋玄学论稿》由人民出版社出版。

7月9日，毛泽东发表《打退资产阶级右派的进攻》讲话。28日，《人民日报》发表《反右派斗争是对于每个党员的重大考验》的社论。同月，《中国哲学史问题讨论集》由科学出版社出版。《历史研究》编辑部编《中国古代史分期问题讨论集》由生活·读书·新知三联书店出版。

8月15日，《哲学研究》1957年第4期刊载"关于形式逻辑与辩证法问题的讨论"综述。同月，中共中央部署在全国范围内粉碎右派分子的进攻。高亨《周易古经今注》由中华书局出版。《历史研究》编辑部编《中国近代史分期问题讨论集》由生活·读书·新知三联书店出版。

9月20日，中国共产党八届三中全会召开，毛泽东提出："无产阶级和资产阶级的矛盾，社会主义道路和资本主义道路的矛盾，毫无疑问，这是当前我国社会的主要矛盾。"同月，《历史研究》编辑部编《中国历代土地制度所有制形式问题讨论集》由生活·读书·新知三联书店出版。

10月9日，吕思勉（1884—1957）逝世。11日至14日，中国科学院哲学社会科学部举行座谈会，批判向达、雷海宗、荣孟源和陈梦家的"反共反社会主义活动"。

11月，《文史哲》杂志编辑委员会编《中国古史分期问题论丛》由中华书局出版。

本年，范文澜《中国通史简编》（修订版）第二编由人民出版社出版。韩国磐《隋唐的均田制度》由上海人民出版社出版。

2月

先生所作《孙中山的哲学思想及其同政治思想的联系》发表于《历史研究》1957年第2期，收入《侯外庐史学论文选集》下卷（人民出版社1987年版）。该文系先生在中国科学院纪念孙中山诞辰九十周年大会上的学术报告，由张岂之、林英笔记整理而成。

文章认为："中山先生的社会政治思想与哲学思想是紧密联系的，因此研究他的思想也应从他的全面的理论体系进行深入的分析。在他的政治思想方面，近年来研究的人较多，并已在主要问题上作出了总结性的评价，而哲学思想方面的研究还只是刚刚开始，还有待于进一步开展讨论。这一方面的研究的必要性在于：揭示出中山先生的政治思想的理论（哲学）基础，将有助于更深刻地理解他的革命的、战斗的民主主义实质，将能更好地吸取他的政治思想方面的许多有教益的东西。"① "我们可以说中山先生在基本的、主要的方面靠近了唯物主义，这对他的革命斗争起着重大的作用；而他的思想中的唯心主义成分则是非主要的，在他的毕生革命实践中不起着决定性的作用。"② "总起来说，中山先生的革命民主主义政治思想不但不能和他的哲学思想分割，而且正是他的接近于唯物主义的世界观、世界可知性的认识论紧密地联结在一起的。他的哲学思想中的唯心主义因素的确也渗透在他的政治思想中，特别是在'民生主义'的历史理论和经济理论中，但他的紧紧靠近唯物主义的思想发展却挽救了理论上的危机。他的思想体系，通过他的政治主张的折射，的确反映了一个伟大时代的历史矛盾以及处在这个矛盾中的中国民族资产阶级的阶级性格，但他毕竟在矛盾的辩证法中紧紧地靠近真理而发展了积极前进的因素，表现了伟大的革命民主主义者的典范。中山先生的思想是'历史的正统'！"③

3 月 20 日

先生所作《关于〈资本论〉翻译工作二三事》发表于《文汇报》第2 版。

3 月

先生与赵纪彬、杜国庠合著《中国思想通史》第一卷增订本由人民出版社出版。

同月，先生所作《十七世纪的中国社会和启蒙思潮的特点》发表于

---

① 《历史研究》1957 年第 2 期，第 1 页。

② 同上刊，第 2 页。

③ 同上刊，第 21 页。

《中国资本主义萌芽问题讨论集》（生活·读书·新知三联书店出版）。

4 月 15 日

先生在北京大学作《周秦之际的思潮》讲座。1957 年春，北京大学为贯彻执行党的"百花齐放，百家争鸣"方针，由翦伯赞主办高水平的具有国际性的学术论坛——"历史问题讲座"，先后由范文澜、郭沫若、吕振羽、邓拓、胡绳、尚钺、苏联科学院东方学研究所副所长杜曼、民主德国莱比锡大学历史学家洛赫等主讲，先生是第三讲。

张传玺回忆："外老的讲演虽属于中国思想史的范围，但他主要是通过周、秦这两个时期的学术思想的变化来划分古代奴隶制和封建社会的界限。而且他明确指出：'秦朝是中国奴隶社会的最后一个王朝，西汉是封建社会开始的一个王朝。'（大意）在开讲之前，外老笑着对翦老说：'今天我要攻你一下。'翦老笑着回答：'攻吧，攻不倒，我就再坚持一下。'外老讲演，翦老主持大会，并认真听讲。外老有时措辞很激烈，而两人都常常会意而笑。讲演完毕，翦老带头热烈鼓掌。此讲座的每讲都有报酬，而且比较优厚，翦老深知外老洁身自好，就派人将报酬径送到家，可是后来还是为外老退回。外老诙谐地说：'我还没讲完，以后还要去讲，现在不能收讲课费。'"①

4 月 17 日

《人民日报》第 7 版登载《侯外庐在北京大学讲学，认为中国封建社会起于秦汉》："据新华社 15 日讯 新华社记者雷朋报道：我国著名思想史家侯外庐今天在北京大学主讲'周末与秦汉之际学术思想的演变'中，提出了他对中国古代史分期问题的意见，他认为封建社会开始于秦汉之际，到汉武帝时完全完成。""他在今天的学术讲演中，向主张封建制产生在西周和春秋战国之际的学者们提出了质问：战国时代学派林立，百家争鸣，在世界各国的封建社会中，难道能有这样在学术上繁荣的时代吗？他认为自秦始皇'焚书坑儒'，一直到汉武帝'罢黜百家，独尊儒术'，这种把思想定于一尊而便于封建统治才标志着封建的形成。"

---

① 张传玺：《翦伯赞与侯外庐的兄弟友谊与学术分歧》，《江汉论坛》1989 年第 7 期，第 80 页。

4 月

先生与尹达、夏鼐、周一良、刘大年等会见日本原田淑人为团长的日本考古学访华代表团。

同月，先生与赵纪彬、杜国庠、邱汉生合著的《中国思想通史》第二卷增订本由人民出版社出版。该卷在 1950 年三联版的基础上增写了第七章《汉代白虎观宗教会议与神学思想》。

先生回忆：其中"董仲舒章初稿完成于上海，基本出自纪彬手笔。执笔前我们经过充分的讨论"①。

5 月

先生与赵纪彬、杜国庠、邱汉生合著的《中国思想通史》第三卷增订本由人民出版社出版。该卷在 1950 年三联版的基础上增写了第十章《佛学与魏晋玄学的合流》。

春

胡一雅②到中国科学院历史研究所工作。

6 月 3 日

先生所作《介绍陈确著书中以仅见刊本〈葬书〉的思想》发表于《新建设》1957 年第 6 期。

6 月

先生所作《方以智——中国的百科全书派大哲学家——论启蒙学者方以智的悲剧生平及其唯物主义思想》（上篇）发表于《历史研究》1957 年第 6 期，全文副题为《论启蒙学者方以智的悲剧生平及其唯物主义思想》。收入《侯外庐史学论文选集》下卷（人民出版社 1987 年版，题为《方以

---

① 侯外庐：《韧的追求》，生活·读书·新知三联书店 1985 年版，第 283 页。
② 胡一雅（1931—），湖北黄梅人。1949 年 11 月参加工作。1957 年春中国人民大学经济系研究生毕业后分配到中国科学院历史研究所工作，历任助理研究员、副编审、编审，中国历史大辞典副总编辑、编纂处主任等职。合著有《封建贵族大地主的典型——孔府研究》、《中国历史大辞典（合订本）》等。

智的社会思想和哲学思想》)。该文论述"方以智的世界认识和社会实践之间的悲剧矛盾",包括"方以智著作所表现出的历史意义"、"方以智社会实际的悲剧性"。

李学勤回忆:"有些人以为侯先生不重视史料考证,据我所知则恰好相反。我几次听到他讲,并不反对考据,只是反对没有理论高度的繁琐考证。正如侯先生《选集》自序所说,'无论研究社会史、思想史,要想得出科学论断,均须勤恳虚心地吸取前人考据学方面的成果,整理出确实可靠的史料。考据学本身算不上历史科学,但它却是历史科学不可缺少的专门学问'。以方以智的研究为例,以前很少人予以注意,1957年侯先生着手发掘方氏遗作,在《历史研究》上发表论著,即《选集》下册的《方以智的社会思想和哲学思想》,实开风气之先。在侯先生指导下,思想史研究室从安徽、上海等地搜集了大量方氏著作,有手稿本、抄本,也有罕见的刊本,大多不为人所知。为了向大家报道这些珍贵发现,《中国思想通史》第4卷论方以智的章节破例开列了方氏著作的目录。我们标点了方氏的一些著作出版,还组织编纂方氏的选集、全集。"①

7 月

先生所作《方以智——中国的百科全书派大哲学家》(下篇)发表于《历史研究》1957年第7期。该文论述"方以智的唯物主义哲学思想",包括"方以智的唯物主义和自然科学"、"方以智的无神论和唯物主义一元论"、"方以智的唯物主义认识论"。

先生自述:"我对方以智这个人物的认识,经历过一个逐渐全面、逐渐深入的过程。"②20世纪40年代著《中国近世思想学说史》时,先生把方以智看作文字、音韵学家,文学家、经学家,政治活动家。新中国建立后,先生一面研读《通雅》、《物理小识》,一面搜集方氏资料、佚著,期间郑振铎提供了珍本《浮山前集》,北京图书馆馆长左恭敞开北图善本部,北京大学图书馆馆长向达开放北大善本。于是,"在对方以智思想面貌有了一个轮廓性的认识以后,一九五九年春,我杜门谢客半月,一口气写成

---

① 李学勤:《深刻的启迪——回忆历史学家侯外庐先生》,《光明日报》1988年8月10日第3版。

② 侯外庐:《韧的追求》,生活·读书·新知三联书店1985年版,第310页。

《方以智——中国的百科全书派大哲学家》。如果说这篇论文有什么特点的话，那就是，我把方以智思想与近代西方哲学家狄德罗、保尔·荷尔巴赫等（特别是荷尔巴赫）作了大量的对比，为方以智冠以'百科全书派'的头衔。"①"话说回来，方以智的'百科全书'，应该承认，只是中国式的百科全书，在中国明末清初水平上的百科全书，而且应该说，在方以智时代具有类似特点的大学问家、思想家不止他一人。为方以智冠上'百科全书派'哲学家吗，这个题目起得大了。后来，把方以智研究纳入《中国思想通史》第四卷时，提法有所修正，我为此专门写过一段说明。"②

8 月 29 日

先生在中国科学院哲学社会科学部召开的座谈会上作《对图谋资产阶级社会学复辟的右派分子的交代态度讲几句话》的发言，收入科学出版社编辑部《反对资产阶级社会科学复辟——中国科学院召开的社会科学界反右派斗争座谈会发言集》第二辑（科学出版社 1958 年版）。

夏

先生在北京东城小雅宝胡同寓所召开《中国思想通史》第四卷编写工作会议，先生事先征求了杜国庠的意见。参加会议的有赵纪彬、邱汉生、白寿彝、杨荣国、杨向奎、杨超、李学勤、张岂之、林英。会议由先生提出编写提纲和章节内容，然后大家讨论、补充修改，最后确定编写分工和完稿时间。先生回忆："会议进行得很顺利，气氛热烈而严肃。对韩愈思想如何分析，会上有不同意见，经过激烈的争论，多数人取得一致，但个别人有保留。……这次会议开得很紧凑，至午前十一时许便结束。第四卷的工作，从这一天开始正式起步。"③

在第四卷的编写过程中，先生等得到中国科学院历史研究所一、二所有关同志的帮助，中国科学院图书馆、北京图书馆、北京大学图书馆以及中国科学院历史所、哲学所藏书室提供了借阅的便利条件，容肇祖借与何心隐《爨桐集》、李贽《九正易因》抄本，安徽的同志借与方以智抄稿。

———

① 侯外庐：《韧的追求》，生活·读书·新知三联书店 1985 年版，第 311 页。
② 同上书，第 312 页。
③ 同上书，第 295 页。

先生回忆："在《中国思想通史》四卷的编写过程中，杜老却远在广州，我们见面的机会是不多的。他有事两次北来，都把编写的重要意见同我谈了，这对四卷的编著工作起了积极的作用。后来四卷出版，他看到后还建议，将来应补写杨诚斋一章。"[1] 又："当着手准备《思想通史》第四卷写作时，我请（韩）国磐同志编一份隋唐资料。他欣然应允，特地从厦门赶来北京，住在当时历史研究所二所院内，日夜兼程，仅用两个月时间搞出了一部相当详细的长编，集中了隋唐经济、政治、文化、思想的丰富资料。我为第四卷撰写社会史一章资料丰满，便是仰赖于国磐同志的这部资料长编。其他隋唐思想各章，也不同程度上从中得益。"[2] "第四卷成书时，环境和处境迫使我在署名问题上产生顾虑。屈服于当时一种不成文的规定，我没有把国磐列入执笔者。这个决定铸成的错误，二十多年来一直咬噬着我的心，一直是我内心的一处隐痛。"[3]

张岂之回忆："1957 年，在侯先生的指导下，我们几位参加了他主编的《中国思想通史》的编写工作。开始每人只分担了很少的一些章节。我们围绕着自己分担的课题，去阅读原始材料，作资料长编，提观点，同侯先生一起商量、切磋、辩论。这些小型的讨论随时进行，生动活泼，无拘无束，没有时间限制。由于是针对研究过程中的疑难问题展开辩论，所以通过讨论，能使我们加深对问题的理解，启发自己的思路。写完稿子，侯先生都认真审阅，仔细修改。即使稿子不能用，他从不全盘否定，而是挑出可取之处，总结经验教训，进行鼓励。有侯先生把关，更坚定了我们研究的兴趣和信心。我们总是如期地完成任务，但这并不意味着工作就作了。侯先生往往根据我们的实际能力，又增加新的更重的任务，使我们重新拿起另一个研究课题。记得：在编写《中国思想通史》第四卷时，我开始只承担写东林党一章，完成后又让我写王廷相。为了写好这一章，我通读了《王氏家藏集》，用了不少功夫。这章写完后，以为可以松口气了，可是侯先生又要我分担邓牧、王阳明和陈亮（和何兆武合作）的几章，使我始终处在紧张的工作状态中，脑子里不时思考着有关问题。这些已成了我的精神寄托和生活乐趣，我逐渐习惯于并且很喜欢这种紧张而又愉快的

---

① 侯外庐：《深沉的怀念——纪念杜国庠同志逝世二十周年》，《学术研究》1981 年第 1 期，第 48 页。

② 侯外庐：《韧的追求》，生活·读书·新知三联书店 1985 年版，第 314 页。

③ 同上书，第 314—315 页。

研究工作。杨超承担的任务更重，他一人就担当了'隋唐佛教'的写作。当时学术界这方面的研究成果还不多。杨超翻阅了大量的佛教典籍，经过艰苦的劳动，最后又经过侯先生细致的修改，终于较好地完成了这一部分的编写任务。我不能不提到，侯先生对我们马克思主义理论的学习是抓得很紧的。他几乎每天都有一定的时间阅读马克思主义原著。每当在某个问题上受到经典作家的启示，有所体会的时候，他总是满怀喜悦地告诉我们，使我们深受鼓舞，从而提高了我们学习马列主义的自觉性。他还引导我们把研究工作与社会责任统一起来；具体说就是：做研究工作不是为了个人的名利，而是为我们祖国贡献力量。这种强烈的责任感，侯先生强调它是研究工作的灵魂。因此他指定我们读政治经济学和哲学方面的马克思主义原著，反复强调学习马克思主义理论对于提高我们的思想水平和研究水平的重要性。"[①]

9 月 18 日

先生在中国科学院召开的座谈会上作《费孝通与章罗联盟的反社会主义科学纲领》的发言，收入科学出版社编辑部《反对资产阶级社会科学复辟——中国科学院召开的社会科学界反右派斗争座谈会发言集》第二辑（科学出版社 1958 年版）。

10 月

先生所作《学习先进理论，加强我们的思想战线——为纪念苏联十月社会主义革命四十周年而作》发表于《历史研究》1957 年第 10 期。

本年

先生向中国科学院院长郭沫若推荐，聘请邱汉生为历史所副研究员，协助先生指导研究生。邱汉生回忆："我承外老推荐，于 1957 年由郭沫若院长聘任为历史研究所副研究员，协助外老指导研究生，并继续参加《中国思想通史》第 4 卷的撰著工作。为了鼓励我担任历史研究所的工作，外

[①] 张岂之：《治学小议》，《儒学·理学·实学·新学》，陕西人民出版社 1991 年版，第453—455 页。

老多次同我说:'纪彬也要来工作。'杜老时在华南,是明显的不能来了。"①

一九五八年(戊戌)　五十五岁

1月,牟宗三、徐复观、张君劢、唐君毅《为中国文化敬告世界人士宣言——我们对中国学术研究及中国文化与世界文化前途之共同认识》发表于香港《民主评论》、台湾《再生》杂志。

2月9日至11日,国务院科学规划委员会古籍整理和出版规划小组成立大会在北京召开,齐燕铭任小组负责人,郑振铎、翦伯赞、潘梓年为文、史、哲分组的负责人。

3月20日,中宣部副部长陈伯达在国务院科学规划委员会第五次会议上提出以"厚今薄古,边干边学"来促进哲学社会科学发展。

4月,北京大学开始批判马寅初的《新人口论》。

5月5日,中国哲学会在中国人民大学举行逻辑讨论会。7日至8日,中国哲学会在北京大学举行中国哲学史讨论会,主要讨论哲学遗产继承问题和老子哲学思想问题。9日至11日,中国哲学会在中央党校举行关于主观能动性和客观规律性问题的讨论会。同月,中共八大第二次会议正式通过了"鼓足干劲、力争上游、多快好省地建设社会主义"的总路线。

6月,李约瑟访华。

9月11日,中共中央发出《关于今冬明春在农村中普遍开展社会主义和共产主义教育运动的指示》。19日,中共中央、国务院发出《关于教育工作的指示》:"党的教育方针是教育为无产阶级的政治服务,教育与生产劳动相结合。"28日,中国史学会主办"纪念戊戌变法六十周年学术讨论会"在北京召开。

12月,吴玉章主编《戊戌变法六十周年纪念论文集》由中华书局出版。

---

① 邱汉生:《沉痛悼念侯外庐先生》,《纪念侯外庐文集》,陕西人民教育出版社1991年版,第81—82页。

1 月

先生所著《中国早期启蒙思想史》由人民出版社第 2 次印刷出版，并作为《中国思想通史》第五卷。

2 月 9—11 日

国务院科学规划委员会召开古籍整理出版规划小组成立会议，哲学组召集人为潘梓年、冯友兰，先生为成员之一。①

2 月 23 日

先生在小经厂实验剧院观看《百丑图》话剧，见顾颉刚、翁独健、胡厚宣、张正烺、刘大年、胡嘉、杨向奎等。②

3 月 9 日

先生会见顾颉刚、吕叔湘。

3 月

先生参加国务院科学规划委员会第五次会议，听取陈伯达作"厚今薄古，边干边学"的报告。

4 月 5 日

先生出席翦伯赞主持的国务院科学规划委员会史学组的"历史学大跃进问题"座谈会，翁独健、白寿彝、周一良、尹达、刘导生、范文澜、刘大年等参加。先生在发言中认为："厚今薄古的提法，在近代史研究中较易理解，在古代史研究中，有人即感到古代史命'薄'，想转移阵地。""实际上在古代史的研究中，也要贯彻厚今薄古的方针，因为厚今薄古是世界观的问题，是思想方法的问题，是一个两条路线的问题。""问题的提法就包括了问题的解决。如果学习近代史的人运用的是厚古薄今的方法，就会把近代史写成考订洪秀全有没有胡子（'天王相貌考'）而脱离实际。

①　张传玺：《翦伯赞传》，北京大学出版社 1998 年版，第 330 页。
②　《顾颉刚日记》第 8 卷，中华书局 2011 年版，第 386 页。

反之，如果写古代史的人，把古代历史结合当前实际，写出富有教育意义的文章，同样就是厚今薄古了。""厚古薄今倾向的存在，反映着我们这些做科学研究领导工作的同志缺乏政治责任感，没有真正负起责任，对它作及时的批判，我们必须从方向性方面对待这一问题。"先生提出："（一）中国历史学中，从来就有厚今薄古和厚古薄今的两条路线。""有人民性、思想性的史学家大概走的是厚今薄古的路线，而保守史学家则大概走的是厚古薄今的路线，这两条路线的斗争贯穿在史学史中。""（二）历来对待遗产的态度也有两条路线的斗争。""（三）厚今薄古与厚古薄今的斗争是科学态度与反科学态度的斗争，是革命性与保守性的斗争。""（四）研究古代史，虽然是研究过去的历史，我们却不能从古代出发，要根据现在的阶级斗争经验来研究古代史。""应该是'通今'然后'薄古'，进而更'通今'，不是先'薄古'，然后再来'通今'。"①

同日，先生所作《怎样对待孔德的思想》发表于《哲学研究》1958年第2期"资产阶级社会学批判"专栏。

4月12日

先生在中国科学院历史研究所会晤顾颉刚。

4月23日

顾颉刚在中国科学院历史研究所会晤先生、祝瑞开。

5月1日

先生与顾颉刚同车到天安门观礼，自上午九时到下午一时一刻结束。顾颉刚日记："与侯外庐谈，彼谓《古史辨》为客观主义，无目的。予谓有目的，即打倒道统。彼谓打倒道统后将如何，盖如不打倒反动政权，在政治上固无何目的也。"②

5月7—8日

先生参加中国哲学会在北京大学举行的中国哲学史讨论会。先生回

---

① 《为历史科技的大跃进而战斗——4月5日在国务院科学规划委员会史学组座谈会上的发言》，《光明日报》1958年4月14日第3版。

② 《顾颉刚日记》第8卷，中华书局2011年版，第424页。

忆："散会后，他（杜国庠）和我在休息室里畅谈了三小时"，"我们商讨了《中国思想通史》第四卷的如何编写的许多问题"①。

5 月 10 日

先生所作《谈谈文化遗产的继承问题——兼评冯友兰先生的看法》发表于《争鸣》1958 年第 5 期。

5 月 13 日

先生与祝瑞开在中国科学院历史研究所见顾颉刚。

5 月

《历史研究》1958 年第 5 期开辟"研究历史应当厚今薄古"笔谈专栏，登载先生所作《古史领域中"厚今薄古"方针的斗争意义》，后收入科学出版社 1958 年 7 月出版的《厚今薄古》论文集，该书还收入郭沫若、范文澜、陈垣、吕振羽、刘大年、夏鼐、敢峰的笔谈。

约在 5 月

先生应邀到中国人民大学兼课。陈瑛回忆："当时'大跃进'的鼓声刚刚敲起，我所在的中国人民大学哲学系也制订了'教育跃进计划'，内容之一，就是聘请一些中央首长和社会名流来校兼课，其中就有侯先生。邀请是由吴玉章校长发出的。记得是一个晴朗的上午，在挤得水泄不通的俱乐部里，侯先生给我们讲了一上午中国哲学史。当时听课的笔记在'文革'中丢失了，内容也已模糊，可是他的'开场白'却记得很清楚。他说他正在医院里养病，医生不准出来。但是接到吴老的'命令'，便从医院里偷跑了出来。侯先生那高大的身躯、洪亮的声音、轩昂的态度、渊博的学识，特别是他对革命老前辈的尊敬和对青年学生的热忱，给我们留下了毕生难忘的印象。"②

---

① 侯外庐：《忆悼杜国庠同志》，《光明日报》1961 年 2 月 8 日第 3 版。
② 陈瑛：《中国伦理学史研究的正确道路——纪念侯外庐先生》，《纪念侯外庐文集》，陕西人民教育出版社 1991 年版，第 293 页。

6 月 6 日

上午九时到十一时一刻，先生在中国科学院参加戊戌变法纪念会筹备座谈会。会议由范文澜主持，顾颉刚、章士钊、梁启勋、康同璧、陈垣、李济深、翦伯赞、刘大年、戴逸、邵循正、刘桂五、齐燕铭、徐宗仁等参加。会后，先生与顾颉刚同车回家。①

6 月 11 日

先生为《中国哲学史略》作序。

7 月 23 日

晚上，先生与顾颉刚、贺昌群同到文化俱乐部，参加科技界抗美英侵略会，傅鹰、钱三强、竺可桢、茅以升、林巧稚、杨向奎等参加。②

8 月 8 日

郭沫若委托先生与尹达、刘大年等三位中国科学院历史研究所的实际负责人，与负责现代史部分的田家英、国家科委刘列夫等研究编写中国历史的计划与分工。③

8 月 20 日

先生作《陈确哲学选集》序及"编辑说明"。序云："我们的编辑和资产阶级的历史编纂学相反，他们编纂史料是为了炫弄博雅，并企图以之代替历史学；我们则在马克思主义指导下，编辑史料是作为历史学研究的副产物，使经过取舍抉择的史料以辅助科学研究。中国历史上唯物主义思想家的著作，在长时间里，既被封建学者斥为'异端'，摈于'名教'之外；又被资产阶级蔑视、仇视，以致曲解、篡改。对这种情况，我们不能容忍。为了正确地阐述哲学史上唯物主义与唯心主义两条路线的斗争，为了批判地吸取古代唯物主义思想中的优良成果，为了揭穿资产阶级学者故意混淆唯物主义

---

① 《顾颉刚日记》第 8 卷，中华书局 2011 年版，第 440—441 页。
② 同上书，第 465 页。
③ 《尹达简谱》，《从考古到史学研究之路——尹达先生百年诞辰纪念文集》，云南人民出版社 2007 年版，第 623 页。

与唯心主义之间界限的欺弄，我们必须注意发掘被埋没了的唯物主义思想家，对他们的思想进行马克思主义的分析。同时，在研究过程中，我们准备把罕见的唯物主义思想家著作，加以编辑校点，提供大家参考。"①

8 月

先生主编，张岂之、李学勤、杨超、林英编写的《中国哲学史略》由中国青年出版社出版。

9 月 13 日

先生与范文澜、吴晗、尹达等商定将"前四史"的点校工作扩大到"二十四史"，建议得到毛泽东批准。②

9 月 28 日

先生参加中国史学会主办"戊戌变法六十周年学术讨论会"。

9 月

先生主编并作序的《戊戌变法六十周年纪念集》由科学出版社出版。

同月，先生主编，中国科学院历史研究所二所李学勤、张岂之、刘厚祜等编辑的《陈确哲学选集》由科学出版社出版。

同月，（苏联）敦尼克、约夫楚克、凯德洛夫、米丁、特拉赫坦贝尔主编，中共中央马克思恩格斯列宁斯大林著作编译局翻译的《哲学史》第一卷由生活·读书·新知三联书店出版，上卷"编者的话"指出：第一章"古代东方奴隶占有制社会的哲学思想的孕育和发展"中的第三部分"古代中国哲学思想的产生和发展"是"中华人民共和国的侯外庐、冯友兰、胡绳三教授执笔"；第三章"封建主义时期哲学思想的发展（资本主义关系形成以前）"的第一部分"东方各国的哲学思想和社会思潮"中"中国"部分的作者为"侯外庐、冯友兰、胡绳"③。

---

① 侯外庐：《陈确哲学选集》序，《陈确哲学选集》，科学出版社 1958 年版，第 1 页。
② 宋连生：《吴晗的后二十年》，湖北人民出版社 2009 年版，第 82 页。
③ 《哲学史》第 1 卷，生活·读书·新知三联书店 1958 年版，第 2 页。

10 月 15 日

先生与范文澜、刘大年、田家英、白寿彝等 14 位编写组负责人及学者对《编写中国历史的指导思想》进行会商。①

10 月

先生与邱汉生合作的《唯物主义者王安石》发表于《历史研究》1958年第 10 期。文章论述了王安石的唯物主义世界观、人性论、认识论，认为"对于王安石的政治思想应当进一步作出科学的总结，但更必要的是应该发掘他的哲学思想，因为这一方面王安石是一向被湮没和遗忘了的。……我们有责任依据历史实际，恢复这些唯物主义者的本来面目，并且揭露他们所以遭到掩蔽的原因"②。文章论述了王安石的"唯物主义世界观"、"唯物主义的人性论和认识论"及其反映"非身份性色彩的地主阶级的社会利益"③ 的社会根源。

12 月（至 1959 年 2 月）

先生应苏联科学院东方研究所邀请，赴苏联讲中国思想史。

年底

谭其骧与国家测绘局副局长白敏与吴晗商定，"重编改绘杨守敬《历代舆地图》委员会"采用最新测绘资料，不再使用杨守敬《大清一统舆图》为底图。④

本年

先生招收冒怀辛为中国科学院历史研究所副博士研究生。

同年，编写历史教科书列入国家计划。在郭沫若领导下，先生与刘大年、尹达、田家英分工负责各分册。年底，筹备工作大体就绪，各分册开

---

① 《尹达简谱》，《从考古到史学研究之路——尹达先生百年诞辰纪念文集》，云南人民出版社 2007 年版，第 623 页。

② 《历史研究》1958 年第 10 期，第 1 页。

③ 同上刊，第 16 页。

④ 宋连生：《吴晗的后二十年》，湖北人民出版社 2009 年版，第 83 页。

始草拟编写提纲。①

同年，（苏联）杨兴顺等著、王祖耀译《评侯外庐著〈中国早期启蒙思想史〉》发表于《哲学社会科学动态》1958年第8期。

一九五九年（己亥）　五十六岁

1月，赵纪彬《论语新探》由人民出版社出版。本书由《古代儒家哲学批判》（1948年版）修改而成。

3月，"中国历史（奴隶社会、封建社会）提纲草案"座谈会举行，郭沫若应中国历史编写组邀请发表《关于中国古史研究中的两个问题》的谈话，谈到中国奴隶社会的基本特征和分期标准。

4月18日，中华人民共和国第二届全国人民代表大会召开。

7月2日至8月16日，中共中央先后在庐山召开政治局扩大会议和八届八中全会，全会通过《为保卫党的总路线、反对右倾机会主义而斗争》和《关于以彭德怀同志为首的反党集团的错误的决议》。

9月16日，中共中央、国务院发出《关于确实表现好了的右派分子的处理问题的决定》。25日，我国发现大庆油田。同月，吕思勉《隋唐五代史》由上海中华书局出版。

12月8日，中共中央宣传部召开全国文化工作会议，认为修正主义、资产阶级思想影响仍是文学艺术上的主要危险，其主要表现是以人性论反对阶级论，以人道主义反对革命斗争。

本年，中国社会科学院历史研究第一、第二所合并为历史研究所，第三所仍称为近代史研究所。

1月2日

先生在中国科学院尹达办公室，见到顾颉刚。

2月8日（正月初一）

先生与尹达到顾颉刚家拜年。

---

① 《刘大年来往书信选》下册，中央文献出版社2006年版，第709页。

2 月 10 日

顾颉刚到先生家中拜年，未遇。

2 月 25 日

上午九时至十一时，先生在中国科学院参加所务会议，与顾颉刚、贺昌群同车回家。

2 月

郭沫若完成历史剧《蔡文姬》，把曹操写成正面的政治家，引起一场争议。先生的女儿侯均初回忆："不少知名的历史学家也卷进了这场论争。有人建议父亲也参加进去。每及此题，父亲均持沉默态度。我问他：'你为什么不发表自己的看法呢？'父亲说：'现在已经够热闹的了，我是绝不参加其中的。郭老阐发其观点无可非议，更何况他不仅是历史学家，更是一位诗人和剧作家。不要用历史论文的标准去苛求艺术剧作。郭老的意见是他的研究成果，我不必从同意或反对郭老观点的角度去研究曹操。我写曹操的话，仅仅是我自己的研究心得。'"①

3 月 5—13 日

先生与陈垣、范文澜、吴晗、翦伯赞等 60 余人参加郭沫若主持的中国历史提纲草案座谈会。

4 月 7 日

先生所作《关于封建主义生产关系的一些普遍原理》发表于《新建设》1959 年第 4 期，收入《侯外庐史学论文选集》上卷（人民出版社 1987 年版，题为《封建主义生产关系的普遍原理与中国封建主义》）。该文修改后，作为《中国思想通史》第二、三、四卷《序论补》。文章包括"关于封建主义的土地所有权问题"、"封建主义的土地占有权与私有财产的实质"、"论封建主义在土地权力上的品级结构"、"农民的土地占有权和使用权"。

先生自述："《普遍原理》一文的宗旨是：区别封建的所有权、占有权

---

① 侯均初：《我的父亲侯外庐》，《沧桑》2002 年第 2 期，第 30 页。

和使用权这三个概念的含义；区别封建的土地所有权与资本主义的自由的土地私有权，是两个不同的历史范畴的概念；阐述封建土地所有权的历史特点在于其'非运动'性质、稳定的垄断的性质、宗法性质等。""我所设想的关于中国封建社会发展规律的商兑计划远没有完成，《普遍原理》一文可以视为对未完成的计划缩小到最小程度的补白。"①"列于《思想通史》第四卷卷首的〈第二、三、四卷序论补〉，不觉竟近乎成了我的社会史研究的告别篇。这在该篇写作时，乃至第四卷出版时，连自己也是断没有料到的。""自我从事史学研究以来，一向等量齐观社会史与思想史的地位，夙志完成的中国思想通史，便包括着完整的社会史研究计划。《思想通史》第四卷编撰过程中社会史研究的中断，对《中国思想通史》整体造成了一个后果：在第一、二、三、五各卷中，各历史时期主要思潮的研究，都有该时期社会史研究相互映证，唯第四卷出现例外。……尽管第四卷第一章和《序论补》在理论上可以权充宋明理学与反理性思潮研究的基础，尽管在具体人物的论述中也曾部分包含了一些社会史研究的见解，但在全部社会史研究的系统中，宋、元至明初的部分，铸成遗憾的一环。"②

何兆武回忆："侯先生在他的研究中，习惯于深入钻研每一个重要概念的确切涵义；每每遇到一个重要概念时，不弄清楚，不肯罢休。作为他的助手，我曾多次协助他翻阅马克思、恩格斯的原文，反复推敲，以求明确各词的原文原意之所在。印象最深的一次、也是工程最大的一次，是侯先生为《中国思想通史》第二、三、四卷所作的序论补，副标题是《封建主义生产关系的普遍原理与中国封建主义》。那是 1960 年初前后，侯先生已酝酿成熟这篇文章的基本论点，他和杨超同志充分交换过意见，并由杨超同志执笔写成初稿。杨超同志在研究和写作时，由我协助他改订马克思某些根本概念的明确解释。我先请杨超同志为我讲述文中的基本论点和他本人的见解，那天杨超同志不厌其详地为我缕述两个多小时，主旨是阐明古代与近代的所有制概念的不同，以及我们为什么不能以近代的所有制的概念去理解古代的所有制。他的热情使我深受感动，并且获益匪浅。随后的几个星期里，我们两人就投身于这项工作，查证一些重要术语（如财产、私有制、所有制、占有权、使用权、运动的所有权以及非运动的所有

---

① 侯外庐：《韧的追求》，生活·读书·新知三联书店 1985 年版，第 302 页。
② 同上书，第 303 页。

权，等等）的意义和用法，彼此对勘，真是感受到了有如古人所说的'疑义相与析'之乐。记得有一次杨超同志曾向侯先生提到：verschacheren（Verschacherung）一词在德文中只有'卖'的意思而无'买'的意思，侯先生回答说：有买就有卖，有卖就有买，于是问题就这样解决了。当然，明确概念还只是初步的工作。杨超同志以他所特有的细密的理论思维，终于写出了草稿，经与侯先生多次商讨之后，由侯先生最后删改完稿，这就是现在《中国思想通史》第四卷上卷卷首的那篇总论的由来。这也使我学习到，一个学者的思想成果要经历何等严谨而又艰辛的劳动过程。"[1] "侯先生对待基本概念上这种一丝不苟、务究其源的习惯，本来是极为有价值的工作。事实上，多年以来我们在许多问题上之所以纠缠不清，乃至出了纰漏，有很大一部分根源就都出在概念不清上面。""犹忆去岁当侯先生辞世时，中国思想史研究室内的同人曾经聚首一堂，谈论过如何继承和发扬光大侯外庐学派。侯外庐学派的特色，自非浅学如我者一言半语所能穷其堂奥；不过，我以为对于自己进行研究所运用的原理的基本概念加以正确而深入的理解和澄清，应该是其中的一个重要的构成部分，是值得我们认真继承和加以发扬光大的。"[2]

李学勤回忆："侯先生非常注意马克思主义理论的学习运用。那时马克思、恩格斯和列宁的全集中译本尚未出齐，每出一本，侯先生总是自己带头先读，把体会告诉我们，我们也都很快学习阅读。他从来就是如此，读《选集》所收他 1945 年发表的《关于亚细亚生产方式之研究与商榷》的附记，便可知道他是怎样学习和引用新发现的马克思手稿《前资本主义生产诸形态》的。在编著《中国思想通史》第四卷时，侯先生要求大家反复学习《〈黑格尔法哲学批判〉导言》、《德意志意识形态》、《哲学笔记》等等。1959 年，他撰写《关于封建主义生产关系的一些普遍原理》一文，为了准确理解经典著作的原意，特别要我们研究室杨超同志协助，仔细查对马克思、恩格斯著作的德文本，重译了不少条引文。这篇论文在《选集》中题为《封建主义生产关系的普遍原理与中国封建主义》，大家可以看到好多引文下注明德文版页数。文章强调了所有权、占有权和使用权的

---

[1] 何兆武：《历史理性批判散论》，湖南教育出版社 1884 年版，第 357—358 页。
[2] 同上书，第 358 页。

区别，有很重要的意义。"①

4 月 18—28 日

先生作为第二届全国人大代表，出席第二届全国人民代表大会第一次会议。18 日上午，先生与尹达、顾颉刚同车到中南海怀仁堂。

4 月 20 日

先生为《明道编》作序。序云："黄绾一生的思想经历了两次转变，一次是由相信宋儒到信仰王阳明，再一次是他晚年背叛王学而对'致良说'展开批判。"②"王阳明的《大学问》是其主观唯心主义哲学思想的纲要，黄绾在批判王学时，便从解释《大学》的'三纲领八条目'入手，和王阳明的解释形成对立。"③"黄绾敢于否认宋儒的'心传'的道统，而宣布'经世之学'的另一种道统，从伏羲、尧舜开其端，传至颜渊、曾子、子思，至'孟子而绝'，这是'正脉'。他力辩宋儒所继承的，并非从伏羲开端的'经世之学'，而是'禅学'，禅学即'异端'。"④"黄绾对于禅学化了的王学的批判以及他借孔子之言对认识论的贡献，是他思想中的积极部分。这些唯物主义的观点，和早期启蒙家的思想有相通之处。"⑤

4 月 21 日

先生与顾颉刚同车到中南海怀仁堂，听取李富春《关于一九五九年国民经济计划草案的报告》、李先念《关于一九五八年国家决算和一九五九年国家预算草案的报告》、彭真《人代常委会工作报告》⑥。

4 月 27 日

先生继续参加第二届全国人民代表大会第一次会议。顾颉刚在会上看到先生主编的《中国历代大同思想》。会后，同到新侨饭店。

---

① 李学勤：《深刻的启迪——回忆历史学家侯外庐先生》，《光明日报》1988 年 8 月 10 日第 3 版。

② 侯外庐：《明道编》序，《明道编》，中华书局 1959 年版，第 1 页。

③ 同上书，第 4 页。

④ 同上书，第 11 页。

⑤ 同上书，第 12 页。

⑥ 《顾颉刚日记》第 8 卷，中华书局 2011 年版，第 608 页。

4 月 28 日

先生与顾颉刚、尹达同到中南海怀仁堂，照政协全体相片。随后，同到新侨饭店。

4 月

先生主编，张岂之、杨超、李学勤执笔的《中国历代大同理想》由科学出版社出版。先生回忆："一九五八年，历史研究所二所思想史研究室接受大跃进献礼任务，由我主编《中国历代大同理想》，次年该书由科学出版社出版。"①

同月，先生所作《中国封建社会前后期的农民战争及其纲领口号的发展》发表于《历史研究》1959 年第 4 期，收入《中国封建社会史论》（人民出版社 1979 年版）、《侯外庐史学论文选集》上卷（人民出版社 1987 年版）。文章认为："起义农民在反抗封建主义的斗争口号下，表现出的不同的反抗思想或空想，曾经影响过等级微贱的庶族阶层的'异端'运动和'异端'思想。随着历史的发展，农民以及异端的思想也表现出由低级到高级的形式，通过宗教形式或纲领口号形式而透露出阶级斗争的真实历史，表现出推动历史发展的动力的倾向。"②"一般说来，中国封建制社会的阶级斗争和对抗形势，在唐中叶以前和以后，有着鲜明的不同点：前一时期的农民起义主要表现在反徭役并争取人身权方面，因而其口号所包容的思想主要是一种狂暴式的'财产共有'或'共同劳动'的教义。后一时期的农民起义主要表现在分产均产方面，因而其口号所包含的思想主要是一种更现实的财产平均的教义。"③"正如前一时期作为封建统治者所依靠的基础的农村公社可以变成了大规模农民起义的条件，随着历史的发展，在统治阶级方面看来改进并加强了的制度是巩固封建统治的新武器或新'发明'，却反过来又变成了被统治阶级反抗统治者的有利因素和条件。这一事物向其反面发展的辩证法规律，长期以来即被中国聪明、勤劳而又勇敢的劳动人民群众所掌握，并

---

① 侯外庐：《韧的追求》，生活·读书·新知三联书店 1985 年版，第 298 页。
② 《历史研究》1959 年第 4 期，第 45 页。
③ 同上刊，第 46 页。

在斗争实践中不断地用以武装自己的头脑，而凝固成阶级斗争的宝贵的经验，一直遗留于近代中国的劳动人民，作为优良的文化传统，继承并发展起来。其次，从农民战争的纲领口号而言，由于历史条件以及阶级的限制，其内容如列宁所指出的，对于封建主义的社会现实善于控诉，并善于拆散，而在现实意义上缺乏对于前途的设计。"①

先生自述：该文"试图从社会史和思想史相结合的角度，对中国封建社会农民战争的基本特点做一个扼要的说明"②。

5 月 7 日、8 日

先生参加在北京大学举行的关于哲学遗产的继承问题和老子哲学思想问题的讨论会，与杜国庠、吕振羽、关锋、林聿时等主张老子的思想是唯心主义；并着重分析了老子的思想体系特别是其认识论的唯心主义、神秘主义性质，指出中国哲学史上的唯物主义者从不继承老子的"道"，而仅仅是取其自然之义。③

5 月

李学勤《殷代地理简论》由科学出版社出版。

春夏之交

邱汉生回忆："可能是 1959 年的春夏之交，《中国思想通史》举行第四卷的编撰工作会议，地点在北京东城区小雅宝胡同外老的寓所。出席的有外老、纪彬同志、白寿彝先生、杨向奎先生，还有杨荣国同志和我。那是一个晴和的日子，阳光照射在外老家的一个小客厅内，很明亮，很和煦。上午 10 点左右开始讨论。由外老宣读他事先准备好的第四卷编撰提纲，然后大家讨论，提纲很快通过了，大家只谈了一些补充意见。谈到韩愈的思想时，有些小争论：杨荣国认为韩愈的思想是进步的，其他同志不同意。韩愈虽然被认为'文起八代之衰'，谏迎佛骨，其思想本质却是落后的。争论没有作结论，韩愈这章由杨荣国执笔，先

---

① 《历史研究》1959 年第 4 期，第 57 页。
② 侯外庐：《韧的追求》，生活·读书·新知三联书店 1985 年版，第 260 页。
③ 《新建设》1959 年第 3 卷第 1 期，第 61、62 页。

由他自己设计，写出来再研究。以后，杨荣国写得不理想，外老自己作了大的修改，几乎是重写了。这次会议，杜老没有来参加，但是他把意见事先同外老谈了。白寿彝先生分工写史学思想方面的章节。此外，几位青年同志，张岂之、李学勤、杨超、林英，参加了会议，后来分工写了若干章节。隋唐佛学，基本上是杨超写的。这次会议很顺利，半天就解决了问题，这要归功于外老事先作了充分准备，提出了一份比较成熟的编写提纲。编写工作到1960年已基本完稿，在发稿前后由外老独立写出了《序论补》，概括了中国封建社会后期的社会历史思想，是外老中国社会史论的重要组成部分。"①

7月1日

先生作《中国思想通史》第四卷"编者的话"。

7月3日

上午，先生在中国科学院历史研究所开会，顾颉刚、陈垣、尹达、熊德基、贺昌群、张政烺、胡厚宣、王毓铨、钟尊先、李学勤参加。②

7月7日

先生所作《柳宗元的唯物主义思想》发表于《新建设》1959年第7期。文章认为："柳宗元是唐代的一位伟大的唯物主义者，……但可惜他的思想很少被过去编写中国哲学史的人们所注意，应当说，我们必须对这位人物翻一翻案。"③ 文章论述了"唯物主义'元气'一元论"、"关于宇宙形成的问题"、"关于自然规律的问题"、"柳宗元的无神论及其自然哲学的局限性"、"柳宗元的历史观及其局限"等问题，指出"我们应该根据历史主义的观点方法，珍视柳宗元唯物主义思想体系里的主要方面及其积极成分，而给以公正的评价"④。

---

① 邱汉生：《沉痛悼念侯外庐先生》，《纪念侯外庐文集》，陕西人民教育出版社1991年版，第82页。
② 《顾颉刚日记》第8卷，中华书局2011年版，第653页。
③ 《新建设》1959年第7期，第16页。
④ 同上刊，第23页。

先生回忆:"(赵)纪彬起草的刘、柳章完成后,我感到对柳宗元《天对》中所含唯物主义思想的发掘,还有深入展开的余地。但是,此时的条件不同以往,一则我存在前已述及的仓促心理,二则纪彬与我分处异地,三则纪彬此章文字结构非常整齐,不宜打破其已有的完整性。因此,我另拟一文,继续讨论《天对》,题名《柳宗元的唯物主义思想》。对柳宗元思想的研究,我是特别谨慎的。记得此文请陈家康看过,他在电话里还提过几点意见,然后才交《新建设》发表。此后,我对柳宗元思想还不时有些新见,都拿来和几位青年朋友学勤、岂之他们讨论,由他们执笔,我做修改,联名发表。"先生有关柳宗元思想的观点发表之后,包括范文澜在内的一些学者表示反对,"因为范老持不同见解,我时常提醒自己,考察柳宗元思想还须加倍认真仔细,加倍深入下去才是。以后若干年间,我之所以对柳宗元思想还不断有些新见,实在要感谢范老愤悱式的激励。关于柳宗元的研究,一直到毛主席把他列入八大唯物主义思想家之一时,我个人才如释重负的"①。

7 月 10 日

先生所作《王廷相的唯物主义哲学思想》发表于《哲学研究》1959年第 7 期。文章认为:"王廷相的哲学著作,大都带有论战性质,其风格富于战斗性,其中论述的形式,总是先'破',破他的论敌;然后'立',立自己的理论。这种风格正是唯物主义者的特色之一。"②并论述了其唯物主义一元论、"有生则有性"的人性论、重视"见闻"的认识论等思想。

7 月 27 日

先生致信刘元彦(时为人民出版社编辑——编者注):"《中国思想通史》第四卷第一章意见已处理,请再审核。""我们仔细地考虑了同志们的意见,也认为这一章篇幅较大,但是这一章乃近 20 年来作者有关中世纪历史问题的新见解,有必要在书中发表。不过我们还是接受同志们的意见,决定把本章论农民战争的第五节删去。一方面这篇文章已经发

---

① 侯外庐:《韧的追求》,生活·读书·新知三联书店 1985 年版,第 305 页。
② 《哲学研究》1959 年第 7 期,第 12 页。

表，同时所论的问题又是上起汉代，下迄清代，删去后对本书体例更为符合。同时在四节末尾加了几句话。兹一并附去，请同志们研究是否可以。望赐知。"

7 月 28 日

白寿彝作《刘知几的进步的史学思想》，发表于《北京师范大学学报》1959 年第 5 期，文章提出："本文曾经侯外庐同志修润多处，甚为感谢。"①

7 月

先生主编并作序，中国科学院历史研究所魏明经、张岂之、刘厚祜、牛继斌等编辑的《王廷相哲学选集》由北京科学出版社出版，该书系"中国唯物主义哲学选集"之一，所依据的版本是明嘉靖十五年刊本《王氏家藏集》。

同月，先生与邱汉生合作的《李贽的进步思想》发表于《历史研究》1959 年第 7 期，该文包括"李贽的人道主义的平等观和个性说相联结的唯物主义思想"、"李贽的反圣教、反道学的战斗思想"、"李贽的二元论倾向及其唯心主义的彼岸"，修改后作为《中国思想通史》第四卷下册第二十四章"李贽战斗的性格及其革命性的思想"第三节"李贽的人道主义的平等观和个性说"、第四节"李贽的反圣教、反道学的战斗思想"、第五节"李贽思想中的唯心主义的'彼岸'"，后收入《侯外庐史学论文选集》下卷（人民出版社 1987 年版）。

8 月 15 日

陈玉森《试论王充的思想渊源——并与侯外庐、关锋等同志商榷》发表于《哲学研究》1959 年第 8 期、第 9 期合刊。文章质疑《中国思想通史》第二卷第八章认为王充思想源于道家的观点，提出王充的世界观、认识论、政治论都渊源于荀子。

---

① 《北京师范大学学报》1959 年第 5 期，第 72 页。

8 月

黄宣民①、唐宇元②、步近智③、陈谷嘉④等调入中国科学院历史研究所中国思想史组工作。

步近智回忆："当年，外庐师要求弟子们坐下来集中精力读书，不要急于匆促论文、求出成果，要遵循历史科学研究的规律；外庐师还要求从事思想史的研究要'通'而后'专'、'博'而后'深'。"⑤

夏

历经两年编撰，《中国思想通史》第四卷完稿。林英回忆："记得1959 年'四卷'全书近百万字的稿件集中时，正当盛夏溽暑，他接连十余日闭门不出，昼夜伏案，挥汗如雨，笔耕不辍，终于以最快速度完成了通贯全书的审改定稿工作。外老是名副其实的大主编，具有统驭全局的卓越能力，所有稿件只要经过他的修改勾勒，就像被一条无形的线索历贯串，纳入了他所构思的体系。这种本领是旁人所无法取代的。"⑥

《中国思想通史》第四卷包括第一章"中国封建制社会的发展及其由

---

① 黄宣民（1934—2001），江西萍乡人。1959 年毕业于广州中山大学历史系，随即进入中国科学院历史研究所，参加《中国近代哲学史》、《中国思想史纲》、《宋明理学史》、《侯外庐史学论文选编》等工作，协助侯外庐修订《船山学案》、《中国近代启蒙思想史》、《韧的追求》等；并作为侯外庐晚年的主要工作助手，协助撰写了大量文章。曾任中国社会科学院历史研究所研究员、学术委员会委员、中国思想史研究室主任、《中国哲学》主编、中国哲学史学会理事等。

② 唐宇元（1935—），江苏盐城人。1959 年毕业于南京大学历史系，随即进入中国科学院历史研究所，参加《宋明理学史》等工作，主编《影响中国历史进程的人物》、《中华民族杰出人物传》思想史分册等，著有《中国伦理思想史》、《理学大师朱熹》、《宋明理学概要》等。

③ 步近智（1933—2012），江苏省丹阳人。1959 年毕业于山东大学历史系，随即进入中国科学院历史研究所，参加《宋明理学史》等工作，曾任中国社会科学院中国文化史研究室主任等。合著《中国思想发展史》、《明清实学思潮史》、《中华文明史》、《中国学术思想史稿》等。

④ 陈谷嘉（1935—），湖南宁乡县人。1959 年毕业于武汉大学历史系，1959—1962 年在中国科学院历史研究所进修，跟随侯外庐研究思想史，并与黄宣民参加郭沫若主编的《中国史稿》等。1962 年到湖南大学任教，先后担任湖南大学岳麓书院文化研究所副所长、所长（院长）、文学院常务副院长等。著有《儒家伦理哲学》、《中国德育思想研究》、《宋代理学伦理思想研究》、《张栻与湖湘学派研究》等，合著《中华文化通志·社会理想志》、《湖湘学派源流》、《中国书院辞典》、《书院文化研究》、《马克思主义伦理学》等。

⑤ 步近智、张安奇：《中国学术思想史稿·序》，中国社会科学出版社 2007 年版，第 1 页。

⑥ 林英：《崇高的学者风范》，《纪念侯外庐文集》，陕西人民教育出版社 1991 年版，第 112 页。

前期向后期转变的特征"（先生执笔）、第二章"吕才的唯物主义和无神论思想"（赵纪彬执笔）、第三章"隋唐佛学"与第四章"中唐华严宗和禅宗的唯心主义思想"（杨超执笔）、第五章"刘知几的进步的史学思想"（白寿彝执笔）、第六章"韩愈李翱排斥释老的政治理论及其唯心主义的天命论"（杨超执笔）、第七章"柳宗元和刘禹锡的唯物主义、无神论及其战斗性格"（赵纪彬执笔）、第八章"李觏的平均土地思想及其哲学思想"与第九章"王安石的新学、变法思想和唯物主义哲学"（邱汉生执笔）、第十章"北宋唯心主义道学的形成"（邱汉生执笔）、第十一章"关学学风与张载的哲学思想"（李学勤执笔）、第十二章"洛学蜀学及其唯心主义思想"（何兆武执笔）、第十三章"朱熹的思辨哲学及其反动的正宗性质"（李学勤执笔）、第十四章"陆象山的唯心主义'心学'"（邱汉生执笔）、第十五章"陈亮思想及其反对思辨哲学的战斗性格"（张岂之、何兆武执笔）、第十六章"叶适的唯物主义思想及其对哲学遗产的批判"（赵纪彬执笔）、第十七章"封建社会后期道教的传统及其僧侣主义"（杨向奎执笔）、第十八章"宋元之际黄震和邓牧的进步思想"（张岂之执笔）、第十九章"元代马端临进步的史学思想"（白寿彝执笔）、第二十章"王阳明的唯心主义思想"（张岂之执笔）、第二十一章"王廷相、黄绾、吕坤的反道学思想"（张岂之执笔）、第二十二章"泰州学派的思想及其阶级性与人民性"（邱汉生执笔）、第二十三章"泰州学派继承者何心隐的乌托邦社会思想"（邱汉生执笔）、第二十四章"李贽战斗的性格及其革命性的思想"（邱汉生执笔）、第二十五章"东林党争的历史意义及其社会思想"（张岂之执笔）、第二十六章"方以智战斗的社会思想和唯物主义哲学体系"（赵纪彬执笔）、第二十七章"明末天主教输入什么西学？具有什么历史意义？"（何兆武执笔）。

　　张岂之回忆："隋唐佛学部分写成后，外庐先生叮嘱：'此稿一定请任继愈先生审阅，他在这方面有深入的研究，是以马克思主义唯物史观为指导的。'任先生看了稿件后，评价很好，但也提出了一些具体的修改意见。外庐先生很高兴，要他的助手杨超同志（这一部分的文字起稿者）按照任先生的意见进行修改。"①

---

　　① 　张岂之：《略论任继愈先生的学术研究与唯物史观》，《华夏文化》2009 年第 4 期，第 4 页。

　　第六章"韩愈李翱排斥释老的政治理论及其唯心主义的天命论"最初由杨荣国执笔，最终由杨超撰写。先生回忆：在 1957 年讨论编写讨论会上"他（杨荣国——编者注）认为韩愈是唯物主义或二元论者，与我们的看法不一致。赵纪彬当场和他发生辩论。……当时，我作为主编，默然听了他们一阵争论后，只向大家强调了一个原则要求——希望全卷总体宗旨能在每章中体现"。"几个月后，杨荣国起草的韩愈、李翱章完稿，文字不长，观点与他在讨论时所表述的无变，体例与全书也不相合。本着事先议决的原则，我决定韩愈、李翱章重新起草。""第二稿的任务，历史研究所思想史研究组高全朴同志表示愿意承担。不意，高的一稿与全书宗旨相距更远。于是，我决定再次重写。"① 第三稿由杨超执笔，"我向杨超分析了韩愈、李翱章前两稿的问题所在，希望他从中唐社会史的特点中，从庶族地主与豪族地主的对立中，分析韩愈的依违立场；揭示韩愈思想与佛、道相对立的理论，实质是以儒家的'天神'和'人鬼'否定佛、道的神鬼，旨意所在，是企图修改儒学以代替佛、道的宗教。所以，排斥佛、道的韩愈并不是无神论者，而是有神有鬼论者。韩愈哲学是属于唯心主义天命论范畴的。我特别要求此章说明，韩愈建立于佛、道对抗的体系所著的《原道》、《原理》、《原人》、《原鬼》和《原毁》五论，在性论上是继承董仲舒的，在道统上是继承孟子的。进而言之，这种哲学遗产的理论源流，还会向中唐以后，直至今世延伸。这是一种具体继承，绝非'抽象继承'"。"《思想通史》第四卷完成时，鉴于杨荣国是约定作者，同时，他起草的韩愈、李翱章第一稿，对我们最后的定稿提供参考价值，杨荣国在《思想通史》第四卷署名，全体合作者并无异议。"②

　　第七章是先生与杜国庠讨论后由赵纪彬执笔，先生回忆："关于柳宗元思想，早自四十年代初在重庆时起，我就形成见解，并开始与杜老讨论，四十年代末在上海继续这一讨论，彼此的认识得到充分交流，经过十五年的酝酿，到编写第四卷时，由纪彬执笔完成。我们自信，第四卷刘、柳一章观点和理论是比较成熟的。"③

　　第十三章"朱熹的思辨哲学及其反动的正宗性质"由李学勤执笔。先

① 侯外庐：《韧的追求》，生活·读书·新知三联书店 1985 年版，第 318 页。
② 同上书，第 318—319 页。
③ 同上书，第 304—305 页。

生回忆："这一章，最初杜老乐于承担，第四卷开编时，因杜老患病，归到我的分内，我与青年学者李学勤讨论，学勤执笔，我修改而成稿。"① 该章注重方法论的研讨，"我们确定从《朱子语类》卷六二的'扇子'和'扇子底道理'入手，说明朱熹的客观唯心主义哲学的思辨特征，进而分析朱熹的'理'的真实含义在于：'理'是纯精神的，是无具体内涵的抽象，是先于物质存在，产生万物的神秘根源，是万物的主宰，一切存在和变化的主宰。这种纯精神的'理'，是一种'无人身的理性'。"② "朱熹的'理学'采取就佛教华严宗的思辨形式。朱熹哲学的自然观和社会观是对称的。这种对称是用思辨的魔术，先把自然秩序伦理化，然后再以神化了的自然秩序反过来证实现实社会秩序的合理性。"③ 又，先生自述："我在《中国思想通史》第四卷剖析朱熹理学的时候，主观上确有一个论辩对象，那就是《新理学》作者，久久不能忘情理学的冯友兰先生。"④

9 月 1 日

先生为《伯牙琴》作序，认为："邓牧是中国中世纪的'异端'思想家，他自称'三教外人'，以表明他不列入任何正宗的行列。"⑤

9 月 5 日

中华书局编辑部致信先生和郭沫若、汤用彤、刘国钧、陈国符等，就出版中国科学院哲学研究所王明编校的《太平经合校》征求意见。

9 月 7 日

束世澂《对〈关于封建主义生产关系的一些普遍原理〉的意见——和侯外庐先生商榷》发表于《新建设》1959 年第 9 期。文章认为：（1）关于运动的所有权和不运动的所有权："我最感兴趣的是侯外庐先生根据经典著作，着重地指出'所有权'有不运动的所有权和运动的所有权的区别，这一层，似乎在这以前还没有被重视过，它的提出，不能不是在理论

---

① 侯外庐：《韧的追求》，生活·读书·新知三联书店 1985 年版，第 306 页。
② 同上书，第 306—307 页。
③ 同上书，第 307 页。
④ 同上书，第 308—309 页。
⑤ 侯外庐：《伯牙琴》序，《伯牙琴》，中华书局 1959 年版，第 1 页。

上一种贡献。但侯先生把不运动的所有权局限于封建时代，我却不能同意，在这里且做一点补充说明。"① "我认为：以交换价值为基础的所有制是运动的所有权；以使用价值为基础的所有制是不运动的所有权。"② "从所有制的发展看来，第一个历史阶段是不运动的所有权（土地所有权）；第二个阶段是运动的所有权（资本所有制）；第三个历史阶段是什么呢？在我看，是重新变为不运动的所有权，但这是高级的，是社会主义的所有制。"③（2）关于封建主义土地所有权的性质："侯先生使用了'严格意义上的私有权'这个名词，……意思是说封建社会的土地私有权不是严格意义的，从而也不是真的私有权。这未免是主观的看法。……我们知道所谓'私有'，是和'公有'相对立的名称，既非公有就是私有，这是大的界限。由于历史发展阶段的不同，土地所有权的形态是互有不同的。照恩格斯的话来推论，它有完全的自由的和不完全的自由的之分，不是严格不严格，更不能分真假。"（3）关于封建土地的等级结构："侯先生没有把领主和地主区别开来，从而也没有把封建土地所有制和地主土地所有制区别开来；从而在文章中，领主与地主无别，农奴和佃农无别。"④（4）关于法律和事实："侯著中屡斥封建'法律虚构'，这是完全正确的，……但'虚构'云者，是指其实际违反人民利益却装上神圣的、伪善的面貌；至于用法律来巩固统治阶级的利益却是有事实依据的，并非完全虚构。……因此，我们在剥去法律的伪装的同时，还须挖出其根源，才能够使学者澈底明白。这一层，在侯著中做得似乎还不够。""在侯著中，也有迷信法律的地方。"⑤ "侯先生一面承认封建社会土地所有权具有私有性质，一面又极力否认中国封建社会有土地私有权，乃至于陷入自相矛盾中，许多精辟的论述也因此失去了光彩，这是很可惋惜的。"⑥ "总之，侯先生近著中精确的、有益的论述很多，缺点是对于土地制度发展史的系统不明，又为自己的中国封建社会基本上没有土地私有权的旧说所累，以至限于逻辑的不严密；但仍不失为富有参考价值之作。"⑦

---

① 《新建设》1959 年第 9 期，第 43—44 页。

② 同上刊，第 44 页。

③ 同上刊，第 45 页。

④ 同上刊，第 46 页。

⑤ 同上刊，第 48 页。

⑥ 同上刊，第 48—49 页。

⑦ 同上刊，第 49 页。

先生自述：“他（束世澂）指出我的论述存在的缺点是土地制度的发展史系统不明。这个批评非常中肯。中国土地制度发展史确实是社会史研究者有责任下力气研究的课题。”①

9 月 29 日
下午，先生与顾颉刚、尹达同到人民大会堂，参加新中国成立十周年庆祝大会。②

9 月
先生与赵纪彬合作《吕才的唯物主义思想》发表于《历史研究》1959年第 9 期，系由《中国思想通史》第四卷第二章“吕才的唯物主义和无神论思想”修改而成，包括“吕才的行年著述及其‘异端’学派的性格”、“吕才的唯物主义世界观”、“吕才的无神论和唯物主义思想的特点”、“吕才的认识论、逻辑思想”。

同月，先生主编并作序，张岂之、刘厚祜标点的《明道编》（明代黄绾著）由中华书局出版。

同月，先生主编，李学勤、张岂之、刘厚祜等编辑的《陈确哲学选集》增订本由北京科学出版社出版，该书系“中国唯物主义哲学选集之一”。

同月，中国科学院历史研究所第二所中国思想史组编辑，张岂之、刘厚祜标点《伯牙琴》由中华书局出版。

秋
先生《关于封建主义生产关系的一些普遍原理》等文章把“土地制度”问题的讨论推向高潮。当时康生、陈伯达等人认为先生的观点是反对建国初期的土地改革，代表地主阶级利益，反映地主阶级“反攻倒算”的阶级意志。

在所谓“右倾机会主义”的紧张气氛里，学术界在陈伯达、康生的强迫命令下也开展了所谓的批判。在史学界，先生的封建土地国有制观点也

① 侯外庐：《韧的追求》，生活·读书·新知三联书店 1985 年版，第 302 页。
② 《顾颉刚日记》第 8 卷，中华书局 2011 年版，第 608 页。

属于被批判之列。张岂之回忆："外老跟我谈及这件事：……陈、康的批判调子说，外老的封建土地所有论，旨在反对建国初期的土地改革，代表了地主阶级的利益，反映了地主阶级'反攻倒算'的阶级意志。听到这种调子，外老感到百思不得其解，觉得这纯系捏造，早已离开学术探讨的轨道，很难说清楚，还是沉默为好。这个时候，正是外老迫切需要精神支持的时候，白先生仿佛已感到这种需要，他匆匆赶到外老家，告诉外老，史学界的朋友们认为封建土地国有制观点是学术问题，旨在探讨中国封建土地所有制的秘密，虽然很多同行并不同意这个观点。至于个别人的政治帽子可以不必理睬。白先生本人对外老的这个基本观点——中国的封建土地所有权，君主的名器，是君主的最高主权。作为最高地主即主权者的皇权，在政治上即表现为封建专制主义。中国的封建专制主义不仅表现出所有权和主权的不分，还表现出对全国居民有强制职役的权力——表示赞同。当然，白先生也认为，外老的封建土地国有制观点还有进一步完善的必要。在外老困难的时刻，白先生给予外老深厚的学术友情，这使外老深表感激。外老没有放弃他的学术观点，相反，在白先生等老朋友的鼓励下，继续研究封建土地国有制以及与此相关的问题。"①

张传玺回忆："1959 年秋和 1961 年春，在翦老的主持下，以中国古代史教研室全体教师为主，进行过两次全系性的大讨论，发言十分热烈。中国史教师普遍坚持'土地私有制'观点，世界史教师也认为'中国的封建土地所有制为私有制'与'西欧中世纪的封建领主制'完全不同。他们都反对外老的'土地国有制'论和'普遍原理'论。翦老简要谈了自己的观点，也就是土地私有制的观点；但他却另外讲了一个问题，就是如何看待外老提出并推动讨论'土地所有制形式'这一重大学术问题的问题。翦老说：'看一个史学家的成就，主要看两方面即看他在一生中提出过什么样的问题，解决了什么样的问题。如果在两个方面都有贡献，那是不易做到的。能在一方面做出贡献就很不错了。'他认为外老'善于提出重大学术问题'，由于他提出了'土地所有制形式'问题等，推动了中国史学界的大讨论，繁荣了中国史学，这是一大功绩。他对外老的'普遍原理'一文虽有不同意见，但却认为此文显示了外老的学术功力和严肃认真的治学态度，值得学习。在谈到'解决问题'时，翦老说：'与外老讨论问题，他

---

① 张岂之：《白寿彝先生与侯外老的学术友谊》，《史学史研究》1989 年第 1 期，第 15 页。

的史料、理论和逻辑方法会迫使你不得不去重新学习理论，研究史料，这就帮助了你去深入地解决问题。不管外老是怎样解决问题的；他的对手解决问题的；确实也有他的一份功劳。'"①

10 月

先生所作《十六世纪中国进步的哲学思潮概述——为苏联"哲学问题"作》发表于《历史研究》1959 年第 10 期。该文是为前苏联《哲学问题》杂志撰写的论文，收入《侯外庐史学论文选集》下卷时改为《十六、十七世纪中国进步哲学思潮概述》。文章论述了"王廷相、黄绾与吕坤的反道学的哲学思想"、"泰州学派的哲学和社会思想"、"东林党争的历史意义及其社会思想"、"和自然科学联盟的唯物主义哲学思想"，认为："在十六世纪，特别是十六世纪后半期至十七世纪初的中国，哲学思想呈现出了创造性研究的活跃气氛，可以和战国诸子百家争鸣的时代比美。""这一时期进步的哲学思潮之所以产生，是因为有它的社会根源和基于理论斗争的实践。""这个时期的各派进步思想或多或少具有'城市中等阶级反对派异端'和'城市平民反对派异端'的倾向，成为启蒙者的先驱，……然而，时代的条件及阶级的局限使他们往往在理论上不能彻底下去，或在理论体系本身就发生矛盾。"②

11 月 2 日

先生在中国科学院历史研究所见顾颉刚、尹达、杨向奎等。

11 月 14 日

先生在中国科学院历史研究所见顾颉刚等。

12 月 26 日

顾颉刚日记："到历史所，参加民主党派会，讨论尹、侯、熊三位所长发表文字之政治性，自八时半至十二时。"③

---

① 张传玺：《翦伯赞与侯外庐的兄弟情谊与学术分歧》，《江汉论坛》1989 年第 7 期，第 80 页。

② 《历史研究》1959 年第 10 期，第 39 页。

③ 《顾颉刚日记》第 8 卷，中华书局 2011 年版，第 741 页。

12 月 27 日

卢育三《〈中国历代大同理想〉（侯外庐主编）评介》发表于《读书》（书评半月刊）1959 年第 14 期。文章认为："作者仅用了四万五千字的篇幅，就对几千年来中国人民反对特权、反对压迫、反对剥削，追求美好未来的理想，作了历史的系统的介绍，热情歌颂了历代劳动人民反对黑暗统治的斗争精神和英雄气魄。这是《中国历代大同理想》一书比较突出的优点。"[①]

12 月

先生与赵纪彬、杜国庠、邱汉生、白寿彝、杨荣国、杨向奎、诸青合著的《中国思想通史》第四卷上册由人民出版社出版。

其中的"诸青"是先生到中国科学院历史研究所任职后逐渐选进的张岂之、李学勤、杨超、林英、何兆武五位青年学者。先生自述："进所时，他们有理想，文史功底比较厚，三四年间，表现出异常勤奋、学风朴实的共同特点，并各有所长。岂之哲学基础扎实，归纳力强；学勤博闻强记，熟悉典籍；杨超理论素养突出；林英思想敏锐，有一定深度；兆武兼通世界近现代史，博识中外群籍。""我把原定自己执笔的大部分章节、杜老原计划承担因病未能承担而划到我份内的章节，以及全卷编写的组织事务和协调联络工作，全部交给他们。在第四卷全卷二十七章中，他们承担了十三章的工作量，诸如隋唐佛学、韩愈、张载、二程、朱熹、王阳明、东林党、西学……这样一些重要部分，都交他们执笔。所以，事实上在第四卷中，他们唱了重头戏。"[②]"为使这些初上阵的同志分散承担的各章纳入第四卷时能成为一个整体，保证全卷学术水平，我必须将自己对第四卷包括的各种思潮和每一个主要人物思想体系的研究结论，无保留地交给他们；必须将自己经多年深思而形成的，论述这些人物、思潮的论点乃至基本逻辑，反反复复地用讨论方式灌输给他们。为了保证全书形成一个较完整的体系，在和这些青年同志的合作中，每一章的构架、格局和论点，都是由我定的（不排除讨论）。其余，则任凭他们去发挥自己领悟理论，驾驭材

---

① 《读书》（书评半月刊）1959 年第 14 期，第 24 页。

② 侯外庐：《韧的追求》，生活·读书·新知三联书店 1985 年版，第 315 页。

料的能力，去发表自己的观点甚至创见。成文之后，由我修改，费力较多之处，往往是把叙述上升为概念。由于撰写前已经和我分别统一了认识，这几位青年执笔的章节，虽不同程度上都须加工、修改，但一稿成功的比例仍然是比较高的。"[1]

年底

先生坚定支持祝瑞开转为正式党员。祝瑞开回忆："我是 1955 年底在江苏丹阳基层单位参加党组织的，到历史所后转正时，因所谓的成分问题，几次搁浅，一直拖了三年多。到 1959 年底支部大会经过讨论全体通过，按期转正，但在上报中国社会科学院院党委后，被退回再议，所领导、党组织负责人为此受到了批评。在当时极'左'路线居于统治地位的情况下，在历史所党组负责同志再一次讨论我的转正时，侯外庐同志、熊德基同志两位所领导，在当时巨大的压力下仍然严肃地举起了他们的手，同意我按期转正。这在当时是很艰难，很不容易的，因为这不仅关系到我的政治生命，也关系到他们自身的处境，然而他们不考虑这些，仍然毅然举手同意我按期转正。"[2]

本年

先生主编、何兆武译 A Short History of Chinese Philosophy（《中国哲学史略》）由外文出版社出版。

同年，中国科学院历史研究所思想史室制订"跃进"规划：一年之内集体创作完成一部数十万字的《中国近代思想史》，赶在 1961 年"七一"党的 40 周年生日前，向党献礼。步近智回忆："思想史室就我们这批青年更是热血沸腾、跃跃欲试，认为大显身手的机会已到。于是就日夜苦战，猛干一场，把分配撰写的篇章及时完成交卷。但由于质量问题，全书均未通过，我们写的那些就更差了。于是，几个年轻人迅速地陷入苦闷和彷徨之中，个个都垂头丧气。""从一开始就对这个'跃进'规划表示沉默的外庐师就召集我们谈话。他语重心长地说：'写书是个科学研究的细致工

---

① 侯外庐：《韧的追求》，生活·读书·新知三联书店 1985 年版，第 316 页。
② 祝瑞开：《真挚的关爱　终生的指引》，张岂之主编：《中国思想史论集》第 2 辑，广西师范大学出版社 2003 年版，第 85—86 页。

程。既然是科学研究，就要有个艰苦的科研过程。倘若忽略这个过程，必然要吃苦头，要付出代价。'他又和蔼地说：'你们这次大跃进写书，热情很高，就是缺乏科学研究过程。即从搜集资料、研证资料到科研课题的提出，再从认真阅读资料到课题写作提纲的产生，再从事研究和写作，直到修改发表。这个繁杂艰巨的研究过程，也是一个从具体到抽象的理论思维过程，这都必须亲自经历磨炼，一遍、二遍、三遍……这样才能成长起来。你们这次编书虽然失败，但不可灰心丧气，要善于总结经验教训。'"①"外庐师针对我们基础理论知识不足的缺陷，为我们提出了一个读书计划，要求我们集中一年多的时间埋头读书'打基础'。在他开列的书单中，有马克思的《德意志意识形态》、《路得维希·费尔巴哈和德国古典哲学的终结》，恩格斯的《反杜林论》和《自然辩证法》，列宁的《哲学笔记》，毛泽东的《矛盾论》和《实践论》，以及他主编和研撰的《中国思想通史》（1—5 卷）。在此基础上，再选读先秦诸子的著作。与此同时，又请室内的何兆武先生为我们讲解西方思想史，张岂之、林英师兄给我们上逻辑课等。"②"根据外庐师的要求，我们确实做到了集中精力、抓紧时间认真读书，即使是假日也不休息。记得有很多次在星期日上午，先生还带着幼小的孙儿从他住处（小雅宝胡同）散步来所，看看我们是否在办公室里埋头读书、记笔记。他不时地还和我们聊上几句心得体会，并翻阅我们的读书笔记。如今回忆起当年的情景，历历在目，深感于外庐师对培养青年学子的重视和用心之良苦！"③

一九六○年(庚子)　五十七岁

1 月 3 日，新华社报道为全国各地第一批 26000 人摘掉"右派分子"的帽子。

2 月 26 日，经中央批准，中国科学院历史研究所第一所、第二所合并为历史研究所，中国科学院院长郭沫若兼任所长，尹达、侯外庐为副

---

① 步近智：《忆侯外庐先生的育才之道》，中国社会科学院历史研究所编：《求真务实五十载——历史研究所同仁述往》，中国社会科学出版社 2004 年版，第 73 页。
② 同上书，第 73—74 页。
③ 同上书，第 74 页。

所长。

3月7日至12日，中共中央文教小组召开会议，强调当前思想战上的斗争锋芒必须对准现代修正主义，在哲学、社会科学等领域进一步展开彻底革命。

7月，苏联政府照会中国政府，决定单方面召回专家，废除科学技术合作项目。

9月30日，《毛泽东选集》第四卷出版。

11月14日，中共中央发出《关于立即开展大规模采集和制造代食品运动的紧急指示》。

本年，吕振羽《史论集》由生活·读书·新知三联书店出版。

1月1日
先生在越特金处见到顾颉刚、尹达、施乃德。①

1月19日
下午，先生到中国科学院历史研究所参加所务会议，讨论本年工作计划。

2月26日
先生正式担任新成立的中国科学院历史研究所副所长。

2月
先生作《中国思想通史》之"后记"。

3月30日—4月10日
先生在人民大会堂出席第二届全国人民代表大会第二次会议。

4月
先生与赵纪彬、杜国庠、邱汉生、白寿彝、杨荣国、杨向奎、诸青合著《中国思想通史》第四卷下册由人民出版社出版。

---

① 《顾颉刚日记》第9卷，中华书局2011年版，第4页。

春

1959 年开始的"反右倾机会主义"波及史学领域，中国人民大学教授尚钺被打成"修正主义"，张传玺回忆："根据是他对中国的'资本主义萌芽'的时间和程度，都与'经典著作'的说法不一致，即时间早了一些，程度高了一些。对尚钺的批判持续了半年之久。人人颇多揣测，下一个批判对象是谁。连外老自己也不怀疑，在不久的将来，他就是第二个'尚钺'。因为他在'资本主义萌芽'问题上与尚钺基本一致。就在此时，翦老与吕老振羽挺身而出，表明了自己的认识：'外庐的问题是学术问题。'这个认识得到众多的有影响的历史学家的支持，外老得以平安无事。这年秋天，外老在人民大会堂门前无限感慨地对翦老说：'还是老兄弟！'直到前几年他已病重，甚至将要离世之时，还念念不忘此事。"①

6 月 6 日

先生在南河沿文化俱乐部就餐，见顾颉刚、陈文彬、徐伯昕、邹秉文等。

11 月 12 日

郭沫若致信先生："外庐同志：您的信接读了，谢谢您。武后重用寒微，确是事实。剧中的左御史大夫骞味道，其出身虽不详，然非世族则可断言。剧本在删改小节修改中，我也修改过一遍，主要是把关于均田制及强调人民性的地方删削了。迄今尚未定稿。"②

11 月 14 日

先生在中国科学院历史研究所与尹达、顾颉刚谈话。

11 月 15 日

郭沫若致信先生："外庐同志：十一月十四日信所示材料甚好，武后

---

① 张传玺：《翦伯赞与侯外庐的兄弟友谊与学术分歧》，《江汉论坛》1989 年第 7 期，第 79 页。

② 黄淳浩编：《郭沫若书信集》下册，中国社会科学出版社 1992 年版，第 283 页。

的开明性是无可怀疑的。最近把《陈伯玉（子昂）文集》阅读了一遍。此公对武后颇推崇。文中多透露武后深得人心处。如云'当今天下士庶思愿安宁，途谣巷歌，皆称万岁'，又如'今神皇（指武后）优恤万机，目不暇给，昧旦丕显，中夜以思'，'自古帝王开政之原备矣，未有能深思远虑独绝古今，如陛下者也'，'陛下至圣大明，好忠爱直，每正言直谏，特见优容'，如此等等，想不尽是面谈之辞。改稿，同志们尚未送来。"①

11 月 26 日

顾颉刚云："静秋（顾颉刚夫人——编者注）谓予，渠见祝瑞开，他问道：'顾先生不觉得寂寞吗？祝为历史所之党员，渠说此语，可见尹达之欲予孤立实为千真万确之事实，故前外庐要我看《中国通史》稿，现在也不提了。'"②

12 月

柳春藩、赵国斌执笔，吉林大学历史系中国古代中世纪史教研室集体讨论的《评中国封建社会不存在土地私有制的观点——对侯外庐"关于封建主义生产关系的一些普遍原理"一文的意见》发表于《吉林大学社会科学学报》季刊1960年第4期。文章认为：先生此文"认为中国封建社会不存在土地私有制"，"不仅否定了中国封建社会存在土地私有权或私有制，而且否定了中世纪存在土地私有权或私有制。对于这种观点，我们认为有必要提出来加以讨论"③，提出："首先，中国封建社会没有土地私有制的观点，无法解释中国封建社会地主拥有大量土地剥削农民地租过活的事实。"④"其次，中国封建社会没有土地私有制的观点，无法解释中国封建社会的阶级斗争、农民起义。"⑤"再次，中国封建社会没有土地私有制的观点，无法解释中国封建社会存在土地买卖的事实。"⑥"最后，应该指出的是中国封建社会没有土地私有制的观点，不仅不符合历史实际，而且

---

① 黄淳浩编：《郭沫若书信集》下册，中国社会科学出版社1992年版，第283页
② 《顾颉刚日记》第9卷，中华书局2011年版，第178页。
③ 《吉林大学社会科学学报》季刊1960年第4期，第69页。
④ 同上刊，第73页。
⑤ 同上刊，第75页。
⑥ 同上刊，第77页。

与中国无产阶级的革命实践相违背。"① 文章最后提出："马克思列宁主义
的历史科学是战斗的科学，是具有高度党性的科学。研究古代或中世纪的
历史，研究中国封建社会的土地制度，必须为无产阶级政治服务，必须遵
循古为今用的原则。侯外庐先生否认中国封建社会存在土地私有制的做
法，正是离开了这一原则。"②

本年

杨天石回忆："1960 年，我被分配到一所名为农业机械学校，而实为
培养拖拉机手的短训班里教书，有时也兼管传达室。自然，思想史的知识
完全用不上，但我还是继续读外老的书。一次，在书店里发现了一套《中
国思想通史》，厚厚的 6 大本，书价自然不低。尽管当时正值困难时期，
经常饥肠辘辘，但我还是把本来准备用来填肚子的钱买了书，并在扉页上
写了'购此自励'四字。从此，批批划划，愈读愈有兴味。"③

一九六一年（辛丑）　五十八岁

1 月 12 日，杜国庠（1889—1961）逝世。14 日至 18 日，中国共产党
第八届九中全会在北京举行，决定对国民经济实行"调整、巩固、充实、
提高"方针。

3 月 6 日，根据国务院指示，文化部和中央民委在民族文化宫举行座
谈会，研究设立民族文化工作指导委员会和民族历史研究工作指导委员会
的组织和工作问题。

4 月 7 日，中国史学会主办"纪念巴黎公社九十周年学术讨论会"在
北京举行。

5 月 20 日，纪念太平天国 110 周年学术讨论会在北京举行。

10 月 19 日，纪念辛亥革命 50 周年学术讨论会在武汉举行。

11 月，艾思奇《辩证唯物主义与历史唯物主义》由人民出版社出版。

---

① 《吉林大学社会科学报》季刊 1960 年第 4 期，第 79 页。
② 同上刊，第 80 页。
③ 杨天石：《外老与我》，《纪念侯外庐文集》，陕西人民教育出版社 1991 年版，第 49 页。

本年，吴晗《海瑞罢官》由北京出版社出版。韩国磐《隋唐五代史纲》杨荣国《初学集》由生活·读书·新知三联书店出版。

1 月 19 日

先生在中国科学院历史研究所参加所务会议。

1 月 23 日

先生在历史博物馆参加中国科学院历史研究所学术委员会扩大会议。

2 月 8 日

先生所作《忆悼杜国庠同志》发表于《光明日报》第 3 版。文章提出："在近二十日内，我几乎没有一天不萦怀杜国庠同志的声貌言行。三十年来我和杜国庠同志的师友之交对我的教益是十分深远的。""杜国庠同志和我一道共同研究中国哲学史有二十年的时间。在这一门研究工作中，我深受他的教益。大体说来，我们对于历史分期和人物评价比较一致，但某些细节上的争论也是有的。他的一种与人为善的长者风度，常使我能考虑自己意见的缺点，积极更正。和杜国庠同志讨论问题，使人不感觉到是在争辩中，而是在寻求正确的结论。""杜国庠同志和我们商讨哲学史上的人物评价时，常提到的一件事是联系实际。""他最注意历史上的一些唯心主义和近代思想界有关联的环节，他常指出，'某位唯心主义者现在还活着，活在某某思想派别之中'，对此，他强调要着重地批判。""他更注意被有些人曲解或污蔑的唯物主义人物。他时常提出，要翻案必须首先进行消毒工作，那就是首先批判正宗学派在当时对'异端'者的非议，更重要的是，批判那些近代人对唯物主义者的歪曲或否定。"

2 月 15 日

先生所作《悼念杜国庠同志》发表于《历史研究》1961 年第 1 期，后修改而作为《杜国庠文集》序。

3 月 6 日

文化部和中央民族事务委员会在民族文化宫举行座谈会，讨论分别设

立的民族文化工作指导委员会和民族历史研究工作指导委员会的组织和工
作问题，先生与李维汉、齐燕铭、刘春、范文澜、包尔汉、老舍、欧阳予
倩、吴晗、谢扶民、喜饶嘉措、徐平羽、萨空了、翁独健、尹达、白寿
彝、翦伯赞等参加。民族历史研究工作指导委员会主任为刘春，副主任为
翦伯赞、翁独健，先生是 22 名委员之一。①

3 月 9 日

先生所作《从"兄弟"谈到历史剧的一些问题》发表于《北京晚报》
第 3 版，署名"常谈"。

3 月 12 日

先生所作《刘知几的哲学和史学思想——纪念刘知几诞生一千三百周
年》发表于《人民日报》第 5 版。文章认为："刘知几在中国文化史上是
有贡献的。在今天看来，虽然他有其历史的局限，但是他在对史学传统批
判中不为前人所限而执持求'通'的观点，他在对经学传统批判中勇于破
除偶像而发掘诸子百家的精华的精神，这些方面都是值得我们批判地继承
的。"（1）"刘知几很重视中国历史上进步思想家反对正宗神学的优良传
统"。"刘知几对传统思想的批判精神是和他的哲学思想的唯物主义倾向紧
密地联系在一起的。"（2）"刘知几并没有、也不可能找到贯通古今历史
的客观规律，但已透露出一些比前人进步的、在当时确有一定创造性的历
史观点"。"首先，刘知几反对命定论的历史观，而流露出人定胜天的历史
观念。""其次，刘知几反对复古主义的历史观，而主张历史的进化观点。"
"再次，刘知几还反对在史书中掩盖统治阶级的内部矛盾，而主张客观地
暴露统治阶级争夺权势的互相倾轧。""最后，刘知几更反对曲解历史、裁
判人物的主观好恶的偏见，而主张写出不畏传统权威的、具有大胆批判精
神的历史著作。"因而，"虽然刘知几的历史观有着时代的局限性，但其积
极因素是在于力图摘去那些装饰在传统历史学上的神学以及传统偏见的虚
伪花朵，力图使人们能用求实的精神去对待历史，这在中世纪具有拆散神
权威力和反对封建专制的意义的"。

---

① 参见张传玺《翦伯赞传》，北京大学出版社 1998 年版，第 357—358 页。

3 月 18 日

下午，先生到中国科学院哲学社会科学部开会，讨论百家争鸣等问题。顾颉刚、潘梓年、刘导生、徐炳昶、吕叔湘、丁声树、金岳霖、唐弢等 20 余人参加。①

3 月 20 日

顾颉刚到先生处谈工作。顾颉刚云：“与侯副所长商量，今后要保持正常生活，上午完全工作，下午休息、散步及看报。必须如此，方可推动《尚书》工作，不负党中央的使命，而身体亦可较好。开会，非极重要者不参加。”②

3 月 22 日

先生参加由郭沫若、翦伯赞、吴晗等提议举行的“聚餐会”。“参加较多的有翦伯赞、吴晗、金灿然、吕振羽、黎澍、刘大年、范文澜、刘导生、齐燕铭、邓拓、尹达、侯外庐、郭沫若等。经常聚会的地点是四川饭店，有时亦在北京饭店。聚餐是与会者轮流请客，称作‘轮流坐庄’，以新近获得稿费者为主，中华书局和《历史研究》杂志编辑部也以单位名义请客。”③

3 月 25 日

先生所作《中国古代不怕鬼神的思想传统》发表于《光明日报》第 2 版和第 3 版。文章认为：“读了何其芳同志的《不怕鬼的故事》，觉得编辑这本书是很有教育作用的。……我建议编一本《不怕鬼的思想家》，让人们可以根据历史唯物主义来认识并吸取其中的经验与教训。”“本来，历史可以集中于这样一点：一部分人把另一部分人处罚为牺牲或人肉祭品，而这另一部分人又反过来把那一部分人所设的祭坛推翻，这就是阶级斗争史的一个重要侧面。”

---

① 《顾颉刚日记》第 9 卷，中华书局 2011 年版，第 230 页。
② 同上书，第 231 页。
③ 张传玺：《翦伯赞传》，北京大学出版社 1998 年版，第 346 页。

4 月 10 日

吴廷璆《建立世界史的新体系》（续完）发表于《光明日报》第 2 版，文中提出："奴隶制是古代世界的普遍现象，东方各国大都经过了奴隶制阶段。东方的奴隶制，具有很多的共同特征，时间上比希腊罗马的既早且长，地区也很广泛。希腊罗马的奴隶制实际上已经不能算作'典型'了，最多只能认为是奴隶制的西方型，以区别于一般奴隶制。""事实上，马克思在《资本主义生产以前各形态》等著作中，从来就注意到古代东方和希腊罗马社会在同一生产形态上的具体特征和差别，并加以对比。"

4 月 15 日

先生所作《论刘知几的学术思想——纪念刘知几诞生一千三百周年》发表于《历史研究》1961 年第 4 期，后收入吴泽主编《中国史学史论集》第 2 辑（上海人民出版社 1980 年 1 月版）。文章论述"刘知几哲学思想的唯物主义倾向"、"刘知几的进步的历史观点"等问题。

4 月 25 日

吉林省历史学会、中国科学院吉林分院历史研究所主办的东北地区历史科学讨论会在吉林大学举行，先生应邀作《如何对待中国哲学史遗产问题》的报告，在"怎样看待中国悠久的哲学史遗产的特点"中认为：（1）"中国哲学史遗产是披着'经典'的形式，即'解经'的形式，以滚雪球的方式逐渐积累和发展起来的。解经的工作，始于孔子、墨子，通过解经的立场观点之不同，在哲学史上形成了唯心论和唯物论的斗争"；（2）"中国哲学史具有一种独特的优良传统，即批判总结前代思想学说的传统。每当一个历史的重大阶段，都有哲人们总结过去的成果而启开新的研究方向。古代、中世纪、近代都无例外。当然，他们只能是进行根据他们所处的时代条件和他们所能了解的理论而批判总结和发展。我们一定能够运用马克思主义列宁主义观点发扬这个传统，从孔夫子到孙中山作出科学的总结"。（3）在"中国人民善于学习的传统"中："首先谈到中国是一个多民族的国家，各民族善于互相学习彼此的哲学遗产；并列举史实证明各族人民哲学思想的交流融合，证明中国哲学史遗产是我国各民族共同缔造的结果。其次，谈到中国人民对外国思想的善于学习。自古

以来，中国人民学习别国文化，就善于吸取其精华，而不盲从或无取舍地
笼统看待。这一优良传统从秦汉以至近代，事实可以证明。"①。

5 月 3 日

先生所作《〈牡丹亭〉外传》发表于《人民日报》第 7 版。文章提
出："这些日来读了不少篇讨论历史真实和艺术真实的文章，参加了不少
次历史界和戏剧界合作的座谈会，因此不自量力，'破门'而试说《牡丹
亭还魂记》。"（1）关于"汤显祖'曲意'的思想性和理想性"，先生认为
"汤显祖的剧作不但是和当时的正统观念相对立的，而且向往于对历史的
矛盾寻求解答"，汤显祖的思想"和当时进步学者说的'天理即在人欲
中'以及泰州学派的日用饮食男女生活之私即是自然之理，是异曲同工
的。……汤显祖所暴露出的历史真实，到了他的梦想的曲作里，便化为艺
术的真实，集中地表现出来"。（2）在"汤显祖怎样在历史形象中通过对
杰出历史人物的崇高评价或还魂，以解答历史问题"中，先生认为汤显祖
在剧作中为"唐代柳宗元和杜甫这两位杰出的人物'还魂'"，"《牡丹亭》
显然是从典型历史环境的典型人物移植为艺术形象化的典型人物"。

5 月 6 日

上午，先生在北海庆云楼参加中国科学院哲学社会科学学部中心小组
学习座谈会。会议由潘梓年主持，顾颉刚、姜君辰、金岳霖、贺麟、王伯
祥、唐棣华、唐弢、郑奠、丁声树、吕叔湘、胡厚宣、冯家昇、张铁生、
谢璇造、聂崇岐、徐炳昶、严中平、陆志伟、范文澜参加。会后到仿膳
就餐。

5 月 10 日

先生与熊德基看望顾颉刚。"熊、侯两副所长来，皆为《辞海》经学
部分稿。此稿系周予同所辑，不完备，举出学派、书籍不够，必须重作，
否则日本学者将见笑。所中明日派一人来助作，一星期内要做好。此系中

---

① 中国科学院吉林省分院历史研究所编：《侯外庐谈如何对待中国哲学史遗产问题》，《光明
日报》1961 年 5 月 6 日第 1 版。

宣部交下之任务。"①

5 月 12 日

黎光《我省历史学界举行学术报告会——侯外庐作了"有关学习中国哲学史的若干问题"的报告》发表于《吉林日报》第 3 版。

5 月 19 日

《文汇报》第 3 版发表《侯外庐讲学习中国哲学史的若干问题》，介绍先生在吉林大学的学术报告。

5 月 27 日

上午，先生在南河沿文化俱乐部参加中国科学院哲学社会科学学部中心小组学习会，讨论培养干部问题。潘梓年、金岳霖、徐炳昶、贺麟、顾颉刚等参加。

6 月 10 日

先生在南河沿文化俱乐部参加中国科学院哲学社会科学学部中心小组学习会，继续讨论培养干部问题。顾颉刚、刘斗奎、黎澍、张仲才、贺麟等参加。

7 月 31 日

先生所作《辛亥革命前资产阶级革命派无神论思想的历史特点》发表于《光明日报》第 2 版和第 3 版，收入《侯外庐史学论文选集》下卷（人民出版社 1987 年版）。文章认为："在二十世纪初辛亥革命的准备时期，资产阶级小资产阶级革命民主主义思潮表现出一些比前人更进步的历史特点，其中反对有神论而企图建立无神论的观点，是它的重要的组成部分。""封建的专制政权和神权是联系在一起的纽带，打破神权的思想间接也是反对封建主义的政治运动。在这个时期里，资产阶级小资产阶级革命派把反对神鬼思想的斗争和推翻清朝的封建统治、建立资产阶级民主共和国的政治主张联系起来，也就表现出当时进步思想的一个侧面。"文章最后指

---

① 《顾颉刚日记》第 9 卷，中华书局 2011 年版，第 256 页。

出:"在辛亥革命准备时期,中国软弱的民族资产阶级在政治上虽然是在向上发展,但它的理论基础比它的政治实践还要软弱些。……理论武器的软弱同时反映出资产阶级革命派政治斗争的动摇性以及物质力量的薄弱。""从资产阶级革命派在反对有神论斗争中所表现出的妥协性中也可以看出,在辛亥革命准备时期,他们未能掀起强有力的思想革命,以作为政治革命的思想准备。没有巩固的思想基础,正是后来辛亥革命失败的原因之一。中国历史的发展和革命的深入,只是到了1919年的新文化运动才进入了真正的文化革命。"

7 月

先生所作《论汤显祖〈紫钗记〉和〈南柯记〉的思想性——从歌颂自然情景的"春天"到政治倾向的乌托邦》发表于《新建设》1961年第7期。

同月,先生为其所编《吕坤哲学选集》作序,该书为"中国唯物主义哲学选集"丛书之一种。先生认为:"吕坤的思想,中年以前不出正统道学的范围,但他善于注意吸取百家的精华,加以贯通融会,终于超出了道学的藩篱,自成其学术的体系。""吕坤在《呻吟语》中公开声明自己不属于道学,也不属于佛道二教,而是'我自是我'。"[1]"在道学的迷雾充塞思想界的当时,吕坤这种敢于批判正统学派、坚持真理的精神是有进步意义的。"[2]"在反对道学的神秘主义教理的同时,吕坤建立了自己的哲学体系。他的哲学思想的核心是唯物主义的'气'的一元论。"[3]"从现存的著作看来,吕坤的思想有着很大的局限性,他并没有彻底站到与传统思想对立方面去。这些著作中不少内容是用通俗语言来宣扬封建道德,也夹杂许多道学的传统文句,因而在封建时代曾得到比较广泛的流传。这正是吕坤所受阶级和时代的限制的表现,是他思想中的糟粕。"[4]

8 月 6 日

先生所作《方以智〈东西均〉一书的哲学思想——纪念方以智诞生三

---

[1]　侯外庐:《吕坤哲学选集》序,《吕坤哲学选集》,中华书局1962年版,第1页。
[2]　同上书,第1—2页。
[3]　同上书,第2页。
[4]　《吕坤哲学选集》,中华书局1962年版,第7页。

百五十周年》发表于《人民日报》第5版。文章认为：《东西均》"是一部集中的有体系的哲学著作，其中唯物主义和朴素辩证法的观点是颇光辉的。同时，它又充满着相当正确的对遗产批判继承的态度，以及对唯心主义和神学的严肃的战斗精神"。《东西均》的标题"在提法上就包括有对问题的解答，即表示此书主旨在论述物质内在的矛盾以及由于矛盾统一而产生的运动，也就是他所说的'所以'，如果用近代语表述，书名是《物质的转变》"。文章论述方以智"火的一元论"，"明、暗、合"、"随、泯、统"的认识论，以及"交、轮、几"的辩证法，认为"'交'指对立物的相交，方以智称为'合二而一'、'相反相因'、'交以虚实'的关系"，"'轮'指运动转化"，"'几'指在不息的运动中达到一个高级的阶段"。同时，方以智思想"不能探到质的飞跃的规律，因而不能不流露出循环论的弱点"。

张岂之回忆："外庐先生看到方以智的《东西均》手抄稿后，十分高兴，经仔细研究，认为其中具有相当丰富的辩证思维，即所谓'合二而一'。他指导助手们将此手抄稿标点出版，并写专文介绍其中的'合二而一'观点。尽管当时对辩证法已有'一分为二'的概括，但在外庐先生看来，'合二而一'的概括，如果作为对立面的统一来理解，似乎更加贴切一些，从某种意义上说，可以与'一分为二'相互补充。因此他又本着独立自得的精神，在马克思主义指导下，首先介绍了方以智'合二而一'的辩证观点。尽管当时遭到非难，外庐先生在此问题上也没有任何自责，因为在他看来，他的这种研究是符合实事求是精神的。"①

8 月 13 日

《侯外庐论方以智的哲学思想》发表于《文汇报》第3版。

8 月 15 日

顾颉刚拜访先生，并赠送纸烟。

8 月 16 日

先生所作《汤显祖〈邯郸记〉的思想与风格》发表于《人民日报》

---

① 张岂之：《远见卓识的引路者——略论侯外庐先生对中国思想史、哲学史研究的卓越贡献》，《哲学研究》1987 年第 11 期，第 36 页。

第 7 版。

8 月 26 日

先生与顾颉刚同车，到南河沿文化俱乐部参加中国科学院哲学社会科学学部中心小组学习会，继续讨论培养青年等问题。顾颉刚、刘斗奎、黎澍、张仲才、贺麟等参加。

夏季

先生指导步近智写文章，步近智回忆："1961 年夏，辛亥革命 50 周年纪念日将临，外庐师很关注这个重大节日。当时他的好友张友渔先生是《新建设》的主编，派了一位编辑到思想史室征集稿件，老师就鼓励我们积极投稿。我在此前研究近代思想史旧稿基础上修改提高后，写成《辛亥革命准备时期资产阶级革命派对"君权"和封建道德的批判》一文，交给先生，先生大为高兴，让我送到杂志社去。不久，杂志编辑来传达张友渔先生的意见是：决定刊用，文章的中段可以，头尾要稍加修改。外庐师十分重视，让室内三位青年一起参加讨论，最后由张岂之修改定稿。当编辑送来文章校样时，先生亲自仔细阅读校核，并在校样上修正几处错字。文章发表在《新建设》1961 年第 10 期，以黑体目录作为本期唯一的一篇纪念辛亥革命 50 周年的重点文章刊载，这也是我第一次正式发表的学术论文。"①

9 月 28 日

先生所作《方以智对遗产的批判继承态度》发表于《光明日报》第 2 版。文章认为："方以智在他的著作中，不但集中地批判了神学和唯心主义，而且会合诸子百家，对儒佛道的术语、命题都给以改造，既有批判，又有继承，特别是对欧洲传来的'西学'内容更主张应予以择取和舍弃。"

10 月 1 日

先生所作《在严格的要求下从事科学研究工作》发表于《红旗》杂志

---

① 步近智：《忆侯外庐先生的育才之道》，中国社会科学院历史研究所编：《求真务实五十载——历史研究所同仁述往》，中国社会科学出版社 2004 年版，第 78—79 页。

1961 年第 19 期。先生认为："对待科学工作应该有严肃认真的态度、实事求是的科学方法。这就是说，研究任何问题都从实际出发，详细地占有材料，从这些材料中找出事物固有的内部联系，引出正确的结论。"① "对任何一个历史问题，任何一个实际问题，不从占有大量材料出发来做具体的研究，而搬弄一些抽象的概念，这是最简单不过的了，这样做是决不会做出任何成绩来的。"② "搜集和积累材料，大体上有两种情况：一种是从本问题的材料向其他方面扩展，一种是从本问题的大量材料中抓住典型。"③ "要对材料作出缜密而正确的批判审查，还必须善于从文献材料中发掘和继承前人已有的研究成果，以丰富我们的知识，提高我们的概括能力。" "对大量的材料既要进行具体全面的分析，又要加以综合的概括，运用科学的抽象力。……离开科学的概括和抽象，就会淹没在大量的材料中，就不能深刻地揭示事物的本质。……虽然科学研究工作的起点在于搜集大量的材料，具体分析和整理这些材料，但是只有经过概括和抽象，才能将丰富的材料加以去粗取精、去伪存真、由此及彼、由表及里，发现事物内部的规律性，得出科学的结论。"④ "任何一项科学研究工作都是一种艰苦的劳动，需要长期认真地从事。鲁迅以一个'韧'字来形容它。他批判地采用了荀子'锲而不舍'之义来规定韧性。按荀子'锲而不舍，金石可镂'、'锲而舍之，朽木不折'的比喻，正是强调长期锻炼的工夫，借以比喻解决某些实际问题需要长期积累知识和经验，并付出大量的劳动。同时，'锲而不舍'的韧性精神还包括着熟练的工作方法和技巧的培植工夫。我们在长期内养成的研究工作的习惯，一旦定型化时，常发生一种不能适应新情况或新材料的情况，这就需要依据新情况新材料的特殊要求，相应地再锻炼自己的新技巧，如此反复不休止地韧性钻研，我们研究工作就能永远具有青春的活力而不致僵化。"⑤ "一个新参加科学研究的人，在科学研究过程中，跟随着有经验有学问的专家从事工作，亲身领会他们进行研究工作的方法和过程，要比只是记诵先行者在某些问题上已经做出的现成结论更为重要，因为这样可以得到更多的启发。如果能够参加有经验有学

①　《红旗》杂志 1961 年第 19 期，第 31 页。
②　同上刊，第 32 页。
③　同上刊，第 33 页。
④　同上刊，第 34 页。
⑤　同上刊，第 34—35 页。

问的专家领导的全面工作的某一部分或某些部分的具体工作，那收获就会更大些。"①

10 月 9 日

下午，先生参加在人民大会堂举行的"辛亥革命五十周年纪念会"，范文澜、潘梓年、顾颉刚、黎澍、尹达、李新、王学文、刘导生、蔡美彪、吴晗、申伯纯、刘大年、杨东莼、翁独健、吕振羽等出席。

10 月 13 日

先生与贺昌群拜访顾颉刚。

10 月 19 日

先生参加在武汉举行"纪念辛亥革命 50 周年学术讨论会"。

10 月

先生参加中宣部以"团结"为主题的小型座谈会，周扬、于光远、吴寄寒、林涧清、刘导生、金灿然、刘大年、黎澍、翦伯赞、尹达等出席②。

11 月 26 日

顾颉刚云："侯外庐打电话来，谓北京大学有几个研究生要以我为导师，嘱我斟酌。"③

秋冬之交

经过与中国青年出版社编辑协商，先生确定重编一本《中国哲学简史》的计划。先生自述："解放初期，我们就设计过这样一部书。1957年，曾与人民出版社协商，编了一些初稿，后来因写作《中国思想通史》第四卷的工作量过重，暂时停顿下来。""1958 年，我们编写了一本《中国哲学史略》，……但是，中国哲学思想的发展有着数千年的历史，要在

---

① 《红旗》杂志 1961 年第 19 期，第 35 页。
② 张传玺：《翦伯赞传》，北京大学出版社 1998 年版，第 354—355 页。
③ 《顾颉刚日记》第 9 卷，中华书局 2011 年版，第 360 页。

一本几万字的小书内叙述清楚，是不可能的，中外读者也都有该书过嫌简略的反映。因此，在 1959 年，我们试把《史略》扩充为十二万字，编至'五四'运动为止，已由中国青年出版社排出；然而经过仔细审查，觉得问题依然没有解决，就又把修改计划搁置起来。"①

本年

先生所作《从历史剧〈文成公主〉谈谈民族间的通婚》发表于《中国戏剧》1961 年第 8 期。文章认为："（一）中国是以汉族为中心的多民族的国家。从古就由于各族人民的融合愿望和开疆辟地的共同劳动，合力创造出中国各民族自己的灿烂文化；同时由于各族文化的交流和汇合，中国人民的创造精神更趋于丰富多彩。我们知道，各民族间的融合不是一个直线进展的历史进程，而是通过艰苦的斗争和曲折的奋斗而实现的。历史上统治者上层的通婚以及在封建史学家笔下的'和亲'，就表现了这样历史的一个侧面。……我们不能用近代人的眼光来衡量古人，历史主义地看来，像通婚这样的皇帝个人的私事，在一定的历史时期，反而成为政治上最重要的大事，它对于各族人民间的利益以及中国历史发展的统一步骤，起过颇大的作用。""（二）中国唐代社会是封建主义发展的一个重要历史时期，当时生产力的发展以及适应这一发展而形成的封建文化的高度成就，和在政治方面封建体制的若干建树是很显著的。以长安为中心，国际间的文化交流远及东西各国，国内各民族的融合更远远地超出前代，而为其后各民族大家庭统一局面铺平了道路。汉藏民族在这一时期划时代地形成统一的局面是载诸史册而为后代各族子孙歌颂备至的。"②

同年，先生参加中国史学史学科建设和教材编写问题学术讨论会。王记录云："1961 年，教育部召开文科教材会议，史学史被列入教材计划。以此为契机，史学史学科的建设引起史学界关注。北京、上海、广州、济南、武汉、西安等地高校、史学会及研究机构先后召开了多次学术座谈会，就史学史研究的物件、内容，研究的目的、意义等问题进行研讨，其中关于中国史学史的分期，是讨论的热点之一。老一代史学家白寿彝、齐

① 侯外庐：《中国哲学简史》序言，《中国哲学简史》上册，中国青年出版社 1963 年版，第 1 页。

② 《中国戏剧》1961 年第 8 期，第 5 页。

思和、刘节、贺昌群、陈千钧、方壮猷、王毓铨、尹达、孙毓棠、何兹全、郑天挺、郑鹤声、胡厚宣、侯外庐、柴德赓、韩儒林、周谷城、耿淡如、周予同、吴泽、余兆梓、李平心、田汝康、郭圣铭等都发表了对中国史学史基本问题的看法，对中国史学史的阶段性分期以及分期的标准，提出了不同的见解。"①

同年，先生与吕振羽等参加北京大学哲学系举办的庄子思想讨论会。

一九六二年（壬寅）　五十九岁

1月11日至2月7日，中共中央在北京召开"七千人大会"。

2月24日，胡适（1891—1962）在台湾逝世。

4月，杨向奎《中国古代社会与古代思想研究》由上海人民出版社出版。

5月19日，梅贻琦（1889—1962）在台湾逝世。

7月，"杜国庠文集编辑小组"编辑《杜国庠文集》由人民出版社出版，郭沫若、侯外庐作序。

11月6日至12日，山东省历史学会、山东省历史研究所主办的孔子学术讨论会在济南举行。18日，湖南、湖北两省哲学社会科学联合会在长沙举行王船山逝世270周年学术讨论会。

本年，吴晗《说道德》、《再说道德》分别发表于《前线》1962年第10期、第16期，引发道德问题大辩论。杨荣国主编《简明中国思想史》由中国青年出版社出版。

1月2日

先生的夫人徐乐英因病逝世，徐夫人时任北京市东城区新开路小学校长。

张岂之回忆："外庐师陷于极度的悲痛，因为师母逝世，诸事劳顿，他住进了北京宣武医院。那时我在中国社会科学院历史研究所兼职，几乎

---

① 王记录：《五十年来中国史学史分期研究述评》，《中国史研究动态》2002年第6期，第6—7页。

每天晚上都要到医院去看他。所谈话题很多。其中有一个就是关于封建礼教的问题，外庐师谈出一些很深刻的论点。"①

又，张岂之回忆到医院看望先生："有一次，他的精神好些，要我和他谈谈西北大学的情况。当时我是一位年轻教师，在学校没有兼任何行政工作，不了解学校的情况，我表示自己对这个问题没有兴趣。侯先生带着惊讶的眼光看着我，缓缓地说：'我想谈我那几年主持西北大学校政，有些事我未能实事求是地办，在运动中伤了一些朋友。'我问：'您指那些事？'他说：'比如三反，比如知识分子思想改造运动。'我那时毕竟年轻，不假思索地说：'这些事和您没有关系，党支部领导，都是搞错的地方，后来都平了反。您在病中，最好不要想这些。'侯先生冷静地说：'我是校长，我怎么能没有责任？哪能像你讲得那么轻松？既然有过失，就要有认识，不能委过于人。'侯先生的自责是深刻的，是真正的肺腑之言。"②

1 月 6 日

顾颉刚致信先生。

1 月 10 日

先生作《论汤显祖剧作四种》之"前记"："一九五九年，作者在养病期间，翻阅毛晋的《六十种曲》，特别对汤显祖的作品反复读之不厌。汤显祖是明中叶的文艺大师，同时也是泰州学派的思想家。因此，我就依据对明代思潮以及泰州学派基本理论的理解，仔细考察了汤显祖的《玉茗堂全集》，用来和他有讥有托的曲作相印证，深觉过去人们对汤氏的创作大都仅肯定《牡丹亭还魂记》的争取恋爱自由这一点，而把《邯郸记》、《南柯记》作糟粕看待，是很难认识他的思想全貌的，有进一步加以研究的必要。""为了准确地评价汤显祖'四梦'创作的优良传统，作者在探索中曾经历了一个长期的消化酝酿过程，并与一些从事文学研究的同志们交流意见。"③"近来有不少戏剧界的同志找我谈汤显祖剧作四种的改编工

---

① 张岂之：《关于传统道德与封建礼教——纪念外庐师九十诞辰》，《史学史研究》1993 年第 3 期，第 4 页。

② 张岂之：《永远的怀念——记外庐先生》，《春鸟集》中国社会科学出版社 1997 年版，第124 页。

③ 侯外庐：《论汤显祖剧作四种》之"前记"，中国戏剧出版社 1962 年版，第 1 页。

作，……因而应中国戏剧出版社之约，对它们作了一些小的修改，改正了个别误排的字句，合为这个小册子出版。原来计划再写一篇《泰州学派与汤显祖》，由于时间关系，这里只好暂缺了。"①

1 月 24 日

先生作《杜国庠文集·序》。序云："我和杜老，从开始通信商量翻译经典著作，以至我们在一道从事学术的组织工作，共同编辑《中国学术季刊》、《新思潮》等几个刊物和编写《中国思想通史》，已有卅余年的历史。正如郭老所述的，'我们是志同道合的'，但我和他更是师友之交，我受到他的教益很多。他的忠厚长者的优良品质，他的不计较个人利害的得失以及生活严肃、简朴、谦逊的作风，他的学习中精益求精的自我批判精神，他的'有条不紊'（郭沫若同志的赞语）的治学方法，他的对青年循循善诱的态度，特别是他在革命工作困难的日子里所表现的对党忠心耿耿、对革命工作认真负责的态度，他不放松任何机会和敌人斗争的坚强有力的斗争意志，使我永远不能忘怀。"②"杜国庠同志始终是党的理论战线上的积极的战士。从 1928 年他翻译马克思主义著作的时期起，就针对反动理论从事无情的批判，同时运用马克思主义方法整理并研究中国文化遗产，即使是用简短札记的体裁写的文章，也是有的放矢的。"③"杜国庠同志对《中国思想通史》的编写计划，和我相约必须不放松对资产阶级反动理论的批判，尽管这种批判在当时有困难，但在内容上还必须是针锋相对的。例如对实用主义者歪曲或诬蔑了的唯物主义者后期墨家、荀子、王充、范缜、颜元、戴震和章学诚等人，对有些唯心主义者所假借的庄子、公孙龙、向秀、郭象、华严、禅宗以及程、朱，对有些唯心主义者和复古主义者所曲解的周公、孔子以至王阳明等人，必须破除谬说，予以历史主义的阐发。"④"杜国庠同志运用马克思主义的观点方法对中国哲学史的研究是卓有成绩的。"⑤"杜国庠同志在近年和我两次晤面时，曾经和我讨论过从宗教方面进一步研究墨子思想的必要，最后一次会面，他讲了不少他

① 侯外庐：《论汤显祖剧作四种》之"前记"，中国戏剧出版社 1962 年版，第 1—2 页。
② 侯外庐：《杜国庠文集》序，《杜国庠文集》，人民出版社 1962 年版，第 7—8 页。
③ 同上书，第 8 页。
④ 同上书，第 11—12 页。
⑤ 同上书，第 12 页。

在这方面的新发现，可惜没有把著作写出来。他还对我嘱咐，如果再版
《中国思想通史》时，切记补充写上宋代的杨万里，并对王安石思想的经
验论因素加以补充。他说南宋时代的杨万里在唯物主义阵营是陈亮、叶适
以外的一支别出学派。这一点，他在《便桥集》中已经有简略的论述。我
在新近编的《中国哲学简史》一书中依据杜国庠同志的遗言，特写了一节
《杨万里的思想》。"①

3 月 27 日—4 月 16 日
先生出席第二届全国人民代表大会第三次会议。

4 月 9 日
顾颉刚拜访先生，未遇，见先生之女寅初。

5 月 19 日
上午，先生在南河沿中国科学院哲学社会科学学部开会，讨论《工作
条例》第一章，会议由刘导生主持。顾颉刚、吕叔湘、徐炳昶、王伯祥、
胡厚宣、丁名楠、刘大年、唐棣华、郑奠、丁声树、贺昌群、张铁生、余
冠英、夏鼐、金岳霖、贺麟、翁独健等参加。

5 月 25 日
先生在中国科学院历史研究所参加所务会议，讨论出版、图书等问
题。会议由先生与尹达主持。熊德基、顾颉刚、贺昌群、赵幼文、孙毓
棠、胡厚宣、田昌五等参加。

春
陈谷嘉到先生家问学。陈谷嘉回忆："研究室杨超通知我和他去先生
家，在先生的书房足足谈了两个多小时，先生详问了我几年来的学习情
况，并且关心地问及了我以后的打算。最为重要的是，先生谈到了当时史
学界的研究状况，特别谈到了1958年至1960年这段时间的史学研究，言
辞虽然谨慎，但我已觉察到他内心的隐忧。先生特别告诫我，中国思想史

---

① 侯外庐：《杜国庠文集》序，《杜国庠文集》，人民出版社1962年版，第13页。

是一门边缘科学，涉及文、史、哲等广泛领域，若要有所作为，必须要有扎实的理论根底，要学好哲学，要对马克思主义哲学经典进行精读，像《费尔巴哈与德国古典哲学的终结》、《反杜林论》、《德意志意识形态》等，一定要认真而系统地读，只有这样，才有驾驭浩瀚史料的能力。除此以外，先生以为要做好学问，培养自己的意志也是极端重要的。先生说，学术研究本身是很艰辛的，要付出代价的，没有意志的支撑是做不下去的。另外，学术研究也是一种社会的活动，它要受到许多因素的制约，要受到政治环境、生活环境、工作环境诸因素的制约，要面临种种的考验和重重的困难，也需要有顽强的意志支撑。为了鼓励我，先生当场特地拿出宣纸抄写了毛泽东同志的《清平乐·六盘山》词送给我，要我好好磨炼自己的意志，要做'到长城的好汉'。"①

6 月 3 日

先生所作《傅山"荀子评论"手稿序言》发表于《光明日报》第 2版，又载《晋阳学刊》1982 年 5 月 25 日第 3 期。文章认为："我国古代学术的繁荣时期——'百家争鸣'的战国时代，随着秦汉封建专制政权的确立，以儒学的定于一尊而告终结。在漫长的中世纪，儒学传统高居于统治思想的地位，而诸子之学始终被宣称为'异端'，遭到正宗学者的摈斥。这种历史情况，直到十六、十七世纪的晚明才有所改变。当时早期的启蒙学者们，在掀起批判那种为封建统治服务的'道学'的高潮时，开始回向古代诸子的遗产，从中吸取思想材料，特别吸取其多种多样的形式中所包含的合理的胚胎因素，而利用来为自己时代的历史发展开辟道路。……敢于自命为异端，恢复诸子与儒家本来平等的地位，并在诸子研究中作出更多成绩的，应该首先提到明清之际的傅山。""荀子是战国末年杰出的唯物主义哲学家，他虽出身儒门，尊崇孔子的传统，但他广泛地吸取了各家思想的精华，同时对各学派，包括儒家的若干派别在内，都给予了深刻的批判。"

6 月 25 日

先生所作《汤显祖著作的人民性和思想性》发表于《光明日报》第 2

---

① 陈谷嘉：《侯外庐先生关于亚细亚生产方式的独特论断对中国伦理史研究的贡献》，张岂之主编：《中国思想史论集》第 2 辑，广西师范大学出版社 2003 年版，第 90—91 页。

版。文章认为："汤显祖是明代中叶的文艺大师，也是泰州学派的思想家，著作很多。人们都传诵他的剧作四种，即'四梦'，但他的诗文却较少为人注意。应该指出，汤显祖的诗赋散文不仅具有文学革新的精神和独树一帜的艺术风格，而且贯注着进步的思想观点。如果我们把他的诗文全集与其剧作并读参证，便可能有助于理解他的著作中的人民性与思想性，有助于领会他的理论思维和艺术思维的统一性，特别是他的剧作中的思想精华，即他所称有所'讥托'的曲意；更可从其历史论断中看出他注意的典型环境寄在那里。""在读汤显祖的作品时，特别应该重视他的具有人民性的反抗封建专制主义的斗争精神。""汤显祖作品的思想性，与泰州学派的学旨有着密切的联系和传统的继承。""泰州学派与封建主义的道学在理论上处于对立的地位。在对道学的批判上，泰州学派的学说出发点大体可以归结为下列几点：第一，否认道学所捏造的人性的先天差别，主张人民与所谓'圣贤'并无根本区分，从而反对了封建主义的品级存在的虚构及其现实的等级制度。第二，肯定人民由于生活需要而提出的物质欲求，认为饮食男女的人欲就是天性，驳斥了道学的反动的禁欲主义说教。这种包含着平等思想因素的人文主义观点，在当时历史条件下是有很大的进步意义的。""汤显祖的社会思想代表了历史的积极面，是进步的，是站在当时正在兴起的早期的启蒙思潮这一方面的。"

6 月

先生所著《论汤显祖剧作四种》由中国戏剧出版社出版，收入《汤显祖〈牡丹亭还魂记〉外传》、《论汤显祖〈紫钗记〉和〈南柯记〉的思想性》、《论汤显祖〈邯郸记〉的思想与风格》三篇文章。先生自述："我利用养病的时间，翻阅了元明时代的戏曲资料，写成了《论汤显祖剧作四种》，试图从文艺宝库中去开拓研究思想史的新领域。"[①]

同月，田昌五《中国奴隶制形态之探索》发表于《新建设》1962 年第 6 期。文章认为亚洲的家族奴隶制在特定条件下得到了发展，而希腊罗马是发达的劳动奴隶制。

---

① 侯外庐：《侯外庐史学论文选集》序，《侯外庐史学论文选集》上卷，人民出版社 1987 年版，第 8 页。

7 月 6 日

上午，先生在中国科学院历史研究所参加所务会议，讨论五年计划。"今日之会，乃为向中宣部作报告者。侯所长且谓'中宣部直接领导'。报告中屡言对老专家不能发挥其积极性，对青年同志不能好好培养，对青老关系不够团结，夫谁使之然乎？今日尹达不出席，其已为中宣部解职乎？抑自觉惭愧而不参加乎？（后闻系卧病颐和园）。"①

7 月 14 日

先生与贺昌群拜访顾颉刚。

7 月 17 日

先生与张岂之合作《王夫之的哲学思想》发表于《人民日报》第5 版。

7 月 18 日

下午，先生在中宣部参加历史研究所会议，由康生主持，顾颉刚、于光远、尹达、余冠英、熊德基、胡厚宣、贺昌群、翁独健、姚家积、刘浩然、杨向奎、郦家驹、李士敏、姜君辰、张政烺、林甘泉、田昌五、程西均参加②。

8 月 1 日

王玉哲《试论刘知几是有神论者——兼与侯外庐、白寿彝两先生商榷》发表于《文史哲》1962 年第 4 期。该文对先生《刘知几的哲学和史学思想》、《论刘知几的学术思想》和白寿彝《刘知几的进步的史学思想》（《北京师大学报》1959 年第 5 期）等文进行商榷，认为："认为刘知几是无神论者的学者们，往往为刘知几驳斥灾异所迷惑。以为他既驳斥灾异，当然就不相信灾异。我则要提醒这些学者们注意，刘知几驳斥的不是灾异本身的不可信，而只是驳斥和揭露从董仲舒到班固那些汉儒们，对灾异解

---

① 《顾颉刚日记》第 9 卷，中华书局 2011 年版，第 502 页。
② 同上书，第 508 页。

释的不确。"① "刘知几绝对不是无神论者。相反的,他是一个十足的有神论者,所以他的思想基本上是属于唯心主义。"②

8 月 25 日

《前线》1962 年第 16 期"读者信箱"栏目载编者回答"晓深"如何学习中国哲学史的信:"我们觉得,在初学时,可以读侯外庐主编《中国哲学史略》(中国青年出版社 1958 年版)及杨荣国主编的《简明中国思想史》(中国青年出版社 1962 年版)。这两本书,内容简明系统,文字通俗易懂。在《中国哲学史略》一书中,附有'学习中国哲学史的同志应反复阅读的毛主席著作及重要文件'的目录,按目录将有关文件找来仔细阅读,会帮助你明确学习哲学史所应持的基本态度。在书的卷尾,还附有'主要思想家的著作表',可以根据你的需要和兴趣,选择其中的一部分原著加以阅读。……如果你希望对某一历史时期或某位哲学家的思想了解得多一点,可找些介绍性的专著看看。如杜国庠写的《先秦诸子思想概要》、郭沫若的《十批判书》等。侯外庐主编的《中国思想通史》,共有五卷,内容丰富,但因分量太多,对初学者来说,要全部读完它有一定困难,在学习的过程中,你可以根据需要选读其中的某些章节。"③

8 月 29 日

顾颉刚拜访先生。

9 月 8 日

上午,先生在四川饭店参加中国科学院哲学社会科学学部中心小组学习会,会议由潘梓年主持。顾颉刚、张友渔、刘导生、刘斗奎、徐旭升、夏鼐、黄文弼、郭宝钧、王伯祥、唐棣华、余冠英、贺麟、汪奠基、胡厚宣、贺昌群、夏康农、翁独健、吕叔湘等参加。④

---

① 《文史哲》1962 年第 4 期,第 65 页。
② 同上刊,第 67 页。
③ 《前线》1962 年第 16 期,第 11 页。
④ 《顾颉刚日记》第 9 卷,中华书局 2011 年版,第 537 页。

9月19日

先生在中国科学院历史研究所参加编审会，讨论出版丛书、丛刊。

10月

先生主编，李学勤、刘厚祜整理、标点的《吕坤哲学选集》由中华书局出版，所依据的版本是《去伪斋全集》。

11月27日

先生参加李文达执笔撰写的溥仪《我的前半生》第二稿本的座谈会。"学部一级研究员侯外庐说：'郭老临离京前收到了书，一口气看完了，说是写得很好，有文采。看完书就走了。'""根据座谈会上侯外庐的阅读感受'浪漫主义就是从心理写起，以个人为中心，不着重写实在的环境'，翦伯赞补充道：'心理描写是有好处的，只要不是写成唯心的……不要把历史的行动说成你个人的行动，而是历史拖着你行动，有各种鬼魂拉着你，那个拉你的力量，要作为阶级的力量来看，而不是你心理上的力量……'""侯外庐在历史学者座谈会上，经常与翦伯赞一唱一和，交替发言，但仔细品味他所表述的意思，要么与翦伯赞打太极拳，要么颇具哲学意味。譬如，翦伯赞完全赞同梅汝璈的观点，并进一步申说，即使溥仪到东北做皇帝是自愿的，也应该违心地说是被日本人强迫到东北去的，从而堵住日本军国主义者妄图翻案的口。侯外庐则说，日本军国主义者当时设了圈套，溥仪自愿去钻，软性处理了翦伯赞的言论。翦伯赞坚持人的社会存在决定人的社会意识的历史唯物主义观点，运用阶级与阶级分析的方法认识溥仪。侯外庐则通过对书稿浪漫主义艺术特色的分析，提出'从心理着手，又须使人看了像真的，必须让人看着像真的才行'，即如何把握人的社会意识的真实性或迁移性问题。"邵循正提出"史实真伪无确实把握的不写（如荣禄准备请慈禧、光绪到天津阅兵，乘机发动政变）"、"有些使读者特别是外国读者感到不愉快的事实要删（如婉容初生婴儿被投入锅炉）"，对于后者，"侯外庐认可了邵循正：'要注意，凡是令人不能相信的，以及个人私事，如皇后的恋爱，似乎可以不写。'翦伯赞则驳击邵循正和侯外庐：'我觉得那段还要，可以写出日本的罪恶。日本人想制日本血统的皇帝的。可以写得皇后无罪，罪在日本人。'或许还是翦伯赞理解溥仪的真实意图"。何干之几天后向采访他的李文达提出："有人说要突出皇帝改造过程的特点（指翦伯赞、侯外庐、黎澍等人的言论），我以为特点已写出了。"①

11 月

先生主编并作序的方以智《东西均》由中华书局出版。先生回忆："历史研究所思想史研究组的同志们，投入不少力量整理、标点、编辑《东西均》。"②

该书出版后引起杨献珍注意。先生回忆："一九六二年，我一度应邀往中央党校讲课，遇杨献珍同志，我们交换过对《东西均》的认识和对方以智哲学的看法。杨献珍同志读了《东西均》，在他对中央党校学员们授课时，提到了方以智的对立物的统一观念，引用了《东西均·三征篇》中'两间无不交，则无不二而一'的话，借以说明人类矛盾的认识史。"③ 不料，1964 年康生操纵对杨献珍的批判，"合二而一"命题成为杨献珍"反党"、"反社会主义"、"反毛泽东思想"的主要"罪证"。

杨献珍回忆："从一九五六年到一九六三年这期间，我是在探寻中国古代思想家对于'对立统一'思想的表达法。……一九六三年方以智的《东西均》出版后，见到这个奇怪的书名，出于好奇心，'东西均'是什么意思，书中是讲什么东西的，这样就买了一本回来看一看。翻开看时，就感到兴趣。书中是讲矛盾的问题，他提的矛盾，都是我们通常说的矛盾，根本没有'茶杯与桌子的矛盾'这样一种怪东西。当时也颇有点感慨，感到古代思想家也懂得什么叫矛盾，懂得只有两种正相反对的东西，才能构成一对矛盾。……"④

12 月 13 日

先生与李学勤合作《李贽的封建叛逆思想——为纪念李贽逝世三百六十周年而作》发表于《人民日报》第 5 版。

---

① 孟向荣：《审改〈我的前半生〉点将录》，《中华读书报》2009 年 2 月 18 日第 5 版。
② 侯外庐：《韧的追求》，生活·读书·新知三联书店 1985 年版，第 312 页。
③ 同上书，第 313 页。
④ 杨献珍：《我的哲学"罪案"》，人民出版社 1981 年版，第 314 页。

12 月 26 日

先生在中共中央高级党校 1961 年班作《关于学习历史的方法》的讲课，认为："近来，报纸、杂志发表了一些有关历史科学方面的文章，史学界也召开了一系列的讨论会、座谈会。比如，山东关于孔子问题的讨论会，就是全国性的会议。但这个会议存在一个问题，即怎样坚持历史主义的方法、反对非历史主义倾向的问题。我们理论战线上的同志应该经常注意国际和国内学术界的状况（这是马克思主义者起码应注意的问题）并且还应针对某些争论的问题提出自己的意见。我们能够看到那些离开历史主义方法的现象时，就应该进行批评；只有如此，才能使科学获得迅速的发展。若只是一个人关着门研究学问，而不去了解国内、外的情况和倾向，就必然脱离实际、脱离理论战线上的斗争。这是书呆子的读书方法。……百家争鸣就是要坚持真理，纠正错误。有错误就要批判、纠正，有真理就要坚持。"① （一）"所谓历史科学的生长点，就是说在研究历史科学时，应从哪方面着手才能带动起整个历史科学发展的问题，……这是科学界要注意的问题，也是我们每一个人应该注意的问题。……我们自己从哪方面入手来考虑问题，就可以不走冤枉路、不走或者少走弯路，从而更快一些攀登这门科学的高峰，这是我们必须注意的问题"。"过去有一个口号，叫作'以论带史'，就是以理论去带历史，单纯要理论。现在又出来一种命题，叫作'从史出论'，'从史出论'的意思就是要比较历史材料，从历史材料的排比中，自然而然地得出结论。……但是这种说法是不对的，是错误的。……不能把'从实际出发'修正为'从史出论'。我们知道，历史主义要求我们掌握全部历史发展过程。我们研究一个段落、一个小问题时，要把这个段落、这个问题摆在整个历史过程里来观察、研究，而不是孤立地研究一个小问题，对其他问题不管；否则就会站不高，以致经常犯错误，特别是犯经验主义的错误。"② "我们知道，理论是要在斗争中才能发展的。马克思主义就是在批评、斗争中发展起来的。……经典作家是在与反面教员的斗争中发展了马克思主义，在斗争中写出理论著作的。如果

---

① 侯外庐：《关于学习历史的方法》，中共中央高级党校历史教研室 1964 年 4 月记录稿，第 1 页。

② 同上书，第 2—3 页。

说生长点的话，我看这就是生长点。"① "到底什么是我们的生长点呢？我看历史科学的发展，离不开批评、斗争；没有斗争就不能发展。这是主要的方面。当然，其他方面，我们也要把握好，要掌握史料，不说空话。总之要从实际出发，要消化史料，而不能掉到史料堆里为史料而史料，为考据而考据，像清朝的乾嘉学派那样。"② "一方面要有历史主义的方法；另一方面要在批评斗争中发展历史科学；为此，有必要掌握历史的全部过程。"（二）"对于历史人物究竟应怎样去看？……我们对这些问题要提高到原则上来看。什么是原则呢？就是历史主义的灵魂，即阶级分析"③。"历史主义的方法就是要批判地继承传统，而不是笼统的、绝对的继承。"④（三）"我们认为研究历史是应该从实际出发的，但不能忘记了原则性，忘记了一般规律"⑤。（四）"我看百家争鸣就是要互相讨论，要纠正错误、坚持真理。既然有反马克思主义的论调，马克思主义者就要出来斗争。同时，百家争鸣也要有领导，要有马克思主义的领导。……百家争鸣一方面是活跃学术空气，开展学术研究；另一方面也是阶级路线。百家里面，有封建主义一家，有资本主义一家，而准确的是马克思主义一家。这就不可避免地会有一些理论观点上的斗争。……为了更好地开展斗争，我们马克思主义者要更敏锐一些，要在理论上捍卫马克思主义。当然，这种斗争是采取和风细雨的、有理、有利、有节的、说服的方法，而不是粗暴地随便给人戴帽子；否则，解决不了问题"⑥。

本年

先生回西北大学参加校庆，李学勤等陪同。⑦

同年，步近智回忆："在 60 年代初的学术界、戏剧界，曾展开了一场关于道德的阶级性与继承性问题的热烈讨论。我们当时面临着是否应该参

---

① 侯外庐：《关于学习历史的方法》，中共中央高级党校历史教研室 1964 年 4 月记录稿，第 3—4 页。

② 同上书，第 6 页。

③ 同上书，第 7 页。

④ 同上书，第 9 页。

⑤ 同上书，第 18 页。

⑥ 同上书，第 18—19 页。

⑦ 李学勤：《一部令人惊异的好书——张洲同志〈周原环境与文化〉序》，《文博》1995 年第 3 期，第 62 页。

与这场讨论的问题。有的同志认为参加社会的学术讨论会影响自己正在进行的学术研究工作。外庐师针对这一思想活动就明确地对我们说：'你们应该关心和积极参加这场讨论，切不可关门搞学问。参加讨论也是一次学习，更是一次活的学习，可以从中检验你们平时所学到的马克思主义能否具体运用到实际中来。他又说：'把问题讨论明白了、论述清楚了，也会提高自己的业务水平。'"①

一九六三年（癸卯）　六十岁

1月5日，《人民日报》发表《列宁主义和现代修正主义》的社论。

7月，郭宝钧《中国青铜器时代》由生活·读书·新知三联书店出版。

10月，中国科学院哲学社会科学部委员会在北京举行第四次扩大会议。任继愈《汉——唐中国佛教思想论集》由生活·读书·新知三联书店出版。

本年，国家首次公开招考研究生。任继愈主编《中国哲学史》第1、2册由人民出版社出版。

1月23日

先生到政协礼堂参加中国科学院哲学社会科学学部宴会，潘梓年主持，郭沫若、竺可桢、吴有训、徐炳昶、尹达、刘大年、顾颉刚、张友渔、刘导生等参加。饭后看电影《山高水长》、《移山填海》。②

1月24日（除夕）

先生到中国科学院历史研究所参加新春团拜会。

2月26日

先生与张岂之合作《柳宗元的社会思想》发表于《光明日报》第2

---

① 步近智：《忆侯外庐先生的育才之道》，中国社会科学院历史研究所编：《求真务实五十载——历史研究所同仁述往》，中国社会科学出版社2004年版，第79页。

② 《顾颉刚日记》第9卷，中华书局2011年版，第616页。

版。文章认为："对柳宗元的历史地位作出科学的评价，既不能忽视他在中国唯物主义和无神论思想发展史上的贡献，也不能忽略他在寓言讽刺文和论史散文中所含蕴着的进步的社会思想。这些是柳宗元思想体系中相互联系着的两个主要的侧面。""我们研究柳宗元的作品，首先便会注意到其中富有强烈的现实批判精神。""在中国封建社会后期，进步思想家们在社会思想的领域内对封建主义特权和例外权的攻击，大体上依循着这样的路径：有的提出过异端式的平均思想，幻想通过自上而下的改革以解决土地问题，这实际上是一种反对封建特权而维护非等级私有权的'富民'思想。有的从社会观和道德观方面寻求反抗中世纪统治阶级的正宗思想的理论武器。由于时代和阶级的限制，进步思想家们当然不能理解封建特权所赖以存在的物质基础，也不能在社会历史的领域内达到唯物主义的理论高度，因而他们往往不能借助于伦理或生理的形式，向封建特权势力提出激烈的控诉和抗议。""作为中唐时期的庶族政治改革集团代表人物的柳宗元，在他自己的作品中，就具有上面两种意义。""柳宗元对封建主义特权和例外权的抗议，还具有另一个特色，他并不限于借用伦理的范畴，同时也借用并改造了道家的'自然'之义，并基于这样的'自然法'立论，抨击封建统治阶级对于'人之欲'和'人之生'的戕害，而主张'遂人之欲'和'厚人之生'。这样的理想不仅带有'非等级所有权'的主观要求，而且客观上也反映出人民的抗议。"

3 月 20 日

张岂之、杨超、李学勤《怎样理解董仲舒的自然观的实质》发表于《新建设》1963 年第 3 期。

3 月

先生所著《中国古代社会史论》由人民出版社再版。

4 月 15 日

先生与李学勤合作《柳宗元〈天对〉在中国唯物主义史上的科学地位——兼看哲学党性原则的具体表现》发表于《历史研究》1963 年第 2 期。文章认为："柳宗元是唐代中叶杰出的唯物主义思想家，他在中国唯物主义发展史中的承前启后的地位，从他的《天对》一文所包容的哲学体系和观点即可以具体而微地看出来。这篇著作的特点表露出他对唐以前唯物主义的主要成果予以总结的弘图，对屈原《天问》中富有哲学意义的一系列问题作出系统的答复，在不少理论方面提出了他的新观点。更重要的是，《天对》的哲学观点对宋明清各代的唯物主义者产生着显著的影响，表现出唯物主义史传统继承的一个侧面。"[1]

4 月 20 日

先生所作《中国哲学史中的唯物主义传统》发表于《新建设》1963年第 4 期，收入《侯外庐史学论文选集》下卷（人民出版社 1987 年版）。文章认为："每个民族的文化都不是如封建主义学者和资产阶级学者所理解的那样囫囵而单一，而是表现为两种文化，即进步的文化和反动的文化之间的对立；所谓文化发展正是在于这样两种文化的斗争，因此，我们应该正确对待我们的文化遗产，既反对国粹主义，又反对虚无主义。"[2] 唯物主义是中国哲学的优良传统，具有以下特点："唯物主义在历史发展的各个阶段善于并敢于对唯心主义和有神论进行不懈的斗争"[3]，"唯物主义者善于从中国人民生产斗争的实践中汲取经验，和自然科学的成就结成了紧密的联盟"[4]，"唯物主义者和唯心主义进行理论斗争的过程中，善于利用并改造过去的思想资料"[5]，"唯物主义者对前代和同时代的哲学思想善于批判总结，并在此基础上进一步发展唯物主义哲学"[6]，"对于外来的思想文化善于采取既有批判又有鉴别的分析态度"[7]。

5 月 12 日

文振《中国哲学史中的唯物主义传统（学术简报）》发表于《光明日报》第 1 版，系介绍先生的《中国哲学史中的唯物主义传统》（《新建设》1963 年第 4 期）。

---

[1] 《历史研究》1963 年第 2 期，第 9 页。
[2] 《新建设》1963 年第 4 期，第 1 页。
[3] 同上刊，第 2 页。
[4] 同上刊，第 5 页。
[5] 同上刊，第 6 页。
[6] 同上刊，第 8 页。
[7] 同上刊，第 9 页。

6 月 13 日

先生为《柳宗元哲学选集》作序，以《柳宗元的唯物主义与无神论思想》为题发表于 1963 年 10 月 9 日《人民日报》第 5 版，收入《侯外庐史学论文选集》上卷（人民出版社 1987 年版）。文章认为：（1）"柳宗元不仅是文学家，他同时在中国唯物主义和无神论发展史上有重要的贡献，这一点却长期以来被人们所忽略"。"中国封建制社会中，唯物主义和无神论反对唯心主义和有神论的斗争，大体上可以分做前后两个阶段，即唐代中叶以前的反对比较粗俗的神学天命论（以汉代儒学正宗教义为依据）和中唐以后的反对'道学'的理论斗争。柳宗元就处于前一阶段结束和后一阶段开始的过渡期。""唐代中叶，哲学上两条路线的斗争，已经超越形神问题，而主要围绕着'天人之际'、即人和天的关系而进行。柳宗元的《天说》是当时以唯物主义哲学观点解决'天人之际'问题的一篇重要的哲学文章。"（2）"我们从柳宗元为答复屈原在长诗《天问》中所提出的有关宇宙和历史的重大问题而作的《天对》一文，就可以看出他较为详尽地从自然观方面所论证的唯物主义思想体系"。"柳宗元的'元气'唯物主义一元论哲学思想明显带有若干朴素辩证法的因素，但还没有充分展开论证，这也证明他被当时自然科学的水平所限制。""柳宗元对神学天命论的斗争，从自然观一直贯穿于历史观，他对汉代以来盘踞于社会历史领域内的福瑞说、天人感应论、月令论等作了针锋相对的理论批判。"

6 月 14 日

王季思《怎样探索汤显祖的曲意——和侯外庐同志论〈牡丹亭〉》发表于《文学评论》1963 年第 3 期。文章首先对先生《汤显祖〈牡丹亭还魂记〉外传》一文中《牡丹亭》"制造了两种神来集中地反映社会的矛盾"的观点进行商榷，认为："《冥判》是约占全书五十分之一的一出，即使在这一出里确实存在两种神的斗争，也很难据此以概括全书的思想或艺术成就；何况即在《冥判》一折中；事实也并非如此。"[①]"那么侯外庐同志为什么会得出这样不符合原著实际的结论的呢？这一方面由于他没有从《牡丹亭》全部人物情节所体现的思想内容来考虑，而只抓住《冥判》

---

① 《文学评论》1963 年第 3 期，第 41 页。

一出大做文章。""侯外庐同志所以会得出这样跟原著精神不符的结论，还有另一方面的原因，那就是他对汤显祖一些诗文作了错误的解释与引申，并把这些不相干的内容硬加在《牡丹亭》这部戏曲上面。为了建立自己的论点，侯外庐同志引述不少汤显祖的诗文，遗憾的是从这些引述里很难看出作者对原著是有正确的理解的。"① 其次，作者质疑先生认为汤显祖在《牡丹亭》中"为唐代的柳宗元和杜甫这两位杰出的人物'还魂'"的观点，认为："侯外庐同志这篇论文企图探索汤显祖戏曲中所蕴含的'曲意'，这动机是可取的。但探索戏曲的含意，首先要从戏曲本身所提供的形象出发，这就必须对这部戏曲有正确的理解。有时戏曲本身的含意不够明显，可以参考作家的其他诗文加以阐发，那也得对这些诗文有正确的理解。遗憾的是侯外庐同志对《牡丹亭》戏曲既缺乏理解，对汤显祖其他诗文又更多误解和附会，这就使他的一番探索几乎等于徒劳。""从侯外庐同志在这篇论文里所表现的看，往往对原文还没有看懂就忙着提出自己的看法，又忙着引申到别的方面去证明自己的论点。这就使他的某些论点建立在经不起客观实际检验的一连串错误的解释上面。这种对待科学研究工作的粗枝大叶作风出自像侯外庐同志这样一位老一辈学者身上，它的影响就更大，因为容易使有些人不加思考就把他的错误论点接受下来了。"②

6 月

先生作《中国哲学简史》序："这部书各编的内容，大体上依据着五卷六册本的《中国思想通史》和正在编写中的《中国近代思想史概论》的主要论点，但在不少环节上也增补了若干人物。这部书还是只写到'五四'运动时期。至于从'五四'以来马克思主义在中国的传播以及它和反动思想的斗争史，须另作计划，进行专题研究后，才能写出专著。"③ "我们在书中着重地论述了以下的方面：中国历代唯物主义、辩证法思想发展的特点及其和唯心主义斗争的优良传统；中国悠久而不断的丰富多彩的文化遗产在各个历史阶段所表现出的时代精神的特点；反映各个时代社会发展、阶级斗争的理论战线及其对社会基础的反作用；作为意识形态的相对

---

① 《文学评论》1963 年第 3 期，第 42 页。
② 同上刊，第 48 页。
③ 侯外庐：《中国哲学简史》序言，《中国哲学简史》，中国青年出版社 1963 年版，第 1 页。

独立的发展过程。"① "我和参加编写的几位青年同志是有着我们工作室内一种制度和工作程序的。他们都是解放后成长起来的青年科学工作者，我和他们在教学相长中有多年的历史。因此，不论对初稿的酝酿，对产品质量的反复检验，或对于最后定稿的责任层次，都比较易于克服工作过程中的许多困难；在一些需要进行严肃的民主讨论的细节分歧上，也易于取得接近的结论。" "这里，我们特别感谢赵纪彬、关锋、邱汉生三位同志在我们修订的过程中提出了许多宝贵的意见。"②

同月，先生主编的《王廷相哲学选集》（1959 年版）经中国科学院历史研究所张岂之、李学勤、唐宇元等校订、增补后由中华书局再版。

7 月 5 日

冯憬远《王安石的唯心主义体系——与侯外庐同志商榷》发表于《光明日报》第 4 版，收入《冯憬远文集》（中州古籍出版社 1999 年 12 月出版）。文章认为："侯外庐同志在《中国思想通史》四卷九章中认定王安石哲学属于唯物主义体系，我感到这个论断还值得商榷。当然，不可否认王安石哲学思想中包含有一定的唯物成分，但能不能说他的哲学体系以及这一体系所借以确立的基础已经是唯物主义的呢？不能。总地说来，我认为王安石终归是个客观唯心主义者。"王安石哲学体系中的"'天'、'道'以及'天命'一类的最高范畴"不仅"较'五行'这种物质范畴更高，更根本，而且是贯彻和联系其体系的各个方面的基核和纽带。在我看来，正是这种范畴才决定了他的宇宙观的基本性质"。"与其自然观中某些中间环节的唯物主义相联系，他在认识论也相应地提出了某些唯物的论点。……从根本上讲，王安石的认识论也是唯心主义的。"

9 月 14 日

中共中央宣传部副部长周扬组织学术座谈会，讨论戚本禹在《历史研究》发表的《评李秀成自述》，先生与刘大年、黎澍等参加。③

---

① 侯外庐：《中国哲学简史》序言，中国青年出版社 1963 年版，第 1—2 页。
② 同上书，第 2 页。
③ 刘大年：《刘大年来往书信选》下册，中央文献出版社 2006 年版，第 712 页；参见张传玺《翦伯赞传》，北京大学出版社 1998 年版，第 460 页。

9 月 20 日

先生出席评价《李秀成自述》的学术座谈会，会议由刘大年主持，翦伯赞、范文澜、邓拓、李新、林涧青等参加。"侯、翦、范等先后发言，不赞成戚本禹全盘否定李秀成，并且谁也没有赞成伪降说，认为需要具体分析事实。"① "侯外庐认为戚文是钻空子，为翻案而翻案，反对因李秀成有某些污点而抹杀他。"② 又，穆欣回忆："会上的发言也都反对戚本禹的观点。侯外庐说，戚文很明显是片面性，对李秀成缺乏全面评价，故意把李秀成丑化，一棍子打死。讲他避难时带点儿钱也是罪状，说苏州宫殿豪华是腐化，把《自述》中隐蔽的东西拿出来胡乱解释。《自述》中本来是好坏并陈，他把好话去掉，专就坏话分析。李秀成要打鬼子，也说办不到。"③

同日，杨天石《关于王艮思想的评价——与侯外庐同志等商榷》发表于《新建设》1963 年第 9 期。

9 月下旬

卢钟锋④作为先生公开招考并录取的第一个研究生，与黄宣民一起到先生家中拜访。先生在谈话中提出："现在大学的教学方法都是老师讲，学生听，学生的依赖性很大。这种教学方法应该改。""你到科学院来，首先要扔掉依赖'老师讲'这根拐杖，学会自己走路。主要是靠自己学习，自己钻研。"先生口授了一个必读书目，要求根据书目订个计划，安排学习进度，在订计划时要注意两点：一是以自学为主，自己钻研，遇到疑难问题，可以随时向他请益；二是要做读书笔记，记下自己的心得体会，定期交卷，向他汇报。⑤ 先生又说："这两点要求不算高。以后我还会给你压

---

① 周秋光、黄仁国：《刘大年传》，岳麓书社出版社 2009 年 12 月版，第 345 页。
② 同上书，第 346 页。
③ 穆欣：《述学谭往——追忆在〈光明日报〉十年》，东方出版社 2006 年版，第 498 页。
④ 卢钟锋（1938—2012），广东潮州人。1963 年毕业于中山大学历史系，同年 9 月考入中国科学院历史研究所，1966 年毕业后留所工作，参加《宋明理学史》、《中国思想史纲》、《中国近代哲学史》、《侯外庐集》、《侯外庐纪念文集》等编写，著有《中国传统学术史》等。先后担任研究室副主任、研究所机关党委书记、研究所党委副书记、副所长、党委书记，历史研究所研究员、博士生导师、中国社会科学院荣誉学部委员等。
⑤ 卢钟锋：《回忆我当侯老研究生的时候》，《史学史研究》1988 年第 3 期，第 17 页。

担子。譬如说，你能挑八十斤，我就给你压一百斤，使你感到有压力。"①
"做学问就应该有点压力。我写的许多书，就是靠压力给压出来的。不过，
那是另一种性质的压力。总之，有压力并不是坏事，只要处理得当，就可
以变成动力。"②

　　又，卢钟锋回忆："侯外庐先生不仅十分重视研究生的专业理论和专
业基础知识的学习，而且还十分重视研究生的基本训练，包括加强理论思
维能力的基本训练和论文写作的基本训练。侯先生所说的理论思维能力就
是对历史事实进行理论思考、理论概括和理论抽象的能力；而缺乏理论思
维能力就无法搞清历史现象之间的内在联系，认清历史的本质。思想史是
一门理论性很强的学科，对理论思维能力的要求更高。侯先生认为，加强
理论思维能力的最好方法是学习哲学史。哲学史上不同流派之间的斗争总
是把对方的理论缺陷作为突破口，并在克服对方的理论缺陷中使自己的理
论思维更趋于成熟。唯其如此，侯先生认为，学习哲学史可以从中得到关
于理论思维方面的许多有益的启示，因而不失为加强理论思维能力基本训
练的一种好方法。在加强论文写作能力的基本训练方面，侯外庐先生要求
研究生：一是认真做好读书笔记，不仅要准确地把握自己所学的内容要
点，更要联系实际记下自己的所思所想。因此，侯先生所要求的读书笔记
不是一般化的内容摘录，而是一篇论文式的学术报告。二是出题目写短
文。初稿写好后，由他审改。若论文基础较好，他会推荐在报刊上发表或
在研究室内部传阅。三是参加研究室的科研工作，承担部分撰写任务。侯
先生称之为'边干边学'。事实证明：侯外庐先生培养研究生的方法是加
速人才成长的行之有效的方法。我在学术上的成长是与侯外庐先生的上述
指导和培养分不开的。这为我后来从事学术研究工作打下了坚实的基础，
终生受用。"③

　　又，卢钟锋自述："我初次读到侯外庐先生的论著，是他的《封建主
义生产关系的普遍原理与中国封建主义》一文，……当时，我是大学历史
系的学生，对马克思主义知之不多，对他在该文中所讨论的问题也只是一
知半解。但是，侯外庐先生所提出的问题的重要性，所揭示的理论的深刻

　　①　卢钟锋：《回忆我当侯老研究生的时候》，《史学史研究》1988 年第 3 期，第 17—18 页。
　　②　同上刊，第 18 页。
　　③　卢钟锋：《侯外庐先生与中国思想史学科建设》，中国社会科学院历史研究所编：《求真务
实五十载——历史研究所同仁述往》，中国社会科学出版社 2004 年版，第 85—86 页。

性及其见解的独创性，却给我留下了难忘的印象，它激发了我学习马克思主义理论的热情。随后，我们系开设中国思想史专业课，这使我能够有更多的时间来阅读他的论著。侯外庐先生的中国思想史论著，体大思精，富于创见，融社会史和思想史为一体，卓然成一家之言。尤其是他对于祖国优秀的思想文化遗产的发掘、褒扬，对于中国思想史上许多重大理论问题的探讨，更有开拓之功。所有这一切，都使我对侯外庐先生的中国思想史体系产生了浓厚的兴趣，成为后来我报考他的中国思想史专业研究生的契机。""侯外庐先生指导研究生，特别强调要善于独立钻研、独立思考。记得侯外庐先生同我第一次谈话，他着重强调的正是这一点。"[1]

10 月 26 日

上午，中国科学院哲学社会科学部委员会第四次扩大会议在政协礼堂召开，先生在历史三组。

出席会议的除了中国科学院哲学社会科学部的学部委员以外，还有一部分著名学者和青年研究人员，中共各中央局和各省、市、自治区党委宣传部，哲学社会科学各研究机构和其他有关机关的负责人等。会议由中国科学院院长郭沫若主持，国家主席刘少奇、国务院副总理薄一波、中共中央宣传部副部长周扬等发表讲话，中国科学院哲学社会科学部副主任潘梓年作学部工作报告。"会议着重讨论了在哲学社会科学战线积极开展反对现代修正主义的斗争、重新学习马克思列宁主义、学习毛泽东思想的问题，加强对当代革命斗争经验的研究的问题，以及培养和锻炼哲学社会科学队伍的问题。"[2]

10 月 28 日

上午，先生在北京饭店参加中国科学院哲学社会科学学部扩大会议小组会。北京六组由先生主持，成员有顾颉刚、吴玉章、范文澜、钱宝琮、徐炳昶、夏鼐、黄文弼、郭宝钧、吕叔湘、熊德基、丁声树、姜克夫、杨向奎、胡厚宣、贺昌群、张政烺、程西均、管燮初、刘桂五。[3]

---

① 卢钟锋：《一定要树立严谨笃实的学风》，《学问人生》，高等教育出版社 2007 年版，第 163 页。
② 《反对修正主义，研究当代革命问题》，《科学通报》1963 年第 12 期，第 1 页。
③ 《顾颉刚日记》第 9 卷，中华书局 2011 年版，第 756 页。

11 月 8 日

上午，先生在北京饭店参加中国科学院哲学社会科学学部扩大会议历史大组会，听邓拓作《历史科学的战斗》报告。

11 月 9 日

上午，先生在北京饭店参加中国科学院哲学社会科学学部扩大会议历史大组会，听黎澍作《苏联修正主义历史学》报告。

11 月 15 日

先生在四川饭店参加中国科学院历史研究所学生委员会扩大会议。

11 月 17 日

先生出席第二届全国人民代表大会第四次会议。

11 月 23 日

先生在人民大会堂参加第二届全国人民代表大会第四次会议。

11 月 24 日

中国学术代表团出发访问日本，张友渔为团长，先生与江隆基为副团长，江隆基等先期赴香港办理手续，张友渔 26 日自北京乘飞机到广州。

先生在北京火车站坐车，与夏鼐同室。夏鼐自述："此趟车子，代表团共有 7 人同行，我与侯外庐同志一室，王守武同志另一室，其余四位游（国恩）、刘（大年）、李（格非）、顾（震潮）一室。……车子 12 时 7 分开行，车中最初没有生火，冷得不能脱大衣，后来生火，逐渐暖和，晚间才够热，可以脱大衣。9 时余经过郑州，我们房间又上来一位赴长沙的客人。晚间我睡得很好，侯所长虽用安眠药，还没有我睡得好，他说听到我打呼的声音。"[1] "中山大学历史系杨国荣教授亦同车，与王守武所长同房间，有时亦参加一起闲谈。"[2]

---

① 《夏鼐日记》第 6 卷，华东师范大学出版社 2011 年版，第 383 页。
② 同上书，第 383—384 页。

11 月 27 日

李格非暂留广州陪伴张友渔治病，中国学术代表团其余 6 人先赴香港。夏鼐自述："由迎宾馆赴车站，7：30 开行，10：10 抵深圳。这时有九龙海关，办理海关行李手续，持有外交护照者可以不检查，香港方面派亚洲贸易公司陈铨方同志来接，将护照交给他，以便办理过境手续。午饭后，过桥便是英领九龙新界，改乘广九车，12：19 由罗湖开行，……1：29 抵九龙终点车站，亚洲贸易公司廖经理和新华社香港分社罗明林经理来接，徐鹤皋、周斌同志亦来，分乘汽车。因为香港的招待所有京剧团居住，所以我们便住在九龙亚洲招待所。这里招待所只有 4 个房间（11 个铺位），都为我们所占了，我和游老（国恩）一室，侯（外庐）、江（隆基）各占一室，其余 5 人同住一大室，江团长由楼上下来接我们，告以张团长情况。"①

11 月 28 日

中国学术代表团从香港出发，乘坐 BOAC（British Oversea Airways Corporation，英国海外航空公司）的喷气式飞机前往日本访问，东京时间 9：35 抵东京羽田机场，日中友协常务理事岩村三千夫迎接。夏鼐自述："出站后，由关东招待委员会组织一盛大的欢迎会，约有百余人，先站在两旁，然后至一稍空阔处，我们代表团站成一列，他们也聚集在一起，在我们前面围绕成半圆形，欢迎者中，我所认识的有井上清、杉村勇造、杉原庄介、关野雄诸人，与之一一握手，然后站好，由我方秘书徐鹤皋同志介绍团员姓名，……接着由关东欢迎委员会委员长谷川澈三和常务理事三岛一致欢迎辞，献花，张团长致答辞，新闻记者举行拍照，此时已近 10 时半，欢迎会即结束。由徐鹤皋同志及日中友协事务局文化部主任浅野芳男陪同张团长先去旅馆休息。其余诸人，又到会客室，出席记者招待会：由日中友协福岛要一司会，先由谷川澈三致辞，侯副团长致答辞，福岛乃宣布散会。这次由横川健作翻译，时有辞不达意的困难，周斌同志加以补充。"② 随后，代表团抵文京区汤岛天神下的和式旅馆"花水馆"，先生与

---

① 《夏鼐日记》第 6 卷，华东师范大学出版社 2011 年版，第 384 页。
② 同上书，第 386 页。

夏鼐同室。"东京华侨总会的韩庆愈同志，带领此间华侨总会的吴、陈二副会长来（正会长甘文芳医师，后来在横滨市长宴会上才碰到），略谈此间情况，韩、吴皆为东北人。……这一旅馆几乎整个包下，在楼梯口，有事务局的同志，日夜坐在那儿守卫，除警卫厅所派的便衣警察之外，还有民主青年同盟的年青同志，日夜分三班轮值守卫，诚意殊可感也。"①

11 月 29 日

夏鼐自述："上午日中友协派人来说，留日全部时间内的日程，由江、侯二副团长出面。……午后 1 时半（此间没有午睡的习惯）起，商谈东京的日程，团员都须出席，关东地区招待会各科负责人，也都出席，大家围坐一周，由神山惠一司会，日程部长太岛和雄报告初步设想，然后分组谈日程。……谈后返室，医生来了，我和侯老都要了些治伤风咳嗽的药。"②"4：45 由花水馆出发，赴日中友协总会访问，徐鹤皋同志留侍张团长的病，我们九人都前往。这是来东京后第一次出门，一般都是每车前面司机的旁边，坐着警卫厅便衣警察与民主青年各一位。友协总会的会客室颇隘窄，坐在一长桌子的一侧，他们到会的有副会长伊藤武雄、三岛一、理事长富崎世民，副理事长大森真一郎（新近访问中国农业归来），常务理事岩村三千夫、三好一、神山惠一、川崎正三郎（日共统战部长），事务局长长谷川敏三等，由伊藤副会长致欢迎辞，侯副团长致答辞，然后介绍到会的人员，随便谈话，至 5：30 告辞。赴花水会馆宴会，系一西式旅馆的餐厅，用西餐，福岛要一司会，谷川澈三委员长（法政大学校长）致辞后，他以事便先行退席，江副团长介绍团员，日方到者则自我介绍，有三岛一、中岛健藏、仁井田陞、小野惠、武藤守一、重沢俊郎（二人由京都来）、岩村三千夫、关野雄、井上清等，由江副团长致答辞，然后继续自我介绍，至 7：30 始散。"③

11 月 30 日

上午 10 时，中国学术代表团访问在日本的朝鲜总联合会。夏鼐自述：

---

① 《夏鼐日记》第 6 卷，华东师范大学出版社 2011 年版，第 387 页。
② 同上书，第 387—388 页。
③ 同上书，第 388 页。

"议长韩德洙同志招待，致欢迎辞，并介绍在日的韩侨情况。"①

下午，先生参加教育大学的座谈会，"据云参加者约六十余人，为反对美帝文化侵略，主张不接受美国津贴"②。

11 月

先生主编，张岂之、李学勤、杨超、林英、何兆武执笔的《中国哲学简史》（上册）由中国青年出版社出版。

同月，先生完成《唐宋之际农民战争的历史特点》。

12 月 1 日

上午 9：10，中国学术代表团由花水馆动身赴上野车站，到仙台访问。夏鼐自述："考古学方面，有关野、和岛、甘粕等来送。重藤俊郎教授则与事务局的福岛一正及华侨总会韩庆愈同志等，陪我们一起去仙台市。"③

"下午 3 时许抵仙台车站，来迎接者近百来人，有小孩十人献花。出车站后，乘车赴鲁迅纪念碑献花圈。车中有东北大学汉语讲师赵遒桂作介绍，……车子沿青叶通（道）而行，不久即见左边为东北大学校门，贴有明日'中国学术代表团讲演'的海报，……过川上铁桥上山，不远即为鲁迅纪念碑，上刻鲁迅像，下为日文纪念文，我们下来，献花圈并鞠躬。仙台市公民馆长半浞正二郎，报告纪念碑建立经过，由赵同志翻译，侯老还放了一支中华牌香烟在碑前。"④

下山后，住西式旅馆 Grand Hotel。"各人安顿好后，又聚集在江副团长寝室中，由周斌同志报告明天活动日程。……5：50 赴餐厅参加欢迎宴会，……东北大学校长石津照玺，以招待委员会委员长名义致欢迎辞，江隆基副团长致答辞，然后进餐。席间，半沢正二郎又起来讲话，谈及与建筑鲁迅纪念碑有关的人物，各起立饮酒。伊东教授亦曾起立发言，谈及解放后中国考古学的发达，希望今后中日文化交流更多。金谷治教授（治中国思想史，系今晚的司会）介绍侯老的中国思想史。物理学家森田教授希

---

① 《夏鼐日记》第 6 卷，华东师范大学出版社 2011 年版，第 388 页。

② 同上书，第 390 页。

③ 同上书，第 390 页。

④ 同上书，第 391 页。

望明天能听到关于中国物理学现况的介绍。侯外庐、刘大年二位致答辞。"①

12 月 2 日

上午，中国学术代表团九人先到东北大学校长会客室，由校长石津照玺（日本学术会议第一部部长）招待，室中挂一石刻拓片："闲俸闲禄，民脂民膏，下民易虐，上天难欺，觉延正区之年春二月。"夏鼐自述："校长介绍在座的教授，江副团长介绍团员，并致送礼品（书给学校，漆烟具给校长）。校长介绍东北大学概况，谓有学生 7000 余人，分为几个学院，欢迎我们来此访问，并请于题名簿上题名。然后分组活动，江隆基（教育）、王守武（物理）、顾震潮（气象）各为一组；我们人文科学合为一组（侯外庐、游国恩、夏鼐、刘大年、周斌），参加学术座谈会。""10 时开始，由志村教授司会，伊东教授致欢迎辞，他是考古学教授，说从前日本考古学家也曾在中国学习中国考古学，原定节目为游老致辞，侯老怕冷场，抢先立起致答辞了。讲演正式开始，由我先讲《新中国的考古学》，使用幻灯，约讲 1 小时，效果颇不错。接着侯老讲《柳宗元的思想》，亦约一小时。讲毕已是中午，即在会场用餐，每人各一饭盒，出席者约五六十人，多在会场用餐。饭尚未毕，因刘大年同志 1 时起即须赴另一会场，代替张友渔团长讲中国科学现状，故不等他吃毕，即提前提问题，要他解答。他也只能解答一个问题即"中国近代史分期问题"，即匆匆离开，其他历史问题改由侯老于下午座谈时再作解答。"②

下午，中国学术代表团结束在仙台的访问，返回东京。"出校门登车赴火车站，此间招待委员会及温州同乡，共 50—60 人，在车站欢送我们，伊东教授亦来相送。3：50 开行，挥手告别，还拍了几张照片。车中周斌同志告诉我们，在仙台时，有反动分子'陈金波'之名，致团员每人一信，劝'起义归来'，殊为可笑也。……9 时许，抵东京车站，关野、和岛及日本考古学协会委员长八幡一郎来迎接，约明天下午讲演，乘车返花水馆。团员聚谈，至 11 时许始散。"③

---

① 《夏鼐日记》第 6 卷，华东师范大学出版社 2011 年版，第 391 页。
② 同上书，第 392 页。
③ 同上书，第 392—393 页。

12 月 3 日

上午，中国学术代表团到代代木医院探视张友渔团长的病，随后到日本共产党本部访问。夏鼐自述："会客室（会议室）是在楼上，中间置一长桌，大家绕桌而坐，壁上悬挂这次（11 月 21 日）众议院选举时日共候选人得票情况，墙上悬挂马、恩、列的三张照片，书架上有些关于马列主义、工人运动的书籍，旁置报纸。今天因为野坂年高（70 多岁）竞选事累了，正在休养，松本也生病，所以由袴田里接见我们，还有安斋库治、冈田文吉、石田精一、岗本博之（宣传部长）、冈正芳、土岐强（《赤旗报》主编）等，由主人致欢迎辞，江副团长致答辞。主人介绍这次选举情况，……又介绍我们所要到地点的情况，名古屋的物理学家坂田昌一，京都的未川博，都是左派，大阪原来左派势力颇大，但现下有许多已成为修正主义者，例如小野，各处的日共都要对我们协助的。谈到 10 时许，我们告辞。他们带我们到楼下观《赤旗报》印刷所，工人们放下工作，聚集欢迎我们。江副团长说：'我们代表中国共产党向你们革命工作者致敬意。'工人代表支部书记说：'我们一定努力奋斗，把美帝赶出日本。'"①

随后，中国学术代表团到一个江苏人开的庐山饭店就餐。

12 月 4 日

中国学术代表团到上野参加学术会议。夏鼐自述："至会客室，四壁悬日本近代学者照片，室中置圆桌六张，并列一排，主客双方对面而坐，由福岛要一作司会，由朝永振郎会长致欢迎辞，……江隆基副团长致答辞，并介绍团员姓名、职务。福岛介绍在座的学术会议会员，……我方侯外庐、游国恩、刘大年相继发言。"②

会议后，中国学术代表团到东京大学访问。夏鼐自述："由总长茅诚司招待，先在校长室小坐。茅致欢迎辞，说本人大约十年前曾访问中国，希望能早日有机会在日本接见中国学术代表团，今日遂愿，非常高兴，你们有什么要求，都不妨提出。江副团长致答辞。然后由别人引导我们参观

---

① 《夏鼐日记》第 6 卷，华东师范大学出版社 2011 年版，第 393 页。
② 同上书，第 395—396 页。

校舍。"① 随后在大讲堂南侧会议室午餐。

时为学生的太田幸男（后为日本东京学芸大学教授）听到先生在东京大学的演讲后留下了深刻印象，从而产生了研究先生学术的心愿，曾致力于把《中国古代社会史论》译为日文。他认为："侯先生是严密地站在马克思主义的立场上，进行科学的追求，使我深深感动，他不是仅仅引用马克思的言论，而是在理解马克思的思想的基础上，按照马克思的思考方法，力图独立自主地分析中国历史，这体现出一名真正的历史学家所持有的严谨态度。"②

12 月 5 日

"上午 10 时访问早稻田大学，由江隆基、侯外庐、游国恩、夏鼐及周斌五人前往，其余另有活动。驱车前往，至大隈会馆，乃校友为纪念创办人大隈重信所筑。至会客室，由野村教授主持招待，致欢迎辞，江副团长致答辞，介绍团员。野村介绍在座教授：皆东洋史及汉语等与我们有关各科的教授，如小林昇（哲学）、原田正已（原田淑人之长子，中国哲学史）、河合（东洋史）、林木（东洋史）、栗原明信、大清（汉语）等。寒暄后，参观学校，先至戏剧博物馆，……参观图书馆善本书，……再参观书库，……参观东洋美术博物馆，……"③ "返大隈会馆，由大滨总长设宴招待，系西餐，在座教授有野村、中岛、泷口（皆兼理事）、原田正已、安藤正辉（更生）、小林等。总长致欢迎辞，……司会系另一安藤教授，介绍在座教授。江副团长介绍团员，并致答辞。"④ "乘车赴东京火车站之车站旅馆附设饭店，乃关东区招待委员所组织之酒会，来宾出席有 260 余名。6 时开始，至 8 时始毕。由福岛要一司会，我们进去，先排列一行，胸戴红花，由谷川致欢迎辞，江副团长致答辞，并介绍团员，尚原、中岛致欢迎辞、富崎举杯致敬，然后分散至各桌分组活动。""富崎致闭会辞，侯外庐副团长答辞，司会福岛领头高呼'中日友谊万岁'三声，乃散会。至会客室等候车子，谷川、尚原、中岛、宫崎、岩村五人陪我们谈话。9 时许始乘车返花水馆，大家

---

① 《夏鼐日记》第 6 卷，华东师范大学出版社 2011 年版，第 396 页。
② 吴长庚：《国际侯外庐学术讨论会综述》，《上饶师专学报》1994 年第 1 期，第 17 页。
③ 《夏鼐日记》第 6 卷，华东师范大学出版社 2011 年版，第 397 页。
④ 同上书，第 397—398 页。

又一起吃面，并谈今日体会。"①

12 月 6 日

先生因血压高而休息一天。

12 月 7 日

先生访问东京大学东洋文化研究所。

同日，日本《赤旗报》报道《充满友谊的联欢 来自各界共 260 人出席——中国学术代表团欢迎侧记》，介绍 12 月 5 日欢迎酒会的情况。

12 月 8 日

夜，先生参加代表团会议，"总结东京经验，谈至 10 时"②。

12 月 9 日

中国学术代表团赴名古屋访问。夏鼐自述："12 时 10 分抵名古屋。此间招待会委员长新村猛率众来站欢迎，献花，致欢迎辞，侯副团长致答辞。至车站会客室，开记者招待会，谈至 12 时 50 分。……乘车赴共济会馆，日中友协名古屋支部文化部长石川贺作（日共）接待。……3：20 赴东山名古屋大学，车行约半小时，至校中丰田讲堂，有山兼孝（理学院长）在门口相候。至校长会客室，篠原卯吉校长相接待。稍谈后，至会谈室，与各教授见面，校长叫各人自我介绍，有山兼孝（理学院长）、坂田昌一（理学教授）、优见康治（等离子体研究所长），以上三人 55 年曾至中国；水植（气象学）、大滨（中国哲学）、水谷（中国文学及音韵学）、三宅正勇（法学院长）、松井武敏（经济地理）、澄田正一（考古学）等。然后校长致欢迎辞，侯副团长致答辞，并介绍团员，校长介绍大学历史及概况。"③

12 月 10 日

下午 3 时半，名古屋欢迎大会开始，在名大礼堂，听众 800 余人，多

---

① 《夏鼐日记》第 6 卷，华东师范大学出版社 2011 年版，第 398 页。
② 同上书，第 403 页。
③ 同上书，第 403 页。

为校中学生及教授，司会为坂田昌一，由有光、新村先后致欢迎辞，学生献花，介绍中国学术代表团团员。

晚餐后，分四组座谈，7：10 开始，先生、游国恩和夏鼐为一组，乃文史方面的，约20人，入矢义高（名大汉语教授，译过袁宏道中郎的诗）致介绍辞，周斌作翻译，并介绍中国团员，其余参加者自我介绍。座谈会后，中国学术代表团回共济会堂休息。①

12 月 11 日

中国学术代表团 8 时进早餐，然后赴名古屋大学，仍由楢崎讲师来迎接，至丰田讲堂后分组活动。

随后，中国学术代表团至丰田讲堂集合，除江隆基下午尚有报告外，其他人都乘车到车站，转赴京都访问。名古屋招待会诸人多来相送，京都招待会重泽、井上清、具琢茂树、清水茂等来迎接。

下午三时，中国学术代表团抵达京都。夏鼐自述："抵京都时，招待会在车站迎接，重泽致欢迎辞，侯外庐副团长致答辞，来迎的女学生献花。至站长室，站长与我们握手。"随后到京都大学。"至校长室，由奥田东代理校长（农学院教授）介绍在座教授，侯副团长介绍团员，校长致欢迎辞，侯副团长致答辞，然后闲谈。与奥田及理学院长速水（在上海自然科学院工作过十余年）等闲谈。4：30，司会重泽宣布散会，引至另一会议室，接待新闻记者，途中遇及樋口隆康教授。招待会由具琢主持，并先关照记者，代表都是学者，不要提政治性太强的问题。"

会后，中国学术代表团赴 Miyako Hotel 东山区。6 时至和式餐厅"佳水园"，重泽、贝塚、井上、速水作陪。

12 月 12 日

上午，先生等到龙谷大学访问，随后由贝塚陪同到同志社大学访问，与中国学术代表团其他成员会合。然后，先生在同志社大学演讲。

晚上，先生等参加京都举行的招待会。夏鼐自述："晚间在此开招待会酒会，约百人左右参加，由副委员长佐藤司会，重泽致欢迎辞，江副团长介绍团员，致答辞，然后分组活动。……至 8 时余始由贝塚领头欢呼

① 《夏鼐日记》第 6 卷，华东师范大学出版社 2011 年版，第 404 页。

'中日友谊万岁'而散。"①

12 月 14 日

下午，先生与江隆基拜访京都县长，及京都招待委员会委员长、立命馆大学校长朱川博。

12 月 17 日

先生与游国恩、夏鼐等在同志社大学拍照留念，随后到大阪访问。

晚餐后，中国学术代表团成员到道顿堀观看朝日座的文乐（Bun-rakn）。

12 月 18 日

先生等到关西大学访问。

下午，先生参加讨论会。夏鼐自述："午后 2 时，在新大阪旅馆举行讨论会，由天野元之助教授主持，侯老与我二人解答问题。2 时开始，侯老 3 时半才回来，……与会者有大阪市立大学的守屋美都雄、佐藤武敏，京都来的藤泽长治（立命馆大学）、樋口隆康（京大）、关西大学的大庭脩、中山八郎，主持难波宫发掘的山根德太郎等。"②

下午 5 时，先生与夏鼐在大阪市参加中国学术代表团关西执行委员会主办、朝日新闻社后援的"历史与考古学"公开演讲会，先生演讲约一小时，题目是先生变更后的"您是如何成为历史学家的？"由韩庆愈翻译。

12 月 19 日

上午，中国学术代表团访问神户大学。

晚上，日方在神户市的和式餐馆举行欢迎宴会。夏鼐自述："共八桌，约百人左右。由宫下忠雄司会（神大经济学教授），介绍团员，先由古林青乐（神大经管学教授）致欢迎辞，侯副团长致答辞，然后用餐。"③

饭后，中国学术代表团乘车返回大阪。

---

① 《夏鼐日记》第 6 卷，华东师范大学出版社 2011 年版，第 406—407 页。

② 同上书，第 413 页。

③ 同上书，第 414—415 页。

12 月 20 日

上午，中国学术代表团赴广岛访问。夏鼐自述："下午 1 时 20 抵广岛，招待会委员长铃木直吉等来车站欢迎，并献花，至站长室，举行记者招待会，约一刻钟即散。"① 随后，代表团入住大阪大旅馆 Grand Hotel。在楼下厅中，双方互相介绍，日方由招待委员会副委员长佐久间澄介绍招待会人员，江隆基介绍中方团员，然后即至卧室休息。

下午 3 时半，中国学术代表团到和平公园，向慰灵碑献花圈，参观广岛被炸的资料馆、到医院慰问原子弹爆炸受害者。

6 时，欢迎晚餐会，夏鼐自述："由佐久间为司会，介绍团员，然后由铃木致欢迎辞，日中友协田边继之，侯外庐副团长致答辞，江隆基副团长以讲演关系，在侯副团长致辞时才来。后来又有学生代表、气象台长、日中友协理事、华侨代表等相继发言，又有日人唱《何日君再来》，李格非唱京剧，最后唱《东京——北京》歌。散会时已 8 时半，……"②

12 月 21 日

上午，中国学术代表团访问广岛大学。夏鼐自述："与校长会见，介绍各学院院长，送礼品。"10 时起，先生与游国恩、李格非、夏鼐参加人文科学座谈会，先生回答的问题有："气的本质"、"自然科学在近代中国落后的原因"、"中国农民战争口号及纲领"，并与夏鼐共同回答"殷代的奴隶制"③。

中午，中国学术代表团与日方学者在校中午餐，系北京料理"来来轩"的中国菜。

下午 4 时，中国学术代表团与日方学者集中召开全体恳谈会，由今崛诚二（广岛大学教养部东洋史教授）主持，先生谈到两国学术交流问题，5 时半结束，由西谷登七郎（广岛大学中国文学教授）致闭会辞。

晚间 6—8 时，广岛大学校长宴请中国学术代表团。夏鼐自述："在和式馆'满津井'用日本饭，并有艺妓四人作陪，席间校长致欢迎辞，江副

---

① 《夏鼐日记》第 6 卷，华东师范大学出版社 2011 年版，第 415 页。
② 同上书，第 416 页。
③ 同上书，第 416 页。

团长致答辞，返旅舍已 8 时半矣。"①

12 月 22 日

上午 9 时中国学术代表团离开广岛大旅馆导车站，铃木、池田、松崎等数十人前来送行。夏鼐自述："车子 9：30 开行，挥手相别，沿海岸西南行。11：35 经防府时，即有山口县招待会大塚来迎。11：45 抵小郡站，下车，出车站，欢迎者百余人，手执小型中国国旗，另有数人执日中友协山口分会等大旗，即在车站前开欢迎会，山口县连古谷致欢迎辞，介绍团员，江副团长致答辞。乃登车赴山口市，12：30 抵市中，下榻'防长苑'，系一和式旅馆，进午餐，系和式，添西式一汤一菜。……我们于 2：10 赴山口大学经济讲堂，参加县民欢迎大会，约 500 多人，礼堂四壁悬此间参与招待委员会的 22 个单位的旗帜，司会者系安保市民会代表津田，由招待委员会长上妻隆荣致欢迎辞，神山介绍团员，儿童献花，各团体（安保县民、朝鲜总连代表、社会党、共产党）致辞，各约七八分钟。乃由侯副团长致答辞，原定 75 分钟，结果只讲 30 多分钟即结束。赠纪念品，合唱《东京——北京》，津田致闭会之辞。"② "乃至经济学院院长室休息，时尚未过 4：00，上妻建议趁空讨论明日日程，负责谈日程者山口大学一教授。上妻指出此间与京都及东京不同，高等学校不多，故以群众性大会为主，学术交流会所提问题可能幼稚。初步决定分 6 组（政治、史学、教育、文学、自然科学、青年及学生），侯老与我为第 2 组（历史），主要问题有：（1）哲学史上对唯心论的批评；（2）马克思的前资本主义社会形态；（3）报告山口县地区的考古工作。我们没有异议。至于下午的全体恳谈会，主要谈中日学术交流，并拟有一声明，可以作为双方共同声明，亦可为日方单方面声明，我们主张由日方单独负责。"③

5 时，中国学术代表团到娣人会馆大会议室参加欢迎晚餐会，一共 10 桌。席间有和平会代表、劳动者代表、妇女代表等讲话，又有人唱歌，李格非及顾震潮皆唱歌，江隆基致答辞，最后三呼"中日友谊万岁"而散。

---

① 《夏鼐日记》第 6 卷，华东师范大学出版社 2011 年版，第 417 页。
② 同上书，第 417 页。
③ 同上书，第 418 页。

12 月 23 日

上午 9 时，中国学术代表团由"防长苑"赴山口大学，校长市川桢治接见，并介绍与各学院的院长会面（文理学院冈崎、经济学院水田、图书馆安田等）。随后，代表团分赴各专门讨论会。先生与夏鼐到山口大学文理学部大会议室，参加者约 30 人，前半节为考古学。中间休息时，先生与游国恩为人题字。夏鼐自述："后半节为历史，由内田一男司会。第一问题为'哲学史之唯心主义的评价'（内田俊彦提出），由侯老解答，以为要具体分析，不能仅戴帽子，一概抹杀；第二问题为'前资本主义的社会形态，依马克思的说法，是否可解释为各民族并不都经过奴隶制'，侯老答，各民族发展不同，马克思只就典型而言，要具体分析；最后又有人问，'中国是否有日本七世纪时所谓法治国家'，侯老答以中国古代为土地国有制，战国以前以礼治国，战国时始有法治观念。时已中午 12 时半，乃告结束，司会者致谢，鼓掌而散。"①

中午，中国学术代表团在市区新道 2879 番地的"山口劳动福祉"用餐。夏鼐自述："系山口大学市川桢治校长做东，校长致欢迎辞，江副团长致答辞，1 时半结束。即赴山大经济学部，开全体恳谈会，到会者约百人左右。先报告上午学术交流会情况，继由山大中国文学教授岩城秀夫提出中日学术交流建议，有此需要，今后要努力争取；继由此间高级中学教职员组合代表提出，谓每年该校毕业的汉语学生约 30 人，但师生皆无机会到中国去，可否实行师资交流，希望日本及中国朋友帮忙。江副团长致答辞，赞成交流，但具体办法可通过中国对外文协及中日友协。最后日方与会者提出声明，由日方出面宣读全文，鼓掌通过，我们亦鼓掌赞助之。时已 2 时半，即告结束，三呼'中日友谊万岁'，乃乘车赴小郡站。3：21 开行，与送者上妻等告别，古谷送我们至小仓始返山口。"②

中国学术代表团经下关由海底铁道渡海抵门司，4：30 至小仓，福冈招待会冈崎敬及贺来敏雄上车迎接。5：30 抵福冈市（博多站），天下微雨，招待会委员长加目田诚、日中友协柏木正一（代表）等来接，乘福冈大学校车赴福冈驿前的三鹰饭店，在七层楼举行招待酒会，由谷口铁熊司

---

① 《夏鼐日记》第 6 卷，华东师范大学出版社 2011 年版，第 419 页。

② 同上。

会，委员长及顾问远城寺宗德（九州大学校长）先后致欢迎辞，江隆基副团长致答辞，并介绍团员，然后分组。

12 月 24 日

上午，先生等访问九州大学，参加座谈会。

中午，中国学术代表团在博多帝国饭店就餐，由福大校长远城寺做东道主，由各学院院长如文学院加目田诚等作陪，校长致欢迎辞，江隆基副团长致答辞。饭后驱车赴九州大学分组活动。

12 月 25 日

下午，中国学术代表团在市内干代田区金刚饭店举行答谢宴会，到会者约 500 人。张友渔团长致辞，来宾小野、朝永等先后致辞，7 时半结束，由江隆基副团长致辞。随后，代表团与事务局人员（包括译员及守卫）又另行开饭，共六桌。夏鼐自述："今天工作告一结束，殊为痛快。惜我们团员多不喝酒，以橘水代替，互相致谢辞，李格非唱京剧，侯老唱山西梆子，散席时已 9 时半。"①

12 月 26 日

下午，中国学术代表团赴羽田机场，先生与刘大年同车。香港时间，代表团 9：15 抵达九龙机场，入住福利别墅。

12 月 28 日

上午，中国学术代表团经九龙抵达深圳，下午到广州，入住羊城宾馆。

12 月 29 日

上午，中国学术代表团入住从化温泉宾馆河滨大楼。

下午，代表团召开总结会，张友渔主持，江隆基报告，先生作补充。

晚餐后，先生与刘大年、夏鼐、游国恩、李格非散步。

---

① 《夏鼐日记》第 6 卷，华东师范大学出版社 2011 年版，第 423 页。

12 月 30 日

中国学术代表团继续开会，讨论总结报告。

12 月 31 日

中国学术代表团离开从化温泉到广州，乘车回京。夏鼐自述："我与游、顾、周四人同一房间，侯老在广州购一副扑克牌，与江、王、周四人玩牌，后来由张换王，其余的人，则闲谈以消遣时光。"①

本年

先生将多年珍藏的文物无偿献给故宫博物院，为此受到文化部长沈雁冰的褒奖。

同年，他又将自己藏书中最珍贵的一部《清实录》捐给中国社会科学院历史所图书室。②

一九六四年（甲辰）　六十一岁

5 月 1 日，《毛主席语录》出版。同日，汤用彤（1893—1964）逝世。29 日，艾恒武、林青山《"一分为二"与"合二为一"》发表于《光明日报》。

7 月 3 日，英国学者、英中友好协会会长李约瑟访华。17 日，《人民日报》发表文章，点名批判杨献珍的"合二而一"论。接着，《红旗》杂志发表《哲学战线上的新论战》，批判杨献珍宣传"矛盾调和论"。

10 月 16 日，我国第一颗原子弹爆炸成功。24 日，中共中央发出《关于社会主义教育运动夺权斗争问题的指示》。

11 月，《中国哲学史资料选辑》由中华书局出版。

12 月 15 日至 28 日，中共中央政治局召开全国工作会议，讨论农村社会主义教育运动问题。21 日，中华人民共和国第三届全国人民代表大会

---

① 《夏鼐日记》第 6 卷，华东师范大学出版社 2011 年版，第 426 页。
② 侯均初：《我的父亲侯外庐》，《沧桑》2002 年第 2 期，第 33 页。

召开。

本年，任继愈主编《中国哲学史》第 3 册由人民出版社出版。

1 月 8 日

先生与张友渔、江隆基撰写《中国学术代表团访日工作总结报告（第二稿）》。

1 月

先生修改《唐宋之际农民战争的历史特点》。

2 月 2 日

夏鼐拜访先生。夏鼐自述："上午赴大方家胡同 5 号侯外庐同志处，送去在广岛所拍照片。这是第一次到他家中，才知道他收藏古物及字画颇多，书房壁上悬有他同乡傅青主的字和画竹，陈老莲和改七芗的仕女等，客厅中玻璃厨中放着青铜彝器、佛像、古钱币以及瓷器、陶俑。还给我看一对张学良曾经收藏过的朱砂斑图书石，据云系张的岳母家中售出的，侯老将张写的隶书题记的名字挖掉。闲谈一会儿返家。"①

2 月 15 日

先生拜访顾颉刚。"外庐云，不知何故，凡患气管炎者，血压往往不高。"②

同日，先生所作《中国封建社会前期的不同哲学流派及其发展》发表于《历史研究》1964 年第 1 期，收入《侯外庐史学论文选集》上卷（人民出版社 1987 年版）。文章认为中国封建社会前期的社会基本线索和思想史的特点有："古代历史与文化遗产的不间断性"、"科学技术在世界中世纪历史上的先进地位"、"深厚的革命传统与伟大的历史首创精神"，"大体说来，在中国封建社会前期，神学目的论是占支配地位的正宗哲学的理论形式，这种粗鄙的神学形式是与封建社会的较低发展阶段相适应的，而其中反映统治阶级根本利益的那些教条，直到封建社会末期，依然作为古

---

① 《夏鼐日记》第 7 卷，华东师范大学出版社 2011 年版，第 8 页。
② 《顾颉刚日记》第 10 卷，中华书局 2011 年版，第 21 页。

老的传统而保存下来，甚至在进入近代之后，'天不变，道亦不变'的观念仍然有很多的权威性。因此，在中国封建社会前期，唯物主义者的斗争更多地集中于对神学目的论的批判，并且形成了独立的发展道路，乃是十分自然的事"①，主张"我们既应坚持掌握马克思列宁主义普遍原理之一的哲学党性，又要根据'共性寓于个性'的科学分析方法，从历史实际出发，论证哲学党性在某种地区的历史和一定的发展阶段的不同表现形式"，"我们应坚持运用马克思列宁主义的阶级观点，论证一定时期哲学史上的两条路线的斗争正是曲折地间接地反映了当时的生产斗争和阶级斗争"，"我们应坚持马克思主义的分析态度，科学地如实地论证一定时期思想史上的精华和糟粕，区别它们在历史实际中对生产关系所起的反作用，及其与前后各阶段表现形式之不同"，"我们应持马克思主义的历史主义，从对古人的思想作出科学的总结中，破除传统习惯势力的影响，正确地向过去的哲学学习，批判地继承其优良传统并加以改造，以期用来为我们当前的理论斗争服务"②。

2 月 26 日

先生到中国科学院近代史所参加讨论《历史研究》社论，黎澍主持，范文澜、翦伯赞、刘大年、夏鼐、陈翰笙、尹达等参加。

3 月 20 日

先生所作《唐宋之际农民战争的历史特点》发表于《新建设》1964年第 3 期。文章论述"唐宋之际农民反封建斗争的起伏和高涨"、"农民起义的现实要求极及其进步口号"、"唐宋之际农民起义口号的历史意义"。认为："大致说来，中国农民反抗封建统治的斗争的历史，可以唐中叶为界，划分为前后两个时期，而后期又可分为唐宋和明清两个阶段。"③ "唐宋农民起义的口号，无疑意味着农民反对封建特权法权和由此形成的封建等级制度。"④ "'等贵贱、均贫富'的平均平等要求，虽然没有直接提出土地问题，却在实质上意味着要求平均土地的模糊意识，具有反对封建土

---

① 《历史研究》1964 年第 1 期，第 29 页。
② 同上刊，第 30 页。
③ 《新建设》1964 年第 3 期，第 48 页。
④ 同上刊，第 57 页。

地占有制的意义。"①

该文由日本学者岛田虔次翻译，以《唐宋农民战争的历史特征》为题发表于《东洋史研究》1964 年 6 月 30 日第 23 卷第 1 号。

3 月

华山《论泰州学派——与侯外庐先生商榷》发表于《山东大学学报》（社会科学版）1964 年第 1 期。文章就《中国思想通史》中对王艮、何心隐、李贽思想的评价进行商榷。

4 月 15 日

马克垚《关于封建土地所有制形式讨论中的几个问题》发表于《历史研究》1964 年第 2 期。

8 月 19 日—31 日

先生参加北京科学讨论会。此次会议有亚洲、非洲、拉丁美洲、大洋洲 44 个国家的 367 名学者参加。

会议期间，郭沫若、范文澜共同主持了招待外国历史学家的宴会，刘大年作《十五年来中国的历史研究工作》的报告，先生与周一良、陈翰笙、严中平、尹达、白寿彝、张友渔、翦伯赞、吴晗、夏鼐、黎澍等出席。②

8 月 23 日

毛泽东接见北京科学讨论会的全体代表。

9 月 20 日

先生所作《略论辛亥革命前后美帝国主义对华精神侵略——近代帝国主义对华文化侵略史料的初步考察之一》发表于《新建设》1964 年第 8、9 期合刊。

---

① 《新建设》1964 年第 3 期，第 58 页。
② 周秋光、黄仁国：《刘大年传》，岳麓书社出版社 2009 年版，第 293—294 页。

9 月 21 日

顾颉刚致信先生。

9 月

先生主编《柳宗元哲学选集》（中国唯物主义哲学选集之一）由中华书局出版。

同月，先生招收孟祥才①为中国科学院历史研究所研究生。

10 月 1 日

先生与夏鼐同车到中山公园西二台参加国庆节游行。

11 月 20 日

周年昌、黄宣民《如何看待剥削阶级在历史上的进步作用——与翦伯赞、宁可等同志商榷》发表于《新建设》1964 年第 10、11 期合刊。

11 月 23 日

顾颉刚拜访先生。"外庐告我，我的孩子在学校中批评我，资料已送至所中。幸我无不可告人之事，无所顾虑耳。"②

11 月 25 日

先生所作《柳宗元的唯物主义哲学思想和社会思想》发表于《哲学研究》1964 年第 6 期。文章认为："柳宗元在唐代中叶文风、文体和文学语言的改革运动（'古文运动'）中有着卓越的贡献，……但他在中国唯物主义和无神论发展史上的重要地位，却长期以来湮没无闻。""中国封建制社会中，唯物主义和无神论反对唯心主义和有神论的斗争，大体上可以分

---

　　① 孟祥才（1940—　），山东临沂人。1964 年毕业于山东师范学院历史系，考入中国科学院历史研究所研究生。现为山东大学历史系教授，博士研究生导师。兼任中国农民战争史研究会秘书长，中国秦汉史研究会副会长，山东史学会副会长，山东农民史研究会副理事长。著有《梁启超传》、《王莽传》、《中国农民战争史·秦汉卷》、《中国政治制度史·秦汉卷》、《刘邦评传》（合著）等，主编《中华魂丛书·开放卷》、《齐鲁古代兵家评传》等。

　　② 《顾颉刚日记》第 10 卷，中华书局 2011 年版，第 168 页。

作前后两大阶段，即中唐以前的反对比较粗俗的神学天命论（以汉代儒学正宗教义为依据）和中唐以后的反对道学的理论斗争。柳宗元就处于前一阶段结束与第二阶段萌芽的过渡期间。"① "柳宗元的《天说》是当时以唯物主义哲学观点解决'天人之际'问题的一块重要的理论基石。"② "柳宗元对神学天命论的斗争，从自然观一直贯串于历史观，他对汉代以来盘踞于社会历史领域内的符瑞说、天人感应论、月令论等作了针锋相对的理论批判。"③ "柳宗元对正统观念的批判，并不限于在哲学领域内以唯物主义和无神论去对抗神学天命论。他的文学创作，特别是他的别具风格的小品文，强烈地表现出对黑暗现实的抗议与控诉。如果我们把这种抗议和控诉同他的社会政治观点以至他的哲学思想联结在一起来研究，就更能看出他的思想中反映出来的时代精神。不了解柳宗元的政治实践及其唯物主义世界观，就不能深入地理解他的文学创作的主题思想；反之，忽略了这种主题思想的积极意义，也很难认清楚他的思想的全貌。"④ "总的说来，柳宗元是一个杰出的思想家、文学家和政治家。他在哲学上所进行的理论批判，他在政论和文学作品中对现实的鞭挞和对美好生活的向往，就某种意义说，乃是他所进行的政治斗争的延续，而当他所参加的政治革新运动失败之后，这甚至是他所能采取的唯一的斗争形式。"⑤

12 月 5 日

先生在北京饭店参加中国科学院哲学社会科学部中心组学习会议，由潘梓年主持，张友渔、潘梓年、张铁生、吴世昌讲世界局势。顾颉刚、贺昌群、胡厚宣、王伯祥、唐棣华、钱宝琮、徐炳昶、夏鼐、冯家昇、翁独健、俞平伯、赵沨、吕叔湘、丁声树、傅懋勣、陆志伟、贺麟、周新民等参加。

12 月 6 日

夏鼐拜访先生，商谈关于东北民族史小组的问题。

① 《哲学研究》1964 年第 6 期，第 59 页。
② 同上刊，第 61 页。
③ 同上刊，第 70 页。
④ 同上刊，第 75 页。
⑤ 同上刊，第 78 页。

12 月 19 日（至 1965 年 1 月 4 日）

先生在京西宾馆参加全国人大四川组分组会议。

先生此次继续当选为全国人大代表，出席第三届全国人民代表大会。

12 月 25 日

先生在北京饭店参加全国人大四川组全体会议。

本年

先生将自己的两万余元稿费上缴党费。侯均初回忆："当时他对我们说：'你们都已成人，有自己的事业和独立生活的能力，我不给你们留遗产。这些钱来之于民，归之于民。'"①

步近智回忆："在 1961 至 1964 年间，外庐先生有个习惯：每天上午来所时，不是先去所长办公室，而是先到思想史室我们几个年轻人的办公室里坐上一会儿。这时，师兄张岂之、杨超、李学勤和何兆武先生、学术秘书林英也就随之而来围坐漫谈，我们则在旁静听。一般都由外庐师先讲他对一些学术问题的思考，然后再逐一解答师兄们在专业研究中所遇到的困难和学术界研究的难点问题等等。当时，我们青年人都认真仔细地聆听并进行思考。有些问题，往往似懂非懂，事后还要查阅书籍资料才能弄明白。长期积累，从中也学到不少知识。其中，印象尤为深刻的是：外庐师强调学生们必须'关心和参加当前学术界的讨论'和关心历史研究对现实的密切联系。"②

同年，学界批判杨献珍以方以智"合二为一"作为辩证法的简洁表述。张岂之回忆："这不能不追溯到方以智思想的发掘者和研究者侯外老这里。外老很苦恼。他不能理解，何以这么一个明显的学术问题竟会上升到阶级斗争和修正主义的纲上？就在外老最需要精神支持和鼓励的时候，白先生又出现在外老的卧室里。白先生不谈政治，不谈学术，谈的是全聚德的烤鸭。白先生问外老：'我每次到你这里来，你都要留我吃午饭，吃

---

① 侯均初：《我的父亲侯外庐》，《沧桑》2002 年第 2 期，第 33 页。

② 步近智：《忆侯外庐先生的育才之道》，中国社会科学院历史研究所编：《求真务实五十载——历史研究所同仁述往》，中国社会科学出版社 2004 年版，第 78 页。

烤鸭。外庐同志，你这里的是真全聚德的烤鸭，还是假全聚德？'于是，他们象年轻人一样争着说全聚德烤鸭的特色，小小的卧室充满春意和笑声，他们暂时忘记了室外正刮着八级寒风。这时外老的饭量已大大减少，他看见白先生吃烤鸭津津有味，感到十分高兴，一直劝他：'再吃点，再吃点，身体是本钱。'在他们会面和吃饭的两个小时里，他们都感到学术友谊带来了温暖和勇气。及至白先生告辞回家，外老仔细琢磨刚才与白先生的交谈，方才悟到真假全聚德只不过是引子，里面的潜台词是真金不怕火来炼。再引申开来就是：真正的科学是压服不了的；伪科学用不着压也会垮掉。事后外老向我谈及此事，深情地说：'白先生在大是大非面前一点不含糊，他的幽默机智加上冷静的科学分析，使人叹服。'"①

又，张岂之回忆：先生开始有点紧张，对我们说："这是怎么回事？我简直不了解。方以智思想中确有'合二而一'的辩证思维，我这么看，杨献珍的文章也这么看，这错在哪里呢？""侯先生要我们把方以智的《东西均》整个再读一遍，然后对照侯先生写的关于分析方以智思想的文章，看看二者是否相符。我们仔细作了对比，觉得是契合的，没有什么毛病。"先生说："在这个问题上，我不准备作任何自责。我们要'坚持真理，修正错误'。我要坚持自己关于方以智具有'合二而一'辩证思维的观点。"②

一九六五年（乙巳）　六十二岁

5月20日，艾思奇《不容许矛盾调和论和阶级调和论来偷换革命的辩证法》发表于《人民日报》。

7月25日，中共中央发出组织高等院校、科学研究和文化单位干部参加农村社会主义教育运动的通知。

11月10日，姚文元《评新编历史剧〈海瑞罢官〉》发表于《文汇报》，揭开"文化大革命"的序幕。同月，范文澜《中国通史简编》（修订版）第三编第三、四册由人民出版社出版。

---

① 张岂之：《白寿彝先生与侯外老的学术友谊》，《史学史研究》1989年第1期，第15页。

② 张岂之：《永远的怀念——记外庐先生》，《春鸟集》，中国社会科学出版社1997年版，第125页。

12月，戚本禹《为革命而研究历史》发表于《红旗》杂志，批判翦伯赞的历史观。

1 月 20 日
先生修订《王廷相哲学选集》序。

1 月 31 日
先生在中国科学院历史研究所参加新春联欢会并致辞，中午聚餐。

2 月 3 日（正月初二）
先生到顾颉刚家拜年。

5 月 28 日
先生所作《二十世纪初林乐知念的"和平经"》发表于《人民日报》第 5 版"学术研究"专栏。

6 月 12 日
先生在北海庆云楼参加中国科学院哲学社会科学部中心组学习刘大年、夏鼐出席巴基斯坦史学年会报告的观感。会后先生与顾颉刚同车回家。

6 月 23 日
顾颉刚致先生长信。

10 月 1 日
先生与顾颉刚同车到天安门参加国庆观礼，中午同车回家。

11 月 4 日
先生探望顾颉刚手术情况。

11 月 14 日
先生探望顾颉刚病情。

本年

马数鸣《对方以智哲学思想的再探讨——与侯外庐先生商榷》发表于《江汉论坛》1965年第1期。文章质疑先生对方以智唯物主义和朴素辩证法思想的评价，认为："方以智的唯心主义哲学思想有其一贯性，并不是后来才开始的。他后来的著作不过是早年思想的发挥和引申罢了"，"对三百多年以前的方以智的哲学思想，有进一步搞清楚的必要，否则将流毒匪浅"，"本文打算就侯外庐先生《东西均·序言》所提出的几个问题，进一步论述方以智的唯心论和形而上学思想，用以就教于侯外庐先生"①。

同年，马数鸣《对方以智哲学思想的再探讨（续完）——与侯外庐先生商榷》发表于《江汉论坛》1965年第2期。

一九六六年（丙午）　六十三岁

2月2日至20日，江青炮制《林彪同志委托江青同志召开的部队文艺工作座谈会纪要》。

3月22日，艾思奇（1910—1966）逝世。

5月16日，中共中央政治局扩大会议会议通过由毛泽东主持制定的《五·一六通知》。28日，中央文化革命领导小组成立。

6月1日，《人民日报》发表《横扫一切牛鬼蛇神》社论。

8月5日，毛泽东发表《炮打司令部——我的一张大字报》。8日，中国共产党八届十一中全会通过《关于无产阶级文化大革命的决定》（简称《十六条》）。24日，李达（1890—1966）逝世。

11月24日，向达（1900—1966）逝世。

12月16日，《光明日报》发表《斗争哲学》。

春

先生因吴晗《海瑞罢官》而受到株连。

---

① 《江汉论坛》1965年第1期，第33页。

3 月

《光明日报》就"让步政策"问题组织学术座谈会，先生与翦伯赞、吴晗等应要求参加。

5 月 13 日

顾颉刚云："侯外庐之三轮车工人周增才，近以外庐改乘汽车歇业，赖踏街车为生，予闻之，拟请其来我家服役，亲访之。"①

5 月 15 日

顾颉刚拜访先生。

5 月 27 日

顾颉刚云："闻沈慧中言，侯外庐经过学部批判，今日所中又加批判，并贴大字报，说他反党反社会主义。恐是解放后，书写作太多，言多不能无失，抑与邓拓反党集团有关系耶？"②

在"文化大革命"中，先生长期遭受林彪、江青反革命集团的迫害。何兆武回忆："'文革'的时候，侯先生是历史所第一个挨整的，戴上'资产阶级反动学术权威'的帽子，虽然他是老马克思主义者。"③"斗侯先生的时候有一次把他整得很厉害，说他是叛徒。"④

5 月 3 日

夏鼐自述："我赴学部看大字报，除杨述外，有关山复、刘导生，及历史所侯外庐、文学所陈翔鹤。"⑤

6 月 15 日

顾颉刚云："闻本所副所长侯外庐受近代史所之当面批判，近代史所

① 《顾颉刚日记》第 10 卷，中华书局 2011 年版，第 460 页。
② 同上书，第 467 页。
③ 何兆武：《侯外庐先生印象》，《迟来的封赏》，上海书店出版社 2008 版，第 13 页。
④ 同上书，第 14 页。
⑤ 《夏鼐日记》第 7 卷，华东师范大学出版社 2011 年版，第 217 页。

刘大年亦将受批判，考古研究所之夏鼐，文学研究所之何其芳，亦同样受批判。"①

6 月 23 日

顾颉刚云："又知北京方面，陆定一、周扬、张友渔、刘导生等俱停职反省，现在由陶铸兼管中宣部及社会科学部。历史所仅斗侯外庐。"②

7 月 21 日

顾颉刚云："到所，参加斗争郦家驹大会，自九时至十二时。""郦家驹出身大地主家庭，混入党内，为尹达所赏识，任历史所党委副书记。自邓拓、吴晗之批判运动起，尹达与康生赴沪，侯外庐与邓、吴有交，本所批判侯者遂多，郦结成黑帮，欲庇护侯，左派王恩宇、傅崇兰等致受禁闭。自陈伯达、戚本禹、关锋、李娜来查后，定侯为反党反社会主义分子，停职反省。郦之黑帮有林甘泉、宋家钰、胡一雅等，许其检举立功自赎，而对郦则公开批评，彰其压制之罪。参加者不但本所人，声势浩大。此亦陆平、匡亚明之俦也。七月十七日，关锋夜来开会，宣布郦罪，左派方得抬头，是为转折点。"③

7 月 26 日

顾颉刚云："此次所中之文化大革命运动，尽力批判揭发，实为穷究黑线之联系。黑线之最重要者有二：一为旧中宣部系，陆定一、周扬主之；一为旧市委系，彭真、邓拓主之。侯外庐谓联系旧市委者（尹达当为联系旧中宣部者，但经常保护，未予揭发），故必须予以搞破、搞倒、搞臭。郦家驹以拍马手段，赢得尹、侯两所长信任，以学术秘书升为党委副书记，……"④

7 月 30 日

顾颉刚参加批斗大会："今日在人大会堂开万人大会，许各机关积极

---

① 《顾颉刚日记》第 10 卷，中华书局 2011 年版，第 477 页。
② 同上书，第 482 页。
③ 同上书，第 497 页。
④ 同上书，第 500 页。

分子尽量发言，……历史所似由傅崇兰发言，……渠除检举郦家驹外，尚述尹达包庇郦及侯外庐事。又闻国家科委某女士言，范长江亦已堕落成反党分子。"①

8 月 4 日

顾颉刚云："今日至所，即见若干大字报写'尹达、郦家驹黑帮'，历述尹达自五八年起如何宠用郦，此次运动批判侯外庐时，又如何庇侯，……宋家钰亦受批判，述其在所骗纵弄权，及与胡一雅如何朋比事。"②

8 月 10 日

王恩宇等《坚决铲除侯外庐论汤显祖剧作的三株大毒草》发表于《红旗》1966 年第 10 期。

夏鼐自述："今天《光明日报》刊登批判侯外庐的文章，斥之为'反党反社会主义的黑帮分子'，'周扬部下的干将'。同时《红旗》10 期也刊登批判侯外庐的三株毒草（关于汤显祖的'四梦'）。"③

8 月 12 日

下午，顾颉刚到首都剧场，参加"声讨'三反'分子侯外庐大会"，自一时半到六时半。"今日下午之会，以斗侯外庐为中心，而其他走资本主义道路之当权派陪之，均戴高纸帽，胸前悬木牌书姓名，共廿八人。以时传祥为主席团，台下口号声震天动地，真是触及人们灵魂之大革命，予前所未睹也。此廿八人，予所知者为侯外庐、郦家驹、张友渔、刘导生、杨述、夏鼐、唐棣华、赵泃、陈冷、梅□□、杨献珍、毛星、何其芳、刘大年、黎澍、刘桂五、蔡美彪。孟祥才控诉尹达，台下群呼'把尹达揪出来'，而尹达已在五时前溜出矣。"④

夏鼐自述："下午赴首都剧场，参加学部文化革命小组所召开的'斗争三反分子侯外庐大会'，台上两侧有历史所革命同志张贴的'声讨三反

---

① 《顾颉刚日记》第 10 卷，中华书局 2011 年版，第 502 页。
② 同上书，第 506 页。
③ 《夏鼐日记》第 7 卷，华东师范大学出版社 2011 年版，第 234 页。
④ 《顾颉刚日记》第 10 卷，中华书局 2011 年版，第 509—510 页。

分子侯外庐反革命十大罪状'。主席团有潘梓年同志等，1 时宣布开会，由历史所王恩宇先行声讨。这次除学部各单位外，还有 30 来个外单位派代表前来参加。侯外庐先被唤上台，接着是包庇他的郦家驹。……各单位代表陆续上台声讨侯外庐，……"①

8 月 17 日

顾颉刚云："到草棚，看斗郦家驹，令自述与尹达勾结压制革命派事，侯外庐、林甘泉、宋家钰、胡一雅、陈智超、张兆麟等陪站。"②

8 月 22 日

"文化大革命小组宣布，……侯外庐与予两家限于半个月内迁出。"③

8 月 25 日

先生参加劳动改造。顾颉刚云："八时到所劳动，与侯外庐、谢国桢同搬瓦片，自前院至后院。"④

8 月 31 日

中国科学院历史研究所举行批斗尹达大会。顾颉刚云："今日陪站之人，南面为侯外庐、郦家驹及十个金刚，背面侧为余及杨向奎、贺昌群、谢刚主、胡厚宣、张政烺、孙毓棠、王毓铨，皆研究员也。"⑤

9 月 2 日

顾颉刚云："到小礼堂，参加斗争尹达会，讯其包庇侯外庐事。"⑥

9 月 16 日

顾颉刚云："六时三刻到所，扫二楼前后院，历一小时半。到侯外庐

---

① 《夏鼐日记》第 7 卷，华东师范大学出版社 2011 年版，第 235 页。
② 《顾颉刚日记》第 10 卷，中华书局 2011 年版，第 512 页。
③ 同上书，第 514 页。
④ 同上书，第 516 页。
⑤ 同上书，第 520 页。
⑥ 同上书，第 524 页。

处还粪箕。"① "自今日起，将犯错误分子分为三组，上午运煤。尹达、侯外庐、贺昌群以年老多病，不参加，但扫院子，以是将每日上午七时前到所，扫除区域扩大而人数减少，劳累稍甚，满身流汗。"②

9 月 24 日

顾颉刚云："劳动一小时半，向侯外庐借粪箕。"③

9 月 27 日

顾颉刚云："王恩宇宣布，予与谢国桢、侯外庐、尹达四人，年岁较老，早晨停止劳动，上午八时到所。"④

10 月 22 日

先生被中国科学院历史研究所红卫兵抄家。"侯外庐之家已为本所红卫兵所封，渠住入门房，而电影学院之学生竟撕封条，毁坏其古物，复搜括其钱财，至于无吃饭之资，只得请'文革'小组予以周济矣。"⑤

何兆武回忆："有一次抄侯先生家，……第二天侯先生来上班，我看见会计室的女同志借给他五十块钱，说是生活费，据说他家里已被洗劫一空，连打火机都抄走了。"⑥

11 月 22 日

石卫东《揭穿侯外庐鼓吹"异端"的反动实质》、史红兵《侯外庐是反共老手》发表于《人民日报》第 6 版。"编者按"云："今天本报揭发的史学界反党分子侯外庐，是科学院学部委员，历史研究所副所长，《历史研究》编辑委员。他既是一个混进党内的资产阶级代表人物，又是一个资产阶级反动学术'权威'。"

"侯外庐和史学界的一小撮牛鬼蛇神，从一九五四年《历史研究》创

---

① 《顾颉刚日记》第 10 卷，中华书局 2011 年版，第 531 页。
② 同上书，第 532 页。
③ 同上书，第 535 页。
④ 同上书，第 537 页。
⑤ 同上书，第 549 页。
⑥ 何兆武：《侯外庐先生印象》，《迟来的封赏》，上海书店出版社 2008 版，第 14 页。

刊以来，就在这个刊物上大量散布资产阶级反动的史学谬论。一九六〇年前后，国内外阶级敌人向我们发动猖狂进攻的时候，侯外庐特别活跃，他和邓拓、吴晗等反党分子相互呼应，射出了一支又一支反党反社会主义的毒箭。侯外庐一直以'老牌马克思主义历史学家'自居，但揭发出来的事实证明，他早在抗日战争时期，就是帝国主义和蒋介石反动派的一个奴才。""侯外庐也是一个民族败类，反共老手。在这场伟大的无产阶级文化大革命中，我们一定要把侯外庐之流的反动史学'权威'和他们的反动观点彻底揭发出来，把他们斗倒、批透，一定要把史学界的文化大革命进行到底。"

顾颉刚云："看报，读《人民日报》上评侯外庐文两篇。"① "一为石卫东之《揭穿侯外庐鼓吹"异端"的反动实质》，一为史红兵之《侯外庐是反共老手》，后一文述其抗战时所发反共、媚蒋、崇美之实证。疑侯氏已死，故予发表，犹平心死后方刊出《"三家村"学者李平心》也。"②

11 月 8 日

顾颉刚云："侯外庐病中风，久闻其病血压高，今果致此。杨向奎病头眩，时时觉得天摇地转，只得请假矣。"③

11 月

中国科学院革命历史研究所文化革命办公编印《三反分子侯外庐材料选编》。

一九六七年（丁未） 六十四岁

1 月 1 日，《人民日报》、《红旗》杂志发表《把无产阶级文化大革命进行到底》的社论。6 日，《文汇报》发表《革命造反有理万岁》。

3 月 7 日，中共中央发布《关于大专院校当前无产阶级文化大革命的

---

① 《顾颉刚日记》第 10 卷，中华书局 2011 年版，第 565 页。
② 同上书，第 565—566 页。
③ 同上书，第 559 页。

规定（草案）》，其中规定对除走资派和反对学术"权威"之外的领导干
部和教职工采取团结教育的方针。

6月17日，我国第一颗氢弹爆炸成功。

1月7日

顾颉刚云："侯外庐半身不遂。"①

何兆武回忆："1968年有一次斗了他一整天，结果脑溢血，回去就瘫
痪了。""侯先生是历史所第一个挨整的，历史所差不多两百人，只有他一
个是'反革命'，所以压力很大。……而且，侯先生是老马克思主义者、
老革命，又是社会活动家、政协代表、历史所所长、国际知名学者，这么
多挂冠，一下破产了，突然变成'反革命'，让他出来扫厕所，既是一种
惩罚，又是一种侮辱。……特别是他的信仰、他的理想，从年轻时候起侯
先生就为实现共产主义而奋斗，奋斗了一辈子，结果自己成为共产主义的
敌人，这个打击对他太大了，是旁人想象不到的。"②

4月20日

顾颉刚云："爱松、厚宣均言，历史方面之反动学术权威，中央'文
革'小组定四人，翦伯赞、侯外庐、刘大年、黎澍。"③

5月22日

顾颉刚云："历史所在傅崇兰主持之会议上，决定揪出十人：一、汉
奸——王竹楼、高志辛、谢国桢、谢家。二、叛徒——侯外庐、王毓铨。
三、阶级异己分子——郦家驹、姚家积、翟福辰。四、右派——孙
毓棠。"④

7月6日

顾颉刚云："闻中央'文革'决定，真正的'资产阶级反动学术权
威'只有廿八人，其中文艺界占十二人，历史界四人，则翦伯赞、侯外

①《顾颉刚日记》第10卷，中华书局2011年版，第598页。
② 何兆武：《侯外庐先生印象》，《迟来的封赏》，上海书店出版社2008版，第14页。
③《顾颉刚日记》第10卷，中华书局2011年版，第657页。
④ 同上书，第675—676页。

庐、刘大年、黎澍是也。"①

8 月 4 日

顾颉刚云："傅崇兰、王恩宇，去年运动初起，即合力打击侯外庐、郦家驹，……"②

8 月 28 日

顾颉刚云："闻北京历史学界准备批判之反动权威为下列十人：一、翦伯赞（主张让步政策者）；二、邓拓；三、吴晗（皆'三家村'人物）；四、侯外庐（以'常谈'笔名为'三家村'鼓气者）；五、邵循正（吴晗助手，北京史学会副主席）；六、白寿彝；七、刘大年；八、黎澍（旧中宣部人）；九、胡华；十、何干之（皆为旧中宣部黑帮有联系者）。此十人，皆党员也。"③

9 月 20 日

顾颉刚云："北京市批判资产阶级反动学术权威联络站设在人民大学，由中央文革直接领导，各学科的批判对象是：经济界——薄一波、薛暮桥、孙冶方、许涤新、于光远、王亚南，哲学界——杨献珍、冯定、冯友兰、朱光潜、周谷城，历史界——翦伯赞、黎澍、刘大年、吴晗、胡华、侯外庐，文艺界——周扬、邵荃麟、何其芳、刘白羽、冯至、齐燕铭，教育界——陆定一、戴伯韬、刘光年、蒋南翔，新闻界——胡乔木、吴冷西。"④

本年

朱学文开始与先生接触较多，后为《韧的追求》的整理者之一。

朱学文回忆："我和外庐先生有十多年忘年交谊……先生那时是被全国各大报纸通稿通版点名批判的'反动学术权威'，在一次批斗中患脑血栓，从此卧榻，处在黑暗的深渊。那是一个充斥谎言、盛行告密、人

① 《顾颉刚日记》第 10 卷，中华书局 2011 年版，第 704 页。
② 同上书，第 719 页。
③ 同上书，第 732 页。
④ 同上书，第 682 页。

人自危的年代。我有太多的疑惑想找阅历丰富的长者提问。先生从不敷衍我，从不回避问题，外庐先生以平常的心态，坦荡荡地对我讲真话。外庐先生在他受难的岁月里，那种平静而深邃地洞观世界的态度，他的坦荡无畏，他对我只讲真话不讲假话，让我深深景仰他的人格。"①

她回忆先生所受的冲击、晚年的困惑与悲哀：先生的"社会史研究提出来的一些观点，如土地国有制，40 年代曾很受欣赏。土改后，这个观点便成为异端学说，这使他很痛苦。亚细亚生产方式，也有一些朋友劝他，这个提法太敏感，必然导致专制主义，可否改为'古代生产方式'，他不放弃，始终坚持。他晚年患脑血栓病，情绪一激动就哭，说社会史做不下去了，并不是没有能力，而是限制太多，风险太大了，很多问题不能自圆其说。中国思想史不能没有佛学，但在《通史》中，这方面写得太薄弱了。"②

一九六八年（戊申）　六十五岁

5 月 23 日，熊十力（1885—1968）逝世。

8 月 25 日，中共中央、国务院、中央军委、中央文革联合发出《关于派工人宣传队进学校的通知》。26 日，《人民日报》发表《工人阶级必须领导一切》。

12 月 18 日，翦伯赞（1898—1968）逝世。22 日，《人民日报》传达毛泽东的指示："知识青年到农村去，接受贫下中农的再教育，很有必要。"

9 月

毛泽东思想历史所红色造反者、哲学社会科学部总队星火兵团《反革命修正主义分子侯外庐罪行录》第三辑《反党反社会主义反毛泽东思想的

---

① 朱学文：《忆外庐先生与〈韧的追求〉》，张岂之主编：《中国思想史论集》第 2 辑，广西师范大学出版社 2003 年版，第 68—69 页。

② 转引自吴长庚《国际侯外庐学术讨论会综述》，《上饶师专学报》1994 年第 1 期，第 17 页。

急先律（解放后部分）》油印本出版，"前言"诬指先生"是一个叛徒，反共反人民的老手，反党反社会主义反毛泽东思想的三反分子，资产阶级反动学术'权威'，党内走资本主义道路的当权派"。先生的《武训——中国农民拆散时代的封建喜剧丑角》被指斥为"破坏伟大领袖毛主席亲自发动的对《武训传》的批判"。

一九六九年（己酉） 六十六岁

7月29日，范文澜（1893—1969）逝世。

10月7日，陈寅恪（1890—1969）逝世。11日，吴晗（1909—1969）逝世。

11月12日，刘少奇（1898—1969）逝世。

3月5日

顾颉刚云："开会，以讨论大批判潘、刘、侯、尹事。"①

3月8日

顾颉刚云："到所，学习，开会讨论侯外庐事。"②

6月4日

中国科学院历史研究所批斗何兆武。

6月7日

下午，中国科学院历史研究所批斗何兆武。

6月11日

顾颉刚云："八时半到大方家胡同，参加揪斗反党分子侯外庐大会。"

---

① 《顾颉刚日记》第11卷，中华书局2011年版，第81页。
② 同上书，第82页。

下午,"到所,续开会,批判何兆武的反动思想"①。

6 月 10 日

夜,中国科学院历史研究所批斗何兆武。

6 月 11 日

中国科学院历史研究所批斗先生。顾颉刚云:"到侯外庐家开揪斗大会。""夜,又斗何兆武。"②

6 月 12 日

中国科学院历史研究所在小礼堂举行"批斗反革命修正主义分子侯外庐大会"。

6 月 14 日

顾颉刚云:"到所,三斗何兆武。"③

6 月 18 日

顾颉刚云:"参加本班批判何兆武反动思想会。""到小礼堂,开批斗侯外庐大会。"④

7 月 12 日

中国科学院历史研究所举行"批斗旧历史所反革命修正主义走资派招降纳叛罪行大会",批斗先生与尹达、熊德基、郦家驹。⑤

7 月 24 日

顾颉刚云:"到所,开批斗侯外庐会,一班、三班人参加,约五十人,

---

① 《顾颉刚日记》第 11 卷,中华书局 2011 年版,第 111 页。
② 同上书,第 112 页。
③ 同上书,第 112 页。
④ 同上书,第 113 页。
⑤ 同上书,第 119 页。

甚剧烈。"①

7 月 26 日

中国科学院历史研究所举行批斗先生的大会。

7 月 31 日

中国科学院历史研究所举行批斗先生的大会，田昌五等发言。

8 月 12 日

顾颉刚云："到席棚，批斗侯外庐学术之反动性质。"② 下午，"到小礼堂，听何兆武作检讨"③。

8 月 14 日

中国科学院历史研究所在 101 室批斗先生的"反动学术思想"。

11 月 21 日

中国科学院历史研究所批判王新民。顾颉刚云："王为本所办公厅主任，又为人事科科长，故能偷取秘密材料，与杨超、白钢等结成小集团，任情攻击。"④

冬

杨超逝世。

一九七〇年(庚戌) 六十七岁

4 月 24 日，我国成功发射第一颗人造地球卫星。

6 月 27 日，中共中央批准《北京大学、清华大学关于招生（试点）

---

① 《顾颉刚日记》第 11 卷，中华书局 2011 年版，第 122 页。
② 同上书，第 128 页。
③ 同上书，第 129 页。
④ 同上书，第 158 页。

的请示报告》，开始招收"工农兵学员"。

11 月 16 日，中共中央发出《关于传达陈伯达反党问题的指示》，"批陈整风"运动开始。

7 月 5 日

顾颉刚云："周远廉夫人来，闻历史所中只四人未定案，尹达、侯外庐、熊德基及我，已上送中央批示。"①

9 月 30 日

先生到人民大会堂参加国庆招待会，贺麟、顾颉刚、吴世昌、吕叔湘、罗尔纲、钱钟书、俞平伯、尹达、丁声树、翁独健、黄秉维、吴文藻、王昆仑、何思源、傅懋勣、梁漱溟等参加。②

本年

（苏联）符·伊·西蒙诺夫表示赞同侯外庐和费什曼的观点，认为："首先，在十六到十七世纪中，中国产生了资本主义关系，大约没有一个汉学家会否认这一点。反对满族入侵的全民斗争促成了民族义精神的热潮，哲学和文学中传统的古老性、丰富性和激进主义具有重要的意义。这个传统在十六到十七世纪之交，及稍后一些时候又加上了同欧洲的联系。"③

一九七一年（辛亥）　六十八岁

4 月 15 日至 7 月 31 日，全国教育工作会议在北京举行，提出解放后 17 年"毛主席的无产阶级教育路线基本上没有得到贯彻执行"；大多数教师和解放后培养的大批学生的"世界观基本上是资产阶级的"。

9 月 13 日，林彪外逃叛国，机毁人亡。

---

① 《顾颉刚日记》第 11 卷，中华书局 2011 年版，第 224 页。
② 同上书，第 495 页。
③ 《中国的启蒙运动问题》，《世界文化中的启蒙运动问题》，莫斯科 1970 年。转引自弗·格·布洛夫著、李申摘译：《王船山与启蒙思想》，《船山学报》1986 年第 2 期。

10 月 25 日，中华人民共和国恢复在联合国的一切合法权利。

本年

朱学文回忆："1971 年，我给先生起草过一份检查，那是工宣队下的指令，限时要交卷。所谓检查，就是批判自己，不批到一定程度过不了关。指令一到，先生的血压上升到 200 毫米汞柱以上，让我帮忙，帮他上纲上线。我白天写，他晚上抄。这件事好几天才做完，先生一直不痛快，我哄他说：'将来你解放了，我一定写一篇文章，说明那都是违心的假话。'十年后，我帮他执笔写回忆录时，曾经想打退堂鼓，先生还翻出老账说：'朱学文，你还欠我的呢。'当然，那是戏言，不过又像是命中注定，帮他写一篇检查，欠下债，一还就是五年，还他一部回忆录。"①

一九七二年（壬子）　六十九岁

2 月 21 日，美国总统尼克松访华。28 日，中美双方在上海发表《联合公报》，两国开始实现关系正常化。

4 月 24 日，《人民日报》发表经周恩来审查的社论《惩前毖后，治病救人》。同月，《路德维希·费尔巴哈和德国古典哲学的终结》由人民出版社出版。

7 月 22 日，朱谦之（1899—1972）逝世。

9 月 25 日，日本首相田中角荣访华，29 日双方签署《联合声明》，中日建立外交关系。

12 月 1 日，经毛泽东批准，杨荣国《春秋战国时期思想领域内两条路线的斗争——从儒法论争看春秋战国时期的社会变革》发表于《红旗》杂志第 12 期。

7 月 1 日

先生作《中国封建社会史论》序："这本书是著者解放前写的以及解

---

① 朱学文：《忆外庐先生与〈韧的追求〉》，张岂之主编：《中国思想史论集》第 2 辑，广西师范大学出版社 2003 年版，第 69 页。

放后在各报刊发表的论文，后来一部分编在《中国思想通史》的各卷序论里。在'文化大革命'前，人民出版社曾多次要求我把这些论文合编在一起，作为《中国封建社会史论》出版，作为我早年所著的《中国古代社会史论》的姊妹篇。"

本年

先生在宣武医院住院，邂逅许涤新。许涤新回忆："多年不见，颇有唐人'乍见翻疑梦，相悲各问年'的味道。在他出院之前的一个夜里，他到我的病房来话别。他告诉我，他在1932年12月到次年夏因为支持进步活动而被捕；他告诉我，'一月风暴'以后他受到不少天的冲击；他又告诉我，翦伯赞同志因经受不住摧残而夫妻双双自杀。但是，他的研究中国近代思想史的工作，还要干下去。对于江青反革命集团在'文化大革命'中的倒行逆施，他低声对我说，'这种人物，虽然能够横行于一时，但是，这种横行，是兔子尾巴，没法长久的。这是历史的规律。'病房一夕话，证明侯老确实是一位具有远见和正义感的社会科学家。"①

一九七三年（癸丑）　七十岁

3月10日，中共中央根据毛泽东的批示，决定恢复邓小平的党组织生活和国务院副总理的职务。同月，《马克思恩格斯全集》第28卷由人民出版社出版。

5月2日，邓以蛰（1892–1973）逝世。

6月2日，张东荪（1886—1973）逝世。

7月，杨荣国主编《简明中国哲学史》由人民出版社出版。

8月7日，杨荣国《孔子——顽固地维护奴隶制的思想家》发表于《人民日报》。

9月4日，北大、清华大批判组《儒家和儒家的反动思想》发表于《北京日报》，署名"梁效"。

---

① 许涤新：《侯外庐史学论文选集》序，《侯外庐史学论文选集》上卷，人民出版社1987年版，第3—4页。

10月，江青等在清华大学、北京大学发动所谓"反击右倾回潮运动"。任继愈主编《中国哲学史简编》由人民出版社出版。

4 月 25 日

先生致信张岂之："来信收到了，所讲都合乎事实。现在看来，《中国思想通史》第四卷方以智章也要修改，将来做，看情况再说。……（过去），我也以《东西均》是我们的发现，这样做是有原因的。但经过批判杨献珍的'合二而一'后，就有人不敢再提方以智了……你应把（方以智）前后期（思想）（弄得）十分清楚才是。我只能做点修（补）工作，不能象过去（那样）伏案反复钻研了。年龄与精力，我觉得不如去年了。"① "最近'自然科学史组'写了哥白尼太阳运行说，证明（明末）崇祯时期此说已（传入）中国，惟后来被禁止了。方以智的地游说（见《物理小识》）非洞察到这点（即太阳系地动），而是只有他一人敢于吸取哥白尼学说。……"②

4 月

先生再次开始组织撰写《中国近代哲学史》。

李学勤回忆："《通史》第 4 卷完成后，侯先生便带领思想史研究室的同志准备中国近代思想史的研究。他对这项工作的材料准备，要求十分严格，包括搜集中外各种有关素材。那时要我做的有两项，一项是研究若干反面人物，为此我读了桐城派姚鼐及其诸弟子，还有倭仁、唐鉴，直到曾国藩的多种作品，另一项是探索传教士在思想文化界的作用，为此我和何兆武先生跑了北京、上海好几处基督教图书馆，获得了很多宝贵材料。何兆武先生译了一大批材料，我也曾摘译过穆德等人的著作，供室内参考。1965 年秋，侯先生还要我同何兆武先生去上海，查阅了一段时间材料。哪里想到，一场历时十年的动乱即将开始，而侯先生在后来遭遇到那样的劫难。值得欣慰的是，《中国近代哲学史》一书到 1978 年还是由侯先生主编完成了。"③

---

① 张岂之：《侯外庐先生论学书》，《史学史研究》1994 年第 4 期，第 8 页。
② 同上刊，第 8—9 页。
③ 李学勤：《深刻的启迪——回忆历史学家侯外庐先生》，《光明日报》1988 年 8 月 10 日第 3 版。

卢钟锋回忆："70 年代初，由'四人帮'一手导演的'评法批儒'的历史闹剧，对历史工作者来说，是一场科学良心的大考验。在这场考验面前，侯先生始终坚持真理。他明确表示：儒法斗争不是如'四人帮'所鼓噪的那样，'贯穿于整个中国历史，并且一直继续到现在'。他说：'儒法斗争，中国历史上有过，但只是从战国到秦汉很短的一段。我们不能为了某种需要而任意篡改历史。篡改历史就是对人民犯罪。'当时，我们正在编写《中国近代哲学史》，侯先生明确表示：'中国近代哲学史不提儒法斗争。'从这里可以看出侯先生坚持历史真理的鲜明态度。"①

5 月 6 日

先生致信张岂之："今天忽由一位朋友借来一本党内历（史）文件，在其中有两处值得注意：（一）过去毛主席给林彪的信，（二）六大的（中共第六次代表大会）的全部决议案。""历来反对我提出的中国（封建社会）历代生产方式中土地制度问题，我都有所解释，惟文化大革命中有人在六大文件中找到的材料，苦心找出了新（的）反对意义。以为这一下，打倒我是有充足理由了。我也未看六大文件，只说：六大毛主席未参加，不能作为根据。但有人又说：'毛主席基本上肯定六大呀！'我对此也半信半疑。现在读了（六大决议案）那一段文字，才知道全文'决议案'是讲现代土地问题，不能以古代的过去特点来决定现代中国土地政策。（对）这个决议案要全文（面）理解，才是正道，……""我过去也有缺点，即'过去'字样不常提，以致有人误解我讲现代中国……""（我）匆匆自由地对六大文件作了大胆的讨论，你以为如何？明知道这是一个重大问题，现可暂置不谈，但有时是不能不讲的，如谈到封建法权、例外权在意识形态中的反映时，那么皇族地主的特权的法权，在思想上的反映，后代所谓'太极'等等，就非讲不可了。其他如豪族地主的'占有权'在思想上的反映也要讲清楚。非品级性地主的占有权的身份地位改变等问题，也非谈不可！"②

---

① 卢钟锋：《论侯外庐先生的学术道路》，张岂之主编：《中国思想史论集》第 2 辑，广西师范大学出版社 2003 年版，第 58—59 页。

② 张岂之：《侯外庐先生论学书》，《史学史研究》1994 年第 4 期，第 7 页。

6月1日

先生致信张岂之："《中国思想通史》各卷'绪论'，你可重新阅读一下，那里大概把封建主义的一般原则以及中国的特殊情况有所交代。（可是有些观点）未曾得到历史界同情，有的把'租税十五'作剥削率50/100解，这就出乎常识。剥削率为可变资本除剩余价值，应作100/100。后来曹魏屯田，多至十分之八，那就成了8/2，即400/100了，这是劳役地租的性质。但一般以为中国国封建主义一开始就是实物地租，这又违反地租发展史了。在历史上曾经出现过地租的混合形态，但劳役地租的性质在于：（一）鞭子驱使劳动；（二）劳动无间断性，即无休止性，（这些）都不是表面的'租税'多少。这你理解否？后期中国封建地租是从实物地租讲起，而以法定手续代替了鞭子的驱使，其次，劳动可以有间断性，由自己处理，这是一定的发展规律。""何谓封建法权？即'法律的虚构'，从'先天的品类存在'，即等级为本的立场出发来的非自然的'法权'。因此，在（欧洲）从资本因素（萌芽）开始到拿破仑法典，是一个长期转变过程，不断地破除封建法权，这期间有二三百的历史转变。……研究哲学史必须考虑这些，……"①

一九七四年（甲寅）　七十一岁

1月18日，经毛泽东批准，中共中央转发《林彪与孔孟之道》，随后全国开展大规模的"批林批孔"运动。

3月

先生主编的《中国近代哲学史》完成初稿。

黄宣民回忆："自1973年开始，侯先生领导思想史组的部分同志撰写《中国近代思想史》。他为使这部书与60年代初的书稿区别开来，改名为《中国近代哲学史》。在写作过程中，几乎每一章节，他都要与执笔者交谈，他还一定要张岂之同志住在他家里写作，几乎天天都要和岂之谈话，

---

① 张岂之：《侯外庐先生论学书》，《史学史研究》1994年第4期，第8页。

有时还拖着病体，蹒跚来到岂之的房间，倾心相谈。在我担负的章节中，有的也是在他家里成稿的。先生亲切而具体的教诲，至今不忘。"①

盛夏

张洲拜访先生，这是他 16 年来第一次见先生。张洲回忆："当时李学勤同志陪我进了校长家院门，我一眼望去，侯校长拄着拐杖，正站在客厅门口等待我们到来。我便快步迎上去，双手握住他老人家的手，两个人都激动得不知说什么好了。看得出先生内心的感情，比我更激动，充分表达了先生对当年朝夕相处，而又久久未见同志的深情厚谊。我们彼此紧握的双手，久久才放开。先生让我坐下，感情稍为平静，才说起话来。先生当时要说的话很多，他问我什么，我知道的都回答他。特别问到他在西大时好些同志的情况，我都一一作了介绍，还谈到当时招生中走后门的不正之风。先生听得很认真，也很开心，同时也表示义愤。先生这次接见我，除好烟、好茶、丰盛的糖果招待外，还要留我吃饭，并拿出他家的购货证、票证，让我在京买些吃的东西带回。"②

10 月 11 日

张岂之致信卢钟锋、黄宣民、樊克政："全稿（指《中国近代哲学史》——编者注）打印出来，分到每个同志之手，起码要到十一月初。廿号至月底打印任务甚大。廿号至月底共十天，我意先开始第一步的修改。给我的打印稿，我已陆续看完了。以下五点是我看了打印稿后提出来的，不是无根据地乱说。""（1）第一章第一节改写一下，着重说明一个问题：鸦片战争是中国近代史的开端。要添马、恩关于鸦片战争的论断。具体改写意见，再面谈。由小樊驾轻就熟地改吧！（2）第二章太平天国交林英修改，请他将关于《资政新编》重新写出。（3）第三章改动较大，包括改写、调整等。小黄和我担任。（4）《大同书》再改一改，钟锋把整个改良主义都摸了，现在再来修改《大同书》最好。（5）严复一章补充介绍欧洲哲学，请老何补。以上工作，廿号至十一月一号以前完成，看有无可

---

① 黄宣民：《中国近代启蒙思想史》"后记"，《中国近代启蒙思想史》，人民出版社 1993 年版，第 414 页。

② 张洲：《侯外庐在西北大学》，《文博》1996 年第 4 期，第 64—65 页。

能。""第二步修改，大家对全稿提出意见，进行深入讨论，对全稿作统一（观点、文字、体例等）。用一个月左右时间。""我的总的意见是：似乎不必从廿号一直到十一月初全都用在看稿上。如果看半个月，再议半个月，时间拖得很厉害。我们编写组人不多，可以采取机动灵活的战略战术，不一定过于拘泥于程式化的程序。稿，大家平时都看了，有些地方要着重改，心里可能是有数的。我们人不多，有些问题随时可以讨论，也不一定过于拘泥于'开会'。事实上，我们在下面商量很多。""以上五点如能尽快完成，那么，全稿的修改问题就不会太大。"

10 月 20 日

张岂之致信黄宣民："今天收到来信，知道侯先生生病住院了，十分令人着急。什么时候有必要，务请给我来急电，以便来京探望。""你去探望侯先生，请转告我对他的问候。并请告诉他：中国思想通史一书还是大家欢迎的。西大搞刘、柳的注释，大家把图书馆的思想通史借之一空，认为读了有启发。这是极好的安慰和鼓励吧。""前天我去交大讲王充《自然》、《知实》（我现正在注释），有的教师看了思想通史第 2 卷关于王充的论述，认为写得好，已经三十年了，还是论述王充思想的好作品。"

本年

朱学文回忆："当时，杨荣国风光一时，今天在这儿讲，明天在那儿讲。他的学生和朋友都笑他，说：'杨先生，你的名字都出现在厕所里了。'我把听到的都对侯先生说了。侯先生听了很生气，板起脸说：'一个人被打进地狱，然后又从地狱里面被拉进天堂，这是什么滋味，你知道吗？你没有经历过，就没有资格批评他。'……他是非分明，感情色彩浓，充满了人性色彩。大家说他是个思想家，我认为应加上定语：有人性色彩的思想家。他评判古人常用'人民性'这个词，反映出他是一个很有人性色彩的思想家。"[①]　又："'文化大革命'期间，特别是在批林批孔期间，有人来暗示他，你出来表个态，你的日子就全变了。可他面无表情，不说话。"[②]

[①]　朱学文：《忆外庐先生与〈韧的追求〉》，张岂之主编：《中国思想史论集》第 2 辑，广西师范大学出版社 2003 年版，第 71—72 页。

[②]　同上书，第 72 页。

一九七五年（乙卯）　七十二岁

1月5日，中共中央任命邓小平为中共中央军委副主席兼中国人民解放军总参谋长。8日至10日，中国共产党十届二中全会在北京举行，选举邓小平为中共中央副主席、中央政治局常委。

8月，国务院决定恢复中国科学院哲学社会科学部的活动，撤出工宣队和军宣队。牟宗三《现象与物自身》由台湾学生书局出版。

11月26日，中共中央召开"打招呼会议"，宣读经毛泽东批准的《打招呼的讲话要点》，"批邓、反击右倾翻案风"运动在全国开始。

本年

先生要张岂之到家中住一段时间，协助他做一些文字工作，前后约十个月。

张岂之回忆："'文革'后期，侯先生身体很坏，我有机会住在他家近一年，有一次他对我说：'过去我和你们几位年轻人每隔两三天就要讨论一次学术问题，主要是培养你们的独立思考能力；你们要敢于对我的观点挑刺。'我是深深理解侯先生培养学生的苦心的。"① "……他经常向我说：'我想易地疗养。'我问：'您想到哪里去？'他很明确地回答：'我想到西北大学去，我很怀念我在那里工作的几年时间。'"②

又，张岂之回忆："我问外老有一段时间报刊上连篇累牍地宣传儒法斗争，说这是'中国历史的主线'。不知外老对此怎么看？我没有想到，外老听了我的提问，竟大笑起来。片刻，他收敛起笑容，严肃地说：'主线？奇谈怪论！我的看法是战国时代确有儒法斗争，我们在《中国思想通史》第一卷写得很清楚。到西汉武帝时儒法合流。王道、霸道对于封建统治者都是需要的。汉武帝外儒内法，这是历史事实，《汉书》早有记录。太炎先生曾经作过很深刻的论证。'"先生颇有感触地说："这个情况，许

---

① 张岂之：《永远的怀念——记外庐先生》，《春鸟集》，中国社会科学出版社1997年版，第120页。

② 同上书，第123页。

多同志都是知道的，但是在 1974 年不好讲。那个时候讲了真话，是会触犯忌讳的。不过也有一些史学家采取了一种战法来反驳儒法之争是中国史的主线，例如白寿彝先生就是这方面的代表。""白先生讲儒法之争，从战国时期讲起，讲到秦始皇就不再讲了。白先生说：'关于此后的儒法斗争，我没有研究过，讲不下去。'其实白先生很有研究。他用这种战法否定儒法之争是中国历史的主线。这在当时是需要很大勇气的，因为这并不单单是学术问题。"张岂之认为"白先生对秦始皇的评价和'时贤'们也不怎么合拍"，先生云："当然不合拍，十分不合拍。'时贤'们把秦始皇捧到天上，认为焚书坑儒是镇压反革命，成为秦始皇的一大功绩。可是白先生对秦始皇却是有褒有贬，对从此开始的封建专制主义有尖锐的批评。这也需要有很大的勇气，因为这同样并不单纯是学术问题。"①

又，张岂之回忆："1975 年，……记得是一个冬天的下午，在外庐先生的卧室里，寿彝先生正和外庐先生亲切地交谈，我坐在旁边静听。……话题很自然地集中到'批儒评法'的问题上去。寿彝先生对外庐先生说：'你病了，不能作报告了，否则也会命令你去宣讲儒法斗争史的。'外庐先生会心地点了点头。寿彝先生接着说：'我是无法推辞了，如果硬要推辞那就成为'抗拒'了。但是，报告怎么做，那是我的自由了。'我禁不住插问：'白先生是怎么讲儒法斗争的呢？寿彝先生看了我一眼，谦虚地说：我是根据外庐同志《中国思想通史》第 1 卷和第 2 卷来讲。""我（白寿彝——编者注）当时就宣布，要我讲儒法斗争，我只讲先秦时期的；秦汉以后没有什么儒法之争。秦汉以后的我讲不出来，如果一定要讲，那就另请高明吧！"② 此次谈话不久，白寿彝送先生《先秦时期的儒家和法家》的记录稿，先生读后指出："孟子说过，大丈夫应当有浩然之气，富贵不能淫，贫贱不能移，威武不能屈。白先生就是这样的大丈夫。在讲儒法问题时，他那大丈夫的气概表现得多么充分呵！"③

又，张岂之回忆："我记得，白先生表述了这样的意思：对于学术和科学的禁锢、污蔑、造谣、中伤，是不会长存的，阴云始终挡不住阳光的照射。外庐同志在中国思想史的精深研究中，设立学术梯队（70 年代有了

---

① 张岂之：《白寿彝先生与侯外老的学术友谊》，《史学史研究》1989 年第 1 期，第 14 页。

② 张岂之：《寿彝先生二三事》，北京师范大学史学研究所编《历史科学与历史前途——祝贺白寿彝教授八十五华诞》，河南人民出版社 1994 版，第 195—196、196 页。

③ 同上书，第 197 页。

这个词），这不是宗派，不是什么集团，而是学派，在学术体系上和研究方法上具有个性特色的学派，是努力用马克思主义唯物史观作学术研究指导的学派。外庐同志在这方面是有功于史学研究的。"① 白先生在学术组织工作上有丰富的经验，他向侯先生作这样的建议："编著大部著作，最好注意两方面的学术力量，一是有深厚研究的老专家；一是有学术活力的中青年学者，可从全国聘请。在具体的学术组织工作中，参加者开一次会，由主编介绍思路和基本观点，再进行分工，然后各人返回原单位去进行研究和写作；到一定时候，再集中讨论部分稿件，而大部分稿件应由主编负责审阅和修订。白先生的这个建议，外庐先生是赞成的。""外庐先生和寿彝先生的谈话，我不止一次地听到他们谈起恩格斯的《在马克思墓前的讲话》。白先生说，马克思逝世后下葬，在墓前吊唁的只有十几个人，但是，后来的世界历史证明，马克思主义具有伟大的物质力量，今天人们在心上纪念马克思，而是成千上万、成千上万！寿彝先生谈到这些，外庐先生轻轻点头。"②

一九七六年（丙辰）　七十三岁

1月8日，周恩来（1898—1976）逝世。

2月，赵纪彬《论语新探》第3版由人民出版社出版。

4月7日，中央政治局根据毛泽东提议，通过《中共中央关于华国锋同志任中共中央第一副主席、国务院总理的决议》和《关于撤销邓小平党内外一切职务的决议》。

7月6日，朱德（1886—1976）逝世。

9月9日，毛泽东（1893—1976）逝世。

10月6日，"四人帮"反革命集团被粉碎，"文化大革命"结束。

1月1日

白寿彝、杨荣国及其子杨淡以到先生家中拜访并合影留念。这是先生

---

① 张岂之：《忆白寿彝先生和外庐先生的一次谈话》，《史学史研究》2000年第3期，第5页。

② 同上书，第6页。

与杨荣国的最后一次会面。先生再次对杨荣国说："你身体不好，要自我保重，少说话，少作什么报告。我们都上年纪了，要自重。"

约在 10 月

侯寓初回忆："记得那还是在刚刚粉碎'四人帮'不久，父亲以他特有的史学家的敏感，已经意识到我们的国家将会发生历史性的重大变革。他曾表示，'到时候很想回西大去看看'。遗憾的是，由于身体的原因，他最终未能如愿。"①

本年

先生与张岂之谈《中国思想通史》第四卷中白寿彝撰写的刘知几、马端临两章。张岂之回忆："外老经常向我提起，白先生执笔的这两章，资料选用得当，分析精到。我记得 1976 年外老和我的一次谈话里，他作了这样的发挥：'白先生关于刘知几在史学理论上反对掩恶虚美的分析，今天读起来，尤其使人爱不忍释。'……'当时我看了白先生写的稿子，觉得很有分量，读起来过瘾。'随即外老从床边小书橱里取出《中国思想通史》第四卷上册，打开刘知几章末尾的一段说：'你看，这一段写得很有深度。'我仔细读到这样的字句：'刘知几在理论上反对掩恶虚美……'外老由此引发开去，作出结论说：'白先生提倡刘知几的直书精神，他自己把这种精神发展了，不论在什么时候都坚持实事求是精神，这很值得我们学习。'"②

又，张岂之回忆："外老在一次闲谈中提到，批'人民性'是康生大兴文字狱的'又一杰作'。外老又说，《中国思想通史》第四卷中有好几处用了'人民性'字样，挨批是不可免的了。外老这样举例：白先生执笔的马端临史学思想这一章的第三节标题是'马端临史论的人民性'，这就很容易触犯忌讳。其实呢，这个标题并不错，与本书的内容相符，不知为什么'人民性'三个字成了忌讳。在不同的历史时期，'人民性'有不同的内容，何至于模糊阶级观点呢？"③ 张岂之当夜读马端临这一章，第二天

---

① 侯寓初：《纪念父亲侯外庐先生百年诞辰》，张岂之主编：《中国思想史论集》第 2 辑，广西师范大学出版社 2003 年版，第 11 页。

② 张岂之：《白寿彝先生与侯外老的学术友谊》，《史学史研究》1989 年第 1 期，第 16 页。

③ 同上刊，第 16—17 页。

向先生汇报："在'四人帮'滥施淫威的年代，读到这样的句子，给人一种伸张正义之感。"先生"微微点首，打开《中国思想通史》第四卷下册的那一章，轻轻地朗读其中的一段话：'马端临史学思想的人民性倾向又表现在对进步事物的肯定上。对一般人所反对的人物和历史事件，只要这个事件或这个人所做的事情对于社会生产有利，对于老百姓有利，他每每是吸收正确的看法，或是独排众议，而加以肯定。'"外老云："你看，白先生引用《通考》卷163《刑考二》关于'诽谤'之历史考证，白先生发了这样的议论：……外老似乎并不感到疲劳，一口气读了这么多。读毕，深深地吸了口气，显出如释重负的样子。外老是在1976年读白先生写的这段话，那时，'四人帮'的权势还是炙手可热呵！"[1]

一九七七年（丁巳）　七十四岁

2月7日，《人民日报》、《红旗》杂志、《解放军报》发表《学好文件抓住纲》，提出"凡是毛主席作出的决策，我们都坚决维护；凡是毛主席的指示，我们都始终不渝地遵循"的错误方针。

4月，《毛泽东选集》第5卷由人民出版社出版。

5月，中国社会科学院成立。

8月4日至8日，邓小平主持召开全国科学和教育工作座谈会。

10月7日，《人民日报》发表《把"四人帮"颠倒了的干部路线是非纠正过来》，第一次提出平反干部冤假错案。

11月15日，新华社报道中国科学院及各大高校开始招收研究生。

12月10日，中共中央任命胡耀邦为中央组织部部长，开始平反冤假错案。

5月

中国社会科学院成立，先生继续担任历史研究所副所长，其他领导有尹达、熊德基等。

---

① 张岂之：《白寿彝先生与侯外老的学术友谊》，《史学史研究》1989年第1期，第17页。

9月1日

先生所作《以毛泽东思想为指导，批判地继承历史遗产》发表于《光明日报》第3版。文章认为："在马克思列宁主义的指导下，重视对我国民族历史遗产的学习、批判和继承，这是毛泽东思想体系中一个重要的方面。完整地、准确地领会和运用毛主席关于批判地继承历史遗产的思想，是无产阶级党性的要求，是马克思列宁主义的革命性与科学性相结合的表现。""古代朴素唯物论和辩证法思想，多少正确地反映了客观世界的某些方面，它们的思维经验对我们仍然有着借鉴的意义，我们应当批判地吸收这些民主性的精华。至于古代的唯心论和形而上学，则从根本上歪曲了客观世界，并曲折地反映了反动阶级的利益，对此我们必须给以分析批判，总结出应有的历史教训。"

9月底

张洲约《民族画报》摄影记者赵作慈一起，由李学勤陪同去探望先生，并合影留念。张洲回忆："那时先生的身体已被折腾的很不好了，感情也容易激动。当提到周总理逝世或粉碎'四人帮'的事，他都要热泪横流，激动得控制不住。因此，都尽量避免谈及易于使他激动的事情。先生十分思念自己的研究工作，有次我坐在他身边，他躺着对我说：'唉！我工作不成了。'"①

12月2日

《哲学研究》编辑部要求北京和在京的一些省市的部分哲学史工作者，就如何从哲学上深入揭批"四人帮"、如何开展哲学史的研究工作、如何办好《哲学研究》杂志等为题举行座谈会。先生与张岱年、黎澍、任继愈、贺麟、汪子嵩、王明、陈元晖、汝信、艾力农、石峻、江天骥、陈修斋、杨宪邦、李志逵、方立天、王思治、朱德生、王永江、许抗生、钱广华、徐家文、乐寿明、张岂之、黄宣民、田士章、王东发、钟肇鹏、王树

---

① 张洲：《侯外庐在西北大学》，《文博》1996年第4期，第65页。

人、邝柏林、张琢等出席。①

冬季

先生与郭沫若最后一次见面。

黄宣民回忆："1977 年冬，有一天，郭老夫人于立群打来电话，说郭老想和侯先生见见面，不晓得他的身体好不好，能不能走动？侯先生高兴得不得了，说万万没想到郭老要请他去见面。他立刻答应去。侯先生在儿子闻初的陪同下前往什刹海拜访郭老。郭老也十分高兴，因为这对老朋友自'文革'以来十来年不见面了（这也是他们最后一次相见）。彼此见面后，郭老便滔滔不绝地讲起来，讲毛主席曾经问他读过杨荣国的书没有？郭老说读过。主席又问杨的观点跟谁接近？郭老说他记不起来，便随口说：接近翦伯赞吧。主席说：不，他的观点接近外庐。郭老问侯先生，你还不晓得此事吧？侯点了点头。后来又谈到'批林批孔'、'评法批儒'，郭老说江青一伙人三番几次跑到他家里来，逼他写文章，承认自己的《十批判书》不好，骂秦始皇有错。郭老说他不承认自己有错，江青一伙这样逼他是要搞倒周总理，他不干，甚至准备以死相抗。后来郭老被逼得病了，住进了医院。江青又跑到医院里来，说是要送电影票给他。（谈到此处，我现在还记得侯先生当时一面模仿郭老的手势，一面说）你看，这个江青，就这样一打一拉。说完后，郭老自己也大笑起来了。"②

一九七八年（戊午）　七十五岁

1 月 10 日，教育部发出《关于高等院校 1978 年研究生招生工作安排意见》。17 日，吴宓（1894—1978）逝世。

2 月 17 日，国务院转发教育部《关于恢复和办好全国重点高等院校的报告》。

3 月 7 日，国务院批转教育部《关于高等院校恢复和提升职务问题的

---

① 蒙登进：《本刊编辑部召开哲学史工作者座谈会》，《哲学研究》1978 年第 4 期，第 71 页。

② 黄宣民：《郭沫若的人民本位观》，《中国社会科学院研究生院学报》1992 年第 6 期，第 69 页。

请示报告》。18 日至 31 日，全国科学大会在北京召开。

4 月 5 日，中共中央批准《关于全部摘掉右派分子帽子的请示报告》。22 日至 5 月 16 日，全国教育工作会议在北京举行。同月，蔡美彪、朱瑞熙、李珅、卞孝萱、王会安《中国通史》第五册由人民出版社出版。

5 月 11 日，《光明日报》发表《实践是检验真理的唯一标准》。

6 月 12 日，郭沫若（1892—1978）逝世。20 日至 21 日，《哲学研究》编辑部举行"真理标准讨论会"。同月，李达主编《唯物辩证法大纲》由人民出版社出版。

7 月 17 日至 24 日，中国科学院哲学所和《哲学研究》编辑部召开"理论和实践问题讨论会"。

9 月 17 日，中共中央批发《贯彻中央关于全部摘掉右派分子帽子决定的实施方案》。

10 月 10 日至 11 月 4 日，中共中央组织部分批召开落实知识分子政策座谈会。

12 月 18 日至 22 日，中共十一届三中全会在北京举行，决定把全党的工作重点转移到社会主义现代化建设上来。

本年，《历史研究》杂志社和《社会科学战线》杂志社在长春联合召开"中国古代史分期问题学术讨论会"。

2 月 26 日—3 月 5 日

先生再次当选为全国人大代表，出席第五届全国人民代表大会。

2 月

先生主编，张岂之、林英、黄宣民、卢钟锋、樊克政、何兆武、殷瑞渊编著《中国近代哲学史》由人民出版社出版。该书曾采用《中国哲学简史》下册（侯外庐主编，张岂之、李学勤、杨超、林英、何兆武执笔，未出版）近代部分的一些内容，1974 年完成初稿，后又两次修改，至 1975 年定稿，当时书稿送出版社后，因"批邓反右"风潮而未能出版。

5 月 20 日

先生所作《〈杜国庠文集〉重印》发表于《学术研究》1978 年第 1 期。

5 月 30 日

邱汉生致信先生："好久没有来拜望您，时常系念。近谅身体康胜，为祝。承蒙惠寄《中国近代思想史》，岂之、林英诸同志辛勤研究，蔚为鸿篇，十分钦佩。得暇，当仔细读读。""冒怀辛同志在安徽劳动大学教思想史，近年时有书信联系。他注戴震著作，写了传记，介绍分析了戴震思想，颇有见地。治学严谨，作风踏实细致，掌握了不少中国古代思想史的资料。文字清新流畅，善于表达。这样的研究人员是不可多得的。近闻您同意把他调回来，极是好事。对他来说，是更好的培养，也更能发挥他的作用。我非常喜欢。惟望能早日成为事实。""我正在编中学历史课本。俟课本工作告一段落，想把前年开始的宋明理学史的工作继续研究下去。工作量大，问题不少，一步一步来罢。岁月侵人，精力不如过去，而要做的事不少，确实有些着急，虽然明知着急也是无用。"

5 月

先生所著《汉代社会与汉代思想》由台北嵩华出版事业公司出版。该书"出版说明"云："《汉代社会与汉代思想》是侯外庐《汉代社会史》的绪论部分，在历史方法和史料的处理方面，都有新的创获，能深入剖析汉代社会的各项关键问题，这是侯氏在一九五〇年任教北京师范大学历史系时的讲义，稿件辗转传到海外，因为原本是讲义稿，难免错字很多，特别是引用古书部分，字句的误植更甚，标点符号也很不统一，这些，都经由本公司编辑部进行了细心的整理，找取原书篇章逐字校正，重新排印出版，以飨读者，并广流传。"该书包括"汉代生产手段的社会性质"、"汉代劳动力的社会性质"、"汉代社会编制的诸特征"、"汉代士大夫与汉代思想的总倾向"，及"校后补遗"。

6 月 12 日

郭沫若（1892—1978）逝世，叶剑英、邓小平、李先念、宋庆龄等 74 人组成治丧委员会，先生是成员之一。[①]

---

① 王继权、童炜钢：《郭沫若年谱》下册，江苏人民出版社 1983 年版，第 524 页。

6 月 18 日

先生参加郭沫若追悼大会。

6 月 25 日

邱汉生致信先生："好久没有来拜访，谅尊体日益康胜，为祝。六月十二日，教育部批复，恢复了党员之一切权利。我心情十分愉快。今后当在党的教育监督下，严格要求自己，保持革命晚节，奋发努力，进行新的长征。您十分关心我，特此奉阅小诗一章，请为斧正！"诗云："白头宏愿遂生平，山有精神水有情。小草终身依大地，细流千里入沧溟。春回黍谷调新律，雨过人间重晚晴。但得追随诸子后，褰裳濡足事长征。"

7 月 15 日

先生所作《深切悼念郭沫若同志》发表于《历史研究》第 7 期，收入《悼念郭老》（三联书店 1978 年版）。

同日，美国学者郑培凯致信黄宣民："上个星期与您们几位的谈话，使我获益很深。特别承您告知侯外老对《四梦》的看法基本不变，而对泰州学派则认为过去评价稍高，今后不拟再强调所谓'人民性'几点，使我长久以来对这些问题萦回困扰的几个疑团，豁然开解。可惜当天时间较短，没能一一请教这些问题所涉及的细致讨论。譬如，对泰州学派的评价，外老是否在相当程度上赞同杨天石的看法呢？抑是仍然认为泰州学派有其进步性，只是进步的意义有限，不具有所谓'人民性'了？又，泰州学派思想的主流与当时社会思潮的关系应当如何评定？说泰州学派不具有'人民性'，那么，它具有什么样的性质呢（以当时社会阶级或阶层结构来分）？假如您有空的话，可否就这一点有以指教？若是外老愿意指点，更是求之不得了。""上次曾呈送拙文一篇，该文现已出版，载《抖擞》1978 年 7 月。等我回去，当寄赠抽印本请教。所呈的原稿因字迹较乱，读起来比较费力，眉目亦不清楚。若是您已经看了，可否也就拙文所提出的问题指正一二？我在文章中比较强调李贽与儒学传统的关系，是针对前几年大捧李贽之风而发，无意于贬低李贽对儒学道统在观念上所产生的叛逆行为。拙文的几个观点或许与外老以前所说稍有不同，也希望外老有以指正。""您曾提到最近国外研究中国近代思想史的资料，由于我手边没有材料，难以列出适当的书目，但就记忆所及和 1973、1974 年亚洲学会的书目，粗略列几本专著及几篇有关论文。回去补列较主要的著作。"

7 月 21 日

黄宣民致信郑培凯："来示暨《有关中国近代思想史及帝国主义在中国的一些资料》一并收悉，衷心感谢你给我们的宝贵帮助。""大作我未及细读，早已转给侯外老。他因身体不适，转请邱汉生先生阅读。邱先生称赞您的文章写得不错，用力甚勤，但也感到您对李贽的儒学传统强调多了一点。李贽思想的主流，似应是他对封建儒学的反叛（这也是外老的观点）。当然，邱先生还不甚明了您的写作意图，今后如见到他，想替您做一点说明。""上次谈到外老对泰州学派的评价，他认为过去提'人民性'不妥，但并不就此否认它的进步性。泰州学派不是封建社会的正宗儒学，而是一种'异端'思想。把饮食男女之性、即把人欲看作天理的自然权利，这和主张'存天理，去人欲'的封建理学是对立的。因此，它在某种层度上反映了下层群众特别是市民的要求和愿望，也可以说是当时资本主义经济关系萌芽在思想领域内的反映。泰州学派，尤其是它的后学何心隐、李贽等人曾经遭受封建统治阶级的迫害，这一事实说明：尽管他们的学说在理论上有这样那样的错误，但其进步历史意义是不能被抹杀的。我把外老上述想法转告您参考，是否有当，请予指正。"

7 月 27 日

兰州大学致信先生，送上时任讲师的刘文英《〈天问〉研究·前言》，请先生审查。

7 月

吴光[1]拜访先生。吴光回忆："我真正了解外老的学问道德，是从 1978 年报考研究生开始的。……由于我在大学所学专业是历史，而又一直

---

[1] 吴光（1944—　）浙江淳安人。历任浙江省社会科学院研究员、浙江省社会科学院哲学研究所所长、国际儒学联合会理事暨学术委员、全国中国哲学史学会理事等，著有《黄老之学通论》、《儒家哲学片论》、《天下为主——黄宗羲传》、《黄宗羲与清代浙东学派》、《儒道论述》、《古书考辨集》、《儒学问答录》等，主编《黄宗羲全集》、《王阳明全集》、《刘宗周全集》、《马一浮全集》、《阳明学研究丛书》、《浙江文化史话丛书》等。

对哲学兴趣很浓，所以很想报考侯外庐的中国思想史专业研究生。然而当时资料奇缺，连一册《中国思想通史》也看不到，更不用说寻找外老的其他论著了。于是我鼓足勇气投书外老，请他借一部书给我，同时附上了我在几年前写的一篇《论王充的唯物主义哲学及其历史局限性》的习作请求指教。但到了报考截止日期，我既没有收到外老的答复，也没有得到外老的书。我感到没有把握，只好报考人大清史研究所。"① "出乎意料的是，在我报名后不久，外老请他的助手给我寄来了两册他亲笔批改过的《中国思想通史》，并来信鼓励我报考中国思想史专业。……事后，我才从卢钟锋同志那里知道，外老看到我的论文后，高兴地说：'这篇论文还有点意思。'并将他手边仅剩的两册《中国思想通史》托钟锋同志寄给我。"② 此次见面，先生问吴光写作论王充一文的起因，并语重心长地说："太炎先生对王充评价很高，你可以去读读《訄书》。你能提出自己的见解是好的，还要多读些书。你们青年人很有希望，所谓'有志者事竟成'啊！"③

8 月 20 日

李学勤根据先生指示阅读刘文英《〈天问〉研究·前言》后致先生信："（一）刘文是在《历史研究》1963 年 2 期您的文章《柳宗元天对在中国唯物主义史上的科学地位》的基础上写的，这一点，只要对比两文的开口一段，就很清楚。但不知何故，刘文并没有注释这篇文章。（二）《历史研究》文重点在于柳宗元，因此对《天问》只做概括的勾画，刘文则有所展开，所分析的否定上帝，不信天命，敬人不敬天等项，举例较丰，基本上是好的。（三）《历史研究》文分析了《天问》、《天对》的社会政治背景，也论述了自然科学与唯物论的关系，刘文于后者似乎论述较少，不能说不是一个缺点。（关于盖天、浑天，没有超过《历史研究》文的范围）（四）刘文说，该文是《天问研究》一书的前言，全书面貌如何，无从窥见。但作者能从哲学角度看待《天问》，自与一般注疏家不同，这一点是值得肯定的。"

---

① 吴光：《青年学人的导师和楷模——怀念敬爱的侯老》，《纪念侯外庐文集》，陕西人民教育出版社 1991 年版，第 134—135 页。

② 同上书，第 135 页。

③ 同上书，第 136 页。

夏

张传玺拜访先生。张传玺回忆："外老起初由于思念翦老而痛哭。后来情绪稍稍稳定，谈到一些往事，其中也有与翦老不同观点的学术问题。他突然问：1961 年 12 月，吴晗主持召开北京史学会年会，翦老是否在会上批评过我的'土地国有制'观点？我回答说：没有。翦老当时是讲《对处理若干历史问题的初步意见》，未谈'土地制度'问题。外老听后点头微笑。此时他已半身不遂，久病，说话很不清楚。可是他回想起与老友在学术观点上的争论，仍怀有特殊的兴趣。"①

9 月 4 日

先生据李学勤所述复兰州大学信，对《〈天问〉研究·前言》作了评价，并希望能"进一步研究"。

同日，邱汉生致信先生："承询问年来读书笔记，学殖荒芜，殊无以奉答。朱熹《四书集注》，宋以后影响七百年，至今未已。前年写成《〈四书集注〉浅论》，约五万字。今将纲目奉上，原稿整理后呈请审定。""宋明理学史，值得深入研究。颇思董理，奈之未暇。稍后当集中时间从事从斯。陈淳《字义》，正在探索。源于朱熹而加详，'道南'之称，有由来也。""宋明理学史逐步深入，所遇问题渐多，与佛老关系应不断清楚，其中尤以与佛氏关系不能放过。一般著作均只做到大体提出问题，而未能解决问题。颇费寻究。不知海东学者，于此有何见解。"

10 月 27 日

"郭沫若著作编辑出版委员会"成立，周扬任主任，委员有先生和于立群、尹达、冯乃超、冯至、任白戈、成仿吾、齐燕铭、刘大年、张光年、李一氓、李初梨、沙汀、宗白华、茅以升、茅盾、林林、林默涵、郑伯奇、胡愈之、钱三强、夏衍、夏鼐、曹禺、魏传统等 24 人。②

---

① 张传玺：《翦伯赞与侯外庐的兄弟友谊与学术分歧》，《江汉论坛》1989 年第 7 期，第 80—81 页。

② 王继权、童炜钢：《郭沫若年谱》下册，江苏人民出版社 1983 年版，第 527 页。

12 月 20 日

胡培兆《〈资本论〉在我国翻译出版四十周年》发表于《经济研究》1978 年第 12 期，文章谈到先生和王思华翻译《资本论》的情况。①

12 月 30 日

乌廷玉《唐朝多数官员不是进士出身》发表于《社会科学战线》1978 年第 4 期。文章质疑陈寅恪及《中国思想通史》"大体讲来，唐高宗以后的宰相，大部分由科举特别是进士科出身"的观点，认为："上述看法是不符合历史实际的"，"唐代绝大多数官员都不是进士出身"，"在武周以后几代宰相，多数不是进士"②。

本年

先生立下遗嘱，在他逝世后将藏书献给国家，存款全部缴党费。③

同年，先生招收柯兆利④、姜广辉⑤、崔大华⑥三位研究生。姜广辉回忆："我们至今仍然清楚地记得他（指先生——编者注）那时悲喜交加的情形。由于他在十年动乱中受到林彪、'四人帮'的残酷迫害，身罹重病，于是请他多年的亲密朋友邱汉生先生一起来指导我们，使我们有幸亲聆二先生之教诲，完成了学业。在三年学习期间，侯先生直接或间接地向我们

① 《经济研究》1978 年第 12 期，第 60 页。

② 《社会科学战线》1978 年第 4 期，第 130 页。

③ 侯均初：《我的父亲侯外庐》，《沧桑》2002 年第 2 期，第 33 页。

④ 柯兆利（1905—1994），福建漳浦人。1967 年毕业于福建师范学院历史系，1981 年从中国社会科学院历史研究所毕业后到厦门大学历史系任教，曾担任厦门大学学报编辑、副编审等。曾任国际中国哲学学会、中国哲学史学会学员，福建省闽学研究会理事等。著有《阳明学案》、《宋明理学史》等。

⑤ 姜广辉（1948—　），黑龙江安达人。1981 年从中国社会科学院历史研究所毕业后在历史研究所中国思想史研究室工作，曾任研究室主任等职，兼任《中国哲学》主编、《朱子学刊》主编等职务，后调任湖南大学岳麓书院教授。著有《颜李学派》、《理学与中国文化》、《走出理学》、《义理与考据——思想史研究中的价值关怀与实证方法》等，与张岱年合著《中国文化简论》，主编《中国经学思想史》等。

⑥ 崔大华（1938—　），安徽六安人。1961 年毕业于中国人民大学哲学系，1981 年从中国社会科学院历史研究所毕业后在历史研究所中国思想史研究室工作，1982 年到河南省社会科学院哲学所工作。著有《南宋陆学》、《庄子歧解》、《庄学研究》、《儒学引论》、《儒学的现代命运——佛家传统的现代阐释》等。

谈了许多他对科学研究人才培养问题的见解，使我们受益匪浅。"① 崔大华回忆："这时，外庐先生因脑血栓引起语言障碍，说话不清楚，行走也很困难，于是又请汉生先生帮助他指导我们。我们同窗三人每月都要到外庐先生和汉生先生那里，向他们请安、问学。汉生先生教诲我们，作为外庐先生的学生，应该知道外庐先生在中国社会史研究中的关于亚细亚生产方式、中国封建社会土地国家所有制、明代资本主义萌芽等重要的理论创见，尽管学界对此有不同的看法，但外庐先生的立论自有他的广阔的经济学、法律学和历史的根据；应该知道外庐先生《中国思想通史》学术体系的成功得力于两个方面，一是科学的方法论，这是他从研习、翻译《资本论》中磨炼出来的锐利理论武器，二是深入探寻史料，立论有据，不自由其说。从汉生先生那里，我们对外庐先生的学术思想有了较清晰的认识。"②

同年，先生所作《肃清"四人帮"流毒，积极开展哲学史研究》发表于《哲学研究》1978 年第 1、2 期合刊。

一九七九年(己未)　七十六岁

1 月 1 日，全国人大常委会发表《告台湾同胞书》。同日，中美正式建交。《人民日报》发表《完整地准确地理解党的知识分子政策》。同月，蔡美彪、周清澍、朱瑞熙、丁伟志、王忠著《中国通史》第六册由人民出版社出版。

3 月 30 日，邓小平发表《坚持四项基本原则》的讲话。同月，任继愈主编《中国哲学史》第 4 册由人民出版社出版。

4 月，范文澜《唐代佛教》由人民出版社出版。

5 月 2 日至 9 日，中国社会科学院主办的"纪念五四运动 60 周年学术讨论会"在北京举行。25 日至 6 月 2 日，"全国太平天国史学术讨论会"在南京举行。同月，杨献珍《关于"合二而一"的问题》发表于《哲学

---

① 姜广辉：《侯外庐先生谈科研人才的培养》，《中国社会科学院研究生院学报》1988 年第 2 期，第 22 页。

② 崔大华：《外庐先生和汉生先生的学术友谊》，张岂之主编：《中国思想史论集》第 2 辑，广西师范大学出版社 2003 年版，第 76—77 页。

研究》。

6月12日至19日，郭沫若研究学术讨论会在四川乐山举行。

10月15日至17日，北京大学哲学系、中国社会科学院哲学研究所、山西省社会科学研究所等联合在山西太原召开"中国哲学史方法论讨论会"，主要讨论关于唯心主义的评价和苏联日丹诺夫对哲学史的定义，促进了研究方法上的思想解放。会上决定成立"中国哲学史学会"，选举侯外庐为名誉会长，张岱年为会长，任继愈、石峻、冯契、萧萐夫为副会长；于光远、冯友兰、容肇祖等为顾问；衷尔钜为秘书长，杨宪邦、楼宇烈为副秘书长。

11月，《中国历史大辞典》编委会在天津举行成立大会，由郑天挺担任编委会主任兼全书主编。

春

先生作《中国封建社会史论》之"后记"："在'四害'猖獗的时候，尽管人民出版社的同志们有良好的愿望，但要在当时出版它是不可能的。那时候，在'四人帮'封建法西斯文化专制主义的淫威下，我们党的'百花齐放、百家争鸣'方针遭到了最野蛮的践踏。整个思想文化界，'四人帮'的帮学独占一切，根本没有学术讨论的自由。""人民出版社的同志为本书的出版做了很大的努力；中国社会科学院历史研究所李学勤同志为本书的编辑、整理、修改和校对付出了辛勤的劳动，给我很大的帮助。"[1]

1月20日

先生所作《实事求是，搞好史学研究工作》发表于《历史教学》1979年第1期。文章认为："我们开展历史学的研究工作，一定要继续从思想上、理论上深入批判'四人帮'，在史学领域内拨乱反正，正本清源，把大是大非问题搞清楚。同时，还要很好地总结建国以来史学战线上正反两方面的经验，使得我们的史学研究工作能够符合新时期总任务的要求。"[2]"学习马列主义、毛泽东思想一定要完整地、准确地掌握

---

[1] 侯外庐：《中国封建社会史论》，人民出版社1979年版，第307页。
[2] 《历史教学》1979年第1期，第8页。

它的体系，领会它的精神实质，而不是离开它观察问题、分析问题和解决问题的立场、观点和方法去机械地照抄、照搬它的某些现成的结论。""我们讲要坚信马列主义、毛泽东思想对于史学研究的指导，就是要从马克思主义那里找研究历史的立场、观点和方法，绝不是要我们把马克思主义的个别词句当成抽象的公式和套语，去任意剪裁中国历史和世界历史，也不是要我们用马克思主义的个别词句去代替对于历史实际的具体研究。""我们对于革命导师在个别历史问题上所作的个别结论，同样应该坚持实事求是的精神。事实上，马克思主义关于某些具体问题所作的结论是应该根据新发现的事实材料加以修改、补充和丰富、发展的。无论是对历史事件或是历史人物的评价，我们都不能离开马克思列宁主义、毛泽东思想的立场、观点和方法，断章取义地抓住革命导师在不同的时间、地点和条件下所说的一两句话，就轻率地下结论，而是应该采取实事求是的态度，通过'百家争鸣'这种科学的民主方法去认真地加以解决。那种想靠行政命令，或者抓住片言只语就武断地下结论的做法，不但是错误的，而且是非常有害的。多少年来的实践完全证明了这一点。"①

1 月 25 日

先生所作《坚持实践是检验真理的唯一标准——读毛泽东同志给李达同志的三封信》发表于《哲学研究》1979 年第 1 期。文章指出："实践是真理的标准问题，归根到底是一个理论与实践相结合的问题；而理论与实践相结合则是无产阶级党性的表现。"②

2 月 17 日

先生所作《悼念吴晗同志》发表于《北京日报》第 3 版。文章提出："吴晗同志和我初次相识，是在抗日战争胜利后的重庆。那时候，他已经是一位勇敢的民主战士。"先生回忆 1961 年吴晗发表《海瑞罢官》后廖沫沙的贺信和提出的问题：历史的真实与戏剧的真实之间的关系，"由于吴晗、廖沫沙同志是我的老朋友，也由于我是一个戏剧业余

① 《历史教学》1979 年第 1 期，第 9 页。
② 《哲学研究》1979 年第 1 期，第 34 页。

爱好者，恰好当时我正在研究明代著名剧作家汤显祖的'四梦'，所以当《北京晚报》记者坚请我就历史剧问题谈一点自己的看法时，我便用'常谈'的笔名写了《从"兄弟"谈到历史剧的一些问题》这篇短文。正因为我们是彼此熟悉的老朋友，所以在讨论问题时大家都能畅所欲言，笔调也显得轻松。在讨论中互称'兄弟'，除了礼貌之外，主要是想借这个称谓来发挥自己对于历史真实问题的某种见解。……吴晗同志的'破门'精神，当时确实是给我以启发。……我也想由此打破历史和戏剧之间的界限，试图从历史旧剧遗产中探索研究中国思

想史的新领域"。"无论是吴晗同志的《海瑞罢官》，还是我们关于历史剧的讨论，目的都是为了繁荣社会主义的文化艺术，不但根本没有违反毛泽东同志关于分辨香花与毒草的六条政治标准，而且完全符合党的'双百'方针。但是，万万没有料到，五年之后，林彪、'四人帮'一伙竟然借此制造了千古奇冤的现代文字狱。……不但邓拓、吴晗、廖沫沙同志被无辜地打成'反党反社会主义分子'，我和孟超、方三等许多同志也惨遭株连。""然而，我们的党是马克思列宁主义、毛泽东思想武装起来的无产阶级政党，我们的社会制度是有史以来最先进的社会制度。我们党有优良革命传统，和人民群众血肉相连，特别是经过文化大革命的正反两方面的教育，广大干部和群众有高度的政治觉悟。"

2 月 22 日

先生参加在北京八宝山革命公墓举行的翦伯赞追悼会和骨灰安放仪式。

"侯外庐先生是翦先生30年的老战友，在'文革'中因遭受迫害而严重半身不遂，生活不能自理。可是他坚持要来为老战友送行。在女儿扶他

下汽车时，他即放声大哭，一直哭到灵前，在场的无不下泪，有的亦泣不成声。"①

2 月

先生所著《中国封建社会史论》由人民出版社出版。该书包括《中国封建社会土地所有制形式的问题——中国封建社会发展规律商兑之一》（《历史研究》1954 年第 1 期）、《马克思列宁主义论封建制和全东方的封建主义》、《秦汉社会的研究》（第一至第六节为《中国思想通史》第二卷第一章"汉代社会与汉代思想"，第七节为第二卷第十章"汉末统治阶级的内讧与清议思想"之第一节）、《魏晋南北朝社会经济的构成》（《中国思想通史》第三卷第一章）、《中国封建制社会的发展及其由前期向后期转变的特征》（《中国思想通史》第四卷第一章）、《十六、七世纪的中国封建制社会的初步转变》、《十八世纪的中国社会的变化及其局限性》、《中国封建社会前后期的农民战争及其纲领口号的发展》（《历史研究》1959 年第 4 期）等八篇文章。

先生回忆："白寿彝等同志积极建议并促进我把这方面的论文汇集成册子，于一九七九年出版了《中国封建社会史论》一书。这本书与《中国古代社会史论》相比，无论在广度和深度上，都显得薄弱一些，但它仍能反映我研究中国封建社会史的基本观点，不失为《中国古代社会史论》的姊妹篇。"②

4 月 2 日

《人民日报》第 4 版登载《社会科学院负责同志谈社会科学院招收研究生的有关问题》，提出："我国著名学者侯外庐、夏鼐、顾颉刚、季羡林、黎澍、尹达、贺麟、裴文中、任继愈等，都抱着多为国家培养人才的目的，积极招收研究生。"

4 月 20 日

杨国昌《谈谈〈资本论〉在我国的传播》发表于《北京师范大学学

① 张传玺：《翦伯赞传》，北京大学出版社 1998 年版，第 513—514 页；参见《人民日报》1979 年 2 月 23 日第 5 版。

② 侯外庐：《韧的追求》，三联书店 1985 年版，第 250 页。

报》（社会科学版）1979 年第 2 期，文章谈到先生和王思华翻译《资本论》的情况。①

5 月 4 日

先生所作《五四时期的民主和科学思潮》发表于《红旗》1979 年第 5 期。文章认为：（1）"五四运动是我国近代史上具有划时代意义的伟大革命运动。它的杰出的历史意义，就在于它带着为辛亥革命还不曾有的姿态，彻底地不妥协地反帝国主义和封建主义，成为新民主主义革命的开端"。"五四运动也是我国近代史上空前广泛深刻的思想解放运动。如果说，戊戌时期维新变法思潮的特点是要求实行君主立宪；辛亥革命时期民主思潮的特点是要求推翻封建帝制，建立民国，那么，五四时期思想解放运动的特点，就是揭橥民主和科学，批判与它不相容的旧思想、旧道德和旧文化，提倡新思想、新道德和新文化。"②（2）"五四时期新思潮的最大特点，就是提出'打倒孔家店'的口号，对以孔学为代表的封建思想文化展开了全面的空前猛烈的批判"③。"五四时期的民主战士，在'打倒孔家店'的同时，还进行了一场科学与迷信的斗争。民主和科学是相互联系的，专制和迷信也是难解难分的。'孔家店'既是封建专制制度的维护者，又是封建迷信思想的鼓吹者。……当时思想文化战线上科学反对迷信的斗争，归根到底是一场政治斗争。"④"但是，由于中国近代缺乏自然科学革命，相应地，也就缺乏哲学唯物主义的思想体系。五四时期的无神论者与辛亥革命时期的无神论者相比，虽然在自然科学和哲学素养方面都有很大提高，但缺乏高度的完整的理论概括则是他们相同的弱点。"（3）"五四时期的民主和科学思潮的伟大功绩在于，它不仅反对了封建专制和宗教迷信，更重要的是它为马克思列宁主义的传播开辟了道路"⑤。（4）"新中国的成立，使我国人民的政治地位发生了根本变化，民主和科学得到前所未有的发展。但是，由于我国是一个长期受封建主义统治的国家，近代半殖民地半封建社会更造成了经济上的贫困和文化上的落后，因而十分缺乏民

① 《北京师范大学学报》（社会科学版）1979 年第 2 期，第 61 页。
② 《红旗》杂志 1979 年第 5 期，第 57 页。
③ 同上刊，第 59 页。
④ 同上刊，第 61 页。
⑤ 同上刊，第 62 页。

主传统和科学精神，这是旧中国遗留下来的一个历史包袱。因此，在目前社会主义阶段，进一步发展民主和科学，仍然是我们面临的一个重大课题。甚至可以说，没有民主和科学，就没有社会主义。""如果说，从封建主义到资本主义需要民主和科学，那么，从资本主义到社会主义就更需要民主和科学。"①

同日，孙开泰②拜访先生，先生提出："《白心》、《内业》等篇是宋钘、尹文的遗作，不是管子的著作。郭老有证。但比郭老更早发现这几篇是宋、尹著作的是中山大学刘节。此人在'文化大革命'前就被批判。认为他的观点不行。他认为宋钘、尹文是前期法家，我认为他的意见是对的。郭老发现《心术》、《内业》等篇是宋钘、尹文的遗作，不知道中山大学刘节有文章，是独立发现的。"③

6月9日

先生出席中国社会科学院历史研究所学术委员会成立大会。

7月14日

《人民日报》第1版登载《严格按政策清理冤假错案和历史遗留问题　社会科学院为八百多名科研人员和干部恢复名誉，推翻了林彪、"四人帮"强加的不实之词，全院出现安定团结的大好局面》："在受到林彪、'四人帮'迫害的同志当中，杨献珍、杨述、孙冶方、侯外庐、邵荃麟、何其芳、黎澍、刘大年、陈冷、骆耕漠、罗尔纲、蔡美彪、林里夫、顾准等十四位同志曾被戴上各种帽子，在报纸上公开点名进行批判，这些都属于不实之词，已予以推翻。"

7月

先生作《祝贺与希望——写给〈鲁迅研究年刊〉》，发表于西北大学鲁

---

① 《红旗》杂志1979年第5期，第63页。

② 孙开泰（1940— ），四川泸州人。1963年毕业于云南大学历史系，随即到中国科学院历史所工作，后参编《宋明理学史》等，著有《中国思想发展史》、《中国春秋战国思想史》、《吴起传》、《邹衍与阴阳五行》等。

③ 孙开泰：《关于侯外庐先生论〈管子·白心〉等篇著者问题的一次谈话》，《晋阳学刊》1994年第1期，第26页。

迅研究室编的《鲁迅研究年刊》（陕西人民出版社 1980 年版）创刊号。文章提出："解放初期，我在西大（西北大学）工作，和文科师生研究过鲁迅思想的发展过程，当时我还向中文系老师建议：除研究鲁迅的作品和思想，还可结合我们地区的特点，研究鲁迅在西安的讲学情况，这对于了解鲁迅战斗的一生不无帮助。回来，中文系的老师搜集了有关这方面的许多资料，编撰了《鲁迅在西安》一书，我在病中很有兴味地把它读完了。"①"鲁迅早年宣传自然科学以及与之相联系的朴素唯物论观点，其历史功绩是不可磨灭的。不过，中国近代自然科学的唯物主义思想有很大的局限性，鲁迅也不能超越时代的限制。……如果说早期的鲁迅有完整的唯物论思想，这和历史的实际并不相符。具体科学不能代替哲学，哲学也不能代替具体科学。"鲁迅"掊物质而张灵明，任个人而排众数"的命题"包含有对于西方资本主义世界的批判成分。不只是早期的鲁迅，其他向西方寻求真理的代表人物几乎都有这种倾向：一方面向西方学习，另一方面又多少对西方资本主义制度发生怀疑。……于是他们便提出问题：既要学西方，又要避免西方世界的弊病，这两者应当如何统一起来？一般地说，马克思主义传入中国以前，先进人物并不能从理论上和实践上解决这个问题。早期的鲁迅同样有这种情况。……鲁迅提出西方资本主义世界的弊病问题，并在一定程度上揭露这个世界里精神生活的空虚与堕落，这表明早期鲁迅观察问题的深刻，而且是他后来接受马克思主义的重要发端"②。"社会历史现象是很复杂的，从意识形态的领域来看，一个命题在理论上是错误的，并不等于它的历史意义就一定是反动的。……因此，我们既无必要把这个命题说成是唯物论，同时也不要否定其积极的历史意义。"③"鲁迅的创作较早地提出了中国的农民问题，他比同时代的作家站得更高些，看得更远些。"④

8 月

先生作《中国思想史纲》序言。序言指出："这部《中国思想史纲》是综合了哲学思想和社会政治思想一起编著的，由于比较侧重哲学思想的

① 《鲁迅研究年刊》，陕西人民出版社 1980 年版，第 3 页。
② 同上书，第 4 页。
③ 同上书，第 5 页。
④ 同上书，第 6 页。

论述，因此 1963 年冬曾以《中国哲学简史》的书名，出版过本身的上册。下册写到'五四'新文化运动为止，在文化大革命前夕也已编成并发排，但终于未能正式出版。直到去年，我们与中国青年出版社磋商，才决定对这部书进行修订增补，并改为现在的书名重新出版。"① "这部书的内容，大体上是依据五卷六册本《中国思想通史》的主要论点编写的，从这个意义上讲，本书也可以看作是《中国思想通史》的缩写本，但是在编写过程中有所侧重，有所补充，有所发展，实际上是一个再创作的过程，而并非《中国思想通史》的简单重复和节略。此次修订，在内容上又有新的增补，例如根据出土的秦汉帛书和竹简等新材料以及其他新发现的文献资料增写的章节段落就是。还有一些章节，从论点到文字都作了修改，有的是重新改写。下册的近代部分则根据近年出版的《中国近代哲学史》重加编写。"②

9 月

先生所作《提倡科学上的诚实态度》发表于《中国史研究》1979 年第 3 期。文章提出："我们应当反对科学上的诚实态度，反对科学上的卑鄙行为。"③ "我们应当注重学习和研究政治经济学。如同数学是自然科学的基础一样，政治经济学是社会科学的基础科学。" "我们应当解放思想，勇于创新。"④

10 月 17 日

先生当选为新成立的全国中国哲学史学会名誉会长。

11 月

先生所作《学术研究与"百家争鸣"》发表于《西北大学学报》（哲学社会科学版）1979 年第 4 期。文章提出："我个人从学术研究实践中体会到一个真理：学术研究离不开'百家争鸣'！" "我们总结建国三十年来

---

① 侯外庐：《中国思想史纲》序言，《中国思想史纲》上册，中国青年出版社 1980 年版，第 1 页。
② 《中国思想史纲》上册，中国青年出版社 1980 年版，第 1—2 页。
③ 《中国史研究》1979 年第 3 期，第 5 页。
④ 同上刊，第 6 页。

史学研究的经验和教训，得出这样一条认识：认真贯彻'百家争鸣'的方针，学术空气就活跃，学术成果就丰富，学术研究工作就不断向前发展；反之，学术空气就窒息，学术成果就贫乏，学术研究工作就停滞不前，乃至濒临绝境。"① 为了"保证我们在现时和今后都能切实有效地、一丝不苟地贯彻执行'百家争鸣'这样一条促进学术发展的正确方针"，就要求：(1)"首先要肃清极'左'路线的流毒，反对把阶级斗争扩大化"。(2)正确处理学术与政治的关系："社会科学同政治的联系是比较密切的，但是，二者绝不能等同。我们知道，哲学、历史等社会科学，是有特定研究对象的科学，它们有自己的体系、内容、特点和发展规律，而且有其相对的独立性。如果离开这些，而用贴标签或者简单的类比法来代替理论研究和学术探讨，那不可能揭示事物的特点和本质，是没有真正的科学价值的。因此，在学术问题上，就非得有'百家争鸣'不可"②。"'百家争鸣'，讲的是学术上的民主、学术上的自由讨论。这和政治上的民主是紧密相连的。可以说，政治民主是学术民主的保证与前提。""从历史来看，我国战国时代'百家争鸣'局面的出现不是偶然的。我的看法是：由于生产力的发展与阶级关系的变化，传统的法权形式即礼制被冲破，产生了相对的古代民主制度。特别值得注意的，是'士'这一阶层的活跃，他们享有参预政治的权利，其中也有一部分人专门从事学术活动。他们都很受各国统治者的重视，'礼贤下士'的风气，在当时是很盛行的。……这种古代的民主制度就造成了战国时代的学术繁荣。""在学术问题上，不可能是一家两家，一定要提倡各抒己见的'百家'。'百'是泛指，言其多也，超过了一百家，我们更欢迎。对于学术领域中的这种民主，我们一定要坚持下去，就是到了共产主义，在学术研究上也还是要有'百家争鸣'，否则就不会有发展。"③ (3)正确处理学派与宗派的关系："在'百家争鸣'的过程中，形成不同的学派，这并不是什么坏事，而是一种正常现象，应当受到鼓励。但是这里要指出，必须划清学派和宗派的界限，我们拥护前者，反对后者。""学派的形成是自然而然的，有学术研究必然会形成不同的学派，这是为学术研究本身

① 《西北大学学报》(哲学社会科学版) 1979 年第 4 期，第 3 页。

② 同上书，第 4 页。

③ 同上刊，第 5 页。

的规律所决定的。同时还要看到，社会科学的研究是一种复杂而又艰苦的精神劳动，它更需要有不同的学派，从不同的角度来进行研究工作。如果只允许有一家一派，那就无异于把大家都赶进一条死胡同。此外，学派的形成要有一个过程，在这个过程中，各家学派一般形成了不同于其他学派的特点和独立见解，这些不仅可以丰富学术研究，而且它们本身也成为学术研究领域的精神财富。学派也是要发展的，在发展的过程中，各家学派必然要吸取他人之长，补充自己之短，在不同学派之间的交流中，学术研究工作将会以巨大的步伐向前迈进。""宗派与学派完全不同。它的目的不是为了追求真理，不是尊重客观事实，不是从社会实践出发，而是从一己的私利出发，以谎言为真理，以独断为准则。由此我们可以看到学派之间互相尊重，互相促进，宗派却是互相拆台，破坏团结；学派之间的不同观点是为了争是非，求真理，而宗派却是争权益，谋私利。总而言之，在学术研究中搞宗派不仅于学术无补，于人民无益，而且会破坏政治上的安定团结与学术上的'百家争鸣'。"（4）正确处理关于"争鸣"与"空鸣"的关系："学术工作者提出自己的学术观点，总是离不开前人的成果。所以我认为，'百家争鸣'必须是在踏踏实实学术研究基础上的'争鸣'，是科学成果之间的'争鸣'，没有成果或者滥竽充数，只能把'争鸣'变成'空鸣'，这样也就失去了'争鸣'的意义。"[1]

秋

国家出版局研究室包遵信[2]来访，约先生写作回忆录。朱学文回忆："打倒'四人帮'以后，国家拨乱反正之际，三联书店范用先生计划出一批劫后余生的有代表性的前辈学者的回忆录，派专人晤商外庐先生。"[3]

先生邀请朱学文参加其回忆录的撰写工作。朱学文回忆："1979年秋，我从一所中学调职到北京市社科所。办手续的时候，外庐先生要我参加他的回忆录的编写工作，派人到我的新单位商议借调。一开始，编写工作交

---

[1]　《西北大学学报》（哲学社会科学版）1979年第4期，第6页。

[2]　包遵信（1937—2007），安徽芜湖人。1964年毕业于北京大学中文系古典文献专业，1964年后曾在中华书局、国家出版局研究室工作，1981—1989年在中国社会科学院历史研究所思想史研究室工作。著有《跬步集》等。

[3]　朱学文：《忆外庐先生与〈韧的追求〉》，张岂之主编：《中国思想史论集》第2辑，广西师范大学出版社2003年版，第66页。

由李经元先生和我承担。外庐先生嘱咐，涉及学术内容的部分可以请教邱汉生先生和黄宣民先生。"①"外庐先生一再和我商量，要我帮他写回忆录，我觉得自己水平不够，自信心也不足，一再谢辞。外庐先生最后说：'如果你不写，这本书我就不要了。'"②"1979 年回忆录工作开始时，外庐先生尚能说一些话的，后来，语言障碍逐步加重，能表达的语言更少了，常常辅以手写。进而手写的笔迹渐渐变得无法辨认，只好看笔序认字。万幸的是，当先生的笔序也难于辨认的时候，回忆录由我执笔的部分基本完稿了。这个过程经历了五年。""在回忆录的写作过程中，外庐先生的公子侯闻初先生出力甚巨。闻初先生是北京外国语学院的政治经济学教授，理论素养很高，对外庐先生的理论和观点比较熟悉。我从事回忆录的基础劳动时，尤其是与外庐先生艰难交流时，他大都陪我一起工作，和我一起分析一个个事件的背景及先生只言片语背后的含义。闻初先生对我的帮助是切实的。"③"开始工作的时候，国内一般的回忆录都突出讲革命生平。外庐先生的回忆录主调该是什么样的呢？我问先生：'您认为自己是革命家呢，还是学者呢？'外庐先生说：'我是个读书人，但是我懂得政治，参加了革命，最终还是读书人。'这是一个基调，整个回忆的基调，我也是循这个基调理解他、表现他的。"④

年底

中国社会科学院历史所副所长尹达找刘茂林、叶桂生谈话，说到马克思主义史学的问题。尹达提出："马克思主义史学大家在世的已经不多了。郭老、翦老、范老都不在了，吕老、外老身体也都不好。我们对于他们的史学著述的研究做得很不够，或者还没有做。这是一项大工程。我们搞史学史的人责无旁贷，需要一个个地研究，然后再综合研究。现在还在世的人，我们首先要去抢救活材料。这是我们史学史研究室应该做的。外老现在有思想室的同志们在帮助他。吕老现在还没有助手。你和桂生先生去访问他、帮助他，关心他生活上的问题，记录他对于学术上的记忆与见解。

---

① 朱学文：《忆外庐先生与〈韧的追求〉》，张岂之主编：《中国思想史论集》第 2 辑，广西师范大学出版社 2003 年版，第 67 页。

② 同上书，第 69 页。

③ 同上书，第 67 页。

④ 同上书，第 70 页。

这对我们的研究都是很珍贵的材料。"①

本年

先生任中国社会科学院历史研究所所长、中国社会科学院学术委员会委员。

同年，北京师范大学历史系开设《中国思想史》课程，"外庐同志闻讯后，要亲自来讲授这门课。大家考虑到他身体不好，劝他不要亲自来讲授，他才改派历史研究所的其他同志来担任这门课程。白寿彝同志主编《中国通史纲要》和多卷本《中国通史》，聘请外庐同志作顾问。外庐同志欣然应聘，并和白寿彝同志等共同切磋中国历史分期等问题。"②

一九八〇年（庚申）　七十七岁

1月10日，《中国社会科学》创刊。

4月8日至12日，中国史学会在北京京西宾馆举行重建大会。大会通过中国史学会章程，选出71位理事、15位常务理事，选举郑天挺、周谷城、白寿彝、刘大年、邓广铭为主席团成员，以梁寒冰为秘书长。

6月，《陈垣学术论文集》第1集由中华书局出版。

7月17日，吕振羽（1900—1980）逝世。

8月5日至8日，明清史国际学术讨论会在天津举行。

10月6日至2日，中国宋史研究会首次年会在上海师范学院举行。18日至23日，中国元史研究会成立大会暨首届学术讨论会在江苏南京举行。

11月，白寿彝主编，杨钊、方龄贵、龚书铎、朱仲玉分纂的《中国通史纲要》由上海人民出版社出版。

12月10日，国务院正式批准成立厦门经济特区。12日，第五届全国人大常委会第13次会议通过《中华人民共和国学位条例》。14日，国务院设立学位委员会。25日顾颉刚（1893—1980）逝世。同月，《中国哲学

① 刘茂林：《尹达先生指引我走上中国马克思主义史学研究之路》，《从考古到史学研究之路——尹达先生百年诞辰纪念文集》，云南人民出版社2007年版，第176页。
② 刘淑娟：《侯外庐同志在北京师范大学历史系》，《史学史研究》1982年第3期，第73页。

史研究》创刊。

本年，周谷城《史学与美学》由上海人民出版社出版。

1 月 23 日

陈谷嘉致信黄宣民："承你惠赠外庐同志所编思想史，而又相烦你同出版部门联系，殊为感激。你来信希望我为此书写个书评，不揣其力绵薄，愿为效命。""从我已读部分中，甚感新鲜，不仅文风大变，材料翔实，而且在纠正史方面多年形成的简单化、庸俗化弊害颇费了心思，多年心血之劳终归不负。读了启发很大。"

2 月 16 日（春节）

先生作《中国哲学史研究的新尝试——〈中国古代著名哲学家评传〉序》，发表于《哲学研究》1980 年 10 月 25 日第 10 期。文章认为："《评传》的作者们力求遵循社会存在决定社会意识的历史唯物主义的基本原理，既注意从阶级斗争、生产斗争和科学技术的发展规律上去考察处在特定历史时代的哲学家们的社会根源和思想渊源，因而所撰人物，大体说来有血有肉；所论思想，基本上避免了人云亦云的概念化和公式化的毛病。"该书的特色有："重视广泛征引资料，对哲学家的身世、生平、经历和学术活动，尽量作出科学的考证和完整的叙述，以显示出哲学思想的时代气息和发展脉络，刻画出不同哲学家的具体特点和独特风貌。""每一个人物都有画像和事迹（或故事）图画插入，把文字表述和形象感染结合起来。这有助于引起读者的阅读兴趣，因而也是《评传》的另一特色。"[1] 文章指出："马克思列宁主义经典作家历来十分重视对历史上著名哲学家的研究。"[2]"中国史学也有一个很好的传统，就是通过介绍思想家的生平活动去叙述其思想观点。……我少年时代熟读过《左传》、《史记》一类的书，这也培养了我后来研究中国思想史的兴趣。""现在出版的这部《评传》，则是在马克思主义唯物史观的指导下，推陈出新的集体著作，它又是《学案》一类书所不能比拟的。"[3]

---

① 《哲学研究》1980 年第 10 期，第 42 页。
② 同上刊，第 42—43 页。
③ 同上刊，第 43 页。

2 月

《中国思想通史》第 1 卷由人民出版社重印出版。

4 月 8 日

先生出席中国史学会复会开幕式。

会后，吕振羽翻出重庆时所作的《歇马场访侯外庐未遇》七绝，配上跋语，由夫人江明代书赠先生："独步寻君歇马场，柴门深锁炊烟香。嘉陵急涛笼白障，半为琐事半文章。"跋语云："外庐老友：皖变前夕在渝，某次去歇马场访兄不遇，赋七言一首，不知兄尚忆及否？振羽。"

4 月 9 日

崔大华致信先生："我调离北京的要求，能得到您的谅解和同意，使我十分感激！我回到河南后，也一定要像留在这里一样，勤奋地工作，以无愧于作为您的学生。这些，请外老放心！""本来，留在北京工作，留在您和邱先生的身边工作，是件非常幸福的事情。我之要求调离，实在是不得已而为之。我今年 44 岁，爱人 45 岁，两个孩子也都十几岁了。我和爱人都不是河南人，爱人孤单一人带着两个孩子在河南商丘，确有不少具体的、急迫的困难；而三五年内他们进京的户口又绝无解决的可能。在此情势下，我也难以有安定的心境在这里工作了。最后，只好仍回河南，因为河南省社科院的领导曾答应我若去那里工作，即积帮助或解决家属分居问题。""然而，目前正值机构精简，我回河南后，家属问题的解决是否顺利，尚难以逆料。祈请外老能再给予帮助，使我到那里后，困难能得到切实的解决，安心地工作。"

先生读信后批示："请赵峰同志与河南省委联系，帮助解决。侯外庐"

4 月 28 日

张岂之致信黄宣民："《中国思想史纲》下册，我已搞好明、清分给我的部分，近代尚未着手；从日本回来后，近代我亦无时间立即着手，要到暑假才能写，因为本学期我开了一门选修课《中国古代思想史》，要备课，占去不少时间，加上又有其他事情。不管怎样，今年八月份我可以完成近代分给我的部分。此情况请转告钟锋。"

5 月 24 日

邱汉生致信黄宣民："关于新民主主义时期思想史，侯先生两次向我提过。我没有认真考虑，只觉得难度很大。事后想来，这部分思想史还是应该编写。平日留心搜集材料，到一定时候，拟出提纲。这个问题，要请您和有关同志多考虑。"

5 月

先生主编，张岂之、李学勤、杨超、林英、何兆武、卢钟锋、黄宣民、樊克政①编著的《中国思想史纲》上册由中国青年出版社出版。该书系根据《中国哲学简史》上册（1963 年 11 月版）修订增补而成，因而是"第 2 版"。

6 月 25 日

先生所作《历代名人咏晋诗选序言》发表于《山西师院学报》（社会科学版）1980 年第 2 期。文章认为："对某一地区或某一时代的历史人物、名胜古迹的文字记载与诗歌吟咏进行整理汇编，为人们提供有益的知识和有价值的史料，历史上不乏其例。如南宋郑虎臣编《吴都文粹》九卷，搜集了当时苏州地区的文献。孔延之编的《会稽掇英》二十卷，有历代记载和歌咏会稽山水名胜的诗文八百余篇。关于人物方面的汇编，著名的有三国时的《陈留耆旧传》、晋代习凿齿的《襄阳耆旧传》、明宋濂的《浦阳人物记》，直到近代还有马其昶的《桐城耆旧传》等等，这些被称为别史，是我国文化的优良传统之一。"② 并提出"应当恢复和加强对地方史的研究和编纂工作"、"希望加强文物考古工作"、"正确对待历史传说"。

邱汉生、冒怀辛审读了全部诗稿。

---

① 樊克政（1942— ），山东沁水人。1963 年毕业于西北大学历史系，同年 10 月到中国科学院历史研究所工作，参加《宋明理学史》、《中国思想史纲》、《中国近代哲学史》、《中国历史大辞典·思想史卷》等编写，著有《龚自珍生平与诗文新探》、《中国书院史》、《学校史话》、《书院史话》、《龚自珍年谱考略》等。

② 《山西师院学报》（社会科学版）1980 年第 2 期，第 1 页。

6 月 28 日

先生所作《怎样造就社会科学人才》发表于《文汇报》第 3 版。文章提出："我认为，科学人才的培养，除了大家熟知的要从难、从严、从实战出发和大运动量以外，还有几点要考虑。特别是社会科学研究如何出成果出人才，要注意下述四原则"："第一条是'热处理'，就是要趁热打铁。……即是说，一方面，从难从严；一方面多加鼓励表扬，热情帮助。二者是不矛盾的。青年同志拿来一篇文稿，要给予具体指导，指出其可取之处，然后鼓励他进一步写好，要使他有信心，充分发扬他的积极性，不是给他泼冷水。以前，我对青年同志写的文章，初稿、二稿、一直到清样，我都要看过。培养一个青年不是那么容易，是要花一番苦心和热心的。""第二条是要注意'文章、考核、义理'。这本是古人做学问的方法。……桐城派讲究义理、考证、辞章，就是说要有儒家的义理，要考证确实，要讲究修辞。我们现在是借用这句话，讲我们的要求。'文章'就是指文字表达，文字修养。表达要清清楚楚，但不要光讲辞藻。应当像马克思说的那样，内容胜于辞藻，而不是辞藻胜于内容。写科学论文，我不喜欢文艺的写法。哲理文章要用科学语言，说理清楚透彻。'考核'，就是对于历史事实考证、核定。历史事实的考订是很重要的。要掌握大量的可靠材料。讲'义理'，就是要掌握马克思主义的基本理论。要注意理论的完整性、系统性，掌握精神实质，融会贯通。学理论就要多读书，知识面太窄了，是学不好理论的 。最好能懂外文，读原著，甚至搞点翻译，这对学好理论帮助很大。总之，写一篇文章，必须掌握大量史料，并且对史料经过仔细审查，然后用马克思主义观点分析材料，得出符合实际的科学结论来。""第三条是注意培养尖子，不能搞平均主义。要通过尖子来带动其他同志。事物是不断变化的，尖子也不是固定不变的。谁走在科研工作前头，谁就成为尖子。每个同志都可能成为尖子。在某一方面走在前头，就成为某一方面的尖子。对于青年要注意他的'生长点'，发挥他的长处。每个人都有其'生长点'，发展起来就成为专长。孔夫子说：'三十而立，四十而不惑。'他说的'立'是立于礼。我们讲立，是要树立正确的世界观。一个人要做到'不惑'是很难的。要不断学习、改造，才能少犯错误。对于干部要随时考察，对一个人的了解，不能光凭大家举手多少来判断。要在平时多观察，多考核。""研究学问是不能搞群众运动的。要按科研工作的本身规律来办事。要把科研工作的正常秩序建立起来，建立研究室的工作层次，要有岗位责任制。对工作，要从质量上检查。我们研究学问，重要的是要解决疑难。也只有决疑，才能有突破、创新。决疑本身就是一种创造性劳动。尖子在科学上的勇气也往往表现在解决疑难问题上。"

"第四条是发扬民主精神。在科学研究中，要互相商讨，互相学习，取长补短。要有孔夫子那种'每事问'的精神。导师和学生之间要互相启发，教学相长。师生之间也可以辩论。不但要教学相长，而且要同学相长。同学之间要互相学习，互相帮助。这样，大家的进步就会快些。"

7 月 10 日

丁伟志《张载理气观析疑》发表于《中国社会科学》1980 年第 4 期。该文注云："侯外庐同志主编《中国思想通史》第四卷对张载哲学的评述，富实事求是精神，且蹊径独辟，创见迭出。在许多问题上，我这篇文章深受早年读此书的启发和影响，也可以说，这篇文章的部分内容是在该书有关论述的基础上，利用了该书的成果而写成的。"[1]

8 月 6 日

杨荣国女儿杨淡以致信先生："侯伯伯：您老人家好！我已是很久没有信给您了，不知您老人家健康是否恢复？甚念！如果有机会，我一定去看望您老。""关于我父亲事，我于今年 5 月回中大（中山大学——编者注）转有关方面云：'已调查清楚，与四人帮无瓜葛。''对周总理很有感情'，'在当时历史条件下讲错话'等等之意。并报送中央批示。我正在静候了。""上月 24 号《光明日报》所载由您主编、我父亲等人参加的《中国思想通史》重印，并云第一卷已出版。此事，不知您是否能让黄宣民同志与人民出版社交涉一下，是否寄给我一套，以留纪念？或者由人民出版社转给您或黄宣民同志，再烦您老或宣民同志寄给我。不知原来出版社编审同志仍在否？"

8 月 9 日

先生坐手推车，到八宝山革命公墓参加吕振羽的追悼大会。

---

[1] 《中国社会科学》1980 年第 4 期，第 124 页。

8 月 15 日

王禹夫致信先生："外庐同志：您好！长期不见了，不时在系念中。偶尔看到您（如在振羽同志的追悼会上等场合），未多致候或打招呼，尤感歉憾与不安！""我的历史，早已恢复了本来面目，什么问题都没有，党龄及工龄，均从 1929 年（29 年我 20 岁）算起。因您对我很关怀，特此奉告一声以慰。""从五十年代初，我请您到政法学院作报告以来，我一直仍在研究党史。我一直保存了二三十年代时的不少文献和资料，对研究党史深入下去就方便了些。三十年代初，您作为'左翼'教授，到处讲演报告，我都听过，而且和您有不少接触，这些，虽四五十年过去了，但想起来，清晰地犹历历在目。"

8 月 26 日

杨荣国女儿杨淡以致信先生云："正值我父亲逝世两周年之际（八月二十二日），收到了您老让宣民同志转寄给我的书，十分感谢您老对我的关怀！""记得约在 1944 年，当时，我父亲在重庆地下党工作，他带着我到您家去。半路上，他的裤腰带突然断了，他想拿钱买一根。可是，他搜遍所有的口袋，都难以凑齐买一根裤带的钱。他是提着裤子走了一段。后来，我在我身上找到了根旧的布带子给他，才算解决。走到您家院子里边门口的附近的台阶上，父亲碰到了蕲老（这是父亲事后才告诉我那人是蕲老的）。那天，在您家里（您的家好像是在中苏文化协会里面）还吃上了一条大鱼。这对于我——一个在孤儿院度过童年的人来说，那种场合是从来未曾见到过的！在旧社会，为了取得知识，为了追求真理，为了人民和祖国的事业，为了实现共产主义理想，许许多多的知识分子都经历过崎岖不平的道路。您和我父亲，还有杜老、赵老、蕲老、吕老……不都是这样吗？""以后，就是前几年，我父亲在京治病期间，您老也住院，我去看望您老多次，您老多次嘱咐我：'他（指我父亲）身体不好，少讲话，不要作报告！'我曾将您老这无微不至的关怀告诉了父亲，他很感动感谢；但在当时历史条件下，他不得不拖着病躯去作'评法批儒'、'儒法斗争'的报告……""当上级领导多次对他说，要他作报告时，我总是劝他，'你有时还在便血，甚至还昏过去。就照侯伯伯的话做，别去作报告了。'可他总是说：'我是一名共产党员，党的领导要我作，能不去吗？我必须服从组织啊！'他哪懂得纷纭复杂的人事呵？

一个埋头做学问的人，一个只是把理想和学术当作自己生命的人，在那充斥着治术与权术的人事面前，显得多么天真、幼稚、单纯！正如毛主席评我父亲时讲过，'书生气十足。'"

先生读信后批字："怀念杨荣国同志。请宣民复。外庐。"

8 月

先生口述、侯闻初记录整理的《翻译〈资本论〉的回忆——我研究中国思想史的起点》发表于《中国哲学》第 3 辑。卢钟锋、黄宣民《五四时期科学同迷信的斗争》在同期发表。

先生 1984 年 12 月回忆："五年前，当时在国家出版局工作的包遵信同志来访我，说他是受范用同志委托，约我写一本回忆录，由三联书店出版。内容自定，体裁不拘，长短勿论，力求生动。……其时，刚好北京师范大学图书馆有位同志研究《资本论》在中国的传播，他收集了各种中文译本，托人将我与王思华同志合译的《资本论》第一卷上册带给我看，向我了解当年翻译出版的经过。我重睹五十年前的旧译，不胜感慨，于是写了一篇《翻译〈资本论〉的回忆》。包遵信同志读后，要求加一个副题《我研究中国思想史的起点》，把它列入《中国哲学》第三辑。"[1]

朱学文回忆："外庐先生开始有顾虑，担心自己患脑血栓后遗症，无法自力完成，请人代笔的方式怕不合要求。出版社方面对先生的病况了如指掌，一再坚请，并催促先生组织人力做这个工作。就在这时，来访者纷至，北京和上海都有刊物向先生约稿，请他回忆为《资本论》在华传播做过的贡献。外庐先生和王思华合作翻译的《资本论》第一卷，于 1932 年和 1936 年的北平，正式出版过两个版本，在当时都是填补国内空白的译本。他和王思华算得上是播火者了，而王思华已经在'文化大革命'中故世。每当来访者问及，先生总感到介绍王思华和他的共同奋斗是一份责任。所以，回顾《资本论》译事的需要，是促使先生接受写回忆录计划的一个推动力。"[2]

---

[1] 侯外庐：《韧的追求》自序，《韧的追求》，三联书店 1985 年版，第 1 页。
[2] 朱学文：《忆外庐先生与〈韧的追求〉》，张岂之主编：《中国思想史论集》第 2 辑，广西师范大学出版社 2003 年版，第 66—67 页。

9月10日

张岂之致信黄宣民、卢钟锋："前些天收到宣民函，随即回信，谈及杨万里、王应麟章稿件事，不知收到否。""因张载章尚未写成，故我暂不能来京，此章脱稿后始能成行。请向邱先生汇报。""宣民同志上次来信谈及有人曾说'侯外庐那批人否认有中国近代哲学'，这纯系编造，不必介意。在你们启发下，我在六月初从北京返回校后写了一篇关于中国近代哲学的文章，作为参加吉林举办的近现代哲学讨论会的稿件，人未去，稿寄去，现在《哲学研究》第8期发表。此文，我想，大体上已把我们的观点比较系统地讲了出来。我们并未否认中国有近代哲学，但我们认为有它本身的特点。我们的观点也有不少同志同意。不同意者完全可以写文章进行讨论，不必无中生有地上纲。宣民不必生气，亦不必介意。""张载章草毕，我即来京，仍住侯先生家。""请钟锋抓辞典工作，务请按时完成。"

10月18日

赵纪彬读卢锋锋、黄宣民《五四时期科学同迷信的斗争》后致信黄宣民："曾忆陈大齐或王星揆，记不甚清，有《迷信与心理》（新潮社出版），为当时反迷信斗争的唯一专著，似乎应该提及。未知然否？""陈独秀的反迷信斗争，诚如大作所说，有重大意义；但亦有其局限性，例如，关于克尔德尔碑，对于义和团的'天灵灵，地灵灵'大加讽刺，似即为列宁所说离开群众运动而反宗教的知识分子习气。以此与李大钊同志对冀鲁豫红枪会的态度相较，正误判然，未知然否。""李经元同志所说'永嘉学派'表，已找到，兹随函附上，请您转交。此表非我的原表，不知哪位同志所画，有些地方，我也看不懂。对李经元同志，不一定有用。""我近来又在钻牛角。想写一本小书：《中国权说史略》。以权言道，从孔夫子到孙中山，史不绝出，其间异同之辨，属于辩证法与形而上学之争，故'权说'史，实为古代辩证法史的专题。前人对此，似尚未能及。我以暮年病笃之身，不自量力，得毋想入非非乎？"

10月

先生开始担任中国社会科学院历史研究所所长。

同月，先生口述、朱学文记录整理的《坎坷的历程——回忆录之二》

发表于《中国哲学》第 4 辑。

11 月

先生作《深沉的怀念——纪念杜国庠同志逝世二十周年》，发表于
《学术研究》1981 年 1 月 20 日第 1 期。文章提出："岁月流逝，杜国庠同
志离开我们竟如此多年了。然而，我对他的怀念并没有被时光冲淡。在学
术史研究工作向新的领域深入的时候，在我回顾过去漫长的战斗历程的时
候，晴窗涉笔，或风雨灯前，偶一凝思，杜老的神情风貌就浮现在我的眼
前。如此亲切，如此可望而不可即啊！倘若人生有所谓'执着'，那么，
这种确然不可磨灭的'执着'该是十分可贵的吧。因为这中间凝结着我们
在学术战线上并肩战斗的深情厚谊，而这种情谊是极其宝贵的。""杜国庠
同志对先秦诸子的研究功力甚深，写成了系统的著作，即他的《先秦诸子
思想概要》。……杜老运用马克思主义的科学方法，对先秦诸子思想做了
精湛的研究，洞察其精神面目。……杜老不光是对先秦诸子各家思想学说
作了客观的实事求是的论述和分析，尤为重要的是他对先秦思想史发展规
律的探讨做出了重大贡献。"[1]"杜著《先秦诸子思想概要》一书，解放前
在上海出版，风行一时。读者从这部著作中得到马克思主义学术史著作的
那种特有的坚实、朴素、犀利、明快的理论享受，又为他那清新隽永、深
入浅出的文风所陶醉，好象一阵浏如的清风，把资产阶级学者在这一领域
所散播的迷乱吹荡了一番，而沁人心脾。"[2]"在学术史研究中，杜老毕生
致力于表彰、阐扬中国思想史上的唯物主义传统，揭露、批判唯心主义错
误。他的这种努力，即使在今天，仍然是值得我们治思想史者学习的。"
"杜国庠同志在论述魏晋清谈的时候，讨论了支配一个时代的思想主潮问
题。他认为，一个时代的思想主潮，不是某些个别的学说或派系的思想。
一般来说，思想都是实在世界自然和社会的运动的反映。而个别思想之所
以能够汇合而成为思潮，也正因为它们是在某一历史时期反映了同一实在
世界的结果。但这并不是说思想没有纵的承借和横的感染（或反拔）的关
系，没有它自身的逻辑的发展；而是说，这种关系和发展，归根结底仍然
从它的社会根据去找它的原因和说明。这里我们便看到了'逻辑的'和

---

[1] 《学术研究》1981 年第 1 期，第 44—45 页。
[2] 同上刊，第 45 页。

'历史的'之一致。这是杜国庠同志从历史唯物主义的高度论述了时代思潮之所以成为时代思潮的道理，这是研究思想史时分析思想主潮的科学观点和方法。"①

同月，何兆武、步近智、唐宇元、孙开太合著《中国思想发展史》由中国青年出版社出版。

12 月 7 日

顾颉刚云："今日包遵信到三里河予家，嘱予自明年年初起，到年底止，必写出一本自传，因现在全力研究史学者只我与侯外庐二人。"②

12 月 20 日

先生所作《怀念吕振羽同志》发表于《中国史研究》1980 年第 4 期，《人民日报》1981 年 2 月 17 日第 5 版转载。文章提出："振羽在渝期间，我曾约请他为《中苏文化》写过好几篇文章。"③ "振羽同志是革命老战士，也是我国马克思主义史学的早期拓荒者。"④ "在史学战线上，振羽同志始终是战斗的唯物主义者。"⑤ "振羽同志著作丰富，自成一家，才、学、识三者兼备。……振羽同志卓具史识，深知史德，刚直不阿，秉公持正，从不拿原则做交易，更不把历史当商品。……振羽同志是中国史学优良传统的真正继承者，是马克思主义历史科学党性和科学性相统一原则的忠实坚持者，这对于我们广大史学工作者有着深刻的教育意义。"⑥

12 月

朱学文陪同张传玺拜访先生，先生问起 1942 年翦伯赞对他有所误会、周恩来让两人碰杯的往事，⑦ 张传玺转述了翦伯赞的话："事情发生在'皖南事变'以后，也就是国民党顽固派发动的第二次反共高潮期间。当时，冯玉祥将军因对蒋介石专制独裁、制造事变不满，愤然离开重庆，上了峨

---

① 《学术研究》1981 年第 1 期，第 46 页。
② 《顾颉刚日记》第 11 卷，中华书局 2011 年版，第 752 页。
③ 《中国史研究》1980 年第 4 期，第 18 页。
④ 同上刊，第 19 页。
⑤ 同上刊，第 20 页。
⑥ 同上刊，第 21 页。
⑦ 侯外庐：《韧的追求》，三联书店 1985 年版，第 143—144 页。

眉山。翦老正在为他讲授中国历史之事中止；翦老原兼任国民党中央政府军事委员会政治部名誉委员，这时被撤销；他所任的中苏文协总会理事也被取消。这些事连续发生在几乎是同一个时间中，而且都集中在翦老一个人头上，这不能不引起警惕。翦老立即将这些情况向周恩来同志做了汇报。后来，周恩来同志知道是国民党上层的某些人所为，因之有要翦老与外老'一起喝一杯'之事。"张传玺回忆："我讲到这里，外老心中很有数。他高兴地笑了，说：'我赢了翦老一杯！'"①

同月，邱汉生《宋明理学与宋明理学史研究》发表于《中国哲学史研究》创刊号。邱汉生回忆："外老对《宋明理学史》的撰著，十分关心。当绪论这章在《中国哲学史研究》创刊号刊布时，外老看了很满意，但是在文章的某处用手指指点着，意思是'还可斟酌'。我当时没有问清楚外老的心意所在，至今追悔已是问询无从。我似乎感到外老是指点文章中的这句话，'从政治作用来说，理学是思想史上的浊流'②。学术界有些学者的确对理学有所偏爱，会不同意我们的说法。然而这种异同就让它存在罢，现在我们不愿意进行辩论。但是当日外老指点的情况，我们不能缄默不谈。今天提出这个情况，请读者诸君共同揆度。外老一瞑之后，再也不能听到他的意见了。"③

本年

邱汉生提议并拟定体例和章节目录，请先生主编一部《宋明理学史》。黄宣民回忆："侯外庐同志希望把它写成一部以马克思主义为指导的坚实的学术著作。"④ 步近智回忆："早在 1959 年编著《中国思想通史》第四卷的同时，外庐先生就已经开始了对宋明理学的研究，因为限于全书的体例和篇幅，只写了几位有代表性的理学家。当时，他就开始酝酿编撰《宋明理学史》的计划。只是因为形势的急剧变化，由于极'左'思潮的泛滥并最终爆发了一场毁灭文化的浩劫——'文化大革命'，《宋明理学史》的

---

① 张传玺：《翦伯赞与侯外庐的兄弟友谊与学术分歧》，《江汉论坛》1989 年第 7 期，第 78 页。

② 《中国哲学史研究》创刊号，第 51 页。

③ 邱汉生：《沉痛悼念侯外庐先生》，《纪念侯外庐文集》，陕西人民教育出版社 1991 年版，第 83 页。

④ 黄宣民：《侯外庐——马克思主义史学的开拓者》，《中国社会科学院研究生院学报》1988 年第 2 期，第 21—22 页。

研撰整整推迟了 20 年。在那灾难深重的年代，受尽'四人帮'和他们的爪牙残酷迫害的外庐先生，丧失了健康，长期卧病在床。当科学的春天到来之时，他已难以亲自而具体地指导我们进行学术研究。他将编著《宋明理学史》的计划委托于多年的合作者邱汉生先生和自己的得力助手、大弟子张岂之先生领军执行。"①

同年，吕良海《魏源向西方学习问题的探讨——兼与侯外庐同志商榷》发表于《近代史研究》1980 年第 2 期。文章对《中国近代哲学史》中魏源"筹夷情"为"了解关于西方资本主义世界的知识"、"善师外夷"为"学习西方国家在科学技术方面的某些长处"的观点进行商榷，认为"魏源既然没有也不可能产生了解西方资本主义世界的要求，当然不会把是否了解这种知识作为能否战胜外国侵略者的一个必要条件；他既然认为孤立地学习西方国家造船制炮技术即'科学技术方面的某些长处'是毫无意义的，当然也不会把这样的学习作为能否战胜外国侵略者的另一个必要条件"②。

一九八一年（辛酉）　七十八岁

8 月 10 日至 20 日，纪念中国共产党成立 60 周年学术讨论会在北京举行。15 日至 16 日，《中国哲学史研究》编辑部在密云召开的第二次夏季学术讨论会，主题为"为中国哲学史学科科学化而努力"。

9 月 9 日，中国人民大学在北京举行辛亥革命学术讨论会。17 日，中共中央发出《关于整理我国古籍的指示》，成立古籍整理出版规划小组。同月，中国秦汉史研究会成立大会暨首次学术讨论会在西安举行。

10 月 12 日至 15 日，中国史学会在武昌举行等全国辛亥革命 70 周年学术讨论会。26 日至 12 月 2 日，中国哲学史学会和浙江省社科院联合在杭州召开全国宋明理学讨论会。

1 月 5 日

先生所作《学苑新葩——〈中国哲学〉评介》发表于《文汇报》第

---

① 步近智：《外庐先生、汉生先生与〈宋明理学史〉》，张岂之主编：《中国思想史论集》第 2 辑，广西师范大学出版社 2003 年版，第 79 页。

② 《近代史研究》1980 年第 2 期，第 248 页。

3 版。

1 月

先生口述，李经元、朱学文记录整理的《坎坷的历程——回忆录之三》发表于《中国哲学》第 5 辑。包括："从哈尔滨到北平"、"校内校外讲坛"、"白色恐怖"、"许、侯、马事件"、"回到山西之初"、"阎锡山标榜的'民主'及其'二的哲学'"、"古史研究的开端"、"光明与黑暗之争"、"续范亭、战地动员委员会及其他"、"一九三八年的动荡"。

2 月 8 日

张岂之致信黄宣民："前去两函，想已收阅。前些天龚杰同志已由沪返校，他在沪与吴泽、汤志钧等先生讨论交叉辞目事，颇有成效。决定《中国历史大辞典》中经学史、史学史和思想史分册出版。任务重大。我们这里再对辞目作进一步修订、补充，二月下旬即可打印出来。决定三月一号在此开编委扩大会议，讨论体例（大问题，重要问题）及分工问题。我前函已邀冒怀辛同志来此。信上还有一句'冒怀辛同志和另一位同志'，我十分希望你能来此几天，体例确定了（很复杂），将分工辞目带回，逐步完成。不知能否办到？希望能办到，几天时间，问题不大，请向侯先生汇报一下。""我已函胡一雅同志，《中国历史大辞典·思想史料》由邱汉生先生担任主编，他只负责最后审阅每个词条，其他的组织工作等等我来做，不会占用他的时间。实际上这件事是历史所中国思想史研究室和西大历史系中国思想史教研室的协作。请重视，支持，并请你列入贵室计划。""鉴于过去具体编写窝工现象，精力不集中，我们这次订有纪律，而且视工作忙闲程度，分担辞目数量有差异。如宣民很忙，那就最多分他十个，不超过廿个，这样也许可以按时交稿。为保证质量，必须在体例问题上讲得十分清楚。""我考虑此事与历史所中国思想史研究室有密切关系，而且是贵室的一项任务，所以你能在三月一日来此参加会议，那就最理想了。你和老冒一起来，有困难吗？"

2 月 10 日

忍言《科学高峰、学术师承及其他——李学勤治学经验杂谈》发表于《读书》1981 年第 2 期。李学勤认为，在先生身边的十几年里，"从侯外老那儿学到了许多过去未曾学过，而对于一个青年学者又特别重要的东西，那就是观察问题的眼光，分析问题的能力，处理问题的艺术"[①]。

2 月 11 日

张岂之致信黄宣民："我想谈《中国历史大辞典·思想史科》问题，听说它已列入历史所中国思想史研究室的今年科研计划，所以现在谈起来方便了。现在的情况是：龚杰同志已去上海与吴泽、汤志钧先生商量交叉辞目事，刚从上海回陕，这次去颇有收获。我们决定三月一日召开碰头会，我们这里有刘宝才、龚杰和我参加；还有祝瑞开参加；历史所除樊克政在此外，还要请冒怀辛同志来。如果钟锋不能来，我十分希望你能来一下。会期三天（3 月 1 日至 3 日），讨论（1）最后审订辞目（2）体例说明（3）分工。所以这次碰头会是相当重要的。我想要怀辛同志多承担一些撰写词条的任务，所以非请他来不可。不知你现在手头任务忙否，如果你能来，我非常欢迎，这也便于工作之进展。万一你实在不能来，那就由你指派其他同志吧。我还是希望怀辛与你来。在此最多五六天，对工作不会有太大影响的。"

2 月 15 日

张岂之致信黄宣民："2 月 14 日函今天收到。请你和一雅、遵信同志说一下，三月一日会议是讨论辞目、体例和分工问题，比较重要，……所以你能来一趟最好。万一不能来，其他同志无论如何要来一两位。只要能将情况说清楚，一雅、遵信是会同意的。我已给一雅写信，主编由邱先生承担，我做一些具体工作为好。你来，将分工、体例要求带回北京，督促大家开展工作，这样方便些。将来你忙，可由钟锋接着做。总之辞典事你那里得要有人具体负责，这样才能保质保量，否则事情难以保证完成。"

2 月

先生所作《饱尝甘苦的十年》发表于《书林》1981 年第 1 期。先生自述："翻译《资本论》的确是难的，然而，在那个时代，真正的难点并不在文字，也不在理论，真正的困难在于它需要长年不懈的献身精神。工

[①] 《读书》1981 年第 2 期，第 85 页。

作的困难可以克服，经济的压力有时才让人喘不过气来，政治上更随时有坐牢杀头的威胁，意志稍稍动摇就无法将翻译坚持下去。……我记得，我曾在译稿的首页写过一句话自言志，曰：'外庐有志为他人无志所为。'""从翻译《资本论》到研究史学的转变，在我身上，过渡得十分自然。从少年时代起，我就癖好史学。三十年代初开始的中国社会史论战，以及郭沫若对中国古代社会的研究，对我产生很大影响。从《资本论》探得唯物史观的真谛，诱发我萌生一个新的理想——用唯物史观做工具，去探索中国历史规律的奥秘。由此，我进入了中国社会史领域。数年之后，在研究社会史取得一些成绩的基础上，进一步致力通过社会存在研究社会思想意识，建立一个社会史与思想史相吻合的研究体系，由此，我又踏进了中国思想史的天地。"①"《资本论》是马克思积四十年的研究所创立的科学体系的精髓。《资本论》本身所体现的科学的思想方法和研究方法的全豹，不是大学的讲坛上所能包揽介绍的。只有一个字一个字的研究才能体会其中的精神。翻译《资本论》的十年，是学习、研究、领悟的大好机会，就好比马克思亲自教我科学的、严密的思想方法和研究方法。我自愧不是一个成功的学生，但是，这方面点点滴滴的体会，也已经使我在史学研究中受益匪浅了。"②

3月17日

张岂之致信黄宣民："关于侯先生的治学特点。重理论是可以的，不过，这要举例说。我意以侯先生研究中国古代社会为例，最好。另外，再说明他对马克思主义政治经济学下过苦功，翻译过《资本论》第一卷，这对他的治学方法有很大的帮助。另外，最好写侯先生善于思索，善于创新。举例：关于中国封建土地所有制形式，关于农民战争问题，关于中国资本主义萌芽等问题，都有他自己的独立见解，自成一家之言。再，侯先生治思想史，是把思想史真正作为'史'，从社会史的研究到思想史研究，写成一个整体，不是就思想史论思想史。再，写培养人才。我想写四个问题，（1）重理论（2）重社会史研究（3）善于创新（4）善于培养人才。第（1）和（2）因角度不同，最好分开来写。当然，任何一个学者都不可

---

① 《书林》1981年第1期，第5页。

② 同上刊，第5—6页。

能是全能者，他们对科学的贡献也只是相对的，也难免有这样那样的错误。这些对侯先生也是适用的。文末最好也能提一提。谈他的治学特点，牵涉到他的一些学术观点，并非扬此抑彼，没有丝毫贬低其他学者的意思。因此，文内还有个分寸问题。"

3 月

先生所作《重视人才的培养　促进哲学史研究工作》发表于《中国哲学史研究》1981 年第 1 期。文章认为："中国哲学史学会于去年成立之后，今年又创办了《中国哲学史研究》。在经历十年浩劫之后，我国从事中国哲学史研究和教学工作的同志们不但有了自己的学术团体，而且又有了新辟的学术园地。它对于加强我们哲学史界的联系，促进学术交流，加深学术研究，都将发挥重要作用。"① "怎样培养青年？应当有多种途径。依靠大学培养专业人才是一种方式（这在目前是主要方式）；专家带徒弟（助手、研究生）也是一种方式。通过刊物来培养也是一种方式。过去我有个助手，原来是个失业的社会青年，他在有个杂志上发表了两篇文章，我认为很有培养前途，把他找来了。这个同志后来成长很快，成为有个有真才实学的青年专家。""我们也要看到，要选拔优秀人才并不是一件容易事，还有很多阻力。有的阻力来自官僚主义者，有的阻力来自习惯势力。比如'资格论'就是一种相当大的阻力。"②

4 月 4 日

陈谷嘉致信黄宣民："谢谢你所寄来的大作《中国思想史纲》下册。这是我多时盼望所读的，我相信一定从此书获得很大教益。""你过去交代我写的书评，我一拖差不多一年了。这是很对不起你的。特别你提到侯先生希望看到书评，我越感不安。这一年来教中哲史中，确实我感到侯先生的书深有特色，与目前国内发行各种哲学史的版本来说，我是最深服于侯先生的功夫的。因此我上课完全按侯先生的体系进行的。也许受我的影响，学生也有相同的看法。特别从思想逻辑与历史逻辑的关系，侯先生处理得很好。其他的哲学史在这方面相当薄弱的。如果是深谙历史的人来看

① 《中国哲学史研究》1981 年第 1 期，第 14 页。
② 同上刊，第 16 页。

这些书，不仅内容浅显，而且多有牵强之处；其次，其他哲学史著作基本上人头排号，是人物的集合体，而对其中的内在联系，以及基本关联之处则很少涉及。恰恰这是很重要的，而且是最难研究的课题。侯先生的书在这方面做了很多工作，取得了卓越的成果。"

5 月 3 日

先生的弟弟侯俊岩（1910—1981）在太原逝世。

5 月 5 日

先生所作《〈资本论〉译读始末》发表于《学习与研究》1981 年试刊号第 1 期。

5 月 19 日

张岂之致信黄宣民："侯先生身体令人担心，最好劝说他在医院休息、治疗。回家，条件不好，如冷暖失调，再犯病，那是非常危险的。""我给侯先生写了封信，你去医院时请捎去。""时间不饶人。回想五十年代初侯先生在西大主持工作，他的精力十分旺盛，比我们现在还精神。时间过去了三十年，他现在的体重只有 40 多公斤，变成瘦干的老人，不能站坐，不能言语。想起来就使人难受。我们还有时间，现在应当抓紧身体锻炼，将来老了，不致瘫痪于床。西大有些老先生，年过八十，身体精神都不错，一位是学体育的，一位则从事地质科学之教学，过去长期锻炼，老年了依然硬朗。""我前两天给钟锋、克政一函，商谈历史辞典事，请他们快些给我回信，以便安排工作。"

5 月 26 日

张岂之致信黄宣民、卢钟锋："辞书（思想史卷）编委扩大会决定 9 月 9 日至 9 月 10 日在西安开，我们不想再等（胡）一雅的回信了。""9 月 7 日至 9 月 8 日这里中国思想史研究生毕业论文答辩，早已给邱先生和学勤发了聘书。邱先生决定来，学勤临时因事忙不能来，因时间太急，另外聘请有困难，他不能来最好有同事代他来。我已写信给学勤，请他和你们商量，有一位来参加指导论文答辩，一位来参加辞书编委扩大会议。来参加指导论文答辩，路费等由西大负担，答辩两天，即接着参加辞书编委扩大会议。关于参加辞书编委会邀请函今天寄出，你们两位和克政都有。"
"时间之所以如此之紧，是因为九月十五日以后我有其他事。论文答辩事
和辞书编委扩大会议希望在十号告一段落。""这里的日程我已给邱先生写
信，你们如能和他同行最好。因邱先生眼睛不好，要人照看。9 月 7 日论
文答辩，希望 9 月 5 日，最晚 6 日到陕。请接函后与邱先生联系。"

5 月

　　先生口述，李经元、朱学文记录整理的《坎坷的历程——回忆录
之四》发表于《中国哲学》1981 年第 6 辑。包括"主编《中苏文
化》"、"白色恐怖下的著述、研究"、"周恩来同志对重庆学术工作者
的引导"。

　　田慕章《与侯外庐论章太炎书二札》在同期发表。两封信均寄自美
国，信中云："我是海外的留学生，最近才有机会捧读您的著作，觉得高
明极了。您对整个中国思想史的疏解，别的我不懂，但单单对章太炎思想
的疏解与论断，我以为仍然是当世第一高手。……迄今为止，中外的学
者，大都回避而不敢正视太炎的哲学，只有您系统地、深刻地、庖丁似地
解析了它的面貌。"[①] "您和宣民先生的信，……肯定了我的一些疑难，尤
其所说太炎先生既是最后的国学大师，同时又是儒家传统的拆散者，以此
导出中国近代历史的辩证法，这是很有总结性，很有启发性的宝贵见解。"
"我私下暗忖：您在唯物经典中，一定特别喜爱列宁的著作，至少在对章
太炎的论断中，常可比见列宁对托尔斯泰的观点。因而说'太炎是一面时
代的镜子'，意义便更为具体而丰富。"[②]

6 月 18 日

　　先生所作《为真理而斗争的李达同志》发表于《光明日报》第 3 版。
文章认为："在中国现代革命史上，李达同志是一位普罗米修斯式的播火者。
从五四时期开始，他就孜孜不倦地在中国人民中间传播马克思主义的真理，
成为中国无产阶级最早的启蒙思想家之一。""作为马克思主义的宣传家，李
达同志兼有著作家和翻译家一身而二任的特点。""作为马克思主义理论家，

---

①　《中国哲学》1981 年第 6 辑，第 234 页。
②　同上刊，第 237 页。

李达同志具有严肃的科学态度和理论联系实际的优良作风。他认为，革命家应当有信仰的热情，而革命思想却不可有宗教的内容。李达同志对于马克思主义之所以有坚贞不渝的信仰，不是别的原因，正是因为这个理论本身具有迄今世界上最严密和最完整的科学内容。""李达同志认为，宣传马克思主义的目的，在于'应用马克思主义学说改造社会'，解决中国革命的实际问题。为了这个目的，他应用马克思的唯物史观对中国社会的历史和现状进行了广泛而深入的研究，得出了不少合乎实际的论断。""李达同志的理论贡献，尤为突出地表现在哲学方面。……在哲学上，李达同志一贯强调坚持辩证唯物主义的认识论，坚持实践是检验真理的唯一标准。……经过十年动乱，林彪、江青反革命集团确实搞乱了人们的思想，弄得一些人连马克思主义的基本知识也非常缺乏。要纠正诸如此类的无知妄说，最好的办法就是重新进行马克思主义的启蒙教育。""我觉得最重要的，就是学习他毕生忠实于马克思主义，为真理而斗争的宝贵精神。"

6 月 26 日

黄宣民致信陈寒鸣："六月九日给侯外庐同志的信已收到。外庐同志因病住院，你的信，他未及亲阅，但他听到一位青年同志有志于史学工作，心里很高兴。他希望你认真学习马克思主义理论，尤其是历史唯物论；学习历史学方面的基本文献，社会史和思想史都要学，学现代史学著作很重要，但更要去读原始史料。前四史、通鉴是必读的。搞历史，尤其是思想史，没有广博的知识是不可能有成就的。写孔子思想，光读《论语》不够，先秦文献以及后兴的论述均须广泛涉猎。此外，要勤写，从写笔记，写小点儿题目的文章做起，逐渐积累知识，经过一段磨炼，将来是会有成就的。关于如何学习历史的方法很多，这里不能一一详述，你可从前人的经验中取得借鉴，更重要的还是靠自己的实践。"

7 月 23 日

许涤新为《侯外庐史学论文选集》作序，序言提出："我知道侯老的名字，大约是在 1933 年春间，我在上海四马路一家书店买到侯老翻译的《资本论》第一分册。在白色恐怖的统治下，马克思的著作，是国民党反动派迫害进步人士的'罪证'。如果没有高度的信仰和决心，那是决不会公然把马克思的代表作《资本论》翻译出来的。"①

8 月 13 日

萧萐父致信黄宣民:"日前同见外老,得闻胜义,言简意永,开我茅塞。关于撰文评李达同志文集第一卷问题,外老似乎已同意。恳望您大力促成,不胜感激!现托陈受民同志奉陈李达文集组写'生平事略'及第一卷目录,请阅后转陈外老。"

8 月 20 日

张岂之致信黄宣民:"在我这里的,南宋部分稿,都已看完,都提了意见(已寄给你)。我怕误事,托系里一位老师交重日,由重日交给你。""元代稿我已看完,并作了修改,稿在北京,任大援未带来。""南宋时朱熹章稿亦未带来。"

8 月 23 日

张岂之致信黄宣民:"我们研究,历史辞典编委扩大会议除请钟锋、克政来以外,还要请你来。月底发邀请函,请你不要感到突然。这次请上海辞书出版社谈宗英同志来,和我们一起讨论,体例问题得在这次会上定起来。样稿(其中有你写的王艮)已经印出,共廿多条,供大家讨论。会议最多两三天,你顺便到亲戚家走走,最多占你一周时间,我想,历史所是会批准的。我将来给你发邀请函,除说明参加历史辞典条目讨论外,再加上一项,就是商谈关于中国理学史的修改问题,这不是又多一项内容了吗?这样,历史所就会给你一星期时间了。总之,钟锋、克政、阁下这次都得来,否则体例问题很难解决。"

8 月

杨献珍《我的哲学"罪案"》由人民出版社出版。该书在"关于'合二而一'的问题"中提出:"《中国思想通史》阐述张载的哲学思想时,说张载曾说过'不有两,则无一……'这样的话。这是一种深刻的思想,

---

① 许涤新:《侯外庐史学论文选集》序,《侯外庐史学论文选集》上卷,人民出版社 1987 年版,第 1 页。

是'猜着'了'对立统一'规律的。"① "一九六三年方以智的《东西均》
出版后，见到这个奇怪的书名，出于好奇心，'东西均'是什么意思，书
中是讲什么的东西的，这样就买了一本回来看一看。"②

9 月 25 日

先生所作《侯外庐自传》发表于《晋阳学刊》1981 年第 5 期。先生
自述："我治古史，重在思想史。在工作序列上则是先从社会史入手做起。
一方面是由于史学论战以来，几个重大的理论问题，在人们心目中还没有
解决，需要做进一步的研究。另一方面是我认为研究中国古代思想史，应
以中国古代社会史为基础。没有对古代社会的研究，则不可能说明古代思
想存在的理由，也不可能说明它对社会存在的意义和作用。把社会史同思
想史有机地结合起来，成为自然体系，可以说是我研究思想史的基本指导
思想。"③ "我于古代思想史的研究，主要以决疑为主。……从不相信对历
史的主要疑难未决，就能自由其谈，写出有益于人民而无毒害的东西。由
于这一认识，所以我对史料的辨伪，书籍的引证，治史方法的究明，以及
历史发展规律的严格应用，评论古人思想等等，就成了主要的篇幅。就是
对内容与语言形式，也不像有些人那样，总是学着欧美式或步日本的足
迹，而是使内容重于语言形式，做到既不为古人所役，也不为欧美所使，
以求从掘发自己民族文化的传统中，走出一条中国化的道路。"④

10 月 10 日

包遵信《思想的化石——重读〈中国思想通史〉札记》发表于《读
书》1981 年第 10 期。

10 月 9 日

先生作《历史的丰碑——纪念辛亥革命七十周年》，发表于 1981 年 10
月 19 日《文汇报》第 3 版。文章认为："伟大的革命先行者孙中山先生领
导的辛亥革命是中国历史上一次伟大的革命，也是近代中国第一次在比较

---

① 杨献珍：《我的哲学"罪案"》，人民出版社 1981 年版，第 313 页。
② 同上书，第 315 页。
③ 《晋阳学刊》1981 年第 5 期，第 91 页。
④ 同上刊，第 92 页。

完全意义上的资产阶级民主革命。"辛亥革命的重大历史功绩是"反对了帝国主义的侵略，打倒了清朝卖国政府，激发了中国人民的爱国主义精神"、"推翻了封建帝制，首创了共和国，从而使民主共和思想深入人心"、"较为广泛地传播了资产阶级民主革命思想，造成了近代史上的又一次思想大解放，从而成为五四新文化运动的先驱"。

10 月 29 日

《文史哲》编辑部韩凌轩致信黄宣民："前接您给祥才同志的信，知侯外庐先生答应为我们写谈治学的文章，当即于 8 月 28 日复您一信，谈及只要是侯先生的文章，我们立即刊用。不知侯先生的文章写好没有？如果已写好，望即寄来，而如还未写好，望能抓紧写。学术回忆录和专题经验谈都可以，如我是怎样研究中国思想史的？或研究中国思想史的意见？或写两篇、三篇都可以。总之，只要是侯先生的文章，我们就欢迎。您有大作，也欢迎寄来。"

10 月

先生主编，张岂之、李学勤、杨超、林英、何兆武、卢钟锋、黄宣民、樊克政编著的《中国思想史纲》下册由中国青年出版社出版。

11 月 6 日

张岂之致信黄宣民："《中国历史大辞典》编委会决定由我担任思想史分册主编。为了开展工作，邀请你为思想史分册撰写部分词条的释文。如可以参加这一工作，请复信告知你准备承担哪些部分。"

11 月 13 日

萧萐父致信黄宣民："您好！外老近来身体可好？念念。""李达同志蒙冤事终得公开平反昭雪。五号广播后，此间同志们含泪相庆。""八月在京趋候外老，恳望他能就李达文集第一卷出版写一篇评价文章。不知样书由人民出版社送去否？此事我离京前曾与《光明日报》马沛文同志提及，他表示切望外老之文能给他们。如此文经您促成，外老又首肯，恳望您直接与沛文同志联系。如何？盼复示。谨此颂撰安。并请向外老代致拳拳"。

12 月 17 日

姜广辉致信陈寒鸣："侯先生长期卧病，不能从事日常工作。侯先生的助手黄宣民同志将你的来信交给我，并嘱我写一复信。""侯先生曾多次教导我们：要加强基本功的训练。所谓基本功，就是学习马列原著；掌握并能运用思想史第一手资料；练习写作能力。他告诉我们先选些小题目来做，多写些论文，不要急于著书。古人云：'学然后知不足。'通过这样的学习，使我觉得从我现在的水平到能够著书立说，还有一段距离。这是我的学习体会，不一定适合于你。不过我觉得你不妨将研究心得写成论文，争取在刊物上发表，取得社会承认，待达到相当水平后，再考虑写专著，这样做较为切实。宣民同志也有类似的意见。仅供你参考。"

年底

蔡尚思 1988 年致信黄宣民："一九八一年底，有一天早晨，我因在郊区农村跑步，不慎跌断了膑骨，住在华东医院动大手术。侯老派人来要求我和白寿彝同志带头发起组织'中国思想史学会'。他那时已经有病躺在床上了，还这样关心中国思想史研究的学术工作，还这样关心我和白寿彝同志。我曾想遵命，同白寿彝、邱汉生、张岂之、黄宣民等同志商量来发起组织此学会；但又知道白寿彝同志正在集中精力编著中国史学史和多卷本中国通史方面的著作，怕他无暇兼顾中国思想史，所以直到最近才和他谈及此事。他来信认为这是'好事'，'但目前学会不少'，'对于研究工作所起作用有限，此事似可从长计议'。这确是事实，我有同感。"

同年

吴光回忆："1981 年，当我面临研究生毕业分配时，外老曾通过宣民、钟锋表示希望让我留在北京当他的学术助手，我也很愿意这样做。但由于种种客观的原因，这一愿望未能实现。"①

---

① 吴光：《青年学人的导师和楷模——怀念敬爱的侯老》，《纪念侯外庐文集》，陕西人民教育出版社 1991 年版，第 137 页。

一九八二年（壬戌）　七十九岁

2 月 17 日，赵纪彬（1905—1982）逝世。同月，《陈垣学术论文集》第 2 集由中华书局出版。

6 月 7 日至 13 日，全国第一届史学理论讨论会在太原举行。20 日至 24 日，《中国哲学史研究》编辑部在密云举行第三次夏季学术讨论会（"汉唐哲学史讨论会"）。

8 月 10 日至 16 日，中国近代哲学思想学术讨论会在北京举行。同月，汤用彤《隋唐佛教史稿》由中华书局出版。《吕思勉读史札记》由上海古籍出版社出版。

9 月 1 日至 11 日，中国共产党第十二次全国代表大会在京举行，邓小平在开幕词中提出"建设有中国特色的社会主义"。同月，《郭沫若全集》"历史编"第 1、2、4 卷由人民出版社出版。

11 月 10 日，纪念郭沫若诞辰 90 周年报告会举行。17 日，翦伯赞学术纪念会在北京大学举行。同月，湖南省社会科学院、湖南省社科联、船山学社在衡阳联合召开纪念王船山逝世 290 周年学术思想讨论会。

本年，林甘泉、田人隆、李祖德等编著《中国古史分期讨论五十年（1929—1979）》由上海人民出版社出版。

1 月 29 日

张岂之致信邱汉生："大函和转来的宣民同志函都已收到。宣民拟在今年冬召开全国理学史学术讨论会，设想很好。不过，我们这里（我、老龚和大援）的困难，我不能不说。今年上半年我们打算把《理学史》下卷的一些章节写出一部分；7、8 月份老龚、宝才、钟锋和我要去上海解决辞典中的遗留问题。九月我要出国。今年冬季学校整党（我们学校是第二批整党单位），我、老龚、大援都不能外出。照此看来，我们今年很难去江西。我的不成熟的意见是：今年大家集中时间按计划把《理学史》下卷稿写出，明年初夏召开《理学史》编写工作会议。至于去江西，不妨放在明年冬季。如果《理学史》下卷不写出来，心里不安，参加会议心里不踏实。我们的困难情况已如上述，请邱先生谅解，并请转告宣民同志；以上意见如不妥，请指正。"

1月

李世军①致信先生，谈读先生回忆文章后的感想，并云："默祷外老身体康健，为国家富康、民众福祉作出更大伟业。"

同月，白寿彝《60年来中国史学的发展》发表于《史学月刊》1982年第1期。"我想着重指出：外庐同志在《中国古代社会史》的自序里，说到他研究中国古代社会的三个步骤。一个步骤是花费精力研究理论，并在理论发展上得出自己的答案。一个步骤是谨守考据辨伪的方法，遵守前人的考据成果并订正其假说。第三个步骤，是把中国古代的散沙般的资料和历史学的古代发展法则，作一个正确的统一研究。这一段话，比较集中地反映了当时先进史学家的优良学风。解放后，在50年代，史学界争论不休的'史'、'论'关系问题，实际上早已为40年代的史学实践所正确答复了。"②

2月8日

张岂之致信黄宣民："昨天我给老步（步近智——编者注）一信，请他就《理学史》进展情况与一份汇报，交邱先生审阅后，送中国古代史规划小组。今天中午收到邱先生函，得悉老步已去沪，汇报请你和钟锋写，这很好。""寒假期间，我正在写罗钦顺章，因材料摘录得齐全，而且经过的酝酿时间较长，所以写起来困难不大。老龚（龚杰——编者注）写的王廷相章初稿已交给我看，大体上可以，有些地方还要后修改补充。""今年任务很重，时间究竟如何安排，我还没有完全确定。现在寒假和以后的每个星期天是归我支配，平时很难说。明年全国重点大学进行评审。如果这一年内我不在行政工作上用点力气，那也不行。加以今冬学校整党。暑假还有辞典的收尾工作。诸如此类，时间如何安排，如何使《理学史》下卷工作放在重要地位，还仍然是一个问题，但必须力争把《理学史》下卷的写作列入重要工作议程。""外老培育的中国思想史研究队伍如何加强？中

---

① 李世军（1901—1989），字汉三，甘肃静宁人。1932年任国民党中央党部政治设计委员会委员。1933年起先后任宋哲元将军驻南京代表、二十九军驻南京办事处处长、第五战区军风纪视察团团长等职。1947年任国民党中央监察委员会常务委员，新中国建立后历任江苏省政协副主席及中国国民党革命委员会中央候补委员、中央委员、中央监察委员会常务委员、国务院参事等。

② 《史学月刊》1982年第1期，第3页。

国思想史研究室今年是否招研究生？我这里今年不招。任（任继愈——编者注）先生那里队伍建设得很好，我们如何迎头赶上？请考虑。在这方面，你有什么意见，盼告。"

3月12日

黄宣民致信井上靖："侯外庐先生得悉先生已来敝国访问，至为高兴。因他住了医院，无法前来拜访您，深感遗憾。为了纪念友情，他亲笔题赠《中国思想史纲》（上、下册），祈先生指正。本拟同时题赠令郎一书，因记不起他的大名，未能如愿，敬希见谅。余不一一，专此。"

3月

先生口述、朱学文执笔整理的《坎坷的历程——回忆录之五》发表于《中国哲学》1982年第7辑，包括"理想、襟怀和情谊"、"和李约瑟博士谈《老子》"、"和郭老讨论屈原思想"、"学者们的性格种种"、"参加中国民主革命同盟（小民革）"、"人民不能接受的《中国之命运》"、"国共两党的代表大会期间"、"在重庆谈判期间"、"旧政协时期——和平希望的破灭"、"在山城最后的日子"等部分内容。

4月4日

张岂之致信黄宣民："大函收到。谢谢你们帮忙，我在京住处事总算得到解决。从信上得知，你近来身体不太好，请一定检查清楚。看来烟是千万不可再吸，偶尔吸一点问题不大，每天一包左右，那是令人吃不消的。你和钟锋身体都不好，现在得引起注意。我从五年前在宣武医院进行手术检查后，身体一直不错，这和我平日注意分不开。祝瑞开同志孩子前些天给我来信说，老祝患急性肝炎，病危，医院已发通知，云云。我很吃惊，立即发一电报询问情况，昨天又收到信，谓危险期已过，但是不稳定。老祝多年在外，境况不佳，刚刚回到上海，恢复了党籍，身体又坏了，令人扫兴。""另，侯老现在不可出院。四月，北京气候变化仍然很大，时冷时热。五月天气稳定再出院，可好？在家犯病，他老人家没有医生在旁随时量体温，那不好。一过五一，北京气候转暖，寒潮停止，侯老回家待到秋天再进医院过冬，换换环境，对他恢复健康是大有好处的。我听广播，气候预测，说今年四月将有一次大寒潮，西安将有一场春雪，是哪一天，不得而知。请侯先生过了五一再出院，这个意思请给大姐说。"

4 月 22 日

郑培凯致信黄宣民："大函暨赠《中国思想史纲》二册，一并收到，非常谢谢。侯外老拳拳关怀之意，更是感激，请代为致意。""另函奉上近来草成的拙文一篇，是应美国亚洲学会年会之邀，在'当代中国史学'讨论会上发表的论文。其中涉及侯老的研究，故呈请审阅斧正。该文写作时间很短，匆匆草就，谬误必多，而无暇涉及的就只好由之了。""《中国思想史纲》下册，很有意思。尤其是与《中国思想通史》和《近代中国哲学史》的编排组织一比，可显出解释架构上变化，是对中国思想发展脉络的重新解释，与我这几年来所想的架构吻合，使我兴奋不已。""我在今秋之后，赴耶鲁历史系执教，课程中有一门新开的'十七、十八世纪的中国：中文史学资料选读'，是给高级研究生（博士生）开的。我想找三个研究生协助，把下册的前三章译成英文（即十七、十八世纪的中国思想史）。不知国内有无此翻译计划？若有，我当不再重复同样的工作；若无，则可进行。一年下来，总会有点成绩的。若译成，当可请耶鲁出版部印行。这只是个初步不成形的构想，不知兄以为如何？便中请代询侯老，看看他有没有可以指点之处。"

4 月 27 日

张岂之致信黄宣民、卢钟锋："昨天上午和邱先生就如何修改理学史上卷事交换了意见，决定本星期四（四月廿九日）上午八时半，请你二位，还有冒怀辛、樊克政同志到邱先生家开会。请按时参加，并通知冒、樊二位。""邱先生说，会毕在他家吃饭。我看他们准备饭费神，不如不吃。随你们便，如不吃，请及早打电话给邱先生，请他不要准备。如在那里吃便饭，那就不必告诉他，由他去准备。""另，北宋这一部分稿，是否可以给我一阅？前几天给我的一本稿子早已读完。""宣民同志执笔《侯外庐史学论文集》序言已看毕，有些意见写在打印稿上，供参考。"

4 月

先生作《船山学案》"新版序"："这本小册子是我在四十年前写的。

其时正逢船山逝世二百五十周年，但是，这位十七世纪中国的思想巨匠并没有受到人们的足够重视，甚至学术界对他的丰富思想遗产也还缺乏真切的了解。我当时正撰著《中国近世思想学说史》，尝试着运用马克思主义的观点和方法去发掘船山遗留的思想宝库，着重探索了他的哲学思想，发现他是中国历史上具有近代新世界观萌芽的杰出唯物主义哲学家。""我在书中对于船山思想的评论，在学术界产生了不同的反响。……和我争论最多的，莫过于熊十力先生。他不同意说王船山是唯物论者，主张他是理学家。我也不同意他的看法。于是，我们在书信中往复讨论，彼此诘难，始终都未能说服对方。"①"这本小册子原系拙著《中国近世思想学说史》中的一章，因此，在《中国近世思想学说史》问世以后，它就没有再版过。这次，为纪念船山逝世二百九十周年，应岳麓书社之约，将它重新修订出版。现在的这个版本，基本上保持了旧本的原貌，除校正原有引文和行文中的错字外，做了个别文字的修改。"②

同月，根据先生指示，在邱汉生指导下，中国社会科学院历史研究所中国思想史研究室黄宣民主持拟就《〈中国思想通史补编〉编写提纲（初稿)》，并经先生批准印送学界有关人士征求意见。此稿体现了先生晚年的一些新学术思想并反映了先生新的著作计划（先生计划完成此补编后，在此基础上再完成规模更大的新的《中国思想通史》。此外，先生还有编著《中国现代思想史》作为《中国思想通史》最后一卷的设想）。

《中国思想通史补编》编写提纲（初稿）
一九八二年四月

《中国思想通史》全书五卷六册编著完成以来，随着文物考古工作的发展，思想史的重要资料续有发现。又由于研究工作的深入，探索的视野较前开阔，过去未加注意的资料，今日乃足以引人研寻。为了更好地总结中国思想史发展的全过程，拟在《中国思想通史》编著的基础上，补其缺略，编写《中国思想通史补编》。今列其编写提纲如下。

---

① 侯外庐：《船山学案》"新版序"，《船山学案》，岳麓书社1982年版，第1页。
② 同上书，第2—3页。

一、分编原则

《中国思想通史补编》是《中国思想通史》的补充，不自成体系。依《中国思想通史》的时代起止，分为上、中、下三编。

上编 商西周春秋战国时期（奴隶社会部分）

中编 秦汉魏晋南北朝隋唐时期（封建社会前期部分）

下编 五代宋元明清（止鸦片战争前夕）时期（封建社会后期部分）

二、编著力量

由侯外庐同志主编，历史研究所思想史研究室同志分纂。在编著过程中，与北京师范大学史学研究所、西北大学历史系、北京大学哲学系、武汉大学哲学系的有关同志共同商讨。（白寿彝、张岂之、张岱年、萧萐父等）

三、资料来源

文物考古发现，如马王堆帛书，银雀山竹简，宋应星佚著，方孔炤、方以智《周易时论合编》等。

文献资料，如《管子》书中有关资料、《道藏》中的《无能子》等。

海外发现的资料，如公元 1212 年刊刻的陈亮的著作。

四、编写时间

《宋明理学史》两卷编写完成之后，即着手编写《中国思想通史补编》，预计两年内完成。

附注：凡《宋明理学史》议及的问题，《中国思想通史补编》概不涉及。

《中国思想通史补编》目录

上编 商西周春秋战国时期

（奴隶社会部分）

一、《管子》书中的唯物主义思想及军事、经济思想

二、范蠡的经济思想及其他

三、孙子兵法及孙膑兵法的军事思想（根据文献及银雀山竹简）

四、屈原《离骚》及《天问》的宇宙观及历史观

五、论《鹖冠子》

六、经法、十大经等古佚书的道法思想（根据马王堆帛书）

七、《黄帝内经》的唯物主义思想及辩证观点

八、论古代社会的思想统一倾向（从《管子》、《商君书》到《荀子》《韩非子》）

中编　秦汉魏晋南北朝隋唐时期
（封建社会前期部分）

一、秦始皇、李斯的封建专制主义思想批判（根据文献及秦简）

二、论陆贾

三、张衡的自然科学思想与唯物主义

四、荀悦的《申鉴》及《前汉纪》

五、论曹操的思想

六、申论何晏《论语集注》及王弼的《周易注》、《老子注》

七、阮籍的咏怀诗及其他

八、论陶潜

九、祖冲之、何承天的科学思想与唯物主义

十、《颜氏家训》研究

十一、文中子其人及其书

十二、杜佑、杜牧的军事思想

十三、《道藏》中的《无能子》研究

十四、《周易参同契》研究

下编　五代宋元明清（止鸦片战争前夕）时期
（封建社会后期部分）

一、理学概说

二、略论蜀学

三、沈括与《梦溪笔谈》

四、试论释契嵩的《镡津文集》（佛学对儒学的比附）

五、宋应星的《天工开物》及《谈天》、《论气》

六、论徐光启

七、方孔炤、方以智的《周易时论合编》及《图象几表》

八、资本主义萌芽时期的思潮

九、再论唐甄

十、洪亮吉的思想

5 月 14 日

张岂之致信黄宣民、卢钟锋："北宋部分稿，我已统了宋初三先生和邵雍两章稿，删改较大，已送邱先生，请他审定。元代部分，再有一天，我即可全部整理完毕；这一部分，我觉得基础还是比较好的。""根据这种情况，我拟下星期二（5 月 18 日）返校。在校内住一个多月，七月初再来此，那时正值暑假，住一个多月，如果身体情况和现在一样，用一段时间再次整理全稿，可能是没有什么问题的。"

5 月 21 日

张岂之致信黄宣民、卢钟锋："元代稿我已'统'毕，交邱先生，请他过目。""南宋部分由邱先生'统'，七月我来京再看。""已经初步'统'的稿，有的有较大的删和补充，这些都要请原执笔的同志过目。这件事如何做，请与邱先生商量。总之，我觉得既要有人统稿（否则不成其为一部书，而成为论文集），又要使同志们在具体研究工作中加深学术感情，不致发生其他的事。"

5 月 21 日

张岂之致信黄宣民："三月十六日函收到。关于侯先生四篇文章（洪秀全和洪仁玕等），其中问题较大者就是《洪秀全与洪仁玕》，对洪仁玕评价是否改变？还是照原来的样子，保存稿子的当时面目？《论严复》一篇没有什么问题。《论孙中山》和《无神论思潮》是我执笔的，现在看来也没有什么问题。看《侯选》下卷稿，我安排在五月，现在手头事极多，我正在写《思想史与哲学史的联系与区别》一文，思路完全集中于此，月底即可写成。四月我要出去参加两个会：全国史学会和史学规划会。因此我想五月份集中时间看《侯选》下卷稿，那时再请人将你提到的那四篇抄出，可否？""另，请你跟何兆武先生商量一下，《中国大百科全书·哲学卷》约写'西学的传入'，二千字，我想和何先生合写，请他在今年六月写出一个初稿，字数多些，我再从中稍加提炼。我想，何先生是肯帮忙的。""大作《金华朱学》务请在三月份内完成。不过，身体亦请多多保重。"

春

先生作《侯外庐史学论文选集》自序。

先生作《〈史林述学〉——〈侯外庐史学论文选集〉自序》，发表于《文史哲》1982 年 9 月 20 日第 5 期。

萧萐父作《邱汉生先生寄赠四绝，步韵敬和》，其二云："西湖见说赛鹅湖，笙管喧中且据梧。冲决网罗凭指点，侯门学脉孕新图。"①

暮春

邱汉生回忆："1982 年春暮，外老约我同去中央党校访问。纪彬相见欢然，他正在花园里除草。遂同在他书室里并坐照了相。这是一张很有纪念意义的照片，值得珍藏。又同去颐和园，在昆明湖畔倚栏杆照了相。山光水色，悦人心魂，外老、纪彬的灵爽当亦与山水为一吧。"②

6 月

先生作《撰著〈中国思想通史〉——回忆录之八》之"后记"："这篇回忆录是在我和赵纪彬、邱汉生等同志交换意见后，请汉生同志代我执笔写成的。当时纪彬同志尚健在，因此，这篇作品也是我们的集体创作。"③

朱学文回忆："邱先生则以他微弱的视力为我审读回忆《中国思想通史》撰著过程的全稿。审稿后，邱先生在有关思想通史第二、三卷的回忆之后，添加了一段小结，又在全部思想通史回忆录文稿后面，补写了一篇《简单的总回顾》。这篇总回顾按邱先生的本意，是作为回忆录第三章

---

① 《火凤凰吟——萧萐父诗词习作选》，武汉大学出版社 2007 年版，第 153 页。

② 邱汉生：《沉痛悼念侯外庐先生》，《纪念侯外庐文集》，陕西人民教育出版社 1991 年版，第 87 页。

③ 侯外庐：《坎坷的历程——回忆录之八》，《中国哲学》1982 年第 10 辑，第 476 页。

《〈中国思想通史〉的撰著》的结语，但排版时，被误排为全书的总结。"①

7月27日

邱汉生致信张岂之："你好。夏天身体如何？为念。""夏威夷哲学讨论会，开了十天，于前日晚上回到家里。会上遇到岛田虔次先生，问起你。""稍过三两天，我再理一下《宋明理学史》上卷的稿子。""八月，你能来京吗？我想，你如能到出版社来住，商量问题比较方便。不知尊意以为如何？你用一个月时间，把《宋明理学史》上卷稿子再统一一遍，大概也就可以了。""听说外老精神还好，有一个护士专门照料，只是输血不甚便，家里消毒条件不如医院。"

8月4日

黄宣民致信李约瑟："非常感谢您托严世光先生捎来您的亲笔信。我将永远珍藏它，把您从远方传来的友谊铭刻于心。""侯外庐先生一直生病住医院，近始回家继续疗养。当我向他转告您和您的同事们对他的问候时，他十分高兴，嘱我向您和您的夫人暨您的全体同事表示衷心问候，祝愿你们工作顺利，身体健康！""侯外庐先生上次寄奉他的回忆录中'和李约瑟博士谈《老子》'一节，今已由《中国哲学》第七辑刊出。兹邮奉该书册以为纪念。该文承您过目并给予肯定评价，谨向您表示深切的谢意。"

8月27日

杨荣国女儿杨淡以致信先生："侯伯伯：您好！当我父亲去世之后，当我们处在困难的时候，在落实政策的时候，我都从您那儿得到世间最珍贵的东西——精神支持。前前后后这一切，您的关怀、您的品德铭记我心底！"

同日，吴熙钊致信黄宣民："离京到穗后，适杨淡以为杨老平反之事作善后处理来穗，最后已公开地得到了省委的正式决定，在《南方日报》、《羊城晚报》作'恢复名誉性'的报道。现在，有两种设想：（A）报导侯

---

① 朱学文：《忆外庐先生与〈韧的追求〉》，张岂之主编：《中国思想史论集》第2辑，广西师范大学出版社2003年版，第67页。

外老对杨的回忆文章（发在什么刊物、时间）；（B）可否在回忆文章中适当地写一二千字，随同两刊发消息时发表。""如果后者可行的话，就请您作准备，把文章寄来给我，等两刊要发表消息时一并发表。如果（B）不可行，至少要将侯外老有关回忆杨老之关系的文章抽时间寄一份给我。""这是恢复名誉性的政治报道，影响重大。我们都希望您转告外老后给予支援。再者，我写的文章《为中国哲学史科学化而努力——论杨荣国同志的治史态度和方法》已交《学术研究》发表，并已答应第六期（11月）见刊。我仍争取第五期（九月），则南方、羊城报道消息就会更快。""此外，杨淡以还通过光明日报副总编辑饶竞竽和人民日报汪子嵩联系，争取发表消息。容后再谈。"

8 月 30 日

张岂之致信黄宣民："大函收到。关于杨万里、王荫麟两章，我作了一些修改，还曾给老步（近智）一函，请他在个别地方再作斟酌。稿已于一月前请西大78级研究生杨圣敏（已考取中央民族学院研究生）带去北京。稿我放在一个大封套内，上写：烦交历史所黄宣民同志收。杨圣敏答应我他一到北京就找你。何以至今稿子仍未见？杨圣敏是田余庆同志女婿，可写信给田余庆询问此事。杨圣敏的通讯处是：北京中央民族学院民族研究所。可否请你写信给他询问一下？""张载章不是很好写的，我又用了半个月读了张载的书，几经考虑；要到9月中旬才能脱稿。中间走了一些弯路。我来京约在9月中旬或20号左右，要等张载章写毕，才能成行。仍住侯先生家。如果老包（遵信——编者注）能把张载章写好，那就用老包的，我这里所准备的只是'备用'而已。"

8 月 31 日

佐竹靖彦（时任日本东京都立大学历史系副教授）致信先生，忆述其"一九六五年十月——一九六六年二月，文革即将爆发之前，在贵国留学。那时，我作为日本青年中国研究者代表团团员，参观了贵国各地以后，主要在北京大学进行学习与研究。团员跟我一块儿是四个人，直到现在，在日本各地继续研究贵国历史和文学""当时，我们念了先生所编《中国思想通史》，受到很大教导。特别是第四卷上《第二、三、四卷序论补》，对我来说，是一个带有纲领性质的论文。我们非常愿意跟先生见面，直接受到指教。终于能够在您家里拜访先生。那时，先生虽然有一些辛苦的样子，还是意气昂然，给我们讲了理论与实际互相联系的几个问题。"

8 月

先生所著《船山学案》（新版）由岳麓书社出版。

同月，先生所作《我是怎样研究中国思想史的》发表于《历史教学问题》1982 年第 4 期。文章提出：（一）"在史学十年规划中，我已提出再撰写一部《中国思想通史补编》和编著一本从'五四'至建国前夕的'中国现代思想史'。后一本，是《中国思想通史》的最后一卷。"[1] 先生自述自己的研究原则和方法是："总的说来，依据马克思主义的理论和方法，特别是它的政治经济学理论和方法，说明历史上不同社会经济形态发生、发展和衰落的过程；物质生活的生产方式制约着整个社会生活，政治生活和精神生活的过程；以及经济基础与上层建筑、意识形态之间的辨证关系，是我五十年来研究中国社会史、思想史的基本原则和基本方法。"（二）在具体研究中注重下几点：（1）"社会史研究，先从经济学入手。……我认为，研究历史，首先要知道生产方式，根据生产方式来区别某一社会的经济构成，因为生产方式决定着社会性质。反之，如果不应用政治经济学的理论和方法研究特定历史时代生产力和生产关系的变化以及由此引起的生产方式的变化，就难以自然史的精确性去判明这一时代的社会性质，揭示历史的规律性历史研究也就失去了最基本的科学依据。我对于中国历史——无论是古代的奴隶制社会和中古的封建制社会——的研究，都是从'生产方式'这一经济学的基本范畴开始的。当然，广义的经济学本身便是经济范畴的历史科学，但它又不能代替整个历史科学。历史科学的对象不仅包括具体的经济史，而且包括政治法律、思想文化等更加广泛的领域"。（2）"研究中国古代社会，首先弄清亚细亚生产方式的理论"。（3）"对中国封建社会的研究，强调以法典作为确定历史分期的标志"[2]。（4）依据马克思主义关于"土地私有权的缺乏"，"可以作为了解'全东方'世界的关键"的理论，"分析中国自秦汉以来封建社会皇权垄断的土地所有制形式是中央集权的封建专制主义的经济基础。地主阶级对土

---

[1]《历史教学问题》1982 年第 4 期，第 3 页。

[2] 同上刊，第 4 页。

地只有'占有权'，农民对土地只有'使用权'。封建的品级结构和特权制度是与倒行逆施的土地权力紧密结合一起的。封建思想之定于一尊，封建礼教之渗透于整个社会生活而成为束缚人民的绳索，其终极根源均在于专制帝王的土地所有权，即封建土地国有制形式"①。（5）"对中国思想史的研究，我以社会史研究为前提，着重于综合哲学思想、逻辑思想和社会思想（包括政治、经济、道德、法律等方面的思想）。同时注意每种思想学说的'横通'（历史时代联系）和'纵通'（思想源流演变关系）"②。（三）在研究方法上，在《中国思想学说史·自序》之外，又提出：（1）"从唯物主义观点来看，思想是存在的反映。历史从哪里开始，思想进程也应从哪里开始。因此，社会历史的演进与社会思潮的发展是相一致的。……因此，我的具体方法是：在研究社会史的基础上，注重对社会思潮作比较全面的考察，力图把握社会思潮与社会历史的联系及其所反映的时代特点，进而研究不同学派及其代表人物的思想特色和历史地位"。（2）"一般说来，思想史包括哲学史上范畴、概念的新旧交替，反映了人类思想本身变革的过程，亦即反映了人类认识活动不断深化的过程。但是，正像历史向前发展中总会出现曲折反复一样，人类认识的长河也不会是直线前进的。因此，在思想史上，并非所有新的范畴、概念都是趋近客观真理的思想变革，有的甚至还可能是反变革的思想。……此外，还必须注意，即便是一个范畴或概念，在不同时代，不同派别，特别是政治上和哲学上的不同派别的思想家头脑中，是有不同思想内容的。……考察人类新旧范畴与思想具体变革的结合，关键在于具体分析不同历史条件上不同思想家的阶级属性及其思想的实际内容"③。（3）"经济发展虽然对思想史的各个领域起着最终的支配作用，但是，由于思想意识的生产又属于社会分工的特殊部门，因而思想史本身有其相对的独立性。……思想的继承性是思想发展自身必不可少的一个环链。至于对前人思想遗产继承什么和怎样继承，则是由思想家所处的时代条件、阶级地位及其思想性格、学术渊源等诸种因素决定的。当然，继承并不意味着对前人思想的简单重复，而是包含着不同程

---

① 《历史教学问题》1982 年第 4 期，第 4—5 页。
② 同上刊，第 5 页。
③ 同上刊，第 5 页。

度的甚至是不同性质的改造。历史上有建树的思想家总是在大量吸取并改造前人思想资料的基础上，形成自己的思想学说"①。（4）"思想史上各种学派的产生及其同化和批判、吸收和排斥的复杂过程，一方面展现出人类思想在其自身矛盾运动中丰富多样性，另一方面又反映出一定历史时代的社会矛盾和社会思潮的某些特点。因此，研究思想史不能不研究学派。我们不仅需要了解不同学派的形成过程及其赖以产生的社会历史条件和思想凭借，进而了解它们在思想内容、观点、方法乃至风格方面的不同特点，而且更加需要深入了解不同学派之间错综复杂的关系，对于那些彼此对立的学派尤其需要进行具体分析，分清其脉络。相互对立的学派可以反映出双方政治上的对立，而且这种对立有时带有阶级对立的性质；也可以反映出哲学上唯物主义与唯心主义的对立，或者是唯心主义阵营内部客观唯心论与主观唯心论的对立；也可以反映出思想上的'正宗'与'异端'的对立；也可以反映出学术文化思想本身的对立（如汉学与宋学，今文经学与古文经学的对立）等等。值得注意的是，相互对立的学派在各自批判对方的过程中，往往又或多或少地吸收对方的思想来丰富自己。有的对立学派经过长时期的相互批判和相互吸收，最后趋于同化，最典型的例子就是从先秦时代开始的儒法斗争，至汉武帝时期形成儒法合流。学派同化与学派批判相反相成，是思想史上带规律性的现象，恰好反映了历史发展的辩证法"。（5）"思想家常常以自己的理想和言辞掩蔽着自己思想的真实内容，这是普遍存在的历史现象。思想家这种理想与现实、言辞与内容的矛盾，无论主观客观上都有其产生的原因。……因此，我认为在思想史研究中，必须把握具体历史条件，注意把一个阶级的著作方面的代表人物的理想和言辞同他们的本来面目和实际利益区别开来"。（6）"世界观和方法论相联系。一般说来，二者是一致的，但有时也会出现矛盾：或者世界观是先进的，方法论是陈旧的；或者世界观是陈旧的，方法论是先进的。问题都要具体分析，不可一概而论"②。"思想史上唯物主义和唯心主义、辩证法和形而上学的斗争和发展，有着丰富的理论思维的经验和教训，我们应当科学地加以提炼和总结。"（6）"我的研究重在阐微决疑。所谓'阐微'，一是力

① 《历史教学问题》1982 年第 4 期，第 5—6 页。
② 同上刊，第 6 页。

图用科学的方法，从古文献中掘发历史的隐秘。……二是尽力发掘不被一般论著所重视的思想家，如吕才、刘知几、刘禹锡、柳宗元、王安石、黄震、邓牧、何心隐、吕坤、汤显祖、方以智等。对他们的思想，我都做了初步的探索"①。"所谓'决疑'，就是关心于解决历史的疑难，对于社会史和思想史上许多争论不休的难题，我都怀有浓厚的兴趣，把它作为自己特别关心的重点。"②"在治学态度上，我赞赏古人提倡的学贵自得精神。科学是在不断探索中发展的。如果一个学者不敢言前人之所不言，为前人之所不为，因循守旧而无所作为，是不可能把科学推向前进的。我之所以重在阐微决疑，目的在于使自己的研究工作有所创获，至于所获几何，则有待于读者批评。"(7)"实事求是，谨守考证辨伪方法。……考据学本身算不上历史科学，但它却是历史科学不可缺少的专门学问。如果要研究中国历史，尤其是古代史，就必须钻一下牛角尖，在文字训诂、史料考证辨伪方面下一番工夫，至少也要遵守前人的严谨的方法，不可随意采择史料。……此外，还要充分利用经过专家整理的出土文字资料和实物资料，作为古史研究的必要论据。科学重证据，证据不足或不确，结局便会是闭门造车和主观臆度。而且古书文字有一定的时代含义，决不能拿现代语的同类字句相比附，否则，就会犯望文生义的错误。……今文家常犯的毛病就是'托古'、'影古射今'。……历史科学要求实事求是的研究，不能有一丝一毫的渲染，以免差之毫厘，谬以千里"。(8)"注意马克思主义历史科学的民族化。所谓'民族化'，就是要把中国丰富的历史资料，和马克思主义历史科学关于人类社会发展的规律，做一个统一的研究，从中总结出中国社会发展的规律和历史特点"。(9)"执行自我批判，聆听学术批评。我认为，学贵自得，亦贵自省，二者相因，不可或缺。前者表现科学探索精神，后者表现在自我批判勇气"③。文章最后提出："我之所以作如上的自叙，一是为着说明我是在党的领导关怀下从事史学研究工作的，我所取得的一点成就，首先要归功于党，归功于帮助过我的许许多多的同志和朋友。二是为着向读者提供一个简略的历史背景，了解我的治学道路和研究方法，以便对拙著进行批评。"④

---

① 《历史教学问题》1982 年第 4 期，第 7 页。

② 同上刊，第 7—8 页。

③ 同上刊，第 8 页。

④ 《马列主义研究资料》1982 年第 4 辑，第 9 页。

同月，耿睿琴《〈资本论〉在中国》发表于《马列主义研究资料》1982年第4辑，文章简述了先生与王思华翻译《资本论》的情况。

同月，千家驹《三十年代翻译〈资本论〉的经过》发表于《马列主义研究资料》1982年第4辑。千家驹回忆与吴半农翻译《资本论》的情况云："我们翻译所根据的版本，基本上是英译本。"[1] "吴半农的第一卷是根据新英译本重译的，由我参照德文版为之校对。" "由我翻译的第二卷，基本上也是根据英译本第二卷重译的，同时对照德文本。"[2] "当我们正在翻译《资本论》第一卷与第二卷时，另外两种部分译本也先后出版了，一种是侯外庐、王慎明的译本，一种是潘冬舟的译本。侯外庐的译本我只读到第一卷的上册，中下两册则始终没有见过。"[3]

9月14日

蔡尚思作《侯外庐对中国思想史的贡献——评〈中国思想通史〉》，发表于《书林》1983年1月第1期，收入《中国古代学术思想史论》（广东人民出版社1990年版）。文章认为《中国思想通史》的优点有"把马克思主义的观点运用到中国思想史方面来"、"在所有以思想史为名的著作中，包括哲学史与政治思想史在内，篇幅之大，字数之多，都没有超过此书的"、"它的内容，打破了中国传统的经、史、子、集四部界限，凡是在思想史上有地位的，不管是史学家如司马迁、刘知几、马端临等；还是文学家如柳宗元、刘禹锡及蜀学等均放在思想史内加以探索。经、子两方面更不必说了"、"凡被表而出之的各家各人，多有较详细以至不避烦琐的论述。这给研究者做参考，倒是很好的"、"有许多正确的处理与批评"、"前四卷是集体执笔的，如侯外庐、赵纪彬、杜国庠、邱汉生、白寿彝、杨荣国、杨向奎、诸青（张岂之）等，还有其他几位青年同志的帮助。由这些学有专长的学者来共同编著一部大书，也是很难得的一件事"[4]。该文还提出对《中国思想通史》的增补计划和一些批评。

---

[1] 《马列主义研究资料》1982年第4辑，第221页。
[2] 同上刊，第222页。
[3] 同上刊，第223页。
[4] 《书林》1983年第1期，第3页。

9 月 18 日

王凤贤致信黄宣民："接到贵所给我的一封信，得悉北京将为马克思主义史学的创始者之一、史学界的老前辈侯外庐同志从事学术研究六十周年举行纪念活动，并计划编辑出版纪念文集，感到十分高兴。来信约我写纪念文章，实不敢当。但出于对侯外老的衷心尊敬和爱戴，又感你们的盛情难却，所以，先想与你商量写什么内容的问题。对侯外老的思想通史，我最爱读《中国早期启蒙思想史》，从中得到很多教益，而对有人企图根本否定中国有早期启蒙思想的说法，则很不以为然。因此，我初步考虑想写一篇阐述这部著作的重要学术价值的文章，以示纪念。"

9 月 20 日

先生《侯外庐史学论文选集·自序》发表于《文史哲》1982 年第 5 期，1986 年冬又作修改。序言提出："在史学十年规划中，我已提出再撰写一部《中国思想通史补编》。如果健康允许，我还计划编著一本从'五四'至建国前夕的《中国现代思想史》，作为《中国思想通史》的最后一卷。"[①] 研究原则上，在具体研究中注重以下几点：（1）"社会史研究，从经济学入手"；（2）"研究中国古代社会，首先弄清亚细亚生产方式的理论"[②]；（3）"对中国封建社会的研究，强调以法典化作为确定历史分期的标志"；（4）根据马克思主义关于"土地所有权的缺乏"、"可以作为了解'全东方'世界的关键"的理论，"分析中国自秦汉以来封建社会皇权垄断的土地所有制形式是封建的中央专制主义的经济基础"[③]；（5）"对中国思想史的研究，我以社会史研究为前提，着重于综合哲学思想、逻辑思想和社会思想（包括政治、经济、道德、法律等方面的思想）。……我的研究既注意每种思想学说的'横通'（即它与社会历史时代的联系），又注意它的'纵通'（思想源流的演变）；既注意思潮，也注意代表人物"[④]；（6）"我的研究重在阐微决疑。所谓'阐微'，一是力图用科学的方法，

---

① 侯外庐：《侯外庐史学论文选集》序，《侯外庐史学论文选集》上卷，人民出版社 1987 年版，第 8 页。

② 同上书，第 9 页。

③ 同上书，第 10 页。

④ 同上书，第 11 页。

从古文献中发掘历史的隐秘。……二是力图发掘不被一般论著所重视的思想家，如吕才、刘知几、刘禹锡、柳宗元、王安石、黄震、邓牧、何心隐、吕坤、汤显祖、方以智等"①。"所谓'决疑'，就是关心于解决历史的疑难。""在治学态度上，我赞赏古人提倡的学贵自得精神。科学是在不断探索中发展的。如果一个学者不敢言前人之所不言，为前人之所不为，因循守旧而无所作为，是不可能把科学推向前进的。我之所以重在阐微决疑，目的在于使自己的研究工作有所创获。"②（7）"实事求是，谨守考证辨伪方法。"③（8）"主要马克思主义历史科学的民族化。所谓'民族化'，就是要把中国丰富的历史资料，和马克思主义历史科学关于人类社会发展的规律，做统一的研究，从中总结出中国社会发展的规律和历史特点"④。（9）"执行自我批判，聆听学术批评。我认为，学贵自得，亦贵自省，二者相因，不可或缺。前者表现科学探索精神，后者表现自我批判勇气"⑤。

在中国思想史的研究方法上，有以下几个方面：（1）"从历史唯物主义观点来看，思想是存在的反映。……社会历史的演进与社会思潮的发展是相一致的。……因此，我的具体方法是，在研究社会史的基础上，注重对社会思潮作比较全面的考察，力图把握社会思潮与社会历史的联系及其所反映的时代特点，进而研究不同学派及其代表人物的思想特色和历史地位"。（2）"一般说来，思想史（包括哲学史）上的范畴、概念之新旧交替，反映了人类思想本身变革的过程，亦即反映了人类认识活动不断深化的过程。……考察人类新旧范畴更替与思想具体变革的结合，关键在于依据不同历史条件，具体分析各种范畴在不同思想家的头脑中所反映的实际内容"⑥。（3）"经济发展虽然对思想史的各个领域起着最终的支配作用，但是，由于思想意识的生产又属于社会分工的特殊部门，因而思想史本身有其相对的独立性。……思想的继承性是思想发展自身必不可少的一个环链。至于对前人思想遗产继承什么和怎样继承，则是由思想家所处的时代条件、阶级地位及其思想性格、学术渊源等诸种因素决定的。当然，继承

---

① 侯外庐：《侯外庐史学论文选集》序，《侯外庐史学论文选集》上卷，人民出版社 1987 年版，第 16—17 页。

② 同上书，第 17 页。

③ 同上书，第 17 页。

④ 同上书，第 18 页。

⑤ 同上书，第 19 页。

⑥ 同上书，第 12 页。

侯外庐先生学谱 453

并不意味着对前人思想的简单重复，而是包含着不同程度的、甚至是不同性质的改造"①。（4）"思想史上各种学派的产生及其融合和批判、吸收和排斥的复杂过程，一方面展现出人类思想在其自身矛盾运动中的丰富多样性，另一方面又反映出一定历史时代的社会矛盾和社会思潮的某些特定。……我们不仅需要了解不同学派的形成过程及其赖以产生的社会历史条件和思想凭借，进而了解它们在思想内容、观点、方法乃至风格方面的不同特点，而且更加需要深入了解不同学派之间错综复杂的关系，对于那些彼此对立的学派尤需要进行具体分析，分清其脉络"②。（5）"思想家常常以自己的理想和言辞掩蔽着自己思想的真实内容，这是普遍存在的历史现象。……必须把握具体历史条件，注意把一个阶级的著作方面的代表人物的理想和言辞同他们的本来面目和真实动机区别开来"③。（6）"世界观和方法论相联系。一般说来，二者是一致的，但有时也会出现矛盾。或者世界观是先进的，方法论是陈旧的；或者世界观是陈旧的，方法论是先进的。问题都要具体分析，不可一概而论"④。

9 月 24 日

张岂之致信黄宣民、卢钟锋："昨天又收到邱先生函，说他去广州日期有变化，他将于 10 月中旬去，十月底回京。在此情况下，我如果于 10 月初赴京，还可以与邱先生商量稿件问题；如果 10 月 10 日赴京，正好赶上邱先生去广州时间，那不好。所以我现在想法是：十月初（可能要到十月五号，因四号我有接待外宾任务，来西大的两名日本学生，我认识，其他同志还不认识，我得去飞机场接）到京，与邱先生商量稿件。他有什么意见，留下，我可以动手，不影响他去广州。不知这样可好？不知理学史下一步如何修改？在这方面我未收到任何具体信息。如果我到京，没有什么具体的修改任务，或者还要等到邱先生从广州返京后才能开讨论会，那我十月初去就无甚必要了。总之，请你们告诉我下一步具体任务。我在夏天将全稿看毕，有些稿件我动手作了较大修改，有些我未作修改，提了修

① 侯外庐：《侯外庐史学论文选集》序，《侯外庐史学论文选集》上卷，人民出版社 1987 年版，第 12 页。
② 同上书，第 13 页。
③ 同上书，第 14 页。
④ 同上书，第 14—15 页。

改意见，请转邱先生斟酌，并希望由原执笔先生修改。不知这一步是否已经做到？总之，理学史进行具体情况盼告。"

10 月 21 日

陈正夫致信黄宣民："大函已奉读，侯外老的赠墨也已收到。因最近有事外出，现在才复信，万望见谅。侯外老年逾古稀，身体又不好，还为我挥毫留墨，这种关心后学之心情，甚为敬佩。请代为转达对他的问候和感谢。""'中国一百个哲学家'书已开过审稿会，最近将定稿。活着的人均不列入，侯外老小传可不写了。"

10 月 27 日

刘鄂培致信李学勤、黄宣民："本月廿二日从山东返京，拜读两兄来信。深深感谢对中华孔所年会及学术讨论会的关切和支持。""岱老在开幕词中指出，这次大会是一次思想上的团结大会，学术上的民主大会，和经济上的节约大会。谢韬同志风趣地说：'节约的大会，只是美其名，实际是一个穷会。'与会者的生活照顾不周，很有歉意，但学术气氛较浓，与会者多有同感。老冒和老唐都积极参与大会各项活动，最后一天大会，老冒作发言，反映很好。""大会期间，岱老一直身体欠佳，回京之后卧病在家。年近八旬，健康状况已大不如前。""侯外老的学术纪念活动进展如何？清华的同志都关心。望告。"

10 月 29 日

梁寒冰致信先生："外老：由中国史学会主办纪念郭老九十诞辰学术报告会，于十一月十日在近代史所学术厅举行。史学会请你作一书面发言，以示隆重。书面发言，请你指定专人，代为宣读。""近来常出差，未能前去探望，请原谅。此致健安！"

10 月

先生口述，侯闻初、朱学文执笔整理的《坎坷的历程——回忆录之六》发表于《中国哲学》第 8 辑。包括"中苏文化协会复员南京"、"《中国思想通史》和《新中国大学丛书》"、"杜老的道德和文章"、"《文汇报》办'新思潮'"、"国民党下'戡乱令'"、"香港一年"、"初探鲁迅思想"、"迎来解放"。

该辑同时发表《侯外庐论学书札》，系先生致孙长江的信，一封是1955年4月10日论谭嗣同，另一封是1956年1月1日论周敦颐。

11 月 10 日

黄宣民代表先生参加纪念郭沫若诞辰九十周年学术报告会。

11 月 17 日

先生在北京大学图书馆参加"翦伯赞学术纪念会"，作《研究历史要求新求实》的书面发言（收入《翦伯赞学术纪念文集》，北京大学出版社1986年版，题为《学习翦伯赞同志的求新求实精神》）中提出："翦伯赞同志从三十年代参加中国社会史论战以来，毕生致力于马克思主义指导下的历史研究和历史教学工作。他对于中国新史学的发展做出了不可磨灭的贡献。我们纪念翦伯赞同志应当充分肯定他学术上的多方面的成就，尤其要学习他求新求实的治学精神。""翦伯赞同志是中国马克思主义新史学的拓荒者之一。早在三十年代，他就把历史唯物主义的理论和方法应用于中国史研究，为发展马克思主义的历史科学而努力。"[1] "在史学领域内，坚持走马克思主义所指引的道路，这是翦伯赞同志治学的鲜明特点。"[2] "翦伯赞同志一贯注重马克思主义史学的理论建设，尤其注重史学方法论的探讨。"[3] "翦伯赞同志非常重视理论联系实际。……他强调在历史研究中应当尽可能充分地占有材料，最好是第一手材料。他不但在自己的论著中运用丰富的史料，而且注意整个历史学科的资料建设工作。""实事求是，是马克思主义的优良学风。翦伯赞同志力图把这种科学的精神贯彻到史学研究中去。"[4] "翦伯赞同志的实事求是学风，也表现在他勇于自我批评的精神。例如，他在《关于历史人物评论中的若干问题》一文中，就曾对引古射今的问题做过中肯的自我批评。……我认为，每一个严肃的马克思主义史学工作者都应当像翦伯赞同志那样坚决摈弃非科学的影射方法，促进历

---

[1] 《翦伯赞学术纪念文集》，北京大学出版社1986年版，第14页。
[2] 同上书，第15页。
[3] 同上书，第16页。
[4] 同上书，第17页。

史科学的健康发展。"① "翦伯赞同志是一位正直刚毅、才思敏捷、学识渊博、文彩斑斓的学者，兼有史学家和文学家的优点。……可以说，翦伯赞同志就是我们时代一位德、才、学、识四者兼备的良史。"②

周扬在讲话中指出："翦伯赞同志，还有郭沫若、范文澜、吕振羽、侯外庐等同志，是我国最早运用马克思主义阐释历史的一批学者。他们是拓荒者、开路人。"③

11 月 24 日

先生所作《研究历史要求新求实——翦伯赞学术纪念会书面发言》发表于《光明日报》第 3 版。

11 月 29 日

先生所作《只顾攀登莫问高——纪念郭沫若同志诞辰九十周年》发表于《人民日报》1982 年 11 月 29 日第 5 版，又载《中国社会科学院研究生院学报》1982 年第 6 期。文章认为"只顾攀登莫问高"既体现了郭沫若的治学精神，又有着深刻的现实意义。"现在有些从事研究工作的同志，特别是一些刚刚参加研究工作的青年同志，都有努力攀登科学高峰的雄心壮志，也都很刻苦用功，这无疑是应该肯定的。但是，这些同志似乎还不完全懂得郭沫若讲的这个辩证法，以为登山只是直往上爬，缺乏'往下窜'的思想准备，更不愿意窜到深谷的绝底里去探索。""坚持马克思主义对于历史研究工作的指导，应用科学的观点和方法揭示中国历史发展的规律和特点，这是郭沫若治学精神和优良学风的根本所在。如果我们不了解这一点，就不可能真正了解他在学术上的成就以及他在中国史学史上的地位。""郭沫若在古史研究中的成就，和他坚持实事求是的治学态度是密切相关的。""勇于自我批判，是郭沫若治学的又一个显著特点和优点。""郭沫若同志是一个知识渊博、才思敏捷而又富于创造精神的大学问家。他在学术上的成就是多方面的，尤其在历史学方面的建树，更具有划时代的意义。""郭沫若是十分爱护青年的。只要青年同志在学术上有所发现，

---

① 《翦伯赞学术纪念文集》，北京大学出版社 1986 年版，第 18 页。
② 同上书，第 18—19 页。
③ 同上书，第 9 页。

哪怕是一孔之见，一得之功，他都给予热情鼓励。对于他们的缺点，则是循循善诱，启发上进。"

12 月 9 日

萧萐父致信黄宣民："赐示悉。外老垂注，不胜感奋！正拟奉答，收到人民出版社寄来《李达文集》第一卷。原已托金春峰同志此书出后首先送陈外老和您各一卷，不知老金践诺否？""三十年代外老与李老、吕老在北平的共同战斗和十年浩劫中的情愫相通，我们深信外老撰文评价李达同志文集，必能真正钩沉发秘，启迪后学。恳切盼望您能在百忙中挤出时间代笔，促成此事。并向外老转致此间同志们的拳拳之意。"

12 月 23 日—25 日

全国中国哲学史学会在北京举行第二届理事会，选举先生为名誉会长，张岱年为会长，王明、冯契、石峻、任继愈、萧萐父为副会长，于光远、冯友兰等为顾问。

12 月

萧萐父、李锦全主编《中国哲学史》（上下册）由人民出版社出版。该书由先生题签。第五编"封建制度衰落、资本主义萌芽时期（明中叶至鸦片战争）哲学发展的新动向"中提出"明清之际具有启蒙性质的哲学思潮"[1]、"十七、十八世纪的早期启蒙主义思潮"[2]。

本年

先生任中国社会科学院历史研究所名誉所长。

一九八三年（癸亥）　八十岁

3 月 7 日至 12 日，全国纪念马克思逝世一百周年学术报告会在北京举

---

[1]　萧萐父、李锦全主编：《中国哲学史》下册，人民出版社 1982 年版，第 158 页。
[2]　同上书，第 163 页。

行。同月，周扬发表《关于马克思主义的几个理论问题》。

4月11日至14日，中国史学会举行首次年会。14日至16日，中国史学界第三次代表大会，选举理事82人、常务理事18人，选举刘大年、吴于廑、林甘泉、胡绳、戴逸为主席团成员，以李侃为秘书长。

5月，《汤用彤学术论文集》由中华书局出版。同月，中国郭沫若研究会成立。

6月20日至24日，《中国哲学史》编辑部在承德召开第四次夏季学术讨论会（"中国哲学史范畴、概念、思潮发展规律学术讨论会"）。

7月1日，《邓小平文选》第2卷（1975—1982）由人民出版社出版。同日，尹达（1906—1983，河南滑县人）逝世。同月，蔡美彪、周良霄、周清澍、张岂之、范宁、朱瑞熙、严敦杰著《中国通史》第7册由人民出版社出版。

10月，赵纪彬《〈论语新论〉导言》发表于《中国哲学》第10辑。

11月5日至10日，中国哲学范畴讨论会在西安召开。19日至24日，中国思想史学术讨论会在西安召开。

本年，《周谷城史学论文集》由人民出版社出版。

2月20日

叶桂生、刘茂林《中国社会史论战与马克思主义历史学的形成》发表于《中国史研究》1983年第1期。文章认为："一九三九年，他（指先生——编者注）开始了对中国古代社会史的探索，……他的研究从'解决历史疑难'入手，选中'亚细亚生产方式'问题为突破点。他排开在这一问题上的纷纭众说，独立地全面考察马克思、恩格斯的有关论断，尤其读到了马克思《政治经济学批判大纲》的俄文译稿，再结合中国史实的分析，终于得出了自己的结论。……这样，中国古代存在着奴隶制，虽在时代的划分上还不一致，但中国与世界上多数国家一样，也经过了这一阶段，成了大家共同的结论。"①

2月

先生口述、李经元执笔整理的《我对中国古代社会的研究——回忆录

---

① 《中国史研究》1983年第1期，第13页。

之七》发表于《中国哲学》第 9 辑，包括"从社会史论战说起"、"重在解决历史疑难"、"关于亚细亚生产方式"、"关于氏族制的残存和家、室的意义"、"关于中国'城市国家'起源和发展"、"关于古代先王问题"、"关于封建制法典化的问题"。

朱学文回忆："黄（宣民）先生不仅给予我许多指导和鼓励，而且他自己也成了执笔人之一，他为外庐先生的回忆录写下学理最深厚的一章，对中国社会史研究做了总结性的归纳（即《韧的追求》第二章）。"①

3 月 10 日

邱汉生致信张岂之："你两次来京，完成了《宋明理学史》上卷的定稿工作，这是很重大的贡献。他日书出版，读者将从你的辛勤劳动中得到有益的帮助。为此，我个人对你是十分感激的。您代外老写给人民出版社金春峰同志的信，复印本已给我。今日《宋明理学史》上卷全部书稿已送交人民出版社。这样，上卷的工作是完成了，放下了一桩心事。"

3 月 27 日

张岂之致信黄宣民："大作《金华朱学》想已完成，最晚希望不超出三月能将此稿补交人民出版社。""一个月前我给钟锋说过，请以历史所名义给西大党委和郭琦同志来一函，说明理学史上卷已完，下卷希望继续协助。我想：下卷事我将来会几次来京，事先打个招呼。""我现在决定四月十日来京，开全国史学会。……会毕，想在京住两三天，再把《理学史》下卷章次讨论一次，请邱先生参加。史学会毕，我住旅馆也可以，住社会科学院招待所，四人、六人一室都可以。到侯先生家又得麻烦他们。我来往频频，很麻烦人家，也不好。"

3 月

先生作《宋明理学史》序，认为："1959 年我们编著《中国思想通史》第四卷的时候，即开始进行宋明理学的研究。……当时我就开始酝酿编著《宋明理学史》，以阐明理学的产生和演变及其在中国思想史上

---

① 朱学文：《忆外庐先生与〈韧的追求〉》，张岂之主编：《中国思想史论集》第 2 辑，广西师范大学出版社 2003 年版，第 67 页。

的地位，使它成为一部与思想史有联系而又有区别的专门著作。""1980
年我们编完《中国思想史纲》下册以后，邱汉生同志已将《宋明理学
史》的章节目录编出。我们即组织中国社会科学院历史研究所中国思想
史研究室的同志进行讨论，分工执笔。汉生同志在'四人帮'横行的年
代，在极其险恶的环境下，悄悄地阅读了关于理学的许多原始资料，对
理学思想的产生和演变有许多宝贵的见解，这样就为我们编著《宋明理
学史》做了积极的贡献。……近年来国内陆续出版了不少关于宋明理学
的论著。我们也读到海外关于这方面的研究成果。这些对我们编著《宋
明理学史》起了激励的作用。""宋明理学是封建社会后期的统治思
想，'性与天道'是理学讨论的中心内容，……宋明理学以儒学的内容
为主，同时也吸收了佛学和道教思想。它是在唐朝三教融合、渗透的基
础上，孕育、发展起来的一种新的学术思想。宋明理学浸润封建社会后
期社会生活、政治生活的各方面，成为具有权威性的支配力量，是压在
劳动人民头上的华盖。从政治上看，它是思想史上的浊流。尽管如此，
宋明理学吸收了大量的传统文化和外来文化，在思想史上是继先秦诸
子、两汉经学、魏晋玄学、隋唐佛学之后的又一新的发展阶段，有值得
后人参考的若干珍贵内容，需要我们应用马克思主义的观点和方法悉心
加以鉴别，而不能笼统地采取一概抹煞的态度。因此，在这部著作中，
我们不是孤立地叙述某个理学家的思想，而是试题阐明理学产生和演变
的历史过程，以及理学家们在这个历史过程中所占的地位。""我认为，
要符合历史实际地将理学产生和演变的历史写出来，研究者如果以理学
思想作为指导，以理学写理学，那是不能揭示历史发展的真实面貌的，
而且还会歪曲这个历史过程。……我们既要继承前人的优秀遗产，又必
须有所创新和发展。……我们的研究必须严格地置于马克思主义理论的
指导之下。……当然，在具体的研究实践中，是否能准确地运用马克思
主义分析历史问题，那是需要通过学术讨论和取长补短、修正错
误的。"

　　同月，邱汉生作《宋明理学史》上册后记："《宋明理学史》论述重

---

　　① 侯外庐：《宋明理学史》序，侯外庐、邱汉生、张岂之主编：《宋明理学史》上册，人民
出版社1984年版，第1页。

　　② 同上书，第1—2页。

　　③ 同上书，第3页。

要的或比较重要的理学家的思想，辨章学术，考竟源流，重在说明学派的传衍、学者的师承关系。这是一部学术史，而不是讲学术本身，不过因为讲的是学术的历史，自然也要讲到学术本身。这部书不象《宋元学案》，《明儒学案》那样细大不捐，例如，北宋只论述了宋初三先生、周敦颐，张载，二程、邵雍等重要的理学家，而象戚同文、范仲淹等都不论述。在次序的排列上，着重说明历史的发展，例如，先讲张载，后讲二程，不同于一般把二程放在张载之前的做法。我们没有把司马光算作理学家，不把他列入理学史，虽然朱熹曾经写过《六先生像赞》，把他同周敦颐、张载、二程、邵雍并列，但是他没有多少理学思想，他的关于象数学方面的著作《潜虚》，也被人提出怀疑，最后也是完成于张商英之手。"[1] "学术界对我们撰著理学史的工作，给予了关心、勉励和期望，我们表示感谢。例如林英同志在酝酿要否撰著这样一种理学史的时候，就认真地提出，这是一件很有意义的工作，应该积极进行。在撰著的过程中，有关的同志给予了热诚的支持和帮助，例如提供图书资料的方便，或者为我们打印抄写稿件。包遵信、孙开太、柯兆利等同志参加了本卷章节提纲的讨论。……海外学者也给予支持，例如由美国学者田浩的介绍，哈佛燕京大学的吴文津博士，给我们寄来了宋宁宗嘉定五年（公元1212年）刊刻的陈亮著作的微型胶卷，这种国际的学术交谊，是十分珍贵的。"[2] "《宋明理学史》上卷的撰著，得到西北大学历史系中国思想史教研室同志的协作。这种协作关系今后还要继续。""《宋明理学史》上卷的撰著，得到西北大学历史系中国思想史教研室同志的协作。这种协作关系今后还要继续。"[3]

4 月

蔡尚思在参加"中国史学会首次年会暨中国史学界第三次代表大会"期间探望先生，最后一次和先生谈话。蔡尚思回忆："这时他已经是多年瘫痪了。他被抱起坐在靠椅上，一点也不能动，似有声音而实等于没有声音。据说，当时只有一个人真能听出他的话了。侯老要我坐到他的身旁，我遵命走去坐，只看见他的口形，等于二人靠近并坐而无言。据告知，他

---

① 邱汉生：《宋明理学史》上册后记，侯外庐、邱汉生、张岂之主编：《宋明理学史》上册，人民出版社1984年版，第769页。

② 同上书，第769—770页。

③ 同上书，第770页。

仍如往时，一再表示感谢我介绍邱汉生同志同他合作。从此以后，我经常间断地打听他的健康问题。我一方面觉得他的病情比较严重，心有不安；另一方面，又觉得他有满头黑发，面孔也一点没有老态，将会延年益寿，颇堪欣慰。"①

5月9日

张岂之致信黄宣民、卢钟锋："有一事相商，请你们研究以后，宣民到长沙开会时给我一个回话：教育部抓古籍整理工作。在部的规划中有一个项目：'中国思想史史料学'，是我具体负责，为专著，字数约六十万字左右，三年内完成。我这里有几位中国古代史和中国古代思想史有些研究的同志可以参加。我把主要精力放在《理学史》下卷，《史料学》实际将由刘宝才、龚杰做大量具体工作。我考虑到宣民在《理学史》下卷承担章节较多，且有行政工作，工作量已经饱和，所以我不想再进行干扰。钟锋由于身体关系，一年内边工作边休息为宜，工作不能过量。为保证《理学史》下卷保质保量地完成，从全局出发，似不当再向你们伸出求援之手。但我还是想邀请克政参加《史料学》之撰写，一来他在《理学史》下卷中所承担任务不多，二来他可能对此颇有兴趣。如果你们同意，请你们代我向他征求意见。""教育部一司最近有同志来问及《史料学》事，我已写出'体例要求'，参加者以六七人为宜，吸取《辞典》教训，不宜到处请人。《辞典》已弄完，本月12日龚杰同志将去申送稿。编辑部看了，估计还会提出不少意见，那时我们再作修改吧，今年年底如能最后定稿、付排，就真是最理想不过的了。'好事多磨！'"

5月24日

张岂之致信黄宣民："侯先生史学论文集自序交《文史哲》发表，题目可否改为：《治史述学》。这比《史林述学》似乎明确些。供参考。"

5月

萧萐父与李维武合作《侯外庐同志新版〈船山学案〉读后》，发表于《中国史研究》1983年第4期，收入《吹沙集》。文章认为：从《船山学

---

① 蔡尚思：《侯外庐同志关于中国思想史的商讨与计划》，《中国古代学术思想史论》，广东人民出版社1990年版，第67—68页。

案》初版到再版，"在这四十年间，中国社会、中国思想界以及船山学研究都几经沧桑，变化巨大，但今日重读这部拓荒之作，不仅从一个侧面展示了老一辈马克思主义学者运用唯物史观和辩证法研究中国发展史的贡献，而且为今日的船山学研究以及中国哲学史研究提供了重要的方法论启示"①。"中国近代社会的急剧变革和中国资产阶级的软弱性，使资产阶级的最优秀的哲学史家也不可能具有真正的历史感来正确评判船山这位'开启中国近代的思维活动'的哲学巨匠。这个任务历史地落在了中国马克思主义史学工作者的肩上。侯老就是这样一位勇于填补空白的拓荒者。"②《船山学案》的创新在于："运用唯物史观分析明末清初的经济动向和船山思想中反映的时代脉搏，揭示了船山哲学的启蒙意义"③、"进一步具体分析船山解放知识的思想路线和学术渊源，揭示了船山欲圆之'梦'的谜底，指出了打开船山哲学迷宫的门径"④、"运用历史方法与逻辑方法相统一的原则研究船山哲学范畴，揭示了船山哲学的逻辑体系"⑤。

6月18日

柯兆利致信黄宣民："黄先生：久未通信了，谅必近来工作、身体都好！随信寄呈（刷挂）《王阳明的心学》二稿，共123纸，四五万言，似乎烦冗了些。请您审正。因前段时间病了些日子，故拖延交稿，让同志们等急了。很抱歉！""此番改订，曾认真研究了您所批示的具体意见和一些原则，但我恐怕仍写不好，尤其是禅学对阳明的影响一节，虽然力求稳妥，行文中尽量作客观的比较和评论，篇幅也压缩了许多，但提法上是否仍然存在问题，这就要请您着意审改了。""还有一个问题：关于王阳明的'政治论'，文中皆付阙如。我的意见，王氏的明明德——亲民——万物一体论，只是重弹了《大学》、《礼记》的老调，并无多少新鲜货色。而王阳明的政治观点和一些政治施为，在其生平简介中已有介绍，是否有必要再独立一节叙述之？不过，讲理学而不讲政治论，似亦有所缺欠。近有徐大同等著《中国古代政治思想史》一书，对王阳明的政治论，所论亦只一

---

① 萧萐文：《吹沙集》，巴蜀书社1991年版，第502—503页。
② 同上书，第503页。
③ 同上书，第505页。
④ 同上书，第507页。
⑤ 同上书，第510页。

般。如果您觉得很有必要写这一节,是先由我写出初稿呢,还是就由您大手笔亲自完成?即请来示。如果决定不写此节,则前后文有关照应文字亦请删节衔接好。""《钱德洪、王畿与浙中王学》章正在修润中,下月寄呈。有何见教?亦请指示。""外老当'官',弟子增光。祝他老人家长命百岁。此间,傅衣凌先生因患胃癌,经九小时手术和近两月调养,似尚能撑下去,但愿上帝保佑他!不赘。"

6 月

邱汉生回忆:"是年六月,撰著诸君,包括中国社会科学院历史研究所中国思想史研究室诸同志,西北大学文化思想研究所有关同志,集会于北京,商讨下卷的编撰工作。与会诸君得悉《宋明理学史》列为国家'六五'计划期间历史学科重点项目,极其振奋,同时感到责任重大。会议根据前三年所拟的编撰提纲,讨论通过了《宋明理学史》下卷的章节目录。此后,下卷的撰著工作就全面开展了。"①

同月,黄宣民所作《侯外庐》发表于《中国哲学年鉴》(1983 年版)"中国哲学界学者简介"栏目。

7 月 2 日

贺新辉致信黄宣民:"那天我从外老家到所里拜访您与卢钟锋同志未遇,即到冒先生家。冒先生对元好问兴趣颇浓,我二人议了三四个小时。他打算写一篇较有分量的文章,作为《元好问诗词集》前言,与外老合撰。我认为十分好。回旅馆后,我亦与刘姑作了联系,她亦同意。为此,特向您汇报。希望能在时间安排、工作任务安排上,给冒先生以适当的考虑,以期使他能如愿以偿。好吧?""另外,我给外老留下题书名的条子,趁他某日精神好时,给题一下。亦请关照一下,好吧?如书签题好后,请先寄来,我们可先请人设计封面。"

7 月

高华致信黄宣民:"今天上午甘泉、家驹去外老家,告诉他尹达同志

① 邱汉生:《宋明理学史》下册后记,侯外庐、邱汉生、张岂之主编:《宋明理学史》下册,人民出版社 1987 年版,第 1024 页。

去世的消息。外老说要写纪念文章，由你代笔。""我们商量，在《中国史研究》第三期增加四页，刊登外老的文章。这一期将在本月二十日付印，九月发行。所以必须抢时间。请你在十一日前写出来，十二日送厂排，突击一下。文章同时准备送《光明》，争取两处都登。字数在4000左右。"

8 月 10 日

先生所作《深切悼念尹达同志》发表于《光明日报》第 3 版，又载《中国史研究》1983 年 8 月 20 日第 3 期、《史学史研究》1983 年 12 月第 4 期。文章提出："尹达同志是我国著名马克思主义史学家、考古学家。……他是中国考古学的开拓者之一，也是中国原始社会史研究的开拓者之一，建国以后，又是历史学科的组织者之一。无论在考古发掘、史学研究和学术组织工作中，他都为中国马克思主义史学的发展做出了重要的、不可磨灭的贡献。""对于安特生的错误理论的批判，肃清其在中国学术界的影响，是尹达同志的一个历史性功绩。我们应当继承和发扬他这种科学批判精神，敢于而且善于对国内外学术思潮中的错误倾向进行必要的斗争。""把考古工作与历史研究密切结合起来，是尹达同志治学的基本特色，也是他在学术工作上的另一个贡献。在学术史上，大凡一个学者的学术特色，总是和自己的治学道路与治学方法分不开的。……应当指出，尹达同志关于考古学与历史学相结合的思想，并非局限于他本人的经验而形成的一种自发的、盲目的见解，他是为着提高整个历史学科的科学水平而提出的明确主张。他认为，考古学是历史科学的有机构成部分之一，它通过实物的历史资料的研究，以了解人类过往的历史。新石器时代的考古发掘和研究，正是民族制度研究中的极其重要的科学基础。"文章认为："我国史学工作的发展，尤其是我们历史所之能具有今天的规模，都和尹达同志辛勤的组织建设工作分不开的。""尹达同志在进行历史学科的组织建设工作的同时，还十分注重它的理论建设。他提倡史学工作者认真学习马克思列宁主义、毛泽东思想，树立唯物史观，坚持科研工作的正确方向。"

8 月上旬

徐铸成到家中探望先生，徐回忆："这次，好不容易打听清楚新搬侯府的确实地址，……侯先生蜷卧着，口不能言，而和我握手，久久不释，一股暖流和凄切的情感，使我忍不住泪水。""我在辞别后立即想到，侯先生本来体质强壮，性格爽朗，如果他受到的'浩劫'不那么特别残酷，现在还在'不稀奇'的年龄，他可以为培养人才、开发智力，贡献出多大的力量啊！而今天，虽已下自成蹊，他只能'桃李不言'了！"[1]

9 月 16 日

中华书局俞筱尧致信郦家驹："外庐同志为新知书店香港分店开幕题词的照片已经洗出。现挂号寄奉。""外庐的题词墨迹早已散失，这帧照片是从当时的照片翻拍的，当时的照片是沈静芷同志后来从香港到大连时带去的，后又辗转带到北京，总算保存到了现在。"先生的题词是："群贤毕至　少长咸集　尽是革命的知识分子　此间没有帮闲文人所希望所认读书人新知书店香港分店纪念"。

10 月

先生口述、邱汉生执笔整理的《撰著〈中国思想通史〉——回忆录之八》发表于《中国哲学》1983 年第 10 辑，包括"从中国古代思想史研究说起"、"关于《中国思想通史》第一卷"、"关于《中国思想通史》第二、三卷"、"关于《中国思想通史》第四卷"、"关于《中国思想通史》第五卷"、"简要的回顾"。

11 月 19 日—24 日

在中国思想史全国学术讨论会期间，《宋明理学史》撰写者讨论了《宋明理学史》下卷的编撰工作，修订了章节目录，调整了编撰力量，推动了编撰工作的进一步开展。[2]

12 月 8 日

张岂之致信黄宣民："理学史下卷我承担的章节，材料尚未看毕，没有完整的时间坐下来仔细研究。明年适当的时候，我打算向学校请假一个

---

① 徐铸成：《风雨故人》，浙江人民出版社1985年版，第69页。
② 邱汉生：《宋明理学史》下册后记，侯外庐、邱汉生、张岂之主编：《宋明理学史》下册，人民出版社1987年版，第1024页。

至两个月，到北京来写。时间和精力集中，才能保证质量。"

12 月

先生应邀加入中国郭沫若研究会。

一九八四年（甲子）　八十一岁

2 月 22 日，邓小平首次明确提出"一个国家，两种制度"。

5 月 5 日至 10 日，"中华民国史学术讨论会"在南京举行。

6 月 19 日至 23 日，《中国哲学史研究》编辑部在天津蓟县召开第五次夏季学术讨论会，主题为"中国哲学史上的唯物主义传统"。

8 月 13 日至 21 日，傅山学术讨论会在太原举行。同月，《郭沫若全集》"历史编"第 3 卷由人民出版社出版。

9 月 22 日（孔子 2535 年诞辰），中国孔子基金会在山东曲阜成立，国务委员谷牧任名誉会长。同月，孔子诞辰纪念会在北京举行。梁漱溟《人心与人生》由上海学林出版社出版。.

10 月 20 日，中共十二届三中全会通过《中共中央关于经济体制改革的决定》。26 日至 31 日，全国第一次孟子学术讨论会在山东邹县举行。同月，《郭沫若全集》"历史编"第 5、6、7 卷由人民出版社出版。

11 月 1 日至 15 日，《大百科全书·哲学卷》编委会扩大会议在烟台举行。5 日至 10 日，全国首届魏晋南北朝史学术讨论会在四川成都举行。同月，中国社会科学院世界宗教研究所、哲学研究所等单位在北京香山召开"魏晋南北朝哲学思想讨论会"。

12 月 19 日，中英两国政府正式签署《关于香港问题的联合声明》，宣布中国政府自 1997 年 7 月 1 日起恢复对香港行使主权，设立香港特别行政区。

本年，吕振羽《中国历史讲稿》由人民出版社出版。

1 月

白钢编著《中国封建社会长期延续问题论战的由来和发展》由中国社会科学出版社出版，其第三章"五十年代及六十年代初关于中国封建社会

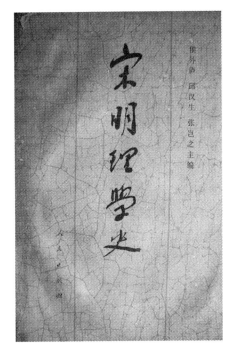

长期延续问题的讨论及其特点"第十五节为："侯外庐说：建立在'国家土地国有制'之上的'农业和家庭手工业的结合'，'既然是东方封建制的生产方式的条件，又是巩固东方专制政制的基础，……这种结合形式，表现出前资本主义生产方式内部的巩固性和结构，对于商业的分解是一种障碍'"①。

4月8日

张岂之致信黄宣民："关于去江西事，邱先生认为，可稍后，待下卷定稿后再说。他想今年下半年集中精力写稿和开始统稿。我觉得这个想法不错。我的具体情况是：今年九月整党才能结束，十月可以外出。那时可能要集中一段时间统稿，去江西恐有困难。但是，下半年具体情况究竟如何，我现在也很难说。""我听钟锋说你身体欠佳，我看主要是由于吸烟过度，夜间工作过长。这两点如有控制，健康即可恢复。不知尊意为何？吸烟坏处极多，务必控制。祝你早日恢复健康。如果愿意疗养，在西安我给你找地方。估计你一时很难放下工作。务请多多保重。"

4月

先生与邱汉生、张岂之主编，邱汉生、张岂之、卢钟锋、冒怀辛、唐宇元、何兆武、黄宣民、步近智、樊克政、李经元、龚杰、崔大华、姜广辉、李晓东分撰的《宋明理学史》上卷由人民出版社出版。该书出版后得到学术界的热情关注："胡绳、蔡尚思、张岱年、任继愈、石峻、张恒寿、王明诸先生，或驰书勖勉，或相见问讯，均殷殷以下卷早日出

---

① 白钢编著：《中国封建社会长期延续问题论战的由来和发展》，中国社会科学出版社1984年版，第168页。

版为望。日本学者冈田武彦，美国学者田浩，亦深表关切，给我们以精神鼓舞。"①

同月，《鲁迅与狼子》发表于《山西大学学报》（哲学社会科学版）1984 年第 2 期，介绍先生对鲁迅笔名的解释。

5 月 25 日

先生修改《深切悼念尹达同志》，作为《尹达史学论著选集》的序言。序云："尹达同志的史学遗产，无论从哪个角度看，都应当认真加以总结，这对于研究当代中国史学的发展，是有重要价值的。"②

同日，傅岩《傅山研究述要》发表于《晋阳学刊》1984 年第 3 期。文章提出："最早用马克思主义的立场、观点和方法对傅山及其思想进行研究的是侯外庐先生。他在抗日战争时期写的《中国近代思想学说史》将傅山列为专门一章进行了论述。""1961 年 12 月，山西正式成立了'傅山著作整理委员会'。山西人民出版社决定全文影印出版傅山著作手稿《荀子评注》，侯外庐写好了序言，后因故未能出版。"③

5 月 26 日

先生出席第六届全国政治协商会议第二次会议，并被增选为第六届全国政协全国委员会常委。同时增补为全国政协常委的还有马文瑞、刘海粟、刘靖基、李伯球、茅以升、林亨元、赵超构、谈镐生。

同月

崔大华《南宋陆学》由中国社会科学出版社出版。该书"后记"云：本书"是在我的导师中国社会科学院历史研究所研究员侯外庐、邱汉生二位先生指导下写成的。写作过程中，侯先生身卧病榻，仍不时予以指点；邱先生视力衰微，每伏案逐句加以斧正"。

---

① 邱汉生：《宋明理学史》下册后记，侯外庐、邱汉生、张岂之主编：《宋明理学史》下册，人民出版社 1987 年版，第 1024 页。

② 侯外庐：《尹达史学论著选集》序言，《尹达史学论著选集》，人民出版社 1989 年版，第 7 页。

③ 《晋阳学刊》1984 年第 3 期，第 107 页。

6月15日

先生所作《我对中国社会史的研究》发表于《历史研究》1984年第3期。该文是回忆录《坎坷的历程》中的第二章,发表时略有删改。文章提出:"自三十年代开始,我对于中国历史的研究,主要做了两方面的工作,一是社会史研究,二是思想史研究。我向来认为,社会史与思想史相互一贯,不可或缺,……当然,我研究社会史,并非仅仅为了研究思想史,更重要的,还是为了探讨中国历史发展的规律性。"(1)文章阐述"三十年代社会史论战对我的影响"、"关于生产方式理论的探讨"、"对亚细亚生产方式与中国古代社会的研究"("关于亚细亚生产方式"、"关于氏族制的残余和家、室的意义"、"关于中国'城市国家'的起源和发展"、"关于古代先王问题")、"封建社会史研究中的几个问题"("关于封建制的法典化与历史分期问题"、"关于封建土地国有制"、"关于豪族地主与庶族地主"、"关于资本主义萌芽"、"农民战争的特点")等问题,认为:"中国社会史论战的出现,从根本上说,它是马克思主义与中国革命实际相结合过程中必然发生的一场思想理论斗争。"① "我要特别提到的是,在这场论战中,以郭沫若为代表的中国马克思主义者的一个重大功绩,就是在批判形形色色唯心主义史学的同时,开创了以马克思主义为指导的中国新史学,推动了中国社会史问题论战的高涨。我就是在论战高潮中,受到郭沫若的影响转向史学研究的。"② "作为一个历史科学的探索者,我很注意从世界史的总范围去考察,以及从各个时期中外历史的比较中去探索中国社会发展的特点,自信不是削足适履。然而,科学的探索是艰巨的,加上我个人的能力和水平有限,对于自己研究所得的结论,究竟有几分正确,亦不安心。"③

6月20日

先生为《元好问诗词集》题词,并作序云:"元好问是金代的最杰出的诗人。……在思想性方面元遗山的诗继承了中国文化中优良的爱国主义

---

① 《历史研究》1984年第3期,第3页。

② 同上刊,第4页。

③ 同上刊,第26页。

传统。尤其重要的是，他所编《中州集》保存了金源一代的野史，成为后人研究金史必不可少的资料。贺新辉同志所编《元好问诗词集》是迄今内容最完整、注释较详备的一部遗山诗词集。我年前得知此事非常高兴。贺君来书索序，我老病侵身，不能执笔。口授以上几点浅见，由我的学生冒怀辛记录，先行寄奉，聊以为序。"①

8 月 14 日

先生作《发扬傅山的优良学术传统——纪念傅山逝世三百周年》，发表于《晋阳学刊》1984 年 9 月 25 日第 5 期。文章认为："傅山是十七世纪中国思想界富于爱国思想、现实批判精神和学术创新精神的思想家之一。""他对道学的批判，总的说来，是以启蒙学者的理性主义反对封建蒙昧主义。"②

8 月 26 日

香港达德学院校友会在广州广东省委党校举行成立大会，先生与千家驹、刘思慰、许涤新、黄药眠等被选为顾问。

9 月 7 日

张岂之《治学浅议》发表于《文史哲》1984 年第 5 期。文章提出："大学毕业后，我到侯外庐先生领导的中国思想史学术研究集体中去工作。它的主要任务是研究中国古代社会史和思想史，修订《中国思想通史》第一、二、三卷，编写第四卷及其他著作。显然，这个集体是以研究工作为主。刚开始我对这种情况不大适应，觉得在一个研究集体中出于工作的需要，围绕一些研究课题去读原著，作资料长编，然后写成一部著作中的一些章节，是否能迅速提高自己的研究能力和学术水平，有点怀疑。后来长期的研究实践证明，在这样的集体中，结合研究课题进行学习，这种办法是行之有效的。"③ "一个学术研究集体能否有长期稳定的研究课题，以及学术梯队的建设和人才的培养、研究成果的质量等等，在很大程度上取决

---

① 侯外庐：《元好问诗词集》序，贺新辉辑注：《元好问诗词集》，中国展望出版社 1987 年版，第 1 页。

② 《晋阳学刊》1984 年第 5 期，第 46 页。

③ 《文史哲》1984 年第 5 期，第 55 页。

于学术带头人的思想、学术水平、素质和组织能力。我们的研究集体，除去老一辈的学者外，象李学勤、杨超、林英和我，在五十年代初，都是二十来岁的青年，在学术研究方面也刚刚起步。但是，侯老对我们很放手，让我们承担较多的科研任务，同时又严格要求、一丝不苟。1957年，在侯老的组织下，我们几位参加了他主编的《中国思想通史》第四卷的编写工作，开始每人只分担了很少的章节。我们自己去阅读材料，作资料长编，提观点，同侯老一起商量、切磋、辩论。这种小型的讨论随时举行，生动活泼，无拘无束，没有时间限制。由于是针对研究过程中的疑难问题展开辩论，所以通过讨论，能够使我们加深对问题的理解，启发自己的思路。写完稿子，侯老都认真审阅，仔细修改。即使稿子不能用，他也不全盘否定，而是挑出可取之处，总结经验教训，进行鼓励。有侯老把关，更坚定了我们研究的兴趣和信心。我们总是如期地完成任务，但这并不意味着工作就做完了。侯老往往根据我们的实际能力，又增加新的更重的任务，要我们重新拿起另一个研究课题。他说：'对一个青年科学工作者来说，当他能够挑起五十斤担子的时候，就立即让他挑六十斤。当他刚刚能挑起六十斤的担子时，就又让他挑七十、八十斤，这样才能使他在艰苦的研究工作实践中锻炼成长的更快一些。'记得在编写《中国思想通史》第四卷时，我开始只承担写东林党一章，完成后又让我写王廷相。为了写好这一章，我通读了《王氏家藏集》，用了不少工夫。这章写完后，以为可以松口气，可是侯老又要我分担邓牧、王阳明和陈亮（与何兆武合作）几章，使我始终处在紧张的工作状态中，脑子里不时思考着有关问题。"[1]"侯老对我们的马克思主义理论学习也是抓得很紧的。他几乎每天都有一定的时间阅读经典著作。每当在某个问题上受到经典作家的启发，有所体会的时候，他总是欢心愉悦地告诉我们，使我们深受鼓舞，从而提高了我们学习马列主义的自觉性。他引导我们把做研究工作与社会责任感统一起来，具体说就是：做研究工作不是个人的名山事业，而是为我们社会主义祖国贡献力量，科学工作者应当有崇高的精神境界。这种强烈的责任感，侯老强调它是研究工作的灵魂。因此，他指导我们读政治经济学和哲学方面的经典著作，反复强调学习马克思主义理论对于提高我们的思想水平和研究水平的重要性。我们常在一起讨论。我记得我们为研究中国封建社会土地制度，

---

[1] 《文史哲》1984年第5期，第55—56页。

大家读了《资本论》第三卷的'地租论'，在一些问题的理解上，大家并不完全一致。侯老从不强加于人，他总是和我们一起平等地讨论。当然，在具体运用马克思主义理论研究某些问题时，我们都有过失误，这更加说明我们必须坚持不懈地学习马列主义，而不能从这里得出其他的结论。"①

9 月 25 日

中国孔子基金会成立，先生等任名誉顾问。

10 月 19 日

邱汉生致信张岂之："一年容易，又快到十二月了。《宋明理学史》下卷编写工作不甚理想。希望如期完成初稿，早些把稿子定下来，交付出版社。旷日持久至五六年才搞完一项研究课题，不是很好的。""《文史哲》月刊收到，读到你的大作，承奖誉，甚感盛意。"

10 月 20 日

张岂之致信黄宣民："我今天给甘泉同志发了信，请他出面召开《宋明理学史》上卷质量评议会。给他的信写得较长，较具体，我想，他会同你商量的。"

10 月

吕希晨、王育民《中国现代哲学史》由吉林人民出版社出版，其第十章"解放战争时期马克思主义的伟大胜利"之第一节为"侯外庐、罗克汀的《新哲学教程》"。该书认为："侯外庐是中国现代马克思主义的哲学史家，他与赵纪彬、杜国庠合写的《中国思想通史》是中国最早运用马克思主义观点研究中国思想史的重要巨著，在中国哲学史的研究方面具有开拓性的意义。他在一九四六年六月与罗克汀合著的《新哲学教程》，是在解放战争时期的一部重要的唯一的马克思主义哲学教科书，全面系统地介绍了辩证唯物论特别是唯物辩证法的基本规律与范畴，论证了辩证唯物论在自然与社会中的应用和验证。"②"这是继胡绳《辩证唯物论入门》与艾思

---

① 《文史哲》1984 年第 5 期，第 56 页。
② 吕希晨、王育民：《中国现代哲学史》，吉林人民出版社 1984 年版，第 598—599 页。

奇《哲学讲座》之后,又一部马克思主义哲学的教科书,也是解放战争时期唯一一本宣传辩证唯物主义哲学的基本教材,它在中国现代无产阶级哲学思想发展史上占有重要地位。"①"《新哲学教程》的作者引用了大量的马克思、恩格斯、列宁、斯大林关于辩证唯物主义的一些基本论述,并根据自己的理解对这些论述进行了深入的解释和说明,这不仅进一步充实和丰富了马克思主义哲学的理论内容,而且对于广大人民群众正确认识和掌握马克思主义哲学的理论内容也具有十分重要的意义。""《新哲学教程》的一个重要特点,就是作者援用了许多自然科学研究的新成果来论证马克思主义哲学的准确性或科学性,这是前此一些中国马克思主义哲学家的论著中所少见的。它不仅深刻地说明了哲学是自然、社会和人类思维一般规律的总结和概括,而且也运用自然科学的新发现来充实和发展马克思主义哲学,这无疑对于纠正那种忽视对自然科学中哲学问题研究的倾向,有着重要意义。"②

11 月 13 日

北京师范大学春秋史学社致信先生:"北京师范大学最近已成立了'春秋'史学社。它是我校学生群众性的学术团体,是在校团委社团协会的领导下成立的。它的宗旨是在四项基本原则的指导下,活跃我校史学爱好者的学术气氛,开辟广阔的第二课堂,对有关历史问题进行学术性讨论和研究。'春秋'史学社的方向是面向现代化,面向世界,面向未来,用马列主义、毛泽东思想研究历史,培养史学好的分析问题、解决问题的能力,为社会主义现代化建设事业造就合格的史学工作者。""鉴于我们正处于成长阶段,为了使我们的学社沿着正确的方向发展,敬请您老人家今后为我们多多指导。我们马上就要出版《春秋》季刊第一号,敬请您老人家在百忙中抽出时间为我社提几点希望。"

11 月 16 日

云南大学历史系李埏致信黄宣民:"我正在选编我的经济史论文集。希望能蒙外庐先生赐一篇序言,冠于卷首,以光篇幅。不知外庐先生身心

---

① 吕希晨、王育民:《中国现代哲学史》,吉林人民出版社 1984 年版,第 619 页。
② 同上书,第 620 页。

情况许可否？此事只有拜恳您大力襄助，不胜企盼之至！""中国古代土地国有制讨论会系吴慧同志首倡，我很赞同。现正联系酝酿中，尚未具体化。希望来年能够举行。若能如愿举行，我主张请外庐先生为讨论会主席，不论外庐先生能否亲临，此意亦请您代达如何？"

11 月 26 日

卢钟锋致信黄宣民："我离京已快半个月了。辞典工作我们抓得很紧。现正审改新补写的词目，共四百条。第二步是看责任编辑审改的词目，最后是定稿，誊写全稿。估计要到年底才能完。""岂之自本月十三日离陕赴无锡开辞典会，至今尚未回来。所托之事，得等他返校后再办。如《理学史》上卷书已出，可多订 5—10 本作为送西大领导之用。请你和老步再酌定。""最近因工作关系，看到日本出版的《中国思想辞典》，其中有'侯外庐'条，但关于侯先生的近著只提及《中国近代哲学史》和《中国封建社会史论》，没有提《中国思想史纲》。估计与出版社的发行对象有关。于是我有个想法，提出来同你商量：一、请你以侯先生的名义给中国青年出版社领导和孟庆远同志写一封信，说明此书目前书店已脱销（已有两年），而需要此书的读者日多，主要是高等院校的学生和研究生，建议他们将此书上下册合成一册重印出版。二、如他们不同意，可函与中国社会科学出版社接洽，将合订本版权转让给他们，由他们出。未知你意为何？如要办，请从速，趁侯先生还健在，最好年内办妥，列入明年出版计划。"

12 月 13 日

张岂之致信黄宣民："辞典定稿事正在抓紧进行。全部弄完要到明年三月间，钟锋、克政不可能在此留这么长时间，他们大约是本月底即可返京。瑞开同志也来定稿，他身体情况不太好，但工作起来十分卖力，对辞典之定稿给予了很大的帮助。"

12 月 25 日

李慎仪（赵纪彬夫人——编者注）致信黄宣民："今在《释一二》五篇中选两篇寄去。《释一二》本想写一本书（九章），只完成两篇，已在1961 年《哲学研究》发表。余草稿五篇，后两篇连草稿也未写成。五篇中与《中国思想通史》有异同者，尤以所寄《老庄》、《墨经》显著，故将两篇寄你。其中需要声明者，因为是草稿，既无头，又无尾，注也不全，段也未分。我虽费了半年工夫来整理，但文章风格和理论水平差，总有画蛇添足之嫌，因此希望你们费力审查。文章中间段是精华，结尾是糟粕。为了将他的著作保存下来，才不得已而为之。请不要客气，我们应共同将它整理好。"

一九八五年（乙丑）　八十二岁

2月26日，中共中央办公厅转发中央组织部《关于大量吸收优秀知识分子入党的报告》。同月，《马克思恩格斯全集》第48卷由人民出版社出版。涂又光译冯友兰《中国哲学简史》由北京大学出版社出版。

3月，冯友兰《中国哲学史新编》第3卷由人民出版社出版。

5月27日，中共中央颁布《关于教育体制改革的决定》。同月，吕思勉《中国制度史》由上海人民教育出版社出版。

6月10日，中华孔子研究所成立大会在北京孔庙举行，梁漱溟、张申府、孔德懋、冯友兰、侯外庐、董一博任名誉所长，张岱年任所长，周谷城为顾问，11日至14日召开孔子学术讨论会。20日至25日，《中国哲学史》编辑部在秦皇岛召开第六次夏季学术讨论会，主题是"关于中国哲学史上的历史观"。同月，《郭沫若全集》"历史编"第8卷由人民出版社出版。

8月19日至24日，纪念抗日战争胜利40周年学术讨论会在北京举行。

10月12日至18日，第一届中国明史学术讨论会在安徽黄山举行。

1月4日

胡绳致信先生："新年里收到《宋明理学史》上卷，十分感谢。""在病中您仍能与同志们合作完成这样重要的书，至为可贺。希望下册早日完成。"

1月18日

国家教委田珏致信黄宣民："来函敬悉。谢谢您的赠书。""侯老是当代学术界泰斗，大作《中国思想史纲》列入教材规划当无问题。是列入历史教材规划，还是列入哲学教材规划？则尚待研究。请赐一本《史纲》，拜读后再做最后决定。""我们教材办公室的同志对侯老都很敬重，对他老人家的健康尤为关心。请将同志们对侯老的问候转达为感。"

2月2日

邱汉生、何兆武、冒怀辛、田昌五、林英、张岂之、李经元、胡一雅、李学勤、步近智、黄宣民、唐宇元、包遵信、卢钟锋、孙开泰、樊克政、姜广辉共贺先生八十二大寿并奉《鹧鸪天》一首："一撇轻加便八千，八十今来有二年，外老已是寿中仙。　夫子巍巍多硕果，门人藉藉力争先，马列薪火当代传。"

同日，邱汉生作《外庐侯先生八十寿辰赋呈》："播火神州犯大难，潘经西土敢怀安。沈吟不觉髭须短，一字商量到夜阑。"[①] "古史钩沈入混茫，青灯远探到殷商。斑斑公社明文在，徵信史书发宝藏。"[②] "燃犀中古烛全程，岂信神奸善遁形。理得二千年事在，不随流俗不书生。"[③] "周公林老两绸缪，风雨梅园一卷收。若把新编付江水，不与江水共东流。"[④] "弹尽千秋纸上尘，菁华糟粕两相因。毛锥三寸神来候，判得今人见古人。"[⑤] "创通义理开蹊径，今古天人有定评。海外学人问安否？故知寰宇重名声。"[⑥] "歇浦新潮接世潮，掀天民主浪滔滔。独夫太白悬头日，枉费贞元獭髓膏。"[⑦] "杜老昌言不可当，赵公笔阵复堂堂。辨章学术且锄佞，白下

---

　① 自注：外庐传播马克思主义，最早翻译《资本论》。盖早于陈望道，无论王亚南、郭大力矣。

　② 自注：外庐著《中国古代社会研究》，探索中国古代亚细亚生产方式，徵信于《诗》《书》，有突出贡献。《诗·周颂》注言及公社。

　③ 自注：外庐著《中国封建社会史论》，研究土地制度、阶级身份、农民战争等问题，有独到见解。

　④ 自注：外庐著《中国古代思想学说史》，周恩来、林伯渠同志嘱送南京梅园新村中共办事处，转送延安。又著《近代中国思想学说史》。

　⑤ 自注：外庐治中国思想史多年，蜚声国际学术界。

　⑥ 自注：周恩来同志嘱撰《中国思想通史》，自一九四四年至一九五九年，完成奴隶社会、封建社会两部分，凡五卷六册，都三百万言。一九七四年，又著《中国近代哲学史》。一九八〇年，又著《中国思想史纲》。日本学者岛田虔次等来华问安，并致书敬礼。

　⑦ 自注：抗日战争胜利后，外庐与杜老主编上海《文汇报·新思潮副刊》，宣传马克思主义，批判封建法西斯主义。

兴亡问夕阳。"① "五卷皇皇思想史，沧溟泰华并高深。旁搜远绍兼才学，杰构凌云望后生。"② "鼎堂博学迈前人，外老疏观自绝尘。冠冕史林原不忝，向来中土重传薪。"③ "门雪衡寒放早梅，人间且喜见春回。何妨身是维摩诘？丈室安禅鬓未摧。"④ "青山无尽水无穷，照夜明灯雪岭松。侍坐及门诸弟子，已滋九畹树兰丛。"⑤

2月11日

先生作《"坐集千古之智"》（笔谈），发表于《红旗》1985年3月1日第5期，该刊同时配发先生的相片。先生评价方以智"坐集千古之智"云："他以哲人的眼光，讲了人类知识（文化）的继承性，也讲了历史（古）与现实（今）的关系。他主张尊重前人，但又反对'泥古'，而以'坐集千古之智'的精神自豪。方以智与我们相隔三百余年，时代也发生了巨变，然而，他的'坐集千古之智'的精神则是值得我们继承和发扬的。作为马克思主义史学工作者，自信确立了辩证唯物主义世界观，那就应该有比方以智更加开阔的胸襟。我们不仅要批判地继承整个人类社会的历史文化遗产，而且要注重研究当今世界上一切重要的学术流派，取其所长，弃其所短，借以推进我们的史学研究工作。故步自封，闭关自守，都是会妨碍学术发展的。"⑥

2月25日

伍铁平《再谈远古城市的形状》发表于《汉语学习》1985年第1期。文章提出："近读文献，发现汉语中与'城'、'国'意义相通的'邦'、'封'也是从围以树木得其字形字源，与印欧语词源不谋而合，故特补述如下。"该文引用了先生《我对中国古代社会史的研究》（《历史研究》1984年第3期）的观点。

---

① 自注：杜国庠、赵纪彬与余均为《新思潮》撰稿。
② 自注：《中国思想通史》五卷六册，《近代中国思想学说史》两卷，故云八卷。
③ 自注：郭沫若先生外庐先后长历史研究所，启迪一代学人，张岂之、李学勤、杨超、林英均其卓卓者。
④ 自注：一九八一年，外庐卧病医院经年，病骨渐苏，神明朗彻，且占勿药耳。
⑤ 自注：今黄宣民、卢钟锋、冒怀辛、唐宇元、步近智等继起，外庐学术传衍有人矣。
⑥ 《红旗》1985年第5期，第13页。

2 月

胡培兆、林圃《〈资本论〉在中国的传播》由山东人民出版社出版，该书有"潘冬舟对侯、王的轻蔑"①及"侯外庐、王思华译的《资本论》第一卷出版"②。

3 月 9 日

张岂之致信黄宣民："我和你所想完全一致。开始我想：《史稿》催你交稿，你肝脏不太好，故《理学史》下卷稿不能再硬性催你。我们不能让你耽误《史稿》工作。《理学史》下卷稿可以先交出版社，编辑看稿，还有一个过程，在全稿发排前，你交出稿子，还是来得及的。万一因任务冲突，或其他原因，一时难以交稿，邱先生做些准备。得你信，才知道，《史稿》稿下周即可交出，你完全有时间写泰州学派。这就太好了。我们完全想到一起了。"

3 月 31 日

先生出席西北大学北京校友会成立大会，受到校友们的热烈欢迎。③

6 月 10 日

中国老年历史研究会孔子研究所（中华孔子学会之前身）在北京孔庙举行成立大会，先生等被选为名誉所长，张岱年为所长。

7 月下旬

黄宣民应聘参加北京大学哲学系陈来、刘笑敢博士论文答辩后给张岱年去信，向陈、刘二位表示祝贺。

7 月

尹达《中国史学发展史》由中州古籍出版社出版。该书提出："侯外

---

① 胡培兆、林圃：《〈资本论〉在中国的传播》，山东人民出版社 1985 年版，第 139 页。
② 同上书，第 140—141 页。
③ 《我校北京校友会成立》，《西北大学学报》（哲学社会科学版）1985 年 5 月 20 日第 2 期，第 104 页。

庐是被称为在思思想史研究上'能力很强，成就甚大'的一位新史学家。"①"他始终恪守的是历史唯物主义的研究方法。……他讲明自己的研究是'实事求是''自得独立'二者并重'。……侯外庐这样做，致使在四十年代的思想史研究中，获得了突出的成就，为时人所称誉。"②

8月10日

张岱年致信黄宣民："七月下旬来示敬悉，承蒙对陈来、刘笑敢的博士论文成就表示祝贺，非常感激！陈、刘二生这几年来刻苦努力，取得一定的成果，确与这几年的政治上安定团结，学术研究的气氛空前佳好有必然的联系。历史所亦善于培养研究生，如姜广辉、崔大华、柯兆利同志等，如考取博士研究生，亦必能达到很高的水平。"

8月

先生与冒怀辛合作《元好问诗词集序》，在1984年6月20日短序的基础上进一步阐述了"元好问诗歌的社会文化背景"、"元好问诗中所反映的金代社会的情况"、"元好问作品的史料价值"③。

同月，徐铸成《风雨故人》由浙江人民出版社出版，在《桃李不言——探望侯外庐先生》一文中云："侯先生是我国有名的历史学者、哲学家和教育家，著作等身，受他指引和熏陶的后学极多，真可说是桃李满天下。"④"在解放前后，他就一直大力支持我的工作，创刊初期香港《文汇报》的哲学周刊，就是郭沫若先生和他主编的。而且，不论是在港和以后在京，我经常是他府上的'食客'。侯夫人也十分好客，每次我去向侯先生请教，必留我便酌，几碟精致的小菜，一瓶汾酒，宾主对酌，畅谈今古，最后，侯夫人必款以亲制的山西面食。"⑤

同月，卢钟锋在《中国哲学年鉴》（1985年版）介绍《宋明理学史》上卷，提出："本卷内容有如下特点：一、坚持对理学思潮进行历史的分

---

① 尹达：《中国史学发展史》，中州古籍出版社1985年版，第558页。
② 同上书，第559页。
③ 《元好问诗词集序》，侯外庐、冒怀辛、贺新辉辑注：《元好问诗词集》，中国展望出版社1987年版。
④ 徐铸成：《风雨故人》，浙江人民出版社1985年版，第58页。
⑤ 同上书，第58—59页。

析，揭示其产生、形成、发展、演变的内在逻辑与当时社会发展的关系；二、重在辨析理学家派的源流统绪，阐明各家派的师承传衍及其在理学史上的地位和作用；三、注意对理学史上若干重大问题的探讨，如：理学形成的历史原因，程朱理学在中国思想史上的地位、作用和影响，理学向心学转变过渡的环节，宋元之际朱陆合流的趋势，元代理学的特点，象数学与理学的关系，等等。四、强调论证材料的完整性，凡属重要文献资料，均详细载入，使论点有坚实可靠的根据，论述文字力求明白易懂。"①

10 月 13 日—18 日

"郭沫若在重庆"学术讨论会在重庆召开，先生与周扬、夏衍、阳翰笙等提交书面发言。

10 月 15 日

孙开太《〈稷下人物考辨〉质疑》发表于《天津社会科学》1985 年第 5 期。文章质疑《〈稷下人物考辨〉》（《齐鲁学刊》1983 年第 2 期）中"侯外庐又提出王斗、儿说、季真、彭蒙、田巴、鲁仲连等六人"的观点，认为上海新知书店《中国思想通史》第一卷"稷下先生，见于书者有淳于髡，孟轲（?），彭蒙，宋钘，尹文，慎到，接子，季真，田骈，环渊，王计（斗），儿说，荀况，邹衍，邹奭，田巴，鲁仲连"中所列的稷下先生名单是十七人，"这个十七人的名单与钱穆《先秦诸子系年·稷下通考》所列《附稷下学士名表》的十七人相同，连排列顺序也完全一样。侯外庐所列十七人名单中在孟轲后面有'?'，也是照录钱穆之表"②，"侯先生所说'见于书'之'书'，当是指钱穆《先秦诸子系年》一书"③。

10 月 23 日

上海大学文学院社会学系致函先生，为拟提祝瑞开为教授（时任讲师）事，请先生"对他的学术水平进行鉴定"。

---

① 《中国哲学年鉴》，中国大百科全书出版社 1985 年版，第 254—255 页。
② 《天津社会科学》1985 年第 5 期，第 80 页。
③ 同上刊，第 81 页。

10 月

先生所著回忆录《韧的追求》由三联书店出版，此书系由《中国哲学》连载的《坎坷的历程》修改而成。先生自述："经大家一再好意提醒，细细斟酌，确乎也感到，除生活颠困之外，精神理想的磨砺，心力的劳瘁，'坎坷'二字不足况味。……我半生所为，着力严肃评判古人，深知史学的美，只有'朴'、'实'二字。我本不过平平一介书生，因为经历着伟大的时代，才确立自己始终不渝的理想和观点。原言之，我爱羡王船山'六经责我开生面'的气概，仰慕马克思达到的科学高峰；近言之，自认最能理解鲁迅先生为民族前途，交织着忧愤和信念的，深沉而激越的，锲而不舍的'韧'的战斗。大半生来，在我追求、研究的不平坦历程中，鞭策力是共产主义拯救中国的理想，但是具体实践中，也并非时时都靠宏大口号支撑。坦白说，相当多的时候，我的信条几乎只有一个字，那便是鲁迅先生所倡导的那个伟大的字——'韧'！从这一点而言，我写这本自叙，实在不过如同一个凿石的老匠或拓荒的农人回视作业，检点得失时的自白。"①

11 月 20 日

蒋国保《〈东西均〉题意辨析》发表于《学术月刊》1985 年第 11 期。文章继续探讨先生"方以智《东西均》的标题，在提法上就包括有对问题的解答，即表示此书主旨在论述物质内在的矛盾及由于矛盾统一而产生的运动，也就是他所说的'所以'"的这一观点，提出"东西均"即"东起而西收，东生而西杀。东西之分，相合而交至；东西一气，尾衡而无首"（《东西均开章》），"以'东西均'来概括世界的矛盾运动，再鲜明不过地体现了方以智哲学的运动观，是一种形而上学的循环论的运动观。当然这并不排斥这部书在探讨世界运动的根因时，揭示了许多辩证法的合理内素，譬如关于事物内在矛盾的学说，关于运动内在根据的学说等等"②。

12 月 2 日

先生所作《民主、科学、创新——郭沫若在重庆》发表于《文汇报》

---

① 侯外庐：《韧的追求》自序，《韧的追求》，三联书店 1985 年版，"自序"，第 2 页。
② 《学术月刊》1985 年第 11 期，第 41 页。

第 4 版。

冬季

《宋明理学史》下卷基本撰写完成。"在将近三年的时间里，诸同志阅读史料，研究问题，操觚染翰，昼夜焦劳。有些章节，三易其稿。其间，步近智同志受主编委托，陆续编印了《编撰通讯》，交流情况，互相启发，促进了工作的进展。侯外庐先生经常听取编撰工作的汇报，给予亲切的指导。"①

一九八六年（丙寅）　八十三岁

3 月 27 日，"传统文化与现代化学术讨论会"在上海召开。

4 月 4 日至 8 日，孙中山哲学思想学术讨论会在中山大学举行。12 日至 14 日，全国中国哲学史学会在北京举行第三届理事会，选举侯外庐为名誉会长，张岱年为会长，王明、方克立、冯契、石峻、任继愈、萧萐父为副会长，杨宪邦、肖万源、楼宇烈为正、副秘书长。

6 月，蔡美彪、李燕光、杨余练、刘德鸿著《中国通史》第九册由人民出版社出版。

9 月 23 日至 26 日，全国首届董仲舒哲学思想讨论会在石家庄召开。28 日，中共十二届六中全会通过《中共中央关于社会主义精神文明建设指导方针的决议》。

10 月 6 日至 8 日，吉林大学和中国社会科学院在长春举行纪念吕振羽学术研讨会。20 日至 25 日，"国际黄宗羲学术讨论会"在浙江宁波召开。

1 月

邱汉生《宋明理学史》下册后记云："《宋明理学史》的编撰原则是，根据马克思主义观点，对历史事实和思想资料进行辨析，研讨，以期得出科学的结论。在这一编撰原则指导下，我们先后完成了《中国思想通史》

---

① 邱汉生：《宋明理学史》下册后记，侯外庐、邱汉生、张岂之主编：《宋明理学史》下册，人民出版社 1987 年版，第 1025 页。

五卷六册的撰著任务以及《中国思想史纲要》、《中国近代哲学史》、《中国封建社会史论》的撰著任务。根据这个原则，发为实事求是的笃实的学风，是我们所应当遵循的。例如，就掌握史料而论，同志们都重视第一手资料，而不愿转引他人著作所用的现成资料。诚然深信，亲身发掘的实际资料比较可靠，令人放心。在引用材料方面，注意其完整性，力戒断章取义，取其所需。如果有所未尽或未尽惬心，必认真求索，以图稳洽。"①"还要说一说学术研究方面的互相帮助。五十年前的老同学王作寿君，从浙江省江山县的图书馆，为我们抄辑了宋、明时期江山县的三位理学家的生平资料，为我们论述当时理学传播的广泛找到了证明。"②"要说明宋明理学对后世的影响颇非容易。而影响是确实存在的。概括说来，有三个方面：一是社会的，一是政治的，一是学术思想的。"③"宋明理学，是我国学术思想的重要内容之一。它与先秦诸子，两汉经学，魏晋玄学，隋唐佛学，清代考据，方驾而无愧色。在《宋明理学史》两卷之中，我们已论述了主要的理学思潮，许多重要的理学派别、理学家及其理学思想，肯定了其中的积极成果。理学所讨论的心性问题，本体，功夫问题，道德规范问题，人生究竟与要求问题，社会政治理想问题，思维内容与形式问题，'牛毛茧丝，辨析毫芒'，达到了理论思维的很高水平。这些都是客观存在，我们在有关章节作了充分肯定。然而，宋明理学与其他学术思想相似，也是瑕瑜参半。所谓参半，不是刻板的一半对一半，而是瑕瑜并呈，妍媸互见，孰轻孰重，要根据实际，具体分析。在本书的《绪论》中，我们曾经说过，'从政治作用来说，理学是思想史上的浊流'。有人对此非议，以为贬低了理学。经过认真衡量，客观事实明确昭示，我们的论断并不过分。我们无意贬低理学，也不愿掩饰理学的消极面。历史学是科学，要凭事实说话，不容许随心所欲的勾勒。"④"《宋明理学史》上、下两卷的撰著，前后经过六年。同志们十分辛瘁。然而终于完成了，大家也感到欢快。外庐先生久淹病榻，仍经常问起撰著的进度，了解书中的重大问题，指导我们解决。这使我们的工作能够顺利完成。全书的学术组织工

---

① 邱汉生：《宋明理学史》后记，侯外庐、邱汉生、张岂之主编：《宋明理学史》下册，人民出版社1987年版，第1025页。

② 同上书，第1027—1028页。

③ 同上书，第1029页。

④ 同上书，第1030页。

作，由中国社会科学院历史研究所中国思想史研究室承担。黄宣民同志安排人力，完成书稿，贡献了力量。""《宋明理学史》下卷的定稿工作，张岂之同志付出了艰巨的劳动。卢钟锋同志在统一全稿方面做了大量的工作。这些都使书稿的质量提高了一步。"①

3 月 8 日

艾力农致信黄宣民："惠赠侯外老选集已收到，谢谢。外老一生著述等身，为我晚辈久所敬仰。可惜生前蒙诲甚少，憾甚。"

3 月 17 日

曹月堂《侯外庐的"韧"——〈韧的追求〉读后》发表于《瞭望》1986 年第 11 期。

3 月 25 日

先生所作《孔子研究发微》发表于《孔子研究》创刊号。文章认为："孔子是春秋时代的大思想家和大教育家。他所开创的儒学，战国时代即已发展成为'显学'，汉代以后更进一步成为享有'独尊'地位的官学。儒家思想作为历代统治阶级的正宗思想，曾长期支配过人们的思想言行并渗入整个社会生活，对稳固封建社会秩序起了重要的帮手作用，其思想影响至今犹存。儒家学派作为最古老、最庞大的一个学派，经过自身的长期积累，在我国学术文化史上构筑了一座宏富的殿堂，并丰富了世界文化宝库。因此，深入研究孔子和儒学，科学地总结这笔巨大的历史遗产，无论是对于肃清封建主义思想残余的影响，抑或对于建设有中国特色的社会主义新文化，以及增进国际文化学术交流，都有毋庸忽视的意义。"要搞好孔子研究，"首先，我希望把孔子真正作为一个历史人物来研究，而不是象封建时代那样把孔子奉为圣神来礼拜，也不是象'四人帮'搞所谓'批孔'运动时那样把孔子变成影射现实的稻草人。而要把孔子作为真实的历史人物来研究，就必须抱着冷静、客观的态度，严格地应用科学的历史观点和方法，对孔子所处的时代及其所承受的历史传统做全面、深入的考

---

① 邱汉生：《宋明理学史》后记，侯外庐、邱汉生、张岂之主编：《宋明理学史》下册，人民出版社 1987 年版，第 1031 页。

察，并由此考察孔子的全部活动以及他的政治倾向、思想特点等等，进而实事求是地肯定孔子的历史功绩，指出其历史局限，恰当地评价他的历史地位和历史作用"①。"尊重历史，按照孔子在历史上的本来面貌来研究孔子，可以说，这是搞好孔子研究的基本前提。""其次，我希望正确地对待孔子和儒家的思想遗产。孔子和儒家的思想之所以是历史遗产，正是由于它赖以产生和长期存在的社会历史时代已经过去，其自身也随之失去了活力，而只能成为产生另一种更高形态的新文化的土壤。因此，在今天，我们要建设有中国特色的社会主义新文化，决不能离开包括儒学在内的全部民族历史文化的深厚土壤，当然，我们也还要尽力吸取外国一切优秀文化来丰富我们的新文化。然而，我们需要批判地继承儒家思想文化，并不意味着某些儒家的思想的复活，乃至整个'儒学复兴'。这也是不可能的。……作为马克思主义学术工作者，应当旗帜鲜明地反对在对待历史遗产问题上的各种错误倾向。""最后，我希望发扬民主学风，进一步开展'百家争鸣'。……只要是经过认真研究的，持之有故而又言之成理的意见，其对孔子的评价无论是高是低，都应当受到尊重，不要随意给人家扣上'右'的、'左'的帽子。""在学术研究中，既要有严格的科学态度，又要有充分的民主精神，而且只有这二者的紧密结合，才会不断地开拓和创新。"②

4 月 12 日—16 日

全国中国哲学史学会在北京举行第三届理事会，先生被选举为名誉会长。

6 月 28 日

陈鼓应致信黄宣民：侯老"是我敬仰已久的大学者。《中国思想通史》，我看过二三遍，对我启迪很大。"

6 月

先生口述、冒怀辛执笔写作《方以智的生平与学术贡献——方以智全

---

① 《孔子研究》1986 年创刊号，第 5 页。
② 同上刊，第 6 页。

书前言》，发表于先生主编《方以智全书》第一册《通雅》（上海古籍出版社 1988 年 9 月版）。

7 月 18 日

林沄致信先生："我是吉林大学主管文科科研的副校长，是学商周考古、古文字的。久慕先生学问，无缘见面。今有一事恳求：吉林大学今年 10 月 6 日是四十周年校庆，前校长吕振羽先生的夫人江明同志，根据吕先生遗愿，把全部藏书及住房捐献给吉林大学。我校决定建立吕振羽藏书纪念室，并在校庆期间举行纪念吕振羽同志史学研讨会。会议主旨是研究吕振羽先生一生学术道路和学术贡献，讨论在新形势下，如何继承我国第一代马克思主义史学家为了变革中国社会探求真理的优秀传统，开创史学研究的新局面。在征求江明同志意见时，她建议邀请到会的人中把您列为第一名。我校僻处东北，条件较差，向来渴望有您这样的闻名中外的学者到来。纪念吕先生的史学研讨会也应该有您参加才能达到预期的目的。为此，恳望先生赐我一次面谈此事的机会。如果您因为身体或工作不便到长春来，是否可以为会议提供某种形式的书面发言、录音谈话，或为会议或藏书纪念室题词？这可以在见到您时商量。"

8 月

白寿彝《中国史学史》第一册由上海人民出版社出版，该书在"马克思主义史学的多种成就"中认为先生所著《中国古代社会史论》是"中国古代社会史研究工作中富有创见的书，提出并阐述了不少有关的重大历史问题，是作者史学著作中的代表作，也可以说是我国马克思主义史学初步建立时中国古代社会史研究工作趋向发展的一个标志"[1]。

10 月 30 日

（苏联）弗·格·布洛夫著、李申摘译《王船山与启蒙思想》发表于《船山学报》1986 年第 2 期，该文系作者《十七世纪中国思想家王船山的世界观》的第五章，原题为"对王船山和他的世界观的评价"。文章认为："最近几年，在中国和苏联的书刊中，日益主张十七世纪中国思想家们的

---

① 白寿彝：《中国史学史》第 1 册，上海人民出版社 1986 年版，第 113—114 页。

思想体系是启蒙主义的，最突出的代表就是侯外庐和奥·列·费什曼。"
"在侯外庐的研究中包含着丰富的事实材料，这对十七世纪中国进步思想家的世界观，总的说来，给出了一个正确的概念。但是不能同意作者的下述意见：他们唤醒了一个时代，在哲学、经济学、政治、文学等各方面都开辟了一个新的天地（参看侯外庐《中国早期启蒙思想史》）。同时，侯外庐对十七世纪中国思想家在中国和全世界哲学史上的地位的评价，其学术上的出发点也不是历史主义的。这首先表现在他坚持要把他们拉到十八——十九世纪西欧哲学家的水平上。在他那里，王船山接近黑格尔和费尔巴哈，颜元高于培根和笛卡儿等等。当侯外庐想要证明中国十七世纪哲学思维的高水平时，他就随心所欲地转动起孟德斯鸠、孔德塞、卢梭等人的名字。"文章认为：先生在《中国早期启蒙思想史》中援引列宁《我们拒绝什么样的历史遗产》并列举一些图解式的中国材料，"他关于王船山、黄宗羲、顾炎武、颜元和其他一些接近他们的思想家的思想体系是启蒙性质的这个主张，就不是在对他们的世界观进行详细分析的基础上作出来的结论。这样，从列宁著作中摘取的只言片语，并且是被图解化了的对启蒙运动的评述，就不能够作为论据"[1]。"费什曼和侯外庐的出发点是，在十六到十七世纪中，中国所处的地位是封建基础的瓦解和资本主义生产关系的发展，苏联和中国的历史学家和经济学家的研究指出，这种主张是没有基础的。"[2]"那认为中国十七世纪进步思想家的思想体系是启蒙性质的主张是缺乏足够的事实根据的。无论是王船山，还是方以智、顾炎武、颜元、黄宗羲，都不能被说成是启蒙运动的代表人物，他们的观点最多只能称为前启蒙运动，因为他们那些话的真正意义可导致启蒙运动的出现。"[3]

10 月

先生作《〈岳麓书院一千零二十周年纪念文集〉序言》，该书由湖南人民出版社出版。

同月，《中国社会科学家辞典》（现代卷）由甘肃人民出版社出版，收入"侯外庐"词条[4]。

---

① 《船山学报》1986 年第 2 期，第 33 页。
② 同上刊，第 34 页。
③ 同上刊，第 35 页。
④ 《中国社会科学家辞典》，甘肃人民出版社 1986 年版，第 571—573 页。

12 月 5 日

赵伯雄《"宗子维城"是城市国家吗?》(《"'宗子维城'的城市国家"说献疑》) 发表于《历史教学》1986 年第 12 期。文章质疑《中国古代社会史论》中对"宗子维城"的用法，认为：《诗经·大雅·板》"宗子维城"中的"'维'字是一种表示判断语气的虚词，此种用法在《诗经》中甚为常见"，"'宗子维城'一语不过是讲宗子（尽管对'宗子'可有不同的解释）对于周王国的重要，它就象一座城，对国家起的是一种保卫、藩障的作用。这显然与所谓城市国家无涉"，"可能是作者把'宗子维城'这句话的意思理解错了，特别是把那个'维'字，理解为含有某种动作意义的实词"[①]。

一九八七年(丁卯)　八十四岁

6 月 8 日至 11 日，国际王国维学术讨论会在上海举行。24 日至 28 日，《中国哲学史研究》编辑部在北京昌平爱智山庄举行第六次夏季学术讨论会，主题为"中国现代哲学的发展"。

8 月 31 日至 9 月 4 日，中国孔子基金会与新加坡东亚哲学研究所联合举办的儒学国际学术讨论会在曲阜举行。同月，白寿彝主编，王桧林、郭大钧、鲁振祥分纂《中国通史纲要续编》由上海人民出版社出版。

10 月 25 日至 11 月 1 日，中国共产党第十三次全国代表大会在北京举行。

12 月 2 日至 5 日，朱子学国际学术讨论会在厦门大学召开。同月，《中国大百科全书·哲学卷》由中国大百科全书出版社出版。

本年，周谷城《中国社会史论》由齐鲁书社出版，《中国近代经济史论》由复旦大学出版社出版。《吴晗史论集》由光明日报出版社出版。

1 月

赵伯雄《从"国"字的古训看所谓西周国野制度》发表于《人文杂

---

① 《历史教学》1986 年第 12 期，第 51 页。

志》1987 年第 1 期。文章对先生《中国古代社会史论》中"国又叫做都，野的范围便叫做'四鄙'。古代所谓封国是这样的第一次划分城市和农村"的观点进行商榷，认为"我们对'国'字进行归纳的结果，证明西周所谓'国'有两种意义：一是相当于今语地域的'域'，另一义则是邦国的'国'，而无论在文献里还是金文中，都找不出'国'有'城'或'都城'之义的证据来。这个情况既明，则所谓西周时代的国野制度也就成为令人怀疑的问题了。"①

2 月 6 日

黄宣民携王启发到先生家中祝贺生日。

4 月

先生所作《回顾史学研究五十年》发表于吴泽主编《中国史学集刊》第一辑（江苏古籍出版社出版），系由李经元记录整理，包括"学习《资本论》"、"从经济学到史学"、"山乡著述"、"关于我的三本史学论著"、"关于《中国思想通史》"。

5 月 21 日

韩侍桁追悼会在上海龙华殡仪馆举行，先生与阳翰笙、巴金、臧克家、端木蕻良等送了花圈②。

6 月

先生与邱汉生、张岂之主编，邱汉生、张岂之、卢钟锋、步近智、唐宇元、黄宣民、冒怀辛、龚杰、樊克政、孙开泰、崔大华、柯兆利、姜广辉、任大援分撰的《宋明理学史》下卷由人民出版社出版。《宋明理学史》为国家"六五"计划重点科研项目，是"建国以来以来第一部系统论述宋明理学发展全过程的学术思想史专著，备受海内外学界的关注"③。该书 1995 年获得教育部人文社会科学研究优秀成果一等奖，

---

① 《人文杂志》1987 年第 1 期，第 80 页。
② 林巳：《韩侍桁同志追悼会在上海举行》，《新文学史料》1987 年第 3 期，第 136 页。
③ 卢钟锋：《理学研究的创新之作：〈宋明理学史〉》，《中国社会科学院院报》2006 年 9 月 28 日第 4 版。

1997 年获得中国社会科学院学术著作一等奖，1999 年获得国家社会科学著作二等奖。

9 月 5 日

中国社会科学院历史研究所致函蔡尚思："侯外庐同志从事学术研究六十年，为了表彰他的学术贡献，计划编辑出版一部纪念论文集。"并请蔡尚思写一篇纪念性的论文，于 12 月 15 日以前交稿。

9 月 14 日

上午 9 时 11 分，先生病逝于北京。

先生逝世后，国内学者及学术机构、团体、院校，英国李约瑟、澳大利亚朱明深、苏联齐赫文斯基，及日本学者小野重尔、小野和子、坂出祥伸、岛田虔次、冈田武彦、井上清等外国友人发来大量唁电。

先生逝世后，张岂之去北师大拜访白寿彝。张岂之回忆："白先生亲口对我说：'请你组织几篇有分量的扎实的纪念外老的文章。'这时白先生眼疾手术刚动过不久，正在家疗养。他的眼疾稍稍痊愈，便立即握笔写成一篇深刻的纪念外老的文章（《悼念侯外庐同志》——编者注）公开发表。"[1]又，"他对我说：'外庐同志对中国史学研究贡献很大，你一定要组织几篇有分量的纪念外庐同志的文章。'后来白先生又托史念海先生和瞿林东教授给我捎话，希望在西北大学成立侯外庐史学研究室，并说，外庐先生还有一些新观点尚未充分展开，年轻的学者有责任在这方面下工夫研究，特别是西北大学中国思想文化研究所的同志要带头做好。白先生的这些嘱托我是铭记于心，努力去做的。"[2]

9 月 23 日

《美洲华侨日报》刊载"中国史学名宿侯外庐在北京逝世"的讣告。[3]

---

① 张岂之：《白寿彝先生与侯外老的学术友谊》，《史学史研究》1989 年第 1 期，第 17 页。

② 张岂之：《白寿彝先生与侯外庐先生的学术友谊》，《史学史研究》2009 年第 3 期，第 8—9 页。

③ 林英：《崇高的学者风范》，《纪念侯外庐文集》，陕西人民教育出版社 1991 年版，第 111 页。

9 月 25 日

先生的遗体告别仪式在八宝山革命公墓礼堂举行。

新华社北京 9 月 25 日电："著名马克思主义历史学家、思想家、教育家、全国政协常委、中国社会科学院历史研究所名誉所长、中国共产党优秀党员侯外庐同志遗体告别仪式今天在八宝山革命公墓礼堂举行。""灵堂内摆满了花圈和挽联。侯外庐同志的遗体安放在鲜花翠柏丛中，遗体上面覆盖着红旗。在哀乐声中，习仲勋、邓力群、王震、薄一波、刘澜涛、王任重、张劲夫、宋平、杨静仁、周培源、屈武、雷洁琼、胡绳、杨献珍等沉痛地向侯外庐作最后告别。""在今天的告别仪式上，向侯外庐敬献花圈的有：赵紫阳、彭真、邓颖超、乌兰夫、万里、习仲勋、李鹏、胡乔木、胡启立、邓力群、王震、薄一波、刘澜涛、陆定一、段君毅、彭冲、王任重、朱学范、周谷城、严济慈、楚图南、谷牧、张劲夫、宋平、杨静仁、钱昌照、屈武、雷洁琼等以及全国人大常委会、全国政协、中央组织部、中央宣传部、中央统战部、中国科学院、中国社会科学院、卫生部等单位。""首都各界知名人士及侯外庐生前友好共 700 余人参加了今天的告别仪式。"

新华社电文中云："侯外庐是我国老一辈马克思主义历史学家，一贯重视马克思主义理论的学习与宣传。他从 1927 年开始翻译《资本论》，1936 年出版了我国最早的《资本论》第一卷全译本。从 30 年代开始，他应用马克思主义的理论和方法研究中国历史，1934 年出版了《中国古代社会与老子》。40 年代，他陆续撰写了《中国古代社会史论》、《中国古代思想学说史》、《中国近世思想学说史》、《苏联历史学界诸论争解答》等书，探讨了中国文明的起源、古代社会的发展途径与古代思想的特点、近代社会的性质与启蒙思想的特色以及历史理论与方法论等一系列重大问题，对马克思主义新史学的发展起了推进作用。40 年代后期至 50 年代末，侯外庐和他的合作者，进一步完成了多卷本《中国思想通史》的撰著工作。这部巨著对上下几千年的中国社会历史与思想文化传统做出了批判的总结，在国内外学术界产生了很大的影响。侯外庐晚年虽然长期患病，但仍在学术上孜孜以求，近十年来，出版了《中国封建社会史论》、《中国近代哲学史》、《中国思想史纲》、《宋明理学史》以及《韧的追求》等多种著作。他毕生坚持用马克思主义研究历史，著作宏富，为我国历史科学的发展作出了开拓性的贡献，在国内外享有崇高的声誉。""侯外庐长期在教育和科研岗位上工作，培养了一代又一代青年，桃李满天下。""侯外庐同志毕生坚信马列主义毛泽东思想，忠诚于党的事业。他为人正直，是非分明，光明磊落。在十年浩劫中，他受到林彪、江青反革命集团的迫害，身体致残，但他大义凛然，毫不屈服。粉碎'四人帮'以后，侯外庐坚决拥护党的十一届三中全会的路线，坚持四项基本原则和改革、开放、搞活的方针。他为我们国家在建设具有中国特色的社会主义的道路上所取得的巨大成就感到欢欣鼓舞。"

当晚，中央电视台《新闻联播》节目报道先生逝世的消息。

9 月 26 日

《人民日报》第 3 版、《光明日报》第 1 版刊登新华社 9 月 25 日消息，标题为"著名马克思主义史学家、思想家、教育家侯外庐遗体告别仪式在京举行"。

同日，杨荣国女儿杨淡以致信黄宣民云：其父"一贯对侯伯伯很尊重。很早的时候，那时我还很年青，就常常对我说：'你侯伯伯很有学问，他出名很早，但为人极谦虚，是位少见的好人。他和你杜伯伯，都是我最尊重的。他们的学问，你做不到，但一定要学他们的为人！'""觉得这本书（《韧的追求》——编者注）不仅是回忆录，有着丰富而又珍贵的史料，而且还应是部教材，内中有不少极富人生哲理，耐人寻味的话语。每个搞人文社会科学的同志，尤其是青年人，都应将《韧的追求》作为必备的参考书。"

同日，吴光作《青年学人的导师和楷模——怀念敬爱的侯老》，收入《纪念侯外庐文集》。文章提出："我内心始终把外老看作我的第一导师，我的主要学术研究成果也打上了先生学术思想的烙印——这虽于师门未免不敬，但在学派上是甘居侯门的。"①

9 月

中国社会科学院历史研究所中国史学研究室主编《侯外庐史学论文选集》上卷由人民出版社出版，收录《社会史导论——生产方式研究与商

---

① 《纪念侯外庐文集》，陕西人民教育出版社 1991 年版，第 134 页。

权》、《关于亚细亚生产方式之研究与商榷》、《中国古代社会与亚细亚生产方式》、《中国古代"城市国家"的起源及其发展》、《周代社会诸制度考》、《封建主义生产关系的普遍原理与中国封建主义》、《论中国封建制的形式及其法典化》、《中国封建社会土地所有制形式问题——中国封建社会发展规律商榷之一》、《中国封建社会前、后期的农民战争及其纲领口号的发展》、《孔子批判主义社会思想研究》、《老子的时代与老子思想》、《论屈原思想》、《中国封建社会前期的不同哲学流派及其发展》、《司马迁著作中的思想性和人民性——为纪念司马迁诞生二千一百年而作》、《汉代白虎观宗教会议与神学法典〈白虎通义〉——兼论王充对白虎观神学的批判》、《魏晋思想之历史背景与阶级根源》、《柳宗元的唯物主义和无神论思想》等17篇文章。该书由中国社会科学院副院长许涤新作序，李经元、侯闻初、黄宣民、卢钟锋承担论文编选工作，李经元做了题解、注释和著作年表，邱汉生、李学勤、张岂之、冒怀辛给予了帮助，步近智、唐宇元、樊克政、孙开泰、姜广辉、柯兆利、崔大华、宋镇豪、谢保成等校对了引文，历史研究所中国史学史研究室叶桂生及图书室的同志提供了资料，张安奇为责任编辑，张云非题签，腾昭宗做了许多工作。

　　同月，刘茂林、叶桂生《四十年代后期的中国史学倾向》发表于《史林》1987年第3期。"随着抗战形势的发展，国民党当局越来越热衷于利用中国思想史上的糟粕，堵塞马克思主义的通路，以售其奸。""抗战胜利后，这场争论继续进行。侯外庐又写出了《近代思想学说史》，并和杜国庠等人合写了《中国思想通史》前三卷。这是一部首创的中国思想史巨著。此书用辩证唯物主义和历史唯物主义观点系统地总结了先秦到魏晋南北朝的各家思想；以严密的科学态度，精深的见解，论述了中国思想史的演进；并有针对性地对胡适、冯友兰、钱穆等人的错误观点进行了批判；阐明了他们关于'秦汉封建论'的主张。在很多问题上都提出了新的见解，揭示了众多的不为正统思想史家重视的异端思想学说，表彰了中国思想史上唯物论的光辉传统。得到了中外研究家的高度赞扬。这部著作直到今天历久不衰，这充分说明，为了批判现实世界，并不妨碍作者严格地从历史真实出发对古代进行探讨；相反，却说明了越是深入地揭露历史本质及其规律，就越能说明现实中的问题。"①"就在与钱穆、冯友兰等人关于

---

① 《史林》1987年第3期，第81页。

古代思想学说辩论的同时，其他学者之间，对于古代思想学说的辩难也在激烈进行。郭沫若与侯外庐、杜国庠、蔡尚思等关于孔、墨思想，蔡尚思、欧伯、嵇文甫等与李季对老子思想的辩论，以及侯外庐对老子思想，杜国庠对墨子思想的独特研究，都将中国古代思想学说史的研究大大推进了一步。""如果说20世纪40年代几部社会通史的问世，代表了用马克思主义观点和方法研究史学的新体系，那么，侯外庐等编著的《中国思想通史》，同样表明了经郭沫若到吕振羽再到侯外庐等人披荆斩棘开创出了一条思想史研究的新路径，建立了一个用马克思主义研究思想史的新体系。虽然他们各自的观点不一，风格各异，但有着共同的特点，这就是：都以马克思主义为指导；紧密结合社会史发展阶段；注意发掘唯物论的光辉传统；阐述唯物与唯心、无神论与有神论、异端思想与正统儒学之间的斗争；特别是将一些不为旧思想史家注意的人物，如李悝、吴起、商鞅、荀子、韩非、王充、王符、仲长统、范缜、吕才、柳宗元、刘禹锡、王安石、李贽、方以智、陈亮、叶适、王廷相、杨万里、李二曲等人的思想，系统地写进了学术思想的史册，大大丰富了思想史的内容。这比起胡适的半部《中国哲学史大纲》，冯友兰的《中国哲学史》，梁启超的《清代学术概论》、《近三百年中国学术史讲义》和钱穆的《近三百年中国学术思想史》等著作，大大前进了一步，为今天中国思想学说史的研究奠定了一个坚实的基础。"①

10 月 8 日

韩国磐致信黄宣民："柯兆利同志自北京参加侯老遗体告别会回厦门后，告知我嘱我们写悼念侯老的文章，于最近能刊于适当的报刊上，俾将来集中编成悼念集子。写成文章诗歌等可寄请您联系刊出的报刊。侯老生前对我奖掖备至，衷心感荷。不幸病逝，至深悼念。现写成悼念侯老律诗两首暨诗前序一段，特此奉上，请联系送北京报刊（人民、光明日报及政协报等均可）发表。"

韩诗云："鸡鸣风雨忆从前，几度崎岖绝海边；早岁曾翻《资本论》，毕生矢志《大同篇》；十年浩劫人神怨，一榻病身肝胆妍；留得名山功业在，高风亮节薄云天。""提携犹记卅年前，千里神交一线牵；管领群芳居

---

① 《史林》1987 年第 3 期，第 82 页。

阙下，招徕多士共书筵；齐中论学情何切，劫后重逢志益坚；此会谁知成永诀，天南洒泪向幽燕。"

10 月 12 日

于首奎致信黄宣民："侯老是一生坚持马克思主义理论、坚持古为今用、坚持批判封建传统的伟大的理论战士，为我国思想史的科学研究作出了开拓性的贡献。他那种为人正直、是非分明、光明磊落的优良品德和伟大人品，那种在复古之风大刮的形势下坚持马列主义原则的求真态度和严谨的治学作风，都值得我终生学习。"

10 月 22 日

姜广辉致信陈寒鸣："关于明清之际'反理学'、'总结批判'或'早期启蒙思潮'或'实学思潮'等概括，我以为可以并行不悖，不必存此废彼，实际上这里有观察角度的不同。'总结批判'着眼于学术史，'反理学'、'实学'是着眼于社会思潮史，是当时社会思潮的特征，是对现象的考察、量的考察，所体现的是特定时间、环境、事件的偶然性，而'早期启蒙思潮'是着眼于思想史的角度，所反映的是作为新世界胚胎的时代精神，是一种本质的考察，体现社会发展史的必然性。从此点可以看出侯先生的高明处。"

11 月 25 日

张岂之《远见卓识的引路者——略论侯外庐先生对中国思想史、哲学史研究的卓越贡献》发表于《哲学研究》1987 年第 11 期，收入《纪念侯外庐文集》（陕西人民教育出版社 1991 年版）；修改后收入《乐此不疲集》（首都师范大学出版社 1999 年版，题为《侯外庐先生对中国思想史研究的卓越贡献》）。文章认为："对外庐先生在中国思想史、哲学史的研究方面，作为外庐先生的学生和长时期的助手，我觉得有几个方面是值得我们仔细研究，加以继承和发扬的。"（1）"将社会史的研究和思想史、哲学史的研究结合起来。我认为这是侯外庐学派的一个显著的特点，也是外庐先生和他的合作者在史学和哲学方面的重要贡献。马克思主义历史唯物论的基本原理之一是社会存在决定社会意识。……外庐先生在他自己的思想史、哲学史的研究中不但恪守这个原则（因为这个原则是科学），而且结合中国古代社会史和思想史、哲学史的分析，丰富发展了这个原则。可以这么说，一位马克思主义社会科学工作者，他的具体的研究成果都是从不同的方面、不同的角度丰富发展了历史唯物论的某些方面。……我记得，早在50年代末，在当时的历史情况下，外庐先生就跟我们几位年轻助手说过，马克思主义不是教条，而是行动的指南。他不照搬苏联关于中国社会史的一些结论，他从40年代起对中国古代社会的研究，就得出了他自己的独特见解，'我们不但要遵循马克思主义的普遍原则，而且要在自己所从事研究的领域内加以发展；研究的成果应当被看成是对这种发展的一种贡献。'在当时说出这种话来，至今回想起来，无疑会承认这是一种富于创造性思维的观点"①。（2）"外庐先生在中国思想史、哲学史研究方面，特别注意解决前人未解决的历史疑难问题，具有打'攻坚战'的勇气和魄力"②。"在中国社会史研究方面，关于封建制的法典化与历史分期、关于封建土地所有制、关于豪族地主与庶族地主、关于资本主义萌芽、关于中国封建社会农民战争的特点等，都是很重要的问题，在这些问题上，外庐先生本着独立自得的精神，提出了他自己的看法，奉献给学术界。关于中国古代思想史，如氏族制对于中国古代思想史的影响；战国时代百家争鸣兴起的社会原因；儒学的形成及其演进阶段；对孔、墨及其他诸子之评价；秦汉时期社会与中国思想的特征；中国思想史的表现形式（即经学形式）及其内容实质的相异性；豪族地主、庶族地主之分野与中国思想史演进的关系；中国哲学范畴之形态与实质；明清之际中国早期启蒙思想的形成与发展等等，均属重要的疑难问题，在这些问题方面，外庐先生及其合作者，有意识地钻进去进行研究，不是人云亦云，也不是绕开重要问题，而是敢于直接同疑难问题相搏斗，提出自己的见解。""需要指出的是，这些见解不是凭空从概念、范畴的演绎和排列中得到，也不是将马克思主义的某些名词术语生硬地加到某些史料书上而得出，而是在马克思主义指导下，从材料实际出发，进行研究，然后得出结论。'论必有据，有据才立论，力求使观点与材料统一起来，实事求是地分析各种历史问题'，这是外庐先生所经常强调的。"③（3）"外庐先生在中国思想史、哲学史的

---

① 《哲学研究》1987年第11期，第34—35页。
② 同上刊，第35页。
③ 同上刊，第36页。

研究中非常重视人才的培养和梯队的建设"①。"在研究梯队的建设方面，我觉得外庐先生有些经验是值得总结的。他以平等的态度对待选中的年轻助手，给予信任，那时，我们几位年轻人几乎每天都有一两个小时就中国思想史、哲学史的若干问题和侯先生交谈。这种交谈无拘无束，生动活泼。也并不都是外庐先生讲，我们也讲，甚至发生一些争执。我从来没有发现过外庐先生因为师生间对某些学术问题有不同的看法，而责备我们或向我们发脾气，从来没有过。关于一些思想家的评价，往往在师生的交谈中产生出新的观点和论断。……现在回想起来，我们的成长，以及外庐先生对我们的教导就是在这种交谈中使我们真正得到益处。""外庐先生很重视科研成果，他经常说，一个科学工作者应当坚持不懈地捕捉新的研究课题，在深刻研究的基础上不断向社会提供新的科研成果，认为这是科学工作者应尽的社会责任。因此外庐先生经常和我们统计：这一年我们出了哪些书？哪些文章？质量如何？下一年的研究计划如何？等等。""'在水中学习游泳'，这是外庐先生培养青年科学工作者的基本经验。从50年代开始，我们在外庐先生指导下工作，任务就是参加科学实践，在研究的基础上写书，力求写得扎实些，写得好些。""在外庐先生领导的科研集体里，从来没有发生过因署名或因稿费而发生争执的现象。助手们做的工作，外庐先生记得很清楚，从来没有亏待过同志们。一种在共同事业中结成的师生情谊，历久不衰，直至今天外庐先生离我们而去，我们还深深地怀念他，要发扬他的优良学风，并把他领导科研集体的经验丰富发展起来。"②

12月10日

蔡尚思作《侯外庐同志关于中国思想史的商讨与计划》，1988年1月10日补充最后一节。此文于1988年5月24日寄送黄宣民，后收入《中国古代学术思想史论》（广东人民出版社1990年版）、《纪念侯外庐文集》（陕西人民教育出版社1991年版）。

文中提出：一、"论著作的专门性与综合性问题。侯外庐同志早就认为中国哲学史、中国经济思想史之类，只是专门性的史书，而中国思想史则为综合性的史书。思想史中，应当也可以包括各种专门性的思想史；但

---

① 《哲学研究》1987年第11期，第36—37页。
② 同上刊，第38页。

各种专门性的思想史范围太广，方面太多，也就只好选择其中几种比较重要和比较熟悉的专门思想，把它综合起来，串成一贯成为思想通史。所谓通，有两方面：纵通是指时代的上下通，而不是断代史；横通是指各学科多方面的通，而不是一方面的专门史。这种思想通史，非常重要，为各种专门思想史所共同的根据，至少也是必须参考的。不知综合性的思想史，也就不知专门性的思想史；单有专门性的思想史不行，还要有综合性的思想史才成。因为各种思想性的问题，往往是互相关连而不是彼此无关的。反过来说，要编著综合性的思想史，对于各种专门性的思想史，也要先大体了解一下"①。二、"论学者的单干与合作问题。侯老在解放战争时期曾对我说：'你是单干汉，我基本上也同你一样。究竟是单干好呢，还是合作为好？我觉得各有优缺点。单干，一切出于自己，始终一贯，可以减少各处矛盾。其缺点在于以一人之力而要完成范围较广大的著作，难免一拖再拖，拖到遥遥无期。而集体合作，正与此相反。我正在搞中国思想史，恐怕非象司马光那样请人负责分编《资治通鉴》的各部分不行。'解放后，他在中国科学院历史研究所设立中国思想史研究室，培养出了许多专门人才，作为得力助手，并以他为首联合主编了《中国思想通史》。可以说：他的理想都完全实现了"。三、"论文字的直译与意译问题。侯老也认为二者互有短长。直译，可以对原文比较近真；意译，文字可以通顺而适合本国人的文法。林琴南不懂外文，对外国小说，全根据口头传译者的意译。严复对中英文都精通，可也为了要给中国人阅读，仍用意译，而且往往插入许多自己的言论"。"对于侯老自己写作的文章，解放初期不少人觉得比较不容易看懂。我以为这也许是由了他平时多读多译外国人的著作，他的白话文也就难免有点西方文字化了，这是完全可以理解的。"② 四、"论理论与史料的结合问题。理论与史料的结合，即社会史与思想史的结合。侯老能运用《资本论》的观点方法研究中国社会史思想。正由于他有马克思主义的基本理论，所以远远超过了梁启超、胡适等的资本主义派；另一方面，又由于他注重史料，采用前人考据的成果，所以基本克服了二十年代社会史论战的缺点。不仅如此，对某些史实的叙述，也比后来的吕老正

① 蔡尚思：《侯外庐同志关于中国思想史的商讨与计划》，《中国古代学术思想史论》，广东人民出版社1990年版，第68页。
② 同上书，第69页。

确。详见他编著的《中国古代社会史论》、《中国思想通史》等书"①。五、"论互相学习与争鸣问题。我同侯老都是对中国思想史有同好的，都是以中国思想史为终身主要的学术事业的"②。"我们对中国思想史上问题的看法有同有异。我们同样认为这很正常，很必要，必须互相勉励，带头争鸣。因此，1983 年，我发表了《侯外庐对中国思想史的贡献——评〈中国思想通史〉》一文，侯外庐同志也由黄宣民同志代笔写给《书林》一信，表示了极其谦虚的学者态度。他老早就说过：'我对于奖勉我者，益生戒慎恐惧之感，而一字一句之教言，则使我反复思考，检点得失。'这一点也是侯老学术风格最难能可贵而值得今后专家多多学习的一点。"③六、"论中国思想史上的若干重要问题。侯老者曾自道：'我对中国思想史要先吃两头，再吃中间。'他的意思，两头是指先秦诸子与近代思想，中间似是指汉唐宋明清思想。这是第一点"。"关于中国思想史上的几个主要人物尤其是中心思想问题，侯老常向我有什么看法。我提出孔子、墨子、韩非、司马迁、澄观、朱熹、李贽、王船山等人的思想很值得深入研究。侯老认为孔子的中心思想，应是礼比仁为重要。1957 年出版的《中国思想通史》已指出：孔子思想是以'礼'为社会的极则，这也就是'立于礼'是孔子的中心思想。""这比我还早些。我在青年时期，还是人云亦云地说仁是孔子的根本观点。到了六十年代初才完全肯定礼是孔子的中心思想，而说'孔学即礼学'。一些今人往往只知此说是出于我，我实在愧不敢当。但也不是出于侯老，清代许多学者，近代如柳诒徵等，就先于我们而正式提出来了。我只是更全面地加以论述而已。""对墨子，我也觉得侯外庐、赵纪彬等同志关于孔墨优劣的评价，比郭沫若同志正确得多。"④"对朱熹，在《中国思想通史》中，突出地提及了朱子的君臣定位不易论，三纲五常不变论等。这同钱穆老先生直到最近著的《朱子新学案》那部大书还不敢言及此点，真是大有天渊之别。""对李贽，在《中国思想通史》中，基本也讲得很好。""对王充、王船山等，我和侯老的看法就不相同了。这另详于侯老的《船山学案》和我的《王船山思想体系》等，只好从略。"

①　蔡尚思：《侯外庐同志关于中国思想史的商讨与计划》，《中国古代学术思想史论》，广东人民出版社 1990 年版，第 69—70 页。
②　同上书，第 71 页。
③　同上书，第 71—72 页。
④　同上书，第 72 页。

"对近代人对于中国旧传统思想各流派变本加厉地和换汤不换药地进行宣扬，侯老很反感。他曾具体地指出好多有关学者的姓名，而予以不同程度的批评。由于牵涉较广，我在这里就不介绍了。"① 七、"侯老还有编著《中国思想通史补编》和更大部头的远大计划"："据黄宣民同志致《书林》编者的信说：'外庐同志已提出编著《中国思想通史补编》计划（暂定两卷，一百万字），以补原著之不足；然后在此基础再编写一部规模更大的思想通史（下限至建国前夕）。此次蔡老对该书各卷的增补意见十分中肯，我们将在今后补编工作中加以考虑，而且欢迎其他同志也能象蔡老那样提出坦率的批判意见来。'我想到侯老这个远大计划，更加悼念他的不幸逝世，而愿中国社会科学院历史研究所中国思想史研究室黄宣民等同志来完成它。侯老本人虽已逝世，此规模更大的著作计划是不会也不该随他而逝世的！有人希望现在一些老年学者都能勇于互相批评，以推动学术发展。我也认为这是纪念侯老的一种最好方法。"②

12 月

《沉痛悼念侯外庐同志》发表于《史学史研究》1987 年第 4 期。

同月，姜广辉《颜李学派》由中国社会科学出版社出版。邱汉生作序云："广辉是侯外庐同志和我共同指导的研究生。毕业后分配在中国社会科学院历史研究所工作，参加了《宋明理学史》的撰著，并担任《中国哲学》杂志的执行编辑。在我国的社会科学工作者中，广辉是一位有前途的中年学者。我们对他寄予殷切的期望。"③ 又说："今则天地清明，惠风和畅，社会科学的春风已经来到。治学术思想史者庶几能免于匪人的罗织，不再重陷'海瑞罢官'式的冤狱，诚幸甚矣。"④

本年

白寿彝作《悼念侯外庐同志》，认为：先生逝世使"我们失去了一位

---

① 蔡尚思：《侯外庐同志关于中国思想史的商讨与计划》，《中国古代学术思想史论》，广东人民出版社 1990 年版，第 73 页。

② 同上书，第 74 页。

③ 邱汉生：《颜少学派》序，姜广辉《颜少学派》，中国社会科学出版社 1987 年版，第 1 页。

④ 同上书，第 3 页。

在史学领域有卓越成就的马克思主义战士"。"自从 1949 年，我同外庐同志在北京师范大学历史系共事以来，差不多有四十年了。在理论学习和历史研究上，我不断得到他的启发和指引。同时，我也逐渐体会到他所倡导的学风的特点。他的学风，可以概括地说，是学习、运用马克思主义原理，详细占有资料，通过对历史的具体分析，达到自得的科学的结论。自得二字，对于理解外庐治学精神很重要。他重视理论的指导，但并不停止在经典作家的具体论断上，而是以经典作家论断为依据，结合中国历史实际，把对中国史的具体论证推向前进。""在工作实践上，外庐同志的成就是跟他倡导的学风相呼应的。在理论方面，他于人类历史发展的普遍规律中，探索中国历史发展的具体规律。"① "在历史资料方面，外庐同志主张谨守考证辨伪的治学方法，吸取前人的成果，再进一步改进或订正他们的说法。"② "外庐同志在史学工作上，是把社会史工作和思想史工作互相配合，同时进行的。他的《中国古代社会史论》和《中国古代学说思想史》是姊妹篇，都是富有创造性的马克思主义著作。……"③ "如果说，马克思主义在中国史学领域的传播和发展中，李大钊的《史学要论》是二十年代的阶段性的标志，郭老的《中国古代社会研究》是三十年代的标志，那么，在四十年代，外庐同志的著作在同时期的马克思主义史学著作中应有他独特的地位。"④

---

① 白寿彝：《白寿彝史学论集》上卷，北京师范大学出版社 1994 年版，第 409 页。
② 同上书，第 410 页。
③ 同上书，第 411 页。
④ 同上书，第 412 页。

附　　录

一九八八年（戊辰）

4月23至27日，"洛学与传统文化学术讨论会"在洛阳召开。

5月30日，中共中央决定委托中共中央党校创办全党的理论刊物《求是》杂志。7月1日《求是》正式创刊，邓小平题写刊名。中共中央理论刊物《红旗》在6月16日出版最后一期后停刊。

6月11日起，中央电视台播出系列片《河殇》，否定传统文化，引起强烈反响。23日，梁漱溟（1893—1988）逝世。27日至30日，《中国哲学史研究》编辑部在北京举行第9次夏季学术讨论会，主题是"中国哲学史上的人生哲学"。

7月27日至30日，中国史学界第四次代表大会在北京京西宾馆召开。

8月21日至24日，中国哲学史学会第四届年会在呼和浩特召开。

7月27日至30日，中国史学界第四次代表大会在北京京西宾馆举行。大会选举理事70人，选举戴逸为会长，丁伟志、李侃、张岂之、金冲及、张椿年、齐世荣为副会长，王庆成为秘书长。

10月7日至8日，船山学术思想讨论会在衡阳举行。

11月11日至17日，全国中共党史学术讨论会在昆明举行。

本年，《顾颉刚古史论文集》第一、二册由中华书局出版。《顾颉刚选集》由天津人民出版社出版。《吴晗文集》由北京出版社出版。

1月8日

柯兆利致信黄宣民："关于《外庐大师》，我是抱着'仰之弥高，钻之弥坚'的心情，根据《韧的追求》的线索一字一字拼凑起来的，越写越有负重感，越觉得严肃有余，活泼不足——没戏，故而中辍。一些纲节，同人师长知之甚详，请您组织人马改、添、续写，最后以中央电视台1987.9.25《新闻联播》及1987.10.29《新闻联播》关于外老的录相作结，通过'解说员'发一通议论。""为配合形势，我正在写《"五四"与侯外庐》。您能提供些资料或线索吗？此文准备本年4月在《厦大学报》发。"

1 月 13 日

张椿年致信黄宣民、卢钟锋："谢谢你们送给我的《侯外庐史学论文选集》。""侯外老是我非常尊敬的一位师长，至今还记得他对我讲的做学问不要打小算盘的教导。我将以你们赠送的论文集作为怀念他的纪念物。"

1 月 18 日

俞旦初致信黄宣民、卢钟锋："承赐贵室编的外老文集，表示衷心的感谢！我当好好学习。不仅要学习外老的文章，还要学习外老的为人和治学精神。""这个文集，确实渗透着黄宣民和贵室同志（包括先后离室的岂之、学勤、林英等同志）的辛勤劳动，我也要向诸位表示敬意！"

1 月 27 日

衷尔钜致信黄宣民、卢钟锋："收到惠赠侯老论文选集，十分感谢。侯老给我们留下许多宝贵的精神财富。你们二位在选编上做了许多工作，实惠我等，谨向二位致谢。侯老永远活在我们后学心中！"

1 月 30 日

陈瑛作《中国伦理学史研究的正确道路——纪念侯外庐先生》，收入《纪念侯外庐文集》。文章认为："当我们研究中国伦理学史时，首先遇到的问题就是应该以什么思想作为指导，用什么观点和方法去研究。""我认为，我们决不趋时，不媚俗，而应本着自己的思想信仰和理论良心去做，这就是坚持马克思主义的指导，以唯物史观为基本方法来进行我们的研究工作，走侯外庐等中国老一辈马克思主义学者走过的道路。"[①]

1 月

中国社会科学院历史研究所中国思想史研究室编《侯外庐史学论文选集》下卷由人民出版社出版。收录《十六、七世纪中国进步哲学思潮概述》、《李贽的进步思想》、《论明清之际的社会阶级关系与启蒙思潮的特

---

① 陈瑛：《中国伦理学史研究的正确道路——纪念侯外庐先生》，《纪念侯外庐文集》，陕西人民出版社 1991 年版，第 294 页。

点》、《方以智的社会思想和哲学思想》、《王夫之的唯物主义认识论》、《黄宗羲哲学思想的启蒙意义》、《颜习斋反玄学的基本思想》、《乾嘉时代的汉学潮流与文化史学的抗议》、《论龚自珍思想》、《论洪秀全与洪仁玕》、《康有为与戊戌变法运动的历史》、《严复思想批判》、《谭嗣同的社会思想》、《辛亥革命前资产阶级革命派无神论思想的历史特点》、《孙中山的哲学思想及其同政治思想的联系》、《章太炎基于"分析名相"的经史一元论》、《关于哲学思想起源的理论探讨》、《中国哲学史中的唯物主义传统》等 18 篇文章，附有《侯外庐史学论著年表》和《深切怀念侯外庐同志》。

2 月 15 日

刘大年《侯外庐与马克思主义历史学》发表于《历史研究》1988 年第 1 期，收入《纪念侯外庐文集》（陕西人民教育出版社 1991 年版）。文章认为："侯外庐同志自 1934 年刊行《中国古代社会与老子》一书起，发轫了他的历史研究工作。无论从着手的时间和往后所取得的重要成就来看，他都应当排列在中国马克思主义历史学先驱者的行列里面，而且是这个行列里特色显著的一员。""同中国所有最早的马克思主义历史学者一样，侯外庐首先注重于根据中国实际材料，检验和探讨马克思主义著作上关于人类社会历史发展阶段的叙述，确认中国古代存在奴隶社会，和奴隶制向封建制及其以后阶段的演变。他和同时代的研究者们得出一个共同结论：中国历史和世界历史都是遵循同样的客观规律向前变化发展的。他们研究古代，又都一致地着眼于认识当前'中国社会已经走到了什么阶段？'解决中国向何处去的问题。"① 文章认为先生治学的特点有"突出基本理论，重视理论探讨"、"经济基础与社会思想的'完整平行'研究"、"创新与'决疑'"、"以马克思主义理论为基础，自成一个学派"。

林甘泉《哲人不萎 风范长存——悼念侯外庐同志》在同期发表，收入《纪念侯外庐文集》。文章认为：先生"一生中'韧的追求'的主要表现，是坚持用马克思主义理论作指导研究中国历史"②，"外庐同志非常熟悉马克思主义文献，但他并不盲目迷信理论权威。……根据研读《资本

① 《历史研究》1988 年第 1 期，第 35 页。
② 同上刊，第 44 页。

论》的体会，他认为生产方式的内容可表述为：历史上一定的生产资料与一定的劳动力的特殊结合方式。正是二者这种结合的特殊方式和方法，使社会结构区分为各个不同的经济时期。……作为一个马克思主义理论工作者，在 40 年代敢于提出与斯大林不同的意见，这种理论勇气确实是很难得的"①。"把马克思主义的理论与中国的历史实际相结合，根本目的在于阐明中国历史发展的规律。侯外庐同志在自己的研究工作中，一向比较注意历史发展的统一性和多样性的辩证关系，并把揭示中国历史发展的特殊规律列为自己的重要课题。"②"无论在社会史和思想史领域，外庐同志都能够在前人研究成果的基础上有所前进，有所突破。他重视独立自得，但决不轻薄地抹杀前人的成就。"③"侯外庐同志治学重在'独立自得'，这与他重视'决疑'的精神是分不开的。……外庐同志常和历史所的青年同志谈到，要注意寻找学科的'生长点'。照我的体会，这种'生长点'也就是学科中重要的疑难。"④

2 月 20 日

邱汉生《沉痛悼念侯外庐先生》发表于《中国史研究》1988 年第 1 期，收入《纪念侯外庐文集》。文章认为："外老是老一辈的马克思主义史学家，其学术成就在当代鲜有匹敌。"⑤"外老对马克思主义历史科学的研究，功力甚深。他对历史上重大问题的析疑、辩难，往往一言中的。他目光敏锐，善于发现问题，解决问题。这得力于两个方面：一个方面，他掌握了科学的方法论。他自言他的方法来源于《资本论》。他寝馈于斯数十年，掌握了一把锋锐的解剖刀。这是一般学人所应企及的；第二个方面，他深入探寻史料，研究工作从史料出发，不架空立论，不自由其说。这也是一般学人所应做到的。外老凭这两条，发为笃实的学风。他所得出的史学结论，比较坚实，不易动摇，关键就在这里。"⑥

---

① 《历史研究》1988 年第 1 期，第 44—45 页。
② 同上刊，第 45 页。
③ 同上刊，第 46 页。
④ 同上刊，第 48—49 页。
⑤ 《纪念侯外庐文集》，陕西人民教育出版社 1991 年版，第 84 页。
⑥ 同上书，第 86 页。

2 月 24 日

崔大华致信黄宣民、卢钟锋："你们惠赠的《侯外庐史学论文选集》已收到，谢谢！我今年春节回安徽老家探望父母，日前方回，故迟至今日才得以复信致谢。""外老这个论文集的出版，我以为是你们奉献在外老灵前的最好的祭奠。我虽是外老的学生，但惭愧的是对他极为纯正的马克思主义史学思想了解得甚少，我只是模糊地，然而确是坚定地感到，外老的史学思想是一代思潮的象征、标志、碑石。在中国史学领域，外老运用马克思主义所取得的研究成就，是别人难以逾越的。所以这个文集的出版极有意义。你们为此付出的心血，将得到铸造一座纪念碑那样的报答。""在新的一年，我将继续并争取完成对庄子思想的研究。这项研究可能发端于我当研究生时宣民和我的一次谈话。去年底，这个项目（《庄学研究》）在张岱年先生和岂之先生帮助下，获得了一点国家资助（2 千元）。款额虽微薄，但毕竟也是一种责任、督促、鞭策。我愿努力做好这个项目的研究工作。"

同日，刘蔚华致信黄宣民、卢钟锋："侯老是我最敬重的一位前辈学者。他的著作，使我受益匪浅！这部论文选集中的有些文章虽成就于前，但时至今日，读来仍深邃感人，多有启迪。可以想见，这些佳作也必将泽及后世。"

2 月 29 日

韩国磐致信黄宣民："承惠赠侯外庐先生史学论文选集，已收到，谨此深致谢忱。""侯老著作手稿，您们为之整理，编选出版，发扬侯老学求，嘉惠后学，实在是功德无量。亟愿继续拜读到新的整理成果，并再次表示谢忱。"

3 月 8 日

胡家聪致信黄宣民、卢钟锋："送来的《侯外庐史学论文选集》（上），我已收到了，表示衷心的感谢。""我早于四十年代研究中国社会历史和思想史，便学过侯外老的有关著作，给我以极深的启发。我从来把外老和郭老当作我的老师看待，因为这两老是我的领路人——以马克思主义为指导治史的真正领路人。早在三十年代，顾颉老的《古史辨》是我治史的启蒙读物，回想那时抱着象块砖头似的《古史辨》去硬啃，这是治史的基础。""如今，顾、郭、侯三老均作古，参加侯外老遗体告别会时，我真是百感交集。前辈给我领路，后辈怎能不继步而前走！"

3月13日

黄宣民《侯外庐——马克思主义史学的开拓者》发表于《中国社会科学院研究生院学报》1988年第2期，收入《纪念侯外庐文集》（陕西人民教育出版社1991年版）。文章提出："老一辈马克思主义史学家有着共同的特点，如他们都曾投身于革命斗争，都是为着了解中国国情，变革现实，而应用马克思主义的理论和方法研究中国历史的。但是，他们走向史学的路径又多不相同，如郭老是由医学而文学而史学，范老是由文学、经学而史学，吕老是由工程技术科学而史学，外老则是由法律学、经济学通向史学。他们的个性、经历、学术承传和素养等等的不同，又使他们的史学研究各具特色和风格，从而使马克思主义史学从一开始就显得绚丽多采。""一个马克思主义历史学家，首先应当是一个马克思主义者。正如任何一个马克思主义者都不会是天生的一样，侯外庐同志在寻找马克思主义的道路上带有他生活的那个时代的特点而且历经坎坷。"① "侯外庐同志研究历史的一个显著特点，就是重视学习马克思主义的理论和方法。他常常把这种学习称之为理论准备。"② "还有一点，侯外庐同志注重马克思主义理论的整体性，反对断章取义。他从来厌恶宋明理学家的语录学风，所以他对年代林彪大兴语录风，把马克思主义简单化、庸俗化和宗教化的恶劣做法，极为反感。他强调学习马克思主义，如同学习其它科学一样，要注意知识的系统性和完整性，要认真研读经典作家的主要著作，掌握基本理论和方法，才能学以致用。他培养青年，非常注重这种理论上的基本功训练。"③ 文章认为先生的治史生涯可以划分为早期（20世纪30年代初至40年代中期）的"发轫期"、中期（40年代后期至60年代中期）的"发展期或成熟期"、晚期（70年代中期到80年代中期）的"继续开拓和总结的时期"三个阶段，而《中国思想通史》表现了"社会史与思想史并

---

① 《中国社会科学院研究生院学报》1988年第2期，第16页。

② 同上刊，第17页。

③ 同上刊，第18页。

重"、"决疑与开拓并重"、"从世界范围来考察中国历史发展规律"的特点。

姜广辉《侯外庐先生谈科研人才的培养》在同期发表。文章提出："侯先生指出，培养科学人才要从难、从严、从实际出发，并给以大工作量。"[①] 为使科研人才多出成果，先生又提出四条基本原则：（1）"'热处理'，就是要趁热打铁，'恨铁不成钢'。……即是说，一方面从难从严，另一方面又要多加鼓励和表扬，给予热情帮助"[②]。（2）"要注意'义理、考核、文章'。……他所要求的'义理'，首先是要掌握马克思主义的基本理论。……侯先生还指出，讲'义理'，也要注意广泛研究国内外其它思想体系的理论，并吸收其合理因素"。"'考核'，就是对于历史事实作出考证、核订。侯先生认为，研究历史，要掌握大量的可靠材料，因此，历史事实的考订工作很重要。……侯先生强调指出，写一篇文章，必须先掌握大量的、经过仔细考订的史料，然后用马克思主义观点加以分析，最后得出符合实际的科学结论来。材料和观点要统一。""所谓'文章'，是指文字表达，文学素养。侯先生指出，文字表达要清清楚楚，但不要只讲词藻。应当像马克思说的那样，内容胜于词藻，而不是词藻胜于内容。写科学论文，不宜用文艺的写法。理论文章要用科学语言，说理清楚透彻。"（3）"培养尖子。侯先生认为，培养人才不能搞平均主义，要注意培养出尖子来带动其他同志。事物是不断变化的，尖子也不是固定不变的。谁在科研工作上走到了前头，谁就成了尖子，这是每个同志都可能做到的。他指出，对于青年同志，要注意他的'生长点'，发挥他的长处"。"侯先生还认为，研究学问是不能搞群众运动的，要按科研工作本身的规律办事，把正常的研究秩序建立起来。他指出，学术工作具有小手工业的特点，是一个自己熟悉材料、周密思考的深入研究过程，不能大呼隆。"（4）"发扬民主精神。侯先生指出，在科学研究中，要互相商讨，互相学习，取长补短，不能自以为是，把自己封闭起来，要有孔夫子那种'每事问'的精神。他还经常以苏格拉底、柏拉图、亚里士多德师生三代都成为第一流的大思想家为例，强调师生之间应借鉴和发扬古希腊时代的学术民主精神，

---

① 《中国社会科学院研究生院学报》1988 年第 2 期，第 22 页。
② 同上刊，第 23 页。

学生可以和先生争论，实现教学相长。"①

3 月 16 日

蒋国保致信黄宣民："惠赠侯老的《侯外庐史学论文选集》收到，衷心感谢。我粗略地翻阅了一下，感到文集所选论文，是我们搞历史和思想史同志所需要的。象论亚细亚生产方式的论文，对我们这些后辈是很有必要精读的文章。""年前曾寄去拙作《方以智哲学思想研究》，想必收到，敬请不吝赐教。关于方以智学术思想讨论会，我今年又打了报告。但我们省级社科院现在对搞历史课题不太感兴趣，此会看来又没有希望。"

3 月 22 日

斯维至致信黄宣民："承蒙惠赐侯老论著选集……维至虽然早年幸与侯老、赵纪彬先生有交游之雅，受到教益不少，但是学无常师，成绩甚微。侯老病后，幸赖诸同志整理文稿论著，我觉得侯老是幸运的。"

3 月 24 日

田昌五《马克思主义历史科学的开创之作——重读〈中国古代社会史论〉》发表于《文史哲》1988 年第 2 期，收入《纪念侯外庐文集》（陕西人民教育出版社 1991 年版）。文章认为："在中国马克思主义历史科学的开创者中，吾师的理论素养是最好的。正由于此，他终于异军突起，创立了一个新的学派。"②"他所说的亚细亚生产方式指的是由氏族制发展而成的奴隶制，即氏族集团奴隶制。就奴隶制来说，它仍然是发达的；只是因为它保留着氏族制，它才是'早熟'的文明'小孩'。所以，他的主张实际上是指两种发达的奴隶制：一种是在氏族制解体后出现的奴隶制社会，古典古代如希腊、罗马等即是如此；另一种是保留着氏族制的奴隶制社会，斯巴达和中国古代社会都是这样。简言之，他所说的亚细亚生产方式，实指一种保留着氏族制的发达奴隶制社会。这的确是一种独到的见解，是其他各家的古代社会理论中所没有的。"③"将亚细亚生产方式理解

---

① 《中国社会科学院研究生院学报》1988 年第 2 期，第 24 页。
② 《文史哲》1988 年第 2 期，第 33 页。
③ 同上刊，第 33—34 页。

为另一种类型的发达奴隶制，是对亚细亚生产方式的误解。但其理论价值却正在于此。因为，吾师实际上是把恩格斯继马克思之后提出的'亚细亚古代'理解为亚细亚生产方式了。而这是那些按照亚细亚生产方式的本义解释中国古代社会的人莫能及其项背的，也是按照'古典的古代'解释中国古代社会的人所不及的。我虽不赞同吾师对亚细亚生产方式的理解，但认为其中包含的合理的内核是应予充分肯定的。"① "在中国马克思主义历史学的创始人中，吾师是最早提出城市国家、也是唯一的以此为基本线索考察中国古代社会问题的。他的《中国古代社会史论》号称难读之作，但只要我们抓住这个基点，对全书就可以如振衣挈领，纲举目张，融会贯通了。"② "《中国古代社会史论》是以城市国家为核心对中国古代社会进行论述的。他说的奴隶制也可以简括为氏族贵族城市国家奴隶制。因为是城市国家，所以才有贵族的联盟会议和平民的民主主义，即古代城市国家的民主制。这就是他的独到之处，也是他的过人之处。"③

3 月

白寿彝《悼念侯外庐同志》发表于《史学史研究》1988 年第 1 期，收入《纪念侯外庐文集》（陕西人民教育出版社 1991 年版）。文章提出："自从 1949 年，我同外庐同志在北京师范大学历史系共事以来，差不多有四十年了。在理论学习和历史研究上，我不断得到他的启发和指引。同时，我也逐渐体会到他所倡导的学风的特点。他的学风，可以概括地说，是学习、运用马克思主义原理，详细占有资料，通过对历史的具体分析，达到自得的科学的结论。自得二字，对于理解外庐治学精神很重要。他重视理论的指导，但并不停止在经典作家的具体论断上，而是以经典作家论断为依据，结合中国历史实际，把对中国史的科学论证推向前进。他重视历史资料，但决不以多取胜，而是取精用宏，在资料的相互联系上，发现问题，说明问题。"④ "如果说，马克思主义在中国史学领域的传播和发展中，李大钊的《史学要论》是二十年代的阶段性的标志，郭老的《中国古代社会研究》是三十年代的标志，那么，在四十年代，外庐同志的著作在

---

① 《文史哲》1988 年第 2 期，第 35 页。
② 同上刊，第 40 页。
③ 同上刊，第 41 页。
④ 《史学史研究》1988 年第 1 期，第 2 页。

同时期的马克思主义史学著作中应有他独特的地位。"①

斯维至《重读侯外庐同志〈中国古代社会史论〉》在同期发表，收入《纪念侯外庐文集》（陕西人民教育出版社 1991 年版）。文章提出："抗战期间我幸而以赵纪彬先生的介绍，获读他的这本著作本名《中国古典社会史论》，对我的启发很大。1950 年我应侯老邀聘，来到西北工作，更得朝夕相从、讨论学问的机会。他曾经嘱我和陈直先生为他校对甲金文和文献材料，他自己也动手修改文字。"②"侯老提出我国古代社会与希腊罗马古代社会的不同路径，我认为真是他的创造性的发展和成就。"③

薛莹《老一辈历史家的风范》在同期发表。文章提出："侯外庐同志的《韧的追求》，是一部深刻动人的自序传。他在书里，概括了自己在社会史、思想史上的许多创见，都很值得我们学习和研究。书中提到他同一些学者间的友谊，表现了老一辈历史家的风范，尤其使人感动。"④

4 月 8 日

潘吉星致信黄宣民，云："侯外老的史学观点在科技史界早已产生广泛而又深远影响。"

5 月 3 日

林增平致信黄宣民云："侯老史界前辈，国内马克思主义史学创始者之一，学识渊博，研究精微，海内所共仰。"

5 月 24 日

蔡尚思致信黄宣民："承寄赠《宋明理学史》二册，已收到，谢谢！""上月手书，读悉。现寄上纪念侯老一文（即《侯外庐同志关于中国思想史的商讨与计划》）。九月间，我如未能北来参加纪念会，就请您代为发言，将此文念一下，藉此向代表们请教！拜托，拜托！""我纪念侯老一文，先请您等指正！""关于《中国近现代学术思想史论》一书，至今未有明确答复。附告。又，你们想完成侯老的计划否？"又："侯老不止一次

---

① 《史学史研究》1988 年第 1 期，第 3 页。
② 同上刊，第 5 页。
③ 同上刊，第 6 页。
④ 同上刊，第 80 页。

地对我说：'你三十年代住在南京，日夜不休地赶读馆藏所有历代文集，选出的中国思想史资料也特别多，能不能多给我一些线索，以便想法借阅。'我即表示：'一定知无不言。'""他主编《文汇报》副刊《新思潮》，也要我投稿。我在见面时，对他说：'李贽是秦汉以后反孔非儒的大思想家。'他答：'既然这样伟大，我在思想史中一定要给予一席重要地位。'单这封信和谈话就可想见侯老谦虚异常，好问好学，正在竭力大做论史结合的著述工作。我也从此信中，看出他在解放前比较注重理论工作，到解放后比较注重史料工作，最后就把理论与史料二者密切结合起来，著成解放后出版的《中国思想通史》。该书第四卷下册，独辟第二十四章《李贽战斗的性格及其革命性的思想》，并附《李贽著作表》，此外还与他人联合发表《李贽的进步思想》、《李贽的封建叛逆思想》等文，都是明证。"

5 月 27 日

胡道静致信黄宣民："非常高兴在南京拜会了您，回来后正系念间又收到惠赠的侯老史学论著全帙，千万感谢！侯老是我素来尊敬的前辈学者，平生诵其宏著，受益万千。得交您在侯公身边工作过的学者，深感荣幸。侯老论文集编得极佳，奉锡在手，不时讽习，能得更多的启迪。仍冀暇日时惠佳言，多所联系是幸。"

7 月 30 日

中国史学界第四届理事会第一次会议选举戴逸为会长，丁伟志、李侃、张岂之、齐世荣、金冲及、张椿年为副会长。

8 月 10 日

李学勤《深刻的启迪——回忆历史学家侯外庐先生》发表于《光明日报》第 3 版，收入《纪念侯外庐文集》（陕西人民教育出版社 1991 年版）及中国社会科学院历史研究所编《求真务实五十载——历史研究所同仁述往》（中国社会科学出版社 2004 年版）。

8 月 26 日

席泽宗（时任中国科学院院士、中国科学院自然科学史研究所所长）

致信黄宣民："侯老是中国科学院中国自然科学史研究委员会的副主任，对我所的建立有着特殊的功绩。作为历史学家，而关心和提倡科学史的，侯老是为数不多的人之一。他对我的成长有很大的影响。他又是我的同乡，我在念大学时，即有人劝我要向他学习。所以，我对他怀有深厚的敬意。"

9 月 15 日

西北大学中国思想文化研究所暨侯外庐学术思想研究室在西安召开侯外庐学术思想讨论会，会议由西北大学校长兼中国思想文化研究所所长张岂之主持，西安地区史学界 30 余位专家学者出席研讨会。

9 月

卢钟锋作《回忆我当侯老研究生的时候》，发表于《史学史研究》1988 年第 3 期，收入《纪念侯外庐文集》（陕西人民教育出版社 1991 年版）。文章谈到："侯老指导研究生的学习，首先是抓理论方向问题。他特别强调，研究中国思想史一定要坚持马克思主义的理论指导。因此，他十分重视我的理论学习。记得侯老同我的第二次谈话，主要就是谈我的理论学习。侯老说：'历史，不掌握理论武器，不懂哲学，没有哲学家的头脑，历史研究就搞不上去，上升不到科学的高度。'当时，侯老所说的理论武器，是指马克思主义；所说的哲学，是指辩证唯物主义和历史唯物主义。所以，他接着解释说：'我开给你的理论必读书目中，列了那么多的马列经典著作，就是这个道理。'他要求我在学习马克思主义理论时注意两点：一是系统读，二是读原著。他说，学习马列主义，一定要系统地掌握它的基本观点，领会它的精神实质，一定要学习导师们观察问题、分析问题、解决问题的立场、观点和方法，理清他们研究问题的思路。要做到这一点，就必须系统地读马列的原著。侯老提醒我学习马列著作不能走捷径，一定要花气力。他反对把学习马列主义变成只是到马列著作中去寻章摘句的做法，认为这种做法往往割裂了马列著作的原意，是不可取的。因此，他要求我在做读书笔记时，把马列原著中的基本观点系统地记下来。""在侯老给我开的马列著作中，他特别要我认真细读两本书：一本是马克思、恩格斯合著的《德意志意识形态》，一本是列宁著的《什么是"人民之友"以及他们如何攻击社会民主主义者》。他告诉我前一本书是辩证唯物

主义和历史唯物主义的奠基之作。……侯老认为，这本书的思想内容十分
丰富、深刻，是马克思主义的思想理论宝库。尤其是它对于历史上几种所
有制形式所作的论述，对意识形态的性质、特点所作的分析以及对统治阶
级的统治思想以普遍性的形式出现所作的批判，对于研究社会史和思想史
都具有理论指导意义。……关于后一本书，侯老说，是为了帮助我更好地
领会前一本书所提出的基本原理。他说：'列宁这本书对马克思《资本论》
的基本思想作了十分扼要和精辟的论述，是对历史唯物主义和唯物辩证法
的最全面、最深刻的说明。'"①　"对于研究生的专业学习，侯老强调要具
备'通'的知识，认为研究中国思想史没有'通'的专业知识不行。因
此，他希望我的专业学习能够在'通'字下功夫，'打基础'。侯老所说
的'通'，包括纵通和横通。纵通，就是要对中国思想史发展的全过程，
从古到今，有一个系统的基本的了解；横通，就是不但要了解中国思想
史，而且要了解西方思想史以及与研究中国思想史有关的其他学科的知
识。正因为研究中国思想史需要具备多学科的知识，所以侯老经常称这门
学科是'边缘学科'。"②

10 月 20 日

张岱年作《忆侯外庐同志》发表于《纪念侯外庐文集》。文章认为：
"外庐同志认为明清之际的进步思想是早期启蒙思想，这一见解，我最为
赞佩。明清之际出现了中国哲学思想的一次新的高潮，黄梨洲、顾亭林、
王船山、颜习斋等都提出了一些新思想、新观点，……外庐同志提出，这
些思想家的学说是早期启蒙思想。我认为这个评价是客观的，中肯的，这
是外庐同志的一个重要的创见。明清之际，黄梨洲提出了比较明显的民主
思想，王船山对于汉唐宋明时代的哲学思想作了批判的总结，顾亭林提出
考据的科学方法，颜习斋提出符合近代精神的教育学说，确实都具有启蒙
的意义。对于明清之际的思想的研究，外庐同志作出了巨大的贡献。"③
"侯外庐同志的学术活动有一个重要的特点，即善于团结、培养年轻同志，
和年轻同志齐心协力，共同做出新的贡献。这固然与外庐同志长期担任校

---

① 《史学史研究》1988 年第 3 期，第 18 页。
② 同上书，第 19 页。
③ 张岱年：《忆侯外庐同志》，《纪念侯外庐文集》，陕西人民教育出版社 1991 年版，第
73—74 页。

长、所长的职务，有权延聘人员有关，主要还是表现了外庐同志的宽广的胸怀。《中国思想通史》的撰写人中，在侯外庐、杜国庠、赵纪彬、邱汉生等同志以外，还有'诸青'，即几位年轻同志。到了现在80年代，当时的诸青都已成为名家了，对于思想史、古代史的研究都做出了值得注意的贡献。当时外庐同志的提携、鼓励之功是值得称诵的。"①

10 月

全国哲学社会科学规划领导小组办公室专门召开《宋明理学史》评审会，邀请张岱年、杨向奎、任继愈等10位著名专家学者进行评审，"一致认为这是建国以来第一部用马克思主义的观点系统评述宋、元、明至清初的理学思潮产生、衍变的学术著作，在论述的广度和深度上都超过了已有的宋明理学论著，具有开创性的意义，它将成为今后宋明理学研究继续前进的必经阶梯；其最大的理论特色和现实意义在于：正当中国的马克思主义者面临着复兴儒学的国际思潮的挑战，而国内也有人怀疑起马克思主义本身的正确性之时，该书作者则旗帜鲜明地以马克思主义的观点和方法为指导，分析理学的基本概念、基本范畴和基本论题，划分理学发展诸阶段，理清理学的学脉，评价理学的政治作用、思想影响和历史地位，从而确立了马克思主义的宋明理学史思想理论体系，对于研究中国传统文化具有理论指导意义。同时，专家们也指出该书存在之不足，如理论观点方面，认为从政治作用来说，理学是'思想史上的浊流'仍有可商榷之处；体例上，基本上以思想家个案分章立节，还没有完全摆脱传统的体裁模式；内容叙述上哲学史的份量偏大，仍有待于改进和完善；等等"②。

11 月 29 日至 30 日

中国史学会、中国社会科学院历史研究所主办的"纪念侯外庐同志学术讨论会"在北京举行。此次会议本来是原定于1987年10月举行的先生从事学术研究60周年庆祝会，因先生不幸逝世而延期举行。大会由中国社会科学院副院长丁伟志主持，前中国社会科学院副院长张友渔，历史研

---

① 张岱年：《忆侯外庐同志》，《纪念侯外庐文集》，陕西人民教育出版社1991年版，第74页。

② 卢钟锋：《理学研究的创新之作：〈宋明理学史〉》，《中国社会科学院院报》2006年9月28日第4版。

究所所长陈高华作《发扬侯外庐同志的开拓创新精神》的讲话。中国史学会副会长李侃，近代史研究所名誉所长刘大年，北京师范大学历史系教授白寿彝，西北大学校长张岂之，北京图书馆馆长、中国哲学史学会副会长任继愈，台湾学者、北京大学教授陈鼓应，全国人大常委会副委员长周谷城，中国社会科学院院长胡绳在大会讲话，复旦大学蔡尚思提交书面发言。中国科学院历史研究所党委在大会上宣读了中共中央组织部关于恢复先生 1928 年党籍问题的文件。

　　胡绳在《纪念侯外庐同志》（后收入胡绳《先贤和故友》，中国社会科学出版社 1994 年版，题为《怀念侯外庐同志》）的发言中提出："外庐同志是马克思主义思想家，杰出的理论学术工作者。他的治学精神永远值得后人纪念。他研究中国社会史和中国思想史的业绩，为马克思主义在中国的发展做出了可贵的贡献，为后人留下了很有价值的遗产。""我最初知道侯外庐的名字是在 1937 年以前。那是我在上海得到了他和王思华合译的《资本论》第一卷，视为珍宝。"① "外庐同志是个学者，当然不是'学究'。他做学问的确费尽心力，绝不草率行事，但他不是为学术而学术。他和当时许多马克思主义理论家一样，从事学术研究是为了探索中国革命的道路，改变中国的命运。他们的理论工作是同现实斗争紧密联系在一起的。""外庐同志是个坚定的马克思主义者、共产主义者。"② "马克思主义的信念没有妨碍外庐同志在学术研究上独立思考，提出独创的见解。'宣传马克思主义'的宗旨也没有使他流于浮浅的教条主义。"③ "在把马克思主义运用来研究中国社会史和中国思想史这样复杂的现象时，意见分歧是难免的。如果一下子大家都在任何问题上一致，反而是不正常的了。……外庐同志把这种优良学风的形成归功于恩来同志的领导，当然是有道理的。但是我们也可以从这里看到这几位老一辈学者的科学态度。他们在马克思主义史学上起着拓荒者的作用。他们认真地进行研究，独立地提出自己的见解，除了阐述自己的见解与别人的见解之间的区别以外，决不企图用别的方法压倒异见。用现在的话来说，这是一种'百家争鸣'的态度。当然，这是真正科学的态度。"④ "外庐同志在中国思想史的研究中突出地

①　《纪念侯外庐文集》，陕西人民教育出版社 1991 版，第 1 页。
②　同上书，第 3 页。
③　同上书，第 4 页。
④　同上书，第 4—5 页。

表现了马克思主义的批判精神。他对封建时代的'正统'思想的批判，不是简单地否定、抹煞、贴标签、扣帽子，而是充分掌握材料，言必有据，结合社会史的发展而进行的科学研究。"①

丁伟志在开幕词中指出："侯外庐同志是我国著名的马克思主义历史学家，他对上下几千年的中国社会史和思想史都有系统的研究，著作宏富，见解独到，形成了自己的学术特色和学术风格。""侯外庐同志学识渊博，思想深邃，对哲学、经济学造诣很深，阐发过不少有价值的理论观点。他早年翻译过《资本论》，对马列著作有精深的研究，有很高的马克思主义理论素养。因此，他的史学论著无不带有浓厚的理论色彩。他是历史学家，同时又是思想家。""侯外庐同志还是一位教育家。从30年代开始，无论在大学讲坛，还是在研究机关，他都倾心培养人才，造就了一代又一代学者，桃李满天下。"②

陈高华在《发扬侯外庐同志的开拓创新精神》的发言中提出："侯外庐同志是一位卓有成就的学问家。他学贯古今，会通中西，在学术上有多方面的重要贡献，而在史学方面建树尤多。他留下的丰厚学术遗产，需要我们进行认真的讨论、清理和科学的总结；他的治学精神，特别是他富于开拓创新的精神，更加值得我们继承和发扬。"③

张岂之在《学习侯外庐先生的教育思想》的发言中提出："作为教育家的侯外庐先生十分重视校风和学风的建设，他认为这一点是建设新中国高等教育的基础和核心"④，"侯老认为，高等学校是国家培养高层次人才的场所，教师应当是学校的主体，是整个教学过程的中枢。因此，要办好大学，必须致力于教师队伍的建设"⑤，"侯外庐先生曾多次阐述中国现代教育理论和教育思想应当和中国传统文化的优点相结合。换言之，它应当是中国传统文化和外来文化优点的集合和发扬"，"侯老认为，要办好一所大学，需要有两个结合：一个是教学和科研相结合，再一个是教学和学习相结合"⑥。

---

① 《纪念侯外庐文集》，陕西人民教育出版社1991年版，第5页。
② 同上书，第9页。
③ 同上书，第11页。
④ 同上书，第14页。
⑤ 同上书，第15页。
⑥ 同上书，第16页。

　　李侃在发言中提出："侯外庐同志是我国早期马克思主义介绍者和传播者之一，也是我国马克思主义历史学的奠基人之一。"[①]"侯外庐同志的道路代表了'五四'以来中国优秀知识分子前进的道路。"[②]

　　白寿彝在《外庐同志的学术成就》（收入《白寿彝史学论集》上卷，北京师范大学出版社 1994 年版）的发言中提出："外庐同志的书，在四十年代的马克思主义史学地位中应有它的特殊地位。……他研究中国历史是想把马克思主义史学理论中国化，也可以说把马克思主义史学理论民族化。这一点很重要。……在这一点上，外庐同志比其他几位同志贡献更大。它反映了我们中国马克思主义史学发展到新的阶段，外庐同志的著作是这个阶段的标志。我认为，他的贡献主要是在社会史方面而不是思想史方面，他的代表作应该是《中国古代社会史论》。后来，《中国思想通史》写得那么大，量那么多，但写这书的史学思想是受《中国古代社会史论》指导的。"[③]"他虽然对郭老的著作诚心地恭维，但从他的发展讲，他的《中国古代社会史论》跟郭老的《中国古代社会研究》却是代表两个时期的著作。郭老当时的功劳是指出中国社会发展同人类发展的一致性，他还没把中国的特点找出来，还没有来得及讲中国历史发展的具体规律。外庐同志在这一点上有他的贡献。"[④]"外庐同志认为人类社会历史的发展，是存在着共同的规律，但是在共同发展规律中，各民族有不同的途径。这个思想包含两个意思：一是共同的，有总的发展规律；二是不同的，同之中有不同，这就提出了对中国历史的看法。""外庐同志讲经济基础，不是象在政治经济学教材上讲的那么简单，那么干脆。他认为，……中国经济制度和政治制度分不开。"[⑤]"在讲阶级关系的地方，外庐同志讲封建社会有皇族地主、豪族地主、庶族地主。……提出地主阶级内部要有区别，这是外庐同志的贡献。""外庐同志说，他研究社会史，是为思想史作准备，研究思想史是为了要写出中国历史发展的规律性。他研究社会史的意图是要探索中国历史发展的全貌。外庐同志的总的道路，是要研究中国历史发展

[①] 《纪念侯外庐文集》，陕西人民教育出版社 1991 年版，第 18 页。
[②] 同上书，第 19 页。
[③] 同上书，第 21—22 页。
[④] 同上书，第 22 页。
[⑤] 同上书，第 23 页。

的具体规律，《中国古代社会史论》是他用力最多的成果。"①

刘大年在《他们做出了榜样》的发言中提出：先生与郭沫若、范文澜、翦伯赞、吕振羽"讲的是中国历史，他们所要处理并且得到了正确处理的是关于中国传统文化与西方文化以及它们之间的关系。要全面了解最早一代的马克思主义历史学，我以为最好跨进到中西文化及其关系的层面上来给予评价"②。

任继愈在发言中提出："我觉得马克思主义在学术界能够站得住，并不是靠宣传、靠喊口号，主要是靠用马克思主义作为一个工具或武器来解剖历史上学术上的问题，拿成果给人们看，……侯外庐先生的影响之大，也是靠他实际工作的成果、科研的成果来显示历史唯物主义的优越性的。因为他长期的充实自己，学习努力，在学术界起带头作用，这就形成了侯外庐学派。我们哲学史界称侯派。这个学派的成立，不是自封的，也不是愿意成立就能够成立的。这与政治上拉帮结派是两回事。"③

陈鼓应在发言中提出："我在台湾生活的30个年头里，大陆学者的著作是一概被严格禁阅的，……那时我托人'非法'带进了不少大陆的出版物，其中侯外庐先生主编的《中国思想通史》真可以说是来得不易。……这部书，我细读了两三遍以上。在大陆学者中，侯先生可以说是对我影响最大的一位。"④"这部书在谈到先秦诸子的时候，提出'国人路线'的观点，例如认为墨子代表着'国民阶级的自我觉醒'，这在学术界是一项新颖而又合乎实情的提法。这个观点也影响了台湾的学者徐复观先生。"⑤"侯先生认为'立于礼'是孔子的中心思想，……我个人以为，如果是完全基于学术的立场而不是基于政治或时代的立场，那么，侯先生的观点是正确的。""对于王充思想的介绍，以白虎观会议以后的汉代官方思想来作对照，这比胡适先生对王充的看法深化了一步。我曾在台大哲学系开过'王充的《论衡》选读'一课。部分的原因也是受了这种影响。""对我影响最大，以至于在我思想中开出一个很大领域的，是侯先生对宋明思想史的介绍。……我回大陆不久，和三十几位学者合编《明清实学思潮史》，

---

① 《纪念侯外庐文集》，陕西人民教育出版社1991年版，第24页。
② 同上书，第26页。
③ 同上书，第32页。
④ 同上书，第34页。
⑤ 同上书，第34—35页。

就是因为受了侯先生这部书的影响。"①

　　张传玺在《侯老与翦老的兄弟友谊》（修改后以《翦伯赞与侯外庐的兄弟友谊与学术分歧》发表于《江汉论坛》1989 年第 7 期）的发言中提出："翦老与外老的友谊是深厚的，可是他们在学术见解上，却长期存在严重分歧。虽是这样，他们之间的友谊不仅未受影响，相反的，却日益发展，感情亦与日俱增。所以这样，用外老的话说：'他（翦老）了解我的观点的特点，了解我的为人和脾气，就如同我了解他的思想方法，了解他的品格和性格一样。我们确乎是真正认识对方价值的。'外老所说，确是事实。可是这并不是'原因'的全部。还有一个根本性的原因，由于外老的谦虚，并未说出，那就是他们两人的'高尚品德'，或称为真正的共产主义品德。"②

　　杨天石在《外老与我》的发言中提出："我……写了一篇长文——《关于王艮思想的评价》。这是篇全面地和外老唱反调的文章。……当时不知天高地厚，还特别加了个副题——与侯外庐等同志商榷，将嵇文甫、吕振羽等前辈学者一概包括在内。文章写成后，寄给了《新建设》编辑部，很快排出了清样。责任编辑谭家健同志告诉我，清样送给外老看了，外老认为文章是摆事实、讲道理的，可以发表。""又过了几年，进入'史无前例'的时期，外老当然在劫难逃。某次，我和历史研究所的一位同志闲谈，问起外老和他的几位弟子的处境。这位同志说：'你幸亏没有调来，否则你也跑不掉！'他接着告诉我，外老曾经准备调我到历史研究所思想史研究室工作，但没有调成。听了这位同志的话，我愕然了。我的文章和外老的著作唱反调，而且是那样激烈的反调，外老却要调我到他手下来工作，这是一种何等高尚的风格呀！"③"又过了 10 多年，我进了近代史研究所，作研究工作。不久又应邀担任《中国哲学》编委。当时，外老是刊物的名誉主编。有一位同志告诉我：'外老对你和李泽厚同志参加编委会表示欢迎。'"④

　　刘茂林在《浅谈侯外庐同志的历史思维》的发言中提出：先生"摆脱了中国传统思维方式和研究方式的束缚，走向了现代思维，从而取得了丰

---

①　《纪念侯外庐文集》，陕西人民教育出版社 1991 年版，第 35—36 页。
②　同上书，第 37 页。
③　同上书，第 50 页。
④　同上书，第 51 页。

硕的成果。"① 并阐述了"中外文化的优化组合：思维的源头"、"'独立自得'：思维的求异性"、"'决疑'：思维的怀疑性与批判性"、"'忠于历史'：思维的功利性与非功利性"、"高屋建瓴：思维的深度与力度"、"群体意识：思维的亲和性"等方面。

陈其泰在《良师风范　学派旗帜》的发言中提出："侯老创立的学派，在当代中国史学上是一件大事。"② 从先生创建学派的几十年实践来看，学派的创立"有利于学术攻坚"、"有利于学术竞争"、"有利于优秀学术思想的发扬"。

11 月

思远《侯外庐学术思想讨论会在西北大学举行》发表于《西北大学学报》（哲学社会科学版）1988 年第 4 期封三。

同月，陈正夫作《〈宋明理学史〉与侯外庐学派》，收入《纪念侯外庐文集》（陕西人民教育出版社 1991 年版）中提出："《宋明理学史》具有首创之功和补白之绩，是我国第一部宋明理学史专著，它的出版，填补了宋明理学史研究的空白。本书无论从全面性、系统性来说，还是从学术性、思想性来说，都足以代表我国当代宋明理学研究的最高水平。"③ 其特点和优点有："坚持马列，论前人所未论，全面系统地阐发理学思潮"、"考辨源流，细析范畴，阐明逻辑发展"、"广集史实，考订严谨，论证翔实"、"求是笃实，独立自得，评断持平公允"。侯外庐学派的特点和优点有"将思想史的研究与社会史的研究相结合，注重研究社会思潮产生的物质基础"、"坚持独立自得精神，论前人所未论，注重解决难题"、"学风求是笃实，注重广集史料，考源辨流"、"开阔视野，勤奋耕耘，注重全面系统阐述社会思潮"、"发挥群体力量，注重人才的培养和梯队的建设"。

12 月 25 日

费德林作、尚本汇译《费德林谈他与郭沫若的屈原研究》发表于《郭沫若学刊》1988 年第 4 期，该文摘自作者《屈原留给后代的有现实意义

---

① 《纪念侯外庐文集》，陕西人民教育出版社 1991 年版，第 53 页。
② 同上书，第 68 页。
③ 同上书，第 281 页。

的遗产》。费德林提出："困难时期的重庆有大批中国学者，如历史学家、文学家郭沫若、侯外庐、翦伯赞以及许多其他人。正是他们成了我的老师和被咨询的专家。"①

12 月

崔大华《庄子歧解》由中州古籍出版社出版。

同月，周梦江《对〈叶适哲学思想的评价问题〉一文的商榷》发表于《杭州师范学院学报》（社会科学版）1988 年第 5 期。文章认为："叶适是我国南宋中期杰出的思想家，历代学者对之评价甚高。建国后，侯外庐、吕振羽两先生亦很推崇，可是近年包遵信同志却认为他们的评价不妥，……""因此，我们认为今天应该对叶适哲学思想进行再评价，以还其本来面目。"②

本年

刘文英《评三十多年来的王符研究》发表于《甘肃社会科学》1988 年第 1 期。文章认为："由侯外庐等集体撰写的《中国思想通史》第二卷，1950 年由三联书店出版。此书第十二章第二节题为：王符潜夫论。……1957 年《通史》修订后改由人民出版社出版，其第十二章题目改为'汉末唯物主义思想家王符和仲长统'，有关王符的内容同旧版没有原则性的变化。……这是三十多年来全面分析王符思想的第一篇。即使现在和将来，凡欲研究王符者，都必须认真严肃的对待。"③

一九八九年（己巳）

4 月 15 日，胡耀邦（1915—1989）逝世。悼念活动期间，北京发生学潮，迅速波及全国。26 日，《人民日报》发表题为《必须旗帜鲜明地反对动乱》的社论。26 日至 28 日，中国哲学史学会举行第四届理事会，选举

① 《郭沫若学刊》1988 年第 4 期，第 50 页。
② 《杭州师范学院学报》（社会科学版）1988 年第 5 期，第 89 页。
③ 《甘肃社会科学》1988 年第 1 期，第 15—16 页。

张岱年为名誉会长，任继愈为会长，冯契、汤一介、方克立、方立天、萧萐父、蒙登进为副会长。同月，由浙江省社会科学院和余姚市人民政府联合举办的首届国际阳明学研讨会在浙江宁波召开，黄宣民作题为《关于王阳明的研究和评价》的发言。同月，汕头大学举行"杜国庠同志学术思想研讨会"，会后出版《杜国庠学术思想研究》（广东人民出版社 1989 年 11月版）。

5 月 15 日，苏联总统戈尔巴乔夫访华，中苏关系实现正常化。20 日，国务院开始在北京部分地区实行戒严。24 日，中国周易研究会在济南成立。

6 月 9 日，邓小平在接见首都戒严部队军以上干部时发表重要讲话。23 日至 24 日，中共十三届四中全会在北京举行，选举江泽民为总书记。

7 月 13 日至 17 日，中国近现代史史料学研讨会在山东烟台举行。

10 月 7 日至 10 日，中国孔子基金会与联合国教科文组织在北京人民大会堂和曲阜两地同时召开"孔子诞辰 2540 周年纪念与学术讨论会"。11日至 16 日，国际唐史学术讨论会在西安举行。

本年，中华孔子学会在北京正式成立。

1 月 15 日

孙开泰《纪念侯外庐同志学术讨论会纪要》发表于《中国史研究动态》1989 年第 1 期。

3 月

张岂之《白寿彝先生与侯外老的学术友谊》发表于《史学史研究》1989 年第 1 期。

4 月 25 日

李锦全《墨者·学者·革命者——谈杜老的为人与治学》发表于《学术研究》1989 年第 2 期。文章引用先生"墨者杜老"、"学者杜老"、"革命者杜老"的看法，论述了杜国庠的为人治学，称："士之楷模，国之桢干，杜老一生是当之无愧的。"

6 月 25 日

孟祥才《一个严整的马克思主义的中国封建社会史体系——侯外庐〈中国封建社会史论〉述评》发表于《山东大学学报》（哲学社会科学版）1989 年第 2 期。文章认为："外老封建土地国有制的理论提出后，曾遭到不公正的批评和非议。今天看来，他提出的区别所有权、占有权和使用权，区别封建私有制和资本主义私有制的观点，对于研究封建社会的财产关系和土地制度，依然具有重要的理论指导意义。封建土地国有制这一论点，不管有多少值得商榷的地方，从学术上看不失为一个有价值的观点。当然，象一切学术观点一样，外老的封建土地国有论也有其不够完满的地方。"[1] "外老认为中国封建社会的国家剥削制度经历了劳役地租——实物地租——财产税的演变，抓住了中国的历史特点，对地租和赋役提出了独特的解释，的确是一个卓越的创见。自然，这一理论也有其不够圆满的地方。"[2]《中国封建社会史论》的特点有"鲜明的马克思主义的观点和方法"、"创造性"、"体系的完整和严密"。

6 月

张岂之主编《中国历史大辞典·思想史卷》由上海辞书出版社出版。

同月，刘启林《当代中国社会科学名家》由社会科学文献出版社出版，收入黄宣民所作《侯外庐》。文章认为：先生在《中国古代思想学说史》自序中提出的思想史方法论问题"是在思想史研究中经常碰到而又必须解决的问题。在这里，问题的提出已包含了问题解答的方向性，即在具体研究工作中如何坚持应用并深化历史唯物主义的基本原则，最大限度地展现思想史的丰富内容及其多样性、复杂性、继承性、趋向性等等。侯外庐在长期的研究中始终遵循并不断充实、发展他所提出的这一系列方法论原则，使其中国思想史研究获得一种崭新的面貌，从而形成一种产生了广泛影响的研究模式——侯外庐模式"[3]。《中国思想通史》充分体现了先生的治学特色和风格："社会史与思想史并重"[4]、"决疑与开拓并重"、"以

---

[1] 《山东大学学报》（哲学社会科学版）1989 年第 2 期，第 96 页。
[2] 同上刊，第 98 页。
[3] 刘启林：《当代中国社会科学名家》，社会科学文献出版社 1989 年版，第 256 页。
[4] 同上书，第 258 页。

世界史眼光看中国历史的特点"①。

　　同月，祝瑞开《两汉思想史》由上海古籍出版社出版。该书"后记"云："此书是继拙作《先秦社会和诸子思想新探》（福建人民出版社 1981 年 7 月版）以后的写作。对中国古代社会和思想发展的脉络和特点，有些观点，此稿和前书有一定联系，请读者参阅。""在此书即将出版之际，我敬爱的老师侯外庐教授不幸溘然长逝。我深深怀念并感谢侯老师对我的关心、指导和多方面的帮助。学生无他奉献，敬以此书寄托我对老师深沉的哀思和永远的纪念。"②

7 月 15 日

　　张传玺《翦伯赞与侯外庐的兄弟友谊与学术分歧》发表于《江汉论坛》1989 年第 7 期。

8 月 10 日

　　雷希《中国气派和马克思主义》发表于《读书》1989 年第 8 期。文章认为："对马克思主义理论与中国社会和思想的史料都持严肃、认真、负责的老实态度，不懂不用，懂了才用，对马克思主义作出符合中国实际的理解，进而把这种理解贯穿在中国社会和思想的研究和批判之中，从具体的中国社会和思想史料中概括出一般的马克思主义结论，并对现有的马克思主义一般言论作出具体的发展，充实马克思主义的理论，丰富中国人民的智慧。这，就是老一辈马克思主义学者如侯外庐先生毕生学术生涯所展示的更加宽广、厚实的中国气派。""学术研究不能不有中国气派，而要具有真正深入的、宽广的中国气派，不能不以马克思主义为指导。"③

8 月

　　《西北大学学报》（哲学社会科学版）1989 年第 3 期开辟"纪念侯外庐先生逝世一周年"专栏，"卷首语"云："侯外庐先生是我们西北大学的老校长，国内外知名的历史学家。本期在历史学方面发了一组纪念侯外

---

① 刘启林：《当代中国社会科学名家》，社会科学文献出版社 1989 年版，第 259 页。
② 祝瑞开：《两汉思想史》，上海古籍出版社 1989 年版，第 425 页。
③ 《读书》1989 年第 8 期，第 30 页。

庐先生逝世一周年的学术论文，从不同角度对侯先生及其学派在思想史研究领域的重要贡献进行了初步总结。这一研究工作将在我校思想文化研究所的科研规划中占有一定的位置。侯先生严谨、求实的学风和孜孜不倦的治学精神，将在这里开花结果。"

龚杰《论侯外庐学派的代表作〈中国思想通史〉》发表于《西北大学学报》（哲学社会科学版）1989 年第 3 期，收入《纪念侯外庐文集》（陕西人民教育出版社 1991 年版）。文章认为："《中国思想通史》集中体现了侯外庐学派的特色和成就，其中对学术界影响最大的，就是注重思想史与社会史的关联。在侯外庐学派看来，思想史应以社会史为基础，即把思想家及其思想放在一定的历史范围内进行分析研究，把思想家及其思想看成是生根于社会土壤之中的有血有肉的东西。人是社会的人，思想是社会的思想，而不作孤立的抽象考察。"① 在研究方法上，文章提出："《中国思想通史》的方法，一直受到历史学界同行的称道。这部著作的一个显著特征是实事求是。坚持论必有据，有据才立论，使观点与材料统一起来是思想通史全书所遵守的原则。"② "《中国思想通史》在方法上的另一个特征是刻意求新，自成体系，不受历史上传统偏见的影响，也不为学术界既定成说所左右。"③ "《中国思想通史》娴熟地运用理性分析的方法，如演绎法、归纳法等解剖各种学术体系，揭示其思想本质。"④

刘宝才《封建土地国有论及其他——纪念侯外庐先生逝世一周年》在同期发表，修改后以《侯外庐先生对于中国封建社会土地制度的研究》为题收入《纪念侯外庐文集》（陕西人民教育出版社 1991 年版）。文章从"封建土地国有论的提出和 50 年代的争论"、"关于中国封建社会私有财产缺乏的观点"、"关于中国封建社会土地所有权、占有权、使用权分离的观点"、"关于侯老研究中国封建土地制度所坚持的理论原则"四个方面进行论述，提出"侯老一贯坚持马克思主义理论与中国历史实际相结合"、"侯老坚持把中国历史当成一个整体进行研究，而不割断历史的联系"、"侯老反对史学研究中的实用主义"。

任大援《从启蒙思潮看侯外庐学术研究之特色》在同期发表，修改后

---

① 《西北大学学报》（哲学社会科学版）1989 年第 3 期，第 9 页。
② 同上刊，第 10 页。
③ 同上刊，第 11 页。
④ 同上刊，第 12 页。

以《侯外庐先生对明末清初启蒙思想的研究》为题收入《纪念侯外庐文集》（陕西人民教育出版社 1991 年版）。文章认为："侯外庐先生对明末清初启蒙思想的研究，是从社会史入手的，这是他研究明末清初思想史的最基本指导原则，也是他研究思想史的最重要特色。"① "侯先生的方法之一：既注重从世界史的角度看待启蒙思想的存在和发展，同时又注重中国启蒙思想独自的特点，把人类思想文化发展的共性与中国思想文化发展的个性统一起来。"② "侯先生的方法之二：透过思想家所使用的语言概念和范畴，努力揭示反映时代内容的本质。"③ "侯先生对马克思主义史学的开拓，既有批判，又有建设。就明末清初的思想史而言，侯先生不仅是第一个用马克思主义观点给以全面系统研究的学者，而且还深入具体地研究了许多不曾为人所重视的思想家，……"④

9 月 25 日

刘鄂培致信黄宣民："前不久听说贵体欠安，未知身体近况如何？谅必正在康复。中华孔子学会近四年亦是风风雨雨，今日能得到民政部正式批准成为全国性学会，实为不易。这是学术界广泛支持的成果，也有兄的一份辛劳。冒、唐、孙三兄来参加大会，当受到我们的竭诚欢迎。岂之经济情况，我可以理解。冒、唐、孙三兄与会，能否带来一贺信？至盼。"

9 月

白寿彝《外庐同志的学术成就》发表于《史学史研究》1989 年第 3 期，收入《白寿彝史学论集》上卷（北京师范大学出版社 1994 年版）。该文系作者 1988 年 11 月 30 日在纪念先生逝世一周年会议上的发言。文章认为："外庐同志的书，在四十年代的马克思主义史学地位中应有它的特殊地位。……这就是，他研究中国历史是想把马克思主义史学理论中国化，也可以说把马克思主义史学理论民族化。这一点很重要。别的马克思主义史学著作宣传了马克思主义的理论，也试图把马克思主义的理论同中国历史结合起来，但是把中国历史特点抓出来，这在外庐同志是最突出的。在

---

① 《西北大学学报》（哲学社会科学版）1989 年第 3 期，第 18 页。
② 同上刊，第 19 页。
③ 同上刊，第 20 页。
④ 同上刊，第 22 页。

这一点上，外庐同志比其他几位同志贡献更大。它反映了我们中国马克思主义史学发展到新的阶段，外庐同志的著作是这个阶段的标志。我认为，他的贡献主要是在社会史方面而不是思想史方面，他的代表作应该是《中国古代社会史论》。"① "我们今天纪念外庐同志的学术成就，讨论他的学术成就应该注意到他在马克思主义史学发展中起到什么作用和应有的地位，应该把他创始的马克思主义史学民族化的工作继续下去。"② "这十年，我们史学界的工作是有进展的。但为史学而史学的风气滋长了，这同马克思主义史学前辈作风有所不同。在怀念外庐同志的时候，对这一点应该引起关注。"③

10 月

先生与罗克汀所著《新哲学教程》由上海书店出版社再版，收入"民国丛书"第 1 编第 1 册，另外还包括艾思奇《哲学与生活》和胡绳《理性与自由》。

同月，先生遗著《中国古代社会史》由上海书店出版社再版，收入"民国丛书"第 1 编第 76 册，另外还包括郭沫若《中国古代社会研究》、蒙文通《古史甄微》与陈寅恪《隋唐制度渊源略论稿》、《唐代政治史述论稿》。

11 月 10 日

何兆武《本土和域外——读李约瑟书第二卷〈中国科学思想史〉》发表于《读书》1989 年第 11 期。文章针对李约瑟采用先生《中国古代社会与老子》中对"有、无"的解释而提出："侯先生这一独特的见解，多年来不曾为我国学术界所普遍接受，虽则侯先生本人几十年一直坚持他的见解，认为这是理解老子乃至中国古代思想的奥秘的一把钥匙。有趣的是，并世学者之中，李约瑟博士却独具慧眼，同意并采纳了侯先生的创见，这使侯先生本人也异常惊讶和感动。……这不但表明作者本人（指李约瑟——编者注）对当代中国学术研究功力之深厚，同时也表明东海西海对

---

① 《史学史研究》1989 年第 3 期，第 1—2 页。

② 同上书，第 2 页。

③ 同上书，第 3 页。

古人的理解，正所谓会心处并不在远。"①

11 月

李锦全《研究中国哲学遗产必须依据马克思主义的观点方法——读侯外庐著〈中国早期启蒙思想史〉》发表于《广东社会科学》1989 年第 4 期。文章认为："总的说来，侯老主张必须依据马克思主义的观点方法来研究中国的哲学遗产。这个原则我认为是对的。侯老对我国早期启蒙思想的研究，也确实作出了成绩。但由于在当时这是一项带有开拓性的研究，所以教条式的比拟未免多了一些。因而对其中某些具体论断，我认为是可以提出不同意见的商榷，但不能因此就说，用马克思主义的观点方法来研究问题不行了。侯老这部著作，在抗日战争期间写成，迄今已将近半个世纪，我看到这部修改重排的本子，出版也已有三十多年，虽然其中有些提法和具体论断，觉得是有可供商榷之处，但明清之际是出现有早期启蒙思想，总的估计应该是对的。我重温侯老这部著作，觉得开拓之功不可没。"②

同月《杜国庠学术思想研究》由广东人民出版社出版。李辛生在《杜国庠先秦诸子学体系的建构及其辩证方法》中认为："'五四'运动后，就是在我国老一辈马克思主义哲学家、史学家中，由于革命环境艰险，斗争任务的急迫，能以中国思想史，特别以'子学'为对象进行探索者更是难能可贵，寥若晨星。在这一史学的异军突起中，屈指可数者除郭沫若、侯外庐二老外，对诸子哲学思想进行系统而辩证的考察的，则首推杜国庠先生了。"③ 吴熙钊在《杜国庠的墨子论及其学术风格》中认为："'五四'新民主革命运动，伴随着马克思主义在中国的传播与深入发展，必须涉及对中国社会史和思想史研究方法的新变革，郭沫若、翦伯赞、侯外庐、杜国庠等老一辈史学家，在这一方面作出了开拓性的贡献，奠定了我国新史学的基础。"④

---

① 《读书》1989 年第 11 期，第 6 页。参见《何兆武学术文化随笔》，中国青年出版社 1998 年版，第 109 页；《中外文化交流史论》，河北人民出版社 2007 年版，第 202 页。

② 《广东社会科学》1989 年第 4 期，第 121 页。

③ 《杜国庠学术思想研究》，广东人民出版社 1989 年版，第 2 页。

④ 同上书，第 93 页。

12 月 4 日

郑晓江致信黄宣民："前年曾就编辑《中国社会科学学者大辞典》之事打扰过您。现这本书已搞定，马上就要正式付印，出版社为慎重起见要本人再次修改，由于侯先生已去世，现把他的条目寄给您，请帮助校改一下。"

12 月

刘茂林《在"百家争鸣"的方针指引下推进史学史研究》发表于《史学史研究》1989 年第 4 期。文章认为："加强对我国早期马克思主义史家史著的研究，这是摆在我们面前的一个重要的课题。郭沫若、吕振羽、范文澜、翦伯赞、侯外庐、吴晗、华岗、尹达、何干之、吴泽、白寿彝、胡绳等人的学术成果，他们的史学思想、史学方法和治史道路，对我们有着更加特殊的意义。他们是将马克思主义与中国历史相结合的典范。他们在研究中的甘苦与穷通得失，无一不对我们有所启示。切实地研究他们，吸取其优长，记取其教训，对今后的史学发展尤有重要意义。"①

叶桂生《关于现代史学史的思索》在同期发表。文章主张研究"现代史学史"要"研究中国现代史学史的规律"、"研究史学和史家的学术特点和派别"、"研究有代表性的历史家，写出他们的成就和性格"，认为"在我们看来，就是早期的马克思主义历史学家，象郭沫若、吕振羽、范文澜、翦伯赞、侯外庐等，在一些基本观点上是相同的，也有在其他观点上很多的差异。找着他们的差异，从而在史学中形成各自派别，也正是我们史学史的任务"②。

赖长扬《四十年来历史学基础理论的反省》在同期发表。文章认为："自从 1919 年马克思主义传入中国，以李大钊、郭沫若、侯外庐为代表的马克思主义史学家运用马克思主义的立场、观点、方法研究中国历史的若干问题，做出了创造性的贡献。但是，无论就其广度和深度方面看，都远远不能与 1949 年之后的情况相比。建国后最初的十五年，史学界就亚细亚生产方式、中国古代史分期、中国封建土地所有制形式、中国资本主义萌芽、农民战争、汉民族的形成、古代民族关系、爱国主义与民族英雄、

---

① 《史学研究》1989 年第 4 期，第 11 页。

② 同上刊，第 12 页。

历史人物评价、历史发展动力等等问题，都进行了广泛深入的讨论。这些讨论，极大地激发广大史学工作者自觉地学习和运用马克思主义历史观的热情，使史学界呈现出一派全新的面貌。应当说，从整体上看，这是我国史学在历史观方面的一次伟大的革命。"①

本年

先生的长子侯闻初（1928—1989）病逝。侯闻初曾就学于香港达德学院、中国人民大学，参与"援越"工作。曾任北京外国语学院副教授。

吴熙钊《杜国庠的墨子论及其学术风格》发表于《韩山师专学报》（社会科学版）1989 年第 1 期。文章认为："杜国庠既要面对着'五四'以来'复兴礼学'的思潮作正面的论战，同时也坚持马克思主义的学派性，以求实精神探讨先秦思想史，体现了独特的学术风格，并一以贯之为捍卫自己观点而勤奋探索，……他与侯外庐合作的多卷本《中国思想通史》，为创建中国马克思主义史学作出了贡献。"②

一九九〇年（庚午）

5 月，赵纪彬著、李慎明整理《困知二录》由中华书局出版。

6 月，海南大学和台湾淡水大学联合举办的儒家与现代文化国际学术讨论会在海口召开。

8 月 27 日至 29 日，鸦片战争 150 周年国际学术讨论会在北京举行。30 日，钱穆（1895—1990）逝世。

10 月 5 日至 9 日，全国首届荀子学术讨论会在山东临沂举行。21 日至 24 日，纪念朱熹诞辰 860 周年国际学术会议在福州和武夷山举行。

11 月 26 日，冯友兰（1895—1990）逝世。

12 月 3 日至 6 日，"冯友兰哲学思想国际研讨会"在北京举行。13 日至 15 日，中山大学哲学系、南开大学哲学系主办的"现代新儒学与当代中国学术讨论会"在广州举行。17 日至 21 日，中国哲学史学会、台北辅

---

① 《史学史研究》1989 年第 4 期，第 16 页。
② 《韩山师专学报》（社会科学版）1989 年第 1 期，第 7 页。

仁大学哲学系、美国哈佛儒学研讨会和澳门中国哲学会主办的"儒学国际
研讨会"在澳门举行。

2 月

崔大华《中国思想史领域的一位开拓者》发表于《高校社会科学》
1990 年第 1 期，收入《纪念侯外庐文集》（陕西人民教育出版社 1991 年
版）。文章认为："侯先生在中国思想史领域内的建树，首先引人瞩目的是
他亲自完成和领导完成的学术工程的规模极为壮观宏大。""侯先生在中国
思想史领域内的建树，更加重要的是理论上的开拓。他运用马克思主义的
理论和方法，改变了中国思想史或学术史的传统的'学案'面貌和近代资
产阶级客观主义的'述学'的描述方法，把它推进到一个新的发展阶
段。"[1] 先生的著述有其开拓性的学术特色："第一，在侯先生的中国思想
史著述中，有一个解释、理解思想文化现象的基本立足点——社会经济基
础。……正如我们所看到的那样，对一代社会经济状况的细致、深入的分
析，是侯先生的中国思想史的极为显著的学术特色。应该说，对社会经济
现象转化为、升华为思想意识现象作出具体的、合乎逻辑的说明，是一个
相当困难的、极高水平的理论创造。它需要掌握和运用纯熟的经济学理
论、准确的社会史知识和丰富的思想史资料。侯先生是具备这样的学术素
养和能力的，他的学术道路正是由以《资本论》翻译为轴心的经济学研
究，而跨入社会史研究，而进入思想史研究的。……侯先生在他的中国思
想史著作里，赋予思想史以社会史的基础。或者说，追溯思想现象的社会
经济根源，是对在此以前的传统的和资产阶级的中国学术史的科学的改
造。侯先生的中国思想史在理论基础上完全是属于马克思主义性质的。"[2]
"第二，在侯先生的中国思想史著述中，有一个虽然没有明确表述，然而
却清晰可见的对具体人物或学派的思想进行分析、论述的理论构架。一般
说来，这一理论构架有三个层次：社会背景的分析，阶级根源的分析，哲
学性质的分析。……应该承认，侯先生在分析、论述中国历史上的思想现
象所形成的这一理论构架，是马克思主义在这个学术领域内的具体运用，
具有某种规范的性质。在一个时期内，它实际上也是我们认识、分析中国

---

①　《高校社会科学》1990 年第 1 期，第 5 页。

②　同上刊，第 6—7 页。

历史上其它文化精神现象的理论思维模式。正是在这个意义上可以说，侯先生的中国思想史的学术研究及其理论结论，从一个方面成为一代思潮和时代精神的标志和特征。"[1] "第三，在侯先生的中国思想史著述中，还有一种表现出他作为一个学术开拓者学识修养广博，理论立场坚定的学术特色，这就是他的比较的方法和批判的精神。他经常把中国历史上出现的一代思潮、一种思想推到世界的思想舞台上予以类比的分析。"[2]

4月25日

谷方《中国哲学史上的"反理学的斗争"质疑——兼论研究中国传统文化的原则和方法》发表于《哲学研究》1990年第2期。该文针对先生等所著《宋明理学史》中"宋明理学发展的七百年间，理学内部的辩论，以及理学与反理学的斗争，是始终存在的"、明代"对理学进行了全面出击"等观点而提出："这种意见值得商榷。我认为，在理学发展的七百年间，并不存在'反理学的斗争'，更没有对理学的'全面出击'。"[3] 认为"在基本的阶级状况中不存在'反理学的斗争'的根据"[4]、"在时代条件中不存在'反理学的斗争'的根据"[5]、"从文化的扬弃、继承与互补的规律看问题，所谓'反理学的斗争'不仅缺乏理论上的根据，也缺乏事实上的根据"[6]、"批判理学的思潮与'反理学的斗争'在性质上是不同的。前者是对理学的部分扬弃；后者则是对理学的整体否定。在中国古代只有批判理学的思潮，没有'反理学的斗争'"[7]、"无论就理学对封建秩序和封建道德所作的论证而言，或为维护王权而言，都不能不肯定理学所包含的某些合理的或进步的因素。把理学目之为'思想史上的浊流'是不妥当的"[8]。

4月

张岂之主编《中国儒学思想史》由陕西人民出版社出版。张岂之在"序"

---

① 《高校社会科学》1990年第1期，第7—8页。
② 同上刊，第8页。
③ 《哲学研究》1990年第2期，第82页。
④ 同上刊。
⑤ 同上刊，第83页。
⑥ 同上刊，第85页。
⑦ 同上刊，第86页。
⑧ 同上刊，第91页。

中说："在这几年里，我和西北大学中国思想文化研究所的同志们对中国儒学进行了研究，我们的研究重点有三：一、对中国儒学思想的代表人物力求进行实事求是的分析；二、重点研究中国儒学思想发展的历史过程；三、开始研究儒学思想与中国古代自然科学。这三个方面的研究成果，由我主编，将他们系统地汇集成册，以《中国儒学思想史》的书名奉献给读者们。"

8 月

李约瑟著《中国科学技术史》第 2 卷《科学思想史》由科学出版社、上海古籍出版社出版。该书第十章《道家与道家思想》针对《道德经》第十七章"太上不知有知；其次，亲而誉之；其次，畏之；其次，侮之。信不足，有不信。悠兮其贵言，功成事遂，百姓皆谓我自然"云："有一位现代中国学者领会了刚才勾画的见解后，把他的认识表述在如下译文中：上古时候，（人民）不知道有私有财产；其后，各家有了私有财产并很珍重它；再其后，这引起了恐惧和咒骂。的确，不信任人民就产生了互不信任。寡言的圣人们（距此是何等的遥远）！因为在他们功成业就的时候，全国的人都说：'这一切来得十分自然。'不管对他的词汇选用作何想法，这种选择在以下这个范围内是有道理的，即'太上'的意识是最高，或指最古；而'有'字的意思，可能是存在，也可能是享有。"[①] 并注释云："下面所引侯外庐的译文可能很容易被认为过于'牵强'，甚至是把显然是现代的观念塞入了原文。然而，我认为冒险说得过分一些是值得的，这样才能矫正一下迄今为止过分侧重的另一种译法。"[②] "侯外庐这里所作的解释（指对'太上'的解释——编者注），后来也为戴闻达[③]所采纳。"[④]

该书还对《道德经》第十一章"故有之以为利，无之以为用"引用了先生的解释。

---

① ［英］李约瑟：《中国科学技术史》第 2 卷《科学思想史》，科学出版社、上海古籍出版社 1990 年版，第 122—123 页。

② 同上书，第 122 页。

③ 戴闻达（J. J. L. Duyvendak，1889—1954），荷兰汉学家。1912 年来华在荷兰使馆工作，1918 年回国后任莱登大学汉学研究所会员、教授。著译有《商君书》（*The Book of Lord Shang*，1928）、《中国发现非洲》（*China's Discovery of Africa*，1947）、《道德经》（*Tao to king，Le Livre de la voie et de la vertu*，1953）等书。

④ 同上书，第 123 页。

9 月 3 日

中国社会科学院院长胡绳在中国社会科学院研究生院 1990 级博士生开学典礼上指出：先生年轻时曾翻译出版过第一卷《资本论》，他特地去了法国，专门研读有关古典经济学、法学、文学的历史资料。我们做学问，就应该这样打好底子。①

12 月 25 日

姜广辉《再谈理学与反理学的斗争——答谷方先生》发表于《哲学研究》1990 年第 6 期。该文对谷方《中国哲学史上的"反理学的斗争"质疑》一文进行商榷。

12 月

先生遗著《汉代士大夫与汉代思想的总倾向》发表于《史学史研究》1990 年第 4 期。该文篇首载白寿彝 1990 年 9 月 28 日所作的序言："外庐同志著《汉代社会与汉代思想》一文，由北京师范大学历史系出版，供系内师生讨论之用。全文共分四节。第一节，汉代生产手段的社会性质。第二节，汉代劳动力的社会性质。第三节，汉代社会编制的诸特征。第四节，汉代士大夫与汉代思想的总倾向。当时好象是只印一百本，外间流传甚少，历史系存有此文者也少。现幸得李书兰同志所藏之本尚属完好，今将第四节在本刊发表。以后如有机会，当将其他三节陆续重印。本文虽主要是讲汉代社会，但对理解汉代史学，也可有不少启发。外庐逝世三年矣，读其遗文，音容宛在也。"文章认为："中国古代百家文学之士起自国人自由民，至秦设博士官，以吏为师，学术为之一变。汉代士大夫是来自农村'良家'，一反古代的自由并鸣，而以利禄之路为目标。"② "懂得了上面的汉代士大夫的出身，以及汉代对付读书人的政策，我们就容易了解两汉思想的路数了。"③ 第一，"六国良家子弟或文学高第之于六艺'尔雅'，犹之乎西洋经院学者之于古希腊拉丁教条，由秘传师法家法的特殊

---

① 《我院举行 1990 级博士生开学典礼　胡绳同志到会并作重要讲话》，《中国社会科学院研究生院学报》1990 年 11 月 13 日第 6 期，第 78 页。

② 《史学史研究》1990 年第 4 期，第 1 页。

③ 同上刊，第 3 页。

基尔特制，所谓‘祖传秘记，为汉家用’者，经过秘藏文献（间可私藏）的研究对象，形成了中国中古的经学的笺注主义”①。第二，“除了少数反派的异端（如王充），汉代思想走向神秘的宗教迷信的领域，尤其在农民叛乱展开以后，西汉末至东汉阴阳五行谶纬方术，更反映了来自乡亭的自然经济的小天井意识。复古与伪造，笼罩住汉人的逻辑思考，这一原因，归结于中古社会挽救古代生产力的危机，使农村经济的基础发展起来，而粗野的农村编制以及意识生产，却不能有崭新的人类出现……因之意识上不会脱离古代世界的范畴，反而更要依赖于古代形式，以适合于中古内容，这就是‘明先圣之术’的儒家中古哲学所以产生的历史条件，而伪造古书则更走人了烦琐形式至上的并缺乏创造的路径”。第三，“由良家阀阅演化而为特殊的弟子传授制度，尤其东汉，这一带有氏族世家残余的齐学、鲁学、韩学等师承关系，渐渐形成思想的基尔特封闭。第一阶段，西汉文化初期是由齐鲁等氏族子弟而来，与强宗固本相应；第二阶段是由东汉近儒而来（东汉功臣多近儒，《廿二史札记》），与名门地主相应”②。第四，“学术与秩禄的不可分离，是汉代思想界的最坏因素。这是武帝罢黜百家，定于一尊的合法思想，所赐予的‘法度’。……我们知道，封建的利禄，是超经济的，而思想亦就是超客观的，没有等价交换的平等报酬关系，反映于思想则必然要成为武断的五行灾异之说，而为经今古文学所同具的毛病”③。第五，“中国自然条件的地理物产与历史沿袭的家族组织，在生产手段与劳动力的发展上给予了重大的有利形势，这一关系，对于中国中古社会生产力之增进，比西欧显然进步，因而在工艺学术思想上亦就驾乎西欧封建社会而上。但亦因为这样条件，又发生相反的方面，这虽有利于中古社会的再生产物质的精神的，而对于向近代的道路发展又成了一种束缚，以自给自足的封锁固守方式，限制了物质的与精神的变质飞跃。……中国中古的思想，从汉代起，一度王朝改变，就有新的‘六经’系统建立起来，而在本质上也没有扩大再产生的。所谓‘六经责我开生面’，到了清初才提出来的”④。第六，“从汉代起，地主豪强的政权建立起来，反映在思想上则适应了地主意识，必然要建树起宗教的神学系统，

---

① 《史学史研究》1990 年第 4 期，第 3—4 页。

② 同上刊，第 4 页。

③ 同上刊，第 5 页。

④ 同上刊，第 5—6 页。

因此，五德终始的神权说，谶纬迷信的自然宗教说，都为'王霸道杂之'的绝对王权作了精神的武器。……只有到了王权被农民战争所摇撼崩坏之时，这种神学的、传统的理论，才自己怀疑或自我否认，这可分为三期：第一期以司马迁、桓宽的《盐铁论》为代表，这都产生于汉代农民初期起义之后；第二期以桓谭、郑兴、王充等为代表，这都产生于西汉末农民大叛变之后；第三期以崔实、王符、仲长统为代表，亦产生于大乱之际。他们程度不等地暴白了地主政权的矛盾，此亦正说明汉代农民战争的高潮起落，给予了意识的动摇甚大。然而这并非神学的解放，而仅是神学的拆散，至于解答新世界的问题之积极要件，则是近代的课题了"①。

一九九一年（辛未）

1月23日，中国抗日战争史学会成立，刘大年为会长。

5月10日，中华炎黄文化研究会在北京成立，党和国家领导人李瑞环、薄一波、萧克、程思远、雷洁琼等出席。

7月1日，中共中央举行庆祝中国共产党成立70周年大会。同日，《毛泽东选集》第1—4卷第2版开始向全国发行。8月，"孙中山与中国革命"国际学术讨论会在美国夏威夷大学东西方研究中心召开。

8月17日至22日，国际明史学术讨论会在复旦大学、余姚、松江举行。同月，蔡尚思《中国礼教思想史》由中华书局（香港）有限公司出版。

9月18日至23日，全国史学理论讨论会在湖北十堰举行。

12月，《柳诒徵史学论文集》由上海古籍出版社出版。

本年，胡绳主编《中国共产党的七十年》由中共党史出版社出版。

3月20日

刘鄂培致信黄宣民、卢钟锋："上月惊闻家父刘公茂华（生前在香港浸会学院中文系任教）病逝噩耗，立即兼程至港赴丧。日前才回清华。""回校后拜读两兄所赠《侯外庐史学论文选集》（上），昨日又从何兆武先

---

① 《史学史研究》1990年第4期，第6页。

生处得到下册。深谢。侯老的道德和文章素为我辈景仰。两兄促成选集出版付出了巨大劳动，实为学术界做了一件大好事。""清华正在为岱年先生编文集，计划凡六卷，共二百五十万字。第一卷由我负责，现已编就。惟苦于当前出版业不景气，争取明年五月出版，未知能否实现。""明年五月是岱老八十大寿，我们准备举办一个小型纪念和学术讨论会。届时当请两兄和学勤兄参加。如有可能，还想出版一个讨论论文集（关键在于有否出版社愿意赔钱）。两兄在中国思想史上建树尤多，学勤是岱老弟子，都希望能带论文。未知有否时间？余言后叙，即请近安！问学勤兄好。"

3 月

先生遗著《汉代社会编制的诸特征》发表于《史学史研究》1991 年第 1 期。文章认为："从氏族制的变质存在于后世者而言，秦汉为一大关键。秦汉家族的性质，已不是古代的了，而是中国中古社会乡村自治体的特殊编制。这种乡村依于血缘的巩固结合，起源于秦汉的乡亭制。中国族谱学亦是由汉开始（严格之义）。"①

同月，中国社会科学院历史研究所中国思想史研究室、西北大学中国思想文化研究所编辑的《纪念侯外庐文集》由陕西人民教育出版社出版。全国人大常委会周谷城副委员长题签，张友渔赋诗："携手从事革命，诚我良师益友。"全书由张岂之定稿，他在《后记》中提出："外庐师一生的成就不仅在学术研究方面，而且还在培养中青年科学工作者方面耗尽了心血。我是觉得，外庐师的马克思主义实事求是的学风，对青年科学工作者的严格要求和精心培养，很值得我们学习、继承和发扬。外庐师的学术贡献证明马克思主义普遍原理和中国历史实际相结合所产生的威力和生命力，并不因为时间的流逝而消失，反而更加证明其学术的活力。我们绝对不能忘记老一辈马克思主义史学家的贡献。""这本纪念文集得以编成和出版，是与外庐师的学生卢钟锋同志的约稿、组稿、编辑整理的工作分不开的。"②

孟祥才在《中国封建土地制度研究中的重要收获——侯外庐"中国封建土地国有论"述评》中提出：先生"建立了具有严整体系的马克思主义

---

① 《史学史研究》1991 年第 1 期，第 2 页。
② 《纪念侯外庐文集》，陕西人民出版社 1991 年版，第 344 页。

史学的侯外庐学派。其中他提出的中国封建土地国有论，经过近40年的风风雨雨，历遭种种不公正的非议和批判，今日终于再次显示出它的理论价值，实在有重新加以深入研究的必要"①。

刘蔚华在《对中国传统思想的反思——纪念侯外庐先生》中提出："侯外庐先生是我最敬重的一位前辈学者。他的一生是把参加革命、追求马克思主义真理和进行学术研究有机结合在一起的。他始终坚持以马克思主义为指导，对中国的社会史、思想史和哲学史进行了领域广阔的深入的研究。他不仅研究成果宏富，而且为我国学术界直接与间接地培养了一批研究思想史的专家。这都是留给我国社会的宝贵财富。"② 并阐述了"探讨中国历史的特殊性"、"清理传统思想发展的脉络"、"冲决历史惰性力的网罗"等问题。

孔繁在《读〈中国思想通史〉第五卷——纪念侯外庐同志逝世一周年》中提出："外庐同志总结17世纪中国的启蒙思潮，探讨中国早期市民人文主义发生发展和遭受扭曲的过程，在于借助历史经验唤起人民反封建民主意识的觉醒。他自觉运用唯物史观和方法剖析社会历史思潮，努力做到革命性和科学性相结合，故他的著作多有创见，多能发人之所未发。"③ "这部著作可以启发人们认识世界历史发展的普遍规律与中国国情特殊性之间的辩证关系。""外庐同志将思想史的研究与社会历史的研究紧密结合，他强调要了解17世纪中国的启蒙思潮，必须深刻了解17世纪的中国社会。""外庐同志认为历史上的思潮是一定时代的社会生活的表现，没有离'器'之'道'，没有形而上学的孤立的东西。这样依据唯物史观解释历史现象，是他治思想史的最大特色。"④

李锦全在《研究中国哲学遗产必须依据马克思主义的观点方法——读侯外庐著〈中国早期启蒙思想史〉》中提出："唯物史观的基本原理，即认为社会存在决定社会意识，经济基础决定上层建筑，同时承认社会意识对社会存在，上层建筑对经济基础有巨大的反作用。侯老对中国早期启蒙思想的研究，基本上是按照这条原理，并结合中国的国情作具体分析

---

① 《纪念侯外庐文集》，陕西人民教育出版社1991年版，第223页。
② 同上书，第243页。
③ 同上书，第317—318页。
④ 同上书，第318页。

的。"① "总的说来，侯老主张必须依据马克思主义的观点方法来研究中国的哲学遗产，这个原则我认为是对的。侯老对我国早期启蒙思想的研究，也确是作出了成绩。但由于在当时这是一项带有开拓性的研究，所以教条式的比拟未免多了一些。……虽然其中有些提法和具体论断，觉得是有可供商榷之处，但明清之际是出现有早期启蒙思想，总的估计应该是对的。我重温侯老这部著作，觉得开拓之功不可没。"②

5 月 24 日

王学典《从偏重方法到史论并重——40 年代中后期中国历史科学的动向之一》发表于《文史哲》1991 年第 3 期。文章认为："突出地重视、强调材料在历史研究中的地位和意义，是抗战后期马克思主义史学的显著变化之一从认为搜集、整理材料也要在辩证唯物论的指导之下，到现在指出方法本身也要接受材料的考验与衡量，从郭沫若提出要超越王国维对材料的'整理'，到侯外庐现在重申要做王国维的学生并步他的'后尘'；从原来瞧不起材料的搜集与考辨，到现在翦伯赞深入钻研史料学，在在表征着马克思主义史学界对材料态度的巨变。"③

5 月

徐友春主编《民国人物大辞典》由河北人民出版社出版，收入"侯外庐"词条。

春夏之际

中国社会科学院历史所中国思想研究室主任黄宣民与中国社会科学院政治学研究所党委书记林英参加在南开大学召开中国政治思想史学术研讨会。刘泽华回忆：林英和宣民不仅在会上发表了他们各自的高见，令与会者多有耳目一新之感，他们又都对我主编并刚出版面世不久的《中国传统政治思维》给予很高评价，并都对我当时正着手进行中的主编一部《中国政治思想史》的工作寄予了厚望，而且，宣民更在他的学术讲演中指出：

---

① 《纪念侯外庐文集》，陕西人民教育出版社 1991 年版，第 322 页。
② 同上书，第 331 页。
③ 《文史哲》1991 年第 3 期，第 32 页。

"在我们这一辈学者中，刘泽华先生是很有成就、很有思想的。如果说他有什么学术派别的归属的话，他与他的合作者的思想和学术研究成果可归之于'侯外庐学派'，因为无论是从《中国传统政治思维》这部书看，还是从刘先生一贯的学说思想、学术主张看，他们都是在政治思想史研究领域自觉地运用、并且是发挥性地运用了外老的治学方法，发展或至少是引申了外老的学术思想的。当然，正因为他们、特别是刘先生有了自己创造性的发挥或发展，故而刘先生本人及以他为核心的学术群体所取得的一系列学术成果中，又具有了与外老、与外庐学派不甚相同的自身特色。我为之而高兴。衷心期盼独具特色和个性色彩的'刘泽华学派'的早日形成并发展壮大！"我听了他们、尤其是宣民的这番品评之后，深感愧疚之外，又觉得他们、特别是宣民是深知我的。①

8 月

　　陈谷嘉《张栻与湖湘学派研究》由湖南教育出版社出版。该书"前言"云："《宋元学案》虽列《南轩学案》、《岳麓诸儒学案》、《五峰学案》，以彰张栻及湖湘之学，然嫌其不详。当世学者所注意的是程朱与陆王两大学派，使这位在理学中颇有地位的思想家几乎不曾涉及。我的恩师侯外庐先生在《宋明理学史》中，首先在学术界把张栻及其湖湘学派列为理学中重要的学派，并对其在学术上的地位和贡献，作了独到的论述。先生开始的工作对我有诸多启发，意欲继先生之后，成一本专著。此想法极得先生赞同，给了多方的支持。中国社会科学院历史研究所思想史研究室，为我在北京阅读材料方便起见，特在办公地点为我准备了一个卧室。思想史研究室主任黄宣民教授、侯先生当时的学术秘书卢钟锋教授亲自帮我联系借书及提供阅读极方便的条件，其他思想史研究室的同仁亦多方为我觅寻材料。……我的恩师侯外庐先生已于 1987 年去世，其教诲言犹在耳，不胜怀念。"②

---

　　① 刘泽华：《中国儒学发展史》序，黄宣民、陈寒鸣主编：《中国佛学发展史》，中国文史出版社 2009 年版，第 2 页。
　　② 陈谷嘉：《张栻与湖湘学派研究》"前言"，《张栻与湖湘学派研究》，湖南教育出版社 1991 年版，第 1—2 页。

12 月 25 日

西北大学文博学院举行首届"侯外庐史学奖学金"颁奖大会，大会由院长彭树智主持，校长郝克刚为获奖人员颁奖。该奖由先生的女儿侯寅初、侯重初委托西北大学文博学院设立。

本年

何兆武译 *An Intellectual History of China*（《中国思想发展史》）由外文出版社出版。该书前言提出："Later, in the 1950s, I joined Prof. Hou Wailu's team working on intellectual history. As his student and assistant, I learned from him that the history of ideas was a part of the whole course of history and could never be treated as a purely logical structure. He was indeed a genuine Marxist that at times made him incompatible with the then prevailing current of political exegesis."

一九九二年（壬申）

1 月 18 日至 2 月 21 日，邓小平视察武昌、深圳、珠海、上海等地，发表"南方谈话"。同月，"中国传统文化和中外文化关系国际学术研讨会"在杭州召开。

3 月，蔡美彪、王敬虞、李燕光、冯尔康、刘德鸿《中国通史》第十册由人民出版社出版。

4 月 2 日至 6 日，三星堆国际学术讨论会在四川广汉举行。21 日至 24 日，中国宋史研究会年会暨学术讨论会在河南开封举行。

8 月 26 日至 29 日，马王堆汉墓国际学术讨论会在长沙举行。

9 月 18 日至 24 日，中国魏晋南北朝史学术讨论会暨国际学术会议在西安举行。

10 月 12 日至 18 日，中国共产党第十四次全国代表大会在北京举行，提出经济体制改革的目标是建立社会主义市场经济体制。27 日至 31 日，西周史学术讨论会在西安举行。

11 月 25 日，《中国哲学史》创刊。

3 月

田昌五《中国古代社会发展史论》由齐鲁书社出版。该书"前言"云：书中收入了"纪念外庐师的一篇文章，尽管他在《中国古代社会史论》中也谈亚细亚生产方式，但他谈的却是不发达的城市国家，之所以如此，是由于存在着氏族制的残余。这种看法是颇有见地的，故曰《中国马克思主义历史科学的开创之作》。"①

5 月

叶桂生、谢保成《郭沫若的史学生涯》由社会科学文献出版社出版。该书提出："关于屈原的思想如何评价，早在进步的史学工作者中有分歧，只是由于政治斗争的形势，不可能把研究工作顺利展开。""侯（侯外庐——编者注）与郭（郭沫若——编者注）都承认，春秋战国是一个大变革的时代，社会由奴隶制逐渐移易到封建制。屈原是这蜕变时代的历史人物。侯与郭也都确认，屈原是儒者，他的诗歌是伟大的、不朽的。侯与郭也有分歧。侯认为，屈原的思想是有矛盾的，其世界观是落后的、反动的，他的方法论又是前进的。"②

同月，张廷锡《关于孔子宇宙观的探讨——兼与〈中国思想通史〉和〈中国哲学史〉商榷》发表于《中国哲学》第 15 辑。文章认为："查《今文尚书》中的《周书》各篇，不见天道二字，都是天命字样。《诗经》中的《周颂》各篇，也不见天道二字，也都是天命字样。西周铜器铭文中也不见有天道二字，也是天命字样。显然《通史》是误以天命为天道了。钱大昕在《十驾斋养新录》卷三的《天道》条下所引，并不是《周书》、《周颂》中的天命，而是伪《古文尚书》、《左传》、《国语》、《易传》、《老子》等书中的天道。可见钱大昕是不以天命为天道的。《通史》又会错了钱大昕的意。《通史》说钱说最确，我也有不同的看法，此点将在后面说到。这里所要着重说明的，乃是天命和天道是两回事，在钱大昕眼中也是如此。"③

---

① 田昌五：《中国古代社会发展史论》"前言"，《中国古代社会发展史论》，齐鲁书社1992年版，第2页。

② 叶桂生、谢保成：《郭沫若的史学生涯》，社会科学文献出版社1992年版，第172页。

③ 《中国哲学》第15辑，第27—28页。

9 月 24 日

林焕平《蔡仪同志的一点印象》发表于《文艺理论与批评》1992 年第 5 期。文章提出：1946 年在上海时，"侯外庐、杜国庠（守素）同志正在筹划编写《中国思想史》，他们在杜同志家里召开会议，讨论这个计划，蔡仪同志参加了，我也被邀请参加了。……在讨论中，侯、杜两同志要蔡同志和我负责中国文艺思想史部分的编写工作。……不久，由于全面内战的爆发，上海白色恐怖日益严重，1947 年 1 月，我转移到香港去了，编写中国文艺思想史部分的责任，便自然地落到蔡仪同志的身上。"①

9 月

杨钊《回忆解放初期北师大历史系二三事》发表于《史学史研究》1992 年第 3 期。文章认为："解放初期，我们的老系主任侯外庐先生、白寿彝先生辛勤地工作，正是他们和全系师生共同努力，为师大历史系的建设和发展奠定坚实的基础。"②

10 月 20 日

赵纪彬之子赵明因致信黄宣民，寄去《子夏弟子考辨》（此为赵纪彬残稿，由赵纪彬夫人李慎仪续成）。信中说："此文前六名弟子为家父写，结尾处亦为家父手笔。后六名弟子为家母续，比较简略，均按家父所列名单及资料出处组文。"

10 月

林甘泉、黄烈主编《郭沫若与中国史学》由中国社会科学出版社出版。该书在评述郭沫若先秦诸子研究的特点时指出："对先秦诸子的研究，在我国已经有很久的历史。五四前夕胡适的《中国哲学史大纲》卷上问世，30 年代出版了钱穆的《先秦诸子系年》等有关先秦诸子研究的著作。胡适的书颇具新意，在当时有相当大的影响。但是这些论著基本上还停留在史料的排比和考订上。运用马克思主义的立场、观点和方法来进行研究

---

① 《文艺理论与批评》1992 年第 5 期，第 130 页。
② 《史学史研究》1992 年第 3 期，第 61 页。

先秦诸子，是从郭沫若、侯外庐、杜国庠等人的著作开始的。"①

11 月

桂遵义《马克思主义史学在中国》由山东人民出版社出版，第八章《中国思想史研究的深入及其成就》之第二节为《侯外庐对中国思想史研究的贡献》；第十章《马克思主义史学在解放战争时期的战斗任务和在斗争中发展》之第三节为《吕振羽的民族史研究和侯外庐主编中国思想通史》。

12 月 1 日

王学典《从强调"一般"到侧重特殊——40 年代后期中国历史学的动向之一》发表于《史学理论研究》1992 年第 4 期。文章认为："从重新解释'亚细亚生产方式'入手，侯外庐明确提出了文明起源与发展的多线论，从而为论证文明起源发展的东方道路、东方途径、东方模式的存在，奠定了巩固的理论基石。这是这一对期历史理论研究中的最大收获。"②"在对文明起源的西方道路的态度上，如果说郭沫若的《中国古代社会研究》是求同，——千方百计索其同——工作，那么，侯外庐的《中国古代社会史》则主要是明异——竭尽全力辨其异——工作。这一著作的出版，意味着中国马克思主义历史学已从'呀呀学语'的幼年时期，进入到具有强烈自我意识的成熟阶段。侯外庐这时对 中国文明特点的强调之功，人们应该给予足够的估计和充分的肯定。""就象中国的革命只能在中国自己的革命理论——新民主主义理论——指导下才能成功一样，中国的史学家也必须提出自己的历史理论，写出中国自己的《家庭、私有制和国家的起源》，才能卓有成效地进行对中国文明起源与发展的研究。侯外庐的著作是有意识朝着这一方向努力的最早尝试。"③"侯外庐的这一著作还是中国历史科学领域完成从强调'一般'到侧重特殊转变的标志工作。……侯外庐的这一著作，结束了中国史学上强调'一般'的时代，开启了一个探讨特殊的新时期。"④"但是，我们也应该看到，作者对文明起源的东方路线

---

① 林甘泉、黄烈主编：《郭沫若与中国史学》，中国社会科学出版社 1992 年版，第 432 页。
② 《史学理论研究》1992 年第 4 期，第 50 页。
③ 同上刊，第 52 页。
④ 同上刊，第 52—53 页。

的某些说明又存在着难以摆脱的矛盾。作者把希腊罗马的奴隶制与亚细亚的奴隶制看作是两个'平列体系'和'并立路径',……作者在这同时却又采用了经典作家的某些用语,把前者说成是'发育正常的文明小孩',把后者说成是'早熟的文明小孩',这又等于把前者视为'正常'、'标准',把后者视为不正常、不标准。也就是说,这实际上否定了作者的'平列体系'论和'并立路径'论,在把'奴隶制一般论'从前门赶出去的同时,却又从后门把它引领进来。这种理论上的不彻底和摇摆,反映了作者并未完全摆脱他那一代史学家所共有的局限。"①

12 月 25 日

徐洪兴《论方东树的〈汉学商兑〉》发表于《孔子研究》1992 年第 4 期。文章认为:许多有关清学史的论著对《汉学商兑》"都不能不提及其人其书。不无遗憾的是,提及大多为一笔带过,鲜有稍详其说者。……惟知建国以来除侯外庐的《中国思想通史》最后一卷中立有篇幅不长的一节外,别的专论至今未见。"②

12 月 30 日

何兆武复信方光华,就"明末清初的史学思想是否一如侯老所述?何种意义上说是新的史学形态的启蒙"等问题而提出:"明末清初在思想上确实呈现一个高峰,也是一大转折。至于是否即是资本主义萌芽的反映,我持怀疑态度。"③"'近代'史学的真正登场,我以为应从章太炎、梁启超、王国维算起。龚自珍虽有新意,但未开风气。""鸦片至戊戌应看作是近代学术思想的酝酿期,真正揭幕在甲午 1894、天演论 1896、戊戌 1898、庚子国变 1900 的几年间。"④

12 月

冯契主编《哲学大辞典》由上海辞书出版社出版,收入"侯外庐"词条:"1941 年出版《中国古典社会史论》,在郭沫若《中国古代社会研究》

---

① 《史学理论研究》1992 年第 4 期,第 53 页。
② 《孔子研究》1992 年第 4 期,第 61 页。
③ 《何兆武学术文化随笔》,中国青年出版社 1998 年版,第 410—411 页。
④ 同上书,第 411 页。

的基础上，进一步论证了中国奴隶社会的存在。1942 年写成《中国古代思想学说史》，较早地运用马克思主义的观点和方法分析了中国古代大变革时期——春秋战国时期思想史的发展。接着又写成《中国近世思想学说史》，运用马克思主义观点和方法分析了明清之际到明末清初这一时期的思想发展。"[1]

同月，黄宣民《郭沫若的人民本位观》发表于《中国社会科学院研究生院学报》1992 年第 6 期，文中忆述先生与郭沫若于 1977 年最后一次见面的情形，又谓："郭沫若有一个显著的特点和优点，即他生前没有人对他迷信过，死后没有被人奉为神，他的学术（可称为'郭学'）也没有变成神圣不可侵犯的'圣学'，人们可以任意评说。总之，郭沫若不是神，而是人，是永远属于人民的人。"[2]

本年

先生的二女儿侯重初（1930—1992）病逝于北京。侯重初 1949 年 7 月加入中国新民主主义青年团，1952 年 5 月加入中国共产党，1952 年 9 月，以优良的学习成绩提前毕业于北京大学理学院物理系，分配到地质部工作，是我国具有特殊贡献的地球物理学家。

一九九三年（癸酉）

4 月 12 日至 14 日，"宋代哲学与中华文化国际学术研讨会"在开封召开。

6 月，蔡美彪、李洵、南炳文、汤纲著《中国通史》第 8 册由人民出版社出版。

8 月 14 日，北京大学举办"纪念汤用彤先生诞辰一百周年学术座谈会"。30 日，吉林大学吕振羽纪念室揭幕暨学术研讨会在北京举行。

9 月 21 日至 25 日，中国秦汉史研究会年会暨国际学术讨论会在江西师范大学举行。

---

① 冯契主编：《哲学大辞典》，上海辞书出版社 1992 年版，第 1217 页。
② 《中国社会科学院研究生院学报》1992 年第 1 期，第 69 页。

10月8日，《中国大百科全书》历时15年编纂完成。22日至23日，董仲舒思想研讨会在石家庄举行。

11月2日，《邓小平文选》第三卷出版发行。11日至14日，中共十四届三中全会在北京举行，审议并通过《中共中央关于建立社会主义市场经济体制若干问题的决定》。12日至15日，中国史学界第五次代表大会举行，大会选举理事83人，选举戴逸为会长，丁伟志、王庆成、齐世荣、李侃、张磊、张椿年、林甘泉、金冲及为副会长，张椿年兼秘书长。

12月24日，中国史学会、中国社会科学院近代史研究所联合举行纪念范文澜诞辰100周年学术座谈会。26日，毛泽东诞辰一百周年纪念大会在北京举行。

3月15日

邹元江《史学之美，"朴"、"实"相生——从〈韧的追求〉看侯外庐先生的治学之道》发表于《中国图书评论》1993年第2期。文章认为："按侯先生所一贯坚持的原则，'朴'、'实'者既要实事求是，阐微决疑，又要独立自得，卓有创见。"[①] "侯先生毕其一生所孜孜追求的史学之美，也是我们今日哲学史、美学史和思想史研究仍应拱之为圭臬的治学之境界。"[②]

3月

张岂之主编《中国思想史》教材由西北大学出版社出版。

5月15日

覃正爱《论侯外庐对明末清初思想运动研究的四个失误》发表于《江汉论坛》1993年第5期。文章认为：先生把明末清初思想定位为启蒙思想具有"对列宁关于启蒙思想特点理解的失误"、"对明末清初阶级关系分析的失误"、"对明末清初思想家思想评估的失误"、"对明末清初思想家思想影响的疏忽"等四个问题，认为"启蒙思想运动是一个具有特定历史内容的概念，即启蒙思想运动就是资产阶级为反对封建专制及其宗教神学而

---

① 《中国图书评论》1993年第2期，第65页。

② 同上书，第67页。

开展的思想文化运动。侯外庐对明末清初思想运动进行研究评价时，最大的失误就在于他没有注意到启蒙思想运动的整体特点和特定的历史内容，没有注意或模糊、疏忽了列宁对启蒙思想运动的阶级特点和思想影响特点的规定，而只是孤立地运用列宁关于启蒙思想运动的三个思想特征，并以此为基础来评价明末清初的思想运动，这样就必然会对明末清初的思想运动给予过高的不切实际的评价，违背了历史唯物主义的历史分析方法，因而出现了不应有的失误"；对明末清初阶级关系的分析"若是为中国明末清初的思想运动寻找其具有启蒙性质的阶级依据则是不妥的。因为无论怎样论证也论证不出中国明末清初已产生了资产阶级，尤其是成熟了的资产阶级"①。文章提出：对明末清初思想家思想的评估"不应仅仅局限于明末清初思想家的某些言论，更不应把某些个别观点与马克思主义经典作家的论断进行硬性挂钩，而应把他们的整个思想加以系统的历史唯物主义的分析，只有这样才能真正揭示明末清初思想家的思想实质"，"明末清初思想的影响问题似乎还没有引起思想史界的足够重视，侯外庐在其著作中就几乎没有提到这方面的内容或材料"②，"我认为侯外庐对明末清初思想运动的研究具有明显的失误，他把明末清初的思想运动称为启蒙思想运动是不妥的，明末清初的思想运动在我看来充其量只是地主阶级的思想改革运动，而不是中国资产阶级的早期启蒙思想运动"③。

6 月 11 日

日本学者太田幸男致信黄宣民："长时间从事的《中国古代社会史论》的日文的翻译已基本完成。预计于明年六月左右出版，现在正在整理草稿，还有几处不明确的地方，另外是出版时有必要与人民出版社或者侯外庐先生的亲属签订出版合同。关于以上事情，想与先生商谈一下。"

8 月 20 日

黄沙《著名历史学家——侯外庐教授》发表于《西北大学学报》（哲学社会科学版）1993 年第 3 期封二。

---

① 《江汉论坛》1993 年第 5 期，第 34 页。
② 同上刊，第 37 页。
③ 同上刊，第 38 页。

9 月

先生主编，张岂之、李学勤、杨超、林英、何兆武、卢钟锋、黄宣民、樊克政编著的《中国思想史纲》由台北五南图书出版公司出版。该书"前言"云："侯外庐先生治中国思想史堪称一代宗师，巨著甚多。他主编的《中国思想史纲》，以其严谨的学术观点，扎实的史料，相当深入的分析，简明扼要的叙述为特色。"

同月，先生遗著《〈实践论〉是历史教学的最高依据》发表于《史学史研究》1993 年第 3 期。

同月，张岂之《关于传统道德与封建礼教——纪念外庐师九十诞辰》发表于《史学史研究》1993 年第 3 期。文章认为："1978 年以来我断断续续研究传统道德问题，觉得受外庐师的启发尤多。"① "外庐先生曾经对我说，朱熹的'持敬'说实际是要提高人的道德自觉性，从内心到仪表都必须讲究文明，这就是道德的自觉性。我想，外庐先生的解释是很有道理的。"②

同月，杨钊《侯外庐同志在北京师范大学历史系论学》在同期发表。

同月，黄宣民《侯外庐先生〈中国近代启蒙思想史〉出版后记》在同期发表。文章提出："现在出版的这部《中国近代启蒙思想史》，是在侯外庐先生的旧著《中国近世思想学说史》下卷（1945 年由重庆三友书店出版）的基础上重新编订成书的。书名也是侯先生亲笔题写的。遗憾的是，他没有来得及为本书留下一个序言便告别了人世。因此，我们只好在本书前面重刊他在 1944 年写的《中国近世思想学说史自序》和在 1955 年写的《中国早期启蒙思想史自序》。这两篇旧序，可以帮助读者了解有关本书写作和出版的背景。"③

同月，吴怀祺《学习侯外庐先生在史学理论上的贡献》在同期发表。文章认为："侯外庐先生的历史研究方法论，是他民族化的马克思主义史学理论的不可缺少的重要组成部分，也是他使马克思主义史学理论民族化的内在条件。"（1）"先生在史学理论上有一种自觉的追求，这种追求就

① 《史学史研究》1993 年第 3 期，第 4 页。
② 同上刊，第 7 页。
③ 同上刊，第 14 页。

是注意马克思主义历史科学的民族化，探索马克思主义史学理论的民族化的途径"①，"几十年的研究，侯先生的观点和方法足以构成一个严密的体系，这也是他和其他诸位先生共同完成的一个学派的体系。而这个体系不是别的，正是如何应用马克思主义历史科学的理论和方法，总结中国悠久而丰富的历史遗产，使马克思主义史学理论的民族化得到充分的体现"②。（2）"侯外庐先生的总想史研究基本特点，是他把思想史和社会史结合起来，以社会史的研究作为思想史研究的基础，对中国思想史的研究是以社会史研究为前提"③。（3）"侯外庐先生的马克思主义史学理论民族化还有一个十分重要的方面，是对民族史学传统的批判继承，思想的继承性是思想发展自身必不可少的一个环链，这是他在《侯外庐史学选集·自序》中，谈治史方法时一句带有规律性总结的认识"④。这包括"提倡自得之学的精神"、"贯彻史学'通识'的传统"、"发扬史学求实的学风"。

10 月 2 日

张岱年致信云："侯外庐同志是现代中国史学名家，著作宏富，对于中国史学做出了重要的贡献。今年是外庐同志诞辰九十周年，这是值得纪念的。中国社会科学院历史研究所、山西省社会科学院等联合举办纪念侯外庐教授诞辰九十周年暨中国思想史学术会议，这是有重要意义的，谨表示热烈的祝贺！我因年老体衰，无力远行，不克参加盛会，尚祈鉴谅！敬祝大会圆满成功！"

10 月 4 日

李锦全致信云："山西省社会科学院办公室转纪念侯外庐教授诞辰90周年会议暨中国思想史国际学术会议筹备组：前蒙邀请参加侯老诞辰九十周年纪念活动，本应如期赴会，现因工作安排及其他原因，至不能到会学习，甚属遗憾。""侯老学术思想，多年来对中国史学特别是思想史的研究，产生过重大影响。经过这次学术研讨，定能发扬光大，启迪后昆，为中国史坛焕发新的光彩。谨此致贺，并祝大会成功。"

---

① 《史学史研究》1993 年第 3 期，第 17 页。
② 同上刊，第 18 页。
③ 同上刊，第 20 页。
④ 同上刊，第 22 页。

10 月 7 日

韩国磬致信李学勤："顷得郭锋同志信，告知他在京时曾相拜晤，并承嘱其转告今年十月十五日在山西举行侯外庐先生纪念学术讨论会，问我是否参加？回忆往日，得侯先生教益多矣。而流光逝水，侯先生归道山已多年。闻本月在山西举行纪念侯先生学术讨论会，很想参加，而因时间匆促，又体衰怕冷，未能前来。先此奉告。"

10 月 12 日

白寿彝致信云："山西省社会科学院办公室转纪念侯外庐 90 周年会议：外庐同志是当代中国杰出的史学家、教育家、思想史专家。他的学风和业绩都是我们学习的楷模。今天我们通过纪念活动和国际会议的形式来探讨外庐同志的学求思想及在中国思想史上提出的问题，必会得到丰硕成果而有助于我国学术工作的开展。谨此驰电，敬祝大会成功，并祝诸君健康。"

同日，杨向奎致信黄宣民："黄宣民同志转侯外庐先生九十岁诞辰纪念会：外庐先生是用马克思主义观点来解释中国哲学思想的大师。他的《中国思想通史》有下列优点和长处：1. 用马克思主义观点正确的、全面的解释了中国哲学思想，这是前人从未有过的。2. 他发掘了前人未曾注意的许多大思想家，从而丰富了中国哲学史的内容。3. 他的思想史研究是结合中国社会历史的研究而进行的，因为思想社会的上层建筑之一。当然，他的著作还有许多的长处，这里不再叙述，与会的同志会有尽量发挥。"

10 月 13 日

陈谷嘉在《纪念侯外庐先生诞辰一百周年纪念会贺信》中云："侯外庐先生是我国著名的马克思主义历史学家、思想家和教育家。""先生的学术理论成就就为世瞩目，而最根本的一条，就是把马克思主义史学理论中国化，坚持马克思主义理论与中国历史实际相结合，揭示中国历史发展的具体规律，先生将其自我概括为'马克思主义历史科学的民族化'。""先生长期在学术界一贯发扬学术民主、重视群体力量，尤其注意人才的培养和梯队的建设。在先生的教诲和影响下，从而在当代中国史学领域形成了一个以先生为旗帜的学术群体，即被史学界公认为蔚为大宗、独具特色的

'侯外庐学派'。""侯先生是我的恩师,他的耳提面命的教诲,他的音容
笑貌、学问人品,至今仍时刻激起我对他的深切怀念。"

10 月 15 日

胡绳致信云:"历史所请转山西太原纪念侯外庐教授诞辰九十周年暨
中国思想史学术会议:首先,请允许我向会议表示祝贺!向各位学者问
好!""侯外庐同志是马克思主义思想家、杰出的理论学术工作者。他研究
中国社会史和中国思想史的业绩,为马克思主义在中国的发展作出了可贵
的贡献,为后人留下很有价值的遗产。我相信经过这次学术会议,学者间
相互交流,共同讨论,一定能够推进学术界对侯外庐理论学遗产的研究和
对中国历史的研究。预祝会议圆满成功。"

10 月 15 日——19 日

山西社会科学院、中国社会科学院历史所、北京师范大学、西北大
学、复旦大学、湖北大学和清华大学共同在太原发起、举办"纪念侯外庐
先生诞辰九十周年学术讨论会"。出席会议的有中国社科院历史研究所所
长李学勤,原山西省委书记李立功,中共山西省委宣传部部长崔光祖,山
西省社会科学院院长吴德春、副院长张海壕,山西平遥县委书记廉新友,
以及云南大学教授李埏、日本东京学艺大学教授太田幸男、台湾成功大学
唐亦男等60余位专家学者,先生的女儿、北京宣武医院原党委书记侯寓
初到会并讲话。中国社会科学院院长胡绳、研究员杨向奎,复旦大学蔡尚
思,北京师范大学白寿彝,北京大学张岱年,厦门大学韩国磐等著名学者
发来贺电贺信。

10 月

先生所著、黄宣民校订《中国近代启蒙思想史》由人民出版社出版,
收入先生所作《中国近世思想学说史自序》和《中国早期启蒙思想史自
序》,该书是在 1945 年版《中国近世思想学说史》下卷的基础上重新编订
而成。黄宣民在"后记"中提出:先生第一次主持撰写《中国近代思想
史》是在 20 世纪 60 年代初,"1960 年,侯先生在他直接领导的思想史组
开始布置这项工作,并且叫我们几个刚出大学校门的青年也参加进来"。
然而工作刚开始便受到康生"搞群众运动"写书之风的影响,同时先生作

为"反右倾斗争"的对象而遭受批判，他病倒之后编写工作便搁置下来。自 1973 年开始，先生领导思想史组的部分同志再次开始撰写《中国近代思想史》，并改名为《中国近代哲学史》。80 年代，白寿彝、邱汉生都建议将《中国近世思想学说史》下卷修改为《中国近代思想史》并作为《中国思想通史》第六卷出版，但先生仍希望把《中国近代哲学史》修改成为一部新的《中国近代思想史》。自 1983 年开始，先生指定由黄宣民负责，把《中国近世思想学说史》下卷康有为章以下内容修改为《中国近代启蒙思想史》。该书的出版得到胡绳、白寿彝的支持，中国社会科学院历史研究所宋镇豪、陈祖武、姜广辉、谭雪晖做了抄写校对工作，人民出版社王粤为责任编辑。黄宣民认为："侯先生将他原来的《中国近世思想学说史》一分为二，进一步表明他对明清以来三百年间思想学术历史行程的见解。第一，他把这一时期的思想史划分为两个既有区别又相衔接的历史阶段，即早期启蒙思想阶段（17 世纪中叶至 19 世纪上半）和近代启蒙思想阶段（19 世纪下半以后至 20 世纪二三十年代）。他认为，中国近代启蒙思想无疑是受到了欧洲文艺复兴和西方各种近代 的重大影响，但也受到了中国早期启蒙思想的影响。"① "第二，《中国近代启蒙思想史》以康有为开篇，是他的独特的历史分期观点。……在他看来，中国近代史即半殖民地半封建社会的历史，可以 1840 年的鸦片战争作为开端，而具有近代意义的早期启蒙思想史可以上溯到明清之际，完整意义上的中国近代启蒙思想史则是应该从康有为开始的。……他是最早富于近代精神的大思想家，而且只有康有为发起和领导的维新运动才是中国历史上第一次近代启蒙运动（或者可以说是中国近代史上第一次思想解放运动）。"②

同月，吴泽《东方社会经济形态史论》由上海人民出版社出版。该书论述"侯外庐的'亚细亚的'和'古典的'序列'并列论'"，认为"侯外庐的'并列论'及'路径说'，不仅深化了苏联史学界和吕振羽等倡导的'奴隶制社会论'，而且对进一步探索东、西方历史发展的规律性及其各地的特点，都有着极大的启发性意义"③。"运用亚细亚生产方式理论来研究中国奴隶制社会史，侯外庐也有着卓越的贡献。……详细地分析了中

① 黄宣民：《中国近代启蒙思想史》"后记"，侯外庐：《中国近代启蒙思想史》，人民出版社 1993 年版，第 416 页。
② 同上书，第 417 页。
③ 吴泽：《东方社会经济形态史论》，上海人民出版社 1993 年版，第 41 页。

国奴隶社会的一般规律及其特点，比较了其与古典古代的异同。这样，中国古代存在过奴隶制，虽在时代的划分上还不尽一致，但中国社会经济发展史中与世界其他国家的社会经济发展史中相同，也是经过了奴隶制社会这一历史阶段，成了我国学术界日趋一致的共识。"①

12 月

吴怀祺《韧的追求的光辉——纪念侯外庐先生诞辰九十周年学术讨论会侧记》发表于《史学史研究》1993 年第 4 期。文章从"追求真理的一生"、"马克思主义史学发展的新阶段"、"开拓，未有穷期"进行论述，提出："侯先生的学生以及在他身边工作过的人，都以具体的事例说明侯先生坚持真理，进行韧的战斗的品格。一个时期，由于侯先生关于封建土地国有制等观点，不合于某种'需要'，他的一些主张不能迎合时趋，因此，受到越来越大的压力。但对这些，他没有畏惧，用他的话说，要'顶'，顶回去。侯外庐先生是在科学信念的基础上，坚持真理的风范。"②"太原会议谈到侯外庐的贡献是马克思主义史学发展到一个新阶段的标志。大家就侯先生在马克思主义史学理论民族化上作了较为充分的讨论。"③"许多同志从不同方面论述侯外庐先生对民族史学优良传统的继承，提倡自得之学的精神，贯彻史学'通识'的要求，发扬史学求实的学风。""这次会议上大家谈到侯外庐学派的问题。这个学派是一个朝气勃勃不断开拓的群体，他们有共同的学术旨趣、共同的学风特征，同时又有各自的特色；这样的群体在外庐先生培育下，既相互协作，又发挥每个人独立思考，从而'众家之长得以荟萃'。"④

一九九四年（甲戌）

4 月，张岱年、季羡林任名誉主编，史仲文、胡晓林主编《中国全史》由人民出版社出版。

---

① 吴泽：《东方社会经济形态史论》，上海人民出版社 1993 年版，第 53—54 页。
② 《史学史研究》1993 年第 4 期，第 76 页。
③ 同上刊，第 77 页。
④ 同上刊，第 78 页。

6月，白寿彝总主编，徐喜辰、斯维至、杨钊主编《中国通史》第三卷（上古时代）上下册由上海人民出版社出版。

8月23日，中共中央印发《爱国主义教育实施纲要》。8月30日至9月2日，国际清史学术讨论会在沈阳举行。31日，中共中央发布《关于进一步加强和改进学校德育工作的若干意见》。

9月1日至4日，董仲舒学术思想国际研讨会在河北景县召开。同月，《三松堂全集》第14卷出版。

10月7日，国际儒学研究会在人民大会堂召开，国际儒学联合会成立，江泽民总书记会见与会学者。

1 月

陈启泰《中国近代史学的历程》由河南人民出版社出版。该书下编"20世纪的中国近代史学"列有"侯外庐学术的特色"，包括"独树一帜的理论主张"、"研究社会史与思想史密切相联系"、"在马克思主义理论指导下形成学派"，认为："我国马克思主义史学形成以来，在学术研究上已取得了巨大的成就。但在相当长一段时间里，我们忽略了'学派'的作用。用马克思主义普遍原理作指导，是我们的共性，而同时，不同的研究者，又具有风格各异的学术个性。……马克思主义是尊重和提倡发挥学术个性的。因此，侯外庐创立的学派，在当代中国史学上是一件大事。"[1]

同月，张岂之《儒学·理学·实学·新学》由陕西人民教育出版社出版，收入《关于编著〈宋明理学史〉的通信》、《侯外庐先生思想史研究的卓越贡献》、《在中国传统思想文化园地里耕耘》、《侯外老赞扬白寿彝先生的治学精神》。其中，《第一封信：我们的学术责任》中云："今年（1981）我们正在编写《宋明理学史》上卷，明年还将继续这项研究工作。我们总想做些'垦荒'和'补遗'的工作。我时常想，在科学的道路上，我们应该勇于探索那些尚未被开垦的处女地，发掘那些未被发掘的宝藏，只有这样，才能源源不断地摘取新的果实，才能在自己的专业和学科中有所前进。在中国思想史领域里，有不少布满荆棘的荒野，过去由于种种原因，许多课题未被触及。例如，对宋明理学——中国思想史的重要思潮，建国以来思想史、哲学史的研究只选择了其中几位著名的理学家，而

---

[1] 陈基泰：《中国近代史学的历程》，河南人民出版社1994年版，第418页。

且研究的重点也多是放在世界观方面，而对理学本身产生、发展和演变的许多重大课题则缺少研究。许多对理学发展起了重要作用的理学家也被遗忘了，这就影响了从总体上、实质上认识理学。对中国历史上这样一个重要的思潮缺乏研究，无疑是中国思想史研究中的一个不足。为了填补这个缺陷，在侯外庐、邱汉生先生的倡议下，我们准备把宋明理学史作为长期研的课题，用六七年时间，全面、系统地研究它，写出多卷本的《宋明理学史》和一批研究专著。"①《宋明理学史》的特色应该有："它是一部与中国思想史有联系又有区别的独立的学术著作，以理学本身作为研究对象，不同于中国思想史、哲学史著作中只叙述个别理学代表人物的思想，而是对理学思想及其发展过程作全面的论述。"这包括"着重阐述理学产生和演变的历史过程"、"阐述理学发展演变的若干阶段"、"阐述理学与佛学、道教的关系"、"阐述理学各学派间的相互关系"、"注意理学范畴的研究"。此外，"关于理学在中国思想文化史上的地位，以及朱熹和王守仁是如何确立自己独特的学术规模和体系等重要课题也要进行阐述"②。"今后，我们打算逐渐把研究的范围扩展到中国文化史方面。"③"文化史与思想史的研究是密切相关的，思想是文化的最高表现形态，是文化的核心。要研究文化的基本精神与本质，必须对思想史有精深的了解。反之，思想史研究的继续深入，也必然会扩展到文化史的领域。因为思想作为社会和人们行为的指导原则，往往在各种文化形态中表现出来，并通过这些文化形态对社会发生直接和间接的影响。如果能够对渗透于各种文化要素之中的思想观念作综合的研究，就能从总体上把握一个时代思想文化的基本内容与特征，展现社会的时代精神。所以从思想史研究向文化史研究方面扩展，是学术研究向纵深前进的趋向。我们（参加《宋明理学史》编著的这个学术团体）拟以中国思想史为基点，进而探索整个中国文化的基本精神与特点。研究的途径是没有穷尽的，研究必须创新，必须从新的角度探索新的课题。"④《第二封信：关于我国台湾学者和日本学者研究理学的一些著作》中云："自从我国实行改革开放政策以后，情况有了很大变化，我们已有条件从事认真的学术研究，不但注意吸收本国（不分地区）的研

---

① 张岂之：《儒学·理学·实学·新学》，陕西人民出版社 1994 年版，第 65—66 页。
② 同上书，第 67—68 页。
③ 同上书，第 68 页。
④ 同上书，第 68—69 页。

究成果，而且也尽可能地了解国外在某一个具体学科领域里的研究成果，因为只有这样，研究的质量才会提高；知彼知己，才能在研究上有所前进。""我在日本时，读到的台湾学者所写的关于宋明理学的著作，有些颇有见地，启迪我们去思考一些问题。例如，关于理学的定义和范围的问题。"① "我们既要深入理学体系去理解理学，又要跳出理学的圈子，站在更高的层次去看它。"② "我们的看法是，理学是在经学、佛学、道教结合的基础上孕育发展起来的。理学是哲学化的儒学。理学所讨论的，主要是性与天道为中心的哲学问题，也涉及政治、教育、道德、史学、宗教等方面的问题。性，指人性；天道即天理，或理。"③ "其次，关于理学与书院的关系，也是一个值得注意的问题。"④ "第三，关于着重研究《易传》、《中庸》与《庄子》三书与理学的关系，也是值得注意的问题。"⑤ "第四，关于理学与禅学的关系，也是一个值得深入研究的问题。"⑥

2 月 20 日

田昌五《一位史学大师的得与失——谈〈中国封建社会史论〉》发表于《中国史研究》1994 年第 1 期。文章认为："在中国封建社会史的研究中，外庐师著述不多，但却以几篇论文确立了自己的体系。……在中国封建社会史的研究中存在着两个体系：一个是以吕振羽、翦伯赞、范文澜为代表的体系，另一个即侯派体系。郭沫若对中国封建社会史研究不多，还没有建立自己的体系。尚钺派的体系只在分期上与以上两个体系有别，其他方面是接近于侯派体系的。……在两派之争中，尽管侯派多次受到从政治方面来的压力，但终究还是以其体系的完整性而生存下来。"⑦ "在侯派体系中，是承认土地私有制的。只是他认为，这种土地私有制从法权上说是一种'虚构'，即他所说的'法律虚构'，所以在现实中存在的土地私有制从法权上说是不存在的。……他的土地国有说只是就法权的意义而言的，并不是从根本上否认任何土地私有制。……一些人不懂得其中的奥

---

① 张岂之：《儒学·理学·实学·新学》，陕西人民出版社 1994 年版，第 69 页。
② 同上书，第 70 页。
③ 同上书，第 70—71 页。
④ 同上书，第 71 页。
⑤ 同上书，第 72 页。
⑥ 同上书，第 73 页。
⑦ 《中国史研究》1994 年第 1 期，第 1 页。

妙，以为他主张在封建社会中只有土地国有制，这就从根本上误解了他所说的土地国有制。""吾师对法律虚构和权威原理的理解，其本身就是错误的。法律虚构一词适用于各种土地所有制，包括国家的、集团的和个人的，其意概指对土地的独占权和垄断权。……吾师认为法律虚构只适用于土地私有制，显然是失其本义。"① "侯派体系是一种欧化亚细亚形态，而不是本来意义上的东方亚细亚形态。用欧洲中世纪的封建制来解东方亚细亚形态之谜，这也是外庐师的独创。应当说，这样做是异常艰难的，他能做到这一点，是见其深厚的理论功力。而他的不足，如文字上的艰涩难懂，也是由此产生的。"② "一个学派的形成在于有没有自己的体系，而一种学术体系之能否成立，在于它是不是具有科学性和这种科学性的程度。侯派体系之所以屡伏屡起，颠扑不破，就在于它具有相当强的科学性，符合历史实际。""外庐师拿起法律虚构和权威原理这两把刷子给土地私有制剃平头，否认平头百姓的土地私有权，以此构成自己的体系，这是不对的。但谁也无法否认，在中国历史上确有土地国有制占上风的时候，因而也就无法全盘推翻侯派土地国有说。反过来说，说中国封建社会中土地私有制始终占主导地位，这也是不对的。但中国历史上确有土地私有制占上风的时候，因而谁也无法从根本上铲除土地私有说。"③ "中国历史上的土地关系确实经历过三次大循环，即从国有到私有的循环运动。这种循环运动就构成了中国历史特有的规律。吾师抓到了中国历史上的土地国有制，可谓独具卓识。他能不屈于压力，力排众议，尤为可贵。但他没有觉察到土地国有制向土地私有制的转化运动，忽视土地私有制也有占上风的时候，则无可讳言是有所失的。"④

　　瞿林东《侯外庐史学理论遗产的科学价值》在同期发表，后收入《中国史学的理论遗产》（北京师范大学出版社 2005 年出版）。文章认为："侯外庐先生是中国马克思主义史学大师之一。他的深邃的思想和丰富的著述，是 20 世纪中国史学界、思想界的遗产中最富有创造力和生命力的珍贵品的重要部分；它们引导了两三代人的学术道路的发展，而这种引导作用还有继续延伸下去。"（1）"外庐先生对自己研究中国社会史、思想史

---

① 《中国史研究》1994 年第 1 期，第 2 页。
② 同上刊，第 5 页。
③ 同上刊，第 6 页。
④ 同上刊，第 9 页。

的原则和方法，不仅有坚定的信念，而且有明确的和清晰的概括"。"外庐先生给予我们更深刻的启示在于：对于基本原则和基本方法的运用，只有在取得一定的理论模式和方法论模式的情况下，才能同具体的研究真正结合起来，使理论不至于流于空论或成为教条，而对具体问题的认识则能上升到理论的高度和有系统的认识。"① （2）"外庐先生对于自己在史学上所遵循的理论、方法论原则本身都持有辩证的认识，而不作绝对的看待。这样理论上的造诣使他在具体的研究中始终处于创造性的、超越前人的境界，使他的学术始终保持着新鲜的活力"②。（3）"外庐先生作为中国社会史、思想史研究的一代宗师，胸襟博大，虚怀若谷，一方面倡导坚持真理、勇于创新，一方面'执行自我批评，聆听学术批评'。……外庐先生这种对待历史科学的态度，是严肃的，也是科学的，字里行间，洋溢着实事求是的精神；这种精神，在今天的历史学界是需要大加发扬的"③。（4）"如果说'仿效'或'模仿'在特殊的条件下是不可避免的话，那么，'仿效'或'模仿'终究不能代替创造也是必然的。因此，对于从'仿效'或'模仿'走向创造，不能没有自觉的意识或艰苦的努力。这是外庐先生治学的原则和方法给予我们的又一个重要启示"④。"侯外庐先生作为中国马克思主义史学一位大师，在中国史学走向现代意义的科学化的历程中，发挥了重大的作用，树立了不朽的丰碑。他的皇皇巨著，他的理论建树，以及以他为首所形成的一个有宗旨、有成就、有影响、有传人的史学学派，是他对中国马克思主义史学的杰出贡献。"⑤

卢钟锋《侯外庐与中国传统思想文化的研究》在同期发表。文章认为："侯外庐同志是我国老一辈的马克思主义历史学家。半个多世纪以来，他在中国社会史和思想史领域所进行的研究，为建立马克思主义的历史科学做出了开拓性的贡献。这已经为世人所公认。我要特别指出的是，侯外庐先生在研究中国传统思想文化方面的杰出成就及其为科学地总结祖国的历史文化遗产所做出的开创性的贡献。可以这样说，侯外庐先生是我国运用马克思主义全面、系统地研究中国传统思想文化并建立起完整的科学体

---

① 《中国史研究》1994 年第 1 期，第 11 页。
② 同上刊，第 12 页。
③ 同上刊，第 13 页。
④ 同上刊，第 14 页。
⑤ 同上刊，第 15 页。

系的史学大师。"① 先生在方法论方面的原则有：（1）"坚持以社会史为基础的研究方向"。"侯外庐先生不但提出了研究中国思想史必须从经济入手，并说明经济基础、政治上层建筑、意识形态之间的辩证关系，而且认为研究中国思想史必须以社会史为基础，以便对它作社会史方面的说明。这样，侯外庐先生就把原来被头脚倒置了的中国传统思想文化的研究重新颠倒过来，使之脚踏实地，眼睛向前，因而就能高屋建瓴，统观全局，看清中国传统思想文化发展的大势而不至于迷失方向。这是中国传统思想文化研究领域中一次带有方向性的转变，它确立了社会存在决定社会意识这一历史唯物论对于中国传统思想文化（研究）的指导地位，具有划时代的意义。"②（2）"坚持历史分析的方法"。"所谓历史分析的方法，它包含有两层意思：一方面，既要承认社会存在对社会意识的决定作用，把传统思想文化如实地看作是社会历史的产物，因此，必须对它作社会历史方面的说明，揭示它所反映的社会历史内涵；另一方面，又要承认传统思想文化的相对独立性，就是说，它除了受社会历史条件制约以外，还有其自身发展的内在逻辑，因此，在对它作历史方面的说明，揭示它所反映的社会历史内涵的同时，还必须揭示它自身的发展脉络和性质特点。侯外庐先生对中国传统思想文化的研究始终坚持这一历史分析的方法，把上述两个方面有机地统一了起来。"③ "由于侯外庐先生坚持了历史分析的方法，因而使他对于中国传统思想文化的研究，既避免了机械论，又防止了主观性，实现了历史与逻辑的辩证统一。显然，这是研究中国传统思想文化的最科学的方法，需要我们在科学实践中更好地发扬、光大。"④（3）"坚持两种文化的观点"。"侯外庐先生既然把这一历史唯物论（社会存在决定社会意识）的基本原理作为研究中国传统思想文化的方向，那么，势必要坚持和贯彻两种文化的观点。"⑤（4）"坚持重在发扬优良传统的学术宗旨"。"侯外庐先生之所以坚持两种文化的观点，是旨在批判地继承中国传统思想文化，其最终目的是为了表彰祖国历史文化的优良传统，更好地为社会主义

① 《中国史研究》1994 年第 1 期，第 16 页。
② 同上书，第 16—17 页。
③ 同上刊，第 17 页。
④ 同上刊，第 18 页。
⑤ 同上刊，第 18—19 页。

的文化建设服务。"① 文章指出："综观侯外庐先生研究中国传统思想文化的方法论基本原则，我们可以看到它们之间的内在联系，而坚持以社会史为基础的研究方向则是其中的主线，它贯串于侯外庐先生的科学研究的全过程。侯外庐先生的这些方法论基本原则有其产生、形成、发展的过程，它们产生于30年代，形成于40年代，建国以来又得到了进一步的发展而更臻于完备，成为侯外庐学派的学术风格和理论特征。""侯外庐先生所坚持的上述方法论基本原则对于当今我们从事中国传统思想文化的研究仍然有着理论指导意义。"②

龚杰《侯外庐思想史学与精神文明建设》在同期发表。文章认为：(1) 关于"侯外庐思想史学的科学预见精神及其启示"："从事思想史学的许多同志往往都有这样的体会，就是每当读到同行或者是自己取得了某些接近于科学、接近于实际的研究成果时，再回过头来读一读侯先生的论著，感到倍加亲切。因为在这些新的研究领域和研究成果中，有许多方面侯先生已经提出了见解，或是提出了设想，或是提出了方向。……我们衡量侯外庐思想史学的学术价值，不仅要看它阐明了多少人们已知的思想现象，而且要看它是否具有以及具有多大的科学预见。正是这种科学预见才保持着侯外庐思想史学的学术青春，使得后继者屡读屡有收获，开篇必受益。"③ (2) 关于"侯外庐思想史学的理论创造精神及其弘扬"：先生"在思想史学的研究中一贯坚持理论创新，……特别是，他在思想史学的内容上提出了'纵通'与'横通'相结合的研究原则，奠定了思想史学研究的基本方向，具有重要意义。"④ (3) 关于"侯外庐思想史学的现代思维精神及其意义"："侯外庐思想史学在方法上的特定是辩证分析和定量分析。辩证分析，就是侯先生所使用的阶级分析法、经济分析法、历史分析法以及中西文化比较法等等，这些方法，学者称之为'现代思维'，并作了多方面的论证，从一个侧面剖析了侯先生取得重大学术成就的方法论上的原因，这是完全必要的。但不能由此忽略侯先生所使用的定量分析方法。定量分析是侯先生用数学方法对传统'考证辨伪'的发展，它与辩证分析一

---

① 《中国史研究》1994 年第 1 期，第 20 页。
② 同上书，第 22 页。
③ 同上书，第 23 页。
④ 同上刊，第 24 页。

样也是'现代思维'。"①

2 月

吴长庚《国际侯外庐学术讨论会综述》发表于《上饶师专学报》1994年第 1 期。文章从"生平著述与评价"、"学术成果与理论贡献"、"关于侯外庐学派"、"关于近代史上科学与人文的关系"、"中国思想史研究与展望"五个方面进行论述。

4 月

李锦全《海瑞评传》由南京大学出版社出版。李锦全在序中云:"用影射史学来制造文字狱,在封建时代早有这种手法'文革'中更是变本加厉。但这样一来,海瑞精神被扼杀和歪曲了,并且连历史上的清官也受到株连。"②

5 月 20 日

刘宝才、梁涛《侯外庐〈中国古代社会史论〉的史学开创意义》发表于《东北师大学报》(哲学社会科学版)1994 年第 3 期。文章认为:"马克思主义史学研究应该包括两方面的内容:一是以马克思主义为指导对具体的历史现象进行分析、研究;二是通过具体的历史研究来丰富、发展马克思主义的基本思想。与前者相比,后者更为重要,更能反映史学的本质。侯老的《中国古代社会史论》通过对中国社会特殊的探讨,不仅坚持、宣传了马克思主义,而且丰富、发展了马克思主义。这正是我们突出《中国古代社会史论》史学开创意义的原因所在。""侯外庐先生对中国古代社会特殊性的探讨是在亚细亚生产方式理论的指导下进行的。以亚细亚生产方式理论研究中国古代社会是自二三十年代以来的传统,并无特别之处。所不同的是,侯老对亚细亚生产方式理论本身进行了长期深入探讨,经过追根究底的严密思考,形成了自己的见解。他在这个史学理论方面付出的功力之大,独到见解之深,是各大家中最突出的。这是《中国古代社

---

① 《中国史研究》1994 年第 1 期,第 26 页。
② 李锦全:《海瑞评传》序,《海瑞评传》,南京大学出版社 1994 年版,第 3 页。

会史论》具有持久学术生命力的重要原因。"① "亚细亚生产方式理论提供
了研究中国古代社会的理论基础，进行研究的时候还必须全力抓住决定性
的历史现象，依据可靠的历史资料对之作深入的考察。我们研读《中国古
代社会史论》，有这样的感受：侯先生研究中国古代社会全力抓住的决定
性历史现象是城乡问题。"② 在治学方法上，"侯外庐先生一贯强调'求
实'与'贵疑'在治学中的重要性。""侯老是人民革命事业的积极参加
者，具有崇高的社会使命感。他将个人的命运同民族的命运结合起来，将
学术研究同现实生活结合起来"③。

5 月

方克立任主编，卢育三、吕希晨、周德丰任副主编的《中国哲学大辞
典》由中国社会科学出版社出版，收入"侯外庐"④、《中国近代思想学说
史》⑤、《中国思想通史》⑥ 词条。

同月，何兆武《历史理性批判散论》由湖南教育出版社出版。"自序"
说："解放以后，我有幸多年在历史研究所参加侯外庐先生的班子，作为
他的助手，从而又有机会重新学一点思想史。""我以为以侯先生的博学宏
识和体大思精，确实是我国当代一派主要历史学思潮的当之无愧的奠基
人。侯先生是一个真正的马克思主义者。……侯先生是真正力图以马克思
本人的思想和路数来理解马克思并研究历史的，而其他大多数历史学家却
是以自己的思想和路数来理解马克思并研究历史的。"⑦ "先生给我最大的
启发是：他总是把一种思想首先而且在根本上看作是一种历史现实的产
物，而不单纯是前人思想的产儿；他研究思想史决不是从思想到思想，更
不是把思想看作第一位的东西。这一观点是真正马克思主义的，即存在决
定意识而不是意识决定存在。……此外，侯先生对辩证法的理解基本上也
是马克思主义的（有时虽也不免偏离），即矛盾双方是由对立斗争而达到

---

① 《东北师大学报》（哲学社会科学版）1994 年第 3 期，第 9 页。
② 同上刊，第 9—10 页。
③ 同上刊，第 12 页。
④ 方克立主编：《中国哲学大辞典》，中国社会科学出版社 1994 年版，第 526 页。
⑤ 同上书，第 117 页。
⑥ 同上书，第 120 页。
⑦ 何兆武：《历史理性批判散论》"自序"，《历史理性批判散论》，湖南教育出版社 1994 年
版，第 15 页。

更高一级的统一；而流行的见解则认为那是一场你死我活的斗争，以光明的一方彻底消灭黑暗的一方而告结束，把辩证法讲成了一种现代版的拜火教。"文革"中侯先生遭遇不幸，仅从理论思维方面看，似乎也理所当然地是在劫难逃。"① 该书在《释"国民"和"国民阶级"——兼忆侯外庐先生》一文中提出："自由人、公民、土地私有者和有产阶级指的是同一个内容，这也就是侯先生著作中'国民'一词的涵义。"② "侯先生所使用的'国民'一词，其含义即相当于马克思、恩格斯论述古典罗马社会时所说的平民。"③

6 月

姜广辉《理学与中国文化》由上海人民出版社出版，作者在"后记"自述："过去我参加《宋明理学史》集体编书工作，对理学研究发生浓厚的兴趣。"④

同月，日本学者土生川智昭《试论戴震思想及其在中国哲学史上的地位——现实与虚构》发表于《中山大学研究生学刊》（社会科学版）1994年第 2 期。文章引用《中国思想通史》第五卷对戴震的评价，认为"侯外庐论戴学，是相当严厉的。他把戴震排名于王夫之、颜元等清初大儒之下。然而，他也指出在戴震所著的《孟子字义疏证》中包含着积极因素"⑤。

8 月

张岱年与张明为名誉主编，方克立、王其水主编的《二十世纪中国哲学》第二卷《人物志·上》由华夏出版社出版，收入孟祥才、孟庆仁合作《侯外庐》。文章认为：先生关于"亚细亚生产方式和中国古代社会发展路径的观点尽管在学术界没有得到普遍的认同，但由于其见解的独到和深刻，仍然产生了很大的影响，引起了广泛的重视。另外，他在中国社会史

---

① 何兆武：《历史理性批判散论》"自序"，《历史理性批判散论》，湖南教育出版社 1994 年版，第 16 页。

② 同上书，第 353 页。

③ 同上书，第 357 页。

④ 姜广辉：《理学与中国文化》"后记"，《理学与中国文化》，上海人民出版社 1994 年版，第 438 页。

⑤ 《中山大学研究生学刊》（社会科学版）1994 年第 2 期，第 7 页。

的研究中提出的关于氏族制残余和家、室的观点，关于中国古代'城市国家'起源和发展的观点，关于古代先王观的论点，都对探索中国奴隶社会的发展规律和历史特点具有关键意义，获得了史学界广泛的赞誉，被吸收写进越来越多的论著和教科书中"①。"侯外庐的思想史和哲学史著作，以马克思主义的辩证唯物论和历史唯物论为指导，对殷周以来直到'五四'运动前的中国思想史、哲学史发展的进程进行了深入、细致的探索。他一反旧的传统学者在中国哲学史研究中所运用的那一套理论和方法，紧紧抓住历史上唯物与唯心、辩证法和形而上学斗争的主线，努力寻求中华民族思维发展史的独特规律，着力弘扬唯物主义认识路线，对形形色色的唯心主义谬论进行批驳，表现了鲜明的马克思主义党性原则。侯外庐特别重视发掘以往哲学家有意无意忽视的那些唯物主义者、神学异端、理学异端等思想家，……与此相应，侯外庐对中国哲学史上唯物主义和朴素辩证法传统的研究也倾注了很多热情和精力，认为它是中国哲学的精华所在，侯外庐在充分肯定唯物论和朴素辩证法是中国哲学史上优良传统的同时，并没有对唯心主义采取简单粗暴的否定态度，而是在科学剖析的基础上，既总结其在认识上失足的教训，又肯定其在思维发展史上深化认识论和辩证法的积极作用。"②"侯外庐的思想史和哲学史研究具有自己的鲜明特点，除与社会史紧密结合，严格遵循经济基础决定上层建筑的马克思主义基本原理外，还特别注意解决前人未解决的疑难问题。侯外庐同志还坚持提倡和实践'学贵自得'、贵在创新的原则。……最后，侯外庐的学术研究，不像某些教条主义者，随便拿几条史料附会马克思主义原理，肆意改铸中国历史的面貌，而是在马克思主义指导下，详细地占有材料，分析材料，通过艰苦的研究，得出科学的结论。"③"由于时代条件的限制，侯外庐的著作也不是没有缺点和无懈可击的。他对某些史料的解释还欠精审严密，个别结论看起来也比较牵强，更由于他在行文上受马克思早期著作影响较深，再加上某些术语、概念比较特别，因而使《中国思想通史》的某些章节显得'文字艰涩，深奥难懂'，在一定程度上影响了它的流布。"④

同月，张岂之《寿彝先生二三事》发表于北京师范大学史学研究所编

---

① 方克立、王其水主编：《二十世纪中国哲学》第2卷，华夏出版社1994年版，第374页。
② 同上书，第375页。
③ 《二十世纪中国哲学》第2卷，华夏出版社1994年版，第375—376页。
④ 同上书，第376页。

《历史科学与历史前途——祝贺白寿彝教授八十五华诞》。文章提到："1958年春，外庐先生主持《中国思想通史》第四卷的编写工作会议，……外庐先生事先向我们几位年轻助手介绍过寿彝先生，说白先生学问渊博，谈吐儒雅，而在学术观点上和他近似等等。"[①]

9 月 20 日

黄宣民致信陈一壮："据我所知，在'文革'前，杨、侯二老相互认识，而且在杨老任职中央党校期间，侯老常被邀去学校讲历史课，彼此见面的机会是常有的，但他们此时似乎没有谈到方以智和'合二而一'的问题。因为在《东西均》出版以后，侯老并未送书给他，而杨老也说是他买到《东西均》之后才注意'合二而一'的哲学命题。""杨老（杨献珍——编者注）发表赞成'合二而一'的观点时，事前并没有与侯老联系。但由于侯老最先发掘出方以智的'合二而一'思想，尔后为杨老所用，故在'文革'中，这也成了侯老的一大'罪案'。记得80年代初，杨老获得平反后，亲自到大方家胡同看望侯老，侯老激动不已。杨老向他讲述了他如何注意到'合二而一'，后又如何成了一桩'罪案'的经过，……杨老向侯老表示歉意，说是他连累了侯老，侯老因艰于言语，只是摇头。'合二而一'本来是一个学术问题，但在'阶级斗争为纲'的年月里，学术探讨竟被上纲为政治上的'三反'，受到严重的政治迫害。然而，这一历史悲剧在杨、侯二老前已告结束。为此，他们见面时又感到庆幸。"

10 月 25 日

孙开泰《关于侯外庐先生论〈管子·白心〉等篇著者问题的一次谈话》发表于《晋阳学刊》1994 年第 1 期，又载《中国哲学史》1994 年第 3 期。

世用《纪念侯外庐教授诞辰 90 周年暨中国思想史学术讨论会综述》在同期发表。

赵世超《学习侯外庐先生　自觉清除历史研究中的教条主义》在同期发表。文章以"氏族制残余"问题为例来论述先生如何正确运用唯物史观。

---

① 《历史科学与历史前途——祝贺白寿彝教授八十五华诞》，河南人民出版社 1994 年版，第 195 页。

　　杨生民《侯外庐先生在封建土地所有制形式研究中的卓越贡献》在同期发表。文章提出："我学习侯先生封建土地所有制形式问题上的理论，是从1960年开始的。那时我在广州中山大学历史系读研究生，正值侯先生于《新建议》1959年第4期发表《关于封建主义生产关系的一些普遍原理》。不久，教研室组织我们学习先生的文章，讨论中国封建土地所有制形式问题。主张封建土地私有制，批评国有制，似乎是当时的一个思潮。我是个学生，当然也受影响。但是，我当时的学习还是有收获的，侯先生的文章很难懂，为了弄懂就要反复学习，反复钻研。通过学习，接触了大量马克思有关封建土地所有制的基本论述。后来，越着年龄、经验、阅历的增长，知识的积累，'文革'后，当我再次探讨封建土地所有制形式问题时，我即发现侯先生所阐明的一系列的观点都是正确的、深刻的。"[①] 文章对"判断土地所有权归属的标准问题"、"封建土地所有制的一个实质性的特点是土地与权力、特权相结合"和封建土地国有制等问题进行了论述。

12 月

　　张岂之《侯外庐先生论学书》发表于《史学史研究》1994年第4期。文中云："1973年外庐先生因在'文革'期间遭受残酷迫害，已患脑血栓症，但他仍然坚持教导我们编写《中国思想简史》（出版时改名《中国思想史纲》）、《中国近代哲学史》。当时我在西安市西北大学，每隔三两天就会收到外庐先生的信。这些信全部内容都是论学，不谈其他任何问题。二十多年来我一直珍藏着外庐先生的这些信。现在我选出其中的几封，并作简要说明，征得外庐先生生前友好白寿彝先生的同意，发表于《史学史研究》，供学界参考"[②]。

一九九五年（乙亥）

　　3月1日，冯契（1915—1995）逝世。

---

① 《晋阳学刊》1994年第1期，第30页。
② 《史学史研究》1994年第4期，第6页。

6月28日，中央党校哲学部举行"中国传统文化的研究现状及其走向研讨会"。

8月3日至8日，中华孔子学会和北京市平谷县人民政府联合召开"儒家思想与市场经济国际学术研讨会"。24日，中国社会科学院举行"金岳霖百年诞辰纪念大会暨学术讨论会"。同月，周礼全主编《金岳霖文集》由甘肃人民出版社出版。

9月1日至4日，中国魏晋南北朝史学会年会暨国际学术讨论会在湖北襄樊举行。

11月，白寿彝总主编，白寿彝、高敏、安作璋主编的《中国通史》第四卷（中古时代·秦汉时期）上册由上海人民出版社出版。

12月4日至6日，中国孔子基金会学术委员会与中央党校科研部联合召开"马克思主义与儒学"学术研讨会。21日，纪念中国社会科学院哲学所成立暨《哲学研究》创刊40周年庆祝大会和哲学走向21世纪研讨会在北京举行。同月，澳门中国哲学会主办、中国社会科学院哲学所协办、澳门文化司赞助的"综合与创新——张岱年哲学思想研讨会"在澳门举行。白寿彝总主编，何兹全主编的《中国通史》第五卷（中古时代·三国两晋南北朝时期）上册、黎虎主编的下册由上海人民出版社出版。

2月20日

龚杰《读〈剑桥中国史〉》发表于《华夏文化》1995年第1期。文章提出："对秦始皇'焚书坑儒'的评价，侯外庐早在本世纪20年代就指出：以前有人过分夸张了秦人焚烧诗书百家的作用，经过近代的研究，证明这是不符合历史实际的。在汉代，古代的思想材料相当完整地保留着。后来，李学勤参加整理新出土竹简帛书，进一步证明秦朝的禁令所造成的只是学术文化的暂时低潮，并没有真正截断中国古代的文化传统。侯外庐的论断，李学勤的证明已经被直接或间接地融入《剑桥中国秦汉史》。"①

3月

张岂之《王国维、陈寅恪的学术研究与马克思主义史学》发表于《清华大学学报》（哲学社会科学版）1995年第1期。文章认为："如果说郭

---

① 《华夏文化》1995年第1期，第61页。

沫若以马克思主义为指导，在其《中国古代社会研究》一书中证明了中国
与西方一样，经历了氏族社会、奴隶社会、封建社会的发展阶段，并论证
了商周之际是氏族社会向奴隶社会的过渡阶段，侯外庐则通过具体研究指
明了中国氏族社会向奴隶社会过渡的特殊途径。而他们的研究都是从王国
维的研究成果出发的。王国维对于中国上古历史的研究成为了马克思主义
史学揭示上古历史演变规律的基础。由此可见，中国近代史学纵然在某些
基本观点上存在差别，也因此而显示出史学家的不同派别，但他们在研究
成果上则存在继承与创新的关系。"[1]　"马克思主义史学家侯外庐很重视陈
寅恪关于隋唐文化史的研究。《中国思想通史》第四卷上册第一章论中国
封建社会的阶级关系、等级制及唐代等级制度的再编制、唐代统治阶级集
团内部的分野和党争，就利用并改造了陈寅恪关于隋唐社会关系的分析
成果。侯外庐不同意陈寅恪将豪族与庶族说成是两个阶级的说法，也不
同意陈寅恪惋惜门阀士族的态度。他认为如果将当时的生产关系与经济
背景相联系，就会发现其中更为复杂的社会联系，就会更加深刻地认识
到各种不同阶层的阶级属性。但侯外庐也认为唐代安史之乱是中国封建
社会土地制度的转变时期。"[2]　"侯外庐还分析了封建社会前后期思想文
化的变化。……值得注意的是《中国思想通史》第四卷对韩愈和柳宗元
的分析，与陈寅恪在《元白诗笺证稿》中对韩愈、柳宗元的评价基本是
一致的。陈寅恪还第一次提出了元和文士中天道人道长短问题，……这
些在侯外庐《中国思想通史》第四卷中也有所继承和创新。"[3]

　　同月，金家诗《受命危难　展现辉煌——对中国三四十年代马克思主
义史学之回顾》发表于《青海大学师院学报》1995 年第 1 期。文章认为：
先生在 20 世纪 40 年代的重要著作"是中国马克思主义史学开始走向成熟
的标志"[4]。

5 月 13 日

　　李学勤《〈颜钧集〉序》发表于《中国社会科学院研究生院学报》
1995 年第 3 期。文章认为："1957 年夏季，侯外庐先生主编的《中国思想

　　[1]　《清华大学学报》（哲学社会科学版）1995 年第 1 期，第 4 页。
　　[2]　同上刊，第 8 页。
　　[3]　同上刊，第 9 页。
　　[4]　《青海大学师院学报》1995 年第 1 期，第 23 页。

通史》第四卷开始编著。这一卷包括唐宋元明，泰州学派的研究列为重点。""侯外庐先生对泰州学派的评价，是以他研究十六七世纪中国思想演变的总认识为背景的。他为前苏联《哲学问题》杂志撰写一篇论文，题目是《十六世纪中国的进步的哲学思潮概述》（中文本发表于《历史研究》，后收入《侯外庐史学论文选集》，改题《十六、七世纪中国进步哲学思潮概述》）。文中阐述'当时出现了四种进步的哲学思潮'，其一便是'泰州学派的反封建的异端思想'，并提出'泰州学派的思想是传播于下层社会的，因而被封建统治阶级目为黄巾五斗、左道惑众'。""《中国思想通史》第四卷，以及后来的《中国思想史纲》、《宋明理学史》，都讨论了泰州学派，但颜钧一直没有材料，在学派的系统中缺了一个重要的链环，这是何等遗憾的事。""通过《思想通史》第四卷的工作，我们对十六七世纪思想文化的宏富，有强烈的感受。我和杨超先生特别有兴趣于明清之际。"①"黄宣民先生追随侯外庐先生多年，继任侯先生创建的历史研究所中国思想史研究室主任，于思想史有深湛研究。他在获见本书后，精心研究整理，曾在国外举行的会议上提出《平民儒者颜钧及其大中哲学》论文。他还广征各种文献，为颜钧新编年谱，使其行事学承昭然于世，这部《颜钧集》于是更为完美。""尤其令人欣幸的是，黄宣民先生的工作已不限于颜钧一人一书，而扩充到整个泰州学派。他由颜钧上溯到王艮和徐樾，又下延至何心隐、罗汝芳等人。他注意了王艮弟子樵夫朱恕，以及朱的弟子陶工韩贞，特将万历本《韩乐吾先生遗集》与雍正本《韩乐吾集》汇编校订，成为《韩贞集》，附于《颜钧集》后，无疑会受到大家的欢迎。"②

5 月 15 日

高增德《"不苟异亦不苟同"——侯外庐及其思想史学派的学术个性》发表于《江汉论坛》1995 年第 5 期。文章认为："侯外庐及其思想史学派在治中国思想史方面，不仅成就斐然，而且自成体系，这是毋庸多言的。我认为，作为治学，最值得重视的是其取得成就和构架体系的基本原则、基本方法和基本精神以及所形成的学派基本群体，这些方面恰恰是这个学

---

① 《中国社会科学院研究生院学报》1995 年第 3 期，第 74 页。
② 同上刊，第 75 页。

派的最可继承和发展的精神财富及其最具启示学人的治学要诀。"① "侯外庐及其思想史学派的治学特色或者治学特征"有"这个学派所恪守的基本原则就是历史唯物论"、"这个学派所运用的基本方法就是独立自得"、"这个学派所坚持的基本精神是求实创新"、"这个学派形成了一个学有造诣的基本群体",而"不苟异亦不苟同"这句话"最可言侯外庐及其思想史学派的根本特征,既期望这个学派在发展过程中多有弘扬和发挥,企盼思想史学界甚或社会科学界在这方面能继承和发扬这种学术风气"②。

8 月 20 日

方光华《试论侯外庐与章太炎的先秦学术史研究》发表于《西北大学学报》(哲学社会科学版)1995 年第 4 期。文章认为:"侯外庐的研究方法,不但吸取了章太炎史学方法思想的精华,也解开了章太炎史学方法的迷惑,并且开创了一条把马克思主义史学原理与中国历史的具体实际相结合的马克思主义史学研究道路。根据这一方法,侯外庐将中国社会史、思想史研究提高到了更高的层次。"③ "先秦思想学术史经过侯外庐的研究,初步达到了新史学的基本目的。一个现代人眼光下的历史与逻辑相统一的先秦思想学术体系已比较丰满地体现出来。它既不是某种原理的简单笼括,也不是朴学家的支离繁琐。应该说它符合章太炎的新史学理想。"④ 先生之所以高度重视章太炎的学术思想,是因为"新史学目标的实现,新史学学术体系的建立,需要几代史家研究成果的积聚"、"新史学要实现总结历史规则的目标,不但要分析历史的真相,而且要发掘其深层的原因"、"侯外庐与章太炎在治学性格上有相似之处"。文章最后指出:"从章太炎与侯外庐学术思想和学术成果的继承和发展的关系,我们可以认识到,否认马克思主义史学的科学性、严肃性,否认史学阵营的对立和冲突是不正确的;但否认新史学阵营的统一和融合也是不正确的。唯物史观确实与其他史学观点有分歧,但不能由此无视他们的联系和影响。如果用机械论和庸俗社会学来代替唯物史观,又排斥其他史学流派的优秀的学术方法和研

---

① 《江汉论坛》1995 年第 5 期,第 41 页。
② 同上刊,第 45 页。
③ 《西北大学学报》(哲学社会科学版)1995 年第 4 期,第 41 页。
④ 同上刊,第 43 页。

究成果，就不可能使新史学得到进一步发展。"①

9 月

张越《关于中国思想史、文化史的研究——张岂之教授访问记》发表于《史学史研究》1995 年第 3 期。张岂之认为："作为一位著名的中国马克思主义史学家，侯外庐先生为我国古代社会史、思想史和哲学史的研究作出了开拓性的贡献。我们应当继承和发扬侯外庐先生留下的宝贵的精神财富，吸取其中经过历史考验而为史学界、哲学界所认同的一些创造性见解，继续开辟中国社会史、思想史和哲学史研究的新领域，提出新成果，推进和发展这些学科的建设。简要来说，我觉得有以下几个方面是值得我们仔细研究，加以继承和发扬的。第一，坚持历史唯物论作为思想史、哲学史研究中的理论指导原则。多少年来，侯先生从未因'左'的东西的干扰而动摇自己的信念和观点。他进一步认为，马克思主义不是教条，我们应当在自己所从事的研究领域对其加以发展和丰富。他从不照搬苏联对于中国社会史的一些结论，而是通过自己的研究得出关于中国历史的独特见解。第二，不断注意发掘、占有新的材料。侯先生的著作在占有资料方面是非常丰富、完整的，甚至必要的考据和若干文字及书籍版本的考订，也不惜展开篇幅加以论述。方以智《东西均》的整理和出版就是一个例子。现在有一些人认为马克思主义史学不注意新材料，这种说法是没有根据的。第三，注意培养年轻人，并且敢于任用他们，让他们在实际工作中得到锻炼。由于侯先生重视人才的培养和梯队的建设，加上具有比较鲜明的理论特色，我们似乎可以认为已经形成了侯外庐学派。"②

10 月

萧萐父、许苏民《明清启蒙学术流变》由辽宁教育出版社出版。萧萐父在"跋语"中提出："40 年代，侯外庐推出《中国近世思想学说史》上下卷，似拟扬榷诸家而总其成。""50、60 年代，在从哲学到哲学史的专业转向中，我较认真琢磨的是黑格尔——马克思的哲学史观及其一系列方法论原则，同时，也努力抱注前辈学者的研究成果，使我深受启发的是：

---

① 《西北大学学报》（哲学社会科学版）1995 年第 4 期，第 44 页。
② 《史学史研究》1995 年第 3 期，第 44 页。

关于历史和逻辑相统一的分析方法，以及历史的发展只有到特定阶段才能进行自我批判和总结性反思的提示，关于中国史中两个'之际'——即把'周秦之际'与'明清之际'视为中国思想文化史上两个重大转变时期的提法，关于王夫之哲学标志着传统理学的终结和近代思维活动的开端的论断，关于晚明到清初崛起的批判思潮中的启蒙因素的发掘……"①

11 月

　　牟晓朋、范旭仑编《记钱钟书先生》由大连出版社出版。刘世南在《记默存先生与我的书信交往》中提到 1977 年致钱钟书信云："谈到真正的读书种子太少，名家也不免弄错。我举了侯外庐和周振甫两先生为例。侯先生《中国思想通史》第五卷论龚自珍，根据魏源说的'晚尤（侯误为"犹"）好西方之书'，就说'可惜他研究"西方之书"太晚，不见于言论，只有用"公羊春秋"之家法了'，把'西方之书'理解为欧美近代的政治、经济学说。其实'西方之书'是指佛经。黄庭坚《山谷全书》卷十九：'西方之书论圣人之学，以为由初发心以至成道，唯一直心，无委曲相。'就是指佛经而言。欧、美，晚清士大夫称为'泰西'，并不称'西方'。《龚自珍全集》第六辑从《正译第一》到《最录神不灭论》，四十九篇全是关于佛学的。可见侯先生读书不够认真。这一点，我在建国前就曾写信给侯先生，可能由于地址有误，他没有收到，因而该书一九五六年版仍未改正（见第 688 页）。"② 钱钟书回信云："周君乃弟之畏友，精思劬学，虚怀乐善，非侯君庸妄之论，……"③

一九九六年(丙子)

　　12 月 17 日至 19 日，"中西哲学与文化的融合与创新——纪念冯友兰先生诞辰一百周年国际学术讨论会"在北京举行。同月，白寿彝总主编，周远廉、孙文良主编的《中国通史》第六卷（中古时代·清时期）上下册

---

　　①　萧萐父、许苏民：《明清启蒙学术流变》，辽宁教育出版社 1995 年版，第 780 页。
　　②　刘世南：《记默存先生与我的书信交往》，牟晓朋、范旭仑编：《记钱钟书先生》，大连出版社 1995 年版，第 27—28 页。
　　③　同上书，第 30 页。

由上海人民出版社出版。同月,龚书铎、曹文柱、朱汉国主编的《中国社会通史》(八卷本)由山西教育出版社出版。

本年,《顾颉刚古史论文集》第三册由中华书局出版。

1 月 24 日

孟祥才《著名历史学家侯外庐》发表于《文史哲》1996 年第 1 期。文章认为:"侯外庐先生对我国马克思主义历史科学的巨大贡献,集中体现在他建立了中国社会史与思想史的独特而宏大的体系。……这一体系是他创造性地运用马克思主义观点和方法,全面研究中国历史实际,深入探索中国社会发展规律的结果。"[①]

2 月 15 日

林甘泉《20 世纪的中国历史学》发表于《历史研究》1996 年第 2 期。"抗日战争时期,马克思主义史学获得了迅速发展,……侯外庐对亚细亚生产方式等理论问题作了深入考察,指出中国古代社会的发展途径不同于希腊罗马的古典形态,具有'早熟'和'改良'的特点。与实证学者只就思想谈思想不同,郭沫若、侯外庐和杜国庠的思想史研究都注意联系社会史,探究各种学术思想流派由以产生的社会背景和时代特征,并在此基础上判明其历史地位和学术价值。侯外庐认为明末清初王夫之、黄宗羲、顾炎武等人的思想具有近代启蒙的意义,这个观点对史学界有较大影响。"[②]

2 月

黄宣民点校《颜钧集》由中国社会科学出版社出版。李学勤"序"云:"为这部《颜钧集》,即《颜山农先生遗集》写一小序,使我心中异常激动,因为这是我们三十多年来屡次访求而不能得的孤本秘籍。""1957年夏季,侯外庐先生主编的《中国思想通史》第四卷开始编著。这一卷包括唐宋元明,泰州学派的研究列为重点。鉴于《泰州学案》内容简略,前人的研究数量有限,侯先生十分注意这一学派作品的搜集。""侯外庐先生对泰州学派的评价,是以他研究十六七世纪中国思想演变的总认识为背景

---

① 《文史哲》1996 年第 1 期,第 68 页。
② 《历史研究》1996 年第 2 期,第 15 页。

的。他为前苏联《哲学问题》杂志撰写一篇论文，题目是《十六世纪中国的进步的哲学思潮概述》（中文本发表于《历史研究》，后收入《侯外庐史学论文选集》，改题《十六七世纪中国进步哲学思潮概述》）。文中阐述'当时出现了四种进步的哲学和社会思潮'，其一便是'泰州学派的反封建的'异端'思想'，并提出'泰州学派的思想是传播于下层社会的，因而被封建统治阶级目为'黄巾五斗'、'左道惑民'。'"①　"《中国思想通史》第四卷，以及后来的《中国思想史纲》、《宋明理学史》，都讨论了泰州学派，但颜钧一直没有材料，在学派的系统中缺了一个重要的链环，这是何等遗憾的事。"②　"黄宣民先生追随侯外庐先生多年，继任侯先生创建的历史研究所中国思想史研究室主任，于思想史有深湛研究。他在获见本书后，精心研究整理，曾在国外举行的学术会议上提出《平民儒者颜钧及其大中哲学》论文。他还广征各种文献，为颜钧新编年谱，使其行事学承昭然于世，这部《颜钧集》于是更为完美。"③

6 月

中国社会科学院史学史研究室编《新史学五大家》由社会科学文献出版社出版，收入李桦"侯外庐的史学"，包括"矢志翻译《资本论》"、"史学生涯的发端"、"《中国思想通史》的编撰"、"继续开拓与总结"。

7 月 28 日

张洲《侯外庐在西北大学》发表于《文博》1996 年第 4 期。

同日，赵小雷《法家失去统治地位的历史根源》发表于《西北大学学报》（哲学社会科学版）1996 年第 3 期。文章认为：法家的统治地位在汉代被儒家所取代，"其中固然有学术内部的及当时社会环境的种种具体因素，但最根本的原因则在于封建的大一统国家仍然延续了氏族统治的余绪，而这却不能不归咎于中国由氏族社会进入奴隶制国家的'独特'路径。对此，侯外庐的'早熟'理论给问题的科学界说指明了方向。"④　"由

---

① 李学勤：《颜钧集》序，黄宣民点校：《颜钧集》，中国社会科学出版社 1996 年版，第 1 页。

② 同上书，第 1—2 页。

③ 同上书，第 3 页。

④ 《西北大学学报》（哲学社会科学版）1996 年第 3 期，第 9 页。

于中国文明的早熟路径，国家采取了家族统治的形式，一方面是氏族传统的延续，一方面是土地私有制不居支配地位。商品经济不发达，没有形成一个独立自由的私有者阶级，并在社会生活中占据统治地位，就不能使财富构成一种独立的客体力量。在此条件下，以公平原则为基础的法治就不可能最终实现它的历史使命，即在国家生活中占据统治地位。这一现实不但作为外部条件决定了法家的历史命运，而且从内部决定了其理论构成的先天不足。"①

7 月

赵小雷《侯外庐的"早熟"理论对中国古史研究之意义》发表于《史学理论研究》1996 年第 3 期。文章认为：20 世纪 30 年代中国社会史论战的中心议题是"中国古代是否同西方一样，也经过了奴隶制阶段"，郭沫若及其反对者都忽视了中国社会的特殊性，"最早注意到这一问题，并从理论上给以纠正的是侯外庐。……从中国历史的特殊性出发，来分析论证中国由氏族社会进入奴隶制国家的独特路径，就是其最基本的理论特征"②。《中国古代社会史论》的重大史学意义在于它"不但科学地论证了中国奴隶社会的特殊性，并且给中国后来一些重大的历史现象及其规律的科学解释指明了方向，给史学上一些基本问题的解决，提供了理论基础和方法论保证"③，"侯外庐的'早熟'理论尽管不能代替对具体史学问题的专门研究，但它却为这些问题的解决，提供了一个理论背景和方法论基础，是这些基本的史学问题所不能回避的。……正是在这里侯外庐提供了最终的历史根源和理论根据"④。

9 月 25 日

刘世南《从对侯氏书的匡谬谈到学问功底的重要性》发表于《古籍整理研究学刊》1996 年第 5 期。文章就先生《中国早期启蒙思想史》中对魏源论龚自珍"晚尤好西方之书"所作的评论——"可惜他研究'西方之书'太晚，不见于言论，只有用'公羊春秋'之家法了"和"这是近代资

---

① 《西北大学学报》（哲学社会科学版）1996 年第 3 期，第 12 页。
② 《史学理论研究》1996 年第 3 期，第 34 页。
③ 同上刊，第 36 页。
④ 同上刊，第 43 页。

产阶级先辈的呼声"——进行商榷①，又指出先生对汪中《述学》的三处误读，认为："要研究中国古代思想史，观点与方法当然很重要，但首先得下苦功去通读研究对象的全部著作，以及他人的有关评论，逐字逐句认真读，要读懂，尤其要读研究对象本人所读过的书（至少是最主要最根本的，如汪中最熟悉的经部与子部），不能不求甚解，不能想当然。"②

9 月 26 日

龚杰《侯外庐学术思想对当代史学研究的启示》发表于《北京日报》，该文系对 1993 年《侯外庐思想文学与精神文明建设》的压缩与改写。

9 月

刘玉俊《试评对先秦名家的批判》发表于《陕西师范大学学报》（哲学社会科学版）1996 年第 3 期。文章认为："在现代学者中，对公孙龙批判得最严苛的似乎是郭沫若、侯外庐两位，特别是后者。但是，他们的批判大有可质疑之处。"③"侯外庐把施、龙定为诡辩思想家并没有拿出可以令人信服的理由。他以自己对公孙龙哲学思想的错误理解为据把公孙龙的话胡乱推演一翻，……""可以说，侯外庐对公孙龙哲学思想的评价是完全错误的。他对公孙龙哲学思想所下的结论不仅只是结论本身错了，而且是他对名家整个学派研究的导向错了。"④

10 月 3 日

黄宣民应江西萍乡市政协文史委员会的征稿而撰《柳下述学》，述其1959 年大学毕业后分配到中国科学院历史研究二所，旋被"分配到了侯外庐先生领导下的中国思想史组，从此与侯先生和中国思想史组（中国社会科学院成立后改为研究室）结下了不解之缘"："我和唐宇元、步近智、陈谷嘉一同进入思想史组工作。思想史组组长侯外庐，副组长高全朴，学术秘书李学勤和张岂之。此时，《中国思想通史》第四卷清样已到，于是我们的头一件工作就是参加该书的校对，学习查阅文献，校改错字与标点符

---

① 《古籍整理研究学刊》1996 年第 5 期，第 47 页。
② 同上书，第 48 页。
③ 《陕西师范大学学报》（哲学社会科学版）1996 年第 3 期，第 92 页。
④ 同上刊，第 93 页。

号。"他回忆："1959年国庆十周年过后，不久就开展'反右倾'整风运动。我没有想到侯外庐先生竟是'反右倾'整风的重点对象。我不晓得侯外庐先生与彭德怀元帅之间有什么联系，后来看见大字报，有人批评他的封建土地国有论，说他是反对土改的'修正主义'理论。在党内，对于侯先生的批判持续了相当长的时间，大概到1962年才公开宣布他不是'右倾机会主义分子'，给予平反。前几年，我才听到（邓）小平同志也讲了这件事，说是康生提出要批外庐同志的'封建土地国有论'，他找来侯的文章看过，谈得很好嘛！他知道康生要批外庐同志的观点是针对他的，针对他当时在农村经济政策上提出的'三自一包'，用现在的话说，就是当时农村的经济改革。现在很清楚，批判侯先生是康生提出来的，旨在反对小平同志当时提出的农村经济改革。这一层背景，我们过去是不了解的，连侯先生本人始终未曾晓得。他在50—60年代作过许多检讨，但他对于封建土地国有论这样一些重要理论观点却不会轻易检讨，表示放弃的。在'文革'中，他独自将所有关于封建土地国有论的文章以及其他有关封建社会史的论文汇集成书，名曰《中国封建社会史论》（后由人民出版社于1979年出版，1983年重印）。""1960年春，康生乘'反右倾'之风，又在香山一次会议上，提出写书也要搞群众运动，还推出某高校中文系搞群众写书运动的样板，并向哲学社会科学部各所的领导发出威胁，说谁不搞群众运动写书就摘谁的牌子。在这股压力下，历史所也开始动员搞所谓群众写书的运动，思想史组亦不能例外。当时有人提出要在几十天内写出一部《中国近代思想史》。有一天，组里正在开会，讨论如何着手写作。侯先生突然来到办公室，他听了大家的议论之后，发表他个人的看法，明确表示不赞成以群众运动方式写书，说写书是脑力劳动，而脑力劳动具有小手工业的特点，学术讨论是必要的，但不能大轰大鸣。他不是不赞成集体写书，而强调要在专家指导之下，要建立工作程序，才能保证写好书。他听说几十天就要写出一部几十万字的书，认为这是违反科研规律的，是一种儿戏。说完之后，起身走了。他如此抗命，必然会受到上面的批评。但他作为一个马克思主义者，从来都强调要有像马克思所说的忠诚于科学的态度。"1961年，"侯先生找我们新来的年轻人谈话，诚恳地希望我们利用这段时间认真读书，打好从事科研工作的基础。他还亲自布置我们先读《中国思想通史》和他的《中国古代社会史论》，要求做读书笔记，笔记要放置在办公桌上，准备他随时检查。于是我们五个青年人开始了打基础的读书生活。侯先生非常关心我们的成长，有空就到我们办公室，查看我们的笔记。同时他还交代他的几位工作助手给我们讲课。我们分别听了张岂之讲的《形式逻辑》、李学勤讲的《中国经学史》、何兆武讲的《西方思想史》、杨超讲的《康德哲学》等。我们还经常去哲学所听冯友兰（北大教授，兼任哲学所中国哲学史组组长）、吴则虞、容肇祖、王明等先生的课，也听范文澜（近代史所所长）、翦伯赞（北大历史系主任）、吴晗（北京市副市长）诸先生讲课。四川大学徐中舒、蒙文通二老来京，也在历史所讲学。在 1961—1962 两年间，我们不仅补习业务知识，也补习了马列理论课，读了不少马列的原著，特别是通读了《资本论》。侯先生曾费十年之力，翻译《资本论》，深知其中三昧。他说，《资本论》第一卷难懂，可以先从第三卷读起，要注意读关于地租的部分。他还常对我们说，马列主义既是史学研究的指导思想，更应是史学研究的理论基础。如果不把马列理论作为基础理论，所谓指导思想就是空的，做样子的"。1965 年第一次为侯先生起草《二十世纪林乐知念的"和平经"》，"他阅后颇为满意，不久就刊登在《人民日报》上。这是我协助侯先生工作的开端，也是他在'文革'前发表的最后一篇文章"。"在'文革'时期，1972—1973 年间，是一个相对稳定的时期。此时一些研究工作正在逐步恢复之中，如郭老主编的《中国史稿》，写作班子已经恢复工作；任继愈先生主编的《中国哲学史》已建立写作班子。侯外庐先生虽未获得'解放'，但军宣队也同意他开始撰写《中国近代哲学史》，于是张岂之和我以及其他几位同志一起参加他的写作班子。侯先生叫我写谭嗣同与辛亥革命时期的民主主义思想等章节。……《中国近代哲学史》中，由我执笔的部分是全书的四分之一。这是我研究创作的旺盛时期。""1978 年，郭老的'中国史稿'组解散，我回到思想史室，正式担任侯外庐先生的工作助手。除了帮助处理日常事务之外，主要还帮他写作、修改、出版专著与代写文稿。至 1987 年他逝世前的九年间，我为他完成的专著有：《船山学案》（岳麓书院 1982 年版，湖南长沙），《中国封建社会史论》（人民出版社 1979/1983 版，北京），《韧的追求》（回忆录，三联书店 1983 年版，北京），《侯外庐史学论文选集》上下卷（人民出版社 1987 年版，北京），《中国近代启蒙思想史》（人民出版社 1993 年版，北京。此书现已编为《中国思想通史》第六卷）。为他撰写的各类文章二十余篇。"

10 月

张岂之主编，王宇信、方光华、李建超撰述《中国近代史学学术史》由中国社会科学出版社出版。该书在"新史学方法论体系之三"等处论述先生的有关思想，认为："侯外庐从社会史转向思想史研究较晚，……但他的先秦学术思想史研究与他的社会史研究形成了有机的统一，使近代诸子思想学术的研究上升到一个更高的阶段。"①"马克思主义史学界侯外庐很重视陈寅恪关于隋唐文化史的研究，他后来编著的《中国思想通史》第四卷上册第一章论中国封建社会的阶级关系、等级制及唐代等级制度的再编制、唐代统治阶级集团内部的分野和党争，就利用并改造了陈寅恪关于隋唐社会关系的分析结果。"②"魏晋玄学是中古思想学生的一个重要文化现象。对这一现象如何评价，在近代学术史上形成了种种不同看法。梁启超、冯友兰等注重玄学的哲学命题及其意蕴，而汤用彤、侯外庐则主张把哲学命题与当时的社会历史相联系，……后一种主张越来越得到今人的公认。"③"侯外庐……用马克思主义观点和方法对近三百年的思想史作了初步探索。"④

11 月

何蜀《高明的导师》发表于《红岩春秋》1996 年第 6 期。该文根据《韧的追求》的有关材料，记述了周恩来在重庆期间对先生等进步学术工作者的领导。

12 月

方克立、王其水主编，先生为名誉主编的《二十世纪中国哲学》第三卷（论著述评）由华夏出版社出版，载陈立胜所作《新哲学教程》、孟祥才所作《中国思想通史》、李秀云所作《中国近代哲学史》。

---

① 张岂之主编：《中国近代史学学术史》，中国社会科学出版社 1996 年版，第 302 页。
② 同上书，第 323 页。
③ 同上书，第 326 页。
④ 同上书，第 348 页。

一九九七年(丁丑)

1月，白寿彝总主编，陈得芝主编的《中国通史》第七卷（中古时代·元时期）上下册由上海人民出版社出版。

2月19日，邓小平（1904—1997）在北京逝世。

3月，郭湛波《近五十年中国思想史》由山东人民出版社再版。

7月1日，香港回归祖国，中华人民共和国香港特别行政区政府成立。

9月12日至18日，中国共产党第十五次全国代表大会在北京举行，会议把邓小平理论确定为全党的指导思想。

12月，白寿彝总主编，史念海主编的《中国通史》第六卷（中古时代·隋唐时期）上册、陈光崇主编的下册均由上海人民出版社出版。

1月

日本学者太田幸男译《中国古代社会史论》日文版由名著刊行会出版。

同月，李埏、武建国主编《中国古代土地国有制史》由云南人民出版社出版。李埏在"前言"中云："1954年，近故马克思主义史学家侯外庐先生，在《历史研究》创刊号上，刊布了他的著名论文《中国封建社会土地所有制形式的问题》。这篇论文，对于我国土地制度史的研究，树立了一块重要的里程碑。它标志并启动了一个新阶段的展开。在这以前，这项研究一直没有得到应有的重视，只是一些断代史专家研究某一朝代的典章制度时，对那时的土地制度（如均田制）加以考述，至于通贯的、系统的研究是阙如的。作为社会经济史的基本问题，从所有制形式方面加以系统考察，则更是未之前闻。"①

3月

张岂之《春鸟集》由中国社会科学出版社出版，收入《永远的怀

---

① 李埏：《中国古代土地国有制史》"前言"，李埏、武建国主编：《中国古代土地国有制史》，云南人民出版社1997年版，第1页。

念——记外庐先生》及附录《侯外庐先生论学书二则》。《永远的怀念——记外庐先生》认为："作为老一辈的马克思主义史学家，侯外庐先生从事科学研究和培养学生的特点之一，就是他非常注意独立思考的训练，希望学生们在科学上有所创造，有所前进。"[1] "在《中国思想通史》第四卷编写过程中，关于社会史，侯先生的年轻助手们对他的封建土地国有制提出了一些质疑。侯先生很高兴，并不责备我们。他很重视这些意见。于是，助手们和侯先生研读《资本论》关于地租部分，研读《德意志意识形态》等书。又对一些关于中国封建土地所有制的重要史料加以分析。……经过师生间的探讨和研究，侯先生将'国有制'的含义和范围作了明确的论述。"[2] "我们师生间的文稿可以相互修改，侯先生鼓励我们这样做。……那时，侯先生自己写成的稿子送来，年轻人在他的稿件上有时也作文字修订，甚至是观点的修改。我们写的稿子，交给侯先生，一两万字，甚至三四万字，用不了几天，侯先生就把改稿送来。他改得很细，从内容到文字，从引语到分段，都作了详细修改。我们细读他的改稿，受益很多。侯先生平时很少给我们讲如何搞科学研究，然而，他通过和我们讨论问题，以及帮助我们修改文稿，亲切而又实际地带领着我们走上科学研究的道路。"[3]

5 月 15 日

魏文青《李颙早期启蒙思想简论》发表于《山西大学学报》（哲学社会科学版）1997 年第 2 期。文章提出："在清代晚期，梁启超等认为他（李颙）是一个固守程朱理学营垒的要员，虽经侯外庐等的拨乱反正，至今仍得不到公允评价。"[4] 该文从悔过自新说、明体适用说、坚持气节等三个方面揭示李颙的早期启蒙意识。

5 月

姜广辉《走出理学——清代思想发展的内在理路》由辽宁教育出版社出版。书中发扬先生的学说思想，如《关于早期启蒙思想的几个问题》即

---

① 张岂之：《春鸟集》，中国社会科学出版社 1997 年版，第 119 页。

② 同上书，第 119—120 页。

③ 同上书，第 120—121 页。

④ 《山西大学学报》（哲学社会科学版）1997 年第 2 期，第 26 页。

据先生之说而申论，并云："侯外庐先生研究明清之际的时代精神，把它概括为早期启蒙。侯先生研究思想史的基本方法，是以研究社会史为基础，对社会思潮加以全面考察之后，作出总体性把握，看它与社会史的联系及其所反映的时代特点。"① "在对社会经济、政治发展作出鞭辟入里的分析的基础上，侯先生进而研究明清之际的学术思想，指出：进步思想家们的思想尽管存在着'旧的和新的既和平共处，而又不共戴天'的矛盾，但启蒙思想的时代精神是与资本主义萌芽因素的发展相平行的，他们的进步思想不仅仅是'反理学运动的量变，而是按他们自己的方式表现出对资本主义世界的绝对要求'。而他们矛盾的思想体系、对封建社会与封建思想文化叛变的不彻底性，则'正反映着资本主义萌芽阶段的矛盾'，说明了新生的东西在旧社会母胎中还很微弱，如同中国社会正处于方生未死、新旧纠葛的矛盾困惑中，'17 世纪中国学者们的思想，在中世纪的长期冬眠中，既有适应历史发展的进步的因素，又有受传统的思想所束缚的因素'。这些进步思想虽然还不够强大，却已透射出预示近代社会即将来临的曙光，具有早期启蒙性质。" "侯先生是对中国 17 世纪思想界研究的卓有成效的代表人物，这不仅由于他的理论素养、旧学根底，而且还由于他的严谨学风和实事求是的科学态度。他的学术观点很有影响，许多专门研究明清之际学术思想的学者都接受'早期启蒙思想'的观点，这不是鉴于侯先生个人的权威性，而是从他们进一步的研究中证实了侯说的科学性。"②

同月，祝瑞开《中国思想史对外交流中迈出的可贵一步——评何兆武〈中国思想史〉英文本》发表于《国际儒学研究》第 3 辑，认为《中国思想史》"是继冯友兰《中国哲学史》上下两卷英译本，狄百瑞教授《中国传统资料选》二卷英文本之后又一本篇幅较大的中国哲学、思想史的译著。它在研究方法和观点上与前两本都有不同，风格迥异。"③

---

① 姜广辉：《走出理学——清代思想发展的内在理路》，辽宁教育出版社 1997 年版，第 67 页。
② 同上书，第 68 页。
③ 祝瑞开：《中国思想史对外交流中迈出的可贵一步——评何兆武〈中国思想史〉英文本》，《国际儒学研究》第 3 辑，中国社会科学出版社 1997 年版，第 401 页。

8 月

唐宇元《中国伦理思想史》由台湾文津出版社有限公司出版。

10 月 15 日

黄宣民《马克思主义文史学家侯外庐》发表于《新文化史料》1997
年第 5 期。文章认为：《中国思想通史》"博大、谨严、完整，自成体系，
充分显示出侯外庐学派的治学特色与风格，为国内外学术界所公认的有价
值的中国思想史名著。它的出版，也是中国马克思主义史学发展的一个标
志"①。

10 月

先生与邱汉生、张岂之主编的《宋明理学史》（第 2 版）上下卷由人
民出版社出版。

同月，老品、柯扬选编：《学海无涯苦作舟——名人谈治学》由同心
出版社出版，收入"侯外庐：饱尝甘苦的十年"。

11 月 22 日

刘承思《忆与端木蕻良的交往——致钟耀群同志的信》发表于《新文
学史料》1997 年第 4 期。

一九九八年（戊寅）

4 月 15 日，翦伯赞诞辰 100 周年座谈会举行。同月，《胡绳全书》由
人民出版社出版。

9 月，中国史学界第六次代表大会在扬州召开，大会选举理事 142 人，
选举金冲及为会长，李文海、李学勤、何芳川、张磊、张海鹏、张椿年、
龚书铎为副会长，张椿年兼秘书长。

---

① 《新文化史料》1997 年第 5 期，第 48 页。

2 月

张书学《中国现代史学思潮研究》由湖南教育出版社出版，其第六章
"马克思主义史学思潮"之第五节为"侯外庐：中国思想史体系的探索"。
该书认为先生"一生学术事业的丰碑主要是建筑在中国思想史领域，他对
我国古老文化的精神历程，从殷周之际到鸦片战争前夕，作了完整而深入
的论述，并逐步建立起马克思主义的中国思想史体系"①。

3 月

先生遗著《中国古代思想学说史》由辽宁教育出版社再版，收入"新
世纪万有文库·近世文化书系"（全套共三十七册）。

同月，陈少明《知识谱系的转换——中国哲学史研究范例论析》发表
于《学人》第 13 辑。文章认为："在二十、三十年代，分别是胡适、冯友
兰的'哲学史'版本走红，但从四十年代后期至五十年代以后，这一领域
便是侯外庐的解释独领风骚。侯不是一个人，而是代表一个学派，这个学
派围绕着《中国思想通史》的集体写作而形成。侯氏称自己（包括主编）
的作品为思想史，那不是因为他要否定哲学史，相反，是要把哲学史置于
更大的背景中来处理，这可以看作对哲学史的一种解释方式。而且，他选
择的方式同其对胡、冯的看法很有关系。"②"虽然侯氏把胡、冯都当作对
手，其实比较一下就知道，在对思想人物的褒贬方面，侯、胡的一致性远
大于胡、冯之间的一致性。除墨子、戴震不说，还有对庄子、对董仲舒、
对王充以及对许多理学与反理学人物的评价，差不多都是一样。……其
实，如果把'唯物主义'换一种说法，叫实验主义或功利主义，胡适也不
会有异议。其背后的原因是：无论胡还是侯，两者都站在反传统的立场
上，他们所依托的价值体系都是西方的，而且是倾向于西学中讲实用、讲
经验、讲科学的那种传统，这是自由主义者与马克思主义者'五四'以来
共同分享的思想源泉；同时，他们主要都采取一种历史的方法，即用'外
在解释'的方法处理思想史上的对象，故其所见自然会有略同之处。"③

---

① 张书学：《中国现代史学思潮研究》，湖南教育出版社 1998 年版，第 459 页。
② 《学人》第 13 辑，江苏文艺出版社 1998 年版，第 169 页。
③ 同上刊，第 169—170 页。

5 月 24 日

郑欣《何晏生年考辨》发表于《文史哲》1998 年第 3 期。文章质疑《中国思想通史》第 3 卷中何晏生于 195 年之说，认为"侯外庐等的考证十分粗疏。……侯外庐等的考证不能自圆其说"①。

5 月

许强《高德卓识，学者楷模——读侯外庐〈韧的追求〉》发表于《烟台师范学院学报》（哲学社会科学版）1998 年第 4 期。文章认为：先生的史德有"为人正直、是非分明、光明磊落"、"对事业和理想执着追求的精神"②，史识有"对马克思主义理论的学习、研究、发展和运用上。侯先生最突出的贡献，是他在中国历史的研究中把马克思主义史学理论民族化"、"一贯坚持实事求是的学风。这是他继承古代史家的直书的优良传统并同马克思主义唯物史观相结合的结果"③、"继承了古代史家史学'通识'的传统，并把它发展到一个更高境界"、"孜孜以求的独创精神"④。

10 月 15 日

陈春雷《侯外庐史学成就述略》发表于《历史教学问题》1998 年第 5 期。文章认为先生学术风格的特征有："坚持党性，科学分析"、"考证辨伪，实事求是"、"阐微决疑，学贵自得"、"虚心商榷，自我批评"、"弘扬民族优秀传统，推进马克思主义史学的中国化"。

10 月

卢钟锋《中国传统学术史》由河南人民出版社出版。作者在扉页题辞："谨以此书献给我的已故导师、著名历史学家、原中国科学院哲学社会科学部学部委员、历史研究所所长侯外庐先生！"

作者在"跋"中云："本书的研究方法，是思想史的研究方法。它坚

---

① 《文史哲》1998 年第 3 期，第 49 页。
② 《烟台师范学院学报》（哲学社会科学版）1998 年第 4 期，第 45 页。
③ 同上刊，第 46 页。
④ 同上刊，第 47 页。

持从社会历史环境、学术文化思潮切入，重点放在对历代学术史思想内容的分析上，这一研究方法本自我的导师侯外庐先生研究中国思想史的方法。侯外庐先生的中国思想史研究坚持从社会史切入，着重于经济基础、政治上层建筑和意识形态三者之间相互关系的说明，从而为中国思想的研究开创了新局面，取得了巨大的成功。他的《中国思想通史》已经成为人们公认的传世之作。侯外庐先生研究中国思想史的方法为创立这门学科奠定了科学方法论的基础，功不可没。……本书的研究方法，只是表达我服膺师法的学子情怀和对马克思主义的科学方法论的信念。"①

12 月 15 日

戴逸《世纪之交中国历史学的回顾与展望》发表于《历史研究》1998年第 6 期。文章认为："这 100 年内产生了许多杰出的历史学家，前半个世纪已有章太炎、梁启超、王国维、陈垣、陈寅恪、胡适、顾颉刚、钱穆，以及李大钊、郭沫若、范文澜、翦伯赞、吕振羽、侯外庐等人，这在中国历史上是罕见的。"②

12 月

《何兆武学术文化随笔》由中国青年出版社出版。该书"跋"云："50 年代起，我曾在侯外庐先生领导的班子中工作多年。在中国思想的研究方面，我以为侯先生是真正从马克思主义出发的，他研究前人的思想首先是从社会史入手，而不是单纯从思想论思想。我自己肤浅的感受，这样的研究路数，比较更近于历史的真相。然而从物质基础到思想理论却需经历一次质的飞跃，不能简单地把思想理论径直等同于社会基础，否则就有陷于庸俗唯物论的危险。"③

一九九九年（己卯）

1 月，白寿彝主编的《中国通史》第七卷（中古时代·元时期）上下

① 卢钟锋：《中国传统学术史》，河南人民出版社 1998 年版，第 527—528 页。
② 《历史研究》1998 年第 6 期，第 5 页。
③ 何兆武：《何兆武学术文化随笔》，中国青年出版社 1998 年版，第 458 页。

册由上海人民出版社出版。

3月，白寿彝总主编，陈振主编的《中国通史》第七卷（中古时代·五代辽宋金夏时期）上下册，王毓铨主编的第九卷（中古时代·明时期）上下册，龚书铎主编的第十一卷（近代前编1840—1919）上下册王桧林、郭大钧、鲁振祥主编的第十二卷（近代后编1919—1949）上下册均由上海人民出版社出版。

5月4日，纪念"五四"运动80周年大会在人民大会堂举行。

6月9日，由中国社会科学院哲学所与中华孔子基金会主办的"马克思主义与儒学"学术研讨会在北京举行。

7月9日，中国史学会成立50周年庆祝大会举行。

10月7日，国际儒学联合会、联合国教科文组织及国内著名高校和学术团体联合举办了"纪念孔子诞辰2550周年国际学术大会"。18日至20日，由中国社会科学院哲学所主办的"新中国哲学50年"学术研讨会在北京举行。

12月20日，澳门回归祖国，中华人民共和国澳门特别行政区政府成立。28日，刘大年（1915—1999，湖南华容人）逝世。同月，张荫麟《中国史纲》由上海古籍出版社再版。

1月

陈漱渝主编《说不尽的阿Q》由中国文联出版公司出版，收入《侯外庐论阿Q》，该文摘自先生所作《祝贺与希望——写给〈鲁迅研究年刊〉》（《鲁迅研究年刊》1979年创刊号）。

同月，黄宣民《明代泰州学派的平民儒学特征——〈王艮与泰州学派〉序》发表于《中国社会科学院研究生院学报》1999年第1期。文章认为："泰州学派是明代中叶崛起于民间的一个儒学派别。"[1]"反映出明代平民儒学的发展状况及其历史风貌。然自明代以后，平民儒学并没有获得进一步发展，清末以降，虽有周太谷为代表的新泰州学派出现，但后者更倾向于道教，而非承传王艮的平民儒学。"[2]

---

[1]《中国社会科学院研究生院学报》1999年第1期，第63页。
[2] 同上刊，第65页。

2 月 5 日

黄宣民《侯外庐对中国历史的探索》发表于《历史教学》1999 年第 2 期。文章认为：先生的治史生涯可以划分为早期（30 年代初至 40 年代中期）的"发轫期"，"侯外庐通过翻译《资本论》，为以后治学奠定了相当坚实的思想理论基础"，"1933 年，侯外庐撰写了《社会史导论》，着重讨论生产方式问题，主张依据不同生产方式来区别不同社会形态的质的规定性，表明他已确立科学的历史观和方法论"①，这一时期的作品还有《中国古典社会史论》、《中国古代思想学说史》等；中期（40 年代后期至 50 年代初期）"以撰著《中国思想通史》为中心，可称之为发展期或成熟期"，"该书博大、严谨、完整，自成体系，充分显示出侯外庐学派的治学特色和风格。此书是国内外学术界所公认的史学名著，也是中国马克思主义新史学发展的一个标志，丰富了中国史学的宝库"②；晚期（70 年代中期至 80 年代中期）是"继续开拓和总结的时期"③，作品有《中国封建社会史论》、《中国近代哲学史》、《中国思想史纲》、《宋明理学史》、《韧的追求》等。

3 月 25 日

周桂钿《80 年来中国哲学研究之嬗变》发表于《北京师范大学学报》（人文社会科学版）1999 年第 2 期。文章认为：《中国思想通史》是"是一部最早运用马克思主义来研究中国思想发展的权威的通史著作。全书以哲学思想为核心，兼及政治、经济、文化、科学诸方面的思想，着重于说明社会政治经济对思想发展的决定作用，说明前后思想的因革联系。特别重视对异端思想家的研究，同时给予较高评价。对于封建的正宗思想也给予了比较客观的评价。突出了唯物主义与唯心主义的两大阵营的对垒斗争，否定了封建正统观念和资产阶级观点。对于唯物主义哲学家如墨子、荀子、王充、范缜等都给予很高的评价，而对于中国历史上影响较大的正统哲学家则定为唯心主义，多加批判。以社会发展史来说明思想发展史，

① 《历史教学》1999 年第 2 期，第 6 页。
② 同上刊，第 7 页。
③ 同上刊，第 8 页。

使思想史的研究深化了许多，对于思想为什么会向这个方向发展，而不向另一方向发展，思想前后的变化理路，也得到一定程度的说明。使思想界面目一新，是当时社会上公认的最科学、最高明的理论。侯外庐《中国思想通史》在很长的时间内都是研究思想史、研究哲学史的人不得不读的很有权威的著作。"①

5 月 25 日

裴传永《试论孔子的政治理想》发表于《东岳论丛》1999 年第 3 期。文章认为："'论语大同'说即抽绎《论语》中的某些带有'大同'色彩的思想资料作为孔子的政治理想的一种观点，其代表人物是侯外庐（《中国历代大同理想》）和丁原明。"②"侯外庐、丁原明不轻信《礼记·礼运》的记载，而注意挖掘《论语》中的有关资料阐释孔子的政治理想，这一点是值得充分肯定的。但是他们对'大同'这个名词情有独钟，并自觉不自觉地以《礼记·礼运》所描述的'大同'社会为范本，从《论语》中抽绎材料加以比附，则又表明他们并未完全跳出'礼运大同'说的窠臼。他们这样立论，就不可避免地导致了孔子的政治理想与他的治国主张的不相一致。侯、丁二先生无法回避这一矛盾，遗憾的是他们不去从自己的立论中探寻产生这种矛盾的根源，相反，却不约而同地将这种矛盾归咎于孔子的思想本身，而认为这种矛盾内在于孔子的思想当中，……"③

6 月

高定彝《老子道德经研究》由北京广播学院出版社出版。该书引证《中国思想通史》第一卷第八章第四节《老子的经济思想》来论述《老子》第十一章"有之以为利，无之以为用"，认为这"是认识老子五千言中经济思想之基础"④。"老子为什么能做出如此概括，我倒同意侯外庐先生上面的论断。老子此论是概括了上古氏族社会经济形态到春秋封建社会开始形成时期这长期历史发展过程，的确反映了公有制社会和私有制社会劳动产品价值形态的不同表现形态。虽然没有如马克思研究资本主义社会

---

① 《北京师范大学学报》（人文社会科学版）1992 年第 2 期，第 69 页。
② 《东岳论丛》1999 年第 3 期，第 64 页。
③ 同上刊，第 65 页。
④ 高定彝：《老子道德经研究》，北京广播学院出版社 1999 年版，第 106 页。

后在政治经济学中明确概括商品的使用价值和交换价值的概念，但老子的'有之以为利，无之以为用'也已与马克思的概括含义十分一致了。"①

11 月 20 日

张岂之《五十年来中国古代思想史研究》发表于《中国史研究》1999年第 4 期。文章在"《中国思想通史》的学术价值"中云："《中国思想通史》是五十年来第一部马克思主义的中国思想通史。作者们将中国社会史和思想史的研究熔为一炉，本着历史与逻辑相统一的精神，对中国思想史的内容、演进、特色等进行了系统的分析和论述。"②

12 月 14 日

任继愈致信张岂之："《五十年中国古代思想史研究》，看过了，这是您很费心思、总揽全局的一篇大文章，我想这篇带有总结性的文章，会引起学术界的关注。也为今后写历史的人提供了重要参考资料。对有些质量差的著作，不免太宽容了。""侯外庐先生对中国思想史，对中国学术史，对文化史、通史都有不可磨灭的贡献，这些年来学术界对他逐渐淡忘了，有的饮水忘源，很不应该。您的文章做得很对，也看出您的治学文品有古风，也是中华文化的优良传统。学术界如果任凭逢蒙射羿之风滋长，就是学术界的悲哀。"③

二〇〇〇年（庚辰）

2 月 20 日至 25 日，江泽民在广东考察工作期间提出"三个代表"重要思想。

3 月 21 日，白寿彝（1909—2000）逝世。

6 月 28 日至 29 日，中央思想政治工作会议在北京举行。

12 月 9 日至 10 日，"传统与创新——第四届冯友兰学术思想研讨会"

---

① 高定彝：《老子道经研究》，北京广播学院出版社 1999 年版，第 106—107 页。
② 《中国史研究》1999 年第 4 期，第 6—7 页。
③ 张岂之：《略论任继愈先生的学术研究与唯物史观》，《华夏文化》2009 年第 4 期，第 5 页。

在北京举行。

1 月

朱政惠《吕振羽学术思想评传》由北京图书馆出版社出版，第四章"吕振羽的人际和学术交往概略"收入"吕振羽和侯外庐"。

同月，《杨向奎学术文选》由人民出版社出版。

2 月

王学典《翦伯赞学术思想评传》由北京图书馆出版社出版，第二章"学术交游"中有"与侯外庐"条目。该书认为先生在《韧的追求》中对翦伯赞的评价"是迄今所能有的对伯赞最传神而又最洗练的概括评价"①，而"侯、翦之间彼此推崇，但并未成为至交。他们的'彼此推崇'，是建立在理性——'我们确乎是真正认识对方的价值的'——基础上的。影响他们深交的一个重要因素是他们学术观点上的对立"，"在翦伯赞与尹达之间难以取舍和平衡，可能是侯外庐在 60 年代初期史学界一系列大论战中沉默不语的主要原因"②。

3 月

侯且岸《当代中国的"显学"——中国现代史学理论与思想新论》由人民出版社出版。

同月，曹家齐《顿挫中嬗变——20 世纪的中国历史学》由西苑出版社出版。该书在"五大先锋：马克思主义史学五大家"中对先生的思想有所论述。③

5 月 5 日

瞿林东《20 世纪的中国史学》（下）发表于《历史教学》2000 年第 5 期。文章认为："范文澜、吕振羽、翦伯赞、侯外庐、陈垣、陈寅恪、顾颉刚等，他们各在研究领域多有论著，皆卓然名家。他们的著作，或论

---

① 王学典：《翦伯赞学术思想评传》，北京图书馆出版社 2000 年版，第 68 页。
② 同上书，第 69 页。
③ 曹家齐：《顿挫中嬗变——20 世纪的中国历史学》，西苑出版社 2000 年版，第 89—92 页。

述，或考证，或于论述之中不乏考证，或于考证之中间有论述，都成一家之言，为学人所重、社会所关注。现在人们来读他们的论著，那种为了现在和未来而潜心研究过去的神圣的历史责任感，以及在学术上坚韧攀登、志在创新的精神，仍具有新鲜的活力，给人们以多方面的感染和启迪。"①

6 月

周家珍主编《20 世纪中华人物名字号辞典》由法律出版社出版，收入"侯外庐"词条。

7 月 25 日

王记录《一般的历史与特殊的历史——论侯外庐〈中国古代社会史论〉的历史地位》发表于《山西师大学报》（社会科学版）2000 年第 3 期。文章认为：（1）"到三十年代末四十年代初，马克思主义史学家在理论上已经认识到，在人类社会发展普遍规律中还存在特殊规律，东西方社会的发展有所不同。……更为重要的是，马克思主义史学家已经开始认识到，脱离中国的历史实际来讲马克思主义历史理论，是不可能揭示中国历史之底蕴的。……摆脱理论上的公式化、简单化，注重材料的真实性、可靠性，把马克思主义理论与足以信征的中国史的材料结合起来，揭示中国史的具体特性，给中国历史一个更为科学的论证，是当时马克思主义史学的新动向。《中国古代社会史论》就是在这种要求摆脱公式主义，要求学术中国化，要求认真研究中国自身的历史特点的学术思潮下应运而生的光辉著作，它所做的工作，是将'马克思主义史学理论中国化'并在这方面取得了令人瞩目的成就"②。（2）"侯外庐由探讨亚细亚生产方式入手，提出了东西方奴隶制是两种'平列体系'、'并立路径'的理论，排除了'奴隶制一般论'的看法"，"这种辨异的方法论原则以及由此出发进行深入研究而得出的结论，从某种意义上讲，确实实现了他所说的'新历史学的古代法则的中国化'，是马克思主义史学理论在中国的丰富和发展。侯外庐从理论上提出东西方文明起源的殊途论，既要求人们注意研究一般的历史规律，更强调研究特殊的历史规律。不管我们是不是赞成他关于亚细

① 《历史教学》2000 年第 5 期，第 10 页。
② 《山西师大学报》（社会科学版）2000 年第 3 期，第 76 页。

亚生产方式的论点，他提出的这个研究历史的原则无疑是正确的，符合东方历史的实际状况，因而在中国马克思主义史学发展史上具有创新意义"①。（3）"由于《中国古代社会史论》在史学理论与方法论上有重大突破，因此代表了一种新的史学发展动向，是四十年代马克思主义历史学进入新的阶段的标志。首先，它打破了简单、生硬套用马克思主义理论的局面。……其次，继承了中国传统史学的优良传统。……其三，注重'决疑'与'自得'之学。……《中国古代社会史论》为马克思主义史学理论中国化、民族化开辟了道路"②。

8 月

朱汉民主编《中国传统文化导论》由湖南大学出版社出版，张岂之作序。

9 月

张岂之《忆寿彝先生和外庐先生的一次谈话》发表于《史学史研究》2000 年第 3 期，修改后收入《乐此不疲集》，题为《侯外庐先生赞扬白寿彝先生的治学精神》。

11 月

苏双碧《作风民主　待人诚挚——记和刘大年同志的一些交往》发表于《近代史研究》2000 年第 6 期。文章提出："'文革'结束后，当时我在《光明日报》任史学编辑，史学界的拨乱反正被提到日程上来，作为一张知识分子的报纸，史学版除了揭批'四人帮'对历史科学的破坏外，重要任务之一是组织受迫害的史学家亮相，恢复他们的专家、学者的面貌。记得在第一批名单中有侯外庐、尹达、邓广铭、白寿彝、刘大年、黎澍等。"③

12 月

先生遗著《中国古代社会史论》由河北教育出版社再版，为该社"二

---

① 《山西师大学报》（社会科学版）2000 年第 3 期，第 78 页。
② 同上刊，第 79—80 页。
③ 《近代史研究》2000 年第 6 期，第 28 页。

十世纪中国史学名著"丛书之一。

二〇〇一年(辛巳)

6月,《范文澜集》由中国科学出版社出版。

7月21日,中国社会科学院研究生院、国际中国哲学会和中国哲学史学会联合主办的第12届国际中国哲学大会在北京举行。

10月,《吕振羽集》由中国科学出版社出版。

3月25日

邓辉《船山历史哲学思想研究综述》发表于《船山学刊》2001年第1期。文章认为:"1942年侯外庐发表的《船山学案》是运用马克思主义观点研究船山的开始,它奠定了1949年后大陆船山学的基础。""侯外庐首先以唯物史观的方式重塑了船山的历史理论。他第一次指出了船山的自然史论是理气合一论,人类史论是理势合一论,并突出了船山史论的唯物因素。其次,他从船山的历史叙述中分析出船山治史已具有类似近代科学研究的实证精神,较科学的文明观和明显的阶级意识等等。最后,他盛赞了船山具有爱国精神的民族思想。""嵇文甫、侯外庐、贺麟三位思想家的研究成果,基本上代表了1949年以前船山历史哲学的研究水平。……他们的研究体现了1949年以前船山历史哲学研究的两个共同特点":"第一,自主的学术精神,即不拘一格、独立自主,而又时时紧扣住船山学术主旨地解读船山的历史哲学思想。"[1]"第二,严谨的治学态度与创新精神的统合。"同时,这些前期研究"难以避免存在着种种问题",这主要有:"首先,学者们大力倡导的自主精神固然可贵,但太过自主的学风不免给人以独断论的感觉。其次,严谨治学与大胆创新这一对矛盾,并不会因某些意义上的统合而不复存在,有时反因统合的掩饰而使问题更为突出。比如,尽管经过审慎考察、细致区分,但用西方历史哲学的概念术语对船山史论的解读、攀附,难免产生指鹿为马的尴尬。再次,船山历史哲学是以船山历史哲学的文本为基础的,

---

[1] 《船山学刊》2001年第1期,第42页。

因而对文本的解读方式在很大程度上决定了研究结果，学者们在这一点上似乎疏于论证。又次，运用新思想新概念，从新视角解读船山历史哲学，确能起拓宽视野、开辟新天地的作用，但由此带来的负面影响，同样也不可忽视。……最后，……学者们似乎太过注重船山的书本说教，忽略了船山其人其世这个历史的生命体本身，因而遗忘了船山治史的基本原则。此外，值得注意的是，船山历史哲学作为船山学的有机组成部分，与整个船山学，尤其是船山哲学思想研究密切相关，船山学的整体研究得不到良好的发展，船山历史哲学研究必将受到制约。"①

3 月 26 日

黄宣民（1934—2001）逝世。

《中国哲学》编委会云："黄宣民是侯外庐先生晚年的主要工作助手，侯先生晚年卧病在榻，言语不利，黄宣民全身心地投入到了侯先生的学术事业中，协助侯先生继续发表文章。"②"侯外庐学派是中国史学界、哲学界一个颇具特色的学派，它以实事求是的笃实学风和独立自得的开拓精神而独树一帜。黄宣民承继了侯外庐学派的治学特点。"③

6 月

冯契主编的《哲学大辞典》（修订本）由上海辞书出版社出版，收入"侯外庐"词条④。

7 月

中国社会科学院科研局组织编选的《侯外庐集》由中国社会科学出版社出版。该书分"社会史篇"和"思想史篇"，包括从《中国封建社会史论》和《侯外庐史学论文选集》中选取的 14 篇文章。

同月，张岂之主编《中国历史》由高等教育出版社出版。

---

① 《船山学刊》2001 年第 1 期，第 43 页。
② 《中国哲学》编委会：《纪念黄宣民先生》，《经学今诠续编》即《中国哲学》第二十三辑，辽宁教育出版社 2001 年版，第 1 页。
③ 同上刊，第 4 页。
④ 冯契主编：《哲学大辞典》（修订本）上卷，上海辞书出版社 2001 年版，第 536 页。

9 月 6 日

姜广辉《侯外庐先生的导师风范》发表于《中国社会科学院院报》，文章认为：先生"对马克思主义有很深的理解，但他反对用马克思主义的现成结论套用于中国历史，这突出表现在他关于'中国古代文明发展的路径'的研究上，可以说这是在中国史学研究上较早注意研究'中国特色'的学者。对于马克思主义的态度，侯先生的意见是：'要坚持马克思主义，但不要教条式的马克思主义。'这或许可以说是'门风'吧。""关于'门派'的问题，侯先生的意见是：'为了学术健康发展，要有学派，但不要搞宗派。'侯先生告诫大家要学古代儒家'从善如流'、'有容乃大'的开放胸襟，不学墨家'吾言足用'的自我封闭的宗派作风。""历史研究所中国思想史研究室是侯先生亲自创建起来的，我自考上侯先生的研究生后，亦加入了这个研究集体，我的感受是，这是一个思考的、研究的、开放的群体。在这个群体中，很重师生情谊，这是在长期相处的实践中培育出来的。侯先生非常看重学术的延续发展，他关心学生胜过关心自己的子女。他在数十年当中收过几批学生，这几批学生差不多都有老师手把手教过的经历。初学思想史，还不知道怎样做学问，这里有一个所谓'上路子'的问题，而治学方法很抽象，说出来又往往是老生常谈，因而古人有'心传'之说。我的体会是，手把手改稿子是学生成长最快的一种形式，学生可以直接从中体会做学问、写文章的要领。初学者写文章不宜轻易出手发表，因为学术研究的道路很长，日后会为早年的一些不成熟的观点付出沉重的代价。这就需要师长帮助阅稿把关，而师长也要负起这个责任。侯先生将学生分成梯队，早期的学生要帮助晚期的学生，当时戏称为'大猴子带小猴子'，其中主要经验是手把手地改稿子。而这就要求老师和学长要有一种'舍己之田，耘人之田'的奉献和牺牲精神。大家都知道，每个研究人员手上都有很多工作。当学生或学弟送来文章要你提意见，你以工作忙为理由推托了，下次他就不敢送给你看了。所以侯先生本人和他的几代弟子间都能做到这一点，即暂时放下自己手中的工作，先看学生或学弟的文章。这就使学生能很快得到进步和提高，师生间的情谊也就在这样的研究和写作的长期实践中建立起来。""中国思想史研究室至今还有一个好的传统，就是有一种团结协作的精神。大家的心思全在学术上，个人之间很少有疙疙瘩瘩的矛盾，遇到利益方面的事情，也能够相互谦让。社会科学院的研究人员不实行坐班制，每周返所日，大家聚在一起便相互询问各自研究的问题和心得，彼此之间，或举证其他材料支持你的观点，或举出反面的材料质疑你的观点，这正是古人所说的'如切如磋，如琢如磨'的做学问的态度，大家也正是在这样的学术氛围中成长起来，这也正是思想史研究室能长期集体协作完成大课题的思想基础。""学习思想史，要注意专业基础和研究创新的统一。侯先生曾说：'学习思想史，要先通后专。'""侯先生还强调学术研究要注意'找生长点'。这里有几层意思：一是人才的'生长点'，个人因资质志趣不同，在学术研究上会表现出不同的特点，发展下去就形成自己的学术特长，侯先生非常注意因材施教，因材用人。到思想史研究室后不久，我们便知道侯先生的学生和助手中某某人长于考据，某某人长于理论，某某人长于辞章等等。而到了我们的研究生论文答辩时，当时担任论文评阅人的黄宣民先生对我们三位研究生的论文作了这样的概括：崔大华的论文风格平实；柯兆利的论文风格细密；姜广辉的论文风格辨析。……二是关于研究选题的'生长点'的问题，这要求对学术界的总体情况有一种宏观地把握，哪些问题研究比较充分，哪些问题研究比较薄弱。……三是个案研究的'生长点'问题，传统学术上的许多问题，前人都有所研究，今人加以研究，应与前人有什么不同？应该怎样切入问题，亦即你的理论视点是什么？这是研究者首先要解决的问题，也是最困难的问题。因为每一个课题都有其特殊性，发现并分析其特殊性，也才有创造性。学术研究的价值就在于它的创造性，如果没有创造性，人云亦云，就等于是重复项目，重复劳动，不仅没有意义，反而是一种人才和时间的浪费。"

9 月

何兆武《历史理性批判论集》由清华大学出版社出版。该书由《历史理性批判散论》补充、修改而成。

同月，孟祥才《先秦秦汉史论》由山东大学出版社出版。

同月，崔大华《儒学引论》由人民出版社出版。

12 月 15 日

赵旗《西周礼乐文化及其意义》发表于《山西大学师范学院学报》2001 年第 4 期。文章认为："从社会史的角度，也可以看出西周礼乐文化出现的历史必然性。侯外庐指出，在早期文明进程中，中国具有不同于西方的路径。……中国文明发展的特殊路径说已受到了学术界的普遍重视。李亚农在具体分析小邦周代替大邦商之后保留氏族制度的原因的基础上，指出了礼在西周的重要地位。"①

12 月 20 日

戚福康《顾炎武"理学，经学也"新释》发表于《开封教育学院学报》2001 年第 4 期。文章提出："现代著名学者侯外庐先生批评了全氏的说法，认为全氏之说缩小了'经学'所涵盖的多方面学说的内容，认为顾炎武此论主要是区别古今思想的异同离合，是批判理学——禅学式脱离现实的空谈。侯先生言下之意也有赞同'经学'即实证之学之意，只是认为'经学'所研究的范围应更广些"，认为这"有一定的依据，但似乎又都有失于偏颇"②，"顾炎武所提倡的'经学'，是'经世之学'的概述表达"③。

12 月

张岱年《二十世纪中国哲学史研究概况》发表于《南通师范学院学报》（哲学社会科学版）2001 年第 4 期。文章认为："20 世纪中国哲学史的研究，有四部书影响较大：第一本是胡适写的《中国哲学史大纲》（上卷），第二本是冯友兰写的《中国哲学史》（后来改写成《中国哲学史新编》），第三本是侯外庐主编的《中国思想通史》，第四本是我写的《中国哲学大纲》。"④

同月，江林昌《夏商周文明新探》由浙江人民出版社出版，该书在"亚细亚理论"⑤、"东方亚细亚社会的特征"⑥、"东西文明起源的不同路径"⑦ 等处引证先生的有关思想。

---

① 《山西大学师范学院学报》2001 年第 4 期，第 32 页。
② 《开封教育学院学报》2001 年第 4 期，第 8 页。
③ 同上刊，第 9 页。
④ 《南通师范学院学报》（哲学社会科学版）2001 年第 4 期，第 2 页。
⑤ 江林昌：《夏商周文明新探》，浙江人民出版社 2001 年版，第 99 页。
⑥ 同上书，第 100 页。
⑦ 同上书，第 101 页。

二〇〇二年（壬午）

2月7日，中国社会科学院哲学研究所、《中国哲学史》编辑部等主办的"儒家与宗教"学术研讨会在北京举行。

10月12日，北京大学、南阳师范学院、冯友兰研究会和河南人民出版社联合主办的"冯学与当代中国学术——第五届冯友兰学术思想研讨会"在河南南阳举行。

11月8日，中国共产党第十六次全国代表大会在北京召开。同月，《范文澜全集》（十卷）由河北教育出版社出版。

本年，杨淡以编《杨荣国教授学求论文选》由中山大学出版社出版。

2月25日

陈少明《现代庄学及其背景》发表于《中国哲学史》2002年第1期。文章比较宋代叶适和《中国思想通史》第1卷中对庄子思想的评价而提出："叶适点出《庄》书的奇诡，着眼于它的个性；侯氏则是想揭发它的弊病，所展示的是传统的共性。后者同时也意味着，整个传统思想学术，不论正统还是异端，在现代价值体系中，其位置可能都会经历一个颠倒的过程。对庄子的这种排拒，不是侯先生个人的特殊立场，而是出于一种同传统对立的'现代'的眼光。这里，'现代'不是编年史意义的概念，不是说1895年或1919年以后的庄学都是一种立场，而是指塑造现代社会的独特价值观念，用流行的说法即'现代性'规限了庄学的思想功能。"① 文章还对庄子人生观中脱俗（"游乎四海之外"）与顺俗（"不遣是非，以与世俗处"）的两种倾向、庄子是"没落小贵族"等问题进行商榷。

3月8日

侯均初《我的父亲侯外庐》发表于《沧桑》2002年第2期。

---

① 《中国哲学史》2002年第1期，第85页。

3 月 20 日

刘宝才《正确总结经验　创造性地运用唯物史观》发表于《南开学报》（哲学社会科学版）2002 年第 2 期。文章认为："《中国古代社会史论》出版大约半个世纪以后，我们看到顾准研究希腊城邦制度的著作，其中同样发现了希腊与中国古代社会互不相同的特点。顾准的书里没有提到侯外庐，他通过独立研究得到了与侯外庐一致的结论。这件事情再次证明侯外庐先生研究中国古代社会取得的成果的科学性和持久生命力，同时也证明研究历史问题时创造性地运用唯物史观的必要性。"[①]

3 月 25 日

林川《葛兆光〈中国思想史〉写法漫议》发表于《浙江学刊》2002 年第 2 期。文章就葛兆光针对先生 1957 年为《中国思想通史》修订版所写的新序中"这部《中国思想通史》是综合了哲学思想、逻辑思想和社会思想一起编著的，所涉及的范围显得比较广泛，它论述的内容，由于着重了基础、上层建筑和意识形态的说明，又显得比较复杂"一段话的评论[②]而指出：侯外庐说"《中国思想通史》是综合了哲学思想、逻辑思想和社会思想一起编著的，所涉及的范围比较广泛"，强调的是通史的综合性，是思想通史对各种思想（包括"哲学思想、逻辑思想和社会思想"等等）的历史的包容性，这并不意味着他要把思想史当作可以包容哲学、意识形态、逻辑学说乃至政治、法律、科学的一个"大历史"；侯外庐说他的思想通史"论述的内容，由于着重了基础、上层建筑和意识形态的说明，又显得比较复杂"，这后半句话强调的也只是他的思想史的阐释框架，是思想史内容与基础、上层建筑和意识形态的关联（所以需要"着重""说明"），而并不包含葛兆光所说的他要把基础、上层建筑和意识形态都统统"包括"在思想史的"内容"之中的意思。[③]

3 月

刘蔚华《儒学与未来》由齐鲁书社出版，收入《对中国传统思想的反

---

① 《南开学报》（哲学社会科学版）2002 年第 2 期，第 10 页。
② 葛兆光：《中国思想史》第 1 卷，第 7 页。
③ 《浙江学刊》2002 年第 2 期，第 179 页。

思——纪念侯外庐先生》。文章认为："侯外庐同志是我最敬重的一位前辈学者。他的一生是把参加革命、追求马克思主义真理和进行学术研究有机结合在一起的。"①（1）"探讨中国历史的特殊性"："侯老在研究思想史之前，深入地研究了中国的社会发展史。这样就使得思想史的研究有了可靠的坚实的基础。"②"他对中国思想史的研究，是建立在关于中国社会史的独立研究的基础上的。"③（2）"清理传统思想发展的脉络"：先生"对中国传统思想进行了深入的有系统的批判性总结"④，"他坚守列宁关于'两种文化'的观点，认为中国的传统文化的发展也是进步文化与反动文化的斗争过程。正确地对待文化遗产，就要既反对国粹主义，又反对虚无主义。思想史的研究要贯彻批判地继承的方针，就要把文化遗产分解为精华与糟粕两个部分。……对于历史上各种思潮和学派的相互对立，侯老总是抓住它们的主导面进行细致的鉴别分析，将思想体系之间带有阶级对立的性质同只是某些环节上的差异区别开来；将哲学上的唯心与唯物的对立同阵营内部的对立区别开来；将反映出思想上'正宗'与'异端'的对立同学术思想的不同形式与不同学风的对立区别开来；并指出学派之间批判与融合、相辅相成的辩证关系。因此，我们读过侯老撰写和主编的思想史著作之后，总能从五光十色的精神现象中看到'纵通'的主要线索和'横通'的诸多联系。实质上，这是一种辩证的系统分析方法"⑤。文章从"宗法性与伦理性"、"'正宗'与'异端'的对立"、"资本主义萌芽于早期启蒙思想"三方面论述了先生对传统思想的分析批判。（3）"冲破历史惰性力的网罗"："我欣赏侯老在写《中国思想通史》时，突出了'异端'反对'正宗'的斗争，每每都能引起我激越的共鸣。他一再揭示启蒙思想的艰难历程，旧的拖出了新的，死的拉住活的，用意是深沉的。因为他自己就是'五四'以来的启蒙者之一，他是用自己的实际感受来体悟历史上那些苦难与悲愤的启蒙思想者的。我能觉得出，侯老的笔端是浸泡着民族忧患的泪水的！"⑥

---

① 刘蔚华：《儒学与未来》，齐鲁出版社2002年版，第326页。
② 同上书，第327页。
③ 同上书，第330页。
④ 同上书，第330—331页。
⑤ 同上书，第331页。
⑥ 同上书，第338页。

5 月 20 日

武少民《20 世纪清代学术史研究回顾》发表于《东北师范大学学报》（哲学社会科学版）2002 年第 3 期。文章认为 20 世纪清代学术史研究历程可分为三个阶段："1949 年新中国成立之前为第一阶段，这一时期梁启超、钱穆等做出了划时代的贡献，其研究成果至今仍广有借鉴意义；1949 年至 1978 年党的十一届三中全会召开为第二阶段，其间，侯外庐等马克思主义史学家取得了骄人的成就；1978 年以后为第三个阶段，此间，清代学术研究取得辉煌的成就，出版了一批具有总结性意义的专著，开拓了许多新的研究领域。"[1]《中国早期启蒙思想史》"最大的成就是运用马克思主义观点，做到社会史与思想史相结合，剖析明末清初到鸦片战争这两百多年的时间里，思想史发展变化的社会基础。……侯外庐对启蒙思想与社会经济运动之间内在联系的深刻认识，是资产阶级学者所远远不及。……本书的成就还表现在运用马克思主义哲学分析方法，揭示了思想史上唯物主义与唯心主义的对立和斗争，摆脱了一般哲学史、学术史以正统儒家代表人物为主线的模式，着力发掘了一批历来不受重视的反正统的'异端'思想家，清理出两大思想体系斗争的发展脉络，弘扬了中国古代思想中的唯物主义和无神论优良传统。"[2] "在第二阶段中，侯外庐等马克思主义史学家对清代学术史研究取得了巨大的成就，他们用历史唯物主义的理论和方法，清理发掘清代学术中的丰富思想文化遗产，为民族文化的振兴提供宝贵的借鉴。但这一阶段的研究也存在一定的缺憾，一是把理论当作教条并以其去剪裁历史，如机械地把思想史作为唯物主义和唯心主义两大思想体系的斗争史，而看不到思想史的丰富性和复杂性；二是建国后在极'左'的时代背景下，对乾嘉学派给予全盘否定的倾向，使乾嘉学派的有关问题几乎成为学术研究的禁区。"[3]

5 月

阮青《百年学案·哲学卷》由陕西人民教育出版社出版，其"中国哲

---

[1]　《东北师范大学学报》（哲学社会科学版）2002 年第 3 期，第 69 页。
[2]　同上刊，第 71 页。
[3]　同上刊，第 72 页。

学史研究"之学案二有"侯外庐"条。该书认为："侯外庐在哲学学科方面的主要学术贡献在于，运用马克思主义的立场、观点和方法来整理和研究中国哲学思想史，从而创立了与胡适、冯友兰哲学史观相对立的马克思主义中国哲学史研究学派。"①

同月，黄敏兰《百年学案·历史学卷》由陕西人民教育出版社出版，在"马克思主义学派"、"关于封建土地所有制形式的讨论"等条目中有对先生有关思想的论述。

6 月

陈英《20 世纪 30—40 年代马克思主义学者与传统文化》发表于《北京科技大学学报》（社会科学版）2002 年第 2 期。该文对先生等"科学对待中国传统文化"、"整理挖掘优秀文化遗产"等方面有所论述。

9 月

《侯外庐先生述学》发表于《史学史研究》2002 年第 3 期。文章注释提出："本刊的 1982 年第 3 期曾发表刘淑娟同志的《侯外庐同志在北京师范大学历史系》一文，回忆侯外庐同志在建国初期对北京师范大学历史系建设作出的贡献。在北京师范大学百年校庆之际，我们摘录侯先生《韧的追求》一书中 3 个小节，可以看出侯老与北京师范大学的渊源关系，并从中体会侯先生的治学精神。侯外庐先生治史突出的方面是：'他研究中国历史是想把马克思主义史学理论中国化，也可以说是把马克思主义史学理论民族化。'（白寿彝：《外庐同志的学术成就》）他努力研究唯物史观，宣传唯物史观，以唯物史观为指导研究社会史和思想史，在史学上不断创新，推动史学向前发展。"② 该文标题为编者所拟，包括"在'五四'后的潮流中"、"北平的大学讲台和师友"、"《中国思想通史》和《新中国大学丛书》"。

秋

萧萐父作《侯外老百年诞辰颂》："蓟下烽烟笔仗雄，胸悬北斗气如

---

① 阮青：《百年学案·哲学卷》，陕西人民教育出版社 2002 年版，第 429 页。
② 《史学史研究》2002 年第 3 期，第 16 页。

虹。旷观古史知难产，密察新芽继启蒙。细案船山昭学脉，钟情四梦寄幽衷。百年风雨神州路，永记前驱播火功。"①

10 月 12 日

"纪念侯外庐先生百年诞辰学术研讨会"在西安止园饭店举行。会议由西北大学名誉校长张岂之主持，教育部副部长赵沁平与会讲话，国家图书馆馆长任继愈等发表学术演讲，中国社会科学院历史研究所陈祖武、林英，南开大学中国社会史研究中心刘泽华、冯尔康、张国刚，清华大学思想文化研究所何兆武等发来贺信，先生的长女侯寓初等亲属及国内外学者近百人出席会议。会议期间在西北大学校园内举行了先生半身塑像的揭幕仪式和先生骨灰的安葬仪式。

西北大学校长孙勇在致辞中指出："侯先生是一位视野开阔、富有远见的教育家，在担任我校建国后第一任校长期间，提出的'师生互助、教学相长的新校风，实事求是、严肃工作的新学风，理论与实际相结合的新研究风'（被称为'新三风'），以及他倡导的'三三制'新教学制度，影响着西大几代学人。此外，他强调教学与科研相统一，积极开设新专业，改造旧专业，初步确立了新西大的学科布局。"②

张岂之在开幕词中指出："当前，对于我国老一辈马克思主义史学家的著作，提及的人不多，原因比较复杂，并不排除有这样的误解，就是将新中国建立以后极'左'路线影响下的史学和马克思主义史学混为一谈。实际上，极'左'路线影响下的史学和真正的马克思主义史学完全是两回事，一些在学术上做出贡献的马克思主义史学前辈还曾经受到极'左'路线的打击。就外庐先生来说，在历次政治运动中，他的学术观点经常被扭曲为政治问题。例如，从 1959 年起，他的封建社会土地国有制观点被上纲到'反对土地改革'的政治高度而受到批判。当'文化大革命'一开始，众所周知，外老和翦老均曾被划进所谓'反共老手'的行列，遭受残酷打击。事实上，外老是一位很有独立见解的马克思主义史学家。早在抗日战争时期，他研究中国古代社会史的时候，就曾经公开撰文，在生产力和生产关系的界说上与斯大林进行商榷。可以说，中

---

① 《火凤凰吟——萧萐父诗词习作选》，武汉大学出版社 2007 年版，第 222 页。
② 张岂之主编：《中国思想史论集》第 2 辑，广西师范大学出版社 2003 年版，第 1 页。

国老一辈马克思主义史学家是在很困难的条件下进行研究的。在国民党统治时期，有特务的迫害；在新中国建立以后，有极'左'路线的打击。在这种状况下，他们拿出'独立自得'的学术成果，成为20世纪中国史学的主流，真是艰苦备尝。我们后来者生活在中华民族走向伟大复兴的历史时期，对他们经历的艰难境遇很难有切身体会，但是应当力求设身处地地去理解我们的前辈，对他们不能苛求，不能简单地否定。"① "在中国思想史、哲学史的学术研究中，不论是胡适的《中国哲学史大纲》或冯友兰的《中国哲学史》，在从传统的'学案'转型为现代哲学史或思想史的过程中，都有开创之功。但不论胡适还是冯友兰等，都没有做到将中国社会史与中国思想史的研究熔为一炉，他们没有兴趣去研究思想的社会根源，而马克思主义指导下的研究是不能离开这个重点的。外老经过长期研究形成了他关于中国古代社会的系统理论，社会史与思想史的统一性在他的著作中表现得十分明显。当然，他的学说只是一家之言，但这是很有学术价值的一家之言。"②

教育部副部长赵沁平提出："作为晚辈，我曾有幸当面聆听过侯先生的谆谆教诲。那还是在'四人帮'横行的年代，他语重心长地告诫我说：'我们国家终究是需要知识、需要人才的。'"③

西北大学党委书记李军峰提出："侯先生不仅是位杰出的教育家，也是享有盛誉的历史学家。先生早年留学巴黎，具有深厚的马克思主义理论素养，是《资本论》的第一位中译者。回国以后，他开创了以马克思主义理论为指导、研究中国思想史的'侯外庐学派'。"④

侯且岸提出："祖父留给我最珍贵的思想遗产就是他的理性追求和学术精神，这成为不断鞭策我奋进的精神动力。我尤其珍爱祖父所富有的独特的'学术个性'，遵从他所倡导的'决疑精神'，努力去探究'自得之学'。"⑤

---

① 张岂之主编：《中国思想史论集》第2辑，广西师范大学出版社2003年版，第4—5页。
② 同上书，第5页。
③ 同上书，第7—8页。
④ 同上书，第10页。
⑤ 同上书，第11页。

10 月 13 日

张岂之在闭幕词中指出：（1）"外老的一生，是一位马克思主义史学家的一生。在他的一生当中，贯穿着一条主线，那就是追求民主主义与共产主义实践相统一。从理论上看，两者完全可以统一在一起，马克思在《资本论》中提出共产主义的基本原则就是'每个人的全面而自由的发展'。这个理想不能遗忘。实现人的全面发展，意味着要有民主主义。马克思讲，民主主义和专制主义是相对立的，它能够比较充分地承认个人地位、个人权利和个人的自由创造，这是实现共产主义社会人的全面发展的必经阶段。马克思和恩格斯在从必然王国进入自由王国的理论构想中，是把民主主义和共产主义紧紧联系在一起的"①。"从外老的经历来看，在资产阶级革命比较彻底的法国，他同时接受了两种思想：共产主义思想和启蒙思想家们的民主主义思想，这奠定了他一生的思想基础。这两方面，在他看来，不应当有矛盾，应当协调地融合发展。""在外老的思想里面，民主主义因素很强。他带着反对封建专制主义、向往民主主义的理想向共产主义方面不断发展。所以，他研究司马迁思想时注意其人民性，研究早期中国启蒙思想史时突出宣扬民主主义，甚至说异端思想有民主主义因素。我们现在面临的情况已和过去大不一样，可以把民主主义和共产主义统一起来。没有民主主义，怎么能有共产主义？没有人的思想部分解放，怎能有人的全面发展？"②（2）"外老在学术活动中追求马克思主义普遍原理跟中国历史、中国社会史、中国思想史研究相统一。在这方面，外老尽自己最大的努力去做。在力求统一两者的过程中，外老在史学上提出了一些创新的观点，有些为当时所不容。于是新观点一出，马上遭批判，再出，再遭批判"③。"正因为追求马克思主义普遍原理同中国历史、中国社会史、中国思想史研究相结合，外老有了学术创新。"（3）"外老注重独立研究与集体智慧相结合。……贯穿《中国思想通史》全书的就是外老关于社会史、思想史的系统观点。外老在学术组织方面很有经验，是有学术魅力、气度的"④。

---

① 张岂之主编：《中国思想史论集》第 2 辑，广西师范大学出版社 2003 年版，第 15 页。
② 同上书，第 16 页。
③ 同上。
④ 同上书，第 17 页。

"外老很注意培养学生。他要学生参加实践：写书、修改、讨论，而不是成天读书。史学大师需要带学生，而且需要重视集体智慧。"①　"外老有个特点：对教学工作一点也不轻视。""总之，外老的一生追求民主主义和共产主义相统一，追求马克思主义普遍真理与中国历史、中国社会史、中国思想史特点的统一，追求独立研究与集体智慧的统一。"②

11 月

徐素华《马克思主义哲学在中国——传播、应用、形态、前景》由北京出版社出版，列有"范文澜、侯外庐、翦伯赞的中国通史研究"。

同月，吴琦《早期马克思主义的传播与老子研究》发表于《中南民族大学学报》（人文社会科学版）2002 年第 6 期。该文对先生的老子思想研究有所论述。

12 月 20 日

高立勋、王百战《侯外庐先生百年诞辰学术会在西安举行》发表于《科技·人才·市场》2002 年第 6 期。

12 月 25 日

江心力《纪念侯外庐先生百年诞辰学术研讨会纪要》发表于《华夏文化》2002 年第 4 期，又载《孔子研究》2003 年 1 月 25 日第 1 期、《西北大学学报》（哲学社会科学版）2003 年 2 月 10 日第 1 期，包括"侯外庐为民族解放和民族复兴奋斗的一生"、"侯外庐中国社会史、中国思想史研究的理论探索"、"注意培养人才，重视独立研究和集体智慧相结合的学派风格"。

12 月

吴怀祺主编，洪认清著《中国史学思想通史·近代后卷》由黄山书社出版，其第六章"三四十年代的史学思潮（上）"第四节为"侯外庐对中

---

① 张岂之主编：《中国思想史论集》第 2 辑，广西师范大学出版社 2003 年版，第 17—18 页。

② 同上书，第 18 页。

国历史的民族特点的研究"。

二〇〇三年(癸未)

7月1日,"三个代表"重要思想理论研讨会在北京举行,胡锦涛发表重要讲话。

12月5日至7日,中共中央召开全国宣传思想工作会议,胡锦涛指出宣传思想工作要着眼于巩固马克思主义在意识形态领域的指导地位,着眼于服务经济建设这个中心和全党全国工作大局,着眼于促进社会全面进步和人的全面发展。

1月10日

萧萐父、许苏民《"早期启蒙说"与中国现代化——纪念侯外庐先生百年诞辰》发表于《江海学刊》2003年第1期。此文是《明清文化名人丛书·总序》(南京出版社1998年版),后收入张岂之主编《中国思想史论集》第2辑(纪念侯外庐先生百年诞辰专集)、《吹沙三集》(巴蜀书社2007年版)、《明清思想文化变迁》(南京大学出版社2009年)。文章提出:(一)"侯外老是20世纪中国马克思主义史学的开拓者和奠基人之一。他对中国史学的诸多领域都作出了重要的学术贡献"[1]。"侯外老始终在那变幻无常的政治风雨中保持着对于真理的'韧的追求',保持着一个创造性的马克思主义者的理论活力,他以独树一帜的理论建树和不肯曲学阿世的崇高人格,赢得了一切以追求真理为最高价值的学者们的拳拳服膺和衷心敬仰。侯外老的著作,哺育了一代又一代的中国史学研究者。如今,虽然不少随波逐流的人们漠视侯外庐先生的学说,虽然他的'早期启蒙说'成了摩登的后现代派学者们消解的对象,但我们仍然在此庄严地宣称:我们自愿继承侯门学脉,自愿接着侯外老的启蒙说往下讲。"[2] (二)"完整地理解侯外庐先生的观点,中国的'近世'或'近代'的上限当断于16世纪,而早期启蒙思想史,也当从16世纪开始,而不是从17世纪开始"。

---

[1] 《江海学刊》2003年第1期,第134页。

[2] 同上刊,第135页。

"早期启蒙说"的提出是中国史研究领域的一大创见，具有十分重大的学术价值：（1）"它为我们提供了16世纪以来中国传统思想文化发生历史性异动的大量第一手材料，是用马克思主义观点研究中国近世思想学说史的拓荒之作"①。（2）"它对思想变迁的内在理路作了精微的辨析"。（3）"它科学地揭示了16—19世纪中国社会时代思潮的本质"。（4）"它科学地揭示了社会历史的演进与思想之发展的关系"②。（三）"关于16—19世纪的中国产生了自己的启蒙思潮的观点，马克思主义经典论著没有说过，倒是梁启超、胡适之这些非马克思主义的学者从现象形态的考察上发现清代学术类似于欧洲的文艺复兴，为侯外老透过现象而洞察本质、提出'早期启蒙说'提供了启迪。因此，如今学术界流行的那种认为早期启蒙说是'唯物史观的教条'的观点，是完全没有根据的。侯外老不存学派偏见，善于从非马克思主义学者的研究成果中汲取营养并获得启迪，由此而自创新说，正表现了一位创造性的马克思主义者的宽广胸襟和理论卓识"。"早期启蒙说"的理论意义在于：（1）"它驳斥了国际上普遍存在的中国社会自身不可能产生出现代性因素的西方中心主义偏见，有力地证明了中国有自己内发原生的早期现代化萌动，有现代性的思想文化的历史性根芽"③。（2）"通过社会史与思想史之统合的研究，通过把16—19世纪的中国思想史放到世界历史的总范围内来加以考察，把一般规律与特殊规律统一起来，丰富了马克思主义的唯物史观和世界历史理论"④。（四）"侯外老作为一位创造性的马克思主义者，卓越地论证了启蒙的现代性理念不仅产生于西方，而且也产生于中国的观点。为我们突破传统与现代截然二分、体用两橛、中西对峙的思维方式，解决'传统与现代化的关系'问题，提供了一条新的路径。接着侯外老往下讲，我们认为，应当从我国16世纪以来曲折发展的启蒙思潮中去探寻传统文化与现代化的历史接合点"，这是因为：（1）"早期启蒙思潮的兴起是以古代文化的长期积累为背景的传统文化向现代转化的历史性起点，是中国传统文化在特定历史条件下的自我批判、自我发展和更新。……尊重历史的辩证法，就不能无视中国文化自身产生的现代性的历史根芽，另外去寻找所谓'返本开新'之路，而应把

① 《江海学刊》2003年第1期，第135页。
② 同上刊，第136页。
③ 同上刊，第137页。
④ 同上刊，第138页。

早期启蒙思潮看做是现代文明建设的源头活水"。（2）"早期启蒙思潮既是中国文化的自我更新，其体其用自然是内在地统一的。这表明，中国文化之体并不是一个僵化的固定不变之体，而是历史地更新着的。用这种自我更新了的中国文化之体去接受西方的先进文化，自然不存在'中体'与'西体'之间的扞格不通，也不致导致'中学为体、西学为用'这种体用两橛、徒使严又陵耻笑的荒谬理论"①。（3）"正因为明清之际的早期启蒙思想是中国文化之体的自我更新，所以近代先进的中国人既勇于接受西学，又自觉地认同明清之际的早期启蒙思想，……如此，所谓中西对峙、中学与西学水火不容的狭隘观念也就失去了其存在的依据。自我更新了的中学与西学既无时代性之隔膜，则民族性之微妙差别自会相互补益，由此而综合创造出人类的新文化。如此，我们所面对的，将不是'文明冲突论'者所鼓吹的儒教文化与西方文化的冲突，而是中西文化在更高层次上的会通融合，这对于为我国的现代化建设创造良好的国际环境尤为重要"。（4）"'早期启蒙说'及关于'传统与现代之历史接合点'的论说逻辑地指向当代中国哲学的'新人学'的建立。……当新理学、新心学问世之时，侯外老独辟蹊径，表彰明清之际'个人自觉的近代人文主义'思想，知他没有建立一种接着早期启蒙学者往下讲的'新人学'之意？……接着李贽、王夫之、戴震往下讲，既坚持了中国哲学自我发展和更新的主体性，又有利于融摄自文艺复兴以来西方哲学的一切积极因素，从而创造出一种根于自己的文化传统的新哲学。这是侯外老未竟的事业，想必这一定是他的在天之灵热切地期待我们去努力实现的"。"'早期启蒙说'与中国现代化之关系是如此密切，它为我们解决传统与现代化之关系问题提供了契入点和路径，为我们直接参与民族文化传承的'接力赛'设立了最近、最佳的接力点。接着侯外老的启蒙说往下讲，认真汲取侯外老关于中国之现代化何以'难产'的深刻见解，坚持'首在立人'的启蒙事业，以人的现代化促进社会的现代化，正是历史和时代赋予我们的庄严而崇高的使命。"②

2 月

吕希晨、何敬文主编《中国现代唯物史观史》由天津人民出版社出

---

① 《江海学刊》2003 年第 1 期，第 140 页。
② 同上刊，第 141 页。

版，其第九章为吕希晨所作"侯外庐对中国史学的历史唯物主义阐释"，包括"论生产方式是社会性质的决定因素"、"对'亚细亚生产方式'的研究"、"对中国古代社会性质的研究"、"对中国封建主义生产关系的研究"、"史学研究必须坚持历史唯物主义的原则和方法"，认为"侯外庐不愧是一位中国早期马克思主义史学的重要开拓者，他的史学理论与实践是中国现代唯物史观史上的光辉一页，在中国现代历史唯物主义思想史上占有重要地位"[1]。

3 月 20 日

黄静《抗战时期翦伯赞在重庆的学术活动》发表于《淮阴师范学院学报》2003 年第 2 期。文章认为："在重庆期间，翦伯赞、侯外庐、郭沫若、吕振羽之间交往密切，经常聚在翦伯赞的居住地骑龙穴谈学论道。他们为着共同的信仰走到一起，在学术上切磋砥砺，既有合作也有争鸣，'和而不同'正可形容重庆地区马克思主义史学派的学术风气。"[2]

3 月

许苏民《"内发原生"模式：中国近代史的开端实为明万历九年》发表于《河北学刊》2003 年第 2 期。文章提出：20 世纪以来对中国近代史的研究主要有美国马士（H. B. Morse）《中华帝国对外关系史》和费正清（J. K. Fairbank）《中国对西方的回应》所确立的"冲击—反应"、苏联拉狄克《中国革命史》和莫斯科中山大学《中国十九世纪与二十世纪之革命运动史》所确立的"侵略—革命"、侯外庐《中国近世思想学说史》所确立的"早期启蒙"三种话语模式，前两种模式都从不同的侧面反映了某些历史的真实，"然而，二者在学理上似皆有不足之处，前者的逻辑指向是'西化'，后者亦曾导致一度照搬苏联模式的弊端。惟侯外庐的'早期启蒙'模式在学理上似更为全面和深刻，对于探索有中国特色的现代化道路更具启迪意义"[3]。但"早期启蒙"说又是"一个长期受到冷落的叙事模式。在苏俄话语模式占据统治地位的几十年内，虽然中国资本主义萌芽问

---

① 吕希晨、何敬文主编：《中国现代唯物史观史》，天津人民出版社 2003 年版，第 257 页。
② 《淮阴师范学院学报》2003 年第 2 期，第 180 页。
③ 《河北学刊》2003 年第 2 期，第 171 页。

题也被看做是史学界的'五朵金花'之一，但却没有人赋予其以'近代史'研究的名义。世纪年代以来，'冲击—反应'论的西方话语模式重新占了上风，'早期启蒙'模式又被斥为'唯物史观的教条'，对于中国资本主义萌芽和早期启蒙思潮的研究被斥为不能为经验事实所证明的'伪问题'。我们的一些学者不明白，东欧剧变和东西方冷战的结束决不意味着史学领域内的'冲击—反应'模式的西方话语的胜利，决不意味着放弃了苏联话语模式就可以照搬西方话语模式，而是意味着各国的史学家可以不受任何外来模式的支配和束缚而独立地探索本国的近现代化之路。至于中国资本主义萌芽和早期启蒙思潮的研究是不是'伪问题'，只要尊重事实，自不难解决"①。文章认为："中国有其内发原生的近代化萌动；中国社会的近代转型与西方一样是内发原生型的而不是所谓外发次生型的"②，"在中国社会开始其近代转型的过程中，1581 年（明万历九年）是具有关键性的，故笔者拟把 1581 年确定为中国近代史的开端。侯外庐有一个重要观点，他认为，作为社会转型标志的是成文法典的产生。而 1581 年（明万历九年）确立'一条鞭法'，正是一部具有历史标志意义的法典。只是由于 20 世纪 50 年代以后关于中国近代史研究的苏联话语模式占据了统治地位，所以，侯外庐才含蓄地把'一条鞭法'看做是'封建末期'开始的标志。然而，按照笔者的理解，'封建末期'开始的标志其实也正是近代史开始的标志，正如西方各民族的近代社会转型及西方学者对本国近代史开端的看法都是从'封建末期'开始的一样"③。

4 月 22 日

张海晏《如何研究思想史》发表于《中国社会科学院院报》第 3 版。文章认为先生主编的《中国思想通史》所体现的方法论有："综合哲学、逻辑和社会思想"、"重点发掘与剖析精英思想"、"以社会思潮与时代课题为主线"、"把握社会史与观念史的矛盾运动"、"突显问题意识与理论解答"。

---

① 《河北学刊》2003 年第 2 期，第 173 页。
② 同上刊，第 176 页。
③ 同上刊，第 176—177 页。

5 月 20 日

《中国史研究》第 2 期开设"纪念侯外庐先生诞辰 100 周年专栏",发表卢钟锋《论侯外庐的学术道路》(修改后收入张岂之主编《中国思想史论集》第 2 辑),刘宝才《亚细亚生产方式理论的中国化》,张岂之、刘文瑞《试论侯外庐关于社会史分期的法典化标准》,陈祖武《思想史与社会史相结合的典范》,瞿林东《继承侯外庐先生的学术遗产,推进有中国特点的马克思主义史学建设》(修改后收入张岂之主编《中国思想史论集》第 2 辑),李学勤《四十三年佐鼎与牧簋》等六篇文章。

卢钟锋认为:"侯外庐先生的学术道路是拓荒者的学术道路,具有开拓性的鲜明特点,从中我们可以领略到他的理论胆识、历史睿智和自强不息、不畏艰辛的'韧'的战斗精神。侯先生的学术道路,……前后长达六十年。这六十年,是侯先生不断追求马克思主义科学真理的六十年,也是侯先生不断探索马克思主义与中国历史实际相结合的具体途径的六十年。历史地考察侯先生六十年的学术道路,可以清楚地看到,它始终贯穿着一条主线,即以马克思主义的基本理论和基本方法为指导,在历史研究领域努力实现马克思主义的中国化,积极建设具有中国特色的马克思主义历史科学体系。围绕这条主线,我们可以将侯先生六十年的学术道路划分为:奠定马克思主义理论基础的 20—30 年代,探索马克思主义与中国历史实际相结合的具体途径、建设中国特色的历史科学体系的 40—50 年代,以及坚持真理、不断进取、回顾总结的 70—80 年代等三个时期。"[①]"侯外庐先生六十年的学术道路,是中国马克思主义历史学由产生、形成、发展并最终在历史领域中取得主导地位的最好见证。……侯先生之所以能够做到这一点,关键在于他始终把马克思主义历史科学的中国化作为毕生努力的方向、追求的目标。……六十年来,他在历史研究领域所取得的科学成果,就是马克思主义历史科学中国化的产物。"[②]

刘宝才认为:"侯外庐先生研究中国古代社会就是以亚细亚生产方式为理论依据的,他研究中国古代社会的理论成就集中起来即是亚细亚生产

---

① 《中国史研究》2003 年第 2 期,第 3 页。

② 同上刊,第 16 页。

方式理论中国化。"① 先生的中国古代社会研究具有"注重大问题，注重提出理论性、整体性的看法"②、"重视研究社会基层单位的状况"、"着重研究中国古代的'城市国家'问题，抓住了决定性的历史现象"、"贯彻了唯物史观"③ 等特点，"重视研究理论是侯外庐先生史学工作的突出特点，是中国马克思主义史学的优良传统。"④

张岂之、刘文瑞认为："法典化标准的提出和研究，使其不仅可以用在不同社会形态交替的研究上，而且可以用在同一社会形态的发展阶段研究上，从而使历史研究做到整体上的一致。"⑤ "今天，我们客观地评价侯外庐关于社会史分期的法典化标准，觉得其中有一个内在矛盾尚未解决，就是制度变迁与生产力变迁的关系问题，以及政治法律制度变迁与经济制度变迁的关系问题。"⑥ "明确制度变迁在社会转型中的主导作用，有利于法典化标准的深化，也能使这一标准自身在理论上更为严密。中国目前正处在社会转型的重大变革之中，探讨上述问题，不仅对历史研究有意义，而且对现实改革有借鉴意义，更对马克思主义基础理论的不断发展创新有意义。""从历史发展的诸因素'参预交互作用'的角度看，法典化标准还具有文化意义。……侯外庐提出法典化标准时，虽然考虑到了历史的整体综合问题，但尚未将文化因素放在重要位置来考虑。笔者认为：研究历史，要通过历史看文明的价值，通过文明看历史的演进。归根到底，历史的发展就是物质文明、精神文明、政治文明、制度文明的演进史。某一历史时期的法典体系，就是这一时期诸文明的汇集和概括，反过来又推动着历史进步。……从这一角度把握法典化标准，可以纠正以往历史研究中的某些偏狭。"⑦ "侯外庐先生关于中国封建社会分期的法典化标准研究，有重要的理论贡献。他注重整体的历史发展，其眼光和境界类似于年鉴学派提出的'长时段'（long term）观点，对中国封建社会的历史脉络作出了自己独到的解释。继承他的学术事业，不是在具体观点上的继承，而是在思想方法和理论体系上的继承，只有这样，才能使史学不断发展，也才能

---

① 《中国史研究》2003 年第 2 期，第 17 页。
② 同上刊，第 24 页。
③ 同上刊，第 25 页。
④ 同上刊，第 26 页。
⑤ 同上刊，第 33 页。
⑥ 同上刊，第 34 页。
⑦ 同上刊，第 35 页。

真正领会他的学术贡献。"①

陈祖武认为:"在中国思想史研究中,将思想史与社会史相结合,是《中国思想通史》一以贯之的基本为学方法论。"② 文章论述了先生对"乾嘉汉学的形成"、"乾嘉汉学是一个历史过程"等问题的观点,认为"外庐先生研究乾嘉汉学,曾注意到乾嘉学者在文献整理上的业绩,……古往今来,学术前辈们的实践一再告诉我们,学术文献乃治学术之依据,惟有把学术文献的整理和研究工作做好,学术研究才能建立在可靠的基础之上"③。

瞿林东认为:(1)"研究'社会的一般构成'是研究历史的基础"④,"侯先生的治学方法和治学道路是着眼于中国社会史的研究,在此基础上展开对中国思想史的研究。这个研究方法和研究道路已经远远超出中国思想史研究的范围,具有普遍的意义,即社会史研究是历史研究的基础"⑤。(2)"侯外庐先生提出并实践的马克思主义史学民族化的问题,是中国马克思主义史学发展的正确方向。从历史经验教训来看,这是走出教条主义误区的正确道路;从未来前景来看,这是中国史学不断开拓创新的正确途径。今天,当我们回顾20世纪中国史学潮起潮落的历史,展望21世纪中国史学的前进道路时,更加强调这个问题,是有重要意义的"⑥。

李学勤认为:"侯外庐先生早年在北京法政大学攻读法律,因而他对古代法制的发展演变一直注意研究,在《中国的社会史论》、《中国封建社会史论》等著作中多有涉及。比如他讲《白虎通义》与汉代封建社会的法典化,论点精辟,有很大影响。60年代初,《中国思想通史》第四卷出版后,侯先生考虑进一步编著专题思想史,其间也提到过法律思想史。对古代法律材料的发现,他密切关注。70年代后期,我参加湖北云梦睡虎地秦简的整理,内容多属秦律,也向侯先生汇报过,得到他的鼓励。日前或见陕西眉县杨家村新发现西周青铜器窖藏中的四十三年逨鼎,铭文有关西周晚期法制,颇为重要,只是陋文已无法向侯先生请益,因草此小文,以志

---

① 《中国史研究》2003年第2期,第36页。
② 同上刊,第37页。
③ 同上刊,第43页。
④ 同上刊,第45页。
⑤ 同上刊,第47页。
⑥ 同上刊,第48—49页。

对先生的怀念。"①

5 月

步近智、张安奇《好学集——中国思想史学术论文选》由中国社会科学出版社出版，收入步近智《外庐先生、汉生先生与〈宋明理学史〉》。文章提到："外庐先生曾为了解《宋明理学史》的研撰进度和疑难问题，要我去见他。当时，先生已经长期病卧，语言表达也有些障碍，但他的思维仍很清晰。他全神贯注地听了我的汇报，并对我所反映的关于如何把握宋明理学的总的评价以及理学的特点等问题作了指示。他要求撰写者在阅读和占有史料的基础上，应用马克思主义的观点、方法，加以辩证的、历史的剖析和鉴别，实事求是地对理学家们做出思想评价，切忌简单化和绝对化，努力写成一部科学的理学思想史。"②

6 月 25 日

张军孝《马克思主义史学家思想家和教育家侯外庐》发表于《华夏文化》2003 年第 2 期。

6 月

金炳华主编的《马克思主义哲学大辞典》由上海辞书出版社出版，收入"侯外庐"词条。③

7 月 25 日

王军福《亚细亚生产方式与侯外庐先生的中国古代社会史研究》发表于《晋阳学刊》2003 年第 4 期。文章认为：先生以亚细亚生产方式理论研究中国古代社会，"但对这一理论的界说，他没有直接采取当时已有的某一种观点，而是重新作了追根究底的研究。他创造性地将亚细亚生产方式和'路径'范畴结合起来，最后得出了自己的答案"④。"侯先生正是以

---

① 《中国史研究》2003 年第 2 期，第 51 页。
② 步近智、张安奇：《好学集——中国思想史学术论文选》，社会科学出版社 2003 年版，第566—567 页。
③ 金炳华主编：《马克思主义哲学大辞典》，上海辞书出版社 2003 年版，第 919—920 页。
④ 《晋阳学刊》2003 年第 4 期，第 57 页。

此理论和方法作指导,把中国的古史资料和马克思主义历史科学关于古代发展的规律,做了一个统一的研究,以便探寻中国古代社会发展的特殊规律。"① "马克思主义史学研究包括两方面的内容:一是以马克思主义理论为指导对具体的历史现象进行分析和研究;二是通过具体的历史研究来丰富和发展马克思主义的基本理论。如果说李大钊、郭沫若的历史研究工作属于前者,那么侯外庐的历史研究工作则无疑属于后者。"②

7 月

张剑平《新中国史学五十年》由学苑出版社出版,第四章"十七年历史学新成就举要"第一部分"马克思主义史学的不朽名著"中有"(二)侯外庐主编的《中国思想通史》的创新"。该书认为:"侯外庐终生致力于中国思想史的研究,是继吕振羽之后以马克思主义观点和方法研究中国思想史的一代宗师,五卷本《中国思想通史》是他的思想史研究成果的集中体现。"③ "由侯外庐主编的多卷本《中国思想通史》的出版,开辟了以马克思主义理论和方法研究中国思想史的新纪元,为中国马克思主义史学的发展树立起了一座丰碑。"④《中国思想通史》的特点是:"作者对思想史的分析建立在社会史研究的基础之上,十分重视社会政治思想的阐述"⑤、"重视对历史上的唯物主义思想和进步的人民思想的阐述,重视异端思想和正统儒学的斗争,无神论和有神论的斗争,唯物主义和有神论的斗争"、"摆脱了传统的以哲学史代替思想史的弊端,对中国传统思想作了全方位的论述"⑥。

8 月

田旭东《二十世纪中国古史研究主要思潮概论》由中华书局出版。该书认为:"以郭沫若为首的马克思主义史学在二十世纪三十年代的中国正式形成,以后的吕振羽、翦伯赞、侯外庐、范文澜等人无一不是循着这条

---

① 《晋阳学刊》2003 年第 4 期,第 58 页。
② 同上刊,第 59 页。
③ 张剑平:《新中国史学五十年》,学苑出版社 2003 年版,第 153 页。
④ 同上书,第 155 页。
⑤ 同上书,第 156 页。
⑥ 同上书,第 161 页。

道路从事研究工作，而且均各有建树，使马克思主义史学逐渐成为中国史学发展的主流。"①

同月，冯天瑜、谢贵安《解构专制——明末清初"新民本"思想研究》由湖北人民出版社出版。该书云："侯外庐认为，明末清初先进思想家（即我们所说的新民本主义者）所代表的'民'是市民阶级或'城市平民反对派'（对政府不满的市民）。"②"侯外庐把先进思想中的'民'解释为市民阶级特别是针对专制政府的市民阶级反对派，这样就把这种思想定性成近代民主主义。"③"这种定性，显然过高估计了当时出现的工商业发展水平和市民的人数及其规模。"④

同月，张岂之主编《中国思想史论集》第 2 辑（纪念侯外庐先生百年诞辰专集）由广西师范大学出版社出版。

任继愈在《马克思主义史学家侯外庐先生》中指出："侯先生主编的《中国思想通史》影响很大。它从古到今系统地看思想的变化、发展，影响很深远。不论它的结论你赞成还是不赞成，它提供的方法都是无可争辩的，怎么估计也不过分。"⑤"侯先生还创立了一个学派，它的主要特点是从文化的整体、社会的整体看问题，而不是孤零零地看一个问题。……所以，侯先生学术眼光远，看得比较深。他的著作中还经常提到异端思想。他说，官方流行的，要充分重视，官方压迫的思想的价值，也应提出来以引起重视，因为这是整个社会思潮的一部分，不注意到这些，通史就讲得不准确，不完整。这些都是侯外庐学术思想的创见。"⑥"另一个应该引起重视的地方，就是侯先生培养了许多人才，形成了新的学术流派。马克思主义史学家很多，但形成学派的不多。侯先生大力提倡社会史学，带出了一些新人，创立了学派。他这种培养人才的方法值得我们思考、学习。学派的成立不是靠行政命令，而是靠科学示范。学术领导的威信靠示范动作，靠作品打动人。侯先生在这方面的成就值得研究，因为学术的繁荣不是靠一个人，而是靠几代人传承下去的。学术只有在继承的基础上才能发

①　田旭东：《二十世纪中国古史研究主要思潮概论》，中华书局 2003 年版，第 273 页。

②　冯天瑜、谢贵安：《解构专制——明末清初"新民本"思想研究》，湖北人民出版社 2003 年版，第 22 页。

③　同上书，第 23 页。

④　同上书，第 24 页。

⑤　张岂之主编：《中国思想史论集》第 2 辑，广西师范大学出版社 2003 年版，第 21 页。

⑥　同上书，第 21—22 页。

展。繁荣、发展学术一靠继承，二靠发展，缺一个都不行。……学术的发展，学派的形成，人才的培养，必须靠吸收前人成功的经验，吸取失败的教训，这样才能前进"①。"近百年来文化灿烂、人才辈出。这是一个新旧交替、中外碰撞的时代，人才容易脱颖而出。他们受到新思潮的训练，又有旧学的功底。他们不但学贯古今，而且也学通中外。他们生活在一个危难的时代，但向往光明。伟大的时代造就了伟大的人才。正是这个时代，训练出这么一个人才群体。侯先生就是其中之一，他无愧于这个时代。"②

李学勤在《侯外庐先生对古代社会研究的贡献》中指出先生研究古代社会的几个特点：（1）"从马克思、恩格斯经典著作出发，继承亚细亚生产方式论战的统绪"③。"侯先生在 1942 年前后进行了这方面的研究，1943年出版了《苏联史学界诸论争解答》，后来补充修改成《中国古典社会史论》，后又改名为《中国古代社会史论》。……他通过苏联学者，得到了一份马克思的手稿，就是我们今天熟悉的《前资本主义生产诸形态》。侯先生看到这份手稿后，对亚细亚生产方式论战和有关中国古代社会的一些问题有了全新的看法，认为可以用来解答苏联历史学界过去的那场论战中提出的种种理论问题，所以才写了这本著作。这也是这本著作的意义所在。"④ "不论在当时的苏联、日本还是中国，那些参与论战的学者都没有侯先生这样特殊的条件来深入理解马克思这份手稿。……三四十年代参加论战的学者，只有侯先生既对《资本论》有系统的研究和理解，又研究了中国古代社会的历史，因此他对这个问题的认识当然和别人不同，这是有逻辑必然性的。……这部书也开启了后来关于中国古代史分期问题讨论的先声，正好起到了一个承先启后的作用。1949 年后，史学界开出所谓'五朵金花'，第一朵就是中国古代史的分期问题。侯先生的这部书就起了很大作用，特点是他的根据直接来源于马克思《资本论》、《政治经济学批判导言》和《政治经济学批判大纲》手稿。这是我要强调的第一点。他的观点是否正确可以讨论，但他的方法无疑是我们应该注意和学习的。"（2）"侯先生对于古代社会研究有很多重要的理论观点。……亚细亚的古代和古典的古代并列，这是在《中国古代社会史论》中提出

---

① 张岂之主编：《中国思想史论集》第 2 辑，广西师范大学出版社 2003 年版，第 22 页。
② 同上书，第 24 页。
③ 同上书，第 25 页。
④ 同上书，第 26 页。

来的，是侯先生的创新"①。（3）"侯先生在研究中国古代史时曾提出过一个非常重要，但没有受到重视的论点，这就是要从思想史来研究社会史。这个提法很深刻地体现了马克思主义的历史唯物主义关于上层建筑和社会基础的辩证关系。对古代社会的考察，是不是只能从经济、政治等方面去考察呢？不是这样。很重要的一个角度，是从思想方面去考察，特别是传世的所有文献材料都可以在一定意义上说是思想史的材料，因为它们都是人们思想成果的显现。可以说，通过思想史的研究来深入地研究社会史，是体现马克思主义基本原理的一个重要的切入点。这一点，侯先生不但提倡，而且身体力行"②。"他从来没有放弃对中国通史、对中国社会史的宏观研究，其实他本人曾多次提到过想开创一个新的研究方向：封建主义的政治经济学。这已不是一般历史学所能包括的，完全是理论方面的研究了。他说，应当研究封建主义的政治经济学。马克思研究了资本主义的政治经济学，侯先生想从马克思、恩格斯原典出发，研究有关论点，在这个基础上，来构筑封建主义的政治经济学。他编写《中国思想通史》第四卷，专门写了一篇《导论》来论述封建主义的普遍原理。"③

　　龚书铎在《外庐先生与北师大的情谊》中提出先生任北师大历史系主任期间的贡献有：（1）"改变教师队伍结构。……首先是聘请专职教师，如白寿彝先生、马特先生。其次是聘兼职教师，……如请曾任戏曲改进局副局长的杨绍萱先生，给我们开了《中国法制史》，中宣部的张云非先生讲《先秦史》，王真、刘立凯、缪楚黄几位开设《中国近现代史》。……刚解放时，开中国近现代史的高校还不多，侯先生对这方面很关注。……他聘请教师着眼于课程建设，这是北师大历史系原来没有过的。再次是讲座，请的有楚图南、王亚南、翦伯赞、邓初民等几位先生"④。（2）"推动历史系对于马克思主义的学习"。"一是侯先生自己讲课，如《历史唯物论的研究与使用》。……二是教师自学一本经典著作。要从原著入手，学习过程中，侯先生组织教师讨论交流。……侯先生组织教师学习马克思主义，不是停留在从理论到理论上面，而是把理论学习和教学实践相结合，

---

① 张岂之主编：《中国思想史论集》第 2 辑，广西师范大学出版社 2003 年版，第 27 页。
② 同上书，第 28 页。
③ 同上书，第 29—30 页。
④ 同上书，第 31—32 页。

特别是在中国史教学方面。"①（3）"推进教学改革的进行"②。"一是在历史系成立中国通史教学小组，让白先生任组长，主要是讨论教学大纲和教学内容，互相听课。这在当时大学的教学，是一个很大的变革，在历史教学上也是一个很大的变化。""二是举行师生参加的教学总结座谈会。这是和通史小组教改配合的活动。""在此基础上，侯老又提出建立辅导制度，这在过去也是没有的事情。"③ "侯先生任历史系主任，时间虽然不长，但处于新旧交替的转型时期，他在教学改革领域所做出的成绩是很突出的，所以得到教育部的重视和肯定，对北师大历史系的建设，贡献很大。……可以说，他为北师大历史系以后的教学工作奠定了基础。"④

瞿林东在《侯外庐先生的治学特点和马克思主义史学中国化的道路》中认为先生的治学特点有：（1）"强调社会史研究是研究历史的基础"。先生认为"以历史唯物论为指导的历史研究不能不从研究经济学开始。他认为，在经济学和历史学中，研究社会的一般构成是一个先决的问题，没有在这方面做确定的认识，就要犯错误。这是他在《社会史导论》中讲的。他说的'社会的一般构成'就是社会的经济形态，就是今天在历史学研究中已被大大忽略了的社会形态研究。我们重温侯先生的这些论述，对于明确历史研究的方向，坚持正确的治史道路，有重要的现实意义"⑤。（2）"强调历史发展的普遍规律和具体路径的联系和区别"⑥。"侯外庐先生治学的一个重要宗旨，是致力于马克思主义历史科学的民族化，……不论是对于中国古代社会的研究，还是对于中国封建社会的研究，他都是用马克思主义的普遍规律，即一般的理论，结合中国具体的情况，结合中国的文献，来揭示中国社会发展的具体路径。"⑦

卢钟锋在《论侯外庐的学术道路》中提出："我觉得侯外庐先生的人格魅力、理论魅力没有随着时间的推移而淡化，而是与日俱增。侯外庐先生的人格魅力主要是指他对真理的执著追求，对年轻人学术成长的关心和爱护以及对待有争论的学术理论问题的民主作风和平等态度。侯

---

① 张岂之主编：《中国思想史论集》第 2 辑，广西师范大学出版社 2003 年版，第 33 页。

② 同上书，第 33 页。

③ 同上书，第 34 页。

④ 同上书，第 35 页。

⑤ 同上书，第 38 页。

⑥ 同上书，第 39 页。

⑦ 同上书，第 39—40 页。

外庐先生的理论魅力主要是指他对理论的大胆探索、深刻思考以及'学贵自得'的独创精神。"① 先生对马克思主义与中国历史实际相结合具体途径的探索有：（一）"从亚细亚生产方式的性质入手探索中国古代文明起源的途径"②。（二）"从马克思主义关于封建生产关系的普遍原理入手，探索中国封建社会的历史分期和性质特点"③。（三）"从分析明清之际的资本主义生产关系萌芽入手，探索中国社会近代化的途径及其近代化难产的原因"④。（四）"从社会史与思想史相结合入手，探索中国思想史的发展路径"⑤。该文认为：（一）《中国古代社会史论》的重要特点包括（1）"在探讨'亚细亚的古代'的发展规律时，坚持了普遍性与特殊性的辩证统一"；（2）"探讨中国古代社会的性质特点时，坚持理论研究与实证研究的有机结合"；（3）"在坚持史论结合时，学风严谨"⑥。（二）《中国思想通史》的特点有：（1）"体大思精，规模宏阔，荟萃诸家思想精要"；（2）"坚持社会史与思想史相结合的原则，按照中国社会史的发展阶段来划分思想史的发展阶段，着重于哲学思想、逻辑思想和社会思想的综合研究。既注意每一思想学说与其社会历史时代的联系，又注意每一思想学说的源流演变；既注意思潮与学派的总体研究，又注意其代表人物的个案研究"⑦；（3）"坚持对历史思想遗产的批判继承的科学态度。既重视对正宗儒学和封建道统观念的批判，揭露它们同封建专制主义的联系，又注意大力发掘历史上的唯物主义哲学传统和反正宗的'异端'思想的优良传统，表彰其间所蕴涵的人民性和启蒙思想，还注重历史上自然科学与唯物主义哲学的联盟，表彰其间所蕴涵的科学精神"⑧；（4）"实事求是，注重实证，不发空泛不实之论"⑨。（三）《中国近代哲学史》的特点有（1）"以中国近代人民群众反帝反封建的政治斗争及其反映在意识形态领域里的西学与中学、新学与旧学

① 张岂之主编：《中国思想史论集》第 2 辑，广西师范大学出版社 2003 年版，第 43 页。
② 同上书，第 51 页。
③ 同上书，第 54 页。
④ 同上书，第 55 页。
⑤ 同上书，第 56 页。
⑥ 同上书，第 53 页。
⑦ 同上书，第 57 页。
⑧ 同上书，第 57—58 页。
⑨ 同上书，第 58 页。

的斗争为主线，将 1840—1919 年的旧民主主义革命时期划分为：鸦片战争时期、太平天国革命时期、洋务运动与早期改良主义时期、戊戌变法时期、辛亥革命准备时期、辛亥革命后至初期新文化运动时期等共六个时期，系统地考察和论述了六个时期中国近代哲学斗争的内容和特点"①；（2）"特别突出中国近代思想文化战线上西学与中学、新学与旧学的斗争主线及其与各个历史时期反帝反封建政治斗争的联系，对于西学在中国的传播、演变及其结局做了比较系统的考察和分析，着重揭露了帝国主义对中国的精神侵略以及帝国主义与封建主义结成的反动的政治同盟和文化同盟，分析了这种反动文化同盟的建立及其演进的过程"②。（四）《宋明理学史》的特点是"坚持把马克思主义的基本理论和基本方法有机地融入对理学家的具体研究之中，从宋明时期的社会总背景切入，以便更好地把握住理学思潮的时代性及其历史地位和作用"③。（五）《中国封建社会史论》的特点是"运用马克思主义政治经济学的基本理论和方法，对中国封建社会史进行宏观的审视和整体的把握，因而具有很强的理论性。此书所研究的内容，实际上涉及中国封建社会政治经济学的若干重大理论问题，给人以启迪和思考"④。（六）《侯外庐史学论文选集·自序》中，先生"为自己的治学原则和方法所做的概括和总结是留给我们的一笔宝贵的思想遗产。其中，最重要的是在历史研究时，不仅要坚持马克思主义的基本理论和基本方法，而且更要坚持马克思主义历史科学的中国化（侯先生称之为'民族化'），建构起具有中国特色的历史科学的话语体系。这也是侯先生一生从事学术研究的根本精神所在，有待于我们后来者加以发扬光大"⑤。

朱学文在《忆侯外庐先生与〈韧的追求〉》中提出："外庐先生骨子里充满着民主主义。对他而言，民主主义和马克思主义完全是不矛盾的。这两者，在很多人眼里不能兼容，但在外庐先生身上却浑然一体。"⑥

崔大华在《外庐先生和汉生先生的学术友谊》中提出："外庐先生和

① 张岂之主编：《中国思想史论集》第 2 辑，广西师范大学出版社 2003 年版，第 59 页。
② 同上书，第 59—60 页。
③ 同上书，第 60 页。
④ 同上书，第 61 页。
⑤ 同上书，第 62 页。
⑥ 同上书，第 71 页。

汉生先生以及其他几位先生共同构筑的《中国思想通史》学术体系，形成的中国现代学术舞台上的一个思想史流派，在我看来，这可以视为一个时代或一个时期的学术特征或标志。尽管在'文化大革命'以后的30年来，中国历史学的理论、方法已经发生了并且在继续发生着变迁，但我相信，后代的学者在审视20世纪中国社会史、思想史学术领域内最凸显的理论特色时，他们仍会判定，这应是运用马克思主义历史唯物主义的理论和方法对中国历史和文化传统所做出的诠释。因为在这种诠释中，努力在历史现象和思想史现象背后探索出某种根源、规律的理论宗旨和理论创造，在此前是没有的，在此后也是独特的。而且，他们还会判定，这一学术思潮的典型代表，应是以外庐先生为核心的学术集体及其著作，因为只有在这里，在社会史研究中引入纯正的马克思主义政治经济学和在此种社会史理论观念基础上的思想史分析，才显现得最为充分。"[1]

　　步近智在《外庐先生、汉生先生与〈宋明理学史〉》中提出："写成一部科学的《宋明理学史》，是外庐先生和汉生先生晚年共同的学术目标。"[2]"我们要研撰一部科学的理学史，只有以马克思主义为指导。因为，历史已经证明，只有以马克思主义为指导，历史研究才成为一门科学。我们进行宋明理学史的研究和撰写，就要在掌握和考订大量资料的基础上，运用马克思主义的历史唯物主义的观点去分析、判断、演绎，并总体地研究这一体系，才能做出科学的论断。也只有这样，才能还宋明理学以历史的本来面貌，使我们正确了解和表述它在中国思想史中的地位和作用。"[3]先生与邱汉生要求："要广泛搜集和占有思想资料，并对某些资料做必要的考证"、"要重视掌握第一手资料，不要转引他人著作所用的现成资料，因为亲自发掘的实际资料比较可靠。在引用材料方面，注意其完整性，力戒断章取义、取其所需"、"在掌握和考订资料的基础上，用马克思主义历史唯物论的观点，去分析这些资料，辨析其思想，研究其体系，做出科学的论断"[4]。

　　陈谷嘉在《侯外庐先生关于亚细亚生产方式的独特论断对中国伦理史研究的贡献》中提出："侯先生对亚细亚生产方式提出了一个独特见解：

---

　　① 张岂之主编：《中国思想史论集》第2辑，广西师范大学出版社2003年版，第77页。

　　② 同上书，第80页。

　　③ 同上书，第81页。

　　④ 同上书，第83页。

他认为各个民族进入文明社会有两条不同的路径，这就是'古典的古代'和'亚细亚的古代'的不同路径。侯先生指出：'古典的古代'就是古希腊、罗马的古代，它所经历的是一条革命的路径；'亚细亚的古代'即指中国的古代，或者说东方的古代，它所经历的是一条改良的路线，或者说维新的路径。"①"侯先生对中国古代'家'和'国'的奇异结合的论断，揭示了中国古代伦理思想的一系列特征，揭示了中国古代产生一系列不同于'古典的古代'的理论和文化思想的社会根源。"②"纵观几千年历史，伦理几乎主导了中国思想史的发展过程，显示出中国思想文化伦理本位的特色。这种泛道德主义的倾向，显然不能单纯从中国文化心理结构中求得答案，而应从中国古代所走的人类文明特殊路径中寻求答案。侯先生关于亚细亚生产方式分析中所做出的上述科学论断，极大地启示了我们，为我们解答中伦史发展中的重大理论问题，提供了科学的根据。虽然侯先生的研究和论断不是直接回答中伦史的问题，但他的论断对把握和认识中国思想文化的发展历史都具有指导的意义，至今还被中国伦理史研究者几乎奉为权威的论断，对中伦史的研究产生了深刻的影响。"③

武占江在《侯外庐土地国有论的理论意义》中提出："侯老是从极其宏观的角度着手对中国封建社会进行探索的，从这个意义上来说，他是一个历史哲学家。……'土地国有论'的根本价值不在于它作为一个具体论断的正确与否，而在于它所提出、包含的问题、思路，……侯老给我们的另外一种启示是，要从宏观入手，正确、大胆地运用理论对传统史料做高度概括的理论分析。"④

龚杰在《"启蒙者先驱"解》中提出："侯老著述对古代史学研究的指导意义是全方位的"，"早在 30 多年前，当我还是一个涉足史学不深的年轻教师的时候，就曾受到侯老《中国思想通史》第四卷（下）有关王艮及泰州学派论述的启迪，对王艮独特的学术生涯和朦胧的人权意识以及泰州学派的学术特点、学术传承产生了研究兴趣，浓烈的乡情也驱使我写一本有关王艮与泰州学派的书"⑤。先生认为"王艮是'启蒙者的先驱'，泰

---

① 张岂之主编：《中国思想史论集》第 2 辑，广西师范大学出版社 2003 年版，第 92 页。
② 同上书，第 93 页。
③ 同上书，第 94 页。
④ 同上书，第 102 页。
⑤ 同上书，第 120 页。

州学派是'启蒙者先驱'的学派。他在《十六七世纪中国进步哲学思潮概述》中两次提出了这个论断，……这里，侯老把启蒙者与先驱者看做是两种相互联系而又相互区别的思想类型。说两者的联系，是指他们不仅在时间上有前后相续的联系，而且在思想上有前因后果的联系；说两者的区别，正如原因产生结果而本身不是结果一样，所以不能把先驱者的思想视同启蒙者的思想，将泰州学派视同早期启蒙思想家的学派"①。"正如侯老所指出的，泰州学派的进步性和人民性主要表现在为争取人的生存权作了不懈的理论创造。……但争取和维护人的生存权，不是早期启蒙思想的基本特征，因为历代的农民暴动也是自觉或不自觉地争取生存权的暴动，当然这种'争取'还停留在感性上，而不像'启蒙者先驱'有理性的论证与提升。所以，争取和维护人的生存权只是早期启蒙思想的前提条件，是否是早期启蒙思想，应当审视他们对自由权、平等权、私有权以及劳动权等的态度。当涉及这些重大的政治和经济权利的时候，泰州学派的思想主张就显得比较苍白无力。"②

方光华在《文化自觉与中国思想史研究》中提出："自戊戌维新以来，诸子研究逐渐成为学术研究的重心。……侯外庐指出，诸子的实质是中国古代国民阶级思想意识的发展史，它包括学在官府的畴官贵族之学、邹鲁缙绅之学、战国并鸣之学三个阶段，它的特点是走维新路线，既有对王官为代表的礼制文化传统的继承，又有对社会现实问题的捕捉。"③"现代中国思想史学科体系在近百年的发展过程中，形成了不同特色的中国思想史研究理论与方法，其中最有代表性的是社会史与思想史相结合的方法。侯外庐的《中国思想通史》是其中的典范。"④

程钢在《中国思想学术史与人文教育》中提出："中国近代的哲学史（或思想史）可以分为三个大阶段：（1）从明末清初到民国初年；（2）从民国初年的胡适到冯友兰、侯外庐；（3）20世纪90年代以后。"⑤"侯外庐站在马克思主义立场上，对冯友兰的《中国哲学史》很不满意。在他看来，冯友兰的《中国哲学史》，是个只有脑袋（思想）、没有身体（物质

---

① 张岂之主编：《中国思想史论集》第2辑，广西师范大学出版社2003年版，第121页。
② 同上书，第123页。
③ 同上书，第140页。
④ 同上书，第145页。
⑤ 同上书，第156页。

经济）的哲学史，从中看不到社会变革的根本力量的变迁。侯外庐本人是个哲学家，但却称自己的著述为'思想史'，以区别于冯友兰的'哲学史'。《中国思想通史》在学术上最杰出的贡献在于，将社会史的视野引入了哲学史领域，而且以社会史的独立见解带动哲学史的研究。"①

　　刘宝才在《20世纪的先秦思想学术史研究》中提出："20世纪研究先秦思想学术史的中国学者，不同的人所接受的西学不完全相同。例如，王国维受叔本华的唯意志论影响很深，胡适主要接受的是杜威的实用主义，冯友兰受实用主义和新实在论影响都很明显，郭沫若、侯外庐等人接受的则是马克思主义理论。但是，从学术研究角度来看，20世纪影响最大的西学理论要数进化论。……20世纪初期以后，不同学术派别的学术思想，虽不能一律用进化论概括，但却都是以承认社会进化为前提的，没有哪个派别反对进化的观念。……郭沫若研究先秦天道观的发展，侯外庐研究先秦先王观的发展，以进化观念为理论和方法的前提也十分明显。马克思主义学者的研究工作体现出进化论观点丝毫也不奇怪，因为达尔文的进化论本来就是马克思主义的理论来源之一。当然，郭沫若、侯外庐用以研究先秦思想学术史的理论与方法不能完全归结为进化论，而要归结为唯物辩证法。……各家各派无不承认进化论，认为承认进化论是各派各家观察现实和历史的共同前提，……这是20世纪中国学术思想与古代以至19世纪中国学术思想的一个根本区别。"②"侯外庐对先秦诸子学说产生的社会历史背景的认识与郭沫若基本相同，即认为春秋战国是中国奴隶社会向封建社会过渡的时代，但对中国古代社会形成与发展的特殊性，他有独到见解，即在他的著作《中国古代社会史论》中提出和论证中国古代社会选择的不同于古希腊的'维新路径'说。《中国思想通史》第一卷对先秦诸子提出了自成体系的见解，产生了比较深远的影响。"③

　　周群在《泰州学派思想家之一——汤显祖散论——从侯外庐先生〈论汤显祖剧作四种〉谈起》中提出："侯先生第一次将汤显祖视为'泰州学派的思想家'，侯先生第一次'依据对明代思潮以及泰州学派基本理论的理解，仔细考察了汤显祖的《玉茗堂全集》'。……侯先生已经对汤显祖与

---

① 张岂之主编：《中国思想史论集》第2辑，广西师范大学出版社2003年版，第157页。
② 同上书，第170—171页。
③ 同上书，第180页。

泰州学派的关系进行了深入的揭示，为对泰州学派及汤显祖的研究开拓了新的天地。本文旨在沿着侯先生的研究路向，对泰州学派与汤显祖的关系做进一步的探讨。"①

9 月 25 日

魏宗禹《侯外庐在中国思想史上的历史贡献——纪念侯外庐诞辰 100周年》发表于《晋阳学刊》2003 年第 5 期。文章从"拓展先秦诸子学研究的贡献"、"对明清之际思想研究的贡献"、"对五四新思潮的总结与创新"三个方面进行论述。

9 月

姜广辉主编《中国经学思想史》第一、二卷由中国社会科学出版社出版。

10 月 30 日

中国社会科学院历史研究所《探询中国古代文明发展路径——纪念侯外庐同志诞辰一百周年》发表于《中国社会科学院院报》第 1 版。文章认为："侯外庐同志是我国早期马克思主义介绍者和传播者之一。""是马克思主义历史科学中国化的奠基人之一，……在新史学'五大家'中，侯外庐同志对中国古代历史特点的研究贡献最大。"

同日，李学勤《侯外庐与明清之际学术思想研究》发表于《中国社会科学院院报》第 4 版，收入《文物中的古文明》（商务印书馆 2008 年版）。文章提出："《中国思想通史》有若干核心篇章，突出体现了侯先生独特的识见和创新，关于明清之际的部分是其明显例证。""明清之际的学术思想，在《中国思想通史》中分出单独的一卷，实在是含有深意的。前些时候，我在西北大学'纪念侯外庐先生诞辰百年学术研讨会'上，曾提到侯先生研究历史有一个非常重要的论点，即要从思想史来研究社会史。对古代社会的考察，不能只从经济、政治等方面着手，还应从思想方面研究和切入，这个论点很深刻地反映了历史唯物主义关于上

---

① 张岂之主编：《中国思想史论集》第 2 辑，广西师范大学出版社 2003 年版，第 249—250页。

层建筑与社会基础的辩证关系。侯先生重视研究明清之际的思想史，正是要由此深入认识这一重要历史时期的社会变迁，通过分析明清间他所称早期启蒙思想家的学说论作，来探讨中国传统社会怎样在走向衰亡中孕育了新的因素。"

张岂之《侯外庐历史研究的理论与方法》在同期发表。文章提出："侯外庐先生通过翻译《资本论》，形成了他对马克思主义理论的理解。他认为马克思主义理论的精髓是对社会经济形态的分析，用马克思主义来指导历史研究，需要研究中国社会经济形态。""外老认为，如果要使中国思想学术史的研究真正成为一门科学，就必须把思想史置于中国社会史的具体背景中，将二者有机地融合起来，否则，对于中国思想学术史的研究，会流于表面化。""外老研究中国思想史的方法论，如果用一句话表述，就是：社会历史的演进与社会思潮的发展是一致的。他强调历史从哪里开始，思想进程也从哪里开始。""学人们将社会史与思想史相贯通，是20世纪中国思想史研究最重要的创见，在这方面外老做出了卓越贡献，值得我们学习。"

姜广辉《继承侯外庐的思想史研究事业——写于〈中国经学思想史〉第一、二卷出版之际》在同期发表。文章提出："侯外庐先生一贯强调要注意寻找'生长点'。上个世纪80年代初，他与邱汉生先生提出，理学和经学可以作为今后重点研究的方向。""近20年来，中国传统学术的研究有了很大的发展，但存在一个重大缺陷，即经学研究一直没有走出'五四'以来的低谷。经学是中国文化的根基，经学研究却备受冷落，这一局面亟待改变。"

卢钟锋《侯外庐与马克思主义历史科学的中国化》在同期发表。文章提出："自从侯先生踏上信仰马克思主义道路之日起，他就把学习、研究、宣传马克思主义，并将其与中国历史的实际相结合，努力实现马克思主义历史科学的中国化作为毕生的理想和追求。""所谓马克思主义科学的中国化，用侯先生的话说，'就是要把中国丰富的历史资料，和马克思主义历史科学关于人类社会发展的规律，做统一的研究，从中总结出中国社会发展的规律和历史特点'。换句话说，就是要从中国历史的实际出发，对人类社会发展规律的普遍性与中国社会发展规律的特殊性作辩证统一的理解，坚持唯物史观关于历史发展的统一性与多样性相结合的方法论原则。侯先生在这方面的突出贡献就在于：他从马克思的生产方式理论入手，积极探索人类历史上生产方式的变革和不同社会形态的更替在中国社会历史发展过程中的具体表现和实现形式。"

11 月 5 日—6 日

中国史学会、清华大学思想文化研究所、西北大学文博院、湖南大学岳麓书院、江西上饶师范学院朱子学研究所联合主办的"纪念侯外庐先生百年诞辰暨中国思想史学术研讨会"在北京举行。

11 月 17 日

侯且岸《侯外庐为什么具有非同一般的学术个性》发表于《北京日报》第 16 版"理论周刊·学界万象"。文章提出："通过翻译《资本论》，侯外庐经历了一次脱胎换骨的思想启蒙，形成了有别于传统的新的文化观念和认知方式。""深刻认识侯外庐学术思维取向的特点，首先需要研究的就是他的文化观和思维方式的根本转变。""在侯外庐独特的学术思维框架中，他关注着对一般规律的研究，但更注重对特殊性的探讨，他的学术兴趣始终紧紧围绕着探究中国社会和中国思想的特殊性，从中发掘出问题，进而在研究中实现研究范式的创造性转换。""由厘清概念到提出问题，是侯外庐的基本学术理路，他所揭示的很多学术疑难大都由对概念的不同理解引出的。""将社会史研究同思想史研究有机地结合起来，已成为被学术界认同的侯外庐学派的主要学术特征。"

11 月 18 日

寇永生《"阿 Q"之名来源四说》发表于《中学语文教学》2003 年第 11 期，文章介绍了先生解释"阿 Q"的"Question 说"。

二○○四年(甲申)

4 月 6 日至 10 日，由中国哲学史学会、浙江大学、上海师范大学、杭州师范学院联合主办的"中国哲学史学会 2004 年会暨中国传统哲学当代价值学术研讨会"的杭州、上海两地举行。会议选举方克立为第六届中国哲学史学会会长，方立天、刘文英、陈来、郭齐勇、周桂钿、陈卫平、李存山、宋志明、杨国荣、冯达文为副会长，张利民为秘书长。24 日，张岱年（1909—2004）逝世。

5 月 15 日，清华大学人文学院、中国社会科学院哲学研究所、北京大学哲学系、北京师范大学教育学院和哲学系、中国社会科学院历史研究所中国思想史研究室、中华孔子学会联合举办的"纪念张岱年先生诞辰 95 周年暨中国文化综合创新学术研讨会"在北京举行。

8 月 13 日，中国哲学史学会第六届理事会常务理事会第一次会议在京召开，会议推选任继愈为名誉会长，方立天、陈来为常务副会长，周勤勤为副秘书长。

本年，李锦全、杨淡以编《杨荣国文集》由中山大学出版社出版。

1 月

（俄罗斯）B. 布罗夫著，李蓉译的《一个俄罗斯学者眼中的中国》由黑龙江人民出版社出版。布罗夫回忆："1957 年秋天的时候我来到中国留学，一开始是在北京大学学习，当时我的导师是现任国家图书馆馆长的任继愈先生，但是不久他就不能给我们授课了（因为当时'反右'的政治原因），我又被转到中国科学院哲学所去学习中国哲学，我的导师是侯外庐（著名历史学家、北大教授），原西北大学校长张岂之与我一起做他的学生。因为侯外庐先生很忙，张岂之就教我学习文言文——读中国哲学不会文言文是不可能学好的。"①

2 月 4 日

阎愈新《侯外庐出长西北大学》发表于《百年潮》2004 年第 2 期。

2 月 15 日

王学典《近 50 年的中国历史学》发表于《历史研究》2004 年第 1 期。该文认为："唯物史观派史家常常将思想史上的问题作了社会学的处理，这颇类似于知识社会学的方法。例如侯外庐《中国思想通史》即基于社会存在决定社会意识的唯物史观立场，强调思想史必须以社会史为基

---

① ［俄］B. 布罗夫：《一个俄罗斯学者眼中的中国》，李蓉译，黑龙江人民出版社 2004 年版，第 3 页。

础，……的确，尽管思想演化的'内在理路'不容抹煞，但流质多变的思想绝非单一的'内在理路'所能充分说明，凿通社会史与思想史的'内外交融'之法有充分的合理性。这样就超越了纯史学方法而具有了跨学科性质。此外，马克思的政治经济学方法在唯物史观派史学中体现的也十分明显。由于以马克思的政治经济学原理为分析工具，唯物史观派史家剖析中国古代社会、考察历史上的经济现象自然深刻得多。"①

3 月 15 日

任大援《侯外庐史学的文化生命力——纪念侯外庐先生百年诞辰》发表于《西北大学学报》（哲学社会科学版）2004 年第 2 期。文章认为先生具有"厚重的理论色彩"、"强烈的现实关怀"、"注重教育与人才培养"三个方面的"文化生命力"。

3 月

陈来《宋明理学》由华东师范大学出版社出版。该书"序"提出："（20 世纪）20 年代末至 40 年代末，对宋明儒学的研究主要有三个方向：一是利用西方哲学的范畴、问题，对新儒家的哲学进行逻辑分析的哲学史研究，分析宋明儒学的概念、命题、理论特色，如冯友兰《中国哲学史》的下册，可谓此种研究的代表。二是不注重用西方哲学的理论为研究方法，而以古典实证的方法对人物和文本做历史的研究，如容肇祖早期关于《朱子实纪》和《朱子年谱》的研究，此可谓文献学研究。三是批判思潮和启蒙思想的思想史研究，这里又分为两支，侯外庐（侯外庐这个时期的著作是《中国早期启蒙思想史》）、嵇文甫（嵇文甫的著作有《晚明思想史论》、《左派王学》、《船山哲学》）从马克思主义出发，着力于明清之际以降有关个性解放、个人意识觉醒和批判思潮的启蒙思想史的研究；容肇祖（容肇祖的论文是这一时期所写关于黄绾、吴廷翰、何心隐、焦宏、方以智、潘平格、吕留良、颜元的论文）则从新文化运动的启蒙主义出发，撰写了大量反抗、批评程朱理学的明清儒学思想家的论文，特别注重明代后期的泰州学派和清初批评朱学的思想。这些研究虽然都取得了引人注目的成绩，但都没有对整个宋明理学进行全面的、内在的研究。所谓全

---

① 《历史研究》2004 年第 1 期，第 176 页。

面就是对整个宋明理学体系及其发展历史进行周全的研究；所谓内在，是指注重研究宋明理学自己所重视的问题和讨论，而不是从西方哲学的问题意识或社会变革的要求出发去决定研究的方向和问题。"①

同月，陈寒鸣、贾乾初《梁启超、侯外庐"近三百年中国学术史论"的比较研究》发表于《燕山大学学报》（哲学社会科学版）2004 年第 1期。文章认为："侯外庐先生在抗战时期写的《中国近世思想学说史》，是马克思主义学者最早研究'近三百年'思想学术史的专著，……这部著作是'五四'以来有关近三百年中国思想学术史研究的一个批判总结，他以马克思主义为圭臬，以实事求是的科学态度对待梁启超、钱穆、胡适等资产阶级学者的学术成就，历史地肯定其中的可取之处，又严肃地批判了各种谬说、偏见，从而对前此同类学术成果有所超越、有所区别，更为科学地研究 17—19 世纪中国思想史奠定了坚实基础。"②

同月，解启扬《侯外庐的墨学研究》发表于《学术探索》2004 年第 3期。文章认为先生是"第一个以马克思主义哲学的观点和方法把墨学研究纳入思想史、哲学史体系研究的现代学者"③。

4 月 5 日

陈寒鸣《侯外庐与侯外庐学派》发表于《历史教学》2004 年第 4 期。文章认为："侯外庐逝世以后，其门人弟子承继着他的学术事业，在大体保持着侯外庐学派传统、风格的同时，又在学术上各有所成。张岂之主持完成了《中国儒学思想史》；陈谷嘉在湖湘学派研究上做了许多开拓性的工作；祝瑞开贯通中国思想发展过程的系列著述；卢钟锋的《中国传统学术史》堪称别开生面的力作；黄宣民发掘泰州学派新史料，对颜钧作了前所未有的研究，并主编《中国儒学发展史》；崔大华既深入考研庄周之学，又完成了《儒学通论》；姜广辉在已有个人著作《颜李学派》、《理学与中国文化》、《走出理学》等的基础上，又领导着志同道合者进行着中国经学思想史的研究……所有这些，都是侯外庐学派至今仍在发展、仍保持着学术生命力的表现。"④

---

① 陈来：《宋明理学》序，《宋明理学》，华东师范大学出版社 2004 年版，第 4 页。
② 《燕山大学学报》（哲学社会科学版）2004 年第 1 期，第 46 页。
③ 《学术探索》2004 年第 3 期，第 6 页。
④ 《历史教学》2004 年第 4 期，第 37 页。

4 月

胡道静主编的《十家论庄》由上海人民出版社出版，收入程新国《侯外庐和中国思想通史学派对庄子的研究》，及（一）"侯外庐论庄子：庄子的主观唯心主义"和（二）"杜国庠论庄子：庄子"（其他九家为胡适、冯友兰、吕振羽、郭沫若、任继愈、李泰棻、关锋、陈鼓应、张恒寿）。程新国认为："侯外庐是我国最早将多学科相互结合渗透进行中国思想史研究的人，也是最早结合社会实践运用马克思主义方法来分析研究庄子的人，因此，他的学术观点，以及他所创立的中国思想通史学派所持的观点，在很大程度上影响了人们对庄子学说的研究与评判，成为我国现当代庄学研究中的重要学派。"先生对庄子的研究有以下基本特点："首先，把人物放在特定的社会历史背景下进行考察。"[1]"其二，从历史唯物主义出发，首次将庄子的思想界定为'主观唯心主义'。"[2]"其三，认为庄子思想，从其对中国士大夫影响而言，不是'异端'，而是'正统'，着力指出相对主义的消极意义。""其四，在研究中坚持'不苟同亦不苟异'的原则。"[3]"侯外庐及其中国思想史学派所做的工作，就是要把源自庄子的历史唯心主义和历史虚无主义撕破给人看，同时又不抛弃庄子思想中的积极东西。这无疑是一项开拓性的、具有创新意义和现实意义的工作。从批判地继承历史遗产而言，他们的研究还是卓有成效的。""这一学派的另外三个重要代表人物杜国庠、杨荣国和赵纪彬，对庄子也有较为深入的研究，可以说是侯外庐学术上的知音和合作者，尤其是被郭沫若和侯外庐称之为'我们是志同道合的'杜国庠先生，早是 20 世纪 40 年代就从研究先秦诸子思想入手，对庄子的思想进行了精到的评述，并借荀子之言评说庄子是'蔽于天而不知人'，力求把庄子纳入社会和历史的范畴来考察，这不仅与侯外庐的观点相吻合，也提出了中国思想通史学派研究中国思想史基本的治学方法。""侯外庐和中国思想通史学派对庄子的研究，将以其鲜明的学术思想和学术特色而成为这一研究领域的重要派别。"[4]

---

[1]　胡道静主编：《十家论庄》，上海人民出版社 2004 年版，第 128 页。

[2]　同上书，第 129 页。

[3]　同上书，第 130 页。

[4]　同上书，第 131 页。

5 月

李泽厚《思想史的意义》发表于《读书》2004 年第 5 期。文章认为："自胡适、冯友兰用西方框架剪裁中国材料编写'哲学史'以来，随后又由侯外庐、冯契、牟宗三等人或用唯物唯心，或用范畴演进，或用'智的直观'等来阐释、编写，已形成了数十年来的学术常规。它在理出一套逻辑理路，廓清传统思想和概念的模糊含混、缺乏系统上大有功绩，却产生了可能有失传统真相的问题。"①

同月，宋志明、刘成有《批孔与释孔——儒学的现代走向》由华东师范大学出版社出版，第二章"唯物史观派的儒学观"第四部分为"侯外庐等：客观的研究"。

6 月 15 日

牛方玉《侯外庐对亚细亚生产方式的解答与古代不同路径说》发表于《山东省农业管理干部学院学报》2004 年第 3 期。文章质疑先生对"'亚细亚的'是可以随意排列在'古典的'前面或后面，两者的意义是相当的"这一结论，认为"尽管侯外庐把亚细亚生产方式归在古代之下，虽然他只是强调亚细亚的古代与古典的古代只是不同的路径，但经他的比较，他对二者路径差异的分析，二者昭示的时代差异还是非常明显的。但是，他一味强调二者的差异是不同路径的差异，亦即强调它们各自的特殊性，而它们各自的特殊性与'古代的'普遍性的联结似乎是等同的、等价的，这就使不同路径的差异亦即差异的差异，变得不可理解了。路径的说法，只是一种现象描述。但是，我们仍然要肯定，侯外庐在'不同路径说'这一范式导引下，对东方和中国历史现象特点的揭示，是独具慧眼，是深刻的"②。

7 月

陈荣庆、何良凤《张岂之先生中国思想文化史研究略评》发表于《江西行政学院学报》2004 年第 3 期。文章认为："中国史学界独树一帜的

---

① 《读书》2004 年第 5 期，第 56 页。
② 《山东省农业管理干部学院学报》2004 年第 3 期，第 68 页。

'侯外庐学派'，是以侯外庐先生为中心，以《中国思想通史》的写作为契机，以长期与侯外庐先生合作的同仁及他们的助手、弟子为核心而组成的一个研究中国历史及思想史专门史学派。该学派的基本治学思想是从马克思唯物论思想出发，认为思想史研究一定要和社会史研究结合，强调研究要着重掌握第一手材料，'贵在决疑'，重视'异端'，专注于重大问题的研究解决。该学派的第一代人物主要有侯外庐、赵纪彬、杜国庠、邱汉生；第二代人物主要是他们的助手与弟子，如杨超、李学勤、张岂之、林英、何兆武、黄宣民、卢钟锋、冒怀辛、步近智、唐宇元、樊克政、陈谷嘉、李经元、崔大华、姜广辉等。……以第二代人的弟子或弟子之弟子为中心的第三代人业已成长起来，成为中国史学界的重要力量，其研究学科遍及中国通史、思想史、文化史、哲学史、文学史、考古学、宗教学等，蔚为大盛。"①

8 月

王兴国《侯外庐先生对船山学的贡献》发表于《衡阳师范学院学报》（社会科学版）2004 年第 4 期。文章论述先生"明确地将船山界定为中国早期启蒙思想家"、"深刻揭示船山'六经责我开生面'的科学精神"、"第一次系统地剖析了船山的哲学思想体系"，认为："侯老不仅在精神上和学风上追随王船山，而且开中国现当代用马克思主义的观点研究王船山的新生面。"②"侯老的船山学研究，的确开创了用马克思主义观点研究船山的先河。"③

10 月 12 日

林甘泉《50 年的回忆和思考》发表于《中国社会科学院院报》第 4 版，文章提出："（中国社会科学院）历史一、二所合并以后，所长仍由郭沫若兼任，尹达、侯外庐、熊德基任副所长（以后又增加东光和白天同志）。历史研究所作为国家的科研机构，基本任务应该是为建设有中国特色社会主义提供高质量的科研成果，培养高水平的历史学者。这一点，历

---

① 《江西行政学院学报》2004 年第 3 期，第 68 页。
② 《衡阳师范学院学报》（社会科学版）2004 年第 4 期，第 49 页。
③ 同上刊，第 53 页。

史所的领导班子从一开始还是有所认识的。来所较久的同志都知道，尹达曾多次提出研究所的任务是出产品、出人才。侯外庐曾对'任务带学科'的提法表示不同的意见，认为这种提法会削弱历史学科的基础研究。针对当时上面布置下来的有些干扰正常研究秩序的非学术性任务，他甚至在党委会上提出过'我们敢不敢顶回去？'的意见。"

10 月

先生主编，张岂之、李学勤、杨超、林英、何兆武、卢钟锋、黄宣民、樊克政编著《中国思想史纲》由上海书店出版社再版。

同月，中国社会科学院历史研究所编《求真务实五十载——历史研究所同仁述往》由中国社会科学出版社出版。步近智在《忆侯外庐先生的育才之道》中论述"要遵循历史科学研究的规律"、"思想史研究要'通'而后'专'，'博'而后'深'"、"要关心和参加当前学术界的讨论"、"吸纳人才，组织梯形研究队伍"等问题。卢钟锋在《侯外庐先生与中国思想史学科建设——兼记我在历史研究所的学习和工作》中认为："长期以来，侯外庐先生领导的研究集体有一个显著的特点，就是：始终坚持以集体方式承担科研任务，充分体现了学术研究中团结协作的集体主义精神，这已经成为中国思想史研究室这个研究集体的优良传统。自 20 世纪 50 年代侯外庐先生亲手创建该室以来，就一直以承担集体科研任务为主要职责。"[1]"中国思想史研究室形成的这一优良传统，是与侯外庐先生关于学科建设的理念分不开的。侯先生关于学科建设的理念，简要地说，就是'以任务带学科'。这一理念的基本精神是：学科建设必须面向现实，联系实际，根据现实的需要提出学科建设的任务，明确学科发展的方向。……侯外庐先生所说的'任务'是指关系到学科建设中必须解决的具有基础性、全局性和前瞻性的重大问题，而这也是今天我们坚持正确的科研方向必须面对和解决的重大问题。这说明侯外庐先生关于学科建设的理念不仅没有过时，而且还应该结合新的情况加以坚持和发扬。"[2]"多年来，侯外庐先生所领导的研究集体在承担一系列重大集体科研任务方面之所以取得成功，最根本的原因在于：始终坚持以马克思主义为指导的正确理论方向和社会

---

[1] 《求真务实五十载——历史研究所同仁述往》，中国社会科学出版社 2004 年版，第 87 页。
[2] 同上书，第 87—88 页。

史与思想史相结合的正确方法。其次，在于研究集体的成员有良好的精神素质，大家都以集体科研任务为重，专心致志，心无旁骛，和衷共济，以诚相待，团结协作，互勉互励，因此就能减少内耗，集中精力搞好研究。第三，在于研究集体内部有一套符合科研特点的运作机制。其中，最重要的一点是：充分发扬学术民主与实行主编责任制相结合。凡属重大学术理论问题都要通过集体讨论，以期达成共识；如无法达成共识，最后由主编裁决。各人写出的稿子大家传阅，互相审改，以期择善而从；如不服审改，由主编定夺。这种互改稿子的做法不仅限于成员之间，还包括主编在内，因而在研究集体内部能够真正营造出平等对话、民主讨论的学术氛围来。这不仅有利于调动大家的积极性和主动性，而且可以减少工作中的失误，提高工作质量，更好地发挥研究集体的整体优势。""总而言之，侯外庐先生领导的研究集体在承担集体科研任务方面取得成功的原因可以用三句话来概括：正确的理论方向，良好的精神素质和有效的运作机制。"①

11 月 28 日

陈来《儒学正统的重建——王船山思想的特质与定位》发表于《中国文化研究》2004 年第 4 期（冬之卷）。文章认为："近几十年来，在有关船山思想的看法上，影响最大的仍属侯外庐。早在 20 世纪 40 年代，侯外庐写了《船山学案》，主张王船山思想为唯物论，……在侯外庐看来，王船山'开启了中国近代的思维活动'，认为船山可与德国近代理性派、洛克、亚当·斯密等欧洲近代启蒙学者相比。所以侯外庐的主张是：王船山的哲学是唯物论，王船山思想的特质是启蒙主义。……其实以王船山的哲学为唯物论，在当时已有不少学者皆持此种看法，如张西堂、张岱年；而以船山为早期启蒙思想，则确实以侯外庐为之代表。对于侯外庐'早期启蒙思想'的说法，并不是仅仅用来分析王船山，而且更重要的是用于整个明末清初的历史与思想的把握，这一观点在国内外都有重要影响。"②

12 月 25 日

苗彦恺《由"实体自由"引发的一点认识——读侯外庐的"评黑格尔

---

① 《求真务实五十载——历史研究所同仁述往》，中国社会科学出版社 2004 年版，第 88 页。
② 《中国文化研究》2004 年第 4 期，第 3—4 页。

论老子"》发表于《华夏文化》2004 年第 4 期。文章论述《中国思想通史》第一卷"评黑格尔论老子"一节。

12 月

柳九伟《重评桓宽及其〈盐铁论〉》发表于《天中学刊》2004 年第 6 期。该文对包括《中国思想通史》第二卷在内的有关《盐铁论》的一些评价进行商榷。

二○○五年（乙酉）

9 月 3 日，纪念中国人民抗日战争暨世界反法西斯战争胜利 60 周年大会在北京举行。

11 月 7 日，北京大学、清华大学、中国社科院、国际儒联、北京市社科联及河南南阳市人民政府联合举办的"冯友兰国际学术会议暨纪念冯友兰先生诞辰 110 周年"在南阳举行。

1 月

瞿林东《中国史学的理论遗产》由北京师范大学出版社出版，收入作者 1994 年发表的"侯外庐史学理论遗产的科学价值"。

2 月 17 日

任大援《〈中国思想史〉教材给人的启发》发表于《科学时报》2005 年 2 月有 17 日第 T00 版。文章提出："（《中国思想史》）是多年学术积累的产物。早在上世纪 50 年代末，根据侯外庐先生建议并在侯先生指导下，张岂之先生和其他几位年轻学者就写成《中国哲学史略》（1958 年）；同样在侯先生建议下，《中国思想史纲》（上下册）又于 1978 年出版。同年，《中国近代哲学史》也出版了。作为主要执笔者之一，张岂之先生积累了 30 余年的经验，之后才有《中国思想史》的出版。""（《中国思想史》）是主编负责制下学术集体合作的产物。众所周知，侯外庐学派早在上世纪中叶之前就已经形成，这一学派的代表性成果，是五卷六册本《中国思想通史》及后来的《宋明理学史》。张岂之先生继承侯外庐学派的传统，将中青年学者团结在周围，形成有特色的学术集体。"

3 月 30 日

《南京大学学报》（哲学·人文科学·社会科学版）2005 年第 2 期开辟《思想史研究》专栏，许苏民在"主持人语"中提出："近百年来，梁启超、胡适之、侯外庐等先生筚路蓝缕，以启山林，开拓和创立了'中国思想史'学科，培养和造就了中国思想史研究的人才队伍。20 世纪 80 年代以来，中国学界又开展了关于中国思想史学科建设问题的讨论，任继愈、冯契、萧萐父、李锦全、张岂之等一批最优秀的前辈学者，都在不同的场合发表过极为深刻的见解，有力地推动了中国思想史研究的深入开展。伴随着'文化热'、'国学热'以及所谓'中国哲学合法性问题'的讨论接踵而来，思想史的学科建设问题又再度引起了学人们的关注，一场关于中国思想史的研究对象和方法的讨论正在悄然兴起。"①

4 月

王靖懿《论李贽〈坡仙集〉的选目、批点及其反映的文学观》发表于《黄冈师范学院学报》2005 年第 2 期。文章涉及《中国思想通史》第四卷（下册）"李贽著作表"中对《坡仙集》"真伪参半，须加考定"的评价，认为"整体上为李贽著作当为不谬"②。

同月，李学勤《中国古代文明研究》由华东师范大学出版社出版。

5 月 15 日

方光华《再论文化自觉与中国思想史研究》发表于《西北大学学报》（哲学社会科学版）2005 年第 3 期。文章认为："侯外庐对中国思想学术的对象问题曾做出明确回答。他认为哲学思想、逻辑思想和社会思想是中国思想学术史研究的主题。"③"侯外庐所理解的中国思想史，是以哲学思想、逻辑思想为支撑，以社会思想为核心，所构成的有机整体发展演变的历史。简单说，按照侯外庐的理解，中国思想史就是研究中国思想历史的

---

① 《南京大学学报》（哲学·人文科学·社会科学版）2005 年第 2 期，第 97 页。
② 《黄冈师范学院学报》2005 年第 2 期，第 57 页。
③ 《西北大学学报》（哲学社会科学版）2005 年第 3 期，第 52 页。

学科，是研究中国思想结构、思想内容、表现形式及其发展变化历史的学科。"文章提出：从文化自觉的角度来看，"中国思想史研究对象除了哲学思想、逻辑思想、社会思想外，更应该研究它的文化思想，由哲学思想、逻辑思想所支撑的主要思想内涵是包括社会思想在内的文化思想，文化思想成为思想有机整体核心，即以思想的文化意义为基点来整合世界观、认识论与社会思想，中国思想史并非哲学、宗教、政治、伦理、教育等方面思想形式的总汇，而是由它们构成的具有文化特质的整体。"此外，"中国思想史研究不但要研究中国思想结构、内容、表现形式及其发展变化的历史，还应该研究它的文化功能和文化作用"①。

5 月

高敏《中华古史求索集》由中华书局出版，收入《试论我国封建社会农民起义和农民战争的发展阶段问题——兼与侯外庐同志商榷》。

6 月 4 日

方克立在西安召开的中国哲学史学会 2005 年年会暨"中国哲学的现代化与世界化"学术研讨会上作《回应中国哲学"合法性"质疑的三个问难》的发言，认为："马克思主义的中国思想史家侯外庐、赵纪彬等人在抗战时期就明确地提出了'学术中国化'的口号，建国后马克思主义的中国哲学史工作者也在中国哲学的现代化和民族化、本土化方面做了大量工作。"②"在中国哲学史学科的百年发展历程中，长期居于主导地位的并不是胡、冯模式，而是马克思主义的哲学史观和方法论。解放前郭沫若、侯外庐、张岱年等学者就已经开始用唯物史观和辩证唯物论来分析研究中国古代的哲学思想，建国后半个多世纪马克思主义在中国大陆更处于明确的指导地位，大量中国哲学史研究论著是在这种理论和方法的指导下写出来的。"③

6 月 25 日

文颉《思想史的学术特色》发表于《华夏文化》2005 年第 2 期。文

---

① 《西北大学学报》（哲学社会科学版）2005 年第 3 期，第 53 页。
② 《人文杂志》2005 年第 4 期，第 8 页。
③ 同上刊，第 9 页。

章认为："侯外庐学派在具体研究方法上，注重历史唯物主义和辩证唯物主义理论。""侯外庐学派具有开放意识，注重与学术界的学术交往与沟通。"①

7 月

武少民、闫玉环《侯外庐与清代学术史研究》发表于《长春师范学院学报》（人文社会科学版）2005 年第 4 期。

8 月 15 日

孙卫华《"新民本"：传统民本与近代民主的中间地带——读〈解构专制——明末清初"新民本"思想研究〉》发表于《江汉论坛》2005 年 第 8 期。该书评指出《解构专制——明末清初"新民本"思想研究》一书"不赞成侯外庐把明清之际界定为启蒙时期"，"启蒙说"之所以有问题，是"侯氏把这种启蒙等同资产阶级启蒙主义的缘故"②，认为："在某种意义上说，作者翔实的史料及严密的论证恰恰印证了萧萐父先生的观点：所谓启蒙的确定意义，应当区别于中世纪异端，也区别于资产阶级革命时期的成熟理论，而仅仅是指特定条件下封建制度及其统治思想的自我批判，它与资本主义萌芽经济相适应，只是表示旧思想必将崩解的征兆，新思想必将出现的先声"③。

8 月

张岂之总主编、陈先初主编《民国学案》第 2 卷由湖南教育出版社出版，收入肖永明所作"侯外庐学案"，在"学术旨要"中论述"关于亚细亚生产方式的研究"、"殷代社会的特性"、"中国封建制的形成及其法典化问题"、"中国封建社会土地所有制形式"、"中国古代思想发展的诸阶段"、"战国时代思想的发展"、"老子思想的产生年代"、"由孔子的曾子支派到思孟学派的发展"、"中国封建社会前期的基本线索和思想史的特点"、"汉代经学的国教化"、"论柳宗元的《天对》"、"十六七世纪中国进

---

① 《华夏文化》2005 年第 2 期，第 25 页。
② 《江汉论坛》2005 年第 8 期，第 142 页。
③ 同上刊，第 143 页。

步哲学思想"、"论李贽的历史评论"、"明清之际启蒙思潮的特点"、"方以智论常变规律"、"评王夫之的人性理论"、"乾嘉时代的汉学潮流"、"论康有为与戊戌变法运动"、"自述治学方法"等，并附有《主要著述目录》。

9 月

黄静《抗战时期重庆马克思主义史家对古代社会史和思想史的研究》发表于《史学史研究》2005 年第 3 期。文章认为：《中国古典社会史论》对郭沫若从甲骨文和青铜器铭文中发现的奴隶社会作了理论上的论证，"该书只有五章十万字，存在着材料不够丰富，论证尚未充分等不足之处，但它确定了侯外庐研究中国古代（奴隶）社会所遵循的三个基本原则"[①]。《中国古代思想学说史》在考察先秦各时期及各家学说时，"侯外庐坚持从经济、政治、制度等因素入手进行分析，系统清理了先秦思想发展的基本线索，在对先秦思想演变及学术派别的具体分析上，提出了许多极富价值的见解"[②]。《中国近世思想学说史》"对明末清初至民国初年近 300 年思想学说进行了研究，在马克思主义史学发展史上有筚路蓝缕之功。……较之《中国古代思想学说史》对先秦思想史的研究，该书的缺点更多一些，主要一点是对各家思想的社会背景分析不足，这同侯外庐当时还没有准确把握明清时期的社会特征有关"[③]。文章提出："重庆马克思主义史学派开创了用马克思主义研究中国思想史的先河，为中国思想史的研究开辟了一条崭新的道路，取得了巨大成就。""重庆马克思主义史家之所以把研究重点放在古代社会史和思想史上，一是由于重庆特殊的政治环境和革命任务，二是史家个人的治学经历与研究兴趣决定了这一研究的方向。"[④]

10 月 18 日

虹文《〈中国思想学说史〉简介》载《中国新闻出版报》2005 年 10月 18 日第 4 版。文章提出："本丛书对侯外庐《中国思想通史》5 卷 6 册本以来近 50 年的中国思想史研究的主要成就进行综合总结，比较充分地

---

① 《史学史研究》2005 年第 3 期，第 27 页。
② 同上刊，第 28—29 页。
③ 同上刊，第 29 页。
④ 同上刊，第 29 页。

反映中国思想史研究的新进展；以学术思想为契入点，努力揭示思想意识产生的学术土壤，尝试对中国思想史的演变历程及其主要内容提出更加符合中国文化原貌的解析，把中国思想史写成真正在中国学术土壤中生长发育的历史；注意思想与文化发展的关系，力求揭示各个历史时期思想观念在文化形式中的渗透与表现。"

10 月

陈祖武、朱彤窗《乾嘉学派研究》由河北人民出版社出版。该书列有"侯外庐先生论专门汉学"专节，包括"对十八世纪中国社会基本状况的认识"、"关于乾嘉汉学的形成"、"乾嘉汉学是一个历史过程"。陈祖武认为："侯外庐先生是我国思想史、社会史学科的杰出奠基人，创辟路径，作育人才，为我二十世纪历史学的发展，做出了巨大的贡献。欣逢先生百年冥诞，谨以平日读《中国思想通史》之所得，就先生论究乾嘉汉学的若干意见，试做一梳理。"[1] 在乾嘉考据学独胜的问题上，"侯外庐先生继诸位大师而起，博采众长，融为我有，复以其深厚的史学素养和理论功底，掩众贤而上，将研究向前推进"[2]"关于形成乾嘉汉学的直接原因，外庐先生的着眼点主要在于两个方面：一是社会的相对稳定，二是清廷的文化政策。"[3]"外庐先生论究乾嘉汉学，以章、梁、钱三位先生之所得为起点，进而向纵深推进。一方面外庐先生既充分尊重前人的劳作，沿用吴、皖分派的思路，从为学路数和旨趣上去认识乾嘉学术；另一方面，他又选取乾嘉时代的几位主要思想家，……去进行专题研究。通过探讨诸家思想、学术之个性和贡献，提出了若干具有创获意义的重要见解。……乾嘉汉学肇始于惠栋，经戴震加以发展，至焦循、阮元而进行总结，方才走完其历史道路。"先生的重要见解，"突破吴、皖分派的旧有格局，为把乾嘉学派和乾嘉学术作为一个历史过程来进行研究开了先河。……二十世纪六十年代初，先师杨向奎先生同外庐先生相呼应，在《新建设》杂志上发表了《谈乾嘉学派》一文。……令人惋惜的是，侯、杨二位大师的研究意见，尚未在学术界激起共鸣，一场民族文化的浩劫便轰然而起。"[4]

---

① 陈祖武、朱彤窗：《乾嘉学派研究》，河北人民出版社 2005 年版，第 669 页。
② 同上书，第 674—675 页。
③ 同上书，第 675 页。
④ 同上书，第 678—679 页。

11 月 15 日

方光华《中国思想史研究方法刍议》发表于《中国社会科学院院报》2005 年 11 月 15 日第 3 版。文章提出："侯外庐认为研究中国思想史确实需要参考西方思想学术，同时也需要尊重中国思想学术自身的特点，只有从哲学思想、逻辑思想与社会意识的高度统一去剖析思想家思想观念的内部结构和本质特征，才能科学解释中国思想的发展历史。研究整个社会意识的历史特点及其变化规律，既需要注意'横通'，又要注意'纵通'。所谓'横通'，就是要考察思想家个人的思想体系与同历史时代其他思想的关系。对时代问题的把握是思想家们思想的出发点，立场观点相近的思想家往往构成某种学派，不同的学派共同展现一个时代的社会思潮，因此，'研究思想史不能不研究学派'。所谓'纵通'，就是要考察不同时期思想的流变。中国思想学术史的继承性表现得特别明显，中国思想学术喜欢托古，喜欢用疏解或笺注的方式来表述自己的思想见解，这为深入理解中国思想学术史的继承关系提供了帮助，但一定要透过形式看到本质的内容。""在人们努力确立一套符合中国思想自身特性的诠释系统的同时，侯外庐指出：避免中国思想史研究的随意性，高屋建瓴的哲学洞察力和同情地了解的态度确实有所帮助，但如果要使中国思想史的研究真正成为一门科学，就必须把思想史置于中国社会史的具体背景，把二者贯通起来。""侯外庐指出了中国社会历史的特点，这是他贯通社会史与思想史关系的最牢固的基础。他还对社会史如何与思想史相贯通，作了系统的论述，提出了许多富有启发的思路。他在研究社会史的基础上，注重对社会思潮作比较全面的考察，力图把握社会思潮与社会历史的联系及其所反映的时代特点，进而研究不同学派及其代表人物的思想特色和历史地位。侯外庐认为，如果将复杂的思想术语置于社会经济生活中加以分析，这些问题就相对容易解决。""社会史与思想史的贯通，是 20 世纪中国思想学术史研究最重要的创见，它不但为合符真实的现代中国思想学术史的建立提供了基础，而且为科学地解剖中国思想学术史，挖掘思想背后的社会原因提供了依据。"

同日，王凤青、刘月梅《侯外庐在史学领域"韧的追求"》发表于《山东省农业管理干部学院学报》2005 年第 6 期。

本年

　　杨经建《论中国当代文学的"审父"母题》发表于《文艺评论》
2005 年第 5 期。文章认为："历史学家侯外庐先生曾在《中国古代社会史
论》中力图提示中国古代社会的固有形态。他认为如果用'家族、私产、
国家'三项来作为文明路径的指标的话，那么西方的古代是从家族到私产
再到国家，国家代替了家族；中国的古代是由家族到国家，国家混合在家
族里面，叫做'社稷'……显然，侯先生所说的家族是指父权制的家族，
它是早期氏族组织长期发展的结果。人类社会最早的权力分化与阶级对立
乃是家族内部发生的。""从侯外庐先生所提供的中、西不同的'私有制'
体制这一思路来看，西方的个体私有制是伴随着货币经济的发展及奴隶制
的兴盛而产生的，是社会细胞由氏族血缘群体破裂为松散的、地缘化的
'个体婚制'家庭的结果。所以，西方的父权也是建立在个体私有权基础
上的父权……""与西方个体私有制特色的父权制截然不同的是，中国的
父权制是建立在血缘群体私有制基础上的，是一种父系家族式的父家长集
权制度。"[①]

二〇〇六年(丙戌)

　　4 月 24 日至 25 日，清华大学哲学系、北京大学哲学系、北京师大教
育学院、中国社会科学院哲学所中哲史组、香港孔教学院、湖南省社会科
学院、湖南社科联、湖南孔子学会和湖南大学岳麓书院共同主办，湖南大
学岳麓书院承办的"中西文化交汇下的中国哲学重建暨纪念张岱年先生逝
世二周年国际学术研讨会"在湖南大学岳麓书院举行。

　　8 月 10 日，《江泽民文选》由人民出版社出版发行。

1 月

　　陆信礼《试论侯外庐"学术中国化"的卓越成就》发表于《东方论
坛》2006 年第 1 期。文章从"致力于马克思主义历史科学的民族化"、

　　[①] 《文艺评论》2005 年第 5 期，第 20 页。

"揭示中国古代社会发展的特殊路径"、"概括中国古代思想发展之特点"等方面进行论述。

3月8日

厉新玉《郭沫若为史学家侯外庐写对联》发表于《对联·民间对联故事》（上半月刊）2006年第3期。

3月20日

武少民《论侯外庐对清代学术史研究的贡献》发表于《东北师大学报》（哲学社会科学版）2006年第2期。文章从"历史感与现实感的息息相通"、"社会史与学术史研究的紧密结合"、"实事求是的治史原则"、"不拘一格的研究方法"四个方面论述先生对清代学术史研究的贡献。

4月24日

侯且岸《逻辑与历史的一致：揭开思想史的面纱》发表于《学习时报》第6版。文章认为：《中国近代启蒙思想史》体现了先生近代思想研究的基本理路："首先，该著以康有为、梁启超为代表的自由主义思潮作为近代思想启蒙的起点。从表面上看，这似乎涉及的是具体的分期问题，而实质上展示的则是思想的根本走向，以及近代思维的升成。其次，'以中释中'，探究中国思想发展的内在逻辑路径，其中尤以章太炎思想研究最为显重，是该著深得后人赞誉的主要部分。第三，坚持'可信'的研究方向，由文字考证所见思想，重新整合观念史研究。为此，他将对王国维的研究引入近代思想启蒙的范畴。"

5月10日

黄宣民、陈寒鸣《礼乐文化传统与原始儒学》发表于《中州学刊》2006年第3期。文章认为：先生对中国古代文明路径的论述"符合中国古史实际"，"这样一种由氏族而家族而国家，并且国家混合于家族之中，形成以王权为中心的氏族贵族专政的中国古代文明发展路径，表明氏族共同体的解体过程就是国家建立的过程，亦即原始巫祝文化衰落、礼乐文明兴起的过程"①，由此决定了中国礼乐文化的基本特征。

5 月

张岂之主编《中国思想文化史》教材由高等教育出版社出版。

同月，瞿林东《论中国马克思主义史学的史学观》发表于《上海大学学报》（社会科学版）2006 年第 3 期。（1）关于历史观与方法论，文章认为："中国马克思主义史学的史学观同以往史学或其他史学的一个重要区别，是它十分强调历史观以及在历史观指导下的方法论原则。这个历史观就是马克思主义的唯物史观。"②"马克思主义的历史观在方法论方面的具体运用，是同研究者的研究对象紧密联系的。在这方面，侯外庐的论述尤其值得关注。侯外庐结合自己数十年的研究生涯，总结出他所遵循的一些理论、方法论原则。他对自己研究中国社会史、思想史的原则和方法，不仅有坚定的信念，而且有明确的和清晰的概括。"这些原则就是"依据马克思主义的理论和方法，特别是它的政治经济学理论和方法，说明历史上不同社会经济形态发生、发展和衰落的过程；物质生活的生产方式制约着整个社会生活、政治生活和精神生活的过程；以及经济基础与上层建筑、意识形态之间的辩证关系"，"马克思主义的原则和方法并不限于这几个方面，而侯外庐所概括的，无疑是最重要的几个方面，也是对他的社会史、思想史研究最具有直接指导意义的几个方面。在五十多年的学术生涯中，侯外庐从不动摇和改变这些'基本原则和基本方法'，足以证明他对自己的信仰的坚定，这正是一个杰出的哲人和史学家之所以取得辉煌成就的重要原因"，"侯外庐给予人们更深刻的启示在于：对于基本原则和基本方法的运用，只有在取得一定的理论模式和方法论模式的情况下，才能同具体的研究真正结合起来，使理论不至于流于空论或成为教条，而对具体问题的认识则能上升到理论的高度和有系统的认识"③。"还有一点是十分重要的，这就是侯外庐对于自己在治学上所遵循的理论、方法论原则本身都持有辩证的认识，而不作绝对的看待。这种理论上的造诣使他在具体的研究中始终处于创造性的、超越前人的境界，使他的学术始终保持着新鲜的活

---

① 《中州学刊》2006 年第 3 期，第 153 页。
② 《上海大学学报》（社会科学版）2006 年第 3 期，第 7—8 页。
③ 同上刊，第 9 页。

力。关于这一点，侯外庐在思想史研究的方法论上反映得最为突出。"①
(2) 关于马克思主义史学中国化，文章提出：先生在 40 年中两次讲到有
关"民族化"的问题，"一方面是因为这个问题本身的重要，另一方面也
是因为它在今天仍须引起史学界同行的重视"②，"侯外庐提出并实践的马
克思主义史学民族化的问题，是中国马克思主义史学发展的正确方向。从
历史经验教训来看，这是走出教条主义误区的正确道路；从未来前景着
眼，这是中国史学不断开拓创新的正确途径。当我们回顾 20 世纪中国史
学潮起潮落的历史，展望 21 世纪中国史学的前进道路时，更加强调这个
问题，是有重要意义的。"③ (3) 关于马克思主义史家修养的新境界，文
章提出："对于治学上的'自得'的追求和对于学术上的'自省'境界，
是马克思主义史家自我修养的又一个特点。侯外庐作为中国社会史、思想
史研究的一代宗师，胸襟博大，虚怀若谷，一方面倡导坚持真理、敢于创
新，一方面'执行自我批判，聆听学术批评'"，"这种对待历史科学的态
度，对待自己学术研究的态度，字里行间洋溢着实事求是的精神"④。

6 月

张岂之、刘学智主编《中国学术思想编年》由陕西师范大学出版社
出版。

7 月 20 日

梁涛《中国思想史研究方法的探讨》发表于《中国社会科学院院报》
2005 年 7 月 20 日第 2 版。文章提出："重视思想史与社会史的结合，把思
想史发展放在社会结构变动的过程中来审视，是思想史研究的一个重要方
法，也是侯外庐学派的一个重要学术特点。"

7 月 28 日

巴新生、李友东《探讨中国国家起源的几种理论模式的回顾和思考》
发表于《福建师范大学学报》（哲学社会科学版）2006 年第 4 期。文章认

---

① 《上海大学学报》（哲学社会科学版）2005 年第 3 期，第 10 页。
② 同上刊，第 12 页。
③ 同上刊，第 13 页。
④ 同上刊，第 14 页。

为:《中国古代社会史论》一书"是受到郭沫若《中国古代社会研究》一书影响而写。侯外庐看到了郭氏过于强调一般性,从而忽视了各个国家起源特殊性的缺陷"。"侯外庐认为,国家起源有一般规律,也有特殊规律。但值得指出的是,侯先生所理解的一般规律只是'典型国家'的发展规律,这一规律是从希腊、罗马和日耳曼的国家发展中归纳出来的。在侯外庐那里,这一规律只是起到参照作用,并不具有对其他地区国家起源的规定性。"①"把'一般'与'特殊'的关系视为'典型'与'非典型'的关系,把希腊、罗马摆到了'典型国家'和'一般规律'的位置,把中国摆到了'非典型国家'和'特殊规律'的位置。这又留下了新的问题。"②"必须指出的是,不能把'普遍'与'典型'混为一谈。'典型'是指具有同一个相似特征的特殊类型中的各个'个体'中其'相似类型特征'最突出者。"③

9 月 28 日

卢钟锋《理学研究的创新之作:〈宋明理学史〉》发表于《中国社会科学院院报》第 4 版。文章提出:"《宋明理学史》一书是'六五'国家社科基金历史学科重点项目,侯外庐、邱汉生、张岂之主编,历史研究所中国思想史研究室承担学术组织和主要撰著工作。……我有幸参与其事,除承担主要撰著外,还负责全书的学术组织和统稿工作。"(1)该书的缘起有:其一,"研究和撰著《宋明理学史》之所以成为侯外庐先生的多年夙愿,是因为宋明理学作为中国封建社会后期的官方哲学在中国哲学史和思想史上有着特别重要的地位,其影响所及,历经宋、元、明、清四朝达700 余年之久。科学地批判和总结这份思想文化遗产,是马克思主义历史学家义不容辞的责任。建国以后,我们在这方面的研究却相对薄弱,亟待加强"。其二,"因为有鉴于改革开放以来国内学术界所出现的'重评理学热'。如果'重评热'是旨在重新检视过去理学研究的得失以便更好推进这项研究的深入开展,那是正确的,也是必要的。问题是,有的人用意并非如此。他们之热衷于'重评',是想借此全盘否定建国以来我们对理学

---

①《福建师范大学学报》(哲学社会科学版) 2006 年第 4 期,第 118 页。

② 同上刊,第 119 页。

③ 同上刊,第 123 页。

所做的批判，试图用理学是'理性主义'这种全称的命题来否定对理学的蒙昧主义的批判，用理学是'讲理之学'这种超阶级的理学观来否定对理学作为封建官方哲学的批判。实际上，这已经涉及理学研究中要不要坚持马克思主义的基本理论和方法，要不要贯彻'批判继承'的方针的原则问题。对此，侯外庐先生要求我们从社会史和认识史的结合上对宋明理学做出合乎马克思主义的回答。这种对于理学研究现状的关切是侯外庐先生要求我们研究和撰著《宋明理学史》的又一缘起"。（2）该书的创新在于："《宋明理学史》是建国以来理学研究的开新之作。这种开新，最根本的一点，是理论体系的开新。该书将马克思主义的基本理论和方法有机地融入于宋明理学发展全过程的研究，系统考察宋明理学发展诸阶段，全面论述理学思潮的兴衰、理学形态的演变、理学流派的分化离合、理学家的师承传授，深入分析理学的基本概念、基本范畴、基本论题及其渊源流变，开拓新领域、探索新课题，坚持历史与逻辑、宏观与微观、社会史与思想史相统一的方法论原则，从而构建起宋明理学中的新体系。"这个新体系"系统性"、"独创性"、"科学性"三大特性。"《宋明理学史》作为一部拓荒之作，继承和发扬了《中国思想通史》坚持历史唯物论的优良传统，充分体现了侯外庐学派独立自得的创新精神和实事求是的笃实学风，在学术上具有重要的价值和意义。"

11 月 1 日

史复明《"阿Q"的名字》发表于《语文教学通讯·高中刊》2006 年第 11 期。文章认为："认为'Q'即是英文'Question'的省略的说法，恐怕不能说是鲁迅先生的本意，但也不能说全无道理。""侯外庐先生对阿Q 的名字所作的解读是富有启发性的，它为我们理解小说主旨提供了一种全新的思路。"①

11 月

祝瑞开《当代新儒学》由学林出版社出版。

---

① 《语言教学通讯·高中刊》2006 年第 11 期，第 36 页。

本年

黄晓武《1942年郭沫若与侯外庐关于屈原思想的论争》发表于《中国现代文学研究丛刊》2006年第6期。文章认为郭沫若与先生的"分歧是在生产方式问题上"[①]，虽然"侯外庐和郭沫若都没有把屈原思想当成一个抽象的观念体系来加以研究，而是把它看作特定的生产方式之上产生的特定的思想形态来进行研究，没有脱离当时的社会实际物质条件"[②]，但"郭沫若是反对用'亚细亚生产方式'来解释中国古代奴隶社会的，……在这一时期，他从奴隶社会向封建社会的过渡出发，认为儒家思想本质上是一种革命的、前进的思想"[③]，"把侯外庐当成新史学中的公式主义来进行批判，而没有意识到他的历史研究的立场，这似乎促成了侯外庐进一步清晰地、完整地阐述他的古代社会研究理论"[④]，"正是《屈原》在文学和艺术上的成就，掩盖了郭沫若的屈原研究在理论上的意义。我们可以看到，当这种研究转移到儒墨问题上来时，理论和政治层面的矛盾就立刻凸显出来了，这也是1943—1945年郭沫若与左翼阵营在儒墨问题上产生争论的原因"[⑤]。

二〇〇七年(丁亥)

4月13日，清华大学哲学系和张岱年哲学研究会共同举办的"纪念张岱年逝世三周年暨开展张岱年学术思想研究座谈会"在北京举行。

7月15日至18日，西北大学中国思想文化研究所等单位主办的"中国思想史学科建设研讨会——中国思想史研究的回顾与展望"在西安举行。

10月28日，包遵信（1937—2007）逝世。

11月23日至25日，中国哲学史学会、南开大学哲学系主办的"综合

---

① 《中国现代文学研究丛刊》2006年第6期，第157页。
② 同上刊，第160页。
③ 同上刊，第162—163页。
④ 同上刊，第164页。
⑤ 同上刊，第165页。

创新与中国哲学的现代走向"学术研讨会在天津召开。同月，吕思勉《中国社会史》由上海世纪出版股份有限公司出版。

1月4日

刘仰东《侯外庐给世间留下了什么》发表于《炎黄春秋》2007年第1期。

1月28日

陈居渊《20世纪清代学术史研究范式的历史考察》发表于《史学理论研究》2007年第1期。文章认为：20世纪清史研究中"真正敢于超越传统，开创新范式的则是侯外庐先生于20世纪40年代初期提出的'早期启蒙说'"①，"侯外庐将清代学术分为'经世致用'、'专门汉学'、'今文经学的兴起'三个阶段，表面上是根据清代学术发展的一般趋向，实质上是勾画出由17世纪早期思想启蒙到19世纪近代思想启蒙的一条主线"②。

1月

步近智、张安奇《中国学术思想史稿》由中国社会科学出版社出版。

同月，侯云灏《20世纪中国史学思潮与变革》由北京师范大学出版社出版，该书有对"马克思主义史学派"的专门论述，认为"郭沫若《中国古代社会研究》出版，此书是中国马克思主义史学的奠基之作。……此后，吕振羽、范文澜、翦伯赞、侯外庐等马克思主义史学派的代表人物，都有力作出版。到40年代，马克思主义史学思潮已成熟为一种不可逆转的潮流③。"为什么各学派把攻击的矛头对准唯物史观，唯物史观派力量不但没减弱，反而愈来愈强大、影响也日愈深远呢？……其一，有正确的历史观。……其二，有扎实的史料积累，并且不断有新史料的发现。……其三，史学必须关注社会。……其四，学术理论的完善，正是在论战、斗争中取得的"④。

同月，方红姣《马克思主义船山学研究概述》发表于《船山学刊》

① 《史学理论研究》2007年第1期，第95页。
② 同上刊，第96页。
③ 侯云灏：《20世纪中国史学思潮与变革》，北京师范大学出版社2007年版，第198页。
④ 同上刊，第202—203页。

2007 年第 1 期。文章认为："在同样以唯物史观为基本原理和方法的前提下，嵇文甫、侯外庐、张岱年和萧萐父等学者的船山学研究又各有其特点。嵇文甫比较注重从儒学和儒学史的角度来研究船山思想，这一点使他与其他三位相比表现出明显的不同，在一些问题上也得出了与侯外庐、张岱年、萧萐父不同的结论。侯外庐侧重全面运用社会史和思想史相关联这一马克思主义的研究方法，真正用马克思主义观点研究船山实质自他开始；同时他关于明清之际启蒙思潮的观点，也在学界有较大的影响。张岱年重视对船山的朴素唯物论和辩证法思想的发掘。在某种意义上说，萧萐父则综合了侯外庐和张岱年两先生的观点和成果。"①

2 月 15 日

张岂之《历史唯物论与中国思想史研究》发表于《历史研究》2007 年第 1 期。文章认为："侯外庐对历史唯物论的学习和研究，直接来源于从 1928 年至 1938 年他对马克思《资本论》的翻译。……侯外庐将历史唯物论的指导称为：社会史与思想史相结合的研究；这贯穿于侯外庐《中国思想通史》全书。""侯外庐的《中国思想通史》是我国有代表性的马克思主义的中国思想史研究成果，是 20 世纪中国马克思主义史学中的重要组成部分。这部著作需要后学者加以研究，看前辈学人如何运用历史唯物论来分析中国古代的思想学说，以便推动这门学科的发展，同时解决其中的一些尚未解决的疑难问题。"②"用历史唯物论来指导研究中国思想史，不在于引用了多少马克思、恩格斯的话，而在于如何按照历史唯物论的原则，通过社会思潮的折射将社会史中思想的实在内容揭示出来，这没有'十年磨一剑'的毅力是很难做好的。""学派的形成，不在于著述的多少和人数的多寡，而在于研究成果的创新和精神世界的自得。"③

3 月

王晓清《学者的师承与家派》由湖北长江出版集团、湖北人民出版社出版，收入《最是理论艰深时——侯外庐学记》，认为马克思主义史学家

---

① 《船山学刊》2007 年第 1 期，第 30 页。
② 《历史研究》2007 年第 1 期，第 18 页。
③ 同上刊，第 20 页。

有一个学术研究的风格问题，"郭沫若的通家大气、范文澜的严谨贯通、侯外庐的理论艰深、翦伯赞的哲理思辨、吕振羽的不蔓不枝，给同时代及后辈学人以深刻的印象"，"作为一位有成就的历史学家，侯外庐的学术个性是鲜明的，著作风格是独特的。侯外庐执马克思主义经典著作之牛耳而与人论战的学术自信力，给后辈学人的示范作用是巨大的。这似乎可以视为侯外庐留给历史学界的重要的学术文化遗产"①。"在历史学领域，没有师承的侯外庐在学业已成就的前提下是以私淑王国维、郭沫若而转入史学研究的。因为侯一开始即投入社会史论战，没有经过必要的个案研究的准备，因而他的研究文字就尽可能地避实就虚、避重求轻。从这个意义上，侯外庐与郭沫若的学术差距就拉得很大了，更遑论王国维。"②"按照侯自己的说法，他是步王国维、郭沫若的后尘。……但步王国维后尘的侯外庐在王氏学术所开拓的领域却没有太多的研究与贡献。没有太多的时间做专门化的研究，也没有名师传授，加上国学根基疏阔，侯外庐在社会史论证中贪多务广、速战速决的心态表露无遗。从王、郭学术阃域另拓新径，以理论思辨见长，是侯外庐蓄之于内而表露于外的一大风格。"③

　　同月，赵吉惠《中国传统文化导论》由江苏教育出版社出版，该书第二章"中国传统文化形成之地理环境与社会背景"有"梁漱溟、冯友兰、朱谦之、侯外庐、钱穆等学者的分析"。

　　同月，李学勤《中国古代文明与国家形成研究》由中国社会科学出版社出版。

4 月

　　张荣明《近百年中国思想史研究方法的变动趋势》发表于《学术月刊》2007 年的 4 期。文章认为：近百年中国思想史研究方法经历了四个阶段，即"哲学的方法"、"历史理论的方法"、"历史文献的方法"、"新的探索"，其中"历史理论方法的中国思想史研究主要具有历史学科的特色，即更注重历史理论的运用，把每一个思想家的思想与特定的社会状况联系起来，把思想的发展与社会的发展结合起来，使思想与社会成为一个有机

---

① 王晓清：《学者的师承与家派》，湖北长江出版集团、湖北人民出版社 2007 年版，第 233 页。
② 同上书，第 235 页。
③ 同上书，第 235—236 页。

的整体。1947 年初版、1957 年新版的侯外庐等人的《中国思想通史》可作为这种方法的代表。""采用历史理论的方法从事中国思想史研究，使中国思想史研究定位于历史学科，中国思想史研究成为历史研究的一部分，这具有重要的学术意义。但是，这种研究方法也存在一些比较明显的问题。比如，在'唯物—唯心'理论模式下，中国思想史上一些个案的研究陷入了困境。老子的思想到底是唯物的还是唯心的，学术界始终无法取得一致意见；中国学者通常强调社会生活对思想的影响甚至决定作用，但马克斯·韦伯却强调新教伦理对资本主义的发展起了重要的作用并得到了西方学者的广泛认同，两者孰是孰非迄无定论。这似乎意味着，虽然面对的历史资料相同，采用不同的历史理论有可能得到不同的甚至对立的结论。在这种情况下，把运用某一种历史理论得出的结论视为'客观的'、'科学的'，显然值得再斟酌"①。

（新加坡）李焯然《多元学科研究与中国思想史》在同期发表。文章提出："《中国思想通史》并没有清楚地表明立场，对中国思想史的范围和界定也没有深入探讨。""侯外庐的'序'说他们的中国思想史是综合了哲学思想、逻辑思想和社会思想。但他没有说明为什么要这样综合？哲学思想、逻辑思想、社会思想的综合是不是'思想史'的总体?"②

方光华《中国思想史研究的三个向度》在同期发表。文章提出"深化对中国思想史学科范畴的理解"、"加强对中国思想史多样性研究方法的探索"、"提高中国思想史研究的文化自觉反思境界"，认为："侯外庐关于中国思想史就是研究中国思想历史的学科，是研究中国思想结构、思想内容、表现形式及其发展变化历史的学科之认识，是在中国传统学术研究向现代学术研究过渡过程中对思想学术史作为一门学科的重新定位。它既有对中国思想学术研究传统的继承，也有对西方社会思想研究特别是马克思唯物主义理论观点的吸收，需要后来者在充分理解的同时不断予以深化。"③ 把社会史与思想史相贯通的"社会史的研究方法"是"20 世纪中国思想学术史研究重要的创见，它不但为合符真实的现代中国思想学术史的建立提供了基础，而且为科学地解剖中国思想学术史，挖掘思想背后的

---

① 《学术月刊》2007 年第 4 期，第 122 页。
② 同上刊，第 125 页。
③ 同上刊，第 128 页。

社会原因提供了依据"①，而这种方法需要也进一步的发展。"19 世纪末 20 世纪初，中国传统学术向现代学术过渡，学术研究的文化反思功能不但没有削弱，反而得到了发扬。当时的学术研究，没有一种不是围绕民族的前途和命运来进行的。当然，对国家和民族的前途、命运的思考不可能千篇一律。……侯外庐常说，研究历史，既不是如冬烘先生们之读书，以为古人一切言行都是今人的宝筏，也不是把古人当做今人和他争辩，而是要实事求是地分析思想家的遗产在其时代的意义，批判其腐朽的糟粕，发掘其优良的传统，在清理历史、还历史真相的基础上超越历史事实本身，引领现实向前发展。今天来看，我们或许不能同意他们对文化反思所得出的结论，但却无法不被他们学术生命中关于文化的独特感悟所震撼。"②

6 月

何兆武、步近智、唐宇元、孙开太著《中国思想发展史》由湖北人民出版社再版。

同月，何兆武《中西文化交流史论》由湖北人民出版社出版。该书序言提出："五十年代后期我在中国科学院历史研究所工作时，侯外庐先生撰写《中国思想通史》第四卷，嘱我准备一份有关明清之际西学传入中国的资料。我当时接触到的材料有很大一部分就是向先生（向达——编者注）三十年代在英法两国访书的手抄本，可称是珍贵的史料。……我在着手之初，本来是准备把收集到的材料分门别类作出一份资料长编供侯先生参考的。不意侯先生即在此资料长编的原稿之上加工修订遂成定稿作为全书中的一章。"③ 序言最后提出："……我要感谢侯外庐老师的指导，使我一些远不成熟的观点能得到有兴趣的读者们的指正和批判。"④

同月，彭迎喜《方以智与〈周易时论合编〉》由中山大学出版社出版，杨向奎在序中指出："近代学者注意明清学术思想史的研究，但限于条件，对方以智只有邓之诚、容肇祖等少数几位有所涉及。1957 年，侯外庐先生在《历史研究》发表《方以智——中国的百科全书派大哲学家》一文，随

---

① 《学术月刊》2007 年第 4 期，第 129 页。
② 同上刊，第 130 页。
③ 何兆武：《中西文化交流史论》序言，《中西文化交流史论》，湖北人民出版社 2007 年版，第 1 页。
④ 同上书，第 6 页。

后于《中国思想通史》第四卷中专设方以智一章，才使学术界对方以智的研究给予重视。"[①] 该书"引言"部分也评述了先生对方以智研究的贡献。[②]

7月15日—18日

西北大学中国思想文化研究所等单位主办的"中国思想史学科建设研讨会——中国思想史研究的回顾与展望"在西安举行。

赵馥洁在《中国思想史范式的继承和超越》的发言中提出：中国思想史的研究"真正形成成熟学术范式的只有侯外庐先生创立和运用的方法"，其主要特征是："形成了几代学人薪火相传的学术共同体，形成了在理论、方法、学风方面个性鲜明的侯外庐学派。而学术共同体的形成是学术范式的首要条件和标志"[③]、"明确提出了自己的学术信念。这就是实事求是地分析思想家的遗产在其时代的意义，批判地发掘其优良的传统；把中华民族数千年精神历程中最美好的东西科学地分辨、选择出来，传递下去。学术信念是范式的价值指向"[④]、"它自觉地以历史唯物主义为哲学指导，建立了思想史与社会史相结合、历史与逻辑相统一的方法论。……共同的哲学基础是范式的灵魂"、"它建构了自己的理论体系。……共同理论体系、理论框架是范式的内容主体"。"作为侯外庐学派重要基地的西北大学中国思想史学科点，几十年来在张岂之先生的带领下，很好地继承和超越了侯外庐学派的中国思想史研究范式，在人才培养和学术研究两个方面都取得了卓越的成就。张岂之先生和他领导的学术群体在继承的基础上对侯外庐中国思想史研究范式的超越"，这主要表现为"思想史与文化史的融通、"思想史与学术史的结合"、"思想史向多学科的延伸"[⑤]、"思想史中人文精神的弘扬"[⑥]。

姜广辉在发言中指出："在历史学科中，思想史学科有一个特点，那

① 杨向奎：《方以智与〈周易时论合编〉》序，彭迎喜：《方以智与〈周易时论合编〉》，中山大学出版社2007年版，序，第2页。
② 彭迎喜：《方以智与〈周易时论合编〉》，中山大学出版社2007年版，第4页。
③ 方光华、陈战峰主编：《人文学人——张岂之教授纪事》，西安出版社2008年版，第3页。
④ 同上书，第3—4页。
⑤ 同上书，第4页。
⑥ 同上书，第5页。

就是每过几十年都要重新研究编著新的中国思想史著作。这不仅需要综合前面已有的学术成果，而且也需要及时调整我们的知识结构，更新我们自己的观念。侯外庐先生主编的《中国思想通史》在学术界的影响很大，但从这部书的出版到现在，已经有五十多个年头了。在这五十多年里，已经有许多新的研究成果，这些新的研究成果需要加以整合，而且对有些问题的研究视角也要调整，有的观点也要更新。《中国思想学说史》的出版就是这种整合、调整、更新的结晶。"①"我们讲侯外庐学派，不只是指侯先生及其弟子们所创立的学派，侯外庐先生在世的时候，有好几位侯先生的朋友都自称是侯外庐学派的成员。侯先生去世以后，侯外庐学派仍然在继续发展，尤其是西北大学中国思想文化研究所更是侯外庐学派的一个重镇。在北京，差不多一两年，侯先生的弟子都有一个聚会，所有侯先生的学生都会来。在侯先生的弟子中，大家都公认张岂之先生是掌门人。"②

　　任大援在发言中提出："从《宋明理学史》之后，侯外庐学派开始以张岂之先生为学术带头人。……在《宋明理学史》之后，侯外庐学派开始出现新的增长点。这三十年，恰恰是改革开放以来高校学科建设和研究生培养不断扩大的三十年，使这个学派在培养新生力量方面得以天时地利人和。这和早期侯外庐学派相比，是大大前进了一步。是否可以说，在《宋明理学史》出版之后，在中国史学领域，从侯外庐学派中又产生了在张岂之先生领导下的西大思想史学派？从学术史的角度，这是可以讨论并加以论证的。"③

7月23日

　　李根蟠《试论侯外庐的"古代"不同路径说》发表于《天津社会科学》2007年第4期。文章认为："'路径'说的意义不在于是否给予了亚细亚生产方式一个正确的解答，而在于在肯定东西方历史发展具有共同的规律性的基础上承认其实现形式的多样性，从而在五种生产方式理论框架内开辟了一条寻找中国历史特殊性的道路。"④"侯外庐的研究成果较好地把马克思主义原理和中国的历史实际结合起来，既反映了中国的历史实

　　① 方光华、陈战峰主编：《人文学人——张岂之教授纪事》，西安出版社2008年版，第207页。

　　② 同上书，第207—208页。

　　③ 同上书，第213—214页。

　　④ 《天津社会科学》2007年第4期，第131页。

际，又体现了马克思主义的理论原则。""侯外庐关于中国奴隶社会的特殊路径和类型学说的理论意义，不仅在其论述本身，更在其思路所具有的启迪作用。有些学者沿着他开辟的道路继续探索，如主张夏商周为亚细亚奴隶社会的江林昌在其近著《夏商周文明新探》中，引述了侯外庐的'路径'说并予以拓展和具体化。另一些学者尽管不完全同意侯外庐的具体结论，但采用了他的思路，并由此获得了新的认识。如持西周封建说的吴泽，受到侯外庐理论的启发，从中国（东方）奴隶制的特殊类型来探索中国封建制形成的道路，为西周封建论增添了重要支柱，他晚年撰写《东方社会经济形态史论》时还对此作了专门的论述。"[1]

7 月

萧萐父《吹沙三集》由巴蜀书社出版，收入《"早期启蒙说"与中国现代化——纪念侯外庐先生百年诞辰》。

同月，肖黎主编《20 世纪中国史学重大问题论争》由北京师范大学出版社出版。田人隆在《关于亚细亚生产方式的争论》中认为："在 30 年代和 40 年代关于亚细亚生产方式问题的讨论中，许多人尽管有着这样那样的不同认识，但他们大都接受了苏联和日本学者的见解，或者受其很大影响。只有少数人能够真正对这个问题独立地进行比较深入的探索，侯外庐就是其中的一位。"[2] 田人隆还在《奴隶社会与封建社会分期讨论简述》中提出："在 30 年代的社会史讨论中，以郭沫若为代表的进步的史学家，肯定了中国奴隶社会的存在，这是他们的一大历史功绩。但是他们也有一个缺陷，就是忽视中国奴隶社会所具有的特点，往往把它看成是与希腊罗马一样的奴隶社会。一直到 40 年代，不少史学家仍然摆脱不了这种局限性。侯外庐的《中国古代社会史》一书比较早地注意到这个问题。"[3] 新中国建立后，"主张'两种类型'说的学者，最早要推侯外庐。……吴泽和束世澂也认为，古代东方和古典的奴隶制其'始点'、'途径'都是不同的，因此这两种奴隶制不能看作是前后承袭的两个阶段，而应该是奴隶制形态的两种不同的类型。"[4] "通观建国后关于奴隶制形态问题争论的过程，我们大致可以

① 《天津社会科学》2007 年第 4 期，第 132 页。
② 肖黎主编：《20 世纪中国史学重大问题论争》，北京师范大学出版社 2007 年版，第 28 页。
③ 同上书，第 46 页。
④ 同上书，第 47 页。

看出这样的发展趋势：在 50 年代中期，认为古代东方和古典古代是奴隶制
的不同发展阶段的观点占优势；而到 60 年代前后，主张两种类型（形态、
不同道路）的人逐渐增多，讨论的焦点也已趋向如何理解古代东方和古典
古代这两种奴隶制的不同类型了。"① 瞿林东《中国封建社会内部分期的不
同见解》认为范文澜与先生是坚持"以生产关系的变化和发展作为分期的
标准"②。王思治《"封建土地所有制形式"讨论概述》详细论述了先生关
于中国封建土地所有制是"皇族所有制"的观点。③ 宋元强在《中国资本主
义萌芽研究略述》中提出：关于资本主义萌芽发展水平的讨论还涉及对阶
级结构的影响问题，"侯外庐对此论述较早，影响也大"④。白钢在《中国封
建社会长期延续的原因》中提出："50 年代中期，侯外庐曾在北师大作过
《秦汉社会的研究》和《十六七世纪的中国封建社会的初步转变》两次学术
报告，后来均收入《中国封建社会史论》一书。"⑤

8 月 16 日

钟华《展现中国思想学说发展全貌》发表于《科学时报》2007 年 8
月 16 日第 B01 版。文章认为：张岂之主持编写的《中国思想学说史》是
"侯外庐学派的继承与创新"，"侯外庐通过对中国思想史的系统研究，对
中国思想史的研究对象作了明确定位。张岂之介绍，20 世纪研究中国思想
史的学者很多，但是大家都公认侯外庐的研究比较有代表性。侯外庐中国
思想史学派是中国历史学界马克思主义学派中重要的一派。该学派从经济
学入手研究社会史，在研究社会史的基础上展开中国思想史研究，着重于
综合哲学思想、逻辑思想和社会思想诸方面的论述，发掘和张扬中国历史
上的唯物主义哲学传统和反正宗的异端思想传统，重点在于总结理论思维
方面的经验教训，并且注意马克思主义历史科学的民族化，用中国的语言
来讲解中国的历史。侯外庐中国思想史学派在中国思想史、哲学史研究范
式的转换上，在胡适、冯友兰等把传统的学案转型为现代哲学史或思想史
的基础上，进一步把思想史与社会史的研究结合起来，开创了新的哲学

---

① 肖黎主编：《20 世纪中国史学重大问题论争》，北京师范大学出版社 2007 年版，第 48 页。
② 同上书，第 67 页。
③ 同上书，第 89 页—91 页。
④ 同上书，第 119 页。
⑤ 同上书，第 142 页。

史、思想史研究范式"。文章提到："张岂之说：'从上个世纪 50 年代开始，我学习和研究中国思想史，对我影响最大的是侯外庐先生。外庐先生不仅给我关于思想史的具体知识，而且给我一种研究学问的方法。学术上的创新是从前人研究成果的基础上起步的，有所吸取也有所前进。这就是说，继承和创新是辩证的统一。对于外庐先生的著作，我们也采取这样的态度。'"

8 月 27 日

魏宗禹《〈傅山纪念文集〉序》发表于《太原日报》2007 年 8 月 27 日第 10 版。文章指出："20 世纪 30 年代，中华民族处于近代以来最为危难之时。就在这个历史时期，对傅山等先哲思想的研究，成为弘扬民族精神的一个重要内容，其中侯外庐的论述最为深刻和精辟，他在其《中国思想通史》第五卷之《傅山的思想》一章中，对傅山的思想因时而论了两点：一是高扬傅山爱国主义精神，赞赏傅山'忠贞自守的爱国思想'，并说：'傅山的爱国节操，可以与顾炎武、黄宗羲等媲美。'文章将傅山的爱国精神与反奴性思想联系在一起，并同颂扬奋勇抵抗日军侵略的爱国行动结合起来，鞭挞那些在强敌面前卑躬屈膝的妥协与投降者的行径，弘扬民族不畏强暴的精神，以为国人反侵略的抗日战争服务。二是他还盛赞傅山'经子平等'的自由思想。他说傅山'首开近代子学研究的蹊径'，主张经学与诸子思想一律平等，打破了以往子学的'异端'地位，为继承和弘扬民族优良思想文化开辟了新的思路，也是对文化专制主义给予的严厉批判。文章还指出傅山研究子学的意义深远，就反侵略时期而言，一方面必须整合一切有益于民族自强的理论思维，一方面又必须反对一切有害于民族抗战的种种谬论。他认为这就是傅山研究子学的现实理论意义。侯外庐论'傅山思想的近代精神'，确实对那个时代的文化建设与发展，起到了积极的促进作用。"

8 月

张岂之主持编写的《中国思想学说史》由广西师范大学出版社出版。张岂之于 1999 年草拟写作提纲，将中国思想学术史按照历史顺序和思想特点分成 6 卷，每卷都有篇名，以思想学派和思想专题为主展开分析。其中《先秦卷》由西北大学刘宝才、方光华主编，《秦汉卷》由西北大学黄留珠主编，《魏晋南北朝卷》由陕西师范大学刘学智主编，《隋唐卷》由南京大学洪修平主编，《宋元卷》由湖南大学朱汉民主编，《明清卷》由西北大学方光华、湖南大学肖永明、暨南大学范立周主编。张岂之在总序中指出："从上个世纪50年代开始，我学习和研究中国思想史，对我影响最大的，是侯外庐先生。1948年，外庐先生到北京大学文学院开'中国思想史'课，我选读并且坚持听到底，受益不少。他将思想家和思想学派放在具体的历史环境中进行分析，不是从概念到概念。我当时的感觉是：这样去说明思想的来源及其影响力，力求找到根底，是很有意义的科研工作。外庐先生在讲课中不仅给我关于思想史的具体知识，而且给我一种研究学问的方法。……他对马克思、恩格斯著作有自己的理解，他探索中国古代历史和思想史，并不以当时苏联官方和某些学者的意见为准，敢于和他们'商榷'。他强调中国历史和思想史的自身特点，将社会史研究和思想史研究结合起来。"① "学术上的创新是从前人研究成果的基础上起步的，有所吸取也有所前进。这就是说，继承和创新是辩证的统一。对于外庐先生的著作，我们也采取这样的态度。"②

　　学界认为："该书继承和发扬了侯外庐学派的优良传统，重视研究发现新材料，吸收相关最新研究成果，从学术史角度深化思想史研究，注重推进对中国思想史一系列复杂问题的研讨，揭示了中国思想学说的各个组成部分（包括经学、子学、宗教思想、科技思想等）形成、发展、流变的历史，是继《中国思想史》（5卷6册）、《宋明理学史》（上、下）之后中国思想史研究中的又一重要成果。"③ "出于丰富和发展侯外庐先生的中国思想史体系的考虑，张岂之先生和中国思想史研究的学术群体希望在这几十年来成果的基础上面，对中国思想史提出一个比较新的、比较系统的看法。"④

9 月 13 日

　　李学勤《侯外庐先生〈中国古代社会史论〉的贡献》发表于《中国

---

　　① 张岂之：《中国思想学说史》总序，张岂之主编：《中国思想学说史》，广西师范大学出版社2007年版，第2页。

　　② 同上书，第2—3页。

　　③ 湛风、斯人：《中国思想史学科建设研讨会综述——中国思想史研究的回顾与展望》，《人文杂志》2007年第5期，第192页。

　　④ 钟华：《展现中国思想学说发展全貌》，《科学时报》2007年8月16日第B01版。

社会科学院院报》2007 年 9 月 13 日第 3 版。文章认为《中国古代社会史论》具有几个特点：（1）"从马克思、恩格斯经典著作出发，继承亚细亚生产方式论战的统绪"。"侯先生有着特殊的条件来深入理解马克思这份手稿（《前资本主义生产形态》）。为什么呢？因为在此之前，他已经亲自翻译了《资本论》的第一卷和第二卷。《前资本主义生产形态》本来是马克思为写《资本论》第二卷所准备的手稿的一部分。到了 60 年代，苏联全文出版该手稿，用德文原文出版，即《政治经济学批判大纲》。……三四十年代参加论战的学者，只有侯先生既对《资本论》有系统的研究和理解，又研究了中国古代社会的历史，因此他对这个问题的认识当然和别人不同，这是有逻辑必然性的。……而这部书也开启了后来关于中国古代史分期问题讨论的先声，正好起到了一个承先启后的作用。1949 年后，史学界开出所谓'五朵金花'，第一朵就是中国古代史的分期问题，侯先生的这部书就起了很大作用，特点是他的根据直接来源于马克思《资本论》、《政治经济学批判导言》和《政治经济学批判大纲》手稿。……他的观点是否正确可以讨论，但他的方法无疑是我们应该注意和学习的。"（2）"侯先生这本书对于古代社会研究有很多重要的理论观点"。"如关于亚细亚生产方式，他认为中国的古代和以希腊、罗马为代表的古典的古代是并行的两种不同的途径。……亚细亚的古代和古典的古代并列，这是在《中国古代社会史论》中提出来的，是侯外庐先生的创新。……这样的观点有着深远的意义，其影响可能有人还没有认识到。"

张岂之《思想史与社会史的结合》在同日发表。文章认为："侯外庐先生的《中国思想通史》，是我国 20 世纪有代表性的中国思想史研究成果。这部著作需要后学者加以研究，看前辈学人如何运用历史唯物论来分析中国古代的思想学说，以便推动这门学科的发展。""今天学人在大量考古新发现的基础上对中国古代社会的认识已经提到一个新的水平，再看看侯外庐关于中国从氏族社会进入文明社会时特点的分析，哪些是准确的，哪些需要修正，可以看得比较准确，这些都是学术发展中很正常的事。然而更加明显的是，侯外庐关于中国古代社会特殊路径的观点，以及他对于氏族贵族统治的形成、发展和衰落过程的研究，已被越来越多的研究者认为是 20 世纪史学方面的重要研究成果之一。……在上个世纪，中国马克思主义史学的代表人物不再受欧洲中心论的影响，不必言必称希腊，他们努力将历史唯物论的普遍真理与中国历史文化相结合，进行创造性研究，做出了重大贡献；同时也充实和发展了历史唯物论。"

卢钟锋《循循善诱重在引导》在同日发表。文章提出："侯外庐先生培养研究生始终本着循循善诱重在引导的态度。""首先，侯外庐先生强调研究生在学习中要善于独立钻研、独立思考，充分发挥自己的主动性和创造性，并且要不断给自己提出更高的要求，使自己感到有压力。""其次，侯外庐先生十分重视研究生的理论学习。他说：'搞历史，不掌握理论武器，不懂哲学，没有哲学家的头脑，历史研究就搞不上去，上升不到理论的高度。'他所说的理论武器，是把马克思主义；听说的哲学，是指辩证唯物主义和历史唯物主义。他要我在学习马克思主义理论时注意两点：一是系统读，二是读原著。""第三，对于研究生的专业学习，侯外庐先生强调要具备'通'的知识。他所说的'通'，包括纵通和横通。纵通，就是要对中国思想史发展的全过程，从古到今，有一个系统的基本的了解；横通，就是不但要了解中国思想史，而且要了解西方思想史以及与研究中国思想史有关的其他学科的知识。正因为研究中国思想史需要具备多学科的知识，所以，他经常称这门学科是'边缘学科'。""侯外庐先生指导研究生的学习还十分重视做读书笔记。他把做读书笔记看作是撰写学术论文的一'练笔'，从中既可以了解研究生的学习进度，又可以了解研究生对问题的思考能力、理解能力以及文字表达能力。因此，他对我的每一份读书笔记都看得非常仔细、认真，有时在重要的段落还加上批语或划上杠杠，看完后又写上评语。""最后一点，是侯外庐先生的民主作风。侯外庐先生是我的导师。但是，在学术问题上。他从不以'师道尊严'的态度来对待我的质疑问难，而是采取平等的、同志式的态度和我一起讨论。"

何兆武《释"国民"和"国民阶级"》（收入《纪念侯外庐文集》，陕西人民教育出版社 1991 年版；及《历史理性批判散论》，湖南教育出版社 1994 年版）在同日发表，该文再次指出："侯外庐先生在《中国古代社会史论》中谈到古希腊时，曾多次使用'国民'或'国民阶级'或'国民权利'一词的含义系指马克思主义经典著作德文原文和英文译文中所说的自由人、公民、土地私有者和有产阶级。"

祝瑞开《释"修己以敬"》在同日发表。文章提出："研究孔子思想，要努力把孔子放在春秋这一特定历史条件下来进行具体分析，从社会背景来审视思想观念。这也正是侯外庐先生将社会史与思想史相结合的研究方法，是侯先生留给晚辈后学的一把开启中国思想史大门的金钥匙。"

9 月 15 日

湛风、斯人《中国思想史学科建设研讨会综述——中国思想史研究的回顾与展望》发表于《人文杂志》2007 年第 5 期，又载《华夏文化》2007 年 12 月 25 日第 4 期。文章提出：关于思想史研究的学派建设问题，"与会学者认为，学派规范的建立（范式问题）、学派的继承与创新问题对加强思想史学科建设十分重要。特定的条件、突出的特色、独特的学术带头人和持续的学术梯队是学派形成和发展的几个最重要和最必要的条件，而侯外庐先生开创的中国思想史学派具备了这些条件。坚持思想史研究不能脱离历史的环境土壤，在保持自身个性的基础上实现与相近学科的融合，并不断产生新的研究成果。研讨会认为，张岂之先生在中国思想通史研究、发展侯外庐学派、中国传统文化研究及普及、中国思想史研究攻关项目的主持等方面做出了重要贡献"[①]。

本年

瞿林东《学贵自得　亦贵自省》发表于《刊授党校·学习特刊》2007年第 1 期。

二〇〇八年（戊子）

1 月，《翦伯赞全集》由河北教育出版社出版。
5 月 20 日，蔡尚思（1905—2008）逝世。

2 月 15 日

王俊义《一部全面梳理总结清代理学的开创之作——龚书铎主编〈清代理学史〉读后》发表于《清史研究》2008 年第 1 期。文章认为："这部大著是理学研究进程中，首次全面梳理总结清代理学的开创性之作，亦可谓是继侯外庐、邱汉生、张岂之等研究中国思想史的前辈、大家所著《宋明理学史》之后，将自宋代产生，历经元、明，直至清代而衰落的理学，

[①]　《人文杂志》2007 年第 5 期，第 193 页。

首尾相续，连成一线的一部力作，无疑在理学研究史上有重要学术价值和意义。"①

2 月 25 日

傅小凡《侯外庐与〈宋明理学史〉》发表于《光明日报》2008 年 2 月 25 日第 12 版"国学"栏目。文章认为："侯外庐先生的学术成果和地位，主要体现在他对中国古代思想史的研究上。"先生的思想史研究方法有几个特点："将社会史研究与思想史研究密切结合，运用历史唯物主义的方法，对中国社会历史的特点有科学的理解，并且提出'以自然史的精确性'对中国社会历史进行研究，在对中国社会经济形态的发展历史深入探讨的基础上，对中国的思想史进行科学的理解和研究。""在研究社会史的基础上，注重对社会思潮作比较全面的考察，力图把握社会思潮与社会历史的联系及其所反映的时代特点，进而研究不同学派及其代表人物的思想特色和历史地位。""注重古代学术史研究，把历史上所有思想都视为具体学术背景下的产物，任何思想命题都是从当时的学术研究中酝酿出来的。既要看到社会历史发展对思想的影响，也不忽略学术本身在思想史进程的相对独立的地位。""主张既要尊重中国思想学术自身的特点，也要参照西方思想学术成果，才有可能科学地解释中国思想的发展史。""研究每一个具体的思想时，哲学观点、逻辑结构、思维方式和社会意识等角度统一剖析思想家观念的内部结构和本质特征，以达到对该思想家学术成果的准确把握。""提出对思想家的研究必须做到'横通'与'纵通'相结合。所谓'横通'就是考察思想家个人的思想体系与同历史时代其他思想家与流派的关系；所谓'纵通'是考察不同时期思想的流变，以及该思想家在流变过程中的地位。如此，才可能比较准确地把握一个思想家在思想史中的价值。"《宋明理学史》既体现了先生研究思想史的基本原则，也有着自身的特点："认为宋明理学以儒学的内容为主，同时也吸收了佛学和道教思想，是在唐朝三教融合、渗透的基础上，孕育和发展起来的一种新的学术思想。今天看来，对宋明理学的思想史地位的定位还是基本准确的。""认为宋明理学浸润封建社会后期社会生活、政治生活的各方面，成为具有权威性的支配力量，是压在劳动人民头上的华盖，从政治上看是思想史上的

---

① 《清史研究》2008 年第 1 期，第 149 页。

浊流。这个评价，现在看来似乎有些简单化了。""从学术和思想史上肯定宋明理学的地位，认为宋明理学吸收了大量的传统文化和外来文化，在思想史上是继先秦诸子、两汉经学、魏晋玄学、隋唐佛学之后的又一新的发展阶段，有值得后人参考的若干珍贵内容，需要运用马克思主义的观点和方法悉心加以鉴别，而不能笼统地一笔抹杀。""围绕'性与天道'这一理学讨论的中心内容，同时涉及政治、道德、教育、宗教等许多域。并且针对理学中程朱理学和陆王心学两大派别的相互诘辩，相互渗透与合流的趋势，通过对其产生与演变的历史条件，提出了自己的看法。这使得这部专著具有很高的学术价值。""不仅关注一些著名的理学家，而且对一批虽然不大知名，但在理学的演变或更深思想渊源的承接传授方面有过影响的理学家，也做了深入的研究。这就使宋明理学呈现出更加丰富的面貌，从而更加准确地把握这段思想史的地位和价值。""元代理学长期被宋明理学与思想史研究所忽视，侯先生的《宋明理学史》对元代理学开辟专章予以论述，并且认为，只有掌握了元代理学的特点，才能了解宋代理学是如何经过这个中间环节而转向明代理学的。"

3 月 12 日

李维武《20 世纪 30 年代—40 年代马克思主义哲学与中国传统哲学结合的形态》发表于《中国人民大学学报》2008 年第 2 期。文章认为："通过对王夫之、黄宗羲、顾炎武哲学及思想的阐发，再继之对颜元、傅山、李颙、朱之瑜、唐甄等人哲学及思想的疏释，侯外庐确立了 17 世纪早期启蒙思潮的基本轮廓与主要贡献，使早期启蒙思潮在中国哲学史和中国思想史上鲜明地凸显出来。在他看来，在早期启蒙思潮中，已经孕育了近代性因素，呈现出类似于西方文艺复兴以来的新哲学与新思想，显示出中国文化的自我更新；这些近代性因素，虽然未能最终从母体中接生出来，出现了'中国近代思想难产'，但却为鸦片战争后西方近现代哲学及思想传入中国，提供了与中国文化相交流、相贯通、相融合的结合点。马克思主义哲学作为一种外来哲学思潮，要在中国文化土壤中扎下根来，也必须以具有近代性因素的早期启蒙思潮为结合点和生长点。"[1] "侯外庐对明清之际以来的早期启蒙思潮的探寻，可以说通过对中国社会和中国哲学自身发

---

① 《中国人民大学学报》2008 年第 2 期，第 16 页。

展中近代性因素的发现，更为具体地揭示了马克思主义哲学之所以能够在中国文化土壤上扎根生长的依据，更为具体地揭示了马克思主义哲学在中国传播、发展和中国化的历史可能性和历史合理性。"① "对当时的马克思主义者和赞成马克思主义的学者来说，他们已自觉地意识到，马克思主义哲学中国化需要有个性化的探索和理解。对于这种自觉，侯外庐在《中国近世思想学说史》中进行过概括，总结为'实事求是'与'自得独立'二者并重。……这种'实事求是'与'自得独立'的治学态度，是 20 世纪 30 年代—40 年代有创见的中国马克思主义者和赞成马克思主义的学者的共同的思想品格。正是由于这种'自得独立'的治学态度，使得他们对马克思主义哲学中国化作出了个性化的理解，形成了马克思主义哲学与中国传统哲学相结合的不同形态。"②

4 月

先生主编《中国思想史纲》由上海世纪出版集团上海书店出版社再版，列入该社"世纪人文系列丛书·世纪文库"。

5 月 19 日

吴光《从〈明夷待访录〉看黄宗羲的民主启蒙思想》发表于《北京日报》第 12 版。文章提出："著名思想史家侯外庐先生（1903—1987）就称赞黄宗羲的《明夷待访录》'类似《人权宣言》，尤以《原君》、《原臣》、《原法》诸篇明显地表现出民主主义思想'。我是赞同'民主启蒙'说的。我认为，黄宗羲的民本思想已经超越孟子以来'由君王做主'的'尊君重民'式民本思想的旧范式，是中国近代民主思想的'开端'。"

6 月 18 日

余华青《推动中国思想史学科建设的巨著——〈中国思想学说史〉6 卷本的主要创新》发表于《中国新闻出版报》第 8 版。文章提出："关于中国思想史的研究，侯外庐无疑是硕果累累的开创者。他立足于马克思主义唯物史观，通过吸收前辈学者的研究成果，对中国思想史的研究对象与

---

① 《中国人民大学学报》2008 年第 2 期，第 17 页。
② 同上刊，第 19—20 页。

研究方法做了明确回答,成为中国思想史研究领域最有代表性的见解。"
"张岂之教授主持的《中国思想学说史》6 卷 9 册本,在继承和发扬侯外
庐中国思想史研究的基本观点的基础上,对中国思想史的理论问题、方法
问题以及许多重大学术问题,提出了独立的看法。"该书"明确了中国思
想史研究的理论与方法",认为:"学科理论与方法创新是在充分消化前辈
学者研究成果基础上的创新,理解前辈学者的研究成果有助于更加明晰我
们现有的基础和努力的方向。侯外庐对中国思想史的学科定位,是在继承
中国思想学术研究传统、吸收西方学术理论的基础、参照同时代学人研究
成果基础上,所做出的科学判断。他所揭示的中国文明早熟论、私有观念
缺乏是中国封建社会最突出的特点、实践方式的变化不能改变封建土地国
有制的实质、中国早期启蒙思想具有与西方启蒙思想不同特点等种种论
点,是中国思想史研究重要的创见。"

6 月

兰梁斌《侯外庐与汉代思想史研究》发表于《河北经贸大学学报》
(综合版)2008 年第 2 期。文章认为:"侯外庐采用社会史与思想史相结
合的研究方法,从社会背景之中去寻求解释思想的途径。思想是时代的产
物,思想家们的思想是对时代问题的不同反应。这避免了以思想解释思想
的随意性,也是科学地认识汉代思想史的必要途径。侯外庐关于思想史研
究对象的把握全面而有重点。通过这种把握,汉代思想史上理论化的思想
基本都在探讨之列,勾勒了汉代思想史的核心范围。""侯外庐对汉代思想
史研究作出了开创性贡献,但随着时代的进步,认识手段的多样化,他提
出的很多具有深远学术意义的问题及他所下的结论,还可以继续研究。社
会史与思想史结合是科学解释思想学术的必要途径,但思想的相对独立性
以及思想与社会之间的连结点需要引起更加深入的研究。"[1]

7 月

林甘泉主编《孔子与 20 世纪中国》由中国社会科学出版社出版,该
书第十二章第五节为"侯外庐、杜国庠论孔子及其思想"。
同月,任锋《政治思想史家的道与术:宋代理学领域的省思——兼论

---

[1] 《河北经贸大学学报》(综合版)2008 年第 2 期,第 16 页。

思想传统研究与社会转型之关系》发表于《中国社会历史评论》2008 年第 9 卷。文章认为：《中国思想通史》"作为马克思主义史学的经典型著作，对 20 世纪后半期的政治思想史研究产生了深远的影响"①。"侯外庐《中国思想通史》相关部分理论方法论特征，简言之，就是以马克思主义经典著作为指导的阶级斗争—意识形态解释模式。"②"侯著以马克思主义经典著述为指导理论，不仅完全从政治意识形态来定位理学等思想学派，而且自觉彰显学术论述本身的批判意义和意识形态功能。……研究者的评判立场深深地嵌入了新文化运动以来批判传统的启蒙心态与革命的激进精神之中。""那么，如何处理理论指导与历史性之间的关系呢？作者的基本立场是用前者的理论框架去描述和规范所谓的历史范围、社会土壤，对于历史性的追求基本上从属于前者，被当作第二位的原则。当然，不能否认侯著在历史资料的搜集（人物的时代、身世、著作整理）上的确做出了积极贡献。但是这种理论体系实际宰制史料运用的方法，造成了相当严重的过度诠释，甚至误读、错读的问题。……最重要的是，它在理论运用上存在生搬硬套的问题，很大程度上遮蔽了对于中国思想本身真相的体认。相关论述成为马克思主义经典论述的东方版本，反倒愈加远离历史面貌。"③

9 月 25 日

张岂之《〈中国思想通史〉简介——为〈中国思想通史〉2008 年人民出版社新版而作》发表于《华夏文化》2008 年第 3 期。文章认为："侯外庐先生等的《中国思想通史》，是二十世纪中国马克思主义史学的重要组成部分。这部著作力求将中国社会史和思想史的研究熔为一炉，本着历史与逻辑相统一的精神，对中国思想史的内涵、演进、特色等进行了系统的分析和论述。希望读者在阅读时能对每卷的'绪论'予以关注。外庐先生对于中国古代社会有独到的见解，由此入手去解剖中国思想的演变历史，力求触到思想史的实质。""《中国思想通史》的学术价值还在于，外庐先生等发掘并解析了一批以往被研究者忽视的思想家，如嵇康、吕才、刘知几、刘禹锡、柳宗元、王安石、黄震、马端临、王艮、何心隐、方以智

---

① 《中国社会历史评论》2008 年第 9 卷，第 375 页。
② 同上刊，第 379 页。
③ 同上刊，第 380 页。

等。其中有些人物虽然早已为人熟知，但并不是被视为思想家而列于史册。外庐先生用'异端'一词指称上述某些思想家。他所说'异端'是指追求理性觉醒、独立思考、有创新价值的思想，与维护神学与专制的'正宗'思想相对。""作者们继承了中国传统的学术研究方法，特别是清代乾嘉朴学的实证方法，将此作为从整体上对思想史进行分析的马克思主义方法的补充，以达到二者的圆融统一，体现了作者们的高深国学修养。外庐先生对王国维史学方法有过精深的研究；杜国庠先生对我国墨家的思想和逻辑有独到的见解，赵纪彬先生对章太炎的学术研究方法有系统的论述；邱汉生先生精于古史考证，并长于义理发挥。他们的这些优长点结合起来，人们从《中国思想通史》中可以看到，其中对于思想家生平的详尽论述与某些疑点的考证，对一些思想史文献版本的研究，或者关于某一思想文献中字与词的考释，力求做到有据。因为考辨翔实，有的学人说《中国思想通史》可以作为比较系统的关于中国思想史的资料来读，这正是它久销不衰的原因之一。""我们应当以历史和发展的观点来阅读外庐先生等的《中国思想通史》，将继承和发展结合起来。"①

10 月

《东方早报·上海书评》编辑部《迟来的封赏》由上海书店出版社出版，收入何兆武口述、文靖撰文的《侯外庐先生印象》。文章提出："抗战初期，……有一次开座谈会的时候，张申府提出来要马克思、罗素、孔子三结合，侯先生当场批了他一阵。我们都是在《中苏文化》上知道的。"②

11 月

吴光《天下为主——黄宗羲传》由浙江人民出版社出版。该书作者认为："现当代著名的马克思主义思想史家侯外庐先生在其专著《中国早期启蒙思想史·黄宗羲的思想》中对黄宗羲的经济、政治、文学、科学、哲学、史学思想均作了极高评价。"③"侯外庐先生的上述言论在评论黄宗羲思想的民主启蒙性质方面可谓经典不易之论，但他认为黄宗羲的哲学思想

---

① 《华夏文化》2008 年第 3 期，第 5 页。
② 何兆武：《侯外庐先生印象》，《迟来的封赏》，上海书店出版社 2008 年版，第 12 页。
③ 吴光：《天下为主——黄宗羲传》，浙江人民出版社 2008 年版，第 242 页。

陷入'唯物论和唯心论交战的方法',则未免受到教条主义的'党性'论之影响而失之于简单。"①

　　同月,陈启泰《中国马克思主义史学的理论成就》由国家图书馆出版社出版。该书论述了先生在 20 世纪 40 年代的学术成就,并认为"郭沫若、吕振羽、翦伯赞、侯外庐等马克思主义史学家,在对判定社会的决定性因素、社会分期的理论依据、'生产方式'等马克思主义理论的基本概念诸理论问题的探索和研究上,都作了十分显著的重要贡献"②。"首倡奴隶社会起源和发展存在两条路径和两种类型的学者是侯外庐,代表作是他的《中国古代社会史论》。"③ "侯氏认为马恩所说的'古典的古代'和'亚细亚的古代'都是指奴隶社会,无疑是对的,但把'亚细亚的古代'和'亚细亚生产方式'等同起来则可商榷。不过,侯氏的'路径'说实际上超出了对亚细亚生产方式理解的意义,它最重要的理论创新价值,是在遵循社会经济形态更替理论的前提下,开辟了一条认识中国历史特殊性的途径。"④ "《中国古代社会史论》对中国古代历史特点的揭示是很有深度的。……应该说,侯外庐的研究成果较好地把马克思主义与中国的历史实际结合起来,既反映了中国的历史实际,又体现了马克思主义的理论原则。……既是马列的,又是中国化的。"⑤ "侯外庐关于中国奴隶社会的特殊路径和类型理论的意义,还不仅在其论述自身,更在于其思路所具有的启迪作用。侯氏理论影响颇大。该理论提出以后,'亚细亚古代'和'古典古代'属于奴隶社会的不同类型的观点逐渐占据主流地位。有些学者沿着他开辟的道路继续探索;另一些学者尽管不完全同意侯氏的具体结论,但却采用了他的思路,并由此获得新的认识。""主张夏商周为亚细亚奴隶社会的江林昌在其近著《夏商周文明新探》中,引述了侯外庐的'路径'说并予以拓展和具体化。"⑥ "持西周封建说的吴泽,受到侯外庐'路径'说的影响,从原来主张奴隶社会两阶段说转而接受奴隶社会两类型说。……但侯外庐强调的是'氏族制度'在'亚细亚古代'中的存留,吴

---

① 吴光:《天下为主——黄宗羲传》,浙江人民出版社 2008 年版,第 243 页。
② 陈启泰:《中国马克思主义史学的理论成就》,国家图书馆出版社 2008 年版,第 44—45 页。
③ 同上书,第 134 页。
④ 同上书,第 135 页。
⑤ 同上书,第 137 页。
⑥ 同上书,第 138 页。

泽强调的则是'农村公社'在'亚细亚古代'中的存留。"①

　　同月，方光华、兰梁斌《侯外庐与中国古代文明起源之研究》发表于《湖南大学学报》（社会科学版）2008 年第 6 期。文章从"文明起源的理论摸索——对亚细亚生产方式的探讨"、"中国古代文明起源的具体道路"、"文明起源的独特内涵——'城市国家'"、"殷周之际中国思想的特点"、"侯外庐文明起源研究的反响"五个方面进行论述，认为先生的贡献在于："把马克思、恩格斯关于古代社会形态的理论与中国的历史实际相结合，探索出了中国文明的特色，表明中国文明是土生土长的文明"、"通过对文明起源之际的土地制度、城市和农村的关系、氏族制度与文明社会的关系的考察，揭示了中国文明起源的独特道路"；由于当时考古资料的缺乏，先生对中国文明和国家出现时间的判断需要修正，"但他以氏族、财产、城市国家作为研究古代文明和国家起源的路径，以及力图探讨中国古代国家形成的独特途径的科学精神，无疑是正确的"②。

12 月 24 日

　　周文玖《侯外庐与白寿彝的学术交谊及治学特色之比较》发表于《高校理论战线》2008 年第 12 期。文章认为两位先生的治学特色有："在学术追求上，都主张在马克思主义指导下，研究中国历史的特点和发展规律"、"重视理论，特别是重视对马克思主义经典著作的学习和研究"、"重视历史资料的扎实考辨"、"社会史是思想史、史学史研究的基础"③、"都强调学术研究的自得或成一家之言"、"学术研究上都力求'通'的境界，并都有自己的'通识'"、"都是杰出的学术组织者，形成了自己的学派"④、"在治学领域及学术观点方面，既有相同之处，也有不同的地方"，提出"侯外庐和白寿彝的学术成就和学术道路，有力地向我们昭示：马克思主义史学代表了中国史学发展的正确方向；坚持唯物史观与中国民族特色的结合，是新世纪中国史学进一步发展的必由之路"⑤。

---

① 陈启泰：《中国马克思主义史学的理论成就》，国家图书馆出版社 2008 年版，第 139 页。
② 《湖南大学学报》（社会科学版）2008 年第 6 期，第 50 页。
③ 《高校理论战线》2008 年第 12 期，第 51 页。
④ 同上刊，第 52 页。
⑤ 同上刊，第 53 页。

12 月

《何兆武自选集》由首都师范大学出版社出版，该书作者自序云："解放后，自50年代至80年代我参加了侯外庐先生领导的中国思想史研究班子，作为他的助手工作了三十年。我以为侯先生的最大优点和特点是决不把思想史讲成是思想本身独立的历史，即不是从思想到思想，而是把思想首先当成是现实生活的产物，然后才是它从前人思想储备库中汲取某些资料、方法和智慧。这本身也是马克思主义最根本的原则之所在，即存在决定意识，而不是意识决定存在然而60年代所风行的观点却正好反其道而行之，专门强调思想领先，把事情说成是思想在决定一切存在，历史是沿着思想所开辟的航道前进的。"①

同月，宋志明《中国现代哲学通论》由中国人民大学出版社出版，第三章"中国马克思主义哲学思潮"列有"侯外庐的儒学研究"。

本年

何兆武译 *An Intellectual History of China* （《中国思想发展史》）由外文出版社出版。

二〇〇九年（己丑）

4 月，中国史学会第八次代表大会在石家庄召开。大会选举理事 108 人，选举张海鹏为会长，于沛、马敏、邓小南、李捷、陈春声、陈祖武、徐蓝、郑师渠、熊月之为副会长，王建朗为秘书长。

5 月 30 日，北京大学、清华大学、中国社会科学院哲学所主办，中国哲学史学会、中华孔子学会、北京师范大学哲学学院、张岱年哲学研究会协办的"张岱年先生诞辰一百周年学术研讨会"在北京举行。

10 月 1 日，首都各界庆祝中华人民共和国成立 60 周年大会在北京天安门广场举行。

---

① 何兆武：《何兆武自选集》自序，《何兆武自选集》，首都师范大学出版社 2008 年版，第 2—3 页。

12 月，李锦全《现代思想史家杨荣国》由中山大学出版社出版。

1 月

过常宝、刘德广主编，魏荣选编《名家品史记》由中国华侨出版社出版，收入先生所作《司马迁的时代和〈史记〉的思想性》。

同月，瞿林东《20 世纪中国史学散论》由安徽人民出版社出版，第三编"史家研究"收入《继承侯外庐先生的学术遗产，推进有中国特点的马克思主义史学建设》。

2 月

崔罡《"思想"与"历史"——侯外庐与葛兆光平议》发表于《今日南国》（理论创新版）2009 年第 2 期。

3 月 4 日

龚元《钱钟书与侯外庐——关于钱钟书的一封信》发表于《书屋》2009 年第 3 期。文章针对钱钟书对先生"庸妄之论"的评价而提出："侯外庐是著名的马克思主义思想史家，与建国后才满口马列'曲学阿世'的学者判然有别。侯外庐早在上世纪二十年代因受李大钊影响而信奉马克思主义，后以十年之功苦苦翻译《资本论》，著作宏富，是一个真正的学者。笔者在孔夫子旧书网上看到过一份拍卖材料《三反分子侯外庐材料选编》，可见侯外庐在'文革'中也备受冲击。只是 1949 年以后，学术领域'罢黜百家，唯我独尊'，学术界自由研究之风消失殆尽，整体水准一降再降，竟致一片荒野。这无形中更加剧了马克思主义学者与自由派学者之间的分歧与鸿沟。……钱钟书'庸妄之论'四字在笔者看来虽然明指侯外庐，但其言说范围早已超出一人一事之评。盖因侯外庐在马克思主义史学领域的权威地位，倒是无形中成了钱钟书倾吐心中积郁的'对象'。如更进一步深究，这又不得不涉及学术史上的某种'分野'。"[1] "钱钟书之学属于最后一代'通人之学'，而侯外庐之学则属于'专家之学'"，"由此可见钱钟书与侯外庐在治学方法、学术旨趣上的大相径庭"[2]。

---

[1] 《书屋》2009 年第 3 期，第 78 页。
[2] 同上刊，第 79 页。

3 月

于海英、李颜垒编著《以史为镜丛书　名家眼中的 100 位中国历史名人》由石油工业出版社出版，收入"孤松独立于魏晋清流——侯外庐眼中的嵇康（223—262）"。

同月，谢桃坊《四川国学小史》由巴蜀书社出版，该书有"侯外庐的中国古代思想学说研究"。①

同月，康庆《马克思主义中国化与 20 世纪庄学的现代转型——兼谈马克思主义中国化与中国传统哲学现代化之关系》发表于武汉大学《马克思主义哲学研究》（2008 年卷）。文章认为："侯外庐关于庄子学说，始终是从马克思主义的基本原理和方法出发的，这在《中国古代思想学说史》和《中国思想通史》之间保持了一致性。《中国思想通史》是一部典型的以马克思主义理论为指导的全面论述中国思想史的著作，基本反映了 50 年代以前马克思主义史学对于中国思想史研究的基本状况，也代表了这一时期中国马克思主义学者在庄学研究中的最高水平。"②

5 月 28 日

湛风、郑雄《在人文学术园地不懈耕耘——张岂之先生访谈录》发表于《中国文化研究》2009 年第 2 期。张岂之提出："侯外庐先生研究中国社会史和中国思想史，他研究成果中最宝贵的，就是他研究中国古代社会及思想文化的特点，不生硬套用西方的模式。比如侯外庐先生曾经下功夫研究马克思以印度为主的东方社会时提出的'亚细亚生产方式'概念。""经过几十年，今天我国考古学已有很大发展，学者们对中国古代社会已有了比过去更加充分的认识。有一点，就是侯外庐先生关于中国古代社会的特殊路径的观点，以及他对于氏族贵族统治的形成、发展和衰落过程的研究，已被越来越多的研究者认为是 20 世纪中国史学方面的重要研究成果之一。这里我想说，侯外庐先生的《中国古代社会史论》和《中国封建社会史论》是有独立见解的学术著作。"③"我认为，外庐先生关于中国封

---

① 谢桃坊：《四川国学小史》，巴蜀书社 2009 年版，第 65—67 页。
② 《马克思主义哲学研究》2008 年卷，第 90 页。
③ 《中国文化研究》2009 年第 2 期，第 4 页。

建社会分期的法典化研究，很有理论价值。他注重整体的历史发展，对中国封建社会的历史脉络做出了自己独到的解释。研究他的学术贡献，并不是在具体观点上的继承，而是在思想方法和理论体系上的继承，特别要学习他勇于探索创新的治学精神。这是什么方法？简言之就是历史比较方法。这种方法在马克思、恩格斯的著作中都有所论述和具体运用。""侯外庐先生等先生的《中国思想通史》，是 20 世纪中国马克思主义史学的重要组成部分。这部著作力求将中国社会史和思想史的研究熔为一炉，本着历史与逻辑相统一的精神，对中国思想史的内涵、演进、特色等进行了系统的分析和论述。每卷'绪论'比较集中地反映了外庐先生对于中国古代社会的独到见解，并由此入手去解剖中国思想的演变历史，力求触到思想史的实质。"① "侯外庐先生是我的老师，也是我学术的领路人。虽然历经风雨，但是我们坚定不移地坚守着这个学术岗位。今天，中国思想史研究不断拓展和深化，但是在中国思想史的研究中，注意思想史与社会史的结合，注意历史比较方法的具体运用，依然是中国思想史中的重要方面。在这方面，现在注意的人并不多。许多关于中国思想史的论著，大体上是从概念、范畴方面进行分析，在这一点上有成绩，但是探索历史与逻辑的统一，则相对滞后。"②

6 月

黄宣民、陈寒鸣主编《中国儒学发展史》由中国文史出版社出版。

同月，张剑平《中国马克思主义史学研究》由人民出版社出版，该书"侯外庐社会史和思想史研究的成就"，包括"《中国古代社会史论》对中国古代文明特征的论述"、"《中国封建社会试论》对中国封建时代特征的探讨"、"侯外庐对思想史研究的开拓"、"侯外庐主编的《中国思想通史》的创新"。

同月，王昌沛、周文玖《中国马克思主义史学的学术风格——以郭、范、翦、吕、侯为对象的研究》发表于《史学史研究》2009 年第 2 期。文章从"积极参与改造中国社会的实践性"、"重在研究历史发展过程及其规律的治学旨趣"、"政治沉浮与马克思主义史学品德的高洁和坚贞"、

---

① 《中国文化研究》2009 年第 2 期，第 5 页。
② 同上刊，第 6 页。

"学术个性与中国马克思主义史学对学术真理的执着追求"等方面论述。

7 月 4 日

刘世南《大螺居杂论》发表于《书屋》2009 年第 7 期。文章提出："我就手边所能查到的有关著作，……只有高定彝《老子道德经研究》引述侯外庐主编的《中国思想通史》第一卷第八章《老子思想》的第四节《老子的经济思想》，并在'点评'中同意侯氏的论断。""我以为侯外庐、李约瑟、高定彝之所以错误，是因为他们没有从老子的全部思想背景来考虑。老子主张'小国寡民，使有十百之器而不用'，他怎么会突然提到'无'是'使用价值'，而'有'是'交换价值'呢？他不可能产生这种经济学概念。他的社会发展史观是退化论，在第十一章之前，他指出：'不贵难得之货'，'常使民无知无欲，使夫智者不敢为也（第三章）'；'爱民治国，能无知乎？（第十章）'；在第十一章之后，他又指出：'难得之货，令人行妨（第十二章）'，怎么会在第十一章分析'货'（商品）的二重性呢？这是完全违背人的思想逻辑的，所以，杨联升斥之为谬论，而 Waley 为之'大笑'。"① "老子是反智主义者，所以，他不可能想到商品的二重性，也没有原始共产社会和阶级社会这类观念，马克思的方法论像侯外庐这样运用，本身就违反了历史唯物主义。"②

7 月 15 日

杨新宾《王符生卒年考证》发表于《山东省农业管理干部学院学报》2009 年第 4 期。文章提出："侯外庐等人将王符生年定为和、安之际的说法并没有过硬的证据，受到了后来学者的质疑。"③ "以侯外庐和刘文英为代表的观点存在明显漏洞，实不足取。侯说失于臆测，刘说失于误解。刘树勋和张觉的论点较为合理，论据也较为稳固，……因此将王符的生年定于公元 78 或 79 年，应当是较为稳妥的。"④

---

① 《书屋》2009 年第 7 期，第 59 页。

② 同上刊，第 60 页。

③ 《山东省农业管理干部学院学报》2009 年第 4 期，第 149 页。

④ 同上刊，第 150 页。

9 月 17 日

卢钟锋《侯外庐与马克思主义历史学（上）》发表于《中国社会科学院院报》2009 年 9 月 17 日第 9 版。文章在回顾先生 60 年学术生涯的基础上，着重就他在中国社会史和思想史领域为实现马克思主义的中国化所作出的开拓性贡献进行简要论析："一、运用马克思的'亚细亚生产方式'理论，重新探求中国古代文明起源的路径，开辟中国古代社会史研究的新方向。""二、运用马克思主义关于封建生产关系的普遍原理，阐明中国封建社会的历史进程与性质特点，探求马克思主义历史科学中国化的具体途径。"

9 月 24 日

卢钟锋《侯外庐与马克思主义历史学（下）》发表于《中国社会科学院院报》2009 年 9 月 24 日第 9 版。文章提出："三、运用唯物史观的基本原理，批判总结中国历史文化遗产，构建崭新的中国思想史解释体系。"这主要有："一是确立以社会史为基础的研究方向。""二是注重思想的相对独立性的理论原则。""三是谨守考证辨伪的实证方法。""四是坚持批判继承的科学态度。""五是重在弘扬优秀思想文化传统的学术宗旨。"文章认为："侯老的中国思想史研究，其学派特色具有方法论的意义，它成为侯老及其学派始终坚持的基本原则，而以社会史为基础，融社会史与思想史为一体的研究方向更是贯穿于研究全过程的一条主线，至今仍有指导意义。""综观侯老 60 年的科学实践，正是中国马克思主义历史学由产生、形成、发展到最终确立其主导地位的时期。从中，我们深刻感受到中国历史学所发生的根本性变革。事实表明：一旦马克思主义与中国实际相结合，中国历史学的面貌就为之焕然一新。侯老一生的科学实践见证了这一点，侯老一生的科学成就证实了这一点。毫无疑问，侯老一生的科学成就将作为中国马克思主义历史学的重要组成部分而载入史册。"

9 月

许苏民、申屠炉明主编的《明清思想文化变迁》由南京大学出版社出版，收入萧萐父、许苏民《"早期启蒙说"与中国现代化——纪念侯外庐先生百年诞辰（代序）》。

同月，张岂之《白寿彝先生与侯外庐先生的学术友谊》发表于《史学史研究》2009 年第 3 期，收入瞿林东主编《史学理论与史学史学刊》（2009 年卷）。文章提出："'文革'开始以后，外庐先生受到诬陷。在外庐先生最困难、心情最痛苦的时候，白先生不顾个人安危，经常探望外庐先生，给外庐先生以很大的精神安慰。'文革'结束前一年，我在外庐先生家住了十个月，帮他整理一些文稿，我亲眼看到外庐先生和白先生交谈的情况。他们谈形势、谈史学研究、谈未来设想，充满信心。外庐先生强调研究中国思想史必须贯通，自古至今，社会史理论与思想史分析力求熔为一体。白先生则强调研究中国史学史也要力求做到古今贯通，这样才能提炼出使人不忘的史学理论。白先生认为，中国史学史就是一部具有中国特点的史学理论史，因此，研究中国史学史，必须研究中国社会史和中国通史。"①"我们从白寿彝先生与侯外庐先生的学术友谊中可以看出，史学家要有朋友、志同道合的朋友，相互切磋、共同提高，在史学理论上有深厚的修养，这样才有创造性活力。史学家还要注意培养人才，在培养中注意史学理论的训练，这样学术才有传承，在传承中创新发展。白先生和侯先生在这两方面都有丰富的经验，这些和他们的著作一样，是我们的宝贵精神财富。"②

10 月

蒋海生《"西方话语"与"中国历史"之间的张力——以"五朵金花"为重心的探讨》由山东大学出版社出版。

11 月 15 日

赵峰《中国哲学研究的四个范式》发表于《人文杂志》2009 年第 6 期。文章分析"冯友兰范式"、"张岱年范式"、"侯外庐范式"、"牟宗三范式"，认为"侯外庐范式是 20 世纪 50 年代开始支配中国大陆哲学界长达 30 多年的重要范式。……它的主体部分是由普遍哲学的基本问题与阶级分析的基本方法构成。……它所关注的焦点，与其说是对古代思想的内部逻辑进行现代解读，不如说是对古代思想在社会历史上的价值定位进行

① 《史学史研究》2009 年第 3 期，第 8 页。
② 同上刊，第 10 页。

现代阐释"。"侯外庐范式的最大特点，或最突出的优点，在于强调研究古代思想必须跳出思想文本，不能就文本而研究文本。它有一个基本假设，即古代文本的形成，不是为了构造一个逻辑自洽的理论体系以自娱，而是为了解决当时迫切的现实问题。……然而，由于侯外庐等人对社会历史的简单化处理，使这一范式的真正优势不但没能充分展现出来，反而在两个价值成见的高光下晦暗不明，以至于几乎被人遗忘。第一个成见，是对社会分析的简单化处理造成的，即以阶级的对立和斗争取代复杂的社会结构和社会矛盾的分析，并且将阶级利益的价值判断机械地对应于所谓唯心与唯物的理论倾向的不同偏好。这个成见，基本上是出于政治意识形态的考虑而人为制造的。第二个成见，是对历史分析的简单化处理造成的，即将中国历史的发展强行纳入所谓普遍历史进化的五个阶段之中，于是，古代思想强调人伦秩序的特点，被解读为维护人对人的依附关系，从而整体上被视为愚昧野蛮的封建时代的产物；它当然要落后于以人对物的依附关系为特征的资本主义时代的思想，自然更远远落后于以人的自由全面发展为目标的社会主义时代的思想。"①

11 月

尚垒《先秦诸子起源》发表于《赤峰学院学报》（汉文哲学社会科学版）2009 年第 11 期。文章认为：先生的"经济"说是"对'诸子起源'问题研究的新尝试，这一研究角度十分富有开拓性，也是一个非常有见地的切入点。"②

12 月

张岂之、于沛、瞿林东、陈春声、张越编著《史学概论文献与资料选编》由高等教育出版社出版，在"中国马克思主义史学资料摘编"中列入侯外庐《中国古代社会史论·自序》。

同月，张永义《墨者·学者·革命者：杜国庠》由广东人民出版社出版，该书在"思想史的编纂"中论述了杜国庠的学术贡献。

同月，秦川《评〈五十年代历史学家的命运〉》发表于《郭沫若学

---

① 《人文杂志》2009 年第 6 期，第 63 页。
② 《赤峰学院学报》（汉文哲学社会科学版）2009 年第 11 期，第 27 页。

刊》2009 年第 4 期。文章对王维江《五十年代历史学家的命运》一文中
对郭沫若、翦伯赞、吕振羽、杜国庠以及先生等人的评价进行商榷。文章
认为："历史事实是，无论建国前后，史学界关于中国古代社会形态的争
论，参与人数众多，前苏联、日本学者皆有，观点百花齐放。有主张西周
封论的，也有主张战国封建论，秦汉封建论，魏晋封建论，甚至唐代、宋
代封建制才正式成立等等，相互辩难，迄无定论，更未定于一尊。1956 年
7 月 1 日，郭沫若邀请了 50 多位史学家和哲学家座谈编写中国历史和中国
哲学史教科书问题。中宣部部长陆定一在会上讲话。范文澜、翦伯赞、吴
晗等认为教科书观点应'定于一'。郭沫若在讲话中主张'百家争鸣'。
40 年代除史学家外，周恩来也不赞成'西周封建说'。……侯外庐与郭沫
若在屈原思想上的争论，也由对封建制最后完成时间判断不同而引起。"①

本年

张岂之主编、李星健译 *Traditional Chinese Culture*（《中国传统文化》）
由外文出版社出版。

二○一○年（庚寅）

6 月 21 日，中共中央政治局审议并通过《国家中长期教育改革和发展
规划纲要（2010—2020 年）》。

8 月 22 日至 28 日，第 21 届国际历史科学大会在荷兰阿姆斯特丹
举行。

11 月 20—21 日，清华大学人文社会科学学院、清华大学哲学系、清
华大学国学研究院、北京市社会科学界联合会、北京市哲学会、冯友兰研
究会共同举办的"冯友兰先生学术思想研讨会暨冯友兰诞辰 115 周年逝世
20 周年纪念会"在北京举行。

1 月 26 日

李维武《早期启蒙说的历史演变与萧萐父先生的思想贡献》发表于

---

① 《郭沫若学刊》2009 年第 4 期，第 55 页。

《武汉大学学报》（人文科学版）2010 年第 1 期。文章认为：先生是"早期启蒙说的最重要代表人物"①，20 世纪 50 年代后期"当萧（萐夫）先生重回武汉大学哲学系、在李达指导下开始从事中国哲学史的教学与研究时，吕振羽、侯外庐的早期启蒙说就通过李达对他产生了深刻的影响"②。

1 月

先生遗著《中国古代思想学说史》由岳麓书社再版。

同月，张觅觅《侯外庐与西北大学》发表于《教育》2010 年第 2 期。

同月，姜广辉《义理与考据——思想史研究中的价值关怀与实证方法》由中华书局出版。

2 月 10 日

刘东超《侯外庐学派薪火相传》发表于《中华读书报》2010 年 2 月 10 日第 10 版。

2 月 20 日

张邦炜《"唐宋变革论"的首倡者及其他》发表于《中国史研究》2010 年第 1 期。文章认为："就马克思主义史家而言，最具代表性和影响力的'唐宋变革论'者当推侯外庐。他在 1959 年接连发表两篇论文：一篇是《中国封建制社会的发展及其由前期向后期转变的特征》，……另一篇是《中国封建社会前后期的农民战争及其纲领口号的发展》。……侯外庐提出'唐宋变革'论虽晚于内藤乃至宫崎，但其理论与日本学者并无因袭关系。他从马克思主义的基本观点出发，分析'唐宋变革'，既注重经济基础，……又突出阶级斗争，……"③

2 月 25 日

方光华、袁志伟《侯外庐的中国哲学史研究》发表于《中国哲学史》2010 年第 1 期。文章从"侯外庐的中国哲学史观"、"侯外庐论中国哲学

---

① 《武汉大学学报》（人文科学版）2010 年第 1 期，第 31 页。
② 同上刊，第 32 页。
③ 《中国史研究》2010 年第 1 期，第 13 页。

史的发展阶段与主要命题"、"侯外庐的中国哲学史研究方法"、"侯外庐的中国哲学史研究视野"、"侯外庐中国哲学史研究的影响"五个方面进行论述，认为："侯外庐以唯物史观和辩证法整理中国传统的学术史料，较早地对中国哲学史作出了通贯性的系统研究，初步建立了马克思主义中国哲学史的研究范式。他的研究方法在建国后的相当长时间里成为中国哲学史研究的主流方法和范式。他之后的许多马克思主义中国哲学史研究者，从不同角度借鉴和发展了侯外庐中国哲学史的研究成果和方法。"①

3月15日

方克立、陆信礼《"侯外庐学派"的最新代表作——读〈中国儒学发展史〉》发表于《中国社会科学院研究生院学报》2010年第2期。文章认为："'侯外庐学派'是由马克思主义历史学家侯外庐先生开创的学术派别，其基本主张是用以唯物史观为核心的马克思主义世界观和方法论来研究中国思想的发展，强调思想史研究与社会史研究相结合，可以说是中国思想史研究中的唯物史观派。该学派已有三代人薪火相传，具体说就是：第一代是以该学派创始人侯外庐为代表的老一辈马克思主义学者，包括赵纪彬、杜国庠、邱汉生等人，代表作是他们共同编撰的多卷本《中国思想通史》；第二代是解放后随侯外老一起编著《中国思想通史》第4卷的'诸青'，以及侯外老在'文革'前培养的研究生和助手，如张岂之、李学勤、黄宣民、卢钟锋等人，代表作是《宋明理学史》和《中国近代哲学史》；第三代是侯外老在文革后招收培养的研究生以及第二代学者培养的学生，其代表人物有姜广辉、陈寒鸣等人，代表作是姜广辉主编的《中国经学思想史》和这部《中国儒学发展史》。"②"侯外庐学派的最新代表作《中国儒学发展史》在当前的'儒学热'中出版，以其鲜明的马克思主义理论立场和扎实的史料根基而成为颇为引人注目的一家之言，在我们看来实具有导正儒学研究之航向的作用。"③

3月

谢保成《郭沫若评传》由百花洲文艺出版社出版。该书认为："40年

---

① 《中国史研究》2010年第1期，第82页。
② 《中国社会科学院研究生院学报》2010年第2期，第33页。
③ 同上刊，第37页。

代初，郭沫若与侯外庐两位史学大师虽然都确认屈原是儒者，但又有不同意见。由于'适宜'方面的问题，没有深入进行下去。侯外庐在回忆这段历史时，有一段颇富哲理的文字：'如果有人要追问结果的话，可以说，结果是文学和艺术战胜了史学和哲学。今天，已经抹不去中国人心目中郭沫若所加工的屈原形象。史学和哲学严肃的面孔，显然不及艺术的魅力容易让人们接受。'随后，又有一番感慨：'既然我创造不出一个能立于舞台的另一种形象的屈原，我所认识的屈原只能长眠于高阁，含恨于汩罗，而艺术的屈原将一代接一代地被人请进剧场。'历史科学对于艺术的迫切需求，被表达地再清楚不过了！可惜的是，侯外庐的这一'遗恨'至今未能惊醒众多的史学家。"①

8 月 24 日

蒋国保《"坎坷启蒙说"对"早期启蒙说"的继承与超越》发表于《中国社会科学报》2010 年 8 月 24 日第 7 版，全文收入吴根友主编《多元范式下的明清思想研究》（三联书店 2011 年版）。文章认为："探讨明清之际（17 世纪）的启蒙思想，应是讨论中国早期启蒙思想的重点所在，甚至应该将明清之际作为有别于明代与清代的独立的时代来把握。而作为这个独立时代之精神的反映，就是'反传统的批判思潮'的出现。就其所提倡的价值取向来说，也可称为'启蒙思潮'，只是必须限之以'早期'，因为明清之际的思想启蒙，在整个中国近代思想启蒙历程中，只属于其初期阶段。这与侯外庐、萧萐父两位先生使用'早期'一词所要表达的意思有别。""就学脉看，萧先生的'坎坷启蒙说'无疑是对侯先生的'早期启蒙说'的继承。这一继承表现在：一是将中国早期思想启蒙从本质上论证为'死的拖住了活的'；二是不取狭义的'早期说'，即以明清之际百年间的思想启蒙为中国早期的思想启蒙，而是取广义的'早期说'，即将明清三百多年间的思想启蒙都确定为中国早期的思想启蒙。"

8 月

祝瑞开《国学与当代社会》由上海世纪出版股份有限公司、学林出版社出版。

---

① 谢保成：《郭沫若评传》，百花洲文艺出版社 2010 年版，第 146 页。

同月，马金保、沈韬《中国社会思想史的学术品位——以侯外庐学派为例》发表于《中国市场》2010 年第 31 期。

9 月

彭国翔《典范与方法：侯外庐与作为现代学科的"中国哲学史"研究》发表于《河北学刊》2010 年第 5 期。

11 月

姜广辉主编《中国经学思想史》第三、四卷由中国社会科学出版社出版。姜广辉在该书第四卷《后记——本书立项写作缘起》中云："我自一九七八年考入中国社会科学院研究生院后，便师从侯外庐、邱汉生两先生修中国思想史课程。侯先生强调：'学习中国思想史，要先通后专。'所以三年的学习中，我们研究生主要是学习侯先生主编的《中国思想通史》。学术界都知道，这是一部相当艰深的学术著作。侯先生在大学读书期间兼攻经济学和法学，是中国最早翻译马克思《资本论》的学者，有着深厚的理论素养，后来专门从事中国思想史研究。因此在《中国思想通史》中也处处体现着侯先生的理论素养。""侯先生并不满足这部书所取得的成就，提出要寻找研究的'生长点'。邱汉生先生在文革期间，潜心研究中国古代思想史的文献，他认为理学和经学可以作为今后重点研究的方向。当时经过反复商量，决定先上《宋明理学史》的研究课题，经过七年的努力，这部一百四十万字的著作终于完成了。这是继《中国思想通史》之后的又一重要的集体著作。"[1]"侯先生于一九八七年逝世。此后邱先生着手进行经学思想史研究，可是他的身体大不如前，已经力不从心。所以研究工作长期处于停滞状态，他一直期望自己身体好起来，能完成这项研究工作，直到他逝世前，还是念念不忘。我去医院看望邱先生，劝他安心养病，他要写一部中国经学思想史的意愿，将来由我们弟子来完成。邱先生于一九九二年病逝，此后完成老师的遗愿撰写一部《中国经学思想史》，也就成了我的心愿。"[2]

---

[1] 姜广辉：《中国经学思想史》后记，姜广耀主编：《中国经学思想史》第 4 卷，中国社会科学出版社 2010 年版，第 888 页。

[2] 同上书，第 888—889 页。

12 月

陈寒鸣《邱汉生先生的中国思想史研究及其对侯外庐学派的卓越贡献》发表于《朱子学刊》第二十辑（黄山书社 2010 年版）。

二〇一一年（辛卯）

3月，第十一届全国人民代表大会第四次会议批准《中华人民共和国国民经济和社会发展第十二个五年规划纲要》，首次把"实施哲学社会科学创新工程，繁荣发展哲学社会科学"列入规划纲要。

4月3日，陕西省政府主办、西北大学承办的"黄帝旗帜·辛亥革命与民族复兴"学术研讨会在西安举行。23 日，全国哲学社会科学规划领导小组召开会议审议《国家哲学社会科学研究"十二五"规划》，对繁荣发展哲学社会科学作出具体部署。26 日，"河北师范大学张申府张岱年研究中心成立暨张申府张岱年与马克思主义中国化"学术研讨会在石家庄举行。

7月1日，庆祝中国共产党成立90周年大会在北京举行，中共中央总书记胡锦涛发表重要讲话。

10 月9 日，纪念辛亥革命100 周年大会在北京人民大会堂隆重举行，中共中央总书记胡锦涛发表重要讲话。15 日至18 日，中国共产党第十七届六中全会在北京举行，审议通过《中共中央关于深化文化体制改革、推动社会主义文化大发展大繁荣若干重大问题的决定》。

11 月17 日，教育部组织召开全国高等学校哲学社会科学工作会议。同月，中共中央办公厅、国务院办公厅转发《教育部关于深入推进高等学校哲学社会科学繁荣发展的意见》，明确提出到 2020 年基本建成高校哲学社会科学创新体系。

12 月8 日至9 日，中国社会科学院、海南省委、省政府主办，中国社会科学院哲学研究所、海南省委宣传部、中共海口市委、市政府承办，12 个哲学一级学会协办的"2011 年中国哲学论坛暨第二届中国哲学大会"在海口市举行。

1 月

田培栋《史学家侯外庐对郑和下西洋的见解》发表于《西北大学学报》（哲学社会科学版）2011 年第 1 期。文章提出："2010 年 8 月，在整理图书及资料时，看到一大堆 1953 年在西北大学读书时的听课笔记，也看到了侯外庐先生的有关郑和下西洋的论述，觉得很有学术价值。遂稍经加工，拿出发表，以飨读者。""史学家侯外庐先生认为：自唐宋以来，在江南、东南沿海地区，庶族地主、豪族地主的势力很大。明初朱元璋建立政权，为了巩固统治，便对他们进行打击：对于豪族地主采取籍没土地谪迁于临濠的政策；对于庶族地主则采取迁徙家中部分人口，并携重资到京师，让这些人承担坊厢的徭役。为了更进一步削弱庶族地主的经济基础，实行海禁政策，不让他们下海经营海外贸易。因之才有郑和七下西洋之举，由政府组织船队，垄断海外贸易，到南洋、印度洋广大地区，开拓海外市场，取得经济势力，彻底杜绝他们在海外获得暴利的机会。"①

3 月

陈战峰《侯外庐先生经学研究的特色及意义》发表于《西北大学学报》（哲学社会科学版）2011 年第 2 期。文章论述"在经学研究上注重社会史与思想史的贯通"、"运用《诗》《书》资料创造性地研究和发掘了古代（奴隶制）社会的典型特征"、"探讨《六经》形成中的'具文化'和'道德化'的问题"、"反思'经学笺注'传统及经学研究方法"问题。

兰梁斌《侯外庐中国思想史研究的民族性与时代性》在同期发表。文章论述"'早熟'的文明起源路径"、"以先王观为核心的思想起源特色"、"以土地国有制为中心的土地所有形式"、"以正统思想与异端思想斗争为线索的中国思想演变历程"、"民族性批判与侯外庐所揭示的时代主题"等问题。

---

① 《西北大学学报》（哲学社会科学版）2011 年第 1 期，第 94 页。

5 月 3 日
林英（1926—2001）在北京逝世。

7 月 26 日
侯且岸《韧的追求·艰的探索——对侯外庐翻译〈资本论〉的若干思考》发表于《马克思主义与现实》2011 年第 4 期。文章论述"文本翻译与马克思主义中国化"、"'理论导师'指导下的翻译"、"深入腹地，汲取西方文化之精华：《资本论》德文版的翻译"、"翻译与历史考证并举"、"翻译之外：学术的张力与独创"、"理论的深化：亚细亚生产方式与中国社会史研究"等问题，认为：先生于"1928 年，正式动笔翻译经恩格斯审定的《资本论》德文第 4 版。……选择德文版翻译，就是要尊重马克思的原著。当时中国人接受西学、接受马克思主义，从语言上主要是依靠日文和英文。这中间产生的问题很多，最根本的问题是不能完整、准确地理解学术理论的本义"①。

8 月
先生等所著《中国思想通史》（简体字本）由人民出版社出版。

9 月
宋玉波《侯外庐佛教思想研究略论》发表于《西北大学学报》（哲学社会科学版）2011 年第 5 期。文章论述"佛教思想是中国思想史的有机组成部分"、"佛教思想与中世纪中国的自由追求"、"佛教思想的逻辑（方法论）与世界观（本体论）问题"、"自我意识的思辨循环是佛学思想的唯心本质"等。

11 月 28 日
先生的长女侯寓初（1920—2011）因病逝世。

---

① 《马克思主义与现实》2011 年第 4 期，第 22 页。

二〇一二年（壬辰）

2 月 15 日

方光华、袁志伟《侯外庐的中国宗教思想史研究》发表于《世界宗教研究》2012 年第 1 期。文章论述"侯外庐的宗教思想史观"、"侯外庐对中国宗教思想史的具体研究"、"侯外庐中国宗教思想史研究的特色"、"侯外庐中国宗教思想史研究的影响"。

4 月 25 日

"侯外庐学术讲座"开讲仪式暨首场报告会在西北大学举行。

5 月 14 日

方光华《文化自觉与侯外庐的中国史观》发表于 2011 年 5 月 14 日《中国社会科学报》。文章论述"侯外庐的中国史观具有高度自觉的反思中国文化传统的特点"、"以世界史眼光研究中国史"等问题。

后　记

经过两年多的努力，外老的学谱终于付梓。借此机会，笔者想说明一下本书的写作缘起，并深切感谢诸位前辈、老师和友人的提携、鼓励和帮助。

2007 年 4 月，我在南开大学哲学系攻读硕士学位，方克立先生推荐我担任清华大学刘鄂培先生的助手，参与编著《张岱年先生学谱》。次年 5 月 27 日，我到清华园刘先生家中请教问题，刘先生说要请张岂之先生为学谱作序。下午，张岂之先生打来电话，说刚刚来到清华，刘先生马上说要带我过去拜访，张先生说他的腿脚比刘先生利索，还是他过来吧。见面后，张先生得知我在南开大学读书，高兴地说：我们还是校友啊！我在重庆南开中学读过书！并关切地询问南开大学哲学系的有关情况。不久，张先生就写了近万字的长序，并由程钢老师精心打字、整理。

2007 年 6 月从南开大学哲学系获得硕士学位后，在诸位老师的提携下，我得以继续攻读博士学位。2009 年秋季到 2010 年夏季博士毕业，是我较为困难的一个时期。2005 年以来，我辞职读书，家中都是妻子独自负担。加上父母渐老，孩子长大，这都促使我想要找到一个稳定且有学术氛围的工作单位。虽然有诸多前辈、老师的帮助，但自身学术水平低，以及年届 35 周岁、本科学历（我是 1997 年河北师范大学本科毕业）不是"211"高校等条件，还是使我屡次尝试，又屡次碰壁。在这种黯淡的心境下，2009 年 12 月 2 日，我接到刘鄂培先生电话，说张岂之先生"非常欢迎"我到西北大学读博士后，并想听听我的科研设想。我听了深受感动，思考后感到侯外庐先生、张岱年先生是马克思主义中国化在史学、哲学领域的重要代表人物，就在给张先生的信中提出两个研究方向：一是在博士论文基础上继续深化和拓展张岱年学术思想，二是转入侯外庐学术思想研究。不久，我接到张先生来信："关于你到西北大学中国思想文化研究所博士后流动站研究什么的问题，你提了两个方面，我比较倾向于第二个方面。理由是：你涉猎的范围越广，对进一步深入研究张岱年学术思想越有利；反之，只是就张岱年先生本身去研究，不与其他同时代的学者比较，显示不出特点来。我建议你读侯外庐先生的著作，读任继愈先生著作，把对岱年先生的研究暂时放一下，然后再与岱年先生作比较，这样会更加有益。这就要多用一些时间，比如读外庐先生《中国古代社会史论》、《中国封建社会史论》和《中国思想通史》，也许要用不少时间，这些都属于史学范围，和你比较熟悉的哲学史有所不同。当你对史学理论有所研究之后，再来读岱老的著作，也许会有新的收获。学术上如果不开辟新路，只是在熟悉的范围内进行，进步会受到影响的。用些精力去研究任继愈先生著作，也许有必要。任先生研究中国哲学史，感到社会史的重要性，他对中国古代社会史虽然没有专门著作，但是他有自己的独特见解。因此，他对中国哲学史、中国宗教史的研究可以说开辟了一条新路。""当然，要读外庐先生的著作，并不是容易的事，因为他对马克思、恩格斯原著有深入研究。只要有坚持精神，也是可以读下去的。对你来说，要对岱年先生有新的发现、更深入的发掘，必须开阔视野，从新的角度去研究。不知你的看法如何？以上意见供你参考。"接信后，我决定一方面继续学习张岱年先生的思想，另一方面尝试进入侯外庐学术思想的研究。这样，在修改博士论文的同时，我在毕业前把南开大学有关侯外庐先生的书籍、文章都复印或拍照，并进行了初步整理，计划做一个比较翔实的资料长编（也就是后来的外老学谱），既作为新研究的起点，也为学界提供一份比较可靠的参考。

一个偶然的机会，我听说母校河北师范大学法政学院正在招聘哲学老师，就抱着试试看的心情投了简历。在方克立先生、李毅先生和河北师大诸位领导、老师的提携下，我终于有幸被录用。当时我想，这样可以一边工作，一边调整时间在西北大学读博士后。但后来由于工作需要，母校未能同意我读校外博士后。不得已，我向张岂之先生汇报了有关情况，张先生回信说："运辉同志：你虽然不能来西大博士后流动站，这对做学问并无大碍。你写《侯外庐先生学谱》明年脱稿后，我仔细读一两遍，也许会有一些建议、补充，反正明年定稿。我负责给你找出版社，以便正式出版；我再给你的这本书写一个序言。……你写《侯外庐先生学谱》，我所谢扬举教授也很关心，他正设法通过一些渠道，争取一些经费，使你能够完成此书。前景光明，一心向学，现在也许有条件可望实现。"在张先生的鼓励下，我决心继续完成外老的学谱。

回首走过的路，学谱的顺利完成，首先要归于张岂之先生的精心指引和谆谆教诲。张先生不仅多次当面垂教，而且经常在来信、来电中提出建议和鼓励；草稿完成后，又逐字逐句审读，提出修改意见；而且把书稿推荐到中国社会科学出版社并解决了出版费用。

刘鄂培先生、方克立先生和我的博士生导师周德丰先生一直在支持我的工作。卢钟锋先生、方光华教授、侯且岸教授、程钢教授都审读了学谱草稿，特别是蒙方光华老师不弃，我得以在2011年7月加入他主持的国家社会科学基金西部项目——"侯外庐与20世纪中国思想史研究"，这为学谱的顺利编写提供了巨大动力。经过侯且岸（外庐先生的长孙）老师的积极协调，在国家图书馆卢海燕、林世田、黄霞、吴密等老师的热情帮助下，我得以亲见外老与王思华先生翻译的《资本论》第一卷原本；此外，侯老师还提供了外老的婚姻、子女等详细资料。在联系读博士后和写作学谱的过程中，谢扬举教授给予我很大的支持和帮助。他不但鼓励我从事学术研究，在我面临困难时为我保留读博士后的机会，而且多次坚持要给我研究经费。在张先生修改学谱时，谢老师又多次打印书稿，并具体安排了出版事宜。学谱的撰写还得到了陈寒鸣老师的大力帮助。陈老师是黄宣民先生的弟子，在我决定研究外老思想之后，他多次邀我长谈，赠送书籍。我到河北师大工作后，他在近百封电子邮件中提出了大量建议，特别是把黄宣民先生遗赠给他的大量资料提供给我，许多资料都是他打字整理后再发给我使用。学谱草成之后，陈老师本着侯外庐学派相互改稿的优良传统，主动帮助我邀请姜广辉先生、陈谷嘉先生、吴光先生、王启发研究员等审读和指导。对诸位先生和老师的无私提携，谨在此表示深深的敬意！

中国社会科学出版社郭沂纹编审和编辑老师们为本书的顺利出版付出了辛勤劳动。此外，本书参考了学界已经整理的外老的多种著作索引，南开大学图书馆、国家图书馆、河北师大图书馆、北京大学图书馆的老师们为本书的顺利编写提供了有力支持，北京大学图书馆的邹新明、吴政同老师还帮助我完成了外老与王思华先生《资本论》第一卷上册译本的拍摄。对诸位老师、朋友的热情帮助，谨在此表示诚挚的感谢！

两年来，河北师范大学党委李建强书记和人事处、科技处、社科处等单位领导，法政学院张继良院长、陈世民书记、吴刚副书记、李素霞副院长、任广浩副院长、赵江华副院长等领导、老师，以及我在师大的老同学邵军永、赵德勇同志等，都在工作、生活中给予我诸多关照和支持，谨在此表示真诚的感谢！我的妻子孙玉华女士一直坚定地支持我的学术道路。由于条件所限，目前她不得不独自在地方中学工作，这是我所深为愧疚的。在此，我要向她致以深深的感谢！

最后必须提出的是：虽然笔者努力搜集外老的生平资料、著作以及学界的相关成果，但由于主客观原因，外老的部分著作仍未能亲见，书中更多有缺漏与错讹之处，这要恳请读者批评指正，以使此书不断臻于完善。

杜运辉

2012 年 9 月